Prüfungsvorbereitung für Verwaltungsfachangestelltinnen und Verwaltungsfachangestellte

Fachwissen, Lernvideos und Prüfungsaufgaben inkl. Lösungen

Lucas Weigerstorfer

19. Oktober 2022

Herausgeber

Plakos GmbH
Vertretungsberechtigter Geschäftsführer: Waldemar Erdmann
Sitz: Willy-Brandt-Allee 31 B, 23554 Lübeck

Website und Kontakt

www.plakos-akademie.de
E-Mail: support@plakos.de

Facebook: plakosDE
YouTube: Plakos Akademie
Instagram: plakos_akademie
TikTok: plakos_akademie

Bild- und Druckhinweise:

Cover: AdobeStock 65757497
Sonstige Abbildungen im Buch wurden - sofern nicht anders angegeben - von Plakos erstellt.

Dieses Buch wurde auf Recyclingpapier sowie klimaneutral gedruckt.

ISBN: 978-3-985257-92-8

Danksagung

Unser Dank gilt vor allem den Bewerberinnen und Bewerbern, die mit ihren zahlreichen Zuschriften, Erfahrungsberichten und Verbesserungsvorschlägen dieses Buch erst möglich gemacht haben. Vielen Dank für eure Kommentare und Nachrichten auf YouTube und Facebook und anderen Kanälen!

Außerdem bedanken wir uns bei allen internen und externen Mitarbeitern und Mitarbeiterinnen, welche einen wesentlichen Anteil an diesem Buch hatten. Dazu gehören insbesondere Annika Miersen und Anna Krohn.

Einstellungstest erfolgreich bestehen

Die Plakos GmbH hat bereits tausende Bewerberinnen und Bewerber mit Büchern, Online-Kursen und Apps auf Einstellungstests, Prüfungen und Assessment Center vorbereitet. Die angesehenen Online-Tests von Plakos wurden millionenfach absolviert. Dieses Buch dient zur umfassenden Vorbereitung auf einen Einstellungstest.

Hinweis: Im Buch findest du lediglich eine Auswahl an Testaufgaben. Zur umfassenden Vorbereitung empfehlen wir dir zusätzlich unseren thematisch passenden Online Testtrainer mit weiteren Aufgaben.

plakos

Dein Feedback ist uns wichtig!

Sollten dir Fehler in diesem Buch auffallen oder solltest du unzufrieden mit den Inhalten oder einem unserer Produkte sein, so schreibe uns gerne eine E-Mail an support@plakos.de. Wir antworten schnellstmöglich! Antworten auf häufig gestellte Fragen findest du auch auf der Webseite plakos-akademie/kundenservice/.

Hinweis: Aus Gründen der Lesefreundlichkeit haben wir weitgehend auf Gendering verzichtet. Die gewählte Personenform gilt wertfrei für alle Geschlechter.

Inhaltsverzeichnis

1 Optimale Vorbereitung auf Abschlussprüfungen und Einstellungstests

Generell unterscheiden sich Prüfungen und Einstellungstests dahingehend, für welches spätere Einsatzgebiet du dich beworben hast oder welche Art der Prüfung du bestehen musst. Die Länge und die Aufgaben lassen sich nicht grundsätzlich verallgemeinern. Trotzdem gibt es oft gewisse Ähnlichkeiten im Aufbau und Ablauf.

Vergleich Einstellungstest vs. Abschlussprüfung: Um Prüfungen oder Einstellungstests erfolgreich zu bestehen, solltest du einige Dinge beachten. Wichtig ist beispielsweise auch das persönliche Auftreten. Es handelt sich beim Einstellungstest, im Gegensatz zu einer Abschlussprüfung, nicht um einen reinen Wissenstest. Um einen guten Eindruck zu hinterlassen, empfiehlt sich daher ein gepflegtes Äußeres. Zudem solltest du dich bei der Vorstellung freundlich und höflich zeigen.

Darüber hinaus unterscheidet sich ein Eignungstest von einer Abschlussprüfung auch in Hinblick auf das Zeitmanagement. Eine Prüfung ist zeitlich darauf ausgelegt, dass alle Fragen beantwortet werden können. Bei einem Eignungstest ist dies nicht notwendigerweise der Fall. Oft ist die Zeit absichtlich zu knapp bemessen. Auf diese Weise sollen das Zeitmanagement und die Stressresistenz überprüft werden. Nicht ohne Grund beobachten in der Regel gleich mehrere Verantwortliche des Unternehmens oder der Behörde den Test bzw. die Prüfung.

1.1 Optimale Vorbereitung auf die Prüfung

Wie bei einer Schulprüfung kannst du dich durchaus auch auf die Prüfung für Verwaltungsfachangestellte vorbereiten. Zunächst einmal hilft dir ein kaufmännisches Verständnis weiter. Je nach Einsatzgebiet kommt zudem ein spezieller Prüfungsbereich dazu.

Neben den Aufgaben aus der eigentlichen Prüfung sind die sogenannten Soft Skills, wie Kommunikation, Auftreten und die Körpersprache, ebenfalls nicht zu vernachlässigen. Diese spielen bei der Eignung für einen Beruf eine zunehmend wichtige Rolle. All diese Themen lassen sich üben und erlernen. In diesem Buch findest du zahlreiche Übungen, mit denen du dich ganz konkret auf diese spezielle Prüfung vorbereiten kannst. Wichtig ist hierbei, dass du alle relevanten Themen und Aufgaben sorgfältig durcharbeitest. Für eine verbesserte kritische Selbstreflexion der Ergebnisse haben wir Lösungsansätze für die Aufgaben beigefügt.

2 Online-Bewerber-Training

Da du bereits dieses Buch erworben hast, möchten wir dir an dieser Stelle einen **Gutschein für unsere Online-Programme in Höhe von 15 Euro** schenken. Die folgende Kurzanleitung beschreibt dir, wie du den Gutschein einlösen kannst:

1. Öffne den Browser auf deinem Smartphone, Tablet oder deinem Desktopcomputer.
2. Scanne den QR-Code oder gib die nachfolgende URL in die Adresszeile ein:

plakos-akademie.de/produkt/app-testtrainer-vollversion-15/

3. Mit dem Produkt „Testtrainer App" hast du Zugriff auf fünf unserer Kurse: Testtrainer, Allgemeinwissen, Konzentration, Logik und Sprache.
4. Gib den **Gutscheincode buchrabatt15** am Ende des Bestellprozesses ein. Bitte beachte, dass mit dem Gutscheincode in der Testtrainer App nicht alle Plakos-Akademie-Kurse freigeschaltet sind.

Bei Fragen kannst du gerne eine E-Mail an support@plakos.de senden. Antworten auf häufig gestellte Fragen findest du auf der Webseite plakos-akademie.de/kundenservice/. Eine Übersicht zu allen Lern-Apps von Plakos findest du unter plakos-akademie.de/kundenservice-apps/.

Bestehe deine Prüfung mit der Plakos-Testtrainer-App!

Bestehe deine Prüfung mit der Plakos-Einstellungstest-App! Mit der Plakos-App hebst du deine Vorbereitung auf ein neues Level! Du profitierst von Lösungswegen und ausführlichen Erklärungen zu jeder Aufgabe. Am Ende bekommst du eine Auswertung deiner Ergebnisse. Sichere dir jetzt deinen Vorteil gegenüber Anderen! Wähle den gewünschten Bereich aus und melde dich mit deinen Zugangsdaten aus dem Mitgliederbereich der Plakos Akademie an. Es werden dir dann die passenden Übungen für die Prüfung angezeigt.

Plakos-Online-Testtrainer – die optimale Vorbereitung für dich!

Strukturierter Ablauf, Lösungswege und Kernfortschrittsanzeigen

Kurse und Lektionen abgestimmt auf den jeweiligen Beruf

Lern- und Erklärvideos sowie Experten-Tipps

Tausende Prüflinge üben jährlich ganz konkret mit den Plakos-Online-Testtrainings. Sie gehen anschließend mit mehr Selbstbewusstsein und Wissen in ihre Prüfung. Die Online-Testtrainer gibt es in verschiedenen Preiskategorien für zahlreiche Schul- sowie Studienbereiche und Berufe, wie zum Beispiel im öffentlichen Dienst, im Bereich Gesundheit, Pflege und Soziales oder für technische und kaufmännische
Berufe.

3 Über den Autor

Lucas Weigerstorfer ist Diplom-Verwaltungswirt (FH) und hat selbst ein duales Studium in der öffentlichen Verwaltung in Bayern absolviert. Um für dieses Studium in Frage zu kommen, musste er am LPA-Test sowie dem sich anschließenden Auswahlverfahren teilnehmen.

Als Lucas die Website www.beamtentest-vorbereitung.de ins Leben rief, war es sein Ziel, ausführliche Informationen zu den einzelnen Ausbildungs- und Studienberufen im öffentlichen Dienst zu liefern. Gemeinsam mit Plakos bedient Lucas außerdem einen YouTube-Kanal mit tausenden von Aufrufen jeden Monat. Die Komplettpakete von Plakos sind digitale Kurse, die eine umfassende Vorbereitung auf den Einstellungstest im öffentlichen Dienst ermöglichen. In diesem Buch findest du neben unzähligen Aufgaben wertvolles Zusatzwissen, das dir dabei hilft, das für dich bestmögliche Ergebnis zu erzielen und das Einstellungsverfahren mit Erfolg zu meistern.

4 Einleitung

Herzlich willkommen! Hier erhältst du eine Übersicht zu den prüfungsrelevanten Themen, die dich während deiner Ausbildung zum/zur Verwaltungsfachangestellten begleiten und die du für die Prüfung benötigst.

Die Prüfung setzt sich aus den folgenden Handlungsbereichen zusammen:

- **Schriftliche Prüfung**
    - Buchführung, Güterbeschaffung und Rechnungswesen
    - Verwaltungsverfahren, Bescheidstechnik und Verwaltungsrecht
    - Wirtschafts- und Sozialkunde
    - Ausbildungsbetrieb, Arbeitsorganisation und bürowirtschaftliche Abläufe
    - Personalwesen

Lernziele: Hier wirst du:

- Testfelder zu den verschiedenen Prüfungsbereichen bearbeiten,
- Grundlagen des Verwaltungshandelns sowie der Verwaltungsbetriebswirtschaft kennen lernen,
- Verwaltungsleistungen verstehen lernen, Personalvorgänge mit gestalten und öffentliche Leistungen erstellen sowie
- Deinen Wissenstand auf die Probe stellen können.

Medien: **Die Medien, die Dich dabei unterstützen sind:**

- Interaktive Fragen und Grafiken
- Infografiken
- Texte

Tests: **Dich erwarten innerhalb der Lektionen folgende Aufgaben und Tests:**

- Multiple Choice Aufgaben
- Single Choice Aufgaben
- Textaufgaben
- Rechenaufgaben – Verwende hierzu gerne einen Taschenrechner.

Gender-Hinweis

Aus Gründen der besseren Lesbarkeit wird bei Personenbezeichnungen und personenbezogenen Hauptwörtern in diesem Buch die männliche Form verwendet. Entsprechende Begriffe gelten im Sinne der Gleichbehandlung grundsätzlich für alle Geschlechter. Die verkürzte Sprachform hat nur redaktionelle Gründe und beinhaltet keine Wertung.

5 Prüfungsvorbereitung für Verwaltungsfachangestellte - Einführung

5.1 Prüfungsvorbereitung für Verwaltungsfachangestellte - Einführung

Scanne den QR Code, um zum Video zu gelangen:

6 Die Ausbildung zum/zur Verwaltungsfachangestellten - Grundlagen und Mitwirkung

Scanne den QR Code, um zum Video zu gelangen:

6.1 Jugendarbeitsschutzgesetz und Mutterschutz

Um ein faires Miteinander zwischen Arbeitgebern und Arbeitnehmern zu sichern, wurden vielfältige Gesetze zum Arbeitsschutz eingeführt. Diese regeln grundlegende Aspekte wie Arbeitszeiten, Pausen und Erholungszeiten (Urlaub) sowie den Schutz der Mitarbeiter in Bezug auf die Arbeitssicherheit. Hiermit sollen die Gesundheit und die Leistungsfähigkeit von Angestellten langfristig geschützt und vorsorglich gesichert werden. Besondere Aspekte im Arbeitsschutz sind das Jugendarbeitsschutzgesetz und der Mutterschutz.

Was ist das Jugendarbeitsschutzgesetz (JArbSchG)?

Die Ausbildung ist der erste Schritt ins Berufsleben. Häufig sind Auszubildende jedoch noch nicht volljährig. Das Jugendarbeitsschutzgesetz, Abkürzung JarbSchG, im Verbund mit der Kinderarbeitsschutzverordnung (KindArbSchV) treten dann in Kraft, wenn eine Tätigkeit gegen Bezahlung aufgenommen wird und das 18. Lebensjahr noch nicht vollendet ist. Die Regelungen aus dem Jugendarbeitsschutz gelten sowohl für die Ausbildung als auch für Nebenjobs und Praktika.

Zu den wichtigsten Aspekten im Jugendarbeitsschutzgesetz zählen die Arbeitszeiten, die Pausenzeiten sowie die Gesundheit, einschließlich dem Schutz vor Überforderung und Überbelastung für Jugendliche im Alter von 15 Jahren bis zum 18. Geburtstag.

Kinderarbeit ist verboten – Regelungen für Arbeit bei Jugendlichen

Kinderarbeit ist in Deutschland verboten, was bedeutet, dass Kinder bis 12 Jahren nach § 5 JArbSchG gar nicht arbeiten dürfen. Ab 13 Jahren dürfen Kinder leichte Arbeiten übernehmen, sofern die Arbeitszeit zwei Stunden am Tag nicht überschreitet. Eine Ausnahme bildet die gerichtliche Verordnung von "Sozialstunden", welche über den Zeitraum von vier Wochen hinaus gehen dürfen. Möchten Jugendliche vor dem 15. Lebensjahr tätig werden, beispielsweise im Rahmen einer kulturellen Veranstaltung, bedarf es einer schriftlich zu beantragenden Sondergenehmigung.

Ab 15 Jahren kann ein Jugendlicher nach Beendigung der Vollzeitschulpflicht (z.B. durch einen Schulabschluss) eine Ausbildung beginnen. Hierfür bedarf es einer ärztlichen Untersuchung, welche die Eignung des Jugendlichen für die Tätigkeit bestätigt.

Arbeitszeiten, Pausen und Ruhezeiten

Die Arbeitszeit darf höchstens 8 Stunden am Tag, 40 Stunden pro Woche sowie an 5 Tagen in der Woche betragen. Die Arbeitszeit und die Pausenzeiten dürfen zusammen maximal 10 Stunden am Tag betragen. Wechselnder Schichtdienst ist für Minderjährige in der Regel ebenso ausgeschlossen, wie die Arbeit an Wochenenden und Feiertagen. Erfordern branchenübliche Arbeitszeiten die Teilnahme des Auszubildenden ab 16 Jahren am Schichtdienst, darf die Schicht 10 Stunden, in begründeten Ausnahmen bis zu 11 Stunden umfassen.

Branchenübliche Ausnahmen finden sich beispielsweise im Gesundheitswesen, in der Gastronomie / Hotellerie, im Verkehrswesen oder in der Landwirtschaft. In diesen Branchen müssen entsprechende Ausgleichsregelungen eingehalten und mindestens zwei Samstage im Monat arbeitsfrei gegeben werden.

Die Arbeitszeit beginnt für Jugendliche bis 16 Jahre frühestens um 6 Uhr am Morgen und muss grundlegend bis 20 Uhr beendet sein. Ab 16 Jahren kann branchenbezogen die Arbeitszeit um 5 Uhr, ab 17 Jahren um 4 Uhr beginnen (z.B. Bäckerei), das Arbeitsende je nach Tätigkeit und Unternehmensabläufen auf 21 Uhr (z.B. Landwirtschaft ab 16 Jahren) oder 22 Uhr (Gastronomie ab 16 Jahren) verschoben werden.

Pausen- und Ruhezeiten sind im Jugendarbeitsschutzgesetz ebenfalls genau festgelegt. So muss bei einer täglichen Arbeitszeit von mehr als 4,5 h eine Arbeitspause von 30 Minuten gemacht werden, bei einer Arbeitszeit von mehr als 6 Stunden sind Pausen von insgesamt mindestens 60 Minuten Pflicht. Die erste Arbeitspause von mindestens 15 Minuten muss dabei spätestens nach 4,5 Stunden gemacht werden. Entstehen durch kurzfristige Mehrarbeit Überstunden, ist die geleistete Mehrarbeit in einem Zeitraum von drei Wochen auszugleichen.

Zwischen den Tätigkeiten muss jeweils eine Ruhephase von 12 Stunden bestehen. Aus diesem Grund darf ein Auszubildender, der am Abend bis 20 Uhr gearbeitet hat, am nächsten Tag erst um 8 Uhr morgens wieder mit der Arbeit beginnen. Entsprechend muss die Arbeitszeit an Tagen vor den Berufsschultagen spätestens um 20 Uhr enden. Für den Berufsschulunterricht ist der Auszubildende stets freizustellen. Die Schulzeit gilt für den Auszubildenden als Arbeitszeit.

Urlaubsanspruch für Jugendliche

Der Urlaubsanspruch ist für Jugendliche nach dem Alter festgelegt. Bei einer klassischen 5-Tage-Woche (alternativ Umrechnung auf 6-Tage-Woche) für minderjährige Auszubildende sind folgende Urlaubstage festgelegt:

bis 16 Jahre: 25 Werktage (30 Tage)
bis einschließlich 17 Jahre: 23 Werktage (27 Tage)
bis zum 18. Geburtstag: 21 Werktage (25 Tage).

Mit der Vollendung des 18. Lebensjahrs endet die Zuständigkeit des Jugendarbeitsschutzgesetzes (JarbSchG).

Nicht nur während der Ausbildung wichtig: Mutterschutzgesetz

Als Mutterschutz wird eine besondere Schutzsituation für Arbeitnehmerinnen bezeichnet, die schwanger sind oder gerade ein Kind zur Welt gebracht haben. Der Mutterschutz gilt für alle Arbeitsverhältnisse unabhängig von vertraglich vereinbarten Arbeitszeiten. Dabei wirkt sich der Mutterschutz eingeschränkt auch auf befristete Arbeitsverhältnisse wie eine Ausbildung aus.

Ein festgelegtes Ende in einem befristeten Arbeitsvertrag läuft grundlegend auch während dem Mutterschutz aus. Ausnahmen können bei einer Ausbildung auf Antrag gewährt werden. So kann beispielsweise die Ausbildungszeit durch eine Mutterschutzzeit um ein Jahr verlängert werden, um das Ziel der abgeschlossenen Ausbildung zu einem späteren Zeitpunkt zu erreichen.

Der Mutterschutz umfasst verschiedene Aspekte, wie beispielsweise:

- einen besonderen Kündigungsschutz,
- den Gesundheitsschutz am Arbeitsplatz,
- ein Beschäftigungsverbot für einen festgelegten Zeitraum vor und nach der Geburt sowie
- die Sicherung des Einkommens während Schwangerschaft und Mutterschutzzeit.

Mutterschutz und Beschäftigungsverbote

Der Mutterschutz tritt ein, sobald die Mitarbeiterin den Arbeitgeber darüber informiert, dass sie schwanger ist. Ab diesem Zeitpunkt muss der Gesundheitsschutz am Arbeitsplatz gewährleistet und die Abklärung von Beschäftigungsverboten durch den Arbeitgeber geprüft werden.

Während dem Mutterschutz unterliegen sowohl die werdende Mutter als auch das ungeborene Kind einem besonderen Schutz, weshalb eine Arbeit mit besonderen Belastungen nicht ausgeführt werden darf. In diesen Fällen kann ein Beschäftigungsverbot für die schwangere Mitarbeiterin gesetzlich vorgeschrieben sein oder vom Arzt bzw. dem Arbeitgeber ausgesprochen werden. Dies gilt beispielsweise für das Arbeiten

- mit gesundheitsgefährdenden Stoffen, Strahlung, infektiösem Material,
- körperlich fordernden Tätigkeiten wie dem Tragen schwerer Lasten,
- mit hoher Lärm- oder Umweltbelastung,
- bei Tätigkeiten mit hoher Fußbeanspruchung (z.B. Maschinen- und Fahrzeugbedienung),
- erhöhter Unfallgefahr oder der Gefahr von Berufskrankheiten,
- Nachtarbeit sowie Arbeit an Sonn- und Feiertagen,
- Akkord- und Fließbandarbeit

Ab dem 6. Schwangerschaftsmonat kann zudem ein Beschäftigungsverbot erforderlich werden, wenn die Arbeit eine tägliche Stehzeit von vier Stunden ohne ausreichende Bewegung nötig macht.

Mutterschutzfristen

Die Mutterschutzfrist gilt in der Regel 6 Wochen vor dem errechneten Geburtstermin und endet 8 Wochen nach der Geburt und dauert somit mindestens 14 Wochen. In dieser Zeit ist die werdende oder gewordene Mutter unter gesetzlichen Lohnfortzahlung von der Arbeit freizustellen. Die Lohnfortzahlung erfolgt gemeinschaftlich durch die gesetzliche Krankenkasse und den Arbeitgeber in Höhe des durchschnittlichen Nettogehaltes der letzten drei Monate.

Abweichungen von den regulären Mutterschutzfristen gibt es, wenn das Kind früher oder später als der errechnete Geburtstermin auf die Welt kommt. Bei Frühgeburten erhöht sich die Mutterschutzfrist um vier Wochen auf 18 Wochen. Ebenso endet die Mutterschutzfrist erst 12

Wochen nach der Geburt bei Mehrlingsgeburten (z.B. Zwillinge) oder wenn das Kind mit einer Behinderung auf die Welt kommt und ein entsprechender Antrag bei der Krankenkasse gestellt wird.

Auf die Mutterschutzfristen darf die Arbeitnehmerin als Auszubildende ebenso wie als festangestellte Mitarbeiterin nicht generell verzichten, wenn sie in einem Angestelltenverhältnis steht. Zwar darf sie schwanger und gesund vor der Geburt länger arbeiten, wenn dies der ausdrückliche Wunsch ist, jedoch gilt nach der Geburt eine festgelegte Mindestzeit für die Mutterschutzfrist von 8 Wochen nach der Geburt, in der ein Beschäftigungsverbot besteht. Eine Ausnahme gilt im Fall einer Totgeburt oder dem Tod des Kindes nach der Geburt. In diesen Fällen kann die Mutterschutzfrist in Anspruch genommen werden, auf eigenen Wunsch kann die Arbeitnehmerin jedoch auch 2 Wochen nach der Entbindung wieder arbeiten gehen. Ebenso gibt es abweichende Regelungen für Mitarbeiterinnen im Beamtenstatus und selbständige Frauen.

6.2 Nutzen der betrieblichen Ausbildung

In einem immer härter werdenden internationalen Wettbewerb benötigen die Unternehmen hoch qualifizierte Nachwuchskräfte, um ihre Konkurrenzfähigkeit zu erhalten. Diese qualifizierten Nachwuchskräfte sollen selbstständig denken, handeln und Verantwortung übernehmen können.

Deutschlands duales Ausbildungssystem sieht ein Zusammenwirken von Gesellschaft und Wirtschaft in der beruflichen Erstausbildung vor. Die Gesellschaft unterhält dabei die berufsbildenden Schulen, in denen der theoretische Unterricht vermittelt wird. In den Betrieben werden parallel dazu die praktischen Aspekte des jeweiligen Ausbildungsberufs vermittelt. Diese so genannte Lernortkooperation ist als DUALES System bekannt und gilt weltweit als Vorbild, um versierte und qualifizierte Fachkräfte heranzubilden. Sinngemäß teilen sich also Wirtschaft und Gesellschaft die Verantwortung und die Kosten für die Berufsausbildung.

Das Ziel dieser Form der Ausbildung ist die Vermittlung von Fertigkeiten, Kenntnissen und Fähigkeiten im Ausbildungsberuf (auch „berufliche Handlungsfähigkeit"genannt) sowie die Ermöglichung der erforderlichen Berufserfahrungen. Den Nachweis der erworbenen beruflichen Handlungsfähigkeit erbringt der Auszubildende mit dem Bestehen seiner Abschlussprüfung.

Sowohl die Wirtschaft und der Staat als auch der oder die Auszubildende profitieren in mehrfacher Hinsicht durch die Kooperation der Berufsschulen, ausbildenden Betriebe und weiteren Instanzen wie der IHK oder Handwerkskammer.

Grundsätzlich gleiche Qualitätsstandards und einheitliche Prüfungen garantieren die Vergleichbarkeit der Ergebnisse.

Betriebe profitieren so langfristig von gut ausgebildeten Fachkräften, die fachübergreifende Kenntnisse durch ihre Ausbildung erlangt haben.

Persönliche Vorteile für den oder die Auszubildende ergeben sich durch größere Chancen auf dem Arbeitsmarkt, einen festen Verdienst sowie durch das langsame Heranführen an alle ausbildungsrelevanten Inhalte; er oder sie lernt dabei selbstständiges Arbeiten und Verantwortung für die Ergebnisse seiner bzw. ihrer Arbeit zu übernehmen.

Der Staat profitiert vom dualen Ausbildungssystem, da die Jugendarbeitslosigkeit konstant auf einem niedrigen Niveau gehalten und das allgemeine Qualifikationsniveau erhöht wird. Zudem erhöht sich die berufliche Flexibilität der ausgebildeten Fachkräfte.

6.3 Arbeitsrecht

Welche Rolle spielen arbeitsrechtliche Fragen im Rahmen der IHK-Prüfung?

Nach Abschluss einer Berufsausbildung steht am Ende immer eine Prüfung. Sie ist regelmäßig in einen theoretischen und einen praktischen Abschnitt aufgeteilt. Bei den verschiedenen Handwerken wird die Prüfung für gewöhnlich durch die jeweilige Innung abgenommen. Es gibt jedoch auch berufliche Ausbildungswege, bei denen diese Aufgabe der örtlich zuständigen Industrie- und Handwerkskammer, kurz IHK, zufällt. Dabei handelt es sich um:

- Kaufmännische Berufe
- Gewerblich-technische Berufe
- Druck- und Medienbereich

Im Rahmen der theoretischen Prüfung nehmen Fragen des Arbeitsrechts einen breiten Raum ein. Während sich hinsichtlich der fachspezifischen Prüfungsteile große Unterschiede zwischen den eben genannten Feldern ergeben, sind die arbeitsrechtlichen Fragen meist sehr ähnlich gehalten. In jedem Fall haben sie großen Anteil am Gesamtergebnis der Prüfung. Entsprechend wichtig ist es, dass du dich für den arbeitsrechtlichen Abschnitt deiner Abschlussprüfung gut vorbereitest.

Ein breites juristisches Feld

Wenn es um Lernfortschritt in Sachen Recht geht, kommt es entscheidend darauf an, strukturiert zu arbeiten. Andernfalls entsteht kein zusammenhängendes Wissen, sondern lediglich Inselwissen im Hinblick auf einzelne juristische Probleme. Wichtig ist daher zunächst die Erarbeitung der Grundzüge des Arbeitsrechts. Diese Grundzüge sind in folgende zwei Blöcke unterteilt:

- Individuelles Arbeitsrecht
- Kollektives Arbeitsrecht

Beim Individualarbeitsrecht geht es um Fragestellungen rund um ein einzelnes Arbeitsverhältnis. Dies betrifft etwa die möglichen und nicht möglichen Inhalte eines Arbeitsvertrages. Weiterhin geht es um die Rechte und Pflichten von Arbeitgebern und Arbeitnehmern im Zuge des Arbeitsverhältnisses. Schließlich finden sich im arbeitsrechtlichen Teil der IHK Prüfung auch viele Fragen, die die Beendigung von Arbeitsverhältnissen im Wege der Kündigung betreffen.

Das Kollektivarbeitsrecht befasst sich demgegenüber mit der rechtlichen Stellung von Gewerkschaften, Arbeitgebern und Arbeitgeberverbänden sowie den Betriebsräten. Es geht also um das Verhältnis zwischen Arbeitgebern und Arbeitnehmern in ihrer Gesamtheit. Nachdem in der breiten Mehrheit aller Branchen nach dem jeweils geltenden Tarif gezahlt wird, spielt das Kollektivarbeitsrecht bereits insoweit auch für dich eine wichtige Rolle. Hinzu kommen Fragen der Mitbestimmung der Arbeitnehmer innerhalb einer Firma. Diese wird regelmäßig durch den Betriebsrat wahrgenommen. Ein Betriebsrat ist nicht gesetzlich vorgeschrieben, wohl aber das Recht von Arbeitnehmern, einen solchen zu gründen. Auch in diesem Zusammenhang ergeben sich zahlreiche arbeitsrechtliche Fragestellungen, die in der IHK Prüfung ihren Niederschlag finden.

6.4 Betriebsrat

Der Betriebsrat und dessen Bedeutung für Arbeitnehmer und Unternehmen

Der Betriebsrat übernimmt in Unternehmen zahlreiche wichtige Aufgaben. Er stellt einen Zusammenschluss von Mitarbeitern dar und dient dazu, deren Interessen gegenüber dem Arbeitgeber zu vertreten.

Rechte und Pflichten des Betriebsrats ergeben sich aus dem Betriebsverfassungsgesetz. Der Betriebsrat verfügt bei allen Maßnahmen und Entscheidungen, die die Arbeitnehmer des Betriebs betreffen, über Mitbestimmungs-, Beteiligungs-, Informations- und Mitwirkungsrechte. Welche dieser Rechte in welchem Fall greifen, ist im Betriebsverfassungsgesetz genau geregelt. So verfügt der Betriebsrat zum Beispiel bei der Kündigung eines Mitarbeiters über ein Mitbestimmungsrecht.

Die Zugehörigkeit zum Betriebsrat erfolgt ehrenamtlich. Die Mitglieder werden durch die Belegschaft gewählt, eine solche Wahl findet alle vier Jahre statt.

Aufgaben des Betriebsrates

Im Wesentlichen nimmt der Betriebsrat zwei Aufgaben wahr.

Einerseits überwacht er die Durchführung arbeitnehmerschützender Normen, beispielsweise des Daten- oder Arbeitsschutzes.

Andererseits kümmert sich der Betriebsrat um die Förderung und Unterstützung behinderter und schwerbehinderter sowie älterer Arbeitnehmer und der Auszubildenden.

Voraussetzungen für einen Betriebsrat

Damit in einem Unternehmen ein Betriebsrat gewählt werden kann, muss dieses mindestens fünf Arbeitnehmer beschäftigen. Die Initiative zur Gründung des Betriebsrats ist freiwillig. Jeder Mitarbeiter, der das 16. Lebensjahr vollendet hat und mindestens sechs Monate im Betrieb beschäftigt ist (sowohl in Präsenz, als auch in Heimarbeit), kann sich in den Betriebsrat wählen lassen.

Die Mitgliederzahl ist abhängig von der Größe des Betriebs und ist im Betriebsverfassungsgesetz geregelt. In Betrieben mit zwischen fünf und 20 Mitarbeitern besteht der Betriebsrat beispielsweise aus einer Person, in Unternehmen mit 101 bis 200 Arbeitnehmern aus sieben Personen. Die Wahl der Mitglieder erfolgt im Rahmen der Betriebsversammlung.

6.5 Beenden oder Verlängern der Ausbildung

Das Berufsausbildungsgesetz besagt, dass eine Berufsausbildung mit Ablauf der im Arbeitsvertrag geregelten Ausbildungszeit endet. Bei Bestehen der Abschlussprüfung vor dieser Zeit, endet das Ausbildungsverhältnis mit der Bekanntgabe der Prüfungsergebnisse.

Besteht ein Auszubildender die Abschlussprüfung nicht, so kann er verlangen, dass seine Ausbildungszeit sich bis zum nächstmöglichen Prüfungstermin verlängert, maximal jedoch um ein Jahr.

Das bedeutet, dass spätestens nach der dritten Abschlussprüfung das Ausbildungsverhältnis unabhängig vom dann erreichten Ergebnis beendet ist.

In Ausnahmefällen kann das Ausbildungsverhältnis auch während der regulären Ausbildungszeit (zum Beispiel wegen Krankheit oder längerer Abwesenheit) verlängert werden. Dies geschieht auf Antrag des Auszubildenden. Es besteht dabei allerdings kein Rechtsanspruch auf die beantragte Verlängerung. Die Entscheidung darüber trifft die zuständige IHK oder Handwerkskammer.

6.6 Mitwirken bei der Einstellung und am Vertragsabschluss

6.6.1 Die Einstellung

Das letzte Wort bei der Einstellung neuer Auszubildender hat sicherlich immer der Arbeitgeber. Er ist es, der als Ausbildender die Verantwortung trägt. An der Einstellung mitwirken können jedoch der Betriebsrat, die Jugend- und Auszubildendenvertretung und auch der Ausbilder bzw. die Ausbilderin.

Der Betriebsrat hat nach BetrVG etwa das Recht zu verlangen, dass zu besetzende Arbeitsplätze zuerst firmenintern auszuschreiben sind. Das BetrVG räumt weiterhin das Recht ein, dass in Unternehmen mit mehr als 20 wahlberechtigten Arbeitnehmern die Pflicht besteht, den Betriebsrat vor jeder Einstellung zu unterrichten und seine Zustimmung einzuholen.

Ausbilder selbst können durch Gespräche mit den Beteiligten, in Arbeitskreisen und durch Einbringen eigener Ideen mitwirken. Ein enger Austausch mit dem Arbeitgeber und dem Betriebsrat erhöhen die Chancen auf eine reibungslose Einstellung neuer Azubis und deren erfolgreiche Ausbildung.

6.6.2 Der Vertragsabschluss

Der Berufsausbildungsvertrag regelt grundsätzliche Angelegenheiten der Berufsausbildung und ist gesetzlich vorgeschrieben. Generell ist ein Berufsausbildungsvertrag auch ohne bestimmte Formen gültig.

Nach BBiG sind dem oder der Auszubildenden jedoch unverzüglich nach Abschluss und vor Beginn der Ausbildung die wesentlichen Inhalte schriftlich vorzulegen. Die elektronische Form ist dabei ausgeschlossen.

In jedem Fall ist ein schriftlicher Vertrag für beide Parteien zweckmäßig, um sich beiderseitig rechtlich abzusichern.

Es ist sinnvoll, vorgefertigte Verträge der zuständigen Gewerkschaften, zuständigen Stellen oder Handwerkskammern zu nutzen. Diese sind geprüft und beinhalten alle wesentlichen Aspekte eines vollständigen Berufsausbildungsvertrags. Auch der Betriebsrat ist mitunter nach § 99 (1) BetrVG vor Abschluss des Vertrages zu unterrichten und hat eine Woche Zeit, um Stellung zur geplanten Einstellung zu nehmen.

6.7 Beschäftigungsverhältnisse und Personalvertretung im öffentlichen Dienst

Unter dem Begriff "Öffentlicher Dienst" verstehen wir die Gesamtheit aller Ämter, Behörden, Gerichte und sonstigen Einrichtungen des Bundes, der Länder, der Gemeinden und Gemeinde- sowie Zweckverbänden.

Hoheitliche Befugnisse sind denjenigen "Angehörigen des öffentlichen Dienstes" zu übertragen, welche in einem "öffentlich-rechtlichen Dienst- und Treueverhältnis" stehen. Dazu zählen Richter, Beamte sowie Soldaten. Dies bezeichnet man als "Funktionsvorbehalt", welcher in Art. 33 Abs. 4 des Grundgesetzes geregelt ist.

Nicht-hoheitsrechtliche Befugnisse können Angehörigen des öffentlichen Dienstes übertragen werden, die in einem privatrechtlichen Arbeitsverhältnis stehen, also Arbeitnehmer. Im Tarifvertrag für den öffentlichen Dienst (TVöD) werden diese Personen als "Beschäftigte" bezeichnet (siehe § 1 Abs. 1 TVöD).

Insgesamt spricht man in Bezug auf den öffentlichen Dienst von einem "dualen Beschäftigungssystem", in dem sowohl Beamte als auch Arbeitnehmer tätig sind. In jeder Verwaltungsbehörde sind sowohl Arbeitnehmer als auch Beamte tätig. Vor allem im kommunalen Bereich übersteigt die Anzahl an Arbeitnehmern die Zahl der Beamten deutlich.

Die wichtigsten Grundsätze des Beschäftigungsverhältnisses der Arbeitnehmer im öffentlichen Dienst lassen sich wie folgt darstellen:

- Durch einen Arbeitsvertrag wird das Rechtsverhältnis Arbeitnehmer – Arbeitgeber begründet.
- Die Arbeitsbedingungen sind überwiegend privatrechtlich geregelt (Arbeits- bzw. Tarifvertrag sowie gesetzlich vorgegebene Mindestarbeitsbedingungen).
- Das Rechtsverhältnis Arbeitnehmer – Arbeitgeber ist unter gesetzlichen Voraussetzungen kündbar bzw. befristbar.
- Die Soziale Absicherung der Arbeitnehmer erfolgt grundsätzlich durch die Pflichtversicherung; Arbeitnehmer und -geber tragen die Versicherungsbeiträge je zur Hälfte.
- Arbeitnehmer im öffentlichen Dienst können ihren Rechtsschutz vor den Arbeitsgerichten einholen.

Die Vertretung der Beschäftigten im öffentlichen Dienst ist der Personalrat in der Behörde. Das Recht der Arbeitnehmer zur Personalvertretung ist in den Personalvertretungsgesetzen des Bundes und der Länder geregelt.

Die Zahl der Personalratsmitglieder ist abhängig von der Anzahl an Beschäftigten in der Dienststelle. Die Tätigkeiten der Personalratsmitglieder sind ehrenamtlich und werden während der regulären Arbeitszeit wahrgenommen. Ab einer gewissen Behördengröße gibt es hauptamtliche Personalratsmitglieder, die von ihrer regulären Tätigkeit freigestellt werden. Die Mitglieder des Personalrats wählen aus ihren Reihen in der ersten Sitzung den Personalratsvorsitzenden.

In Dienststellen mit mindestens fünf Beschäftigten in Ausbildung werden neben dem Personalrat auch eine Jugend- und Auszubildendenvertretung gewählt.

Die bedeutendsten Aufgaben eines Personalrats sind folgende:

- Überwachung der Einhaltung von Arbeitnehmerrechten
- Entgegennahmen von Anregungen und Beschwerden von Mitarbeitern
- Mitwirkung bei der Förderung und Eingliederung von schwerbehinderten Menschen
- Durchführung einer Personalversammlung
- Hinzuziehung in Angelegenheiten der Unfallverhütung und des Arbeitsschutzes

6.8 Test: Tarifverträge (IHK Prüfungswissen)

1. Welche Dinge werden in Tarifverträgen unter anderem geregelt?

   ☐ a) Urlaubsgeld

   ☐ b) Arbeitszeiten

   ☐ c) Löhne und Gehälter

   ☐ d) Ausstattung des Pausenraumes

2. Von wem bekommen die Gewerkschaftsmitglieder während eines Streiks Geld ausgezahlt?

   ☐ a) Von der Gewerkschaft

   ☐ b) Von der Agentur für Arbeit

   ☐ c) Vom Grundsicherungsamt

   ☐ d) Von einem Investmentfonds

3. Wie wird die Streikunterstützung durch die Gewerkschaften finanziert?

   ☐ a) Durch Crowdfunding-Aktionen

   ☐ b) Durch die Mitgliedsbeiträge

   ☐ c) Durch Darlehen bei der Bank

   ☐ d) Durch den Staat

4. Wann gilt die Friedenspflicht?

   ☐ a) Sie gilt immer.

   ☐ b) Sie gilt während der Laufzeit der Tarifverträge.

   ☐ c) Sie gilt nur an Wochenenden.

   ☐ d) Sie gilt nur an bundeseinheitlichen Feiertagen.

5. Inwiefern profitieren Arbeitnehmerinnen und Arbeitnehmer von einem Tarifvertrag?

- ☐ a) Sie müssen nicht selber mit dem Arbeitgeber verhandeln.
- ☐ b) Sie bekommen den Tariflohn, auch, wenn in ihrem Arbeitsvertrag ein geringerer Lohn vereinbart wurde.
- ☐ c) Sie bekommen Vergünstigungen beim Abschluss von Bausparverträgen.
- ☐ d) Sie sind unkündbar.

6. Wer hat einen rechtlichen Anspruch auf den zwischen einer Gewerkschaft und einem Arbeitgeber ausgehandelten Tariflohn?

- ☐ a) Alle Angestellten des Betriebes
- ☐ b) Alle Angestellten des Betriebes, wenn sie mindestens zwei Jahre im Betrieb sind.
- ☐ c) Alle Angestellten des Betriebes, wenn sie mit einem Gewerkschaftsmitglied verwandt sind.
- ☐ d) Nur Gewerkschaftsmitglieder

7. Wann können Tarifverträge enden?

- ☐ a) Nach Ende der vereinbarten Zeit
- ☐ b) Wenn eine neue Bundesregierung gewählt wurde
- ☐ c) Wenn sich die Mitgliederzahl der Gewerkschaft verändert
- ☐ d) Wenn er von den Vertragspartnern aufgehoben wird

8. Welche Tarifverträge laufen in der Regel länger?

- ☐ a) Manteltarifverträge
- ☐ b) Entgelttarifverträge
- ☐ c) Beide laufen normalerweise immer gleich lang.
- ☐ d) Das ist abhängig von der Branche

9. Wie viel Prozent der Beschäftigten in Deutschland sind Mitglied in einer Gewerkschaft?

- ☐ a) 75 Prozent
- ☐ b) 50 Prozent
- ☐ c) 25 Prozent
- ☐ d) Weniger als 20 Prozent

10. Wie viel Prozent aller Angestellten wird nach einem Tariflohn bezahlt?

- ☐ a) Circa 50 Prozent
- ☐ b) Circa 30 Prozent
- ☐ c) Circa 90 Prozent
- ☐ d) Genau 100 Prozent

6.9 Lösungen: Tarifverträge (IHK Prüfungswissen)

Aufgabe	Lösung	Aufgabe	Lösung	Aufgabe	Lösung
1.	a), b), c)	2.	a)	3.	b)
4.	b)	5.	b)	6.	d)
7.	d)	8.	a)	9.	d)
10.	a)				

Lösungen der Auswahl-Fragen.

6.10 Test: Arbeitsrecht (IHK Prüfungswissen)

1. Als was wird eine Arbeitsniederlegung bezeichnet, die nicht von einer Gewerkschaft getragen wird?

   - ☐ a) Kalter Streik
   - ☐ b) Schwerpunktstreik
   - ☐ c) Wilder Streik
   - ☐ d) Flächenstreik
   - ☐ e) Sympathiestreik

2. Welche Fragen dürfen von Arbeitgeberseite bei einem Bewerbungsgespräch gestellt werden?

   - ☐ a) Es darf alles gefragt werden.
   - ☐ b) Es besteht ein berechtigtes Interesse des Arbeitgebers, von Arbeitnehmern alles zu erfahren, weil er von deren Zuverlässigkeit abhängig ist.
   - ☐ c) Fragen, die nichts mit angebahnten Arbeitsplatz zu tun haben, sind nicht zulässig. Es besteht insoweit eine Unterlassungspflicht im Rahmen des vorvertraglichen Vertrauensverhältnisses.

3. Welcher der aufgeführten Anhaltspunkte muss eine Person in jedem Fall erfüllen, um als Arbeitgeber zu fungieren?

   - ☐ a) Es muss eine Gewerbeanmeldung vorliegen.
   - ☐ b) Es muss ein Eintrag im Handelsregister erfolgt sein.
   - ☐ c) Er muss mindestens einen Arbeitnehmer beschäftigen.
   - ☐ d) Er muss einen Abschluss als Meister haben.

4. Wie kann die Kündigung eines Arbeitsverhältnisses erfolgen?

   ☐ a) Per Post

   ☐ b) Mündlich

   ☐ c) Durch persönlich übergebenes Kündigungsschreiben

   ☐ d) Per Telefax

5. Wie lange darf die Probezeit bei einem Arbeitsverhältnis maximal dauern?

   ☐ a) Drei Monate

   ☐ b) Sechs Monate

   ☐ c) Ein Jahr

   ☐ d) Zwei Jahre

6. Welcher der folgenden Tatbestände stellt einen fristlosen Kündigungsgrund dar?

   ☐ a) Häufiges Zuspätkommen

   ☐ b) Diebstahl am Arbeitsplatz

   ☐ c) Unfall mit Dienstwagen

   ☐ d) Sexuelle Belästigung am Arbeitsplatz

7. Bei welchem der folgenden Beispiele kann es sich nicht um eine Tarifvertragspartei handeln?

   ☐ a) Einzelner Arbeitnehmer

   ☐ b) Einzelner Arbeitgeber

   ☐ c) Gewerkschaft

   ☐ d) Vereinigung von Arbeitgebern

8. Wie lang ist die Kündigungsfrist, wenn das Beschäftigungsverhältnis bereits seit acht Jahren besteht?

   ☐ a) Einen Monat zum Ende eines Kalendermonats

   ☐ b) Zwei Monate zum Ende eines Kalendermonats

   ☐ c) Drei Monate zum Ende eines Kalendermonats

   ☐ d) Vier Monate zum Ende eines Kalendermonats

6.11 Lösungen: Arbeitsrecht (IHK Prüfungswissen)

Aufgabe	Lösung	Aufgabe	Lösung	Aufgabe	Lösung
1.	c)	2.	c)	3.	c)
4.	a), c)	5.	b)	6.	b), d)
7.	a)	8.	c)		

Lösungen der Auswahl-Fragen.

6.12 Test: Beschäftigungsverhältnisse und Personalvertretung im öffentlichen Dienst

1. Welche der folgenden Organisationen bzw. Einrichtungen fallen unter den Begriff "Öffentlicher Dienst"?

   ☐ a) Gemeindeverbände

   ☐ b) Stiftungen

   ☐ c) Zweckverbände

   ☐ d) Bundesagentur für Arbeit

2. Welcher der folgenden Berufsgruppen im öffentlichen Dienst sind häufiger keine hoheitlichen Befugnisse übertragen?

   - ☐ a) Arbeitnehmer
   - ☐ b) Beamte
   - ☐ c) Soldaten
   - ☐ d) Richter

3. Wie werden die Arbeitnehmer im öffentlichen Dienst gemäß dem Tarifvertrag (TVöD) bezeichnet?

   - ☐ a) Berufene
   - ☐ b) Beschäftigte
   - ☐ c) Bewerber
   - ☐ d) Arbeiter

4. Welche Aussage(n) in Bezug auf die Beschäftigungsverhältnisse im öffentlichen Dienst ist bzw. sind korrekt?

   - ☐ a) Im öffentlichen Dienst sind sowohl Beamte als auch Arbeitnehmer tätig.
   - ☐ b) Im öffentlichen Dienst spricht man von einem dualen Beschäftigungsverhältnis.
   - ☐ c) Im öffentlichen Dienst spricht man von einem singulären Beschäftigungsverhältnis.
   - ☐ d) Keine der Antworten ist korrekt.

5. Wodurch wird ein Beschäftigungsverhältnis im öffentlichen Dienst begründet?

   - ☐ a) Ernennung
   - ☐ b) Verwaltungsakt
   - ☐ c) Arbeitsvertrag
   - ☐ d) Praktikumsvertrag

6. Wie sind die Arbeitsbedingungen der Arbeitnehmer im öffentlichen Dienst geregelt?

   ☐ a) Durch einen Arbeitsvertrag

   ☐ b) Durch einen Tarifvertrag

   ☐ c) Durch gesetzliche Mindestbestimmungen

   ☐ d) Durch das Beamtenrecht

7. Welche Aussage in Bezug auf das Rechtsverhältnis Arbeitgeber – Arbeitnehmer im öffentlichen Dienst ist korrekt?

   ☐ a) Das Rechtsverhältnis ist nicht befristbar.

   ☐ b) Das Rechtsverhältnis ist unkündbar.

   ☐ c) Das Rechtsverhältnis ist befristbar und kündbar.

   ☐ d) Das Rechtsverhältnis ist unkündbar, darf jedoch von Beginn an befristet werden.

8. Auf welchem Weg erfolgt die soziale Absicherung der Arbeitnehmer im öffentlichen Dienst?

   ☐ a) Alimentation

   ☐ b) Pflichtversicherung

   ☐ c) Private Krankenversicherung

   ☐ d) Keine der Antworten ist korrekt

9. Vor welchem Gericht können Arbeitnehmer im öffentlichen Dienst ihre Rechte gegenüber ihrem Arbeitgeber geltend machen?

   ☐ a) Verwaltungsgericht

   ☐ b) Amtsgericht

   ☐ c) Arbeitsgericht

   ☐ d) Landgericht

10. Welche der folgenden Punkte zählen zu den Aufgaben des Personalrats?

☐ a) Überwachung der Einhaltung von Arbeitnehmerrechten

☐ b) Durchführung der Personalversammlung

☐ c) Durchführung der Stadtrats- bzw. Gemeinderatssitzungen in kommunalen Verwaltungen

☐ d) Entgegennahme von Mitarbeiterbeschwerden

6.13 Lösungen: Beschäftigungsverhältnisse und Personalvertretung im öffentlichen Dienst

Aufgabe	Lösung	Aufgabe	Lösung	Aufgabe	Lösung
1.	a), c), d)	2.	a)	3.	b)
4.	a), b)	5.	c)	6.	a), b), c)
7.	c)	8.	b)	9.	c)
10.	a), b), d)				

Lösungen der Auswahl-Fragen.

6.14 Test: Ausbildungsvertrag (IHK Prüfung)

1. Was bedeutet die Abkürzung BBiG?

☐ a) Bundesbinnenschfiffahrtsgesetz

☐ b) Bundesberufsinitiativengesetz

☐ c) Bundesbildungsgesetz

2. Welche Aspekte des Ausbildungsverhältnisses sind innerhalb des Ausbildungsvertrags geregelt?

   ☐ a) Ziel der Ausbildung

   ☐ b) Länge der Arbeitspausen

   ☐ c) Höhe der Ausbildungsvergütung

   ☐ d) Mögliche Kündigungsgründe

3. Ab welchem Alter können Ausbildende ihre Ausbildungsverträge selber unterzeichnen?

   ☐ a) Ab 16 Jahren

   ☐ b) Ab 17 Jahren

   ☐ c) Ab 18 Jahren

   ☐ d) Ab 21 Jahren

4. Welche folgenden Qualifikationen werden als Verkürzungsgrund für die Ausbildung von der IHK anerkannt?

   ☐ a) Fachoberschulreife

   ☐ b) Allgemeine Hochschulreife (Abitur)

   ☐ c) Realschulabschluss

   ☐ d) Abgeschlossene Berufsausbildung

5. Wann muss die Arbeitszeit für minderjährige Auszubildende spätestens enden?

   ☐ a) 18 Uhr

   ☐ b) 20 Uhr

   ☐ c) 22 Uhr

   ☐ d) 24 Uhr

6. Welche der folgenden Aussagen ist falsch?

   ☐ a) Bei Auszubildenden unter 16 Jahren beträgt der jährliche Urlaubsanspruch mindestens 30 Tage.

   ☐ b) Bei Auszubildenden unter 17 Jahren beträgt der jährliche Urlaubsanspruch mindestens 27 Tage.

   ☐ c) Bei Auszubildenden unter 18 Jahren beträgt der jährliche Urlaubsanspruch mindestens 25 Tage.

   ☐ d) Bei Auszubildenden unter 21 Jahren beträgt der jährliche Urlaubsanspruch mindestens 23 Tage.

7. Welche Folgen hat die Pflicht zur Einhaltung des Ausbildungsziels für die Ausbilderin bzw. den Ausbilder?

   ☐ a) Auszubildenden dürfen nur Tätigkeiten übertragen werden, die dem Ausbildungsgang entsprechen.

   ☐ b) Ausbildungsbetriebe müssen Auszubildenden Nachhilfeunterricht für die Berufsschule bezahlen.

   ☐ c) Ausbildungsbetriebe müssen Auszubildende zum Lernen für Zwischen- und Abschlussprüfungen freistellen.

   ☐ d) Ausbildungsbetriebe müssen Lehrmittel für die Auszubildenden zur Verfügung stellen.

8. Welche der folgenden Aussagen zu Berichtsheften treffen zu?

   ☐ a) Das Berichtsheft wird durch den ausbildenden Betrieb erstellt.

   ☐ b) Das Berichtsheft kann während der Arbeitszeit ausgefüllt werden.

   ☐ c) Das Berichtsheft wird von der Berufsschule korrigiert und benotet.

   ☐ d) Die Führung des Berichtshefts ist im Ausbildungsvertrag festgelegt.

9. In welchem Regelwerk ist die Ausbildungseignung geregelt?

☐ a) Bundesausbildungseignungsgesetz (BAEG)

☐ b) Ausbildereignungsverordnung (AEVO)

☐ c) Bundesausbildergesetz (BAG)

☐ d) Erlass zur Eignung von Ausbildern des Bundesjustizministeriums vom 17.04.1984

10. Welche Ausbildungsmittel hat der Ausbildungsbetrieb zur Verfügung zu stellen?

☐ a) Spezielle Schutzkleidung

☐ b) Notwendige Computersoftware

☐ c) Diensthandy

☐ d) Werkstoffe

11. Was bedeutet die Abkürzung ArbSchG?

☐ a) Arbeitsschutzgesetz

☐ b) Arbeiterschutzgesetz

☐ c) Arbeits- und Schulgesetz

☐ d) Arbeits-, Berufs- und Schulgesetz

12. Wer ist im Betrieb in erster Linie für dich als Azubi zuständig?

☐ a) Geschäftsführung

☐ b) Ausbilder

☐ c) Abteilungsleiter

☐ d) Personalabteilung

13. Bis zu welchem Alter müssen die Auszubildenden den Vertrag in Begleitung des gesetzlichen Vertreters unterzeichnen?

    ☐ a) Bis zum fünfzehnten Lebensjahr

    ☐ b) Bis zum siebzehnten Lebensjahr

    ☐ c) Bis zum achtzehnten Lebensjahr

    ☐ d) Bis zum einschließlich achtzehnten Lebensjahr

14. Was steht im Ausbildungsvertrag?

    ☐ a) Beginn und Dauer der Berufsausbildung

    ☐ b) Dauer der täglichen Arbeitszeit

    ☐ c) Dauer der Probezeit

    ☐ d) Rahmenlehrplan der Ausbildung

    ☐ e) Erziehungsberechtigten des Auszubildenden

15. Was musst du berücksichtigen, wenn du dich dazu entscheiden solltest, die Ausbildung vorzeitig zu beenden?

    ☐ a) Bedingungen der Kündigung im Ausbildungsvertrag

    ☐ b) Kündigungsfristen

    ☐ c) Gehaltsauszahlungen

    ☐ d) Probezeit

6.15 Lösungen: Ausbildungsvertrag (IHK Prüfung)

Aufgabe	Lösung	Aufgabe	Lösung	Aufgabe	Lösung
1.	c)	2.	a), c)	3.	c)
4.	a), b), d)	5.	c)	6.	d)
7.	a)	8.	b), d)	9.	b)
10.	a), b), d)	11.	a)	12.	b)
13.	c)	14.	a), b), c)	15.	a), b), d)

Lösungen der Auswahl-Fragen.

6.16 Test: Geschäftsfähigkeit/ Rechtsfähigkeit Prüfungsfragen

In der schriftlichen Prüfung kann die **Definition der Geschäftsfähigkeit** verlangt werden. Sie lautet wie folgt:
Die Geschäftsfähigkeit ist die Fähigkeit einer Person, eine Willenserklärung rechtsverbindlich abzugeben und entgegenzunehmen. Eine geschäftsfähige Person ist zum Abschluss verbindlicher Rechtsgeschäfte berechtigt.

6.16.1 Beispiele für die Definition

In der **mündlichen Abschlussprüfung reicht die Definition des Begriffs Geschäftsfähigkeit nicht aus**. Du musst eine Erklärung für die Begriffe Willenserklärung und Rechtsgeschäft abgeben. Das klappt am besten, wenn du diese Begriffe an einem Beispiel erläuterst. Eine Willenserklärung ist eine Äußerung, die zum Erfolg eines Rechtsgeschäfts führen soll. Der Begriff Willenserklärung stammt aus dem Zivilrecht. Ein Beispiel für eine Willenserklärung ist, wenn du einen Arbeitsvertrag unterzeichnest. Der Arbeitgeber will dich einstellen, während du den Arbeitsplatz annehmen willst.
Ein Rechtsgeschäft ist ein Rechtsakt, der durch eine Willenserklärung zustande kommt. Das kann ein Arbeitsvertrag, aber auch eine Kündigung oder ein Kaufvertrag für ein Auto sein.

6.16.2 Was unterscheidet die Geschäftsfähigkeit von der Rechtsfähigkeit?

Thema der Abschlussprüfung kann auch der **Unterschied zwischen Geschäftsfähigkeit und Rechtsfähigkeit** sein. Die Geschäftsfähigkeit regelt, wann eine Person Rechtsgeschäfte verbindlich abschließen darf. Die Rechtsfähigkeit ist die Fähigkeit, Träger von Rechten und Pflichten zu sein. Während grundsätzlich jede natürliche und juristische Person rechtsfähig ist, setzt die Geschäftsfähigkeit ein gewisses Maß an Einsicht für die Rechtsfolgen des Handelns voraus.

Während für die Rechtsfähigkeit keine Voraussetzungen gelten, ist die Geschäftsfähigkeit an ein bestimmtes Alter geknüpft. Bei der Geschäftsfähigkeit werden **drei Stufen** unterschieden:

- **Geschäftsunfähigkeit**
  Minderjährige, die das 7. Lebensjahr noch nicht vollendet haben, sind geschäftsunfähig. Auch Personen mit einer dauerhaften geistigen Behinderung sind geschäftsunfähig. Willenserklärungen, die von geschäftsunfähigen Personen abgegeben werden, sind nichtig. Für diese Personen handelt der gesetzliche Vertreter.
- **Beschränkte Geschäftsfähigkeit**
  Beschränkt geschäftsfähig sind Personen zwischen dem vollendeten 7. und dem 18. Lebensjahr. Diese Personen können altersübliche Geschäfte abschließen. Dazu zählen Geschäfte des täglichen Lebens wie der Kauf von Lebensmitteln, Eingehen eines Arbeitsverhältnisses, das vom gesetzlichen Vertreter erlaubt wird, beispielsweise ein Ferienjob, oder Geschäfte, die eine Person in diesem Alter mit ihrem Taschengeld abwickelt, wie der Kauf einer Zeitschrift.
- **Unbeschränkte Geschäftsfähigkeit**
  Die unbeschränkte Geschäftsfähigkeit gilt ab dem Erreichen der Volljährigkeit, also mit der Vollendung des 18. Lebensjahrs. Personen in diesem Alter können uneingeschränkt und ohne gesetzlichen Vertreter Willenserklärungen abgeben. Beispiele dafür sind der Kauf eines Autos, die Anmietung einer Wohnung oder die Kündigung eines Arbeitsverhältnisses.

6.16.3 Der Taschengeldparagraph

Im Zusammenhang mit der Geschäftsfähigkeit kann in der Abschlussprüfung nach dem **Taschengeldparagraphen** gefragt werden. Es handelt sich um § 110 BGB. Der Taschengeldparagraph besagt, dass **Kinder und Jugendliche von ihrem verfügbaren Taschengeld das kaufen können, was sie möchten**. Sie müssen jedoch im Vorfeld wissen, dass die Eltern dem Kauf zustimmen würden. Der Preis der Ware darf nicht höher sein als das verfügbare Taschengeld. Die Ware darf nur bar bezahlt werden.

Das kannst du mit einem Beispiel erläutern: Ein achtjähriges Mädchen hat zwei Euro Taschengeld und kauft sich davon ein belegtes Brötchen.

Teste nun dein Wissen zum Thema Rechts- und Geschäftsfähigkeit.

1. Ab wann beginnt die Rechtsfähigkeit einer natürlichen Person?

   - ○ a) Ab dem 7. Lebensjahr
   - ○ b) Ab der vollendeten Geburt
   - ○ c) Ab dem 12. Lebensjahr
   - ○ d) Ab dem 18. Lebensjahr

2. Was ist der Unterschied zwischen Rechtsfähigkeit und Geschäftsfähigkeit?

   - ○ a) Es gibt keinen Unterschied, da beides dasselbe ist.
   - ○ b) Rechtsfähig ist man erst ab dem vollendeten 18. Lebensjahr, während man schon ab der Geburt geschäftsfähig ist.
   - ○ c) Rechtsfähig ist man bereits ab der Geburt, während man erst ab dem vollendeten 18. Lebensjahr geschäftsfähig ist.
   - ○ d) Rechtsfähig sind nur juristische Personen, während natürliche Personen geschäftsfähig sind.

3. Welche Aussage zur Rechtsfähigkeit ist richtig?

   - ○ a) Es handelt sich um die Fähigkeit, Träger von Rechten und Pflichten zu sein.
   - ○ b) Es ist die Fähigkeit zur Abgabe rechtswirksamer Willenserklärungen.
   - ○ c) Rechtsfähigkeit ist die Fähigkeit zum Vertragsabschluss.
   - ○ d) Rechtsfähigkeit beginnt ab dem vollendeten 7. Lebensjahr.

4. Was trifft für die Rechtsfähigkeit einer juristischen Person zu?

   - ○ a) Die Rechtsfähigkeit beginnt mit der Gründung.
   - ○ b) Die Rechtsfähigkeit beginnt mit der Geschäftsfähigkeit.
   - ○ c) Die Rechtsfähigkeit beginnt mit der Eintragung in das Register.
   - ○ d) Die Rechtsfähigkeit ist die Fähigkeit zum voll gültigen Abschluss von Rechtsgeschäften.

5. Welche Aussage erklärt die Rechtsfähigkeit richtig?

- ◯ a) Die Fähigkeit, als Anwalt tätig zu sein.
- ◯ b) Die Fähigkeit, Geschäfte rechtskräftig abzuschließen.
- ◯ c) Die Fähigkeit, als Zeuge vor Gericht auszusagen.
- ◯ d) Die Fähigkeit, Rechte und Pflichten zu haben.

6. Wer ist keine juristische Person?

- ◯ a) Die IHK
- ◯ b) Ein gemeinnütziger Verein
- ◯ c) Ein Richter
- ◯ d) Eine GmbH

7. Wer ist eine juristische Person des privaten Rechts?

- ◯ a) Der Rechtsanwalt Wolfgang Schubert
- ◯ b) Die IHK Niedersachsen
- ◯ c) Eine GmbH
- ◯ d) Das Bundesland Mecklenburg-Vorpommern

8. Welche Aussage gilt für einen 16-jährigen Jugendlichen?

- ◯ a) Der Jugendliche ist rechtsfähig und beschränkt geschäftsfähig.
- ◯ b) Der Jugendliche ist nur rechtsfähig.
- ◯ c) Der Jugendliche ist rechtsfähig und unbeschränkt geschäftsfähig.
- ◯ d) Der Jugendliche ist nur geschäftsfähig.

9. Was passiert mit einem Erwachsenen, der unter fortschreitender Demenz leidet und vollständig die Kontrolle über sich selbst verliert?

- ◯ a) Er verliert seine Rechtsfähigkeit.
- ◯ b) Er bleibt unbeschränkt geschäftsfähig.
- ◯ c) Er wird beschränkt geschäftsfähig.
- ◯ d) Er wird geschäftsunfähig.

10. Wer ist eine juristische Person des öffentlichen Rechts?

- ◯ a) Die IHK Hamburg
- ◯ b) Eine Aktiengesellschaft
- ◯ c) Ein Richter
- ◯ d) Ein Anglerverein

11. Wer ist eine natürliche Person?

- ◯ a) Ein Rechtsanwalt
- ◯ b) Ein Geflügelzüchterverein
- ◯ c) Die IHK Mecklenburg-Vorpommern
- ◯ d) Eine GmbH

12. Wann endet die Rechtsfähigkeit einer natürlichen Person?

- ◯ a) Mit dem Eintritt in das Rentenalter
- ◯ b) Mit dem Eintritt einer fortschreitenden Demenz
- ◯ c) Mit dem Tod
- ◯ d) Mit dem Eintritt der Geschäftsfähigkeit

13. Wann endet die Rechtsfähigkeit einer juristischen Person des privaten Rechts?

- ○ a) Mit dem Tod des Geschäftsführers
- ○ b) Mit der Eintragung in ein öffentliches Register
- ○ c) Mit der Kündigung der Beschäftigten
- ○ d) Mit der Löschung aus dem Register

14. Bei der Rechtsfähigkeit wird unterschieden zwischen...

- ○ a) ...natürlichen und juristischen Personen.
- ○ b) ...Kindern und Erwachsenen.
- ○ c) ...Minderjährigen und Volljährigen.
- ○ d) ...Kindern und Jugendlichen.

15. In welchem Alter ist man rechtsfähig, aber noch nicht geschäftsfähig?

- ○ a) Im Alter von 20 Jahren
- ○ b) Im Alter von 4 Jahren
- ○ c) Im Alter von 18 Jahren
- ○ d) Im Alter von 40 Jahren

16. In welchem Alter ist man rechtsfähig und gleichzeitig unbeschränkt geschäftsfähig?

- ○ a) Im Alter von 18 Jahren
- ○ b) Ab der Geburt
- ○ c) Ab 5 Jahren
- ○ d) Ab 7 Jahren

17. In welchem Alter ist man rechtsfähig und beschränkt geschäftsfähig?

- ◯ a) Ab der Geburt
- ◯ b) Ab 6 Jahren
- ◯ c) Ab 18 Jahren
- ◯ d) Mit 7 Jahren

18. Welche Aussage ist richtig?

- ◯ a) Der fünfjährige Felix darf von seinem Taschengeld kaufen, was er möchte, da er rechtsfähig ist.
- ◯ b) Der fünfjährige Felix darf noch keine Geschäfte abschließen, da er rechtsfähig, aber noch nicht geschäftsfähig ist.
- ◯ c) Der fünfjährige Felix kann bereits Kaufverträge abschließen.
- ◯ d) Der fünfjährige Felix ist noch nicht rechtsfähig.

19. Welche der Aussagen ist richtig?

- ◯ a) Der zwölfjährige Anton ist noch nicht rechtsfähig.
- ◯ b) Der zwölfjährige Anton ist rechtsfähig, aber nur beschränkt geschäftsfähig.
- ◯ c) Der zwölfjährige Anton ist rechtsfähig, aber geschäftsunfähig.
- ◯ d) Der zwölfjährige Anton ist rechtsfähig und unbeschränkt geschäftsfähig.

20. Welche Aussage trifft zu?

- ◯ a) Die 24-jährige Sandra ist rechtsfähig und unbeschränkt geschäftsfähig.
- ◯ b) Die 24-jährige Sandra ist unbeschränkt geschäftsfähig, aber nicht rechtsfähig, da sie keine Rechtsanwältin ist.
- ◯ c) Die 24-jährige Sandra ist rechtsfähig, aber nur beschränkt geschäftsfähig, da sie nicht als Geschäftsführerin tätig ist.
- ◯ d) Die 24-jährige Sandra ist rechtsfähig, aber geschäftsunfähig.

21. Ab welchem Alter gilt eine Person als uneingeschränkt geschäftsfähig?

- ○ a) Ab der Geburt
- ○ b) Ab vollendetem 7. Lebensjahr
- ○ c) Ab vollendetem 12. Lebensjahr
- ○ d) Ab vollendetem 18. Lebensjahr

22. Ab welchem Alter gilt eine Person als beschränkt geschäftsfähig?

- ○ a) Ab vollendetem 18. Lebensjahr
- ○ b) Ab der Geburt
- ○ c) Ab vollendetem 4. Lebensjahr
- ○ d) Ab vollendetem 7. Lebensjahr

23. Franz ist 15 Jahre alt und möchte Zeitungen austragen. Was benötigt er dafür?

- ○ a) Er benötigt nichts weiter, da er unbeschränkt geschäftsfähig ist.
- ○ b) Er benötigt seine Unterschrift und die Zustimmung seiner Eltern, da er beschränkt geschäftsfähig ist.
- ○ c) Er darf grundsätzlich keine Zeitungen austragen, da er noch nicht unbeschränkt geschäftsfähig ist.
- ○ d) Er darf Zeitungen austragen, auch wenn die Eltern nicht zustimmen.

24. Bis wann ist eine Person geschäftsunfähig?

- ○ a) Bis zum vollendeten 7. Lebensjahr
- ○ b) Niemals, da jede Person von Geburt an geschäftsfähig ist.
- ○ c) Bis zum vollendeten 15. Lebensjahr
- ○ d) Bis zum vollendeten 18. Lebensjahr

25. Petra ist 17 und möchte den Führerschein fürs Auto erwerben. Da sie nicht genügend Taschengeld hat, schließt sie einen Vertrag ab und leistet eine Anzahlung von 100 Euro.

In welchem Fall handelt die Fahrschule richtig?

- ◯ a) Die Fahrschule nimmt das Geld an und der Vertrag kommt zustande.
- ◯ b) Die Fahrschule zahlt Petra das Geld zurück. Es kommt nicht zum Vertragsabschluss.
- ◯ c) Die Fahrschule fordert auch noch das übrige Geld, damit der Vertrag zustande kommt.
- ◯ d) Die Fahrschule schließt mit Petra den Vertrag ab und zahlt ihr das Geld zurück.

26. Lars ist 12 Jahre alt und darf, da er beschränkt geschäftsfähig ist, ein Rechtsgeschäft vornehmen, das ihm lediglich einen rechtlichen Vorteil bietet.

    Bei welchem dieser Fälle handelt es sich um ein solches Geschäft?

- ◯ a) Lars kauft sich ein Fahrrad von seinem Taschengeld.
- ◯ b) Lars kauft sich ein Notebook, doch sein Taschengeld reicht nicht aus und die Eltern schießen Geld zu.
- ◯ c) Lars nimmt von seinen Großeltern 100 Euro an, die sie ihm schenken.
- ◯ d) Lars erhält vom Nachbarn 50 Euro und verpflichtet sich, dort alle zwei Wochen Rasen zu mähen.

27. Welche Stufe der Geschäftsfähigkeit gilt für ein 12-jähriges Kind?

- ◯ a) Geschäftsunfähigkeit
- ◯ b) unbeschränkte Geschäftsfähigkeit
- ◯ c) unvollständige Geschäftsfähigkeit
- ◯ d) beschränkte Geschäftsfähigkeit

28. In welchem Fall kann ein Erwachsener die Geschäftsfähigkeit verlieren?

- ◯ a) Ein Erwachsener leidet an fortschreitender Demenz und verliert die Kontrolle über sich selbst.
- ◯ b) Ein Erwachsener verursacht einmalig einen Unfall unter Alkoholeinfluss.
- ◯ c) Ein Erwachsener begeht einen Diebstahl und ist im Vollbesitz seiner körperlichen und geistigen Kräfte.
- ◯ d) Ein Erwachsener greift einen Jugendlichen körperlich an.

29. Ein Erwachsener leidet unter weit fortgeschrittener Demenz und ist nicht mehr in der Lage, selbstständig zu entscheiden.
Um welche Stufe der Geschäftsfähigkeit handelt es sich?

- ◯ a) Uneingeschränkte Geschäftsfähigkeit
- ◯ b) Geschäftsunfähigkeit
- ◯ c) Teilweise eingeschränkte Geschäftsfähigkeit
- ◯ d) Beschränkte Geschäftsfähigkeit

30. Wann kann ein Vertrag, der kurz vor der Volljährigkeit zwischen dem Jugendlichen und einem Geschäftspartner abgeschlossen wurde, wirksam werden?

- ◯ a) Wenn der Jugendliche den Vertrag unterschreibt.
- ◯ b) Wenn der Jugendliche 18 Jahre alt ist.
- ◯ c) Wenn die Eltern des Jugendlichen dem Vertragsabschluss zustimmen.
- ◯ d) Wenn der Jugendliche die erforderliche Zahlung leistet.

31. Welcher Unterschied zwischen Geschäftsfähigkeit und Rechtsfähigkeit ist richtig?

- ◯ a) Geschäftsfähigkeit und Rechtsfähigkeit sind dasselbe.
- ◯ b) Jede natürliche Person ist rechtsfähig und gleichzeitig geschäftsfähig.
- ◯ c) Rechtsfähig ist jede natürliche Person, während die beschränkte Geschäftsfähigkeit an ein Mindestalter von 7 Jahren und die unbeschränkte Geschäftsfähigkeit an ein Mindestalter von 18 Jahren geknüpft ist.
- ◯ d) Geschäftsfähig ist jede natürliche Person, während eine natürliche Person erst ab einem bestimmten Alter rechtsfähig ist.

32. Welche Stufe der Geschäftsfähigkeit liegt bei einem fünfjährigen Kind vor?

- ◯ a) Geschäftsunfähigkeit
- ◯ b) Beschränkte Geschäftsfähigkeit
- ◯ c) Vollständige Geschäftsfähigkeit
- ◯ d) Unbeschränkte Geschäftsfähigkeit

33. Robert ist fünf Jahre alt und schließt ein Abo für eine Kinderzeitschrift ab.

    Welcher Sachverhalt ist richtig?

    - ◯ a) Das Abo ist völlig in Ordnung.
    - ◯ b) Das Abo kommt zustande, wenn die Eltern zustimmen.
    - ◯ c) Das Abo kommt auch dann nicht zustande, wenn die Eltern zustimmen.
    - ◯ d) Wenn die Eltern bezahlen, kommt das Abo zustande.

34. Laura ist 17 Jahre alt und Auszubildende.

    Von ihrem Geld will sie sich ein Notebook kaufen. Welcher Sachverhalt ist richtig?

    - ◯ a) Laura darf kein Notebook kaufen, da sie beschränkt geschäftsfähig ist.
    - ◯ b) Laura darf das Notebook auch dann kaufen, wenn ihr Geld nicht ausreicht.
    - ◯ c) Laura darf das Notebook kaufen, wenn ihre Eltern den Kaufvertrag unterschreiben.
    - ◯ d) Laura darf das Notebook kaufen, wenn ihr Geld dafür ausreicht.

35. Die 14-jährige Svenja will beim Nachbarn für Geld babysitten.

    Was ist erforderlich?

    - ◯ a) Es reicht eine mündliche Vereinbarung aus.
    - ◯ b) Ein schriftlicher Vertrag zwischen Svenja und den Nachbarn muss geschlossen werden, den auch Svenjas Eltern unterschreiben.
    - ◯ c) Es reicht aus, wenn Svenja dafür das Geld bekommt.
    - ◯ d) Es ist auch in Ordnung, wenn Svenja für ihre Tätigkeit nicht bezahlt wird.

36. In welchem Alter liegt die beschränkte Geschäftsfähigkeit vor?

    - ◯ a) Von 0 bis 7 Jahren
    - ◯ b) Von 7 bis 18 Jahren
    - ◯ c) Von 6 bis 12 Jahren
    - ◯ d) Von 0 bis 18 Jahren

37. Anna ist 16 Jahre alt und möchte sich tätowieren lassen. Das Tattoo kann sie von ihrem Taschengeld bezahlen.

Was ist erforderlich?

- ◯ a) Anna muss lediglich das Tattoo bezahlen.
- ◯ b) Anna muss einen Vertrag unterschreiben.
- ◯ c) Die Zustimmung von Annas Eltern ist erforderlich.
- ◯ d) Nichts, da es sich um eine geringfügige Angelegenheit des täglichen Lebens handelt.

38. Julia macht eine Ausbildung und kauft sich eine Monatskarte für den öffentlichen Verkehr. Welcher Sachverhalt ist richtig?

- ◯ a) Julia darf das, da es sich um eine geringfügige Angelegenheit des täglichen Lebens handelt.
- ◯ b) Julia darf das nicht, da sie geschäftsunfähig ist.
- ◯ c) Julia darf das nicht, da sie beschränkt geschäftsfähig ist.
- ◯ d) Die Zustimmung von Julias Eltern ist erforderlich.

39. Welche Stufe der Geschäftsfähigkeit liegt bei einer 36-jährigen Frau vor?

- ◯ a) Volle Geschäftsfähigkeit
- ◯ b) Geschäftsunfähigkeit
- ◯ c) Unbeschränkte Geschäftsfähigkeit
- ◯ d) Beschränkte Geschäftsfähigkeit

40. Welche dieser Personen ist beschränkt geschäftsfähig?

- ◯ a) Ein 17-jähriger Jugendlicher
- ◯ b) Ein Neugeborenes
- ◯ c) Ein 40-jähriger Mann
- ◯ d) Ein sechsjähriges Kind

6.17 Lösungen: Geschäftsfähigkeit/ Rechtsfähigkeit Prüfungsfragen

Aufgabe	Lösung	Aufgabe	Lösung	Aufgabe	Lösung
1.	b)	2.	c)	3.	a)
4.	c)	5.	d)	6.	c)
7.	c)	8.	a)	9.	d)
10.	a)	11.	a)	12.	c)
13.	d)	14.	a)	15.	b)
16.	a)	17.	d)	18.	b)
19.	b)	20.	a)	21.	d)
22.	d)	23.	b)	24.	a)
25.	b)	26.	c)	27.	d)
28.	a)	29.	b)	30.	c)
31.	c)	32.	a)	33.	c)
34.	d)	35.	b)	36.	b)
37.	c)	38.	a)	39.	c)
40.	a)				

Lösungen der Auswahl-Fragen.

7 Die Verwaltung im Staatsaufbau

7.1 Verfassungsprinzipien

In Art 20 GG sind Verfassungsprinzipien der Bundesrepublik Deutschland verankert. Diese gestalten sich wie folgt:

Demokratischer und sozialer Bundesstaat
Alle Macht geht vom Volk aus. Die Vertreter des Volkes werden gewählt (Demokratie). Bürger, die nicht aus eigener Kraft gewisse Dinge stemmen können, erhalten z.B. Sozialhilfe, Kindergeld und anderes (Sozialstaat).

Rechtstaatlichkeit
Es gibt keine Strafe ohne entsprechendes Gesetz.

Republik
Wie der Name schon sagt, ist die Bundesrepublik Deutschland eine "Republik". Das heißt, dass kein Staatsoberhaupt auf Lebenszeit oder durch Geburtsrecht berufen sein kann.

Bundesstaat
Deutschland ist ein Bundesstaat. Also ein Zusammenschluss verschiedener Bundesländer. Dies bedeutet, es gibt zwei Ebenen auf denen gehandelt wird: die Bundes- und Landesebene. Auf Bundesebene werden zum Beispiel Bundespolizei und Bundeskriminalamt geregelt und geführt. Wie bereits erwähnt, ist die Landespolizei Sache der einzelnen Bundesländer. Daher die Namensgebung "Bundespolizei" sowie "Landespolizei".

Im Weiteren regelt der Art. 20 GG die sogenannte **Gewaltenteilung**:

Judikative: richterliche – oder auch rechtsbrechende – Gewalt
Legislative: gesetzgebende Gewalt -> Bundestag/ -Rat (beschließt Gesetze)
Exekutive: ausführende Gewalt -> Polizei/Sicherheitsbehörden

Merke: Sinn der Gewaltenteilung ist eine gegenseitige Kontrolle. Dies soll einem Machtmissbrauch einzelner Gewalten vorbeugen.

7.2 Staatsrecht Einführung für Verwaltungsfachangestellte

Der Begriff "**Staat**" erfordert drei **Voraussetzungen**:

- Staatsgebiet (räumlicher Geltungsbereich)
- Staatsvolk (alle Personen, welche durch Staatsangehörigkeit dauerhaft mit dem Staat verbunden sind)
- Staatsgewalt (Herrschaftsmacht des Staates innerhalb des Staatsgebiets)

Unter den Begriff "Recht" fallen sämtliche vom Staat erlassene verbindliche Regeln für das menschliche Zusammenleben. Rechtsnormen (Gesetze) werden vom Staat zwangsweise durchgesetzt und haben eine Schutz- und Ordnungsfunktion. Ziel des Rechts ist die Herstellung und Bewahrung von Gerechtigkeit.

Die fünf **Staatsprinzipien** sind im **Grundgesetz** verankert:

- Republik ("Nicht Monarchie", ein Staatsoberhaupt kann nicht auf Lebenszeit bestimmt werden)
- Demokratie (Volksherrschaft)
- Rechtsstaat (Behörden dürfen nur aufgrund einer Rechtsgrundlage handeln)
- Sozialstaat (Soziale Sicherung für bedürftige Personen, Unterstützung von Menschen in besonderen Lebenslagen)
- Bundesstaat (16 Bundesländer)

Eine große Bedeutung im Staatsrecht kommt den **Wahlrechtsgrundsätzen** zu:

- Gleichheit (jeder Wahlberechtigte hat die gleiche Anzahl an Stimmen und diese werden gleich gewertet)
- Allgemeinheit (jeder darf wählen)
- Unmittelbarkeit (keine Stellvertreter, keine Wahlmänner)
- Freiheit (Stimmabgabe in den Wahlkreisen)
- Geheimheit (Wahlkabine oder Briefwahl von zu Hause aus)

Die öffentliche Verwaltung muss gesetzmäßig handeln. Dabei sind der Vorrang des Gesetzes sowie der Vorbehalt des Gesetzes wichtig:

Vorrang des Gesetzes bedeutet, nicht gegen das Gesetz zu handeln, d. h. eine Behörde darf nicht gegen Gesetze verstoßen, wenn sie handelt.

Vorbehalt des Gesetzes bedeutet, dass eine Behörde nicht ohne Gesetz handeln darf, also z. B. keinen Bescheid erlassen kann, wenn es für diese Art von Fall keine gesetzliche Befugnis gibt, einzuschreiten.

7.3 Träger und Gliederung der öffentlichen Verwaltung in Deutschland

Neben **Privatpersonen** (jeder Mensch) gibt es **juristische Personen**. Eine juristische Person kann ein Verband, eine Vereinigung (z. B. eingetragener Verein) oder eine Organisation (z. B. Unternehmen) sein. Es gibt juristische Personen des **Privatrechts**, wie private Unternehmen (z. B. GmbH) und es gibt juristische Personen des **öffentlichen Rechts**, welche **öffentliche Aufgaben** (z. B. Wasserversorgung) erfüllen. Juristische Personen haben Organe, um handeln zu können. Es gibt ein Gremium für grundlegende Entscheidungen (z. B. Vorstand im Unternehmen oder Stadtrat in einer Kommune) und eine Person für die laufende Geschäftsführung (z. B. Geschäftsführer im Unternehmen oder geschäftsleitender Beamter in einer Gemeindeverwaltung). Wer im öffentlichen Dienst beschäftigt ist, arbeitet für eine juristischen Person des öffentlichen Rechts. Egal, ob Landratsamt, Gemeindeverwaltung oder Regierung – all diese Behörden sind juristische Personen des öffentlichen Rechts.

Juristische Personen des öffentlichen Rechts werden unterschieden in:

- Körperschaften (z. B. Bundesland, Gemeinde oder Landkreis)
- Anstalten (z. B. Rundfunkanstalt MDR, SWR, BR)
- Stiftungen (Vermögensmassen)

Wenn wir über Bezirke, Landkreise und Gemeinden (Kommunen) sprechen, dann sprechen wir also über Körperschaften des öffentlichen Rechts. Genauer gesagt handelt es sich dabei um **kommunale Gebietskörperschaften des öffentlichen Rechts**. Der Begriff Gebietskörperschaft bedeutet, dass sich der Einflussbereich dieser Verwaltungen auf ein festgelegtes Gebiet erstreckt, z. B. das Gemeindegebiet oder der Landkreis. Die Zuständigkeit eines Landratsamtes erstreckt sich ausschließlich auf das Gebiet des Landkreises – daher bezeichnen wir diese Behörden als Gebietskörperschaften.

Der Bund sowie die Bundesländer stellen die **unmittelbare Staatsverwaltung** dar (erfüllen ihre Aufgaben durch eigene Behörden), während die Körperschaften, Anstalten und Stiftungen des öffentlichen Rechts die **mittelbare Staatsverwaltung** bilden (erhalten Aufgaben übertragen).

Sehen wir uns den Aufbau der Staatsverwaltung in einem Bundesland der Bundesrepublik Deutschland einmal etwas genauer an:

Die **Ministerien** bilden die Obersten Landesbehörden mit einer Zuständigkeit, welche sich über das gesamte Staatsgebiet (jeweiliges Bundesland) erstreckt. Die Ministerien treffen Grundsatzentscheidungen, bereiten Gesetzesvorhaben vor und beaufsichtigen den Verwaltungsvollzug.

Die **Regierungen** bilden die Mittleren Landesbehörden, deren Zuständigkeitsbereich einen Teil des Staatsgebietes umfasst. Aufgabe der Regierung ist es, zum Teil selbst eigene Sachbearbeitung wahrzunehmen, zum anderen aber auch die Beaufsichtigung und Koordination der nachgegliederten Behörden.

Die **Landratsämter** bilden die Unterbehörden, deren Zuständigkeit ebenfalls nur einen Teil des Staatsgebietes umfasst. Aufgabe dieser Ämter ist der Verwaltungsvollzug vor Ort, also der Erlass von Bescheiden zur Regelung von Einzelfällen oder der Erlass von Satzungen und Verordnungen für ihren Zuständigkeitsbereich.

7.4 Grundlagen der Verfassung sowie Kommunale Selbstverwaltung

Grundlagen der Verfassung – Europarecht und Grundrechte

Grundrechte sind Abwehrrechte des Bürgers gegen den Staat. Grundrechte sind damit subjektive Rechte, die ein Bürger geltend machen kann, wenn der Staat in seinen Lebensbereich eingreift.

Beispiel: An einer Schule sind Masern aufgetreten. Das Landratsamt (Gesundheitsamt) verbietet einem nicht geimpften Kind den weiteren Schulbesuch. Die Eltern des Kindes erheben gegen die Anordnung der Behörde eine Klage vor dem zuständigen Verwaltungsgericht mit dem Ziel, dass ihr Kind die Schule künftig wieder besuchen darf.

Die Grundrechte finden sich zunächst im ersten Abschnitt des Grundgesetzes (GG) – darunter fallen bestimmte Freiheitsrechte, wie das Recht auf die freie Entfaltung der Persönlichkeit.

Neben dem Grundgesetz enthalten auch die Landesverfassungen der einzelnen Bundesländer Grundrechte als Abwehrrechte des Bürgers gegen den Staat. Die Grundrechte der einzelnen Landesverfassungen gelten neben denen des Grundgesetzes, soweit sie deren Freiheitsstandard nicht unterschreiten, also den Bürgern keine Freiheiten nehmen, die durch das Grundgesetzt gewährt werden.

Grundrechte sind auch in der Europäischen Menschenrechtskonvention (EMRK) festgehalten, die als völkerrechtlicher Vertrag ein Teil des deutschen Rechts ist (Völkerrecht). Daneben existieren sog. Unionsgrundrechte, als Grundrechte der Europäischen Union (Charta der Grundrechte der Europäischen Union).

Grundlagen der Kommunalen Selbstverwaltung

Gemeinden steht ein Recht auf Selbstverwaltung zu. Dies bedeutet, dass sich die Gemeinde im Rahmen der Gesetze unabhängig und nach eigenem Ermessen verwaltet. Das Selbstverwaltungsrecht hat dabei einen grundrechtsähnlichen Charakter. Eine Gemeinde kann damit auch eine Verfassungsbeschwerde bzw. eine Popularklage erheben, wenn sie sich durch Maßnahmen des Staates (z. B. Bau einer Autobahn durch das Gemeindegebiet, Errichtung einer Müllverbrennungsanlage) in ihrem Selbstverwaltungsrecht verletzt fühlt.

Ein Ausfluss der Kommunalen Selbstverwaltung ist die Gemeindehoheit, welche neben der Bevölkerung auch alle nur vorübergehend im Gemeindegebiet anwesenden Personen (z. B. Urlauber, Durchreisenden) umfasst. Die Gemeindehoheit tritt in verschiedenen Ausprägungen auf:

- Verwaltungshoheit: Die Gemeinde erledigt die anfallenden Verwaltungsgeschäfte in eigener Verantwortung.
- Finanzhoheit: Die Gemeinde erlässt für jedes Haushaltsjahr eine Haushaltssatzung und regelt damit ihr Finanzwesen.
- Personalhoheit: Die Gemeinde stellt ihr Personal selbst ein, ohne Zustimmung seitens staatlicher Behörden.
- Organisationshoheit: Die Gemeinde entscheidet selbst über die Aufgabenverteilung auf die Beschäftigten.
- Rechtsetzungshoheit: Die Gemeinden erlassen Satzungen.
- Ortsplanungshoheit: Die Gemeinden haben Bauleitpläne aufzustellen.

7.5 Test: Staatsrecht Einführung für Verwaltungsfachangestellte

1. Was bedeutet "Vorbehalt des Gesetzes"?

   ☐ a) Eine Behörde darf ohne gesetzliche Grundlage handeln.

   ☐ b) Gesetze dürfen nicht vor Unterzeichnung durch den Bundespräsidenten angewendet werden.

   ☐ c) Eine Behörde darf nicht ohne das Gesetz handeln.

   ☐ d) Kein Gesetzerlass ohne Beteiligung des Bundesrates

2. In welchem Fall ist der Grundsatz einer freien und geheimen Wahl gewahrt?

   ☐ a) Briefwahl

   ☐ b) Wahl in der Wahlkabine

   ☐ c) Wahl unter Aufsicht eines Verwaltungsmitarbeiters

   ☐ d) Der Grundsatz ist in jedem Fall gewahrt.

3. Welche Aussage ist zutreffend?

   ☐ a) Gesetze können vom Staat zwangsweise durchgesetzt werden.

   ☐ b) Gesetze dürfen nicht zwangsweise durchgesetzt werden.

   ☐ c) Behörden dürfen Gesetze stets nur mit vorheriger Zustimmung der Behördenleitung anwenden.

   ☐ d) Keine der Aussagen ist korrekt.

4. Wie ist ein Staatsvolk definiert?

   ☐ a) Alle Personen, die sich im Staatsgebiet befinden.

   ☐ b) Alle Personen, welche in einen Staat einreisen.

   ☐ c) Alle Personen mit Staatsbürgerschaft

   ☐ d) Keine der Aussagen ist korrekt

5. Welche der Folgenden zählen zu den Voraussetzungen für einen Staat?

   ☐ a) Staatseingriffe

   ☐ b) Staatsgewalt

   ☐ c) Staatsvolk

   ☐ d) Staatsgebiet

6. Was definiert der Begriff "Recht"?

   ☐ a) Nur Gesetze, welche den Umgang der Behörde mit dem Bürger regeln.

   ☐ b) Nur Gesetze, welche den Behörden erlauben, in das Leben der Menschen einzugreifen.

   ☐ c) Sämtliche Gesetze, welche verbindliche Regeln für das menschliche Zusammenleben treffen.

   ☐ d) Notstandsgesetze sowie die Verfassung

7. Was bedeutet Rechtsstaatlichkeit in Hinblick auf das Verwaltungshandeln?

☐ a) Behörden dürfen Gesetze für ihren eigenen Zuständigkeitsbereich für Einzelfälle anpassen.

☐ b) Bürger können gerichtlichen Rechtsschutz gegen eine sie betreffende Anordnung einer Behörde erheben.

☐ c) Behörden handeln aufgrund einer gesetzlichen Ermächtigung.

☐ d) Landesbehörden leiten ihre Entscheidungen ausschließlich aus dem Landesrecht ab.

8. Wie kann das Staatsprinzip "Republik" umschrieben werden?

☐ a) "Nicht Monarchie"

☐ b) "Eigenstaatlichkeit der Bundesländer"

☐ c) "Ernennung auf Lebenszeit"

☐ d) "Hoheitsgewalt der Bundesländer"

9. Wie wird der Wahlrechtsgrundsatz "Gleichheit" definiert?

☐ a) Alle Stimmen werden gleich gewertet.

☐ b) Jeder darf wählen.

☐ c) Stimmabgabe in Wahlkreisen

☐ d) Jeder Wahlberechtigte hat die gleiche Anzahl an Stimmen.

10. Was bedeutet der Vorrang des Gesetzes?

☐ a) Eine Behörde darf nicht ohne Gesetz handeln.

☐ b) Eine Behörde darf auch ohne Rechtsgrundlage einschreiten.

☐ c) Eine Behörde darf nicht gegen das Gesetz handeln.

☐ d) Keine der Antworten ist korrekt.

7.6 Lösungen: Staatsrecht Einführung für Verwaltungsfachangestellte

Aufgabe	Lösung	Aufgabe	Lösung	Aufgabe	Lösung
1.	c)	2.	a), b)	3.	a)
4.	c)	5.	b), c), d)	6.	c)
7.	b), c)	8.	a)	9.	a), d)
10.	c)				

Lösungen der Auswahl-Fragen.

7.7 Test: Träger und Gliederung der öffentlichen Verwaltung in Deutschland

1. Welche der Folgenden zählen zur unmittelbaren Staatsverwaltung?

   ☐ a) Bundesrepublik Deutschland

   ☐ b) Landeshauptstadt Stuttgart

   ☐ c) Freistaat Sachsen

   ☐ d) Land Berlin

2. Welche Aussage in Bezug auf die Ministerien in einem Bundesland ist zutreffend?

   ☐ a) Sie bilden die Obersten Landesbehörden.

   ☐ b) Die Zuständigkeit erstreckt sich über das gesamte Bundesland.

   ☐ c) Aufgabe ist der ortsnahe Verwaltungsvollzug.

   ☐ d) Aufgabe ist die Vorbereitung von Gesetzesvorhaben.

3. Welche Aussage in Bezug auf die Regierungen in einem Bundesland ist zutreffend?

   ☐ a) Sie bilden die Unterbehörden.

   ☐ b) Sie bilden die Obersten Landesbehörden.

   ☐ c) Sie nehmen zum Teil eigene Sachbearbeitung wahr.

   ☐ d) Sie koordinieren als Mittelbehörden die nachgegliederten Behörden.

4. Welche der folgenden Aufgaben kommt den Landratsämtern zu?

☐ a) Verwaltungsvollzug vor Ort

☐ b) Erlass von Satzungen und Verordnungen

☐ c) Vorbereitung von Gesetzesvorhaben

☐ d) Kontrolle der nachgegliederten staatlichen Behörden

5. Wie werden Juristische Personen unterschieden?

☐ a) Juristische Personen des Staatsrechts und Juristische Personen der Unternehmen

☐ b) Juristische Personen des Privatrechts und Juristische Personen der öffentlichen Rechts

☐ c) Anstalten des Privatrechts und Körperschaften des öffentlichen Rechts

☐ d) Juristische Personen der Staatsverwaltung und Juristische Personen der Kommunalen Verwaltung

6. Welche der folgenden Organisationen stellen Juristische Personen des öffentlichen Rechts dar?

☐ a) Anstalten

☐ b) Aktiengesellschaften

☐ c) Zweckverbände

☐ d) Eingetragene Vereine (e. V.)

7. Welche der folgenden Beispiele stellen eine Juristische Person des öffentlichen Rechts dar?

☐ a) Abwasserzweckverband Erding

☐ b) Südwestdeutscher Rundfunk

☐ c) Stadt Hamburg

☐ d) Berliner Philharmoniker

8. Welche Eigenschaften zeichnen Juristische Personen aus?

☐ a) Es gibt ein Gremium für grundlegende Entscheidungen sowie eine Person, welche die laufende Geschäftsführung wahrnimmt.

☐ b) Es gibt ein Gremium, welches die laufende Geschäftsführung wahrnimmt, sowie eine Person, die alleinig die grundlegenden Entscheidungen trifft.

☐ c) Eine Person leitet die Organisation ohne Mitwirkung anderer.

☐ d) Keine der Antworten ist korrekt.

9. Welche der folgenden Organisationen stellen Körperschaften des öffentlichen Rechts dar?

☐ a) Landkreis München

☐ b) Hamburger-Museums-Stiftung

☐ c) Norddeutscher Rundfunk

☐ d) Stadt Köln

10. Was bedeutet der Begriff "Gebietskörperschaft"?

☐ a) Der Einflussbereich ist räumlich nicht abgegrenzt.

☐ b) Der Einflussbereich ist auf einen gewissen Teil des Staatsgebietes festgelegt.

☐ c) Die Gebietsversammlung befindet über grundlegende Entscheidungen.

☐ d) Keine der Antworten ist korrekt.

7.8 Lösungen: Träger und Gliederung der öffentlichen Verwaltung in Deutschland

Aufgabe	Lösung	Aufgabe	Lösung	Aufgabe	Lösung
1.	a), c), d)	2.	a), b), d)	3.	c), d)
4.	a), b)	5.	b)	6.	a), c)
7.	a), b), c), d)	8.	a)	9.	a), d)
10.	b)				

Lösungen der Auswahl-Fragen.

7.9 Test: Grundlagen der Verfassung sowie Kommunale Selbstverwaltung

1. Welche Aussage in Bezug auf die Grundrechte in Landesverfassungen (z. B. Bayerische Verfassung, Hessische Verfassung) ist zutreffend?

   ☐ a) Die Grundrechte in Landesverfassungen gelten neben den Grundrechten des Grundgesetzes.

   ☐ b) Im jeweiligen Bundesland gelten die Grundrechte der Landesverfassung anstelle der Grundrechte des Grundgesetzes.

   ☐ c) Das speziellere Recht der Landesverfassung gilt vorrangig gegenüber dem Grundgesetz. Selbst dann, wenn dadurch ein verfassungsmäßig garantiertes Recht eingeschränkt wird.

   ☐ d) Die Grundrechte einer Landesverfassung dürfen Freiheitsrechte weiter einschränken als die Grundrechte des Grundgesetzes.

2. Welche Aussage ist zutreffend?

   ☐ a) Die Europäische Menschenrechtskonvention (EMRK) ist als völkerrechtlicher Vertrag ein Teil des deutschen Rechts.

   ☐ b) Die Grundrechte-Charta der Europäischen Union legt die sog. Unionsgrundrechte fest und ist Teil des deutschen Rechts.

   ☐ c) Abgesehen von landesrechtlichen Bestimmungen existieren keine Grundrechte.

   ☐ d) Keine der Antworten ist korrekt.

3. Wie ist das gemeindliche Recht auf Selbstverwaltung definiert?

   ☐ a) Eine Gemeinde muss vor Entscheidungen des übergeordneten Landratsamtes angehört werden.

   ☐ b) Eine Gemeinde wird von der Landkreisverwaltung mitgeführt bzw. mitverwaltet.

   ☐ c) Eine Gemeinde verwaltet sich im Rahmen der Gesetze selbst und gestaltet eigene Angelegenheiten.

   ☐ d) Einer Gemeinde steht bei Entscheidungen im eigenen Wirkungskreis ein Ermessen zu.

4. Welche Rechtsmittel stehen einer Gemeinde offen, wenn sie sich durch staatliches Handeln in ihren Rechten verletzt fühlt?

☐ a) Popularklage

☐ b) Verfassungsbeschwerde

☐ c) Anklage vor dem Zivilgericht

☐ d) Der Gemeinde stehen keine Rechtsmittel offen.

5. Gegenüber welchen Personenkreisen gilt die Gemeindehoheit?

☐ a) Wohnbevölkerung

☐ b) Personen auf der Durchreise

☐ c) Urlaubern

☐ d) Keine der Antworten ist korrekt.

6. Was bedeutet die Verwaltungshoheit einer Gemeinde?

☐ a) Die Gemeinde erledigt anfallende Verwaltungsgeschäfte in eigener Verantwortung.

☐ b) Die Gemeinde lässt sich die eigenen Entscheidungen vor Auslauf durch die Landkreisverwaltung überprüfen.

☐ c) Das Landratsamt kann sich die Unterlagen der Gemeindeverwaltung einholen lassen.

☐ d) Die Gemeinde entscheidet sämtliche Angelegenheiten im Einvernehmen mit der zuständigen Regierung.

7. Was ist unter Rechtsetzungshoheit einer Gemeinde zu verstehen?

☐ a) Die Gemeinde entscheidet selbst, welche Satzungen sie erlässt.

☐ b) Die Gemeinde lässt sich Satzungen von der Bezirksregierung überprüfen.

☐ c) Die Landkreisverwaltung hat aufgrund der Satzungshoheit die Befugnis, Gemeinden Weisungen zu erteilen.

☐ d) Das Landratsamt kann anstelle der Gemeinde treten und in ihrem Namen Satzungen erlassen.

8. Was sind Grundrechte?

   - ☐ a) Eingriffsbefugnisse des Staates gegenüber dem Bürger
   - ☐ b) Abwehrrechte des Bürgers gegen den Staat
   - ☐ c) Ermächtigungsgrundlagen für Verwaltungsbehörden
   - ☐ d) Abwehrrechte der Bürger gegenüber anderen Privatpersonen

9. Wann kann ein Bürger Grundrechte geltend machen?

   - ☐ a) Wenn der Staat in seinen Lebensbereich eingreift.
   - ☐ b) Wenn ein anderer Bürger in seinen Lebensbereich eingreift.
   - ☐ c) Wenn ein Privatunternehmen in seinen Lebensbereich eingreift.
   - ☐ d) Keine der Antworten ist korrekt.

10. In welchen Gesetzen finden sich Grundrechte?

   - ☐ a) Europäische Menschenrechtskonvention (EMRK)
   - ☐ b) Landesverfassungen
   - ☐ c) Grundgesetz
   - ☐ d) Grundrechte-Charta der Europäischen Union

7.10 Lösungen: Grundlagen der Verfassung sowie Kommunale Selbstverwaltung

Aufgabe	Lösung	Aufgabe	Lösung	Aufgabe	Lösung
1.	a)	2.	a)	3.	c), d)
4.	a), b)	5.	a), b), c)	6.	a)
7.	a)	8.	b)	9.	a)
10.	a), b), c), d)				

Lösungen der Auswahl-Fragen.

8 Güterbeschaffung rechnergestützt vorbereiten

8.1 Marktarten/Marktformen

Marktarten und Marktformen

In der Marktwirtschaft wird überall dort vom "Markt" gesprochen, wo ein Angebot und eine Nachfrage zusammentreffen. Zudem wird der Markt geprägt vom Informationsaustausch zwischen Anbieter und Nachfrager, der Preisbildung und dem Zugang zum Markt für Anbieter und bzw. oder Nachfrager. Die Unterschiede der Marktarten, Marktformen und Markttypen werden durch verschiedene Aspekte festgelegt. Die Gesamtheit der Märkte wird wiederum als Marktwirtschaft bezeichnet.

Welche Marktarten gibt es und wonach werden sie unterschieden?

Die Marktarten werden nach verschieden Aspekten unterschieden.

1. Vollkommenheit der Märkte

Als vollkommener oder homogener Markt wird ein Modell bezeichnet, das in der Realität grundlegend nicht vorkommt. Bei dem Modell wird vorausgesetzt, dass ein Markt als vollkommen anzusehen ist, wenn er

- vollständige Konkurrenz (Polypol)
- volle Transparenz (Übersicht über den Markt)
- sofortige Reaktionen auf Veränderungen am Markt (z.B. in Bezug auf die Preisentwicklung)
- vollständige Akzeptanz durch den Nachfrager (fehlende Präferenz, Ausgangspunkt von gleichen Bedürfnisse)
- keine Qualitätsunterschiede bei den Gütern (homogene Güter)

aufweist.

In der Realität sind jedoch alle Märkte sogenannte "unvollkommene Märkte", was bedeutet, dass ein Markt nicht alle Aspekte durchgängig bedienen kann. So fehlt beispielsweise die vollständige Akzeptanz der Nachfrager, weil jeder Konsument / Käufer eigene Vorlieben und Bedürfnisse besitzt. Zudem gibt es bei den Gütern stets Qualitätsunterschiede, wodurch das Angebot keine homogenen Güter aufweist.

2. Marktarten nach räumlichen Aspekten

Nach räumlichen Aspekten werden Märkte unterschieden, die sich auf festgelegte Bereiche beschränken. Dies kann je nach Zuordnung eine Stadt, ein Land oder die ganze Welt betreffen.

- Kommunaler Markt (eine Kommune/Stadt, z.B. Hamburg)
- Regionalmarkt (eine bestimmte Region, z.B. Westerwald, Bundesland)
- Nationalmarkt (auf ein Land beschränkt, z.B. Deutschland)
- Supranationaler Markt (z.B. EU-Binnenmark, ausschließlich innerhalb der Europäischen Union)
- Globaler Markt (die ganze Erde)

3. Marktarten nach zeitlicher Begrenzung

Manche Marktarten finden nur zu bestimmten Zeiten statt oder sind an bestimmte zeitliche Voraussetzungen geknüpft. Hierzu zählen

- der Wochenmarkt
- der Saisonmarkt (Herbstmarkt, Frühlingsfest mit Markt)
- der Jahrmarkt (z.B. Kirmes)

4. Marktarten mit räumlichen und zeitlichen Aspekten

Manche Märkte sind von speziellen Orten und Zeiten abhängig, um Angebot und Nachfrage zusammenzubringen. Sie werden als zentralisierte Märkte bezeichnet. Hierzu zählen z.B. Auktionen oder die Börse.

Dezentralisierte Märkte bezeichnen im Gegenzug dazu Märkte, bei denen Angebot und Nachfrage weder zeitlich noch räumlich aneinander treffen. Hierzu zählen der Lebensmittelmarkt oder der Textilmarkt.

Markttypen

Während sich Marktarten über den Ort und die Zeit unterscheiden lassen, zu denen Angebot und Nachfrage zusammenkommen, unterscheiden sich Markttypen entsprechend den Möglichkeiten von Angebot und Nachfrage bzw. Anbieter und Nachfrager.

1. Markttypen nach Zugangsmöglichkeit für Anbieter und Nachfrager

Markttypen können als offene oder geschlossene Märkte Angebot und Nachfrage zusammenbringen. Auf einem offenen Markt kann jeder als Nachfrager oder Anbieter auftreten. Ein geschlossener Markt richtet sich ausschließlich an spezielle Nachfrager und / oder Anbieter, die festgelegte Voraussetzungen erfüllen.

2. Markttypen nach Beeinflussung durch den Staat

Märkte, bei denen der Handel ohne Eingriff des Staates erfolgen, werden als freie Märkte bezeichnet. Das bedeutet, dass der Markt ohne Einflüsse selbst im Rahmen von Angebot und Nachfrage Handel treiben darf. Übernimmt der Staat eine Regulierung von Angebot und Nachfrage, wird von regulierten Märkten gesprochen. Dies kann beispielsweise durch Gesetze für Höchstpreisgrenzen oder die Begrenzung von Mengen geschehen.

3. Markttypen nach Art des Angebotes

Richtet sich die Unterscheidung von Markttypen nach der Art des Angebotes, handelt es sich um den umgrenzten Handel für eine Art / Gruppe von Sachgütern oder Leistungen.

Beispiele für Markttypen nach Angebot:

- Warenmarkt mit Sachgütern
- Grundstücksmarkt (Markt mit Grundstücken)
- Arbeitsmarkt (Arbeitskräfte und Arbeitgeber als sowohl Anbieter als auch Nachfrager)
- Dienstleistungsmarkt (z.B. Handwerk, IT u.a.)
- Gesundheitsmarkt (Arztpraxen, Apotheken oder Sanitätshäuser sowie Patienten)
- Kreditmarkt (Handel mit Geldmitteln, kurzfristig und langfristig)

Marktformen

Marktformen unterscheiden sich nach der Anzahl von Anbietern und Nachfragern als Marktteilnehmer. Das Verhältnis zwischen Anbietern und Nachfragern zeigt die Marktmacht, mit welcher Anbieter bzw. Nachfrager Einfluss auf das Marktgeschehen nehmen. Dieser Einfluss prägt unter anderem den Preis. Die Hauptarten der Marktformen sind das Monopol, das Oligopol und das Polypol.

Monopol

Das Monopol stellt ein Anbieter, der alleine das Angebot für viele Nachfrager bietet. Gibt es weniger Nachfrager zu den Waren / Dienstleistungen eines einzelnen Anbieters, spricht man von einem beschränkten Monopol. Besteht bei einem Anbieter auf dem Markt zudem nur ein Nachfrager, entsteht ein zweiseitiges Monopol.

Oligopol

Stehen wenige Anbieter vielen Nachfragern auf dem Markt zur Verfügung, wird die Marktform Oligopol genannt. Besteht der Markt aus wenigen Nachfragern, die durch wenige Anbieter beliefert werden, liegt ein zweiseitiges Oligopol vor. Ist nur ein Nachfrager vorhanden, der zwischen wenigen Anbietern wählen kann, wird die Marktform als beschränktes Nachfragemonopol bezeichnet.

Polypol

Die verbreitetste Variante unter den Marktformen ist das Polypol. Das Polypol steht in der Marktwirtschaft dabei immer im Sinn der umfassenden Konkurrenz. Dabei stehen viele Nachfrager am Markt einer großen Anzahl von Anbietern gegenüber. Stellen viele Anbieter das Angebot für wenige Nachfrager zur Verfügung, wird dies Nachfrageoligopol oder Oligopson genannt. Haben viele Anbieter das Angebot für einen einzelnen Nachfrager, heißt die Marktform Nachfragemonopol oder Monopson.

8.2 Beschaffung Grundwissen

Als Beschaffungsmarkt wird der Markt bezeichnet, auf dem sich Unternehmen vor Beginn ihrer eigenen Produktion Rohstoffe, Arbeitskräfte, Produktionsmittel und Kapitel beschaffen, die von anderen Unternehmern und Verkäufern dort angeboten werden. Der Beschaffungsmarkt ist für die dort verkaufenden Teilnehmer der Absatzmarkt. Der Beschaffungsmarkt ist aus unternehmerischer Sicht der wichtigste Markt, in dem Unternehmen mit anderen Unternehmen und Anbietern von Dienstleistungen in Beziehung treten. Der Beschaffungsmarkt setzt sich aus verschiedenen Faktoren zusammen. Man unterscheidet die Beschaffung von Rohstoffen, Hilfsstoffen und Halbfertigprodukten auf den sogenannten Gütermärkten, von Finanzierungen auf dem Kapitalmärkten und von Arbeitskräften auf den Arbeitsmärkten. Auch Maschinen und Produktionsanlagen sowie alles für den Produktionsablauf Notwendige bezieht der Unternehmer auf dem Beschaffungsmarkt. Der der Produktion vorgelagerte Beschaffungsmarkt bildet damit die Grundvoraussetzung für ein Unternehmen, eigene Produktionsabläufe überhaupt sicher stellen zu können.

Der Beschaffungsmarkt: Traditionell agierten Unternehmen weitgehend autark. Zwar hatten auch sie Bezugsquellen für Rohstoffe und Maschinen, aber die Verflechtungen waren weit weniger komplex und geographisch überschaubarer als heute. Erst durch die Massenproduktion und die Konkurrenz um immer günstigere Produkte wurden Unternehmer gezwungen, ihre Suche nach neuen Beschaffungsmärkten zu verstärken. Die zunehmende wirtschaftliche Integration und die mit dem Fall von Zollgrenzen verbundenen weltweiten wirtschaftlichen Zusammenschlüsse und Verstrickungen verstärken diesen Prozess zusätzlich. Auch die sogenannten neuen Medien, die eine grenzenlose Kommunikation ohne Zeitverzögerungen ermöglichen, tragen zu dieser Entwicklung bei. Der moderne Beschaffungsmarkt kennt damit keine Grenzen mehr und verändert sich ständig.

Marktstruktur und Marktlage verändern sich laufend. Die Ausgangsbedingungen für Unternehmer sind weitgehend instabil. Die Preise für Energie und Rohstoffe unterliegen starken Schwankungen. Deshalb muss der Unternehmer die Risiken und Chancen des Beschaffungsmarktes außerordentlich gut kennen, um seine betriebliche Prozesskette optimal zu gestalten. Auch die Standortwahl spielt dabei eine immer größere Rolle, da die Transportkosten ein entscheidender Wirtschaftsfaktor sind. Die Beschaffungskosten liegen bei den meisten Unternehmen bei über 50 % der Gesamtkosten. Um diese niedrig zu halten, sind Unternehmer dazu angehalten, die Beschaffungsmärkte ständig neu zu erkunden und ggf. auch zu wechseln. Der moderne Beschaffungsmarkt ist global. Diesen weltweiten Bezug von Rohstoffen, Arbeitskräften, Arbeitsmaterialien, Energie sowie Vor- und Teilprodukten nennt man Global Sourcing.

Hinweise über neu in Frage kommende Lieferanten erhält man über das Internet, Fachzeitschriften, Messen und Ausstellungen, Adressbücher, Prospekte, Vertreter oder auch Kunden. Wichtigstes Hilfsmittel für die Einkaufsabteilung ist die elektronische Bezugsquellenkartei. Hier werden bereits bestehende Geschäftsbeziehungen bzw. die Ergebnisse der Marktanalyse eingetragen. Diese Bezugsquellenkartei enthält:

- Angaben über den Lieferanten
- eine Beurteilung des Lieferanten
- Angaben über die Ware (Art, Preis, Eigenschaft)
- Angaben über allgemeine Konditionen

Die Bezugsquellenkartei gibt es in 3 verschiedenen Versionen – als Lieferantenkartei, Warenkartei oder als kombinierte Kartei.

Die sachliche Ermittlung des Bedarfs wird u.a. durch Absatzplan, Absatzstatistik, Lager- und Bestellkartei sowie Vertreterberichte unterstützt. Die Beschaffungsplanung sollte so genau wie möglich sein, damit der Betrieb jederzeit produzieren und liefern kann und unnötige Kosten vermieden werden. Frühzeitiges Erkennen von Veränderungen auf dem Absatzmarkt ermöglicht rechtzeitige Reaktionen im Beschaffungsbereich.

8.3 Waren beschaffen

Während deiner Ausbildung, lernst du in der Berufsschule folgende Themen zu diesem Lernfeld kennen:

- Mengen-, Zeit- und Preisplanung
- Kooperationsformen im Einkauf
- Anfrage, Angebot, Bestellung
- Bezugskalkulation
- Angebotsvergleich
- Warenwirtschaftssystem

Dieses Lernfeld bereitet dich auf deinen Aufgabenbereich im Einkauf bzw. der Disposition vor.

Einkauf und Beschaffung

Um zu verstehen, wie der Einkauf bzw. die Beschaffung funktioniert, betrachten wir zunächst die Ablauforganisation der Logistik und den **Materialwirtschaftsprozess,** der dahinter steckt. Dieser Prozess ist grundsätzlich in 3 Teilbereiche zu untergliedern.

Beschaffungslogistik
Die Beschaffungslogistik regelt den **Warenverkehr** zwischen dem Lieferanten und dem Einkauf eines Betriebes.

Lagerlogistik
Nach der erfolgreichen Beschaffung der Waren durch den Einkauf, wird der **Warenfluss** über den Wareneingang innerhalb der Lagerlogistik administriert. In diesem Prozess findet die Kommunikation und Abwicklung zwischen der **Lagerung** und der **Kommissionierung** statt.

Absatzlogistik
In diesem letzten Schritt findet der Warenfluss über die Warenauslieferung zum Kunden statt. Im Einzelhandel wäre das der Markt selbst, in dem der Kunde die Waren aus dem Regal entnimmt und zur Kasse bringt.

8.4 Waren annehmen, lagern und pflegen

Während deiner Ausbildung, lernst du in der Berufsschule folgende Themen zu diesem Lernfeld kennen:

- Sachmangel
- Mängelrüge
- Lieferungsverzug
- Mindestbestand, Meldebestand
- Umschlagshäufigkeit, Lagerdauer
- Inventur, Inventar
- Lagerorganisation
- Lager- und Transportvorschriften, Sicherheit im Lager
- Warenpflege

Dieses Lernfeld bereitet auf die Aufgabenbereiche im Lager sowie der Kommissionierung vor.

Im letzten Lernabschnitt haben wir uns bereits die Ablauforganisation und die Beschaffungsprozesse des Einkaufs angesehen. In diesem Thema befinden wir uns hauptsächlich innerhalb der Prozessstruktur der Lagerlogistik. Bevor die Ware im Wareneingang erfasst werden kann, müssen davor noch einige Schritte beachtet werden. Nach der erfolgreichen Beschaffung eines Gutes erfolgt der Transport über den Lieferanten.

Wir kennen einige Situationen bereits aus unserem Alltag. Du hast bspw. ein Paket bei einem Warenhaus online bestellt und der Postbote klingelt an der Tür. In der Regel siehst du dir das Paket kurz an und überprüfst es auf Mängel oder Sachschäden, wenn das Paket im einwandfreien Zustand ist, nimmst du es entgegen und zeichnest es beim Postboten ab.

So ungefähr sieht der Prozess auch in der Lagerlogistik beim Wareneingang aus. Damit du dir ein Bild von dem Prozess machen kannst, werden wir uns im nächsten Abschnitt eine mögliche Ablaufstruktur anschauen.

Die 7 R – Regel in der Logistik

Die **„7 R der Logistik“** beschreiben die Hauptziele innerhalb des Materialwirtschaftsprozesses, welche zum Aufgabenbereich des Wareneingangs gehören. Diese Schritte stammen ursprünglich aus der Industrie 4.0 und wurden ebenfalls dazu verwendet, um die Versorgungskette möglichst schlank zu halten. Jedes der sieben **R** steht für einen logistischen Aspekt, der eingehalten werden muss, um die Organisation zu straffen und Kosten zu sparen.

7 R – Regel

1. Handelt es sich um das **richtige Produkt**?
    - Hier muss geprüft werden, ob auch der richtige Artikel geliefert wurde. Die Lieferanten bieten oft eine große Auswahl an Artikeln, welche sich nur geringfügig unterscheiden. Es muss also überprüft werden, ob es sich auch um das bestellte Produkt handelt und nicht versehentlich ein anderes Produkt verschickt wurde. Es wurden z.B. Handtücher bestellt, gekommen sind aber Küchentücher.
2. Ist die Ware in der **richtigen Qualität** bzw. im **richtigen Zustand** angekommen?
    - Auch hier gibt es wesentliche Unterschiede, die sich auch auf die Kosten auswirken können. Bestellt wurde bspw. eine spezielle Latexfarbe für den Außenbereich, gekommen ist allerdings einen Wandinnenfarbe. Dies wirkt sich nicht nur auf den Verkaufspreis aus, sondern kann beim Kunden auch Schäden an der Fassade verursachen, da die Farbe nicht für den Außenbereich geeignet war.
    - Wichtig ist es auch, den Zustand der eingetroffenen Ware zu begutachten. Sind bspw. einer oder mehrere Kartons offensichtlich beschädigt, kann an dieser Stelle die Annahme verweigert werden. Die Regelungen dazu findest du im HGB §377.
3. Ist die Ware zum **richtigen Zeitpunkt** eingetroffen?
    - Wurde der Liefertermin nicht eingehalten, kann die Annahme verweigert werden und die Lieferung zum eigentlichen Termin verlangt werden. Ist der Liefertermin bereits überschritten, wird dies auf den Lieferpapieren vermerkt, um den Frachtführer/Absender für Terminschäden haftbar halten zu können.

4. Steht die Ware beim **richtigen Empfänger** bzw. am **richtigen Ort** zur Verfügung?
    - Im vorherigen Abschnitt haben wir gelernt, dass es auch Kooperationsformen im Einkauf gibt. Das bedeutet, es wurde eine Art "Sammelbestellung" ausgelöst. Der Wareneingang muss hier prüfen, ob die Ware auch beim richtigen Empfänger angekommen ist bzw. ob die Filiale oder Niederlassung auch die Richtige ist.
5. Sind die **richtigen Mengen** vorhanden?
    - Auch das ist eine wichtiger Aspekt bei der Warenannahme. Sind bspw. zu wenig Einheiten geliefert worden, dann wirkt sich das selbstverständlich auch auf die Kosten aus. Hier unterscheiden sich allerdings zweierlei Methoden. Zunächst wird **oberflächlich** begutachtet, ob bspw. die richtige Anzahl an Paketen oder Aufstellern etc. angekommen ist. Im zweiten Schritt sollte zumindest Stichprobenartig überprüft werden, ob auch die Einheiten **innerhalb der Pakete stimmen**.
6. Liegen die **richtigen Informationen** vor?
    - In der Regel ist bei jeder Lieferung ein Lieferschein enthalten. Sollte dies nicht der Fall sein, kann auch hier eine Ablehnung erfolgen. Der Lieferschein sollte in jedem Fall mit der Bestellung übereinstimmen. Wenn es hier Unterschiede in der Bezeichnung, Artikelnummer, Lieferzeit oder Herkunftsort gibt, dann muss dies dokumentiert werden.
7. Handelt es sich um die **richtigen Kosten**?
    - Natürlich einer der wichtigsten Punkte: Stimmt der Bestellwert mit der Rechnung überein? Manche Lieferanten geben zum Beispiel unerwartet eine Servicepauschale auf den Preis mit drauf. Es können auch Fehler in der Buchhaltung vorkommen oder ggf. andere Preise im System hinterlegt worden sein. Ein Fehler in der Rechnung muss unverzüglich gemeldet und dokumentiert werden.

Wichtige Paragraphen in der Warenannahme

§ 377 HGB Einzelnorm

- (1) Ist der Kauf für beide Teile ein Handelsgeschäft, so hat der Käufer die Ware unverzüglich nach der Ablieferung durch den Verkäufer, soweit dies nach ordnungsmäßigem Geschäftsgange tunlich ist, zu untersuchen und, wenn sich ein Mangel zeigt, dem Verkäufer unverzüglich Anzeige zu machen.
- (2) Unterlässt der Käufer die Anzeige, so gilt die Ware als genehmigt, es sei denn, dass es sich um einen Mangel handelt, der bei der Untersuchung nicht erkennbar war.
- (3) Zeigt sich später ein solcher Mangel, so muss die Anzeige unverzüglich nach der Entdeckung gemacht werden; anderenfalls gilt die Ware auch in Ansehung dieses Mangels als genehmigt.
- (4) Zur Erhaltung der Rechte des Käufers genügt die rechtzeitige Absendung der Anzeige.
- (5) Hat der Verkäufer den Mangel arglistig verschwiegen, so kann er sich auf diese Vorschriften nicht berufen.

§ 412 HGB Verladen und Entladen – Verordnungsermächtigung

- (1) Soweit sich aus den Umständen oder der Verkehrssitte nicht etwas anderes ergibt, hat der Absender das Gut beförderungssicher zu laden, zu stauen und zu befestigen (verladen) sowie zu entladen. Der Frachtführer hat für die betriebssichere Verladung zu sorgen.
- (2) Für die Lade- und Entladezeit, die sich mangels abweichender Vereinbarung nach einer den Umständen des Falles angemessenen Frist bemisst, kann keine besondere Vergütung verlangt werden.
- (3) Wartet der Frachtführer auf Grund vertraglicher Vereinbarung oder aus Gründen, die nicht seinem Risikobereich zuzurechnen sind, über die Lade- oder Entladezeit hinaus, so hat er Anspruch auf eine angemessene Vergütung (Standgeld).
- (4) Das Bundesministerium der Justiz und für Verbraucherschutz wird ermächtigt, im Einvernehmen mit dem Bundesministerium für Verkehr und digitale Infrastruktur durch Rechtsverordnung, die nicht der Zustimmung des Bundesrates bedarf, für die Binnenschifffahrt unter Berücksichtigung der Art der zur Beförderung bestimmten Fahrzeuge, der Art und Menge der umzuschlagenden Güter, der beim Güterumschlag zur Verfügung stehenden technischen Mittel und der Erfordernisse eines beschleunigten Verkehrsablaufs die Voraussetzungen für den Beginn der Lade- und Entladezeit, deren Dauer sowie die Höhe des Standgeldes zu bestimmen.

8.5 Geschäftsprozesse erfassen und kontrollieren

Während deiner Ausbildung, lernst du in der Berufsschule folgende Themen zu diesem Lernfeld kennen:

- Geschäftsfälle
- Bilanz
- Gewinn- und Verlustrechnung
- Warenwirtschaftssystem
- Statistiken
- Wareneinsatz, Rohgewinn, Umsatzkennziffern

Dieses Lernfeld bereitet dich auf die Geschäftsprozesse und die kaufmännischen Herausforderungen im Betrieb vor.

Da es sich bei diesen Themen um komplexe Aufgabenbereiche handelt, haben wir einen Teil der Unterpunkte als eigene Themen verfasst.

Thema: Warenwirtschaftssysteme
Hier bekommst du eine Zusammenfassung über den Aufbau und den Einsatz von **Warenwirtschaftssystemen**.

Thema: Zusammengesetzte Buchungssätze, einfache Buchungssätze, Organisation und Grundsätze ordnungsgemäßer Buchführung
Hier erhältst du einen Überblick zu den Teilbereichen:

- Bilanz
- Gewinn- und Verlustrechnung
- Wareneinsatz, Rohgewinn, Umsatzkennziffern
- Statistiken

8.6 Warenwirtschaftssysteme

Was ist ein Warenwirtschaftssystem?

Unter einem Warenwirtschaftssystem, auch Warenwirtschaft (abgekürzt WaWi oder WWS) genannt, versteht man ein computergestütztes Verfahren zur Erfassung und zielorientierten Verarbeitung von Warenbestands- und Bewegungsdaten, das der Steuerung und Kontrolle des Warenflusses dient.

Was sind die Aufgaben eines Warenwirtschaftssystems?

Zu den grundlegenden Aufgaben eines Warenwirtschaftssystems gehören die Steuerung des Warenflusses, die Erfassung und Bereitstellung von waren- und kundenbezogenen Daten, die Rechnungslegung, Inventur und Statistiken.
Was sind die Anforderungen an ein Warenwirtschaftssystem?
Die Anforderungen sind direkt mit der Zielsetzung verbunden. Es sollen nicht nur die physischen Datenströme und Warenbestände erfasst werden, sondern alle Abteilungen jederzeit die Möglichkeit haben, auf sämtliche Bereiche zuzugreifen. So entsteht eine Art Organismus, der mit der Zeit wächst.

Was sind die Vorteile?

Das Warenwirtschaftssystem bietet dem Unternehmen vielerlei Vorteile. Grundsätzlich kann man folgende Vorteile in wesentlichen Punkten zusammenfassen.

- Zeitersparnis
- Angebote, Aufträge und Rechnungen einheitlich aus einem Programm
- Zentraler Zugriff auf Informationen (für Produkte, Preise, Lieferanten etc.)
- Kundendaten auf Abruf
- Exakte Datenauswertung (Wareneingang, Verderb, Verkauf, Lager etc.)

Ein weiterer Vorteil ist, dass die Daten im System ordentlich gepflegt werden können. Es entstehen keine vielen Excel-Tabellen, welche die Darstellung der Daten verzerren könnten. Darüber hinaus sind alle Daten an einer zentralen Stelle vorhanden, was sehr viel Zeit einsparen kann.

Schließlich ermöglicht ein Warenwirtschaftssystem alle Daten auszuwerten. So kann von der Geschäftsführung überprüft werden, ob die Ziele erreicht worden sind und wie hoch der Gewinn der vergangenen Periode war. Mit all diesen Vorteilen kann jedes Unternehmen die Warenwirtschaft effizient steuern.

8.7 Test: Grundbegriffe der EDV

1. Wofür steht die Bezeichnung "LAN"?

   ◯ a) Long Area Network

   ◯ b) Local Area Network

   ◯ c) Light Area Network

   ◯ d) Lang-Antennen-Netzwerk

2. Was ist der RAM-Speicher?

   ◯ a) Der Speicherplatz einer externen Festplatte

   ◯ b) Der gesamte Speicherplatz eines Computers

   ◯ c) Der Speicher des Papierkorbs

   ◯ d) Der Arbeitsspeicher des Computers

3. Die Abkürzung CPU steht für...

   ◯ a) Computer Unit

   ◯ b) Central Program Unit

   ◯ c) Certain Personal Unit

   ◯ d) Central Processing Unit

4. Welches der im Folgenden genannten Geräte ist kein Eingabegerät?

  ○ a) Tastatur

  ○ b) Maus

  ○ c) Lautsprecher

  ○ d) Mikrofon

5. Für welches Wort wird die Abkürzung SSD gerne verwendet?

  ○ a) Arbeitsspeicher

  ○ b) Festplatte

  ○ c) Bildschirm

  ○ d) Grafikkarte

6. Welche Abkürzung wird vereinfachend für das Wort "Application" verwendet?

  ○ a) Apl

  ○ b) App

  ○ c) Apc

  ○ d) Alc

7. Welche ist keine Aufgabe eines Betriebssystems?

  ○ a) Dateiverwaltung

  ○ b) Schnittstelle zum Benutzer bilden.

  ○ c) Benutzer- und Rechteverwaltung

  ○ d) Update des Virenschutzprogramms

8. Als operating system oder “OS” wird was bezeichnet?

   - ◯ a) Betriebssystem
   - ◯ b) Datenschutzprogramm
   - ◯ c) Virenschutzprogramm
   - ◯ d) Festplatte

9. Wofür steht der Begriff “Software”?

   - ◯ a) Speicherplatz
   - ◯ b) Benutzeroberfläche
   - ◯ c) Programme
   - ◯ d) Schnittstellen

10. Welche sind die beiden zentralen Bestandteile eines Rechners?

   - ◯ a) Tastatur und Maus
   - ◯ b) Prozessor und Arbeitsspeicher
   - ◯ c) Tower und Bildschirm
   - ◯ d) Grafikkarte und Betriebssystem

11. Aus welchen Bestandteilen besteht die Zentraleinheit (CPU)?

   - ◯ a) Grafikkarte und Arbeitsspeicher
   - ◯ b) Rechenwerk, Steuerwerk, Register
   - ◯ c) Lüfter und Festplatte
   - ◯ d) Speicher- und Dialoggeräte

12. Welche der folgenden Eigenschaften trifft nicht auf den Arbeitsspeicher zu?

- ◯ a) Speicherung von Programmen während ihrer Ausführung
- ◯ b) Speicherung zugehöriger Programmdaten ab Beginn der Programmausführung
- ◯ c) Nach Beendigung der Programmausführung wird sein Inhalt gelöscht.
- ◯ d) Seine Hauptaufgabe liegt in der Verarbeitung von Befehlen.

13. Welche Aussage zu einem Byte trifft zu?

- ◯ a) Ein Byte ist eine Gruppe von 8 Bits.
- ◯ b) Ein Byte ist eine Gruppe von 12 Bits.
- ◯ c) Ein Byte ist eine Gruppe von 16 Bits.
- ◯ d) Ein Byte ist eine Gruppe von 24 Bits.

14. Welche Aussage zu Betriebssystemen trifft nicht zu?

- ◯ a) Sie bringen den Computer "zum laufen".
- ◯ b) Sie organisieren die Kopplung von Hardware und Anwenderprogrammen.
- ◯ c) Sie verwalten die Prozesse und Speicher.
- ◯ d) Ausführen von Rechnungen

15. Was versteht man unter "Freeware"?

- ◯ a) Eine als Download heruntergeladene Software
- ◯ b) Alle Dokumente, die auf dem Arbeitsspeicher abgelegt sind.
- ◯ c) Das Betriebssystem
- ◯ d) Software, die kostenlos weitergegeben wird

8.8 Lösungen: Grundbegriffe der EDV

Aufgabe	Lösung	Aufgabe	Lösung	Aufgabe	Lösung
1.	b)	2.	d)	3.	d)
4.	c)	5.	b)	6.	b)
7.	d)	8.	a)	9.	c)
10.	b)	11.	b)	12.	d)
13.	a)	14.	d)	15.	d)

Lösungen der Auswahl-Fragen.

8.9 Test: Grundwissen EDV II

1. Unter der Bezeichnung WLAN versteht man ein...

   ☐ a) Netzwerk eines privaten Haushalts.

   ☐ b) Netzwerk mit kostenpflichtigem Zugang.

   ☐ c) nicht-passwortgeschütztes Netzwerk.

   ☐ d) kabelloses, lokales Netzwerk.

2. Bei WiFi handelt es sich um...

   ☐ a) eine Alternative zum WLAN.

   ☐ b) eine WLAN-Technologie.

   ☐ c) einen kabelgestützten Internetzugang.

   ☐ d) einen privaten Internetzugang.

3. Was versteht man unter WPA und WPA2?

   ☐ a) Verschlüsselungsmethoden für WLAN Netzwerke

   ☐ b) Softwareupdates für Microsoft Office

   ☐ c) Heimnetzwerke

   ☐ d) Weiterentwicklungen des WiFi

4. Windows, Linux und macOS sind...

   ☐ a) Hersteller von Hardware.

   ☐ b) Betriebssysteme.

   ☐ c) Bildbearbeitungsprogramme.

   ☐ d) Programme zum Erstellen eines Textdokuments.

5. Was versteht man unter einem IT-System?

   ☐ a) Ein Zugang zum Internet

   ☐ b) Zusammenschluss mehrerer Rechner

   ☐ c) Jegliche Art der elektronischen Datenverarbeitung

   ☐ d) Verbindung verschiedener Hardwarekomponenten

6. Die Abkürzung IKT bedeutet

   ☐ a) Informations- und Kommunikationstechnik.

   ☐ b) Intelligent-künstliche Technologie.

   ☐ c) Informations- und Kommunikationstool.

   ☐ d) Interaktive Technik.

7. IKT steht stellvertretend für

   ☐ a) die Verbindungen verschiedener Software.

   ☐ b) sämtliche Kommunikationsanwendungen wie Radio, Smartphones oder Computer.

   ☐ c) ein Netzwerk aus zwei PCs.

   ☐ d) einen Internetzugang.

8. Unter dem Begriff Hardware fallen sämtliche

   ☐ a) physischen Komponenten eines Computers.

   ☐ b) Benutzeranwendungen eines Systems.

   ☐ c) nicht-greifbaren Komponenten eines Computers.

   ☐ d) Bauteile eines PC, die aus Metall bestehen.

9. Der Systemadministrator in einer Behörde

   ☐ a) verwaltet die Hardware.

   ☐ b) besitzt keine Zugangsrechte.

   ☐ c) verwaltet das behördeninterne Computersystem.

   ☐ d) plant und konfiguriert die IT-Infrastruktur.

10. Zu den wichtigsten IT-Strukturen in einer Behörde zählen...

   ☐ a) Arbeitsplatzrechner und Telekommunikationssysteme.

   ☐ b) Sachgebiete und Abteilungen.

   ☐ c) Server und Netzwerke.

   ☐ d) Stabsstellen.

11. Perl und Java sind...

   ☐ a) Anbieter von Hardware.

   ☐ b) Programmiersprachen.

   ☐ c) Hersteller von PCs.

   ☐ d) MS Office Anwendungen.

12. MySQL ist ein...

- ☐ a) digitales Archiv für Behörden.
- ☐ b) Tabellenkalkulationsprogramm.
- ☐ c) Telekommunikationsanbieter.
- ☐ d) Datenbankverwaltungssystem.

13. Open Source Software...

- ☐ a) kann von Dritten eingesehen oder genutzt werden.
- ☐ b) kann oftmals kostenlos genutzt werden.
- ☐ c) kann nicht kopiert werden.
- ☐ d) unterliegt strengen Nutzungsbeschränkungen.

14. Bei „https" handelt es sich um...

- ☐ a) einen Zugang zum Internet.
- ☐ b) einen Baustein einer Website.
- ☐ c) ein Kommunikationsprotokoll.
- ☐ d) ein WLAN-Netzwerk.

15. Bei Groupware handelt es sich um...

- ☐ a) ausnahmslos kostenlose Software.
- ☐ b) eine Software, die zur Unterstützung der Zusammenarbeit in einer Gruppe eingesetzt wird.
- ☐ c) ein Betriebssystem für die öffentliche Verwaltung.
- ☐ d) ein Tabellenkalkulationsprogramm.

8.10 Lösungen: Grundwissen EDV II

Aufgabe	Lösung	Aufgabe	Lösung	Aufgabe	Lösung
1.	d)	2.	b)	3.	a)
4.	b)	5.	c)	6.	a)
7.	b)	8.	a)	9.	c), d)
10.	a), c)	11.	b)	12.	d)
13.	a), b)	14.	c)	15.	b)

Lösungen der Auswahl-Fragen.

8.11 Test: Lagerbestand

1. Was ist unter Lagerbestand zu verstehen?

   ☐ a) Das Gebäude, in dem die Waren gelagert werden.

   ☐ b) Der Vorrat von Gütern, Waren und Produkten des Handelsunternehmen.

   ☐ c) Der Stand der Lagerware

   ☐ d) Der Zustand der Lagerware

2. Was ist beim Lagergang zu beachten?

   ☐ a) Der Lagergang sollte immer frei von Hindernissen gehalten werden.

   ☐ b) Zufahrten sollten gekennzeichnet sein.

   ☐ c) Die Laufrichtung des Ganges

   ☐ d) Die Anordnung der Paletten an den angrenzenden Schnittstellen

   ☐ e) Die Höhe der Decke

3. Für was steht "ISO" bei der Zertifizierung?

   ☐ a) International Order for Standardization

   ☐ b) Interim Organization for Standardization

   ☐ c) International Organization for Standardization

   ☐ d) National Organization for Standardization

4. Warum gibt es ISO Zertifizierungen?

   ☐ a) Um die Einhaltung einer weltweit einheitlichen Norm für Güter, Dienstleistungen etc. zu unterstützen.

   ☐ b) Um mehr Kosten in der Produktion zu verursachen.

   ☐ c) Für den globalen Handel, um Aktionäre zu unterstützen.

   ☐ d) Um eine einheitliche Währung zu schaffen und global zu handeln.

5. Was versteht man unter Logistik?

   ☐ a) Einkauf, Verkauf und Sicherung von Waren

   ☐ b) Transport, Lagerung und Umschlag von Gütern

   ☐ c) Zählung, Kommissionierung und Umschlag von Artikeln

   ☐ d) Einlagerung, Einspeicherung und Sicherung von Dateien

6. Was heißt FIFO?

   ☐ a) Förderung Internationaler Fließband Objekte

   ☐ b) First in – First Out

   ☐ c) File in – File Out

   ☐ d) Fund in – Fund Out

7. Was heißt FILO ?

   ____

8.12 Lösungen: Lagerbestand

Aufgabe	Lösung	Aufgabe	Lösung	Aufgabe	Lösung
1.	b)	2.	a), b), d)	3.	c)
4.	a)	5.	b)	6.	b)

Lösungen der Auswahl-Fragen.

Aufgabe	Lösung
7.	[first First in In] – last Last out Out]

Lösungen der Text-Aufgaben.

8.13 Test: Preisbildung - Angebot und Nachfrage

Das **Prinzip von Angebot und Nachfrage** besteht darin, dass **Produkte und Dienstleistungen nur dann bereitgestellt werden, wenn jemand bereit ist, sie zu kaufen.**

8.13.1 Angebot und Nachfrage einfach erklärt

In der **schriftlichen und mündlichen Abschlussprüfung bei der IHK kann eine Erklärung zu Angebot und Nachfrage gefordert werden**. Zu den IHK Aufgaben gehört häufig auch ein repräsentatives Beispiel. Ein solches Beispiel kannst du aus dem Unternehmen verwenden, in dem du deine Ausbildung absolvierst. Es ist dann **praxisbezogen.**

8.13.2 Definition von Angebot und Nachfrage

Für die Prüfung solltest du die **Definition** von Angebot und Nachfrage kennen.

Das ist die **Definition für das Angebot:**
Das Angebot ist die Menge der vorhandenen Güter und Dienstleistungen am Markt.

Die **Definition der Nachfrage** lautet:
Die Nachfrage ist die Absicht von Unternehmen oder Privatpersonen, diese Güter und Dienstleistungen gegen Geld oder im Tausch gegen andere Waren zu erwerben.

8.13.3 Angebot, Nachfrage und Preis

In der **freien Marktwirtschaft regeln die Nachfragen den Gleichgewichtspreis**, der sich bei einer Übereinstimmung von Angebot und Nachfrage einstellt. In der Regel ist jedes Produkt und jede Dienstleistung, die ihren Preis hat, nur begrenzt verfügbar. Der Wert eines Gutes oder einer Dienstleistung wird durch den Preis bestimmt. Ist der Preis zu hoch, sinkt die Nachfrage nach einem Gut. Eine Ausnahme bilden Luxusgüter, da sie als Statussymbole dienen und die Nachfrage bei einem hohen Preis sogar noch steigen kann.

8.13.4 Das Zusammenspiel von Angebot und Nachfrage

In der schriftlichen, aber auch in der mündlichen Abschlussprüfung kommt es auf das **Verständnis von Angebot und Nachfrage** an. Du musst daher das **Zusammenspiel der beiden Faktoren erläutern** und möglichst mit einem Beispiel untermauern. Angebot und Nachfrage beeinflussen sich gegenseitig und wirken sich auch auf die Preise aus. Steigt die angebotene Menge und bleibt die Nachfrage gleich, sinkt der Preis. Sinkt das Angebot und ist die Nachfrage gleichbleibend, steigt der Preis.

8.13.5 Faktoren, die sich auf die Nachfrage auswirken

Zu den **IHK Aufgaben zu Angebot und Nachfrage kann die Nennung der Faktoren** gehören, die **sich darauf auswirken.**

Die **Nachfrage** kann durch verschiedene Faktoren beeinflusst werden:

- Preis des nachgefragten Gutes, beispielsweise Preis für weiße Sneaker
- Preis der anderen angebotenen Güter, z. B. Preise für alle anderen Schuhe im Laden
- Einkommen der Käufer (Käufer mit niedrigem, mittlerem und hohem Einkommen)
- Struktur der Bedürfnisse und Zukunftserwartungen der Käufer (Käufer mit niedrigem Einkommen, die sich preiswerte Schuhe wünschen, stehen Käufern mit höherem Einkommen gegenüber, die bereit sind, für hochwertige Schuhe mehr Geld auszugeben)
- Kreditmöglichkeiten und Kreditvermögen der Käufer (Möglichkeit, einen Bankkredit aufzunehmen, abhängig von der Bonität)

8.13.6 Faktoren, die sich auf das Angebot auswirken

Auch das **Angebot** wird von verschiedenen Faktoren beeinflusst, die du bei der Prüfung kennen solltest:

- Zahl der Hersteller oder Verkäufer
- Preis als maßgeblicher Bestimmungsfaktor
- Herstellungskosten und zusätzliche Steuern
- Technologie, die sich auf die Kosten auswirkt
- Preise anderer Waren

Testfragen Preisbildung - Angebot und Nachfrage

1. Welche der folgenden Aussagen ist richtig?

   ○ a) Bedarf ist ein Bedürfnis, das mit Kaufkraft ausgestattet ist.

   ○ b) Bei der Nachfrage handelt es sich um Bedürfnisse, für deren Befriedigung Geld vorhanden ist.

   ○ c) Der Bedarf ist stets größer als die Bedürfnisse.

   ○ d) Angebot und Nachfrage müssen stets übereinstimmen.

2. Wovon hängt die Nachfrage nach einem Gut ab?

   ○ a) Vom Angebot der verfügbaren Güter

   ○ b) Vom Preis des nachgefragten Gutes

   ○ c) Von den verfügbaren Luxusgütern, die mit dem nachgefragten Gut vergleichbar sind.

3. Welche der Aussagen ist richtig?

   ○ a) Ist die Nachfrage hoch, sind die Preise niedrig.

   ○ b) Eine hohe Nachfrage bedeutet hohe Preise für das nachgefragte Gut.

   ○ c) Die Nachfrage steigt, wenn die Preise steigen.

   ○ d) Ist das Angebot groß, steigt die Nachfrage.

4. Was ist ein Bedürfnis?

   - ◯ a) Ein Mangel an Bedarf
   - ◯ b) Ein Mangel an Nachfrage
   - ◯ c) Ein Mangelempfinden, das es zu überwinden gilt.
   - ◯ d) Der Bedarf eines Menschen

5. Wo treffen Angebot und Nachfrage zusammen?

   - ◯ a) Im Bedarf
   - ◯ b) Im Unternehmen
   - ◯ c) Im Bedürfnis
   - ◯ d) Auf dem Markt

6. Leon und Markus wollen sich weiße Sneaker kaufen. Nur Leon bekommt welche, während Markus leer ausgeht. Welche Aussage trifft auf diesen Sachverhalt zu?

   - ◯ a) Das Angebot ist größer als die Nachfrage.
   - ◯ b) Die Nachfrage ist größer als das Angebot.
   - ◯ c) Angebot und Nachfrage stimmen überein.
   - ◯ d) Angebot und Nachfrage spielen keine Rolle.

7. In welchem Fall handelt es sich um eine Nachfrage?

   - ◯ a) Lena würde gerne ein Stück Kuchen essen und könnte es sich von ihrem Taschengeld kaufen.
   - ◯ b) Lena würde gerne ein Stück Kuchen essen, doch reicht ihr Taschengeld nicht aus.
   - ◯ c) Lena bietet Kuchen zum Verkauf an.
   - ◯ d) Lena kauft sich von ihrem Taschengeld ein Stück Kuchen.

8. Welche Aussage ist falsch?

   ◯ a) Auf dem Markt treffen Bedarf und Nachfrage zusammen.

   ◯ b) Der Bedarf ist ein mit Kaufkraft ausgestattetes Bedürfnis.

   ◯ c) Auf dem Markt treffen Angebot und Nachfrage zusammen.

   ◯ d) Ein Bedürfnis ist ein Mangelempfinden, das es zu überwinden gilt.

9. Bei welcher Aussage handelt es sich um ein Angebot?

   ◯ a) Julian bietet Kuchen zum Verkauf an, um sein Taschengeld aufzubessern.

   ◯ b) Julian kauft sich von seinem Taschengeld ein Stück Kuchen.

   ◯ c) Julian überlegt, ob er sein Taschengeld mit dem Verkauf von Kuchen aufbessern kann.

   ◯ d) Julian würde gerne ein Stück Kuchen kaufen, doch sein Taschengeld reicht nicht.

10. Die neue Kollektion an Damenblusen einer Modemarke wird nicht so gut wie erwartet angenommen.

    Welcher Sachverhalt liegt vor?

    ◯ a) Angebot und Nachfrage sind gleich.

    ◯ b) Der Preis ist zu niedrig.

    ◯ c) Das Angebot ist größer als die Nachfrage.

    ◯ d) Die Nachfrage ist größer als das Angebot.

11. Da sich die neue Kollektion an Damenblusen nicht gut verkauft, muss der Handel reagieren. Wie reagiert er?

    ◯ a) Die Preise werden reduziert.

    ◯ b) Die Preise werden erhöht.

    ◯ c) Die Preise bleiben gleich.

    ◯ d) Das Angebot wird vergrößert.

12. Die neue Kollektion Jeans verkauft sich so gut, dass der steigenden Nachfrage nicht nachgekommen werden kann. Mit welcher Preispolitik kann der Hersteller reagieren?

- ○ a) Die Preise werden reduziert.
- ○ b) Die Preise bleiben gleich.
- ○ c) Die Preise werden erhöht.
- ○ d) Die Jeans werden aus dem Handel genommen.

13. Wie wirkt sich eine Monopolstellung eines Unternehmens auf ein Angebot aus?

- ○ a) Das Angebot ist groß.
- ○ b) Das Angebot ist begrenzt.
- ○ c) Die Monopolstellung hat keinen Einfluss.
- ○ d) Das Angebot wird erweitert.

14. Wie kann sich eine Preiserhöhung bei Handtaschen aus dem Luxussegment auswirken?

- ○ a) Die Nachfrage bleibt gleich.
- ○ b) Die Nachfrage geht zurück.
- ○ c) Die Nachfrage steigt.
- ○ d) Das Angebot steigt.

15. Wie kann sich eine Preiserhöhung bei Regenjacken (mittleres Preissegment) auswirken?

- ○ a) Die Nachfrage steigt.
- ○ b) Die Nachfrage geht zurück.
- ○ c) Das Angebot wird vergrößert.
- ○ d) Die Nachfrage bleibt gleich.

16. Wie wirkt sich ein steigendes Angebot bei gleichbleibender Nachfrage auf den Preis aus?

- ◯ a) Der Preis sinkt.
- ◯ b) Der Preis bleibt gleich.
- ◯ c) Der Preis steigt.
- ◯ d) Das Angebot hat keinen Einfluss auf den Preis.

17. Wie wirkt sich ein Rückgang der Nachfrage bei gleichbleibendem Angebot auf den Preis aus?

- ◯ a) Der Preis bleibt gleich.
- ◯ b) Der Preis wird durch den Rückgang der Nachfrage nicht beeinflusst.
- ◯ c) Der Preis steigt.
- ◯ d) Der Preis sinkt.

18. Die Kaffee-Ernte fiel aufgrund schlechter Witterungsbedingungen außerordentlich schlecht aus. Wie wirkt sich das auf den Kaffeepreis aus?

- ◯ a) Der Kaffeepreis fällt.
- ◯ b) Der Kaffeepreis bleibt gleich.
- ◯ c) Der Kaffeepreis steigt.
- ◯ d) Der Kaffeepreis wird nicht beeinflusst.

19. Da die Orangenernte schlecht ausfiel, werden die Preise für Orangen erhöht. Wie wirkt sich das auf die Nachfrage aus?

- ◯ a) Die Nachfrage geht zurück.
- ◯ b) Die Nachfrage bleibt gleich.
- ◯ c) Die Nachfrage wird nicht beeinflusst.
- ◯ d) Die Nachfrage steigt.

20. Warum kann die Nachfrage nach Luxusgütern steigen, wenn der Preis steigt?

- ◯ a) Da sich Luxusgüter schlecht verkaufen.
- ◯ b) Da es sich bei Luxusgütern um Statussymbole handelt.
- ◯ c) Da die Nachfrage nach Luxusgütern groß ist.
- ◯ d) Da die Nachfrage nach Luxusgütern nur gering ist.

8.14 Lösungen: Preisbildung - Angebot und Nachfrage

Aufgabe	Lösung	Aufgabe	Lösung	Aufgabe	Lösung
1.	a)	2.	b)	3.	b)
4.	c)	5.	d)	6.	b)
7.	d)	8.	a)	9.	a)
10.	c)	11.	a)	12.	c)
13.	b)	14.	c)	15.	b)
16.	a)	17.	d)	18.	c)
19.	a)	20.	b)		

Lösungen der Auswahl-Fragen.

9 Verträge schließen und erfüllen

9.1 Rechtsfähigkeit

Die Rechtsfähigkeit kann ein Thema der Abschlussprüfung sein. Du solltest die Definition kennen und den Begriff erläutern können. Weiterhin solltest du den Unterschied zwischen Rechtsfähigkeit und Geschäftsfähigkeit erklären können.

9.1.1 Rechtsfähigkeit einfach erklärt

In der schriftlichen Prüfung kann die Definition der Rechtsfähigkeit gefordert werden. Sie lautet folgendermaßen:
Rechtsfähigkeit bedeutet, dass eine natürliche Person Träger von Rechten und Pflichten ist. Die Rechtsfähigkeit beginnt mit der Vollendung der Geburt und endet mit dem Tod.

9.1.2 Beispiele für die Rechtsfähigkeit

Sowohl in der schriftlichen als auch in der mündlichen Abschlussprüfung kann ein Beispiel für die Rechtsfähigkeit gefordert werden. Du zeigst damit, dass du die Definition und den Sachverhalt verstanden hast.
Wer rechtsfähig ist, hat Rechte, beispielsweise das Recht auf Eigentum. Wer Rechte hat, der hat auch Pflichten, beispielsweise die Pflicht, Steuern zu zahlen.

9.1.3 Unterschied zwischen Rechtsfähigkeit und Geschäftsfähigkeit

Zwischen Rechtsfähigkeit und Geschäftsfähigkeit gibt es eine Abgrenzung. In der Prüfung musst du die Erklärung dafür kennen.

Im Gegensatz zur Rechtsfähigkeit ist die Geschäftsfähigkeit die Fähigkeit, rechtsgeschäftliche Erklärungen wirksam abzuschließen und entgegenzunehmen. Bei der Rechtsfähigkeit natürlicher Personen gibt es keine Stufen, während bei der Geschäftsfähigkeit drei Stufen unterschieden werden:

- Geschäftsunfähigkeit bei Personen bis zum vollendeten 7. Lebensjahr
- Beschränkte Geschäftsfähigkeit bei Personen ab dem vollendeten 7. bis zum vollendeten 18. Lebensjahr
- Unbeschränkte Geschäftsfähigkeit bei Personen ab dem vollendeten 18 Lebensjahr.

9.1.4 Rechtsfähigkeit bei juristischen Personen

Bei der Rechtsfähigkeit werden natürliche und juristische Personen unterschieden. Zu den Aufgaben bei der Prüfung gehört, dass du die Unterschiede erläutern kannst.

Zu den natürlichen Personen gehören grundsätzlich alle Menschen.
Bei juristischen Personen wird zwischen Personen des Privatrechts und des öffentlichen Rechts unterschieden. Personen des Privatrechts sind

- GmbH
- Aktiengesellschaften
- Vereine
- Stiftungen.

Die Rechtsfähigkeit für juristische Personen des öffentlichen Rechts gilt mit der Eintragung in ein öffentliches Register.

Juristische Personen des öffentlichen Rechts sind beispielsweise der Staat, Länder und Gemeinden, Körperschaften des öffentlichen Rechts wie die IHK, aber auch öffentlich-rechtliche Stiftungen. Bei juristischen Personen des öffentlichen Rechts beginnt die Rechtsfähigkeit mit der Verleihung (beispielsweise bei einer IHK) oder der Genehmigung (bei einer öffentlich-rechtlichen Stiftung) der Rechtsfähigkeit.

Grundsätzlich reicht die Rechtsfähigkeit juristischer Personen nicht so weit wie die Rechtsfähigkeit natürlicher Personen. Eine juristische Person kann sich nicht auf Rechte und Rechtsstellungen berufen, die eine menschliche Natur voraussetzen (beispielsweise Familienrecht).

9.1.5 Ende der Rechtsfähigkeit

Bei einer natürlichen Person endet die Rechtsfähigkeit mit dem Tod. Die Rechtsfähigkeit bei juristischen Personen des Privatrechts endet, wenn eine Löschung aus dem Register erfolgt. Bei juristischen Personen des öffentlichen Rechts endet die Rechtsfähigkeit mit dem Entzug der staatlichen Verleihung oder der Aufhebung der Genehmigung.

9.2 Willenserklärung

Was ist eine Willenserklärung?

Die Willenserklärung ist für das Zustandekommen von Rechtsgeschäften notwendig.

Es wird zwischen einseitigen und zweiseitigen Rechtsgeschäften unterschieden:

Beispiel für ein einseitiges Rechtsgeschäft: Du schreibst dein Testament. Dem muss niemand anderes zustimmen, das heißt, es ist allein aufgrund deiner Willenserklärung wirksam zustande gekommen.

Beispiel für ein zweiseitiges Rechtsgeschäft: Du kaufst auf dem Markt ein Kilo Äpfel. Dafür musst du die Erklärung abgeben, dass du den Kauf tätigen möchtest. Es muss aber auch der Verkäufer bestätigen, dass er dir tatsächlich diese Äpfel verkaufen möchte.

In jedem der Beispiele werden Willenserklärungen abgegeben. Sie müssen wirksam sein, damit das Rechtsgeschäft selbst wirksam ist.

Definition: Die Willenserklärung ist eine Äußerung, die unmittelbar auf die Herbeiführung eines bestimmten rechtsgeschäftlichen Erfolgs gerichtet ist.

Der gewünschte Erfolg, der herbeigeführt werden soll, ist in der Regel der Abschluss eines Rechtsgeschäfts. Im Falle eines Vertrages (also eines zweiseitigen Rechtsgeschäfts) werden die Willenserklärungen als Angebot und Annahme bezeichnet.

Aus welchen Elementen besteht eine Willenserklärung?

Die Willenserklärung besteht aus einem subjektiven und einem objektiven Tatbestand.

Der objektive Teil ist das Erklärungsverhalten, das nach außen hervortritt und für andere Menschen erkennbar ist – so zum Beispiel das Gesagte oder entsprechende Handlungen.

Der subjektive Bestandteil ist der Wille, den die erklärende Person bildet.

Der objektive Bestandteil der Willenserklärung

Der objektive Bestandteil muss deutlich machen, dass die erklärende Person den Abschluss eines Rechtsgeschäfts wünscht und welchen Inhalt dieses Rechtsgeschäft haben soll.

Beispiel: Du möchtest ein Kilo Äpfel kaufen. Um erfolgreich einen Kaufvertrag abzuschließen, musst Du dem Verkäufer sowohl deine Kaufabsicht, als auch den genauen Inhalt deiner Willenserklärung (Produkt: Äpfel, Menge: Ein Kilo) verdeutlichen.

Ein besonderes Formerfordernis besteht für den objektiven Bestandteil einer Willenserklärung grundsätzlich nicht. Das bedeutet, dass die Erklärung schriftlich, mündlich oder sogar nonverbal

– konkludent – abgegeben werden kann. Es genügt jedes menschliche Verhalten, das den konkreten Geschäftswillen erkennen lässt. Bestimmte Vorschriften des BGB sehen hierzu jedoch Ausnahmen vor.

Im Alltag abgegebene Erklärungen werden nicht immer deutlich formuliert. Deshalb ist der objektive Bestandteil einer Willenserklärung gegebenenfalls nach § 133 BGB (bzw. nach § 157 BGB im Falle eines zweiseitigen Rechtsgeschäfts) auszulegen. Bei der Auslegung geht es darum, den tatsächlichen Willen der erklärenden Person zu ermitteln.

Der subjektive Bestandteil einer Willenserklärung

Der subjektive Teil der Willenserklärung hat verschiedene Schichten, aus denen sich der Wille der erklärenden Person zusammensetzt. Es wird zwischen den drei Willenselementen unterschieden:

- Handlungswille
- Erklärungswille und
- Geschäftswille.

Handlungswille

Der Handlungswille ist der grundlegende Wille einer Person, sich überhaupt äußerlich wahrnehmbar zu verhalten.

Beispiel: Du hebst bei einer Auktion die Hand, um ein Gebot auf ein Objekt abzugeben.

Gegenbeispiel: Du bewegst deine Hand im Schlaf. Dabei handelt es sich nicht um eine bewusste Bewegung; Dir fehlt also schon der Handlungswille.

Erklärungswille

Mit Erklärungswillen handelt eine Person, die sich nicht nur auf eine bestimmte Weise verhalten möchte, sondern damit auch tatsächlich rechtserheblich handeln will.

Beispiel: Du hebst bei einer Auktion die Hand, um ein Gebot auf ein Objekt abzugeben.

Gegenbeispiel: Du bist auf einer Auktion und hebst deine Hand, möchtest aber gar nicht bieten, sondern deinem Freund zuwinken, der gerade reingekommen ist. In dem Fall hast du zwar willentlich deine Hand bewegt, wolltest aber damit keine Erklärung abgeben. Du hast mit Handlungswillen, aber ohne Erklärungswillen gehandelt.

Geschäftswille

Der Geschäftswille liegt vor, wenn eine Erklärung oder ein Verhalten eine ganz bestimmte Rechtsfolge herbeiführen soll. Er enthält notwendigerweise den Erklärungswillen und geht noch darüber hinaus.

Beispiel: Du verkaufst ein Produkt im Internet, stellst aber versehentlich den Preis "50 Euro" statt "500" Euro ein. Du hast Handlungswillen, Erklärungswillen und grundsätzlich auch Geschäftswillen, da du an sich einen Verkauf abschließen möchtest. Jedoch ist der Geschäftswille – der genaue Inhalt des Rechtsgeschäfts – nicht richtig zum Ausdruck gekommen.

Ist der Geschäftswille nicht vorhanden oder fehlerhaft, ist die Willenserklärung wirksam. Sie kann aber nach §§ 119 ff. BGB angefochten werden.

9.3 Erfüllungsstörungen - Einführung in das Leistungsstörungsrecht

Überblick zu den Pflichtverletzungen

Aufgrund eines Schuldverhältnisses ergeben sich Rechte und Pflichten für beide Vertragsparteien. Gemäß § 241 Abs. 1 BGB ist der Gläubiger berechtigt, von dem Schuldner eine Leistung zu fordern. Den Schuldner trifft damit eine Leistungspflicht. Bei den Leistungspflichten wird zwischen Hauptleistungspflichten (z. B. Lieferpflicht nach § 433 Abs. 1 oder Zahlungspflicht nach § 433 Abs. 2) und Nebenleistungspflichten (z. B. Abnahmepflicht nach § 433 Abs. 2) unterschieden. Die Verletzung von Leistungspflichten umfasst sowohl Haupt- als auch Nebenleistungen.

Blicken wir auf die verschiedenen Arten von Pflichtverletzungen:

Verzögerung der Leistung

(= nicht rechtzeitige Erfüllung einer möglichen, einredefreien Leistung)

Häufig: Verzug (§ 286 BGB)

Dauerhaftes Leistungshindernis

(= Nichterfüllbarkeit auf Dauer)

Häufig: Unmöglichkeit (§ 275 Abs. 1 BGB)

Mangelnde Rücksichtnahme

(= nicht leistungsbezogene Pflichtverletzung i. S. v. § 241 Abs. 2 BGB)

Hauptfall: Verletzung von Rechtsgütern

Nicht vertragsgemäße Leistung (= Schlechtleistung)

Hauptfall: Sachmangel (§ 437 BGB)

9.4 Technik der Rechtsanwendung

Bei der Technik der Rechtsanwendung sprechen wir auch von der Subsumtionstechnik. Das Ziel ist es, eine Rechtsnorm auf einen konkreten Einzelfall anzuwenden. Das Gesetz beinhaltet ausschließlich Normen, welche für eine Vielzahl von Einzelfällen angewandt werden müssen. Die Aufgabe qualifizierter Sachbearbeiter in Verwaltungsbehörden ist es daher, das Recht korrekt auf einen einzelnen Fall anzuwenden. Sehen wir uns an, wie die Technik der Rechtsanwendung funktioniert:

1. Schritt: Norm und Interpretation

Bevor wir uns über Tatbestandsmerkmale und Rechtsfolgen Gedanken machen, müssen wir **die für den Fall einschlägige Rechtsnorm finden und benennen**. Dies ist der erste Schritt zur Lösung. Erst wenn wir die **Norm gefunden** und **benannt** haben, zerlegen wir diese in **Tatbestand** und (hypothetische) **Rechtsfolgenseite**. Nach dem Finden der Norm benennen wir die Tatbestandsvoraussetzungen und klären gegebenenfalls unbestimmte Rechtsbegriffe mittels Auslegung oder Definitionsnormen.

2. Schritt: Subsumtion

Wir haben in Schritt 1 die einschlägige Norm ausfindig gemacht und in Tatbestands- und Rechtsfolgenseite zerlegt sowie die einzelnen TBM herausgearbeitet. Nun folgt der zweite Schritt, die Subsumtion. Bei der Subsumtion verbinden wir die Tatsachen des Sachverhalts mit den Tatbestandsmerkmalen der Norm. Wir gehen dabei jedes einzelne TBM durch und prüfen, ob dieses gegeben ist: Handelt es sich in diesem Fall um eine Versammlung? Handelt es sich in diesem Fall um ein gefährliches Tier? Gehen von der Versammlung in diesem Fall Gefahren für Leib und Leben aus?

Die Subsumtion ist also die Brücke zwischen einem abstrakten Gesetzestext und dem konkreten Einzelfall!

3. Schritt: Ergebnis

Nachdem wir in Schritt 2 die einzelnen TBM subsumiert haben, kommen wir an einen entscheidenden Punkt:

Sind sämtliche Tatbestandsmerkmale erfüllt?

Falls nein, so kann die Rechtsfolge nicht eintreten – egal, ob Ermessensvorschrift oder bindende Vorschrift!

Falls ja, so müssen wir die Frage stellen:

- Handelt es sich um eine bindende Vorschrift?
- Handelt es sich um eine Ermessensvorschrift?

Falls es sich um eine bindende Vorschrift handelt, gibt uns das Gesetz die Rechtsfolge bereits vor und wir wenden diese an.

Falls es sich um eine Ermessensentscheidung handelt, müssen wir unser Ermessen pflichtgemäß ausüben, also abwägen, wie wir in diesem Fall vorgehen. Als Sachbearbeiter für einen Fall musst du erkennen, ob dir dabei Auswahl- oder Entschließungsermessen zusteht. Bei einem Entschließungsermessen steht es dir offen, ob du einschreitest, oder nicht. Falls du dich dazu entschließt einzuschreiten, gibt es beim Entschließungsermessen nur eine Option, wie vorgegangen werden kann. Anders beim Auswahlermessen: hier stehen dir mehrere Optionen an Maßnahmen zur Auswahl, in das Geschehen einzugreifen.

Falls einer Behörde Ermessen zusteht, muss sie dieses pflichtgemäß ausüben. Dies geht aus Artikel 40 des Verwaltungsverfahrensgesetzes (VwVfG) hervor. Dabei muss eine Abwägung zwischen den privaten Interessen des Betroffenen sowie den öffentlichen Interessen der Allgemeinheit stattfinden. Die Abwägung muss sich am Grundsatz der Verhältnismäßigkeit orientieren.

9.5 Die Vertragserfüllung

Ein Schuldverhältnis ist eine Rechtsbeziehung zwischen zwei Personen, kraft deren die eine Person (**Gläubiger**) von der anderen Person (**Schuldner**) eine Leistung fordern kann (**Anspruch**). Dies ist in § 241 Abs. 1 BGB festgelegt.

Ein **Schuldverhältnis** entsteht durch einen Vertrag (vertragliches Schuldverhältnis) oder ein Gesetz (gesetzliches Schuldverhältnis).

Die **Erfüllung** ist das Erlöschen des Schuldverhältnisses. Die Erfüllung tritt ein, wenn der Schuldner die geschuldete Leistung an den Gläubiger geleistet hat. Damit bewirkt die Erfüllung das **Erlöschen des Schuldverhältnisses**. Es kommt dabei stets auf den Erfüllungserfolg, nicht auf die Erfüllungshandlung an. Der Schuldner muss also die vereinbarte Leistung an den Gläubiger erbracht haben.

Der Gläubiger hat also bei einem Vertrag einen **Erfüllungsanspruch** gegenüber dem Schuldner. Ein solcher Erfüllungsanspruch kann bei verschiedenen Arten von Verträgen entstehen:

- Mietvertrag
- Werkvertrag
- Kaufvertrag
- Dienstvertrag

9.6 Anwendung von Rechtsnormen - Bindende Vorschrift und Ermessensvorschrift

Eine Rechtsnorm besteht aus zwei Teilen: **Tatbestand** ("Wenn ...,") und **Rechtsfolge** ("dann...")

Dabei sind die Tatbestandsmerkmale stets zuerst zu prüfen! Es stellt sich damit zunächst die Frage, ob sämtliche Tatbestandsmerkmale erfüllt sind. Nur wenn dies der Fall ist, tritt die Rechtsfolge ein.

Beispiel: Im Sachgebiet für Öffentliche Sicherheit und Ordnung des Landratsamtes geht ein Schreiben einer besorgten Dame ein, die berichtet, dass ihr Nachbar, Herr Wild, seit einigen Tagen eine große Schlange bei sich im Garten untergebracht hat. Nun stellt sich die Frage, ob Herr Wild das darf, denn gegebenenfalls benötigt er hierfür eine Erlaubnis. Der Sachbearbeiter findet die entsprechende Rechtsnorm:

"Wer ein gefährliches Tier halten möchte, benötigt die Erlaubnis des Landratsamtes."

In diesem Beispiel sind die **Tatbestandsmerkmale** die Folgenden:

- Wer (eine Person)
- Tier
- halten (die Person möchte das Tier bei sich unterbringen)
- gefährlich (das Tier ist in der Lage, anderen Menschen gesundheitlichen Schaden zuzufügen)

Nur wenn alle vier Tatbestandsmerkmale (TBM) erfüllt sind, benötigt Herr Wild eine Erlaubnis (Rechtsfolgenseite). Der Sachbearbeiter muss damit zuerst überprüfen, ob alle vier TBM in diesem konkreten Fall erfüllt sind, bevor er eine Anordnung gegenüber Herrn Wild erlässt.

Anhand dieses Beispiels erkennen wir, wie eine Rechtsnorm aufgebaut ist:

"**Wer** ein **gefährliches Tier halten** möchte (**Tatbestand**), benötigt die Erlaubnis des Landratsamtes (Rechtsfolge)."

Bei der Rechtsfolgenseite einer Rechtsnorm unterscheiden wir zwischen einer **bindenden Vorschrift** (Rechtsfolge tritt zwingend ein) sowie einer **Ermessensvorschrift** (Rechtsfolge kann eintreten, die Behörde hat Ermessen).

Das obige Beispiel ist eine bindende Vorschrift, denn das Tier ist erlaubnispflichtig, wenn die TBM erfüllt sind.

Beispiel für eine **Ermessensvorschrift**:

Bei der Polizeiwache Berlin geht die Meldung ein, dass eine unangemeldete Kundgebung am Alexanderplatz stattfindet. Vor Ort stellen die Beamten fest, dass die Versammlung größer ist als gedacht und immer mehr Menschen hinzukommen. Die Stimmung ist aufgehetzt und es kommt bereits zu Rangeleien und lauten Wortgefechten, da das provokante Thema zahlreichen Menschen aufstößt. Da die Versammlung unorganisiert und ohne Anmeldung (also anonym) abläuft, fühlt sich keiner der Teilnehmer zur Verantwortung verpflichtet, was eine gefährliche Lage entstehen lässt und Ausschreitungen wahrscheinlicher werden lässt.

Die entsprechende Rechtsnorm, welche das Eingreifen der Polizei in solch einer Situation vorsieht, ist die Folgende:

Wenn von einer Versammlung Gefahren für Leib und Leben von Menschen ausgeht, kann die Polizei Anordnungen gegenüber Versammlungsteilnehmern erlassen oder die Auflösung der Versammlung anordnen.

Hier liegt eine **Ermessensvorschrift** vor, dies erkennest du an dem Wort "kann". Zunächst sind auch hier die Tatbestandsmerkmale zu prüfen:

- Versammlung (mindestens drei Personen)
- Gefahr (Sachlage, die bei ungehindertem Ablauf des objektiv zu erwartenden Geschehens zu einer Verletzung von Rechtsgütern führt)
- Leib und Leben von Menschen (Menschen können gesundheitlichen/körperlichen Schaden erleiden)

Erst wenn diese drei TBM erfüllt sind, widmen wir uns der Rechtsfolgenseite. Im Gegensatz zum ersten Beispiel ist dies jedoch nicht so einfach, oder? Die Polizei hat hier **verschiedene Möglichkeiten der Anordnung**. Sie kann etwa einen Platzverweis gegenüber einzelnen Personen erlassen, wenn diese aufgrund ihres Verhaltens offensichtlich zur Eskalation der Versammlung beitragen, oder sie kann sogar die Versammlung gänzlich auflösen, wenn die Gesamtlage zu gefährlich ist und einzelnen Anordnungen gegen Teilnehmer nicht ausreichen, um die Lage zu entspannen. Die Polizeibeamten vor Ort haben nun die Auswahl verschiedener Mittel, um die Lage zu deeskalieren. Dabei steht ihnen Ermessen zu – es liegt an ihnen, welche Mittel sie wählen. In diesem Beispiel sprechen wir von einem **Auswahlermessen**, da die Polizeibeamten mehrere Alternativen haben, um einzuschreiten. Neben dem Auswahlermessen gibt es auch das **Entschließungsermessen**, bei dem sich die Behörde die Frage stellt, ob überhaupt eingeschritten wird.

Beispiel für ein **Entschließungsermessen**:

Wer ein gefährliches Tier ohne Erlaubnis hält, kann zur Abgabe des Tieres an eine geeignete Stelle verpflichtet werden.

Die Behörde hat hier nicht mehrere Auswahlmöglichkeiten, sondern entscheidet bei Vorliegen der Tatbestandsvoraussetzungen lediglich, ob der Halter zur Abgabe verpflichtet wird, oder nicht. Für die Behörde stellt sich somit die Frage, ob eingeschritten wird oder nicht.

Nun erkennst du den Unterschied zwischen einer bindenden Vorschrift ("...benötigt die Erlaubnis des Landratsamtes") sowie einer Ermessensvorschrift ("... kann...").

Neben Tatbestandsmerkmalen spricht man auch von Tatbestandsvoraussetzungen. In zahlreichen Normen sind die Tatbestandsvoraussetzungen mit "**und**" bzw. "**oder**" miteinander verknüpft. Daran erkennst du, dass es sich um TBM handelt. Bereits in unseren Beispielen hast du wohl festgestellt, dass einige der dort verwendeten Begriffe auf der Tatbestandsseite gar nicht so leicht zu definieren sind, oder? So etwa die Formulierung "Gefahr für Leib und Leben" im zweiten Beispiel. Mitunter kommen in Rechtsnormen solche **unbestimmten Rechtsbegriffe** vor. Diese Begriffe sind aus sich selbst heraus nicht unmittelbar verständlich, sondern bedürfen der näheren Konkretisierung. In zahlreichen Gesetzen hat der Gesetzgeber sogenannte Definitionsnormen eingefügt, welche erklären, was unter den Begriffen wie "Gefahr" oder "gefährliches Tier" gemeint ist. Wenn es keine Definitionsnorm gibt, ist der Begriff auszulegen. Für die Prüfung gilt es daher, die im Unterricht behandelten Definitionen der unbestimmten Rechtsbegriffe vokabelartig zu wiederholen, um für die Klausur die entsprechenden Definitionen parat zu haben. Falls in einer Klausur ein bis dato unbekanntes Gesetz angewendet werden muss, dessen unbestimmte Rechtsbegriffe der Prüflingen nicht bekannt sind, so werden die entsprechenden Definitionen häufig in den Hinweisen zur Prüfung angegeben.

9.7 Test: Vertragsarten/ Rechtsgeschäfte

Bei der Abschlussprüfung solltest du dich mit Vertragsarten auskennen und zu jeder Vertragsart ein Beispiel bringen können. Du solltest die Definition für die jeweilige Vertragsart kennen.

9.7.1 Die verschiedenen Vertragsarten im Überblick

Es gibt eine Vielzahl von Vertragsarten, die im Bürgerlichen Gesetzbuch geregelt sind und für die unterschiedliche Formvorschriften gelten. Hier sind die Vertragsarten im Überblick mit der zugehörigen Definition:

9.7.2 Kaufvertrag nach § 433 BGB

Der Kaufvertrag regelt die Übereignung und Übergabe einer Sache durch den Verkäufer an den Käufer. Der Käufer ist zur Zahlung des Kaufpreises verpflichtet. Damit ein Kaufvertrag wirksam zustande kommt, sind ein Angebot und die Annahme des Angebots erforderlich.
Für den Kaufvertrag ist keine Form notwendig.
Beispiel: Kaufvertrag für ein Auto

9.7.3 Tauschvertrag nach § 480 BGB

Die beiden Vertragspartner verpflichten sich zur gegenseitigen Übertragung von Vermögensgegenständen.
Für den Tauschvertrag gilt keine Formvorschrift.
Beispiel: Tausch eines Mountainbikes gegen ein Mofa

9.7.4 Darlehensvertrag nach § 488 BGB

Bei einem Darlehensvertrag verpflichtet sich der Darlehensgeber zur Zahlung des vereinbarten Geldbetrags an den Darlehensnehmer. Der Darlehensnehmer verpflichtet sich, innerhalb einer bestimmten Frist den Geldbetrag mit den vereinbarten Zinsen zurückzuzahlen.
Ein Darlehensvertrag muss schriftlich abgeschlossen werden.
Beispiel: Darlehensvertrag über 10.000 Euro für den Kauf eines Autos

9.7.5 Schenkungsvertrag nach § 516 BGB

Bei einem Schenkungsvertrag vereinbart eine Person die unentgeltliche Übertragung eines Vermögensgegenstandes an eine andere Person. Die andere Person muss der Schenkung zustimmen.
Eine notarielle Beurkundung des Schenkungsvertrags ist sinnvoll. Der Vertrag kommt bei Formmangel auch zustande, wenn die Schenkung erfolgt.
Beispiel: Schenkung eines Autos

9.7.6 Mietvertrag nach § 535 BGB

In einem Mietvertrag vereinbart der Vermieter die Überlassung einer Mietsache auf Zeit an den Mieter. Der Mieter muss dafür die vereinbarte Miete zahlen.
Ein Mietvertrag kann formfrei abgeschlossen werden. Eine Besonderheit gilt bei einem Vertrag über die Wohnungsmiete. Liegt nach einem Jahr nicht die Schriftform vor, gilt der Mietvertrag als zeitlich unbefristet. Die Kündigung eines Mietvertrags über Wohnungsmiete bedarf der Schriftform.
Ein Beispiel für den Mietvertrag kann nicht nur die Wohnungsmiete sein. Ein Mietvertrag kann auch für einen bestimmten Zeitraum für ein Auto abgeschlossen werden.

9.7.7 Pachtvertrag nach § 581 BGB

Bei einem Pachtvertrag vereinbart der Verpächter die Überlassung einer Sache an den Pächter gegen Entgelt (Pacht). Der Pächter muss die Pacht zahlen und darf die Erträge behalten.
Der Pachtvertrag bedarf keiner Form.
Beispiel: Ein Gartengrundstück mit Obstbäumen wird verpachtet. Der Pächter darf das Obst ernten und behalten.

9.7.8 Leihvertrag nach § 598 BGB

Bei einem Leihvertrag ist der Verleiher verpflichtet, dem Entleiher über einen bestimmten Zeitraum unentgeltlich eine Sache zum Gebrauch zu überlassen. Der Entleiher verpflichtet sich, innerhalb des vereinbarten Zeitraums die entliehene Sache in ordnungsgemäßem Zustand zurückzugeben.
Ein Leihvertrag ist formlos gültig.
Beispiel: Die Tochter darf das Auto der Mutter unentgeltlich benutzen.

9.7.9 Sachdarlehensvertrag nach § 607 BGB

Bei einem Sachdarlehensvertrag überlässt der Darlehensgeber dem Darlehensgeber die vereinbarte Sache. Der Darlehensnehmer ist verpflichtet, dem Darlehensgeber ein Darlehensentgelt und die Sache in der gleichen Güte, der gleichen Art und der gleichen Menge zurückzugeben.
Der Sachdarlehensvertrag kann formlos abgeschlossen werden.
Beispiel: Der Nachbar leiht sich von deiner Mutter zwei Päckchen Kaffee. Er muss ihr zwei Päckchen Kaffee der gleichen Sorte und ein geringes Entgelt zurückgeben.

9.7.10 Dienstvertrag nach § 611 BGB

In einem Dienstvertrag verpflichtet sich eine Person, einen bestimmten Dienst gegen eine Vergütung zu leisten.
Der Dienstvertrag bedarf selbst keiner Schriftform, doch bedarf die Kündigung des Dienstvertrages der Schriftform.
Beispiel: Arbeitsvertrag.

9.7.11 Werkvertrag nach § 631 BGB

In einem Werkvertrag verpflichtet sich ein Unternehmer, ein mangelfreies Werk herzustellen. Der Besteller ist zur Abnahme und zur Bezahlung des Werkes verpflichtet.

Der Werkvertrag kann formfrei abgeschlossen werden.
Beispiel: Eine Baufirma verpflichtet sich zum Bau eines Hauses, das der Bauherr bezahlt.

Teste dein Wissen zum Thema Vertragsarten/Rechtsgeschäfte.

1. In welchem Fall kommt ein Kaufvertrag rechtskräftig zustande?

   ○ a) Ein Kaufinteressent fordert ein schriftliches Angebot an.

   ○ b) Ein Kunde bekommt ein unverbindliches Angebot.

   ○ c) Ein Kaufinteressent hat ein verbindliches Angebot erhalten und bestellt daraufhin.

   ○ d) Ein Anbieter schickt einem Kunden eine unbestellte Ware.

2. In welchem Fall handelt es sich um einen Pachtvertrag?

   ○ a) Ein Kunde mietet eine Wohnung.

   ○ b) Ein Interessent nutzt ein Gartengrundstück, er zahlt dafür jeden Monat den vereinbarten Betrag und er darf die Früchte der dort befindlichen Obstbäume behalten.

   ○ c) Veronika leiht sich von Carola fünf Äpfel. Sie gibt die Äpfel und einen kleinen Geldbetrag an Carola zurück

   ○ d) Florian darf unentgeltlich das Auto seines Nachbarn benutzen.

3. Was ist der Unterschied zwischen Mietvertrag und Pachtvertrag?

   ○ a) Der Pächter darf die Erträge behalten, die er mit dem gepachteten Gegenstand erwirtschaftet hat.

   ○ b) Der Pächter muss keine Miete zahlen.

   ○ c) Der Pächter muss eine vergleichbare Sache zurückgeben.

   ○ d) Der Pächter muss die gemietete Sache und einen Geldbetrag zurückgeben.

4. Welche der folgenden Vertragsarten ist kein Kaufvertrag?

   - ○ a) Kauf eines Autos
   - ○ b) Unentgeltliche Nutzung des Autos des Nachbarn
   - ○ c) Kauf einer Eigentumswohnung
   - ○ d) Kauf eines Gartengrundstücks

5. Bei welcher der folgenden Vertragsarten ist die Schriftform erforderlich?

   - ○ a) Kaufvertrag
   - ○ b) Darlehensvertrag
   - ○ c) Werkvertrag
   - ○ d) Dienstvertrag

6. Deine Mutter erlaubt dir, ihr Auto zu benutzen, ohne dass du eine Gegenleistung erbringst. Um welches Vertragsverhältnis handelt es sich?

   - ○ a) Sachdarlehensvertrag
   - ○ b) Mietvertrag
   - ○ c) Pachtvertrag
   - ○ d) Leihvertrag

7. Du leihst dir von deinem Freund fünf Druckerpatronen und gibst die Druckerpatronen in der gleichen Menge und Qualität zuzüglich eines kleinen Geldbetrages an deinen Freund zurück. Um welches Vertragsverhältnis handelt es sich?

   - ○ a) Mietvertrag
   - ○ b) Darlehensvertrag
   - ○ c) Leihvertrag
   - ○ d) Sachdarlehensvertrag

8. Leon nimmt einen Kredit auf, da er sich ein Auto kaufen möchte. Um welchen Vertrag handelt es sich?

   - ◯ a) Sachdarlehensvertrag
   - ◯ b) Mietvertrag
   - ◯ c) Darlehensvertrag
   - ◯ d) Kaufvertrag

9. Wodurch kommt ein Kaufvertrag zustande?

   - ◯ a) Bestellung und Lieferung
   - ◯ b) Angebot und Bestellung
   - ◯ c) Antrag und Annahme
   - ◯ d) Bestellung und Bestellungsannahme

10. In welchem Fall wurde ein Kaufvertrag abgeschlossen?

   - ◯ a) Ein Anbieter schickt auf eine Anfrage ein unverbindliches Angebot.
   - ◯ b) Ein Kaufinteressent bestellt, die Bestellung wird angenommen.
   - ◯ c) Ein Anbieter schickt ein unverbindliches Angebot.
   - ◯ d) Ein Kaufinteressent verschickt eine Anfrage und bekommt ein unverbindliches Angebot.

11. Was ist nicht für jeden Kaufvertrag erforderlich?

   - ◯ a) Lieferung der Ware durch den Verkäufer
   - ◯ b) Annahme der Ware durch den Käufer
   - ◯ c) Bezahlung der Ware durch den Käufer
   - ◯ d) Notarielle Beurkundung

12. Welche Pflichten hat der Verkäufer beim Abschluss eines Kaufvertrages?

- ◯ a) Er muss die Ware annehmen und prüfen.
- ◯ b) Er muss die Ware vertragsgemäß übergeben und den vereinbarten Kaufpreis annehmen.
- ◯ c) Er muss akzeptieren, wenn der Käufer schnell zahlt und einen Skonto einbehält.
- ◯ d) Er muss die Ware prüfen und Mängel sofort reklamieren.

13. Du unterschreibst einen Arbeitsvertrag bei deinem künftigen Arbeitgeber. Um welche Vertragsart handelt es sich?

- ◯ a) Werkvertrag
- ◯ b) Dienstvertrag
- ◯ c) Sachdarlehensvertrag
- ◯ d) Leihvertrag

14. Das Widerrufsrecht bei Haustürgeschäften

- ◯ a) beträgt ein Jahr.
- ◯ b) gilt nicht.
- ◯ c) beträgt zwei Wochen.
- ◯ d) wird frei vereinbar.

15. Ein Maler verpflichtet sich, seinem Kunden gegen Bezahlung eine einwandfreie Arbeit zu liefern. Um welchen Vertrag handelt es sich?

- ◯ a) Arbeitsvertrag
- ◯ b) Werkvertrag
- ◯ c) Dienstvertrag
- ◯ d) Kaufvertrag

16. Was ist der Unterschied zwischen einem Leihvertrag und einem Sachdarlehensvertrag?

- ◯ a) Es gibt keinen, da beides dasselbe ist.
- ◯ b) Bei einem Leihvertrag muss Geld bezahlt werden, bei einem Sachdarlehensvertrag nicht.
- ◯ c) Bei einem Leihvertrag gibt der Entleiher den entliehenen Gegenstand zuzüglich einem vereinbarten Geldbetrag zurück.
- ◯ d) Bei einem Sachdarlehensvertrag gibt der Darlehensnehmer eine Sache in der gleichen Qualität und Menge, wie die überlassene Sache zuzüglich eines Darlehenentgelts zurück.

17. Bei welcher Vertragsart wird man zum Besitzer und Eigentümer einer Sache?

- ◯ a) Mietvertrag
- ◯ b) Kaufvertrag
- ◯ c) Pachtvertrag
- ◯ d) Darlehensvertrag

18. Ein Arzt schließt mit dem Eigentümer eines Geschäftsgebäudes einen Vertrag. Er schließt einen Vertrag über die Nutzung der Geschäftsräume gegen Entgelt, in denen er seine Praxis eröffnet. Um welchen Vertrag handelt es sich?

- ◯ a) Mietvertrag
- ◯ b) Pachtvertrag
- ◯ c) Leihvertrag
- ◯ d) Sachdarlehensvertrag

19. Du gehst zu einer Autovermietung und nimmst ein Auto für eine Woche zur entgeltlichen Nutzung entgegen. Um welche Vertragsart handelt es sich?

- ◯ a) Mietvertrag
- ◯ b) Leihvertrag
- ◯ c) Sachdarlehensvertrag
- ◯ d) Kaufvertrag

20. Bei welcher der folgenden Vertragsarten handelt es sich nicht um einen Mietvertrag?

- ◯ a) Entgeltliche Nutzung über einen bestimmten Zeitraum
- ◯ b) Nutzung einer Wohnung gegen Geld
- ◯ c) Nutzung eines Gartengrundstücks gegen Geld und Recht, die dort geernteten Früchte zu verwenden
- ◯ d) Nutzung einer Gartenfräse über einen Tag gegen Geld

9.8 Lösungen: Vertragsarten/ Rechtsgeschäfte

Aufgabe	Lösung	Aufgabe	Lösung	Aufgabe	Lösung
1.	c)	2.	b)	3.	a)
4.	b)	5.	b)	6.	d)
7.	d)	8.	c)	9.	b)
10.	b)	11.	d)	12.	b)
13.	b)	14.	c)	15.	b)
16.	d)	17.	b)	18.	b)
19.	a)	20.	c)		

Lösungen der Auswahl-Fragen.

9.9 Test: Mitwirken am Vertragsabschluss

1. Von wem müssen die Ausbildungsverträge bei der jeweils zuständigen Stelle eingereicht werden?

- ☐ a) Vom Auszubildenden
- ☐ b) Vom Ausbilder
- ☐ c) Vom Betrieb
- ☐ d) Von der Berufsschule

2. Welche gesetzliche Grundlage muss man zur Berechnung der Urlaubsansprüche bei unter 18-Jährigen hinzuziehen?

   ☐ a) Ausbildungsrahmenplan

   ☐ b) Jugendarbeitsschutzgesetz

   ☐ c) Bürgerliches Gesetzbuch

   ☐ d) Jugendschutzgesetz

3. Welche Teile müssen laut BBiG im Berufsausbildungsvertrag enthalten sein?

   ☐ a) Dauer der regelmäßigen wöchentlichen Arbeitszeit

   ☐ b) Kündigungsvoraussetzungen

   ☐ c) Beginn und Dauer der Berufsausbildung

   ☐ d) Abkommen über Nebentätigkeiten während der Ausbildung

   ☐ e) Urlaubsvereinbarungen

   ☐ f) Pflichten des Auszubildenden

4. Wie lange dauert die Probezeit mindestens?

   ☐ a) Es gibt keine Mindestprobezeit.

   ☐ b) 1 Monat

   ☐ c) 3 Monate

   ☐ d) 4 Monate

5. Wo findest du Infos über die regelmäßige tägliche Arbeitszeit deines Auszubildenden?

   ☐ a) Im Berufsbildungsgesetz und Jugendarbeitsschutzgesetz

   ☐ b) Im Arbeitszeitgesetz und Jugendarbeitsschutzgesetz

   ☐ c) Im Berufsbildungsgesetz und Arbeitszeitgesetz

   ☐ d) In keinem festen Gesetz. Die Arbeitszeit ist eine Absprache zwischen Auszubildendem und Betrieb.

6. Welche Pflichten hat ein Auszubildender laut Ausbildungsvertrag?

   ☐ a) Besuch der Berufsschule

   ☐ b) Weisungen Folge leisten

   ☐ c) Sein Berichtsheft außerhalb der Arbeitszeit zu führen

7. Kann ein Ausbildungsverhältnis vom Auszubildenden nach der Probezeit gekündigt werden?

   ☐ a) Ja

   ☐ b) Nein

8. Was gilt für die Probezeit?

   ☐ a) Sie ist frei von gesetzlichen Regelungen.

   ☐ b) Sie kann maximal 4 Monate betragen.

   ☐ c) Sie kann maximal 6 Monate betragen.

   ☐ d) Auf eine Probezeit kann verzichtet werden.

9. Was ist beim Abschluss des Berufsausbildungsvertrags zu berücksichtigen?

   ☐ a) Die Ausbildung kann durch schulische Vorbildung verkürzt werden.

   ☐ b) Es müssen in jedem Fall die Erziehungsberechtigten unterschreiben.

   ☐ c) Der Ausbilder beantragt unverzüglich die Eintragung in das Verzeichnis der Berufsausbildungsverhältnisse.

10. Wann endet das Ausbildungsverhältnis, wenn die Abschlussprüfung nach Ende des Ausbildungsdauer liegt?

    ☐ a) Am letzten Tag des Monats in der die Abschlussprüfung stattfindet.

    ☐ b) Am Tag der Abschlussprüfung

    ☐ c) Am Tag des Vertragsendes

11. Kann eine Ausbildung vor Ausbildungsbeginn gekündigt werden?

- ☐ a) Ja, aber nur vom Ausbildenden
- ☐ b) Nein, von keiner Partei, erst ab dem ersten Tag der Ausbildung
- ☐ c) Ja, von beiden Parteien
- ☐ d) Ja, aber nur vom Auszubildenden

12. Welchen Urlaubsanspruch hat ein minderjähriger Auszubildender im ersten Lehrjahr?

- ☐ a) Er hat Anspruch auf den vollen Urlaub, auch im ersten Lehrjahr.
- ☐ b) Er hat keinen Anspruch auf Urlaub im ersten Lehrjahr.
- ☐ c) Er hat Anspruch auf den vollen Urlaub nach sechs Monaten Betriebszugehörigkeit.

13. Welche Definition von "Werktag" ist im BUrlG angegeben?

- ☐ a) Alle Tage außer Sonn- und Feiertage
- ☐ b) Alle Tage von Montag bis Samstag
- ☐ c) Alle Tage des Jahres
- ☐ d) Alle Tage von Montag bis Freitag

14. Welche Aussagen zum Urlaubsanspruch eines minderjährigen Auszubildenden stimmen?

- ☐ a) Bei der Berechnung des Urlaubes zählt das Alter zu Beginn der Ausbildung.
- ☐ b) Bei der Berechnung des Urlaubes zählt das Alter zum Beginn des Kalenderjahres.
- ☐ c) Bei der Berechnung des Urlaubes zählt das Alter zum Ende des Kalenderjahres.
- ☐ d) Bei der Berechnung des Urlaubes macht das Alter keinen Unterschied.

15. Was muss bei einem Berufsausbildungsvertrag mit einem minderjährigen Auszubildenden berücksichtigt werden?

☐ a) Die maximal tägliche Arbeitszeit beträgt 7 Stunden, die maximale wöchentliche Arbeitszeit beträgt 35 Stunden.

☐ b) Es muss eine Zustimmung der gesetzlichen Vertreter erfolgen.

☐ c) Der Auszubildende und die gesetzlichen Vertreter bekommen eine Vertragsniederschrift.

☐ d) Nur die gesetzlichen Vertreter bekommen eine Vertragsniederschrift.

16. Wann muss der Ausbildungsvertrag spätestens schriftlich festgehalten werden?

☐ a) Vor Ausbildungsbeginn

☐ b) Vor der Zwischenprüfung

☐ c) Nach der Probezeit

17. Deine Firma besteht aus 250 Mitarbeitern. Du möchtest gerne Thomas (16) einstellen. Was muss vorher erledigt werden?

☐ a) Die JAV muss der Einstellung zustimmen.

☐ b) Der Betriebsrat muss der Einstellung zustimmen.

☐ c) Der Ausbilder muss der Einstellung zustimmen.

9.10 Lösungen: Mitwirken am Vertragsabschluss

Aufgabe	Lösung	Aufgabe	Lösung	Aufgabe	Lösung
1.	b)	2.	b)	3.	b), c), e)
4.	b)	5.	b)	6.	a), b)
7.	a)	8.	b)	9.	a)
10.	c)	11.	c)	12.	c)
13.	a), b)	14.	b)	15.	b), c)
16.	a)	17.	b)		

Lösungen der Auswahl-Fragen.

10 Personalvorgänge mitgestalten

10.1 Die Arbeitsgerichtsbarkeit

Kündigungen, Lohnabrechnungen sowie Mitbestimmungsrechte können dazu führen, dass ein Streit zwischen einem Arbeitnehmer und seinem Arbeitgeber entsteht. Wenn sich der Konflikt nicht mehr durch Gespräche und Einbeziehung der Personalvertretung beheben lässt, kann eine Klage vor dem zuständigen Arbeitsgericht gegen die jeweilige Maßnahme erhoben werden. Die Arbeitsgerichtsbarkeit ist somit für die Rechtsprechung im Bereich der Arbeitssachen zuständig.

Gemäß Artikel 92 und Artikel 20 Abs. 3 des Grundgesetzes (GG) sind die Arbeitsgerichte Teil der rechtsbrechenden Gewalt in der Bundesrepublik. Sie besteht aus drei Instanzen:

- den Arbeitsgerichten (I. Instanz)
- den Landesarbeitsgerichten (II. Instanz)
- sowie dem Bundesarbeitsgericht (III. Instanz)

Jedes Bundesland ist in mehrere Arbeitsgerichtsbezirke unterteilt, was bedeutet, dass es auf der Stufe der I. Instanz in jedem Bundesland mehrere Arbeitsgerichte gibt. Sitz des Bundesarbeitsgerichts ist Erfurt.

Die Arbeitsgerichte entscheiden in den meisten Verfahren über:

- Streitigkeiten aus dem Arbeitsverhältnis
- Betriebsverfassungs- und Mitbestimmungssachen
- Arbeitskampfstreitigkeiten

10.2 Entstehung und Beendigung sowie Rechte und Pflichten aus dem Arbeitsverhältnis

Ein **Arbeitsverhältnis** ist ein durch den **Abschluss eines Arbeitsvertrags** begründetes Rechtsverhältnis zwischen einem Arbeitgeber und einem Arbeitnehmer. Ein Arbeitnehmer schuldet aus einem Arbeitsvertrag das Tätigwerden innerhalb einer bestimmten Zeitspanne (Arbeitszeit) und hat dann Anspruch auf eine Gegenleistung (Lohn). **Der Arbeitsvertrag begründet somit das**

Arbeitsverhältnis.

Merke: Der Arbeitnehmer muss "tun was er kann, so gut er es kann".

Damit liegt ein großer Unterschied zum Werkvertrag (§§ 631 ff. BGB), bei welchem der Verpflichtete neben dem Tätigwerden auch den Erfolg schuldet. Im Arbeitsverhältnis ist eine Kürzung des Entgelts nur bei einer Nichtleistung möglich: "ohne Arbeit kein Lohn".

Merke: Der Arbeitsvertrag ist ein Unterfall des Dienstvertrages (§§ 611 ff. BGB), wobei keine Erfolgsabhängigkeit besteht.

Aus dem Arbeitsverhältnis ergeben sich **Haupt-** und **Nebenpflichten**. Blicken wir zunächst auf die Hauptpflichten:

- Hauptleistungspflicht für den Arbeitgeber: Zahlung der vereinbarten Vergütung (siehe § 611a Abs. 2 BGB)
- Hauptleistungspflicht für den Arbeitnehmer: Leistung weisungsgebundener, fremdbestimmter Arbeit (= Arbeitspflicht) (siehe §611a Abs. 1 Satz 1 BGB)

Die Nebenpflichten gestalten sich wie folgt:

- Nebenleistungspflicht für den Arbeitgeber: Schutz- und Fürsorgepflichten (z. B. Schutz von Rechtsgütern des Arbeitnehmers, die im Zusammenhang mit dem Arbeitsverhältnis stehen)
- Nebenleistungspflicht für den Arbeitnehmer: Treuepflicht, Rücksichtnahmepflicht aus §241 Abs. 2 BGB (gefordert ist ein betriebsförderndes, loyales Verhalten) (z. B. Wahrung von Dienstgeheimnissen, Verbot rufschädigender Äußerungen in Bezug auf den Arbeitgeber in der Öffentlichkeit)

Beendigung eines Arbeitsverhältnisses

Blicken wir nun auf die Möglichkeiten, ein Arbeitsverhältnis zu beendigen:

Kündigung

- Ordentliche Kündigung (§ 622 BGB, § 34 TVöD)
- Außerordentliche Kündigung (§ 626 BGB)

WICHTIG:

- Schriftformerfordernis (§ 623 BGB)
- Beachtung der Regelungen des Kündigungsschutzgesetzes (KSchG)

Bei der Kündigung handelt es sich um eine einseitige, empfangsbedürftige, rechtsgestaltende Willenserklärung.

Ausscheiden aus dem Erwerbsleben

- Altersrente (§ 33 Absatz 1 Buchstabe a TVöD)
- Erwerbsminderungsrente auf Dauer (§ 33 Absatz 2 Satz 1 TVöD)

Auflösungsvertrag

nach § 33 Absatz 1 Buchstabe b TVöD

Erforderlich ist hier die Schriftform (§ 623 BGB).

Weitere Beendigungsgründe sind etwa:

- Ablauf eines befristeten Arbeitsverhältnisses
- Nichtigkeit des Arbeitsvertrages
- Erfolgreiche Anfechtung
- Berufung in ein Beamtenverhältnis bei dem bisherigen Arbeitgeber

Blicken wir nun gezielt auf einige Formen der Beendigung eines Arbeitsverhältnisses:

Beendigung befristeter Arbeitsverhältnisse

§ 15 des Teilzeit- und Befristungsgesetzes (TzBfG) regelt die **Beendigung wegen Zeitablauf** (Arbeitnehmer wird für einen vorab bestimmten Zeitrahmen beschäftigt) oder **Zweckerfüllung** (Arbeitnehmer wird bis zur Erfüllung einer bestimmten Aufgabe beschäftigt) sowie die vorzeitige Beendigung von befristeten Arbeitsverhältnissen:

- bei zeitlicher Befristung endet das Arbeitsverhältnis mit Fristablauf (§ 15 Absatz 1 TzBfG)
- bei zweckbefristeten Arbeitsverhältnissen muss die Beendigung spätestens zwei Wochen bis Ende angezeigt werden (§ 15 Absatz 2 TzBfG)

Merke: Werden Arbeitnehmer, welche befristet beschäftigt werden (bis Zeitablauf oder Zweckerfüllung), weiterbeschäftigt, so tritt die **Umwandlung** des befristeten Arbeitsverhältnisses in ein unbefristetes Arbeitsverhältnis ein (§ 15 Absatz 5 TzBfG).

Beendigung wegen Erreichens der Altersgrenze

Das Arbeitsverhältnis endet kraft Tarifautomatik mit Ablauf des Monats, in dem ein Arbeitnehmer die sich für ihn ergebende Altersgrenze für den Bezug der Regelaltersrente erreicht hat.

10.3 Beschäftigungsverhältnisse und Arbeitnehmermitbestimmung im öffentlichen Dienst

In Verwaltungen können nicht-hoheitliche Befugnisse an Personen übertragen werden, welche in einem privatrechtlichen Arbeitsverhältnis zur Dienststelle stehen. Neben der Gruppe der Beamten sind somit auch zahlreiche tariflich Beschäftigte für die öffentliche Verwaltung tätig. Die Beschäftigungsverhältnisse unterscheiden sich in mehreren Punkten. Während Beamte durch einen Verwaltungsakt ernannt werden, wird bei einem Arbeitnehmer das Rechtsverhältnis aufgrund eines Vertrages begründet. Die sich aus dem Dienst- bzw. Beschäftigungsverhältnis ergebenden Rechte und Pflichten sind bei Beamten öffentlich-rechtlich geregelt, während diese bei den Angestellten im Arbeits- und Tarifvertrag festgehalten sind. Das Rechtsverhältnis der Beamten besteht ab Ernennung auf Lebenszeit dauerhaft, bei Angestellten ist eine befristete Beschäftigung unter den gesetzlichen Voraussetzungen möglich.

Das private Arbeitsrecht ergibt sich aus mehreren Rechtsquellen:

- Arbeitsvertrag
- Betriebs- bzw. Dienstvereinbarung in der Behörde
- Tarifvertrag
- Betriebsverfassungsgesetz
- Tarifvertragsgesetz

Daneben gibt es noch zahlreiche arbeitsrechtliche Bestimmungen, etwa im Bürgerlichen Gesetzbuch (BGB), dem Arbeitszeitgesetz (ArbZeitG), dem Teilzeit- und Befristungsgesetz (TzBfG) oder dem Mutterschutzgesetz (MuSchG).

Für die Mitbestimmung der Arbeitnehmer (sowohl in der Verwaltung als auch in Unternehmen) ist Artikel 9 Absatz 3 des Grundgesetzes (GG) äußerst bedeutend: Hier wird festgelegt, dass Arbeitnehmer aller Berufe Vereinigungen bilden dürfen, um auf die Förderung der Arbeitsbedingungen hinzuwirken. Damit ist die Bildung von Gewerkschaften gewährleistet, welche sich für die Stärkung der Arbeitnehmerrechte einsetzen und Tarifverhandlungen mit Arbeitgebervertretern durchführen.

Eine bedeutende Aufgabe der Gewerkschaften ist die Führung der Tarifverhandlungen mit den Arbeitgebervertretern. Ausgewählte Vertreter der Gewerkschaften verhandeln mit der Vereinigung der kommunalen Arbeitgeberverbände über die Höhe der Löhne, Urlaubsanspruch und weitere arbeitnehmerrechtliche Bestimmungen. Der Tarifvertrag für den öffentlichen Dienst (TVöD), welcher die entsprechenden Regelungen umfasst, gilt für alle Arbeitnehmer, die in einem Beschäftigungsverhältnis zum Bund oder zu einem Arbeitgeber stehen, der Mitglieder in der Vereinigung der kommunalen Arbeitgeberverbände (VKA) ist. Der TVöD wird zwischen der Bundesrepublik sowie der Vereinigung der kommunalen Arbeitgeberverbände (VKA) einerseits und der Vereinten Dienstleistungsgewerkschaft (ver.di) sowie dem Deutschen Beamtenbund (dbb Tarifunion) andererseits geschlossen.

In der Behörde nimmt der Personalrat die Arbeitnehmerinteressen wahr: Die von den Beschäftigten gewählten Personalratsmitglieder wirken bei der Gestaltung der dienstlichen Arbeitsbedingungen mit. Innerhalb des Personalrats gibt es eine Gruppe für die Vertretung der Beamten, sowie eine Gruppe für die Vertretung der Arbeitnehmer. Die Personalratsmitglieder werden vom gesamten Personal der Dienststelle für eine bestimmte Dauer gewählt.

Personalräte werden grundsätzlich in allen Dienststellen gebildet – je nach Bundesland gibt es jedoch eine vorgeschriebene Mindestanzahl an Beschäftigten, ab der ein Personalrat gebildet wird. Nur wenn eine Behörde diese Mindestanzahl an Beschäftigten erreicht, wird ein Personalrat gebildet. Je größer eine Behörde ist, desto mehr Mitglieder umfasst der Personalrat.

10.4 Personalpolitik und -planung im öffentlichen Dienst

Im öffentlichen Dienst sind unter Personalpolitik sämtliche Maßnahmen der Behörden in Bezug auf deren Mitarbeiter zu verstehen. Die Personalpolitik hat das Ziel, durch Auswahl geeigneter Personen die Aufgabenerfüllung der Verwaltung sicherzustellen und den Beschäftigten Karrierewege aufzuzeigen. Die Personalpolitik wird von der Führung der Behörde vorgegeben: sei es ein gewähltes Gremium in einer Stadtverwaltung oder die Amtsleitung in einer staatlichen Behörde. Die Personalverwaltung hingegen, also das Sachgebiet für Personal, setzt diese Maßnahmen daraufhin in die Tat um.

In größeren Verwaltungen, beispielsweise in einer großen Stadt, gibt es einen Personalausschuss, welchem ausgewählte Mitglieder des Stadtrates angehören. In den Sitzungen des Personalausschusses wird beispielsweise entschieden, welche Maßnahmen zur Anwerbung neuer Mitarbeiter getroffen werden. Der Personalausschuss kann dabei mit dem Personalrat sowie der Personalstelle zusammenarbeiten. Nur so entsteht eine moderne und konstruktive Personalpolitik.

Da junge Arbeitnehmer vermehrt auf eine familienfreundliche Personalpolitik achten, bietet die öffentliche Verwaltung mit Blick auf die Vereinbarkeit von Familie und Beruf attraktive Möglichkeiten. Damit eine Verwaltung langfristig eine erfolgreiche Personalpolitik betreiben kann, sollen die Ziele und Wünsche der Mitarbeiter mit denen der Leitung übereinstimmen. Eine erfolgreiche Personalpolitik verfolgt dabei mehrere Ziele:

- Qualifikationen der Mitarbeiter ausbauen
- Wohlbefinden und Gesundheit am Arbeitsplatz fördern
- Motivation der Mitarbeiter fördern
- Förderung einer produktiven Arbeitsweise

Personalplanung in der Verwaltung

Die Personalplanung macht sich Gedanken über künftige personelle Entscheidungen. Sie sorgt dafür, dass in Zukunft die für die Aufgabenerfüllung der Behörde notwendigen Arbeitnehmer zur richtigen Zeit an der richtigen Stelle sitzen. Als zu Beginn und im Laufe der Corona-Pandemie die Gesundheitsämter die Kontakte einer infizierten Person zurückverfolgen sollten, wurde für diese neue Aufgabe Personal aus anderen Bereichen der Verwaltung abgezogen. Hier war eine kurzfristige Personalplanung gefragt: Binnen weniger Tage bzw. Wochen mussten in jedem Gesundheitsamt zahlreiche Beschäftigte in diese neue Aufgabe eingewiesen werden.

Um ihre Aufgaben erfüllen zu können, muss sich die Personalplanung rechtzeitig die folgenden Fragen stellen:

- Wie viel Personal wird benötigt? (Personalbedarf)
- Auf welchem Weg soll das Personal geworben werden? (Personalbeschaffung)
- Wie sollen sich die Mitarbeiter entwickeln? (Weiterbildung; Personalentwicklung)
- Welche Aufgaben weise ich den Mitarbeitern zu? Wo setze ich das Personal ein? (Personaleinsatz)
- Wann werden Arbeitsverhältnisse beendet? (Personalfreisetzung)

Eine erfolgreiche Personalplanung führt also dazu, dass weder zu viele, noch zu wenige Mitarbeiter beschäftigt werden und neues Personal von bereits geschulten Kräften ausreichend eingearbeitet werden kann – die notwendigen Kompetenzen sind somit stets vorhanden.

Es ist zwischen Personalbedarfs- und Personaleinsatzplanung zu unterscheiden:

Personalbedarfsplanung: Wie viel Personal wird zu welchem Zeitpunkt benötigt? Hierfür ist es erforderlich, dass die Personalstelle rechtzeitig neue Kräfte für ausscheidende Mitarbeiter aufbaut. Zudem muss eine Verwaltung stets ihre Aufgabenwahrnehmung im Blick behalten – falls der Behörde neue Aufgaben übertragen werden, müssen Mitarbeiter eingesetzt werden, um diese zu erfüllen.

Personaleinsatzplanung: An welchen Stellen werden die Mitarbeiter jetzt und in Zukunft eingesetzt? Entsprechend den Qualifikationen werden den Mitarbeitern Aufgaben zugewiesen, für welche sie die Befähigung besitzen und welche zu ihren persönlichen Stärken passen.

10.5 Methoden der Mitarbeiter- und Gesprächsführung

Unter Mitarbeiterführung versteht man die Steuerung und Einflussnahme des Verhaltens von Angestellten. Eine Führungsperson steht den Mitarbeitern unterstützend zur Seite. Sowohl zum Vorteil der Mitarbeiter, als auch zum Vorteil der Organisation. In der öffentlichen Verwaltung sind Sachgebiets- sowie Abteilungsleiter in der Rolle der Führungskraft. Ein Sachgebietsleiter ist für die Mitarbeiter seines Gebiets verantwortlich. Ein Sachgebiet kann zum Beispiel das Bauamt, das Personalamt oder das Umweltamt sein.

Damit eine Führungskraft ihr Sachgebiet bzw. ihre Abteilung erfolgreich führen kann, sind mehrere Kompetenzen notwendig:

Soziale Kompetenz: Für den richtigen Umgang mit den Mitarbeitern ist soziale Kompetenz unerlässlich. Ein großer Teil der Tätigkeit von Führungskräften im mittleren- sowie oberen Management besteht aus Gesprächen mit anderen Menschen: der Behördenleitung, Abteilungsleitern oder eigenen Mitarbeitern. Hierbei sind Empathie, Aktives Zuhören, Kooperationsfähigkeit sowie Überzeugungsfähigkeit wichtig

Selbstkompetenz: Damit der Erfolg des Teams langfristig gesichert ist, muss eine Führungskraft auch kontinuierlich an sich selbst arbeiten. Die Fähigkeit zur Selbstreflexion, sowie Selbstkritik, Transparenz und Offenheit sind hierbei wichtig.

Methodenkompetenz: Damit eine Führungskraft in der Verwaltung ihre Aufgabe (Förderung von Mitarbeitern und Behördenzielen) erfolgreich bewältigen kann, muss sie verschiedene Methoden anwenden: Ziele definieren, Aufgaben delegieren, Probleme erkennen und lösen sowie Projekte steuern sind nur einige dieser Aspekte.

Eine kompetente Führungskraft sorgt dafür, dass die Ziele der Mitarbeiterführung erreicht werden:

- Größere Motivation
- Loyalität
- Spaß an der Arbeit
- Positives Betriebsklima
- Erhöhung der Produktivität
- Förderung der persönlichen Entwicklung der Angestellten

Um diese Ziele zu erreichen, werden in der Praxis mehrere Instrumente der Mitarbeiterführung eingesetzt:

- Analyse der Ist-Situation: Einzelgespräche mit Mitarbeitern als erster Schritt um einen "Lagebericht" zu erhalten
- Kommunikation: Regelmäßige Mitarbeitergespräche
- Zielvereinbarungen: Förderung der Motivation von Mitarbeitern
- Lob: Besondere Leistungen der Mitarbeiter werden gewürdigt

Wie bereits deutlich wird, ist die Kommunikation zwischen Mitarbeitern und einer Führungskraft ein zentrales Element der erfolgreichen Führungsarbeit. Eine Führungskraft muss dem Mitarbeiter dabei auf Augenhöhe begegnen und auf ihn eingehen. Für eine offene und ehrliche Gesprächsatmosphäre ist es wichtig, sich jeweils mit den Sichtweisen des Gegenübers auseinanderzusetzen.

Folgende Grundsätze der Gesprächsführung sind dabei wichtig:

- Kein Zeitdruck
- Zuhören und die Sichtweisen des Gegenübers akzeptieren bzw. nachvollziehen
- Eigene Ideen und Vorstellungen äußern; aktives Einbringen in das Gespräch
- Offene Fragen stellen
- Dem Gesprächspartner die Möglichkeit geben, seine Ansicht darzustellen
- Aussagen des Gesprächspartners in eigenen Worten zusammenfassen

10.6 Datenschutz im Unternehmen

In einem Unternehmen ist das Thema Datenschutz nicht erst seit Beginn der DSGVO von enormer Bedeutung. Der Wichtigste Grundsatz in diesem Punkt ist daher Datensparsamkeit. Dies bedeutet: so wenig Daten wir möglich, so viele wie nötig.

Die meisten Unternehmen vereinbaren mit ihren Mitarbeitern so genannte Geheimhaltungsvereinbarungen, damit keine wichtigen Daten durch Mitarbeitende nach außen gelangen. Diese beziehen sich meistens auf die Zeit des Mitarbeitenden im Unternehmen aber auch auf die Zeit danach.

Scanne den QR Code, um zum Video zu gelangen:

Video als Text:

Der Datenschutz dient tatsächlich nicht dem Schutz von Daten an sich, sondern dem Schutz der Menschen, die Daten hinterlassen. Der Datenschutz befasst sich somit mit der Erfassung, Speicherung sowie Verarbeitung von personenbezogenen Daten.

Besonders wichtig ist der Datenschutz in Unternehmen. Sogar so wichtig, dass es in jedem Unternehmen, in dem mindestens 10 Mitarbeitende für die Datenerhebung und Verarbeitung verantwortlich sind, einen Datenschutzbeauftragten bzw. eine Datenschutzbeauftragte geben muss. Dieser bzw. diese Beauftragte berät das Unternehmen hinsichtlich der aktuell geltenden Datenschutzvorschriften und überwacht die Einhaltung dieser Regeln. Er bzw. sie muss demnach in diesem Gebiet hinreichend geschult sein, um das Amt anzutreten und optimal auszuführen.

Der Datenschutz hat im Jahr 2018 mehr an Bedeutung dazu gewonnen. Warum? 2018 wurde die DSGVO, die Datenschutz-Grundverordnung der EU, für alle europäischen Unternehmen wirksam. Die Verordnung bestimmt ganz genau, wie sensible Daten behandelt werden müssen und welche Daten überhaupt als sensibel eingestuft werden.

Darunter fallen beispielsweise persönliche Daten, wie die Herkunft oder die politische und religiöse Überzeugung. Aber auch Daten über das Aussehen, den Gesundheitszustand oder der sexuellen Neigung werden als sensible Daten betrachtet.

Im Wesentlichen sagt die DSGVO aus, dass jeder Mensch das Recht hat, über seine bzw. ihre persönlichen Daten selbst zu bestimmen.

Bei Datenerhebungen von Unternehmen muss in der Regel der Betroffene bzw. die Betroffene explizit einwilligen. Ansonsten dürfen personenbezogene Daten nicht erfasst und gespeichert werden.

Dank des Auskunftsrechts hat jeder die Möglichkeit, die gesammelten Daten von Unternehmen anzufordern. So erhält man Auskunft darüber, welche genauen Daten von einem hinterlegt worden sind.

Außerdem muss für die Nutzung personenbezogener Daten für Werbezwecke im Vorhinein das Einverständnis des betroffenen Kunden bzw. der betroffenen Kundin vorliegen.

Zusätzlich dürfen Unternehmen durch das Kopplungsverbot die Zustimmung von Datenerhebungen nicht als Vertragsbedingung stellen.

Auch personenbezogene Daten von den eigenen Angestellten bzw. Angestelltinnen dürfen von Unternehmen nur dann erhoben und verarbeitet werden, wenn diese für ein Beschäftigungsverhältnis erforderlich sind. Bei begründeten Verdacht dürfen zusätzliche Daten wiederum zur Aufdeckung von Straftaten gesammelt werden.

Unternehmen sind verpflichtet, die gespeicherten Daten jederzeit vor Diebstahl und Missbrauch zu schützen.

Zusätzlich müssen Daten pseudonymisiert werden. Sprich: Name oder andere Identifikationsmerkmale werden durch ein Pseudonym ersetzt.

Weiterhin muss jeder Mitarbeitende, der mit sensiblen Daten arbeitet, auf das Wahren des Datengeheimnis verpflichtet werden. Er bzw. sie steht damit unter der Verschwiegenheitspflicht.

10.7 Datenschutzbeauftragter (Art. 37-39 DSGVO)

Bei Einführung der DSGVO wurde in den Art. 37–39 DSGVO geregelt, dass nun nicht mehr die Zahl der Personen, welche Zugriff auf die Daten haben, ausschlaggebend ist. Vielmehr kommt es nun auf die Kerntätigkeit des Unternehmens an. Ist diese auf **Durchführung** von **Erhebungs- und Verarbeitungsvorgängen** ausgelegt, ist ein Datenschutzbeauftragter zu benennen.

Der Datenschutzbeauftragte muss aufgrund seiner Qualifikation als auch der fachlichen Kompetenz benannt werden und muss kein Mitarbeiter des jeweiligen Unternehmens sein. Es kann auch ein externer Mitarbeiter oder eine entsprechende Firma sein.

10.8 Welche Daten sind schützenswert?

In Artikel 9 der Datenschutz-Grundverordnung (DSGVO) werden besondere Kategorien personenbezogener Daten aufgeführt, diese decken sich mit denen der Europäischen Kommision. Viele viele personenbezogene Daten gelten als sensibel. Demnach erfordern folgende Daten besondere Verarbeitungsbedingungen:

- Personenbezogene Daten, aus denen rassische oder ethnische Herkunft, politische Meinungen, religiöse oder weltanschauliche Überzeugungen einer Person hervorgehen
- Gewerkschaftszugehörigkeit
- genetische Daten, biometrische Daten, die ausschließlich zur eindeutigen Identifizierung einer natürlichen Person verarbeitet werden
- Gesundheitsdaten
- Daten zum Sexualleben oder zur sexuellen Orientierung einer Person

Diese Daten dürfen nur verarbeitet werden, wenn die betroffene Person eindeutig eingewilligt hat oder unter anderem zum Schutz lebenswichtiger Interessen.

Doch viele Menschen stellen sich die Frage "Sind meine Daten wirklich relevant?"

Wir alle sind über die ein oder andere Plattform mit unserem persönlichen Umfeld wie Freundschaften und Familie, Arbeitskollegium oder Vereinsmitgliedschaften vernetzt. Das hat zur Folge, dass wir **bei diesen Plattformen jede Menge Informationen über uns** hinterlegen.

Auch, wenn wir die einzelnen Informationen, die wir dort hinterlassen, als unspektakulär, nicht sensibel oder irrelevant einschätzen: Durch die Masse an Informationen ist es möglich, recht **detailreiche Profile über einzelne Personen** zu erstellen, die mehr oder weniger gut zutreffen. „Genau", wendest Du vielleicht ein, „mehr oder weniger: die richtigen Informationen sind in dem Datenmüll doch eh so gut zu finden wie eine Nadel im Heuhaufen." Doch dieser Aussage liegen zwei Irrtümer zugrunde:

10.8.1 1) Unterschätzung der Leistungsfähigkeit moderner Algorithmen

In der Forschung wurde zum Beispiel herausgefunden, dass ein Algorithmus in der Lage ist, allein durch ca. 300 Likes bei Facebook eine so zutreffende Einschätzung über die Charaktereigenschaften einer Person zu geben wie nahestehende Verwandte.

Ein schon älteres Beispiel ist das einer Teenagerin, bei der ein Versandhaus durch ihr Suchverhalten herausfand, dass sie schwanger ist.

10.8.2 2) Unterschätzung der Folgen von Falscheinschätzungen

Selbst, wenn man Algorithmen falsch einschätzt, können dadurch gravierende Nachteile entstehen, wie reale Fälle immer wieder dokumentieren:

- So wurde z. B. jemand aufgrund falscher Datenanalysen eines Verbrechen beschuldigt (Quelle: Der Standard),
- Es werden Kredite verweigert, z. B. weil lediglich die Bewohner im eigenen Viertel als unzuverlässig eingestuft werden (siehe das Beispiel zu Geoscoring bei Heise)
- Oder man bekommt weniger Unterstützung beim Arbeitsamt, weil ein Algorithmus schlechte Jobchancen ausgerechnet hat (siehe Beispiel aus Österreich).

Man sollte also ein großes Interesse daran haben, **welche Daten über einen gespeichert und wie diese verarbeitet und analysiert werden**. Leider hat man vermutlich keinen Einfluss auf die Firmen, die die Lieblingsportale betreiben oder auf die Politik, die Gesetze zur Regulierung entwirft (oder das tun könnte).

Wenn man also auf die Dienste nicht verzichten möchte, wie kann man einen digitalen Selbstschutz durchführen?

Ein Schutz in diesem Bereich funktioniert derzeit nur mit **Datensparsamkeit**, d.h. einfach nichts über diese Plattformen zu veröffentlichen, was nicht unbedingt sein muss. Das mag nur ein kleiner Beitrag sein – sollte einen aber nicht davon abhalten, mit diesen kleinen Tropfen den Stein zu höhlen.

10.9 Test: Personal - prüfe Dein Wissen

1. Die Personalabteilung ist für die Personalbedarfsplanung und die Personalbeschaffung verantwortlich. Welche Bedarfsart bezeichnet den Personalbedarf durch Ausscheidende Mitarbeiter

   ☐ a) Neubedarf

   ☐ b) Ersatzbedarf

   ☐ c) Zusatzbedarf

2. Welche Möglichkeiten zur Personalbeschaffung kommen in Frage?

   ☐ a) Einschalten einer privaten Arbeitsvermittlung

   ☐ b) Interne Stellenausschreibung

   ☐ c) Stellenanzeigen in Tageszeitung / Jobbörsen aufgeben

3. Welche Vorteile hat die Vermittlung durch einen Personalberater?

   ☐ a) (Vor)-Auswahl der Bewerber erfolgt bereits = Zeitersparnis

   ☐ b) Bewerber sind durch den Vermittler bereits geschult und passen perfekt auf die Posten.

   ☐ c) Der Vermittler berechnet nur dem Bewerber eine Vermittlungsgebühr.

4. Wie lang darf die maximale Probezeit sein.

   ☐ a) 3 Monate

   ☐ b) 5 Monate

   ☐ c) 6 Monate

5. Welches sind die Vorteile einer Probezeit?

   ☐ a) Der Arbeitnehmer lernt sein neues Arbeitsumfeld kennen.

   ☐ b) Der Arbeitgeber kann testen, ob der Arbeitnehmer dem Anforderungsprofil entspricht.

   ☐ c) Der Arbeitgeber prüft, ob soziale Anpassungsfähigkeit vorhanden und evtl. Teamarbeit möglich ist.

   ☐ d) Der Arbeitnehmer kann herausfinden, ob die Arbeit ihm gefällt und er der Herausforderung gewachsen ist.

6. Was versteht man unter einem Zeitlohn ?

   ☐ a) Zeitlohn erhalten Arbeitnehmer nach ihrer tatsächlich geleisteten Arbeitszeit im Unternehmen. Er findet häufig Anwendung bei Mitarbeitern im Bürobereich.

   ☐ b) Zeitlohn erhalten Arbeitnehmer nach einer Tätigkeit, die in einer vorgegebenen Zeit erfolgt ist.

   ☐ c) Zeitlohn erhalten Mitarbeiter, die nur für eine bestimmte Zeit eingestellt wurden.

7. Welche Führungsstile gibt es?

   ☐ a) Beratender Führungsstil

   ☐ b) Demokratischer Führungsstil

   ☐ c) Autoritärer Führungsstil

   Was versteht man unter einem Prämienlohn?

8. ☐ a) Bei Sonderaufgaben erhält man eine Prämie zu dem Gehalt.

   ☐ b) Prämienlohn wird Arbeitnehmern bei Erreichung vorherig bestimmter Leistungsziele gezahlt.

   ☐ c) Prämienlohn erhält man nur beim ersten Gehalt.

9. Welche der folgenden Begriffe bezeichnet man als Lohnnebenkosten?

   - ☐ a) Rentenversicherung
   - ☐ b) Krankenversicherung
   - ☐ c) Haftpflichtversicherung
   - ☐ d) Arbeitslosenversicherung

10. Was ist der Unterschied zwischen Bruttoentgelt und Nettoentgelt?

   - ☐ a) Bruttoentgelt ist der Lohn vor Abzug aller Leistungen und Steuer.
   - ☐ b) Nettoentgelt ist der Lohn vor Abzug aller Leistungen und Steuer.
   - ☐ c) Brutto- und Nettoentgelt unterscheiden sich nicht- werden nur in verschiedenen Berufen eingesetzt.

10.10 Lösungen: Personal - prüfe Dein Wissen

Aufgabe	Lösung	Aufgabe	Lösung	Aufgabe	Lösung
1.	b)	2.	a), b), c)	3.	a)
4.	c)	5.	a), b), c), d)	6.	a)
7.	a), b), c)	8.	b)	9.	a), b), d)
10.	a)				

Lösungen der Auswahl-Fragen.

10.11 Test: Das Arbeitsverhältnis im öffentlichen Dienst

1. Was schuldet ein Arbeitnehmer aus dem Arbeitsverhältnis gegenüber dem Arbeitgeber?

   ☐ a) Ein Tätigwerden innerhalb einer bestimmten Zeitspanne

   ☐ b) Einen Erfolg innerhalb einer bestimmten Zeitspanne

   ☐ c) Treue- und Rücksichtnahmepflicht

   ☐ d) Loyales und betriebsförderndes Verhalten

2. Welche Aussage in Bezug auf den Arbeitsvertrag ist korrekt?

   ☐ a) Der Arbeitsvertrag ist ein Unterfall des Dienstvertrages.

   ☐ b) Der Arbeitsvertrag ist ein Unterfall des Werkvertrages.

   ☐ c) Der Arbeitsvertrag ist ein Unterfall des Kaufvertrages.

   ☐ d) Keine der Antworten ist korrekt.

3. Wähle aus den folgenden Verpflichtungen eines Arbeitnehmers die sich aus dem Arbeitsvertrag ergebende Hauptleistungspflicht aus!

   ☐ a) Schutz- und Fürsorgepflicht gegenüber dem Arbeitgeber

   ☐ b) Leistung weisungsgebundener, fremdbestimmter Arbeit

   ☐ c) Treuepflicht

   ☐ d) Rücksichtsnahmepflicht

4. Welche Aussage trifft auf die Kündigung zu?

   ☐ a) Bei der Kündigung handelt es sich um eine einseitige, empfangsbedürftige Willenserklärung.

   ☐ b) Bei einer Kündigung handelt es sich um eine zweiseitige Willenserklärung.

   ☐ c) Bei einer Kündigung handelt es sich um eine rechtsgestaltende Willenserklärung.

   ☐ d) Keine der Antworten ist korrekt.

5. Welche der folgenden gesetzlichen Bestimmungen sind bei einer Kündigung zu beachten?

☐ a) BGB sowie Kündigungsschutzgesetz (KSchG)

☐ b) Verwaltungsverfahrensgesetz

☐ c) Verwaltungszustellungsgesetz

☐ d) Teilzeit- und Befristungsgesetz (TzBfG)

6. Welche der folgenden Punkte stellen Beendigungsgründe eines Arbeitsverhältnisses dar?

☐ a) Mutterschaft

☐ b) Nichtigkeit des Arbeitsvertrages

☐ c) Ablauf eines befristeten Arbeitsverhältnisses

☐ d) Berufung in ein Beamtenverhältnis

7. Wann ist eine Beendigung eines befristeten Arbeitsverhältnisses möglich?

☐ a) Fristablauf

☐ b) Zweckerfüllung

☐ c) Umwandlung in ein unbefristetes Arbeitsverhältnis

☐ d) Keine der Antworten ist korrekt.

8. Bei welchen Streitigkeiten ist ein Verfahren vor dem Arbeitsgericht denkbar?

☐ a) Disziplinarklage gegen einen Beamten

☐ b) Arbeitskampfstreitigkeiten

☐ c) Anfechtung eines Verwaltungsaktes

☐ d) Mitbestimmungssachen

9. Welche Aussage in Bezug auf die Arbeitsgerichte ist zutreffend?

- ☐ a) Die Arbeitsgerichte sind Teil der rechtsprechenden Gewalt.
- ☐ b) Sitz des Bundesarbeitsgerichts ist Köln.
- ☐ c) Die Arbeitsgerichtsbarkeit überprüfen Verwaltungsakte auf dem Gebiet des öffentlichen Rechts.
- ☐ d) Auf Stufe der I. Instanz existieren je Bundesland mehrere Arbeitsgerichte (sog. Arbeitsgerichtsbezirke).

10. Auf welche Weise endet ein Arbeitsverhältnis bei Erreichen der Altersgrenze?

- ☐ a) Kraft Tarifautomatik
- ☐ b) Durch Kündigung
- ☐ c) Durch Auflösung des Arbeitsvertrages
- ☐ d) Durch Auflösungsvertrag

10.12 Lösungen: Das Arbeitsverhältnis im öffentlichen Dienst

Aufgabe	Lösung	Aufgabe	Lösung	Aufgabe	Lösung
1.	a), c), d)	2.	a)	3.	b)
4.	a), c)	5.	a), d)	6.	b), c), d)
7.	a), b), c)	8.	b), d)	9.	a), d)
10.	a)				

Lösungen der Auswahl-Fragen.

10.13 Test: Personalpolitik und Beschäftigungsverhältnisse im öffentlichen Dienst

1. Welche Ziele verfolgt eine erfolgreiche Personalpolitik?

   ☐ a) Förderung der Tarifbindung

   ☐ b) Förderung einer produktiven Arbeitsweise

   ☐ c) Ausbau der Qualifikationen der Mitarbeiter

   ☐ d) Förderung des Wohlbefindens und der Gesundheit am Arbeitsplatz

2. Wie lässt sich die Aufgabe der Personalplanung vereinfacht zusammenfassen?

   ☐ a) Sie sorgt dafür, dass in Zukunft geschultes Personal in ausreichender Anzahl die Amtsgeschäfte durchführen kann.

   ☐ b) Sie sorgt dafür, dass der Tarifvertrag für den öffentlichen Dienst (TVöD) bei künftigen Arbeitsverträge einbezogen wird.

   ☐ c) Sie sorgt für eine hohe Tarifbindung in der gesamten öffentlichen Verwaltung.

   ☐ d) Sie sorgt dafür, dass das Auswahlverfahren für Bewerber auf deren konkrete künftige Stelle angepasst ist.

3. Welche der folgenden Bereiche sind Teil der Personalplanung?

   ☐ a) Personaleinsatz

   ☐ b) Personalbeschaffung

   ☐ c) Gesundheitsförderung am Arbeitsplatz

   ☐ d) Förderung einer produktiven Arbeitsweise

4. Welche Aspekte zählen zum Feld der Personaleinsatzplanung?

   ☐ a) Aufgabenzuweisung an Mitarbeiter

   ☐ b) Beendigung von Arbeitsverhältnissen

   ☐ c) Anwerbung neuer Mitarbeiter

   ☐ d) Vorbereitung des Austritts aus dem Arbeitsverhältnis

5. Welchen Mitarbeitern können nicht-hoheitliche Aufgaben übertragen werden?

☐ a) Ausschließlich Beamten

☐ b) Ausschließlich Angestellten

☐ c) Sowohl Beamten als auch Angestellten

☐ d) Keine der Antworten ist korrekt.

6. Wie wird das Rechtsverhältnis zwischen einer Behörde und einem Arbeitnehmer begründet?

☐ a) Durch Ernennung

☐ b) Durch Arbeitsvertrag

☐ c) Durch Beschäftigungsbescheid

☐ d) Durch Gemeinderatsbeschluss

7. Welche Aussage ist korrekt?

☐ a) Sowohl Angestellte als auch Beamte können befristet beschäftigt werden.

☐ b) Bei Angestellten ist eine befristete Beschäftigung unter den gesetzlichen Bestimmungen möglich.

☐ c) Sowohl bei Beamten als auch bei Angestellten ist keine befristete Beschäftigung möglich.

☐ d) Keine der Antworten ist korrekt.

8. Welche der folgenden Normen/Gesetze sind für das Arbeitsrecht von Relevanz?

☐ a) Tarifvertrag für den öffentlichen Dienst (TVöD)

☐ b) Betriebsverfassungsgesetz

☐ c) Verwaltungsverfahrensgesetz

☐ d) Tarifvertragsgesetz

9. Nach welchem Gesetz ist die Bildung von Gewerkschaften bzw. Arbeitnehmervereinigungen garantiert?

    - ☐ a) Tarifvertragsgesetz
    - ☐ b) Tarifvertrag für den öffentlichen Dienst (TVöD)
    - ☐ c) Grundgesetz
    - ☐ d) Teilzeit- und Befristungsgesetz

10. Welche Aussage in Bezug auf den Personalrat ist korrekt?

    - ☐ a) Der Personalrat wirkt bei Anpassungen des Tarifvertragsgesetzes mit.
    - ☐ b) Der Personalrat vertritt den Verband der kommunalen Arbeitgeber.
    - ☐ c) Der Personalrat stellt die Interessenvertretung der Arbeitnehmer und Beamten in einer Verwaltungsbehörde dar.
    - ☐ d) Der Personalrat wirkt bei der Gestaltung der dienstlichen Arbeitsbedingungen mit.

11. Zwischen welchen Parteien wird der Tarifvertrag für den öffentlichen Dienst (TVöD) geschlossen? Wähle aus den Folgenden die Tarifvertragsparteien aus!

    - ☐ a) Deutscher Beamtenbund
    - ☐ b) Vereinte Dienstleistungsgewerkschaft
    - ☐ c) Vereinigung Kommunaler Arbeitgeberverbände
    - ☐ d) Bundesrepublik Deutschland

12. Personalpolitik im öffentlichen Dienst umfasst alle Maßnahmen der Behörden gegenüber...

    - ☐ a) der Personalstelle.
    - ☐ b) der Personalleitung.
    - ☐ c) den Mitarbeitern.
    - ☐ d) der Behördenleitung.

13. Welche Ziele verfolgt die Personalpolitik?

☐ a) Sicherstellung der Aufgabenerfüllung durch Auswahl geeigneter Personen

☐ b) Förderung der Mitarbeitermotivation

☐ c) Ermöglichung von Karrierewegen

☐ d) Rechtzeitige Beendigung von befristeten Arbeitsverhältnissen

14. Welche Stelle in der Behörde gibt die Personalpolitik vor?

☐ a) Das Sachgebiet für Personalwesen

☐ b) Der Personalrat

☐ c) Behördenleitung (z. B. Stadtrat als Gremium)

☐ d) Der Betriebsrat

15. Welche Aufgaben trägt die Personalstelle in der Behörde?

☐ a) Festlegung der Personalpolitik

☐ b) Ausarbeitung von Vorschlägen für die Arbeit des Personalausschusses

☐ c) Umsetzung von personalpolitischen Maßnahmen

☐ d) Einreichung von Klagen vor dem Arbeitsgericht gegen Personalratsmitglieder

10.14 Lösungen: Personalpolitik und Beschäftigungsverhältnisse im öffentlichen Dienst

Aufgabe	Lösung	Aufgabe	Lösung	Aufgabe	Lösung
1.	b), c), d)	2.	a)	3.	a), b)
4.	a)	5.	c)	6.	b)
7.	b)	8.	a), b), d)	9.	c)
10.	c), d)	11.	a), b), c), d)	12.	c)
13.	a), b), c)	14.	c)	15.	b), c)

Lösungen der Auswahl-Fragen.

10.15 Test: Prüfe dein Wissen: Methoden der Mitarbeiter- und Gesprächsführung

1. Welche Eigenschaften lassen sich der Sozialen Kompetenz zuordnen?

   ☐ a) Überzeugungsfähigkeit

   ☐ b) Empathie

   ☐ c) Selbstreflexion

   ☐ d) Selbstkritik

2. Was versteht man unter Mitarbeiterführung?

   ☐ a) Steuerung und Einflussnahme auf das Verhalten von Mitarbeitern

   ☐ b) Steuerung der Arbeitsergebnisse von Mitarbeitern

   ☐ c) Steuerung des mittleren Managements

   ☐ d) Keine der Antworten ist korrekt.

3. Was ist unter "Sozialer Kompetenz" zu verstehen?

   ☐ a) Anwendung verschiedener Methoden, um Führungsaufgaben zu bewältigen.

   ☐ b) Kontinuierliche Arbeit an sich selbst

   ☐ c) Fähigkeiten, welche im Umgang mit anderen Menschen nützlich sind.

   ☐ d) Keine der Antworten ist korrekt.

4. Welche Aspekte zählen zur Selbstkompetenz?

   ☐ a) Transparenz und Selbstkritik

   ☐ b) Empathie und Aktives Zuhören

   ☐ c) Probleme lösen und Projekte steuern

   ☐ d) Keine der Antworten ist korrekt.

5. Welche Aspekte zählen zur Methodenkompetenz?

☐ a) Aufgaben delegieren

☐ b) Projekte steuern

☐ c) Probleme erkennen

☐ d) Fähigkeit zur Selbstkritik

6. Welche der folgenden Punkte stellen Ziele der Mitarbeiterführung dar?

☐ a) Förderung eines positiven Betriebsklimas

☐ b) Loyalität

☐ c) Förderung der persönlichen Entwicklung der Mitarbeiter

☐ d) Aktive Steuerung der Arbeitsergebnisse

7. Welches Instrument der Mitarbeiterführung sollten Führungskräfte zuerst anwenden, wenn sie ein neues Team leiten sollen?

☐ a) Zielvereinbarungen mit Teammitgliedern treffen

☐ b) Besondere Leistungen der Mitarbeiter hervorheben

☐ c) Einzelgespräche zur Analyse der Ist-Situation

☐ d) Keine der Antworten ist korrekt.

8. Was ist hinsichtlich einer erfolgreichen Gesprächsführung zu beachten?

☐ a) Vorab-Festlegung eines knappen zeitlichen Limits für das Gespräch

☐ b) Als Führungskraft zunächst immer nur die eigenen Ideen und Sichtweisen darstellen.

☐ c) Offene Fragen stellen

☐ d) Aussagen des Gesprächspartners in eigenen Worten zusammenfassen

9. Was ist für eine offene und ehrliche Gesprächsatmosphäre entscheidend?

☐ a) Auseinandersetzung mit Sichtweisen des Gegenübers

☐ b) Zulassen von Gegenmeinungen

☐ c) Offene Fragen stellen

☐ d) Geschlossene Fragen stellen

10. Wozu dienen Zielvereinbarungen?

☐ a) Förderung der Motivation von Mitarbeitern

☐ b) Verbesserung der Arbeitsergebnisse

☐ c) Erhöhung der Produktivität

☐ d) Keine der Antworten ist korrekt.

10.16 Lösungen: Prüfe dein Wissen: Methoden der Mitarbeiter- und Gesprächsführung

Aufgabe	Lösung	Aufgabe	Lösung	Aufgabe	Lösung
1.	a), b)	2.	a), c)	3.	c)
4.	a)	5.	a), b), c)	6.	a), b), c)
7.	c)	8.	c), d)	9.	a), b), c)
10.	a), b), c)				

Lösungen der Auswahl-Fragen.

11 Einkommensermittlung und Arbeitsentgelte im öffentlichen Dienst berechnen

11.1 Sozialversicherungen (IHK Grundlagen)

Die Sozialversicherung spielt bei vielen Ausbildungsberufen eine wichtige Rolle. Deshalb ist es ratsam, sich speziell auf Prüfungsfragen zu diesem Thema vorzubereiten. Dabei werden alle relevanten Fragen rund um die Kranken-, Renten-, Arbeitslosen- und Pflegeversicherung behandelt. So bist du bestens auf die IHK-Prüfung vorbereitet.

Sozialversicherung – ein wichtiges Thema in vielen Berufen

Durch die Sozialversicherung sind Arbeitnehmer gegen Einkommensverluste durch Krankheit, Unfall, Arbeitslosigkeit, Alter oder einer verminderten Erwerbsfähigkeit geschützt.

So deckt etwa die gesetzliche Unfallversicherung wirtschaftliche Folgeschäden von berufsbedingten Erkrankungen sowie Arbeits- und Wegeunfällen ab.

Die gesetzliche Krankenversicherung übernimmt Behandlungskosten und finanziert Maßnahmen zur Früherkennung von Erkrankungen.

Durch die Arbeitslosenversicherung sind Arbeitnehmer bei Verlust des Arbeitsplatzes abgesichert. Sie erbringt noch weitere Leistungen wie das Schlechtwettergeld, wenn beispielsweise auf dem Bau nicht gearbeitet werden kann. Zudem ist sie auch für das Kurzarbeitergeld zuständig.

Jüngste Säule der sozialen Absicherung ist die Pflegeversicherung, mit Hilfen zur häuslichen oder stationären Pflege.

Da die Sozialversicherung sowohl Arbeitnehmer wie auch Arbeitgeber betrifft, ist sie in zahlreichen Ausbildungsberufen ein wichtiges Thema. Sie steht zumeist in den Fächern Wirtschafts- und Sozialkunde oder Gemeinschaftskunde auf dem Lehrplan.

In den IHK-Prüfungen nimmt die Sozialversicherung bei vielen Berufen einen eigenen Bereich ein. Entsprechend wichtig ist eine **gezielte Prüfungsvorbereitung**. Diese umfasst insbesondere die folgenden Themen:

- Grundlagen zur sozialen Absicherung in Deutschland
- Aufgaben und Leistungen der gesetzlichen Kranken-, Pflege-, Renten-, Arbeitslosen- und Unfallversicherung.
- Gesetzgebung zum deutschen Sozialversicherungssystem
- Selbstverwaltung und Kontrolle
- Der richtige Umgang mit Prüfungsstress
- Testfragen zur Vorbereitung auf die Prüfung

Ein wichtiger Bereich sind die Aufgaben der Sozialversicherung im Allgemeinen sowie der einzelnen Versicherungszweige. Hier geht es etwa darum, welche Risiken durch die gesetzliche Kranken-, Pflege- oder Unfallversicherung abgedeckt werden. Wichtig ist zudem, für welche Personen eine Versicherungspflicht besteht und wer sich selbst um seine Absicherung kümmern muss.

Der zweite große Bereich ist die Berechnung der Beiträge. Wichtig ist, auf welcher Grundlage diese berechnet werden und welcher Prozentsatz durch Arbeitgeber und Arbeitnehmer übernommen werden. Du solltest zudem wissen, wer die jeweiligen Beiträge festlegt und wer die Träger der verschiedenen Versicherungsbereiche sind. Ebenfalls von Bedeutung sind die von der Sozialversicherung zu erbringenden Leistungen. Hier geht beispielsweise darum, welche Leistungen durch die gesetzlichen Krankenkassen übernommen werden. Du solltest zudem Bescheid wissen in welchen Gesetzen und Verordnungen dies geregelt ist.

11.2 Entgelt- und Besoldungsbestandteile

Während Arbeitnehmer ein **Entgelt** für ihre Leistung erhalten (Arbeitsentgelt), erhalten Beamte eine **Besoldung** nach landesrechtlichen Vorschriften (Besoldungsgesetz). Es ergeben sich daher unterschiedliche rechtliche Grundlagen für die Berechnung der Entlohnung.

Entgeltbestandteile der Arbeitnehmer

Der Tarifvertrag für den öffentlichen Dienst (TVöD) enthält die Entgelttabelle als Anlage, aus der sich je nach Entgeltgruppe das konkrete Arbeitsentgelt berechnet. Je nach **Tätigkeitsbeschreibung** der Stelle, die ein Arbeitnehmer besetzt, wird dieser Stelle eine Entgeltgruppe zwischen 1 und 15 zugewiesen, wobei 1 die niedrigste und 15 die höchste Stufe mit dem höchsten Entgelt darstellt. Je höherwertig die Tätigkeit des Arbeitnehmers ist, desto höher wird er eingruppiert.

Neben der **Tätigkeit** spielt auch die **Berufserfahrung** des Arbeitnehmers eine Rolle bei der Berechnung des konkreten Arbeitsentgelts: Innerhalb jeder Entgeltgruppe gibt es neben dem Grundentgelt (Stufe 1 und 2) auch sog. Entwicklungsstufen (Stufe 3, Stufe 4, Stufe 5 und Stufe 6), welche im Laufe der Zeit erreicht werden – hierbei erhöht sich also das Entgelt sukzessive.

Die Beträge der Entgelttabelle stellen Bruttobeträge dar. Auf den Bruttobetrag entfallen diverse Abzüge:

- Einkommensteuer,
- Sozialabgaben,
- ggf. Kirchensteuer
- ggf. Solidaritätsbeitrag (erst ab einer gewissen Höhe des Jahreseinkommens)

Ein Nettoentgelt berechnet sich demnach folgendermaßen:

Bruttolohn gemäß Entgelttabelle – Einkommensteuer – Sozialabgaben (- ggf. Kirchensteuer und Solidaritätsbeitrag) = Nettoentgelt

Besoldungsbestandteile der Beamten

Jedes Bundesland regelt die Besoldung ihrer Beamten in einem eigenen Besoldungsgesetz. Während ein Arbeitnehmer für einen Arbeitgeber tätig ist, spricht man bei den Beamten vom Dienstherrn. In einer Stadtverwaltung arbeiten so Arbeitnehmer und Beamte für dieselbe Organisation: Die Stadt. Allerdings stehen diese beiden Gruppen in einem unterschiedlichen Rechtsverhältnis zur Stadt: für die Angestellten ist sie der Arbeitgeber, der Arbeitsvertrag begründet das Rechtsverhältnis; für die Beamten ist die Stadt der Dienstherr, die Ernennung durch Verwaltungsakt begründet das Rechtsverhältnis. Neben den Beamten eines Bundeslandes oder einer Kommune gibt es auch Bundesbeamte, deren Dienstherr die Bundesrepublik Deutschland ist.

Die Besoldungsgesetze der Bundesländer bestimmen die Bezüge der Beamten. Ein Beamter erhält seine Bezüge abhängig von der Stelle, welche er besetzt. Je nachdem, wie eine Stelle eingruppiert ist, fällt seine Besoldung aus. Der Bildungsabschluss des Beamten bestimmt, welches Einstiegsamt er bekleidet. Innerhalb einer Besoldungsstufe gibt es mehrere Stufen, wonach sich die Bezüge sukzessive erhöhen.

Beispiel: Der Beamte A schließt sein duales Studium im gehobenen Dienst beim Land Nordrhein-Westfalen mit Erfolg ab und wird in der Bezirksregierung Köln eingesetzt. Ihm wir die Stelle eines Sachbearbeiters zugewiesen, welche mit A 10 bewertet ist. Gemäß dem Besoldungsgesetz des Landes Nordrhein-Westfalen ist die Besoldungsstufe A9 das Einstiegsamt für Beamte des gehobenen Dienstes (vorausgesetzt wird ein abgeschlossenes Hochschulstudium). Obwohl die Stelle, auf der der Beamte A sitzt, mit A10 bewertet ist, erhält er zu Beginn seiner Tätigkeit eine Besoldung nach A9. Er muss zunächst die zweijährige Probezeit durchlaufen und anschließend die Wartezeit für die Beförderung abwarten, ehe er nach Besoldungsstufe A10 vergütet wird. Hier liegt ein Unterscheid zum Arbeitnehmer: sobald diesem eine höhenwertige Tätigkeit zugewiesen wird, erhält er eine höheres Arbeitsentgelt, während ein Beamter trotz höhenwertiger Aufgaben in seiner Besoldungsgruppe bleibt, bis ggf. Wartezeiten abgelaufen sind – erst dann kann er befördert werden.

Bei Beamten ergibt sich aufgrund fehlender Sozialabgaben ein anderes Verhältnis vom Brutto- zum Nettolohn. Anstelle der Sozialabgaben tritt bei Beamten das Alimentationsprinzip: Demnach ist der Dienstherr verpflichtet, dem Beamten im aktiven Dienst, bei Invalidität oder im Alter einem seinem Amt entsprechenden angemessenen Lebensunterhalt zu ermöglichen. Bezüge werden auch bei längerem Krankheitsausfall gezahlt – eine private Krankenversicherung sowie die Beihilfestelle übernehmen jeweils die Hälfte der Gesundheitskosten.

Ein Nettolohn eines Beamten berechnet sich somit wie folgt:

Bruttobezüge gemäß Besoldungstabelle – Lohnsteuer (- ggf. Kirchensteuer und Solidaritätsbeitrag) = Nettobezüge

11.3 Vermögensbildung

Das 3-Säulen Modell der Altersvorsorge

- Betriebliche Altersvorsorge
- Öffentlich-rechtliche Pflichtsysteme
- Private Altersvorsorge

Unter der betrieblichen Altersvorsorge (bAV) versteht man den Aufbau einer zusätzlichen Rente über den Arbeitgeber.

Wie funktioniert das?

Der Arbeitgeber zahlt die monatlichen Vorsorgebeiträge aus dem unversteuerten Bruttogehalt des Arbeitnehmers in einen **Vorsorgevertrag** (z. B. ein Vorsorgevertrag einer Versicherung) ein. Genauer bezeichnet die bAV Leistungen der Alters-, Invaliditäts- oder Hinterbliebenenversorgung, die Arbeitnehmern aus Anlass des Arbeitsverhältnisses von ihrem Arbeitgeber zugesagt werden. Der Arbeitgeber (Versicherungsnehmer) sagt die Versorgung des Arbeitnehmers (Versicherte Person) zu.

Basierend auf dem arbeitsrechtlichen Grundverhältnis zahlt der Arbeitgeber Beiträge an einen externen Versorgungsträger, welcher die einbezahlten Beiträge als Leistung dann zu einem späteren Zeitpunkt an den Arbeitnehmer ausbezahlt. Seit 2002 können Arbeitnehmer von ihrem Arbeitgeber eine betriebliche Altersvorsorge verlangen, wenn diese im Gegenzug auf Entgelt verzichten. Diesen sogenannten gesetzlichen Anspruch auf Entgeltumwandlung haben auch Teilzeitbeschäftigte sowie geringfügig Beschäftigte auf 450,- EUR Basis.

Unmittelbare Versorgungszusage oder mittelbare Durchführung?

Von einer **unmittelbaren Versorgungszusage** spricht man, wenn das Versorgungsverhältnis auf einer direkten Beziehung zwischen Arbeitgeber und Arbeitnehmer beruht. Bei einer **mittelbaren Durchführung** wird die betriebliche Altersvorsorge mit einem externen Versorgungsträger durchgeführt.

Vorteile einer betrieblichen Altersvorsorge für den Arbeitnehmer:

- Soziale Sicherung für ihn und seine Familie im Alter

Vorteile einer betrieblichen Altersvorsorge für den Arbeitgeber:

- Erhöhung der Mitarbeiterbindung aufgrund höhere Attraktivität als Betrieb
- Einsparung von Lohnnebenkosten

Bei der bAV werden fünf Möglichkeiten unterschieden:

- Direktversicherung: Der Arbeitgeber schließt eine Lebensversicherung bei einem externen Unternehmen für seine Beschäftigten ab
- Pensionskasse: Dies sind selbständige Versorgungseinrichtungen, die vom Arbeitgeber finanziert werden
- Unterstützungskasse: freie Investition des Vermögens da diese nicht der Versicherungsaufsicht unterliegen
- Pensionsfonds: Investieren das Vermögen am Kapitalmarkt
- Direktzusage: Der Arbeitgeber verpflichtet sich, bei Renteneintritt die vereinbarte Leistung auszuzahlen

Neben der betrieblichen Altersvorsorge bestehen Möglichkeiten einer **privaten Altersvorsorge**, welche die betriebliche Vorsorge ergänzt:

- "Riester"-Verträge
- Basisrenten-Verträge
- Private Rentenversicherung

Die **öffentlich-rechtlichen Pflichtsysteme** umfassen:

- Gesetzliche Rentenversicherung
- Beamtenversorgung
- Berufsständige Versorgung

11.4 Test: Entgelt- und Besoldungsbestandteile

1. Nach welchen gesetzlichen Bestimmungen ergibt sich die Besoldung der Beamten eines Bundeslandes?

   ☐ a) Bundesbesoldungsgesetz

   ☐ b) Besoldungsgesetz des jeweiligen Bundeslandes

   ☐ c) Tarifvertrag für den öffentlichen Dienst (TVöD)

   ☐ d) Bürgerliches Gesetzbuch (BGB)

2. Was entscheidet darüber, welche Entgeltgruppe einer Stelle zugewiesen wird?

   ☐ a) Stellenbeschreibung

   ☐ b) Angaben des Arbeitnehmers über dessen Vorbildung

   ☐ c) Berufserfahrung des Arbeitnehmers

   ☐ d) In jedem Einzelfall die Behördenleitung – abhängig vom Arbeitnehmer

3. Welche der folgenden Entgeltgruppen weist die höchsten Arbeitsentgelte aus?

   ☐ a) Entgeltgruppe 7

   ☐ b) Entgeltgruppe 14

   ☐ c) Entgeltgruppe 3

   ☐ d) Entgeltgruppe 10

4. Die Berufserfahrung des Arbeitnehmers bestimmt darüber, ...

   ☐ a) welche Entgeltgruppe ihm zugewiesen wird.

   ☐ b) welche Stufe innerhalb einer Entgeltgruppe ihm zugewiesen wird.

   ☐ c) ob der TVöD Anwendung findet.

   ☐ d) Alle drei Antworten sind korrekt.

5. Welche der folgenden Abzüge entfallen auf das Bruttoentgelt eines Arbeitnehmers?

   ☐ a) Einkommensteuer

   ☐ b) Sozialabgaben

   ☐ c) Ggf. Kirchensteuer

   ☐ d) Private Krankenversicherung

6. Welche Aussage ist korrekt?

   ☐ a) Sowohl Arbeitnehmer als auch Beamte stehen mittels eines Arbeitsvertrages in einem Rechtsverhältnis zur Behörde.

   ☐ b) Arbeitnehmer stehen per Arbeitsvertrag in einem Rechtsverhältnis zur Behörde.

   ☐ c) Beamte stehen kraft Verwaltungsakt (Ernennung) in einem Rechtsverhältnis zur Behörde.

   ☐ d) Keine der Aussagen ist korrekt.

7. Welche der folgenden Abzüge entfallen auf das Bruttoentgelt eines Beamten?

   ☐ a) Beitrag zur gesetzlichen Arbeitslosenversicherung

   ☐ b) Beitrag zur gesetzlichen Rentenversicherung

   ☐ c) Beitrag zur gesetzlichen Krankenversicherung

   ☐ d) Lohnsteuer

8. Wie setzen sich die Bruttobezüge eines Arbeitnehmers zusammen – Welche Faktoren sind zu berücksichtigen?

   ☐ a) Entgeltgruppe nach Anlage A zum TVöD

   ☐ b) Stufe innerhalb der Entgeltgruppe nach Anlage A zum TVöD

   ☐ c) Besoldungsgruppe nach Bundesbesoldungsgesetz

   ☐ d) Keine der Antworten ist korrekt.

9. Wie setzen sich die Bruttobezüge eines Beamten zusammen – Welche Faktoren sind zu berücksichtigen?

   ☐ a) Besoldungsgruppe gemäß dem einschlägigen Besoldungsgesetz

   ☐ b) Stufe innerhalb der Besoldungsgruppe

   ☐ c) Entgeltgruppe nach Anlage A zum TVöD

   ☐ d) Stufe innerhalb der Entgeltgruppe A zum TVöD

10. Welche Aussage ist zutreffend?

   ☐ a) Ab dem Zeitpunkt der Übertragung einer höherwertigen Aufgabe steht dem Arbeitnehmer ein höheres Arbeitsentgelt zu.

   ☐ b) Ab dem Zeitpunkt der Übertragung einer höherwertigen Aufgabe steht dem Beamten ein höheres Arbeitsentgelt zu.

   ☐ c) Die Beförderungswartezeiten bestimmen bei Beamten, wann eine Beförderung stattfindet und damit höhere Bezüge gezahlt werden.

   ☐ d) Keine der Aussagen ist korrekt.

11.5 Lösungen: Entgelt- und Besoldungsbestandteile

Aufgabe	Lösung	Aufgabe	Lösung	Aufgabe	Lösung
1.	b)	2.	a)	3.	b)
4.	b)	5.	a), b), c)	6.	b), c)
7.	d)	8.	a), b)	9.	a), b)
10.	a), c)				

Lösungen der Auswahl-Fragen.

12 Bestände und Wertströme erfassen und dokumentieren

12.1 Bestandskonten in der Buchführung

In jeder Buchführung gibt es Bestandskonten, doch was ist das eigentlich genau? Wenn Du die Systematik der Bestandskonten verstanden hast, kennst du die wesentlichen Prinzipien der Buchführung und verstehst die Grundsätze jedes Buchungssatzes.

Jeder Unternehmer muss einmal jährlich eine Bilanz aufstellen; der Weg dahin geht in der täglichen Büroarbeit über die doppelte Buchführung. Alle angefallenen Geschäftsvorgänge, z. B. der Kauf von Büromöbeln oder Material, werden nicht nacheinander in einer Tabelle aufgelistet. Das ginge zwar grundsätzlich auch, wäre aber anfällig für Fehler und zu umständlich für die Zusammenführung in eine Bilanz. Stattdessen wird jeder Vorgang zweimal gebucht – daher "doppelte" Buchführung: Einmal erscheint der Betrag im Soll, einmal im Haben. Dabei werden immer unterschiedliche Konten verwendet. Es gibt hierbei grundsätzlich folgende Arten von Konten:
(1) Bestandskonten und
(2) Erfolgskonten.

Die Bestandskonten werden verwendet, wenn Bestände des Unternehmers betroffen sind. Das ist beispielsweise bei folgenden Vorgängen der Fall:
=>Bestandskonto "Material" beim Einkauf von Rohmaterial
=>Bestandskonto "Bankkonto" beim Zugang einer Kundenzahlung
=>Bestandskonto "Forderungen" beim Verkauf an einen Kunden auf Rechnung
=>Bestandskonto "Verbindlichkeiten" bei Aufnahme eines Darlehens bei der Bank.

Ziel der Bestandskonten ist es also, Auskunft über die Höhe der jeweiligen Bestände des Unternehmens zu geben. Dabei ist wichtig, dass zu Jahresbeginn die Bestände des jeweiligen Vorjahres (Anfangsbestände) übernommen und im laufenden Jahr fortgeschrieben werden. Dies ist ein wesentlicher Unterschied zu den Erfolgskonten, die jedes Jahr bei null anfangen.

Wie du sicherlich weißt, gibt es in der Bilanz eine Aktiv- und eine Passiv-Seite. Dieses grundlegende Prinzip gilt auch für die Bestandskonten; es gibt also aktive Bestandskonten (auch "Vermögenskonten" genannt) und passive Bestandskonten (auch "Kapitalkonten" genannt).

Beispiele für aktive Bestandskonten (stehen auf der Aktivseite der Bilanz):
=>Kasse
=>Rohmaterial
=>Maschinen
=>Grundstücke

Beispiele für passive Bestandskonten (stehen auf der Passivseite der Bilanz).
=>Eigenkapital
=>Rückstellungen
=>Verbindlichkeiten gegenüber Kreditinstituten

Sehr wichtig ist es, bei den Bestandskonten zu wissen, was auf der Aktivseite und was auf der Passivseite des jeweiligen Bestandskontos gebucht wird. Das musst du dir unbedingt merken:

Bei aktiven Bestandskonten (z. B. Konto "Rohmaterial") werden auf der Aktivseite (Soll)
=>Anfangsbestände (Vorjahreswert) und
=>Zugänge gebucht.
Auf der Passivseite (Haben) hingegen
=>Abgänge und
=>Schlussbestände (Saldo)

Bei passiven Bestandskonten (z. B. Konto "Verbindlichkeiten") ist es genau umgekehrt, es werden auf der Aktivseite (Soll)
=>Abgänge und
=>Schlussbestände (Saldo) gebucht.
Auf der Passivseite (Haben) hingegen
=>Anfangsbestände (Vorjahreswert) und
=>Zugänge

Beispiel 1:
Der Unternehmer Apfel nimmt ein neues Darlehen bei seiner Hausbank auf, das schon bald auf seinem Bankkonto ausbezahlt wird. Auf dem aktiven Bestandskonto "Bankkonto" wird dieser Vorgang im Soll (Aktivseite) gebucht, da das Bankkonto durch die Auszahlung einen Zugang (Bankkonto wird "mehr") hat. Die Gegenbuchung (doppelte Buchführung) erfolgt auf dem passiven Bestandskonto "Darlehen" im Haben, da das Darlehenskonto einen Zugang (Darlehen wird "mehr") hat. Der vollständige Buchungssatz lautet also: Bank an Darlehen

Beispiel 2:
Der Unternehmer Samson überweist die Löhne seiner Mitarbeiter mit seinem Bankkonto. Auf dem aktiven Bestandskonto "Bankkonto" wird dieser Vorgang im Haben (Passivseite) gebucht, da das Bankkonto durch die Überweisung einen Abgang (Bankkonto wird "weniger") hat. Die Gegenbuchung (doppelte Buchführung) erfolgt auf dem Erfolgskonto "Löhne " im Soll. Der vollständige Buchungssatz lautet daher: Löhne an Bank

Wie du siehst, sind die Grundlagen von Bestandskonten eigentlich ganz einfach. Du musst diese nur verstanden haben und die Verwendung der Buchungsseiten von aktiven und passiven Bestandskonten kennen. Mit diesem Wissen kannst du alle Buchungssätze richtig bilden, bei denen Bestandskonten vorkommen.

12.2 Einfache Buchungssätze

Es gibt in einem Unternehmen kein Geschäftsfall, bei dem man keinen Buchungssatz benötigt.

12.2.1 Wie setzt sich ein Buchungssatz zusammen?

Dazu muss man sich merken, dass bei einem Buchungssatz immer gilt: SOLL AN HABEN

Dann benennt man die betroffenen Konten (siehe Kontenrahmen).

- Handelt es sich um Aktiv oder Passiv Konten?
- Welches dieser Konten wird gemehrt, welches gemindert?

Jetzt kann der Buchungssatz nach dem Prinzip SOLL an HABEN gebildet werden .

Hier ein Beispiel :

Ein Unternehmen kauft Ware ein. Die Bezahlung dieser Ware erfolgt zu einem späteren Zeitpunkt.

- Welche Konten sind hier betroffen? – Waren und Verbindlichkeiten
- Handelt es sich um AKTIV oder PASSIV Konten? – Das Konto Waren ist ein Aktiv-Konto, da Waren auf der linken Seite der Bilanz stehen. Das Konto Verbindlichkeiten ist ein Passiv-Konto, da die Verbindlichkeiten auf der rechten Seite der Bilanz stehen.

Bei einem Buchungssatz, bei dem zwei Konten betroffen sind, spricht man von einem einfachen Buchungssatz. Bei einem Buchungssatz, der mehrere Konten berührt, spricht man von einem zusammengesetzten Buchungssatz.

12.3 Zusammengesetzte Buchungssätze

12.3.1 Zusammengesetzter Buchungssatz

Bei der zusammengesetzten Buchung können mehrere Konten angesprochen werden, die sich entweder im Soll oder im Haben befinden.

Zusammengesetzte Buchungssätze kommen bei realen Geschäftsvorfällen in Unternehmen häufiger vor als einfache Buchungssätze.

Der Grund: Meistens ist noch mindestens eine Steuerart (z. B. MwSt) zu berücksichtigen.

12.3.2 Umsatzsteuer

Die Umsatzsteuer wird vom Unternehmen auf der eigenen Ausgangsrechnung aufgeführt.

Merke: Verkauf = Umsatzsteuer

Da der Kunde den vollen Rechnungsbetrag zahlt, muss die darin enthaltene Umsatzsteuer an das Finanzamt abgeführt werden.

12.3.3 Vorsteuer

Die Vorsteuer wird dem Unternehmen auf einer Eingangsrechnung berechnet.

Merke: Einkauf = Vorsteuer

Da bei einer Rechnung die Gesamtsumme inkl. der Steuer bezahlt wurde, kann das zahlende Unternehmen diese Vorsteuer von seiner Umsatzsteuerlast abziehen.

Der volle Steuersatz beträgt 19%. Der ermäßigte Steuersatz von 7% gilt für wichtige Nahrungsmittel, landwirtschaftliche Produkte, Bücher, Zeitschriften und Zeitungen.

12.4 Umsatzsteuer

Mit der Umsatzsteuer wird der **Güter- und Leistungsaustausch** besteuert. Ein Unternehmen, welches Waren vertreibt, muss die eingenommene Steuer an das Finanzamt abführen. Zugleich zahlt das Unternehmen für eingekaufte Güter selbst Umsatzsteuer. Jeder Warenverkauf und -ankauf wird somit besteuert. Der Regelsatz beträgt gemäß § 12 Umsatzsteuergesetz (UStG)

19%. Dieser wird berechnet auf den Netto-Rechnungsbetrag. Soweit keine Steuerbefreiung vorliegt, unterliegen die Umsätze, welche im Inland ausgeführt werden, der Umsatzsteuerpflicht (**steuerbare Umsätze**).

Hierzu gehören:

- Lieferungen (z. B. Warenlieferungen)
- sonstige Leistungen (Erbringung von Dienstleistungen)
- innergemeinschaftliche Erwerbe (z. B. Warenbezüge aus EU-Staaten)
- Einfuhren aus dem Drittlandsgebiet (z. B. Warenbezüge aus nicht EU-Staaten)

Umsätze, welche **nicht der Umsatzsteuerpflicht** unterliegen, sind:

- Vermietung und Verpachtung von Grundstücken
- Veräußerung von Grundstücken
- Umsätze aus der Tätigkeit als Versicherungsvertreter
- Umsätze aus der Tätigkeit als Arzt, Zahnarzt, Heilpraktiker, Hebamme
- Umsätze bestimmter kultureller Einrichtungen
- Umsätze bestimmter allgemeinbindender oder berufsbildender Einrichtungen (z. B. Schulen, selbständige Lehrer)

Der ermäßigte Umsatzsteuersatz von 7% USt gilt für Lebensmittel, Bücher, Personennahverkehr, Konzerttickets oder Tickets für Theater und Museen.

Grundsätzlich sind alle Unternehmen ab einer Umsatzgrenze von 22.000 EUR pro Jahr umsatzsteuerpflichtig. Liegt ein Unternehmen unterhalb dieser Schwelle, so spricht man von Kleinunternehmen. Die gesetzliche Grundlage ist § 19 Abs. 1 des Umsatzsteuergesetzes (UStG): Darin ist festgelegt, dass Kleinunternehmer, deren Umsatz im vergangenen Jahr unter 17.500 EUR lag und im laufenden Jahr nicht höher als 50.000 EUR sein wird, von der Umsatzsteuerpflicht befreit sind.

Die Umsatzsteuer wird auf das Entgelt berechnet. Das Entgelt in der Preis der Leistungen, welche der Unternehmer erbracht hat. Das Entgelt ist der Preis ohne Umsatzsteuer: man spricht hier auch vom Nettoentgelt.

Berechnung:

Das Unternehmen Ihrewebsite.de erstellt für einen Kunden eine Website. Das Unternehmen verlangt hierfür einen Betrag von 2.975,- EUR. Die daraus entfallene Umsatzsteuer berechnet sich wie folgt:

Brutto-Betrag: 2.975,- EUR
abzüglich 19% USt: 475,- EUR
Netto-Betrag: 2.500,- EUR

Der Brutto-Betrag entspricht 119%. Der Netto-Betrag entspricht 100%. Aufgaben, bei denen die Umsatzsteuer berechnet werden muss, lassen sich mit dem Dreisatz lösen. Der angegebene Brutto-Betrag entspricht dabei 119%. Der gesuchte Netto-Betrag entspricht 100%.

2.975,- EUR entspricht 119%
"x" (gesuchter Betrag) entspricht 100%
Die Lösung lautet: 2.975 x 100 / 119 = 2.500

12.5 Abschreibungen

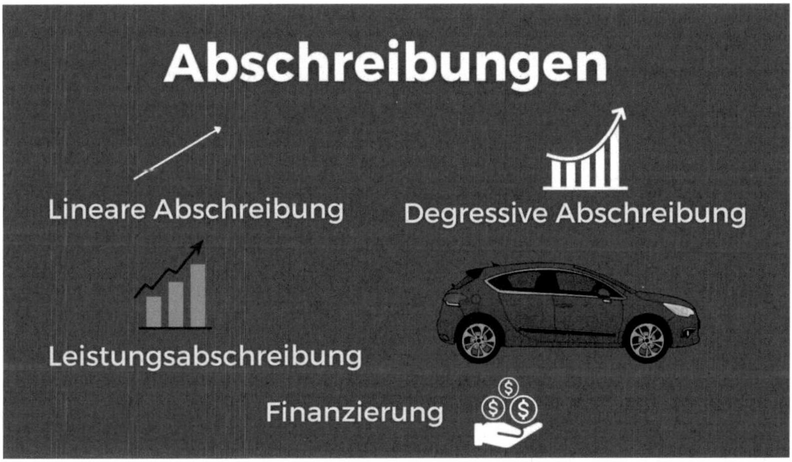

Scanne den QR Code, um zum Video zu gelangen:

Abschreibung in der IHK Prüfung

Wie du sicher weißt, sind Abschreibungen ein wichtiges Thema in der IHK Prüfung. Genau deswegen widmen wir uns in diesem Kapitel diesem Thema ausführlicher.

Auf den nächsten Seiten lernst du sowohl die Formeln als auch die wichtigsten Unterschiede zu drei Abschreibungsmethoden kennen und wirst passende IHK Prüfungsaufgaben lösen. Am Ende erfährst du, wie Abschreibungen und unternehmerische Finanzierungen zusammenhängen.

Lineare Abschreibung

Die lineare Abschreibung ist die einfachste Form der Abschreibung.

Die Formel für die lineare Abschreibung:
Abschreibung = Anschaffungskosten bzw.
Herstellungskosten / Nutzungsdauer

Die Vorteile der linearen Abschreibung sind:
Der Abschreibungsbetrag lässt sich rechnerisch recht einfach ermitteln. Die Nutzungsdauer lässt sich beispielsweise aus einer AfA Tabelle (Tabelle, mit deren Hilfe die betriebsgewöhnliche Nutzungsdauer eines Wirtschaftsgutes des Anlagevermögens bestimmt wird) entnehmen. Diese Tabelle wird von den deutschen Steuerbehörden ausgegeben.
Der Abschreibungswert bleibt jährlich konstant. Er ist somit einfach in der Bilanz zu erfassen.
Der Aufwand ist in allen Perioden gleich und lässt sich daher leichter planen.
Rein steuerrechtlich gesehen ist es eine sehr gute Abschreibungsmethode.

Ein wesentlicher Nachteil der linearen Abschreibung ist allerdings, dass die Leistung bzw. die Beanspruchung der Maschinen nicht richtig berücksichtigt wird (z.B. bei starker oder geringer Beanspruchung von Maschinen).

Beispielrechnung lineare Abschreibung

Nehmen wir an, wir möchten einen PC anschaffen. Den Kauf tätigen wir am 26. Januar 2022. Der Einkaufspreis beträgt 1.500,00 EUR.
Im ersten Jahr dürfen wir den vollen Abschreibungsbetrag abschreiben. Warum? Weil sich das Kaufdatum im Januar desselben Jahres befand. In unserem Beispiel beträgt die Nutzungsdauer laut AfA Tabelle drei Jahre.
Der Abschreibungsbetrag ermittelt sich bei der linearen Abschreibung aus dem Anschaffungswert (1.500,00 EUR) durch die Nutzungsdauer (drei Jahre). Dies ergibt somit einen Abschreibungsbetrag im ersten Jahr von 500 EUR. Der Restbuchwert beträgt im ersten Jahr 1.000,00 EUR. Im zweiten Abschreibungsjahr haben wir wieder den gleichen Abschreibungsbetrag, also 500,00 EUR. Der Restbuchwert beträgt nach dem zweiten Jahr somit nur noch 500,00 EUR. Im dritten Jahr haben wir wieder einen Abschreibungsbetrag in Höhe von 500,00 EUR, der Restbuchwert ist auf null Euro gesetzt. Das Ergebnis: Nach drei Jahren haben wir unseren PC vollständig abgeschrieben.

Prüfungsfrage zur linearen Abschreibung

Unser Tipp: Zur Beantwortung der Prüfungsfragen solltest du dir – sofern nicht längst geschehen – spätestens jetzt das Video anschauen.

1. Prüfungsfrage: "Geben Sie drei Kriterien an, die bei einer linearen Abschreibung zu berücksichtigen sind."

Ließ dir in Ruhe die angegebenen Antworten durch und vergleiche die Aussagen mit den zuvor genannten Vor- und Nachteilen zur linearen Abschreibung. Pausiere dazu kurz das Video. Nach deinen Antworten kommt die Auflösung.

Kommen wir zur Lösung:
Der wesentliche Vorteil der linearen Abschreibung liegt in der einfachen Berechnung – ohne jeglichen Nachweis der Nutzung. Somit kann die erste Antwort nicht richtig sein.
Der Abschreibungsbetrag ist in jedem Nutzungsjahr gleich hoch. Antwort zwei ist somit richtig.
Es wird eine gleichmäßige Nutzung und Wertminderung unterstellt, ist ebenfalls richtig.
Die Abschreibungsbeträge können nicht schwanken, denn sie bleiben jedes Jahr gleich – diese Antwort ist somit falsch.
Bei technischer Abnutzung gibt es andere Abschreibungsmethoden, die sich besser eignen. Auch diese Auswahlantwort ist falsch.
Die Formel für die lineare Abschreibung lautet: Anschaffungskosten dividiert durch die Nutzungsdauer ergibt den jährlichen Abschreibungsbetrag. Das ist korrekt.

Degressive Abschreibung

Wenn von "degressiver Abschreibung" gesprochen wird, wird meist die geometrisch degressive Abschreibung gemeint (Bitte beachte: Neben der geometrisch degressive Abschreibung gibt es weitere Sonderformen).

Die Formel der degressiven Abschreibung lautet:
Abschreibungssatz (der ermittelte Prozentsatz) * Restbuchwert

Der Restbuchwert muss in jedem Abschreibungsjahr neu berechnet werden, um den Abschreibungsbetrag zu ermitteln (siehe "lineare Abschreibung").

Der Vorteil der degressiven Abschreibung ist vor allem, dass wirtschaftliche Ursachen gut berücksichtigt sind. Der Wertverlust ist nämlich bei beweglichen Wirtschaftsgütern, wie z.B. bei einem PKW, in den Anfangsjahren höher. Reparaturkosten sind dagegen am Anfang niedriger als später.

Gut zu wissen: Höhere Abschreibungsbeträge am Anfang können sich steuerlich positiv auswirken.

Die Nachteile der degressiven Abschreibung sind, diese:
Die Ermittlung der Abschreibungsbeträge ist deutlich komplizierter. Meist muss die geänderte

Gesetzeslage hinsichtlich der Abschreibungssätze berücksichtigt werden. Zudem wird die degressive Abschreibung in einem Abschreibungsplan mit anderen Abschreibungsmethoden kombiniert.
Die Abschreibungsquoten verhalten sich umgekehrt zum Verschleiß. Während der Verschleiß zunimmt, werden die Abschreibungsquoten geringer.

Prüfungsfrage zur degressiven Abschreibung
Unser Tipp: Zur Beantwortung der Prüfungsfragen solltest du dir – sofern nicht längst geschehen – spätestens jetzt das Video anschauen.
2. Prüfungsfrage: "Geben Sie 2 Kriterien an, die bei einer geometrisch-degressiven Abschreibung zu berücksichtigen sind!"
Ließ dir wieder in Ruhe die angegebenen Antworten durch und vergleiche die Aussagen mit den zuvor genannten Vor- und Nachteilen zur degressiven Abschreibung. Pausiere dazu kurz das Video. Nach deinen Antworten folgt die Auflösung.

Wir kommen zur Auflösung der Frage:
Die Formel der degressiven Abschreibung hängt nicht mit der jährlichen Nutzung der Anlage zusammen – Antwort 1 ist nicht richtig.
Der Abschreibungsbetrag ändert sich, da wir einen prozentualen Anteil vom Restbuchwert nehmen – Antwort 2 ist ebenfalls nicht richtig.
Der jährliche Abschreibungsbetrag sinkt um den gleichen Prozentsatz – Diese Antwort ist richtig.
Der jährliche Abschreibungsbetrag sinkt um den gleichen Betrag – Diese Antwort ist falsch, da sich der Betrag jedes Jahr ändert.
Diese Abschreibungsmethode ist in jedem Fall bei beweglichen Wirtschaftsgütern anzuwenden, beispielsweise bei einem PKW.
Anschaffungskosten dividiert durch Nutzungsdauer ergibt den jährlichen AfA-Betrag. Diese Formel gilt für die lineare Abschreibung, jedoch nicht für die degressive Abschreibung.

Leistungsabschreibung

Die Abschreibungsbeträge setzen sich bei der Leistungsabschreibung aus den Anschaffungskosten bzw. den Herstellungskosten dividiert durch die Gesamtleistung einer Anlage zusammen.

Die Formel lautet demnach:
Anschaffungskosten (Herstellungskosten) / Gesamtleitung einer Anlage

Die Vorteile der Leistungsabschreibung:
Bei starken Produktionsschwankungen kann die Abnutzung genauer erfasst werden.
Der Verschleiß wird verursachungsgerecht erfasst, sprich: Wenn mehr produziert wird, wird auch mehr von der Maschine abgeschrieben.

Nachteilig ist allerdings die Nachweispflicht. Die Laufstunden von Maschinen müssen beispielsweise protokolliert werden. Die Abschreibungsmethode wird nur für bewegliche Wirtschaftsgüter angewandt. Zur Erfassung von reinem Zeitverschleiß ist diese Methode nicht geeignet.

Prüfungsfrage zur Leistungsabschreibung
Unser Tipp: Zur Beantwortung der Prüfungsfragen solltest du dir – sofern nicht längst geschehen – spätestens jetzt das Video anschauen.
3. Prüfungsfrage: "Geben Sie drei Kriterien an, die bei einer Abschreibung nach Leistungseinheiten zu berücksichtigen sind!"

Pausiere auch hier wieder das Video. Beantworte die Frage und schaue dir danach die Lösung zu den drei Kriterien der Leistungsbeschreibung an.

Wir kommen zur Auflösung der Frage:
Richtig ist, dass wir die jährliche Nutzung nachweisen müssen.
Der Abschreibungsbetrag ist von der Leistung abhängig, somit nicht jedes Jahr gleich hoch.
Die Nutzung der Anlage kann jedes Jahr unterschiedlich sein – diese Tatsache ist ein wesentlicher Vorteil der Leistungsabschreibung, jedoch kein Nachteil.
Bei technischen Abnutzungen ist es die beste Abschreibungsmethode.
Die angezeigte Formel steht wieder für die lineare Abschreibung, jedoch nicht für die Leistungsabschreibung.

Zusammenhang Abschreibung und Unternehmensfinanzierung

Abschließend klären wir die Frage, was Abschreibungen mit der Unternehmensfinanzierung zu tun haben.

Abschreibungen wirken sich auf die Bilanz eines Unternehmens in Form von Abgrenzungen für Abnutzung gewinnmindernd aus. Das führt dazu, dass wir von innen heraus einen Teil der Gewinne nicht steuerrechtlich abführen müssen, sondern im Unternehmen für die Finanzierung von neuen Anlagen einbehalten dürfen. Da dies aus dem Unternehmen heraus geschieht (und somit ohne zusätzliche Fremdmittel) sprechen wir bei der Abschreibung (genau wie bei dem Gewinn) von einer Form von Innenfinanzierung sowie einer Eigenfinanzierung.

Prüfungsfrage zum Zusammenhang Abschreibung und Unternehmensfinanzierung
4. Prüfungsfrage: "Am Jahresende wird in ihrem Unternehmen eine Thermopresse bilanziell abgeschrieben. Was haben Sie dabei zu beachten?"
Pausiere auch hier wieder das Video. Entscheide dich für eine der vorgegebenen Antworten und schaue dir die richtige Antwort zur bilanziellen Abschreibung an.

Kommen wir wieder zur Lösung:
Wie wir gelernt haben, werden Abschreibung der Eigenfinanzierung zugerechnet.
Aus der Afa-Tabelle der Finanzbehörden wird die Nutzungsdauer entnommen, nicht jedoch die Abschreibungswerte.
Für die Festlegung der Abschreibungssätze gibt es klare Richtlinien. Bei einer Leistungsbeschreibung können sich die Abschreibungsbeträge jedes Jahr ändern – dies ist in jedem Fall richtig.
Im ersten Jahr darf der Afa-Betrag nur als voller Jahresbetrag verbucht werden, wenn die Anlage im Januar angeschafft wurde. Sonst nur anteilig auf den Monat bezogen.

12.6 Test: Bestandskonten in der Buchführung (Wissen)

1. Welche Konten haben grundsätzlich einen Anfangsbestand (Vorjahreswert)?

   - ○ a) Aufwandskonten
   - ○ b) Bestandskonten
   - ○ c) Ertragskonten
   - ○ d) Gewinnkonten

2. Welches Konto ist kein Bestandskonto?

   - ○ a) Maschinen und technische Anlagen
   - ○ b) Forderungen
   - ○ c) Umsatzerlöse
   - ○ d) Steuerrückstellungen

3. Auf welcher Buchungsseite wird bei aktiven Bestandskonten ein Zugang gebucht?

   - ○ a) Soll-Seite
   - ○ b) Haben-Seite
   - ○ c) Soll-Haben-Seite
   - ○ d) In der Mitte

4. Welche Aussage trifft auf Erfolgs- und Bestandskonten zu?

   - ○ a) Erfolgskonten werden nur im Soll, Bestandskonten nur im Haben gebucht.
   - ○ b) Erfolgs- und Bestandskonten haben jeweils einen Anfangsbestand.
   - ○ c) Zugänge werden bei Erfolgs- und Bestandskonten im Soll gebucht.
   - ○ d) Bestandskonten haben in der Regel einen Anfangsbestand, Erfolgskonten nicht.

5. Welche Aussage zu den Bestandskonten ist richtig?

   ◯ a) Es gibt nur aktive Bestandskonten.

   ◯ b) Es gibt aktive und passive Bestandskonten.

   ◯ c) Es gibt nur passive Bestandskonten.

   ◯ d) Es gibt keine Bestandskonten in der Buchführung.

12.7 Lösungen: Bestandskonten in der Buchführung (Wissen)

Aufgabe	Lösung	Aufgabe	Lösung	Aufgabe	Lösung
1.	b)	2.	c)	3.	a)
4.	d)	5.	b)		

Lösungen der Auswahl-Fragen.

12.8 Test: Lernkontrolle "Einfache Buchungssätze"

1. Es gibt eine Barabhebung vom Bankkonto.

   ◯ a) Kasse an Bank

   ◯ b) Bank an Kasse

   ◯ c) Bank an Verbindlichkeiten aus Lieferungen und Leistungen

   ◯ d) Verbindlichkeiten aus Lieferungen und Leistungen an Bank

2. Das Finanzamt erstattet uns einen Vorsteuerüberhang durch Banküberweisung.

   ◯ a) Umsatzsteuer an Bank

   ◯ b) Bank an Umsatzsteuer

   ◯ c) Vorsteuer an Bank

3. Banküberweisung der Zahllast an das Finanzamt

- ◯ a) Bank an Umsatzsteuer
- ◯ b) Vorsteuer an Bank
- ◯ c) Umsatzsteuer an Bank
- ◯ d) Bank an Vorsteuer

4. Die Löhne der Angestellten werden per Banküberweisung ausgezahlt.

- ◯ a) Bank an AW Lohn
- ◯ b) Kasse an Lohn
- ◯ c) Verbindlichkeiten an Mitarbeiter
- ◯ d) AW Lohn an Bank

5. Die Kasse wird mit Bargeld aufgefüllt.

- ◯ a) Kasse an Bank
- ◯ b) Bank an Kasse
- ◯ c) Kassenbestand an Verbindlichkeiten
- ◯ d) Privateinlage an Kasse

6. Eine Maschinenreparatur wird mit Bargeld bezahlt.

- ◯ a) Kasse an AW Reparaturen
- ◯ b) Instandhaltung an Kasse
- ◯ c) Kassen an Material
- ◯ d) AW Reparatur an Kasse

7. Barkauf eines Computers für private Zwecke

 - ◯ a) Kasse an Privatentnahme
 - ◯ b) Privatentnahme an Kasse
 - ◯ c) Kasse an Privateinlage
 - ◯ d) Privateinlage an Kasse

8. Kauf einer Lagerhalle gegen Banküberweisung

 - ◯ a) Bank an Bebaute Grundstücke
 - ◯ b) Bebaute Grundstücke an Hypothekenschulden
 - ◯ c) Bebaute Grundstücke an Bank
 - ◯ d) Hypothekenschulden an Bebaute Grundstücke

9. Rechnungsausgleich durch Kunden per Banküberweisung

 - ◯ a) Verbindlichkeiten aus Lieferungen und Leistungen an Bank
 - ◯ b) Bank an Verbindlichkeiten aus Lieferungen und Leistungen
 - ◯ c) Bank an Forderungen aus Lieferungen und Leistungen
 - ◯ d) Forderungen aus Lieferungen und Leistungen an Bank

10. Eine Darlehensschuld wird durch eine Banküberweisung getilgt.

 - ◯ a) Bank an Darlehensschulden
 - ◯ b) Verbindlichkeiten aus Lieferungen und Leistungen an Bank
 - ◯ c) Bank an Verbindlichkeiten aus Lieferungen und Leistungen
 - ◯ d) Darlehensschulden an Bank

11. Eine Lieferantenrechnung wird per Banküberweisung gezahlt.

- ○ a) Bank an Verbindlichkeiten aus Lieferungen und Leistungen
- ○ b) Kasse an Bank
- ○ c) Verbindlichkeiten aus Lieferungen und Leistungen an Bank
- ○ d) Bank an Kasse

12. Es wurden Hilfsstoffe laut Materialentnahmeschein für die Fertigung aus dem Lager entnommen.

- ○ a) Hilfsstoffe an Aufwendungen für Hilfsstoffe
- ○ b) Hilfsstoffe an Verbindlichkeiten aus Lieferungen und Leistungen
- ○ c) Aufwendungen für Hilfsstoffe an Hilfsstoffe
- ○ d) Verbindlichkeiten aus Lieferungen und Leistungen an Hilfsstoffe

13. Abschluss des Kontos Vorsteuer zur Ermittlung der Zahllast

- ○ a) Umsatzsteuer an Vorsteuer
- ○ b) Vorsteuer an Umsatzsteuer
- ○ c) Bank an Vorsteuer
- ○ d) Vorsteuer an Bank

14. Wie lautet der Buchungssatz für Abschreibungen auf Maschinen?

- ○ a) Bank an Maschinen
- ○ b) Maschinen an Abschreibungen auf Sachanlagen
- ○ c) Abschreibungen auf Sachanlagen an Maschinen
- ○ d) Maschinen an Bank

15. Abschluss des Gewinn- und Verlustkontos (Gewinn)

- ○ a) Eigenkapital an Gewinn- und Verlustkonto
- ○ b) Gewinn- und Verlustkonto an Schlussbilanzkonto
- ○ c) Gewinn- und Verlustkonto an Eigenkapital
- ○ d) Schlussbilanzkonto an Gewinn- und Verlustkonto

12.9 Lösungen: Lernkontrolle "Einfache Buchungssätze"

Aufgabe	Lösung	Aufgabe	Lösung	Aufgabe	Lösung
1.	a)	2.	b)	3.	c)
4.	d)	5.	a)	6.	d)
7.	b)	8.	c)	9.	c)
10.	d)	11.	c)	12.	c)
13.	a)	14.	c)	15.	c)

Lösungen der Auswahl-Fragen.

12.10 Test: Lernkontrolle "Zusammengesetzte Buchungssätze"

1. Verkauf von Fertigerzeugnissen auf Ziel, 19% Umsatzsteuer

- ○ a) Forderungen aus Lieferungen und Leistungen an Umsatzerlöse und an Vorsteuer
- ○ b) Forderungen aus Lieferungen und Leistungen an Umsatzerlöse und an Umsatzsteuer
- ○ c) Forderungen aus Lieferungen und Leistungen an fertige Erzeugnisse und an Umsatzsteuer
- ○ d) Forderungen aus Lieferungen und Leistungen an fertige Erzeugnisse und an Vorsteuer

2. Zielkauf von Rohstoffen laut Eingangsrechnung, 19% Umsatzsteuer

   - ◯ a) Rohstoffe und Vorsteuer an Verbindlichkeiten aus Lieferungen und Leistungen
   - ◯ b) Rohstoffe und Umsatzsteuer an Verbindlichkeiten aus Lieferungen und Leistungen
   - ◯ c) Forderungen aus Lieferungen und Leistungen an Umsatzerlöse und an Umsatzsteuer
   - ◯ d) Forderungen aus Lieferungen und Leistungen an Umsatzerlöse und an Vorsteuer

3. Bareinkauf von Büromaterial (19% Mehrwertsteuer)

   - ◯ a) Büromaterial und Vorsteuer an Kasse
   - ◯ b) Büromaterial an Kasse und an Umsatzsteuer
   - ◯ c) Büromaterial an Kasse und an Vorsteuer
   - ◯ d) Büromaterial und Mehrwertsteuer an Kasse

4. Wir begleichen eine Eingangsrechnung für Rohstoffe in bar und den Rest durch Banküberweisung.

   - ◯ a) Kasse und Bank an Verbindlichkeiten aus Lieferungen und Leistungen
   - ◯ b) Rohstoffe an Kasse und an Bank
   - ◯ c) Verbindlichkeiten aus Lieferungen und Leistungen an Kasse und an Bank
   - ◯ d) Kasse und Bank an Forderungen aus Lieferungen und Leistungen

5. Der Verkauf des abgeschriebenen Firmenfahrzeugs gegen bar (19% Umsatzsteuer / Buchung des Verkaufserlöses)

   - ◯ a) Kasse an Sonstige Erlöse und an Umsatzsteuer
   - ◯ b) Kasse an Fuhrpark und an Umsatzsteuer
   - ◯ c) Kasse an Sonstige Erlöse und an Vorsteuer
   - ◯ d) Kasse an Fuhrpark und an Vorsteuer

6. Bezugskosten für Rohstoffeinkauf bar bezahlt, 19% Umsatzsteuer

   - ◯ a) Rohstoffe und Vorsteuer an Kasse
   - ◯ b) Bezugskosten für Rohstoffe und Vorsteuer an Kasse
   - ◯ c) Bezugskosten für Rohstoffe und Umsatzsteuer an Kasse
   - ◯ d) Rohstoffe und Umsatzsteuer an Kasse

7. Wir senden von Rohstoffen an den Lieferanten zurück.

   - ◯ a) Verbindlichkeiten aus Lieferungen und Leistungen an Rohstoffe und an Umsatzsteuer
   - ◯ b) Verbindlichkeiten aus Lieferungen und Leistungen und Vorsteuer an Rohstoffe
   - ◯ c) Verbindlichkeiten aus Lieferungen und Leistungen und Umsatzsteuer an Rohstoffe
   - ◯ d) Verbindlichkeiten aus Lieferungen und Leistungen an Rohstoffe und an Vorsteuer

8. Wir erhalten eine Gutschrift vom Lieferanten für Mängelrüge bei Rohstoffen (Nettobuchung).

   - ◯ a) Verbindlichkeiten aus Lieferungen und Leistungen an Nachlässe für Rohstoffe und an Umsatzsteuer
   - ◯ b) Verbindlichkeiten aus Lieferungen und Leistungen an Rohstoffe und an Vorsteuer
   - ◯ c) Verbindlichkeiten aus Lieferungen und Leistungen an Rohstoffe und an Umsatzsteuer
   - ◯ d) Verbindlichkeiten aus Lieferungen und Leistungen an Nachlässe für Rohstoffe und an Vorsteuer

9. Wir überweisen die Rechnung unseres Rohstofflieferanten abzüglich Skonto (Nettobuchung).

   - ◯ a) Verbindlichkeiten an Nachlässe für Rohstoffe und an Vorsteuer und an Bank
   - ◯ b) Verbindlichkeiten an Nachlässe für Rohstoffe und an Umsatzsteuer und an Bank
   - ◯ c) Verbindlichkeiten an Rohstoffe und an Vorsteuer und an Bank
   - ◯ d) Verbindlichkeiten an Rohstoffe und an Umsatzsteuer und an Bank

10. Kunde sendet falsch gelieferte Fertigerzeugnisse an uns zurück.

   - ◯ a) Fertige Erzeugnisse und Umsatzsteuer an Forderungen aus Lieferungen und Leistungen
   - ◯ b) Umsatzerlöse und Vorsteuer an Forderungen aus Lieferungen und Leistungen
   - ◯ c) Umsatzerlöse und Umsatzsteuer an Forderungen aus Lieferungen und Leistung
   - ◯ d) Fertige Erzeugnisse und Vorsteuer an Forderungen aus Lieferungen und Leistungen

11. Was versteht man unter dem Begriff „ Vorsteuer“ ?

   - ◯ a) Eine Verbindlichkeit gegenüber dem Finanzamt
   - ◯ b) Die von uns an den Lieferanten gezahlte Umsatzsteuer
   - ◯ c) Der auf den Ausgangsrechnungen genannte Umsatzsteuerbetrag
   - ◯ d) Die Umsatzsteuer der Verkaufserlöse

12. Welches ist der Merksatz der Einfachen und Zusammengesetzten Buchungssätze?

   - ◯ a) Summe der Sollbuchung(en) = Summe der Habenbuchung(en)
   - ◯ b) Summe der Sollbuchung(en) > Summe der Habenbuchung(en)
   - ◯ c) Summe der Sollbuchung(en) < Summe der Habenbuchung(en)
   - ◯ d) Summe der Sollbuchung(en) – Summe der Habenbuchung(en)

13. Kauf einer Maschine in Höhe von 1.190 € auf Ziel. 19% Vorsteuer ist enthalten.

   - ◯ a) Maschinen und Vorsteuer an Verbindlichkeiten
   - ◯ b) Vorsteuer an Verbindlichkeiten und Maschinen
   - ◯ c) Kassen an Maschinen und Vorsteuer

14. Entnahme von Fertigerzeugnissen für private Zweck, 19% Umsatzsteuer

- ◯ a) Privatentnahme an Entnahme von Gegenständen und Leistungen
- ◯ b) Privatentnahme an Fertige Erzeugnisse und an Umsatzsteuer
- ◯ c) Privatentnahme an Fertige Erzeugnisse
- ◯ d) Privatentnahme an Entnahme von Gegenständen und Leistungen und an Umsatzsteuer

15. Unser Handelsvertreter stellt uns Verkaufsprovisionen in Rechnung, 19% Umsatzsteuer.

- ◯ a) Vertriebsprovisionen und Vorsteuer an Verbindlichkeiten aus Lieferungen und Leistungen
- ◯ b) Vertriebsprovisionen und Umsatzsteuer an Verbindlichkeiten aus Lieferungen und Leistungen
- ◯ c) Forderungen aus Lieferungen und Leistungen und Vorsteuer an Vertriebsprovisionen
- ◯ d) Forderungen aus Lieferungen und Leistungen und Umsatzsteuer an Vertriebsprovisionen

12.11 Lösungen: Lernkontrolle "Zusammengesetzte Buchungssätze"

Aufgabe	Lösung	Aufgabe	Lösung	Aufgabe	Lösung
1.	b)	2.	a)	3.	d)
4.	c)	5.	a)	6.	b)
7.	d)	8.	d)	9.	a)
10.	c)	11.	b)	12.	a)
13.	a)	14.	d)	15.	c)

Lösungen der Auswahl-Fragen.

12.12 Test: Umsatzsteuer

1. Fritz Meier stellt für ein Politmagazin einen Artikel. Für seine Leistung berechnet er 3.500 EUR. Wie hoch ist die darin enthaltene Umsatzsteuer (7%)?

   Die Umsatzsteuer beträgt ____________ EUR.

2. Die Firma Bastelbedarf GmbH liefert Material an eine Schule und stellt diese in Rechnung. Der Brutto-Betrag beläuft sich auf 2.975,- EUR. Wie hoch ist die darin enthaltene Umsatzsteuer?

   Die darin enthaltene Umsatzsteuer beläuft sich auf ____________ EUR.

3. Was wird mit der Umsatzsteuer immer besteuert?

   ☐ a) Austausch von Gütern

   ☐ b) Erbringung von Dienstleistungen

   ☐ c) Umsätze von Schulen

   ☐ d) Umsätze einer Hebamme

4. Worauf zahlt ein Unternehmen die Umsatzsteuer?

   ☐ a) Für eingekaufte Güter

   ☐ b) Für verkaufte Güter

   ☐ c) Für ausbezahlte Löhne und Gehälter

   ☐ d) Keine der Antworten ist korrekt.

5. Worauf wird der Umsatzsteuersatz erhoben?

   ☐ a) Netto-Rechnungsbetrag / Entgelt

   ☐ b) Brutto-Rechnungsbetrag

   ☐ c) Skonto-Betrag

   ☐ d) Keine der Antworten ist korrekt.

6. Welche der folgenden Tätigkeiten unterliegen nicht der Umsatzsteuer?

   ☐ a) Umsätze aus der Tätigkeit eines Versicherungsvertreters

   ☐ b) Umsätze aus der Tätigkeit als Zahnarzt

   ☐ c) Umsätze aus der Tätigkeit als Rechtsanwalt

   ☐ d) Umsätze bestimmter allgemeinbindender Einrichtungen

7. Welche Aussage in Bezug auf die Umsatzsteuer ist korrekt?

   ☐ a) Umsätze aus der Veräußerung von Grundstücken unterliegen nicht der Umsatzsteuer.

   ☐ b) Warenbezüge aus nicht EU-Staaten unterliegen nicht der Umsatzsteuer.

   ☐ c) Warenbezüge aus EU-Staaten unterliegen nicht der Umsatzsteuer.

   ☐ d) Umsätze aus der Vermietung von Grundstücken und Gebäuden unterliegen der Umsatzsteuer.

8. Für welche der folgenden Punkte gilt ein ermäßigter Umsatzsteuersatz?

   ☐ a) Personennahverkehr

   ☐ b) Theaterkarten

   ☐ c) Tätigkeit eines Heilpraktikers

   ☐ d) Tätigkeit eines Arztes

9. Ab welchem Jahresumsatz sind Unternehmen umsatzsteuerpflichtig?

   ☐ a) 28.000 EUR

   ☐ b) 22.000 EUR

   ☐ c) 35.000 EUR

   ☐ d) 40.000 EUR

10. Wie hoch ist der ermäßigte Umsatzsteuersatz?

☐ a) 9%

☐ b) 12%

☐ c) 7%

☐ d) 4%

12.13 Lösungen: Umsatzsteuer

Aufgabe	Lösung	Aufgabe	Lösung	Aufgabe	Lösung
3.	a), b)	4.	a), b)	5.	a)
6.	a), b), d)	7.	a)	8.	a), b)
9.	b)	10.	c)		

Lösungen der Auswahl-Fragen.

Aufgabe	Lösung
1.	Die Umsatzsteuer beträgt [245 / 245,00 / 245,-] EUR.
2.	Die darin enthaltene Umsatzsteuer beläuft sich auf [475,00 / 475 / 475,-] EUR.

Lösungen der Text-Aufgaben.

12.14 Test: Abschreibungen

1. Abschreibungen sind …

   ☐ a) Kosten, die nur im laufenden Betrieb anfallen.

   ☐ b) beispielsweise Druckkosten für neue Prospekte.

   ☐ c) laufende Kosten, die ausschließlich im Fuhrpark eines Unternehmens entstehen.

   ☐ d) Aufwendungen durch Anschaffungs- oder Herstellungskosten, die zur Gewinnminderung beitragen.

2. Wie lautet der Buchungssatz für Abschreibungen auf Maschinen?

   ☐ a) Bank an Maschinen

   ☐ b) Maschinen an Abschreibungen auf Sachanlagen

   ☐ c) Abschreibungen auf Sachanlagen an Maschinen

   ☐ d) Maschinen an Bank

3. Neben der linearen Abschreibung bestände noch die Möglichkeit, die Anlage nach Leistungseinheiten abzuschreiben. Gib 3 Kriterien an, die
   bei einer Abschreibung nach Leistungseinheiten zu berücksichtigen sind!

   ☐ a) Bei der Abschreibung nach dieser Abschreibungsmethode ist die jährliche Nutzung nachzuweisen.

   ☐ b) Der Abschreibungsbetrag ist in jedem vollen Nutzungsjahr gleich hoch.

   ☐ c) Es wird eine gleichmäßige Nutzung und Wertminderung unterstellt.

   ☐ d) Die jährlichen Abschreibungsbeträge können schwanken.

   ☐ e) Die Abschreibung nach dieser Abschreibungsmethode kommt der technischen Abnutzung am nächsten.

   ☐ f) Anschaffungskosten dividiert durch Nutzungsdauer ergibt den jährlichen AfA-Betrag.

4. Gib 3 Kriterien an, die bei einer linearen Abschreibung zu berücksichtigen sind!

   ☐ a) Bei der Abschreibung nach dieser Abschreibungsmethode ist die jährliche Nutzung nachzuweisen.

   ☐ b) Der Abschreibungsbetrag ist in jedem vollen Nutzungsjahr gleich hoch.

   ☐ c) Es wird eine gleichmäßige Nutzung und Wertminderung unterstellt.

   ☐ d) Die jährlichen Abschreibungsbeträge können schwanken.

   ☐ e) Die Abschreibung nach dieser Abschreibungsmethode kommt der technischen Abnutzung am nächsten.

   ☐ f) Anschaffungskosten dividiert durch Nutzungsdauer ergibt den jährlichen AfA-Betrag.

5. Gib 2 Kriterien an, die bei einer geometrisch-degressiven Abschreibung zu berücksichtigen sind!

   ☐ a) Bei der Abschreibung nach dieser Abschreibungsmethode ist die jährliche Nutzung nachzuweisen.

   ☐ b) Der Abschreibungsbetrag ist in jedem vollen Nutzungsjahr gleich hoch.

   ☐ c) Der jährliche Abschreibungsbetrag sinkt um den gleichen Prozentsatz.

   ☐ d) Der jährliche Abschreibungsbetrag sind um den gleichen Betrag.

   ☐ e) Diese Abschreibungsmethode ist bei beweglichen Wirtschaftsgütern anzuwenden.

   ☐ f) Anschaffungskosten dividiert durch Nutzungsdauer ergibt den jährlichen AfA-Betrag.

6. Am Jahresende wird in deinem Unternehmen eine Thermopresse bilanziell abgeschrieben. Was gilt es zu beachten?

   ☐ a) Die Abschreibungen werden der Fremdfinanzierung zugerechnet.

   ☐ b) Man entnimmt die Abschreibungswerte in Euro aus der AfA-Tabelle der Finanzbehörde.

   ☐ c) Man kann die Abschreibungssätze beliebig festlegen.

   ☐ d) Wird sich für eine leistungsbezogene Abschreibung entschieden, können sich die Abschreibungsbeträge von Jahr zu Jahr ändern.

   ☐ e) Für das 1. Jahr darf man den vollen Jahres-AfA-Betrag verbuchen.

7. Eine Formanlage soll linear abgeschrieben werden. Prüfe, wie sich die bilanzielle Abschreibung auf das Jahresergebnis auswirkt!

   ☐ a) Das Betriebsergebnis erhöht sich.

   ☐ b) Das Gesamtergebnis erhöht sich.

   ☐ c) Das Gesamtergebnis vermindert sich.

   ☐ d) Das Gesamtergebnis wird nicht beeinflusst, das Betriebsergebnis ändert sich.

   ☐ e) Das Gesamtergebnis und das Betriebsergebnis bleiben gleich.

8. Ein Fahrzeug A ist am 01.08.2022 für 34.950 EUR angeschafft worden und ist am Jahresende mit einer Nutzungsdauer von 6 Jahren linear abzuschreiben. Es sind keine weiteren Kosten angefallen. Ermittle den Abschreibungsbetrag für das laufende Geschäftsjahr zum 31.12.2022!

   ☐ a) 5.825,00 EUR

   ☐ b) 2.427,08 EUR

   ☐ c) 1.941,67 EUR

   ☐ d) 2.912,50 EUR

9. Eine Fertigungsmaschine B wird am 29.6.2022 angeschafft. Für wie viele Monate höchstens darfst du im Jahresabschluss 2022 die bilanzmäßige Abschreibung für die Fertigungsmaschine ansetzen?

   ☐ a) 12 Monate

   ☐ b) 6 Monate

   ☐ c) 7 Monate

   ☐ d) 5 Monate

10. Eine Lackieranlage A wird am 14.5.2022 angeschafft. Für wie viele Monate höchstens darfst du im Jahresabschluss 2022 die bilanzmäßige Abschreibung für die Fertigungsmaschine ansetzen?

☐ a) 12 Monate

☐ b) 72 Monate

☐ c) 8 Monate

☐ d) 7 Monate

12.15 Lösungen: Abschreibungen

Aufgabe	Lösung	Aufgabe	Lösung	Aufgabe	Lösung
1.	d)	2.	c)	3.	a), d), e)
4.	b), c), f)	5.	c), e)	6.	d)
7.	c)	8.	b)	9.	c)
10.	c)				

Lösungen der Auswahl-Fragen.

13 Verwaltungsleistungen wirtschaftlich erstellen und kundenorientiert anbieten

13.1 Verwaltungsorganisation: Ziele und Strukturen

Jede öffentlichen Verwaltung (Landratsamt, Stadtverwaltung, Gericht, etc.) ist eine Organisation. Hinter jeder Organisation verbirgt sich eine Organisationsstruktur, welche durch das Organigramm (Organisationsgliederungsplan) dargestellt wird. Aus dem Organigramm geht hervor, welche Abteilungen und Sachgebiete es gibt und wie diese in Verbindung zueinander stehen. Zudem werden die Hierarchien ersichtlich.

Ein Organisationsgliederungsplan unterscheidet sich in zwei Gestaltungsbereichen: der Aufbau- sowie der Ablauforganisation

Eine **Aufbauorganisation** legt die **Rahmenbedingungen** fest, d. h. welche Aufgabe(n) von welchen Personen übernommen werden und mit welchen Befugnissen diese Personen ausgestattet sind. Anhand eines Organigramms wird deutlich, wie dies in der Verwaltung aussehen kann:

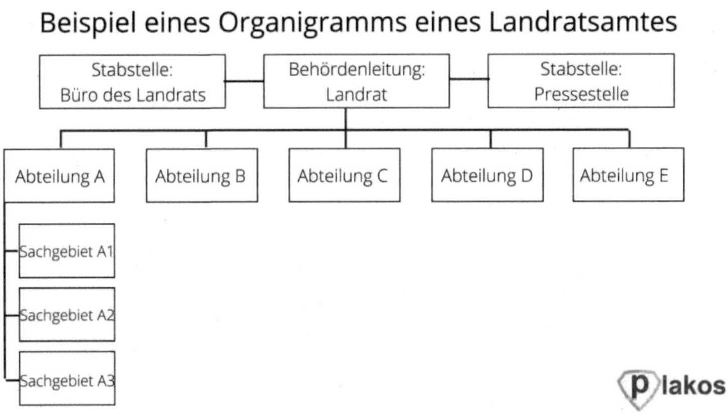

Bei dem hier vorliegenden Organigramm handelt es sich um ein Ein-Linien-System, aus dem klare Unterstellungsverhältnisse hervorgehen. Das Ein-Linien-System ermöglicht eine klare Zuordnung von Aufgaben, Verantwortung sowie Kompetenzen. Informationen fließen “top-down” oder “bottom-up” über alle Hierarchieebenen, woraus sich gute Kontrollmöglichkeiten ergeben.

Eine **Ablauforganisation** beschreibt alle **Arbeitsabläufe** (Prozesse) innerhalb einer Organisation, also wann, wo und womit die einzelnen Arbeitsschritte erledigt werden müssen:

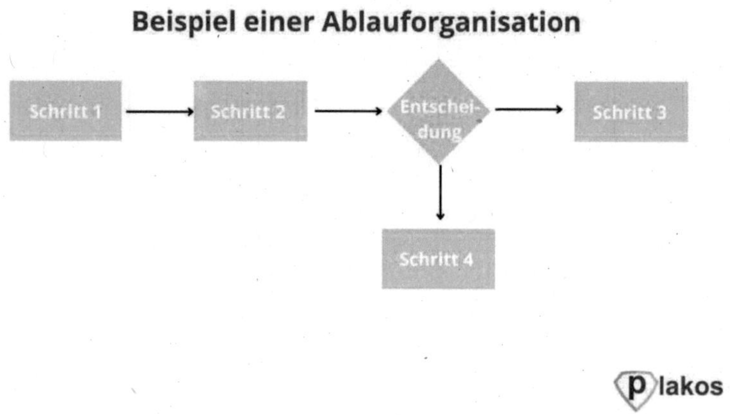

Die Ziele einer Organisation unterscheiden sich in Sachziele (Was muss ich tun?) und Formalziele (Wie muss ich eine Aufgabe erfüllen?). Sachziele einer Behörde sind die Aufgaben, welche ihr per Gesetz zugeordnet werden:

- Ausstellung eines Reisepasses
- Stadtplanung
- Bauaufsicht
- Gewerbeaufsicht
- Veterinärwesen
- Wasser- und umweltrechtliche Aufgaben
- ...

Sachziele einer Behörde können neben gesetzlich angeordneten Aufgaben auch freiwillige Aufgaben sein, wie die Betreibung eines Hallenbades.

Formalziele legen fest, wie eine Aufgabe zu erfüllen ist, bzw. was bei der Aufgabenerfüllung zu beachten ist. Wenn eine Behörde ihren Aufgaben (Sachziele) nachkommt, muss sie dabei mehreren Aspekten Rechnung tragen:

- Rechtmäßigkeit von Verwaltungsentscheidungen (z. B. Bescheiderlass)
- Bürgerfreundlichkeit
- Mitarbeiterfreundlichkeit
- Wirtschaftlichkeit und Sparsamkeit
- Schnelligkeit und Terminverträglichkeit

Wie aus dem obigen Schema zur Ablauforganisation deutlich wird, benötigt es zur Fertigstellung eines Produktes (in der Verwaltung z. B. die Ausstellung eines Personalausweises) sowohl mehrere Arbeitsschritte, als auch Entscheidungen. Die Planung dieses Ablaufes bezeichnet man als Ablaufplanung. Nun zeigen wir wichtige Merkmale der Ablaufplanung am Beispiel der Ausstellung eines neuen Personalausweises in einer Stadtverwaltung:

- Planungsgegenstand (= Arbeitsabläufe; hier: 1. Erfassung der Personaldaten, 2. Feststellen der Augenfarbe und Körpergröße, 3. Übermittlung der Daten an das Innenministerium, 4. Übergabe des neuen Ausweises an den Bürger)
- Planungssubjekt (= Entscheidungsträger; hier: Sachbearbeiter)
- Planungsdaten (= Arbeitszeit; hier: verwendete Arbeitszeit des Sachbearbeiters auf die Erstellung des Ausweises)

13.2 Leistungserbringung und Produkte in der öffentlichen Verwaltung

Während Verwaltungen in früheren Jahrzehnten ausschließlich darauf achteten, welche Mittel für Verwaltungsleistungen bereitgestellt werden ("Inputorientierung"), findet in der modernen Verwaltung die Umstellung auf das "Neue Steuerungsmodell (NSM)" statt. Dies führt zu einer "output orientierten" Steuerung durch Produkte.

"Ein **Produkt** ist eine Leistung oder eine Gruppe von Leistungen, die von Stellen außerhalb des jeweils betrachteten Fachbereichs (innerhalb oder außerhalb der Verwaltung) benötigt werden" (KGSt-Bericht 8/94, S. 11).

Ein Produkt ist also das Ergebnis ("Output") des Tätigwerdens in Erfüllung kommunaler Aufgaben und zwar unabhängig davon, ob es sich um Dienstleistungen, Waren oder Informationen handelt.

Da das Produkt also das zentrale Element einer bürgerorientierten Verwaltung ist, ist es erforderlich, die einzelnen Produkte mithilfe eines Produktplans zu strukturieren.

Ein Produktplan bestimmt sich durch mehrere Aspekte:

- enthält sämtliche Produkte, welche von einer Verwaltungsbehörde angeboten werden
- fasst mehrere Produkte zu Produktgruppen zusammen
- differenziert Produkte voneinander

Wenn eine Behörde künftig output orientiert handeln möchte, ist es zunächst erforderlich, Produkte zu bilden. Die Verwaltungsleistungen, welche erbracht werden, stellen also künftig Produkte dar (Produktbildung). Im Produktkatalog sind sämtliche Produkte der Verwaltung beschrieben.

Beispiel für eine Produktbildung:

Einzelleistungen eines Landratsamtes im Bereich der Kinder- und Jugendhilfe:

- Hilfestellung bei der Beantragung von Leistungen
- Durchführung von Beratungen
- Bereitstellung von Informationsmaterial
- Kinderbetreuung (Betrieb von Kindertagesstätte)
- Mittagsverpflegung für Kinder

Diese Produkte lassen sich zu zwei Produktgruppen zusammenfassen:

- Kinderbetreuung und -verpflegung
- Information, Beratung und Antragsbearbeitung

Neben diesen Produkten / Leistungen, welche eine Behörde für die Bürger erstellt (marktfähige Leistung), treten Leistungen, welche innerhalb der Verwaltung hergestellt und verwertet werden (nicht marktfähige Leistung). So zum Beispiel nimmt das Bauamt bei der Beurteilung der Genehmigungsfähigkeit eines Bauvorhabens die Kompetenz des Amts für Naturschutz in Anspruch, ohne dass dieses dem Bauamt eine Rechnung stellt. Wenn das Amt für Naturschutz also seine Stellungnahme abgibt, handelt es sich dabei um eine nicht marktfähige Leistung.

Unterschieden werden neben marktfähigen und nicht marktfähigen Leistungen auch angebots- und nachfrageorientierte Leistungen:

- Angebotsorientiert: Eine Behörde ermittelt, welche Leistungen positiv bzw. negativ für die Bürger sind (Beispiel positive Leistung: Subvention; Beispiel negative Leistung: Bußgeldbescheid).
- Nachfrageorientiert: Eine Behörde ermittelt, was sich Bürger wünschen/nicht wünschen.

Neben der Bereitstellung von Produkten ist es Aufgabe der Verwaltung, die Qualität ihrer Produkte laufend zu überprüfen. Dabei stehen mehrere Instrument der Qualitätssicherung zur Verfügung:

- Beschwerdelisten
- Brainstorming
- Histogramm (grafische Darstellung einer Häufigkeitsverteilung)
- Korrelationsdiagramm (grafische Darstellung der Beziehung zwischen zwei Merkmalen)

Um die Bürger auf ihre öffentlichen Leistungen aufmerksam zu machen, kann eine Behörde Marketing betreiben. Ein Marketing-Konzept umfasst dabei:

- Budget (Wieviel Geld fließt in das Marketing?)
- Ziel (Was soll mit dem Marketing erreicht werden?)
- Maßnahmen (Wie bzw. wo wird geworben?)
- Strategie (Wie sollen die vereinbarten Ziele erreicht werden? Welche Kundengruppen sollen wie angesprochen werden?)

13.3 Öffentliche Aufgaben und Güter

Freie Güter sind für jeden Menschen unbegrenzt nutzbar. Sonnenlicht, Meereswasser oder Luft werden nicht von Menschen produziert, sind kostenlos und stehen in unbegrenztem Umfang zur Verfügung. Im Gegensatz dazu stehen **wirtschaftliche Güter**, welche produziert werden, in beschränktem Umfang zur Verfügung stehen und einen Preis haben. Freie Güter können wirtschaftliche Güter werden, wenn etwa Wasser durch Aufbereitung für Menschen nutzbar gemacht wird und damit bepreist wird.

Öffentliche Güter werden vom Staat oder von einem in Staatsbesitz befindlichen Unternehmen bereitgestellt. Daneben ist es möglich, dass private Unternehmen für den Staat tätig werden und für diesen Aufgaben erfüllen. Bei öffentlichen Gütern besteht keine Rivalität im Konsum, d. h. wenn eine Person das Gut nutzt, verringert sich dadurch nicht der Nutzen durch andere Personen. Von der Nutzung können vielmehr auch keine einzelnen Personen ausgeschlossen werden. Die Bereitstellung öffentlicher Güter wird durch Abgaben finanziert. Beispiele sind etwa Ausgaben eines Landes für den Hochwasserschutz, Klimaschutz, Landesverteidigung oder auch Straßenbeleuchtung.

Wenn Güter als öffentliche Güter angesehen werden bzw. als solche gelten, ergeben sich daraus konkrete Aufgaben für Verwaltungsbehörden: Maßnahmen für den Hochwasserschutz müssen geplant werden (z. B. Deich, Rückhaltebecken). In freien, demokratischen Ländern wie der Bundesrepublik können Aufgaben der Verwaltung durch den politischen Willensbildungsprozess bestimmt werden.

Im **politischen Willensbildungsprozess** werden die Meinungen und Wünsche vieler Menschen (Bürger) durch beauftragte Einrichtungen (Ministerien) und Personen (Minister, Kanzler) zum Ausdruck gebracht.

Das bedeutet, dass sich politische Entscheidungen (z. B. der Beschluss eines Landtages mehr Maßnahmen für den Hochwasserschutz zu ergreifen) auf die Aufgaben von Verwaltungen auswirken. Diese politische Entscheidung kann dann bedeuten, dass ein Landratsamt, in dessen Landkreis sich ein Gewässer befindet, welches zusätzlich gesichert werden soll, nun umweltrechtlich prüfen muss, welche Hochwasserschutzmaßnahme umweltverträglich umgesetzt werden kann.

13.4 Test: Prüfe dein Wissen: Verwaltungsorganisation und öffentliche Güter

1. Wie können öffentliche Güter bereitgestellt werden?

   ☐ a) Durch sich im Staatsbesitz befindliche Unternehmen

   ☐ b) Durch Behörden

   ☐ c) Durch Beauftragung privater Unternehmen

   ☐ d) Keine der Antworten ist korrekt.

2. Welche Aussage betreffend den öffentlichen Gütern ist wahr?

   ☐ a) Einzelne Personen können von der Nutzung nicht ausgeschlossen werden.

   ☐ b) Einzelne Personen können von der Nutzung ausgeschlossen werden.

   ☐ c) Öffentliche Güter stehen in unbeschränktem Umfang zur Verfügung.

   ☐ d) Öffentliche Güter stehen in beschränktem Umfang zur Verfügung.

3. Welche der folgenden Punkte stellen öffentliche Güter dar?

   ☐ a) Straßenbeleuchtung

   ☐ b) Dienstlicher PKW einer Behörde

   ☐ c) Deich

   ☐ d) Keine der hier genannten Punkte

4. Was ist ein politischer Willensbildungsprozess?

☐ a) Meinungen und Wünsche der Bürger werden durch Parteien oder Verbände vertreten und von politischen Einrichtungen (z. B. Landtag) aufgenommen und entschieden.

☐ b) Die öffentliche Verwaltung setzt Meinungen und Wünsche der Bürger ohne Einbindung politischer Vertreter durch.

☐ c) Politische Verantwortungsträger setzen Maßnahmen ohne Einbindung der Verwaltung durch.

☐ d) Keine der Antworten ist korrekt.

5. Welche Aussage ist korrekt?

☐ a) Die Folgen politischer Entscheidungen wirken sich nicht auf die Arbeitsweise und die Aufgaben von Verwaltungsbehörden aus.

☐ b) Die Folgen politischer Entscheidungen wirken sich auf die Arbeitsweise und die Aufgaben von Verwaltungsbehörden aus.

☐ c) Politische Entscheidungen sind vor Erlass einer Verordnung mit der betreffenden Verwaltungsbehörde zu besprechen.

☐ d) Keine der Antworten ist korrekt.

6. Was kann man aus einem Organigramm ableiten?

☐ a) Abteilungen und Sachgebiete einer Verwaltungsbehörde

☐ b) Verbindungen zwischen Abteilungen und Sachgebieten einer Verwaltungsbehörde

☐ c) Hierarchien

☐ d) Finanzielle Mittel, welchen den einzelnen Bereichen zur Verfügung stehen.

7. Was wird durch die Aufbauorganisation dargestellt?

☐ a) Hierarchieebenen

☐ b) Zusammenhänge zwischen Abteilungen und Sachgebieten

☐ c) Beschreibung der Arbeitsprozesse

☐ d) Aufführung einzelner Arbeitsschritte

8. Was wird in einer Ablauforganisation dargestellt?

- ☐ a) Beschreibung aller Arbeitsschritte
- ☐ b) Darstellung von Entscheidungspunkten
- ☐ c) Erläuterung der Formalziele einer Organisation
- ☐ d) Beschreibung der Funktion einzelner Mitarbeiter

9. Was sind Sachziele einer Verwaltungsbehörde?

- ☐ a) Aufgaben, welche der Behörde per Gesetz zugeordnet sind.
- ☐ b) Freiwillige Aufgaben
- ☐ c) Sowohl gesetzlich verordnete Aufgaben, als auch freiwillige Aufgaben
- ☐ d) Keine der Antworten ist korrekt.

10. Was wird durch ein Formalziel festgelegt?

- ☐ a) Welche freiwilligen Aufgaben die Behörde künftig erfüllen möchte.
- ☐ b) Welche Pflichtaufgaben die Behörde erfüllt.
- ☐ c) Wie eine Aufgabe erfüllt werden soll.
- ☐ d) Ob eine Aufgabe erfüllt werden soll.

11. Welche der folgenden Aspekte beschreiben Formalziele?

- ☐ a) Veterinärwesen
- ☐ b) Mitarbeiterfreundlichkeit
- ☐ c) Wirtschaftlichkeit
- ☐ d) Gewerbeaufsicht

12. Welche der folgenden Aspekte beschreiben Sachziele?

☐ a) Terminverträglichkeit

☐ b) Umweltrechtliche Aufgaben

☐ c) Rechtmäßigkeit

☐ d) Stadtplanung

13. Welche der folgenden Punkte sind Merkmale einer Ablaufplanung?

☐ a) Organigramm

☐ b) Planungssubjekt

☐ c) Planungsdaten

☐ d) Planungsgegenstand

14. Was wird bei einer Ablaufplanung unter Planungsdaten erfasst?

☐ a) Entscheidungsträger

☐ b) Arbeitszeit

☐ c) Arbeitsabläufe

☐ d) Keine der Antworten ist korrekt.

15. Was wird bei einer Ablaufplanung unter dem Planungsgegenstand erfasst?

☐ a) Arbeitsabläufe

☐ b) Arbeitszeit

☐ c) Entscheidungsträger

☐ d) Keine der Antworten ist korrekt.

13.5 Lösungen: Prüfe dein Wissen: Verwaltungsorganisation und öffentliche Güter

Aufgabe	Lösung	Aufgabe	Lösung	Aufgabe	Lösung
1.	a), b), c)	2.	a), d)	3.	a), c)
4.	a)	5.	b)	6.	a), b), c)
7.	a), b)	8.	a), b)	9.	c)
10.	c)	11.	b), c)	12.	b), d)
13.	b), c), d)	14.	b)	15.	a)

Lösungen der Auswahl-Fragen.

13.6 Test: Prüfe dein Wissen: Leistungserbringung und Produkte in der öffentlichen Verwaltung

1. Welche Instrumente nutzen Verwaltungen zur Qualitätssicherung?

   ☐ a) Beschwerdelisten

   ☐ b) Marketingmaßnahmen

   ☐ c) Histogramm

   ☐ d) Korrelationsdiagramm

2. Welches Modell führt zur "Output Orientierung" in der Verwaltung?

   ☐ a) Neues Leistungsmodell (NLM)

   ☐ b) Neues Aufgabenmodell (NAM)

   ☐ c) Neues Orientierungsmodell (NOM)

   ☐ d) Neues Steuerungsmodell (NSM)

3. Wofür steht "Output Orientierung" in der öffentlichen Verwaltung?

☐ a) Verstärkte Betrachtung der finanziellen Mittel, welche für Verwaltungsleistungen bereitgestellt werden

☐ b) Steuerung der Verwaltung durch Produktorientierung

☐ c) Steuerung der Verwaltung durch Beeinflussung der Personalausgaben

☐ d) Keine der Antworten ist korrekt.

4. Welche Aussage in Bezug auf das Produkt ist zutreffend?

☐ a) Ein Produkt ist eine Gruppe von Leistungen.

☐ b) Ein Produkt wird innerhalb des jeweils betrachteten Fachbereichs benötigt.

☐ c) Ein Produkt wird außerhalb des jeweils betrachteten Fachbereichs benötigt.

☐ d) Keine der Aussagen ist korrekt.

5. Welche Formen kann ein Produkt einer Verwaltung annehmen?

☐ a) Dienstleistungen

☐ b) Waren

☐ c) Informationen

☐ d) Keine der Aussagen ist korrekt.

6. Durch welches Instrument bzw. welche Instrumente lassen sich Produkte strukturieren?

☐ a) Produktplan

☐ b) Produktkatalog

☐ c) Produktmarketing

☐ d) Keine der Antworten ist korrekt.

7. Welche Merkmale kennzeichnen einen Produktplan?

- ☐ a) Differenzierung von Produkten
- ☐ b) Zusammenführung von mehreren Produkten zu Produktgruppen
- ☐ c) Aufführung sämtlicher Produkte einer Verwaltung
- ☐ d) Keine der Antworten ist korrekt.

8. Worin sind sämtliche Produkte einer Verwaltung beschrieben?

- ☐ a) Produktkatalog
- ☐ b) Ablaufplanung
- ☐ c) Organigramm
- ☐ d) Keine der Antworten ist korrekt.

9. Welche der folgenden Beispiele stellen marktfähige Leistungen dar?

- ☐ a) Kinderbetreuung
- ☐ b) Beratungen für Bürger
- ☐ c) Interne Stellungnahme eines Sachgebiets
- ☐ d) Beschlussvorlage für den Bauausschuss

10. Welche der folgenden Beispiele stellen nicht marktfähige Leistungen dar?

- ☐ a) Behördeninterne Stellungnahme eines Sachgebiets
- ☐ b) Beratungsstelle für Bauherren
- ☐ c) Informationshotline für Bürger
- ☐ d) Kinderverpflegung in einer Betreuungseinrichtung

13.7 Lösungen: Prüfe dein Wissen: Leistungserbringung und Produkte in der öffentlichen Verwaltung

Aufgabe	Lösung	Aufgabe	Lösung	Aufgabe	Lösung
1.	a), c), d)	2.	d)	3.	b)
4.	a), b), c)	5.	a), b), c)	6.	a), b)
7.	a), b), c)	8.	a)	9.	a), b)
10.	a)				

Lösungen der Auswahl-Fragen.

14 Verwaltungsverfahrensrecht und Kommunikation

14.1 Der Verwaltungsakt

Ein Verwaltungsakt (VA) ist eine typische Form des Verwaltungshandelns. Mittels eines VA tritt eine Behörde gegenüber einem Bürger auf und erlässt mit ihm eine Anordnung zur Regelung eines Einzelfalles auf dem Gebiet des öffentlichen Rechts. Bescheide, welchen von Behörden erlassen werden, enthalten nicht selten mehrere Verwaltungsakte. Dem adressierten Bürger wird eine Handlung oder ein Unterlassen auferlegt (1. VA). Zugleich kann die Behörde ein Zwangsgeld androhen, falls gegen die Anordnung verstoßen wird (2. VA).

Ein VA erfüllt mehrere Funktionen:

- Materiell-rechtliche Funktion: Ein VA macht eine Rechtsnorm konkret und wendet das Gesetz auf einen Einzelfall an.
- Rechtsschutzfunktion: Erst durch den Erlass eines VA kann sich der betroffene Bürger gerichtlich gegen das Verwaltungshandeln wehren (durch Klage zum zuständigen Verwaltungsgericht).
- Vollstreckungsrechtliche Funktion: Da der VA ein Vollstreckungstitel ist, kann er nach Bestandskraft (Ablaufen der einmonatigen Klagefrist) vollstreckt werden.

Definiert ist der VA in **§ 35 des Verwaltungsverfahrensgesetzes (VwVfG)**:

"Verwaltungsakt ist jede Verfügung, Entscheidung oder andere hoheitliche **Maßnahme**, die eine **Behörde** zur **Regelung** eines **Einzelfalls** auf dem Gebiet des **öffentlichen Rechts** trifft und die auf **unmittelbare Rechtswirkung nach außen** gerichtet ist. Allgemeinverfügung ist ein Verwaltungsakt, der sich an einen nach allgemeinen Merkmalen bestimmten oder bestimmbaren Personenkreis richtet oder die öffentlich-rechtliche Eigenschaft einer Sache oder ihre Benutzung durch die Allgemeinheit betrifft."

Sehen wir uns die Aspekte des VA genauer an:

- Maßnahme: Die Behörde verfolgt mit ihrem Handeln einen konkreten Zweck (z. B. Schutz von Rechtsgütern).
- Behörde: Bei der Stelle, welche den VA erlässt, handelt es sich um eine Behörde gemäß § 1 Absatz 2 VwVfG.
- Gebiet des öffentlichen Rechts: Verwaltungsrecht
- Regelung: unmittelbare Herbeiführung einer endgültigen Rechtsfolge (z. B. Verbot)
- Einzelfall: konkret-individuelles Handeln
- Unmittelbare Rechtswirkung nach außen: Rechtsfolgen für eine außerhalb der öffentlichen Verwaltung stehenden natürlichen oder juristischen Person

14.2 Grundsätze und Arten des Verwaltungshandelns

Bei den Grundsätzen des Verwaltungshandelns handelt es sich um gesetzlich festgelegte Prinzipien, welche die öffentliche Verwaltung bei ihrem Handeln beachten muss. Aus den gesetzlichen Vorgaben ergibt sich, in welcher Form und unter welchen Voraussetzung die Verwaltung tätig werden kann. Sowohl das Grundgesetz (GG) als auch das Verwaltungsverfahrensgesetz (VwVfG) beinhalten entsprechende Vorgaben:

Grundsatz der Gesetzmäßigkeit der Verwaltung (Art. 20 Abs. 3 GG)

Eine Verwaltungsbehörde ist bei Erlass von Maßnahmen an Recht und Gesetz gebunden. Falls eine Behörde bei ihrem Handeln gegen eine Norm verstößt, ist das Verwaltungshandeln rechtswidrig. Dies kann durch eine Klage vor dem Verwaltungsgericht festgestellt werden. Bei dem Grundsatz der Gesetzmäßigkeit der Verwaltung wird zwischen dem Vorrang und dem Vorbehalt des Gesetzes unterschieden:

- Vorrang des Gesetzes: Kein Verwaltungshandeln darf im Widerspruch zu Recht und Gesetz stehen; das Gesetz bestimmt, welche Maßnahmen die Behörde ergreifen darf.
- Vorbehalt des Gesetzes: Maßnahmen der Eingriffsverwaltung dürfen nur durch Gesetz oder aufgrund einer gesetzlichen Ermächtigung getroffen werden; die Verwaltung darf also nur handeln, wenn das Gesetz entsprechende Maßnahmen bereithält.

Gleichbehandlungsgrundsatz

Da die Verwaltung an Recht und Gesetz gebunden ist, ist sie bei ihren Entscheidungen auch an die Grundrechte des Grundgesetzes (GG) gebunden. Die Verwaltung muss somit auch den Grundsatz der Gleichbehandlung (Artikel 3 Absatz 1 GG) bei ihren Handlungen beachten. Dieser Grundsatz besagt, dass Gleiches gleich und Ungleiches ungleich zu behandeln ist. Diskriminierung ist somit nicht rechtmäßig – zugleich ist in unterschiedlich gelagerten Fällen differenziert zu entscheiden.

Grundsatz des Verhältnismäßigkeit

Das Gesetz gibt der Verwaltung oftmals verschiedene Möglichkeiten bzw. Maßnahmen an die Hand, um in einem konkreten Einzelfall tätig zu werden. Dabei handelt es sich um verschiedene Maßnahmen, die den Adressaten (Bürger) mehr oder weniger stark belasten. Der Verhältnismäßigkeitsgrundsatz besagt, dass die Behörde in einem konkreten Fall angemessen tätig werden soll; das von der Verwaltung eingesetzte Mittel (Anordnung eines Maulkorbzwangs für einen Hund) steht in Relation zu dem damit angestrebten Zweck (Schutz der Rechtsgüter Leben und Gesundheit von Menschen).

Grundsatz der pflichtgemäßen Ermessensausübung

Bei zwingenden Rechtsvorschriften (sog. "Muss-Vorschriften" oder "Ist-Vorschriften") ist die Bindung der Verwaltung an den Grundsatz der Gesetzmäßigkeit (Art. 20 Abs. 3 GG) sehr streng. Dabei muss die Verwaltung die von dem Gesetzgeber gewollte Rechtsfolge herbeiführen (=Legalitätsprinzip). Bei "Soll-Vorschriften" kann in Ausnahmefällen davon abgesehen werden. Bei "Kann-Vorschriften" ist der Behörde ein Ermessen eingeräumt (=Opportunitätsprinzip). Die Behörde entscheidet also im Einzelfall darüber, ob sie einschreitet, und wenn ja, mit welchen Mitteln. Ermessensvorschriften räumen der Verwaltung somit Handlungsspielraum ein.

Arten des Verwaltungshandelns

Die von Behörden ausgeführten Tätigkeiten (also die Wahrnehmung ihrer Aufgaben) werden als Verwaltungshandeln bezeichnet. Das Handeln der öffentlichen Verwaltung lässt sich in folgende Arten unterscheiden in:

- **Eingriffsverwaltung**: Hierzu der Führerscheinentzug, die Schulpflicht, ein Tierhalteverbot oder die Ausweispflicht. Bei all diesen Handlungen wird dem Bürger ein Handeln vorgeschrieben bzw. eine Strafe angedroht, falls dieser die Vorgaben der Verwaltung mißachtet. Die Verwaltung greift hierbei in das Leben von Menschen ein.
- **Leistungsverwaltung**: Sozialtransfer, öffentliche Bäder, Kultur, Wasser- und Stromversorgung sowie Abfallentsorgung sind Leistungen der Verwaltung für die Bürger.
- **Gewährleistungsverwaltung**: Eine Behörde übernimmt ihre Aufgaben nicht selbst, sondern überträgt diese an private Unternehmen.
- **Regulierungsverwaltung**: eigenständige Sicherstellung bestimmter Leistungsziele der Verwaltung, zum Beispiel durch die staatliche Rechtsaufsicht (Rechtsaufsicht beim Landratsamt überprüft die Gemeinden im Landkreis)

Erteilt eine Behörde Warnungen oder Auskünfte, so spricht man von **faktischem Handeln**. Aufgrund faktischer Handlungen ergeben sich (noch) keine konkret-zwingende Rechtsfolgen für Bürger. Eine Beratung oder Auskunft in einer Behörde erfolgt ohne zwingende Rechtsfolge. Ein **regelndes Handeln** liegt vor, wenn interne Weisungen an Mitarbeiter ergehen, Verwaltungsvorschriften erlassen werden (intern), eine Anordnung zur Regelung eines Einzelfalls ergeht (Bescheid) oder Rechtsnormen erlassen werden (Satzung). Bei einem regelnden Handeln schreibt die Verwaltung damit vor, wie sich zu verhalten ist – ansonsten droht zum Beispiel ein Bußgeld.

14.3 Auslegung unbestimmter Rechtsbegriffe und Ermessen

Unter einem **unbestimmten Rechtsbegriff** versteht man einen Begriff in einer Norm, der nicht genau definiert ist. Ein unbestimmter Rechtsbegriff lässt daher einen Interpretationsspielraum offen. Im jeweiligen Einzelfall bedarf es der Auslegung dieses Begriffs.

Erst durch das Verwenden unbestimmter Rechtsbegriffe können Normen auf eine Vielzahl von Fällen angewandt werden. Der Gesetzgeber kann nicht jeden möglichen Fall vorhersehen, daher müssen Normen so formuliert werden, dass diese in verschiedenen Situationen Anwendung finden können. Unbestimmte Rechtsbegriffe finden sich in zahlreichen Gesetzen, sowohl auf der Tatbestands- als auch der Rechtsfolgeseite. Beispiele für unbestimmte Rechtsbegriffe sind

- "Gefahr" im Sicherheitsrecht
- "Schädliche Umwelteinwirkungen" im Immissionsschutzgesetz
- "Wohl der Allgemeinheit" im Baurecht
- "Zuverlässigkeit" im Gewerberecht

Unbestimmte Rechtsbegriffe bedürfen der **Auslegung**: Eine Norm, welche einen unbestimmten Rechtsbegriff enthält, gibt dem Verwaltungshandeln lediglich eine Richtung vor; die Behörde muss im Einzelfall entscheiden, wie sie handeln möchte.

Eine Verwaltungsbehörde entscheidet somit im Einzelfall, wie sie einen unbestimmten Rechtsbegriff auslegen möchte. Eine behördliche Auslegung kann gerichtlich überprüft werden. Die allgemeingültigen Regeln der Auslegung sind dabei folgende:

- Grammatikalische Auslegung (Wortlaut des Gesetzes): Welche Bedeutung hat der Begriff im Sprachgebrauch? Die Norm wird interpretiert und der wörtliche Sinn des Begriffs (z. B. Gefahr) ermittelt.
- Systematische Auslegung (Aufbau und System des zugrundeliegenden Gesetzes wird genauer betrachtet): Genaue Bedeutung des Gesetzestextes wird untersucht; in welchem Zusammenhang steht die Norm mit Blick auf das gesamte Gesetz?
- Historische Auslegung: Wille und Motive des Gesetzgebers werden untersucht und die Entstehung des Gesetzes genauer betrachtet.
- Teleologische Auslegung: ein Rechtssatz soll eine sachgemäße und gerechte Regelung sein, ein ungerechtes Ergebnis soll vermieden werden und es findet ein Interessenausgleich statt.

Wendet eine Behörde eine Norm für einen konkreten Einzelfall an, so hat sie das ihr zustehende **Ermessen** gemäß § 40 des Verwaltungsverfahrensgesetzes (VwVfG) **pflichtgemäß auszuüben**. In einer Norm geben die Begriffe "kann", "darf", "ist berechtigt" oder "ist befugt" den Hinweis darauf, dass der Gesetzgeber hier der Verwaltung ein Ermessen einräumt. Unterschieden wird im Verwaltungsrecht zwischen dem **Entschließungsermessen** (ob die Behörde einschreitet) und dem **Auswahlermessen** (wie die Behörde einschreitet).

Wenn eine Behörde nach ihrem Ermessen entscheidet, so ist § 40 des VwVfG zu beachten:

Die Behörde hat ihr Ermessen entsprechend dem **Zweck** der Norm (Ermächtigung) auszuüben und sie hat die gesetzlichen **Grenzen** des Ermessens einzuhalten.

Zweck der Norm

Der Zweck, den zahlreiche Gesetze und Normen verfolgen, ist ein Schutz von öffentlichen Interessen bzw. eine Durchsetzung der Ziele des Allgemeinwohls.

Der Zweck kann sich unmittelbar aus dem Gesetzestext ergeben, wenn der Gesetzgeber den Zweck benennt. Alternativ ist der Zweck durch Auslegung zu ermitteln

Grenzen des Ermessens

Um herauszufinden, wo die Grenzen des Ermessens liegen, muss zunächst der Gesetzeszweck herausgearbeitet werden:

- Die von der Verwaltung beabsichtigte Maßnahme muss durch das Gesetz als mögliche Rechtsfolge vorgesehen sein.
- Der Grundsatz der Verhältnismäßigkeit ist zu beachten: Die Maßnahme muss (möglich und) **geeignet**, **erforderlich** und **angemessen** sein.
- (Möglich und) **geeignet**: die Maßnahme muss tauglich sein, um den erstrebten Zweck zu erreichen.
- **Erforderlich**: Gibt es eine mildere Maßnahme, welche den Zweck des Gesetzes in gleicher Weise erfüllt? Eine Behörde darf von mehreren zur Auswahl stehenden Mitteln lediglich das Mittel auswählen, das den Betroffenen und die Allgemeinheit am geringsten belastet.
- Angemessen: Die Maßnahme darf keinen Nachteil herbeiführen, der außer Verhältnis zum beabsichtigten Erfolg steht; dabei ist zu prüfen, inwieweit die Maßnahme in Grundrechte des Betroffenen eingreift.

14.4 Gutachten- und Bescheidstil

Im Gutachtenstil werden die Tatbestandsmerkmale einer Norm logisch nacheinander geprüft. Am Ende des Gutachtenstils steht immer die Beantwortung einer rechtlichen Frage. Bereits die ersten rechtlichen Klausuren in der Ausbildung sind häufig im Gutachtenstil zu bearbeiten. Der Gutachtenstil stellt einen Denkprozess dar. Den Prozess von der abstrakten Norm (allgemeiner Gesetzestext) hin zur Anwendung auf den konkreten Einzelfall (Prüfung der Tatbestandsmerkmale) nennt man **Subsumption**.

Der Gutachtenstil läuft in mehreren Schritten ab:

1. Rechtliche Fragestellung (gemäß der Aufgabenstellung)
2. Prüfung der einzelnen Tatbestandsvoraussetzungen
3. Ergebnis

oder anders ausgedrückt: Obersatz, Definition, Subsumption und Ergebnis

Im Bescheidstil wird das gefundene Ergebnis vorweggenommen und erst im Nachhinein wird eine Begründung hierfür geliefert. Der Bescheidstil erfolgt dabei in zwei Schritten:

1. Ergebnis der Untersuchung/Bearbeitung
2. Begründung für das Ergebnis

Bei einer Bearbeitung im Bescheidstil ist daher zunächst zwingend mittels einer Lösungsskizze der Weg zur Ergebnisfindung zu skizzieren. Das Ergebnis wird erarbeitet und formuliert. Erst wenn das Ergebnis feststeht, kann der Tenor formuliert werden, welcher im Bescheid ganz am Anfang steht. Im Bescheid steht somit das eigentliche Endergebnis der Aufgabenbearbeitung schon am Anfang der Lösung. Erst daraufhin folgt der Lösungsweg.

14.5 Beruflicher Erfolg mit Kommunikationstechniken

14.6 Kommunikationsmittel

Grundlegend gibt es zwei Arten der technischen Kommunikation im Dienst: drahtgebundene und drahtlose Kommunikation.

Drahtgebundene Kommunikation (Kabelnetze zur Sprach- und Datenübermittlung)

Vorteile:

- Hohe Zuverlässigkeit (einflussfrei von „atmosphärischen Störungen")
- Kaum mit-/abhörbar

Nachteile:

- Hoher Aufwand, da ein stationäres Netz benötigt wird
- Keine Mobilität, da immer feste Sprechstellen benötigt werden

Drahtlose Kommunikation (Funknetz)

Vorteile:

- Geringer Aufwand
- Mobil von überall einsetzbar
- Immer der aktuelle Informationsaustausch

Nachteile:

- Offener Funk (kann mitgehört werden)
- Anfällig für atmosphärische Störungen
- „Funklöcher" – Bereiche, in denen keine Netzabdeckung herrscht (ähnlich den bekannten Mobiltelefonen)
- Interferenzen (Überlagerung der Funkwellen beim Einsatz mehrerer Funkgeräte)

Merke: Es gilt möglichst schon bei der Konzipierung des Auftrags eine entsprechende Kommunikation sicherzustellen. Man kann selbstverständlich die beiden Arten der Kommunikation zeitgleich nutzen – sollte dies erforderlich anstatt lästig sein.

14.7 Test: Prüfe dein Wissen: Verwaltungshandeln

1. Ein Erkennungsmerkmal des VA ist die unmittelbare Rechtswirkung nach außen – was ist damit gemeint?

   ☐ a) Die Entscheidung hat eine Rechtsfolge für eine außerhalb der Verwaltung stehende natürliche Person.

   ☐ b) Die Entscheidung hat eine Rechtsfolge für eine außerhalb der Verwaltung stehende juristische Person.

   ☐ c) Die Entscheidung hat eine Rechtsfolge für eine außerhalb der Verwaltung stehende Behörde.

   ☐ d) Keine der Antworten ist korrekt.

2. In welchen Gesetzen finden sich Regelungen zum Verwaltungshandeln?

   - ☐ a) Handelsgesetzbuch (HGB)
   - ☐ b) Grundgesetz (GG)
   - ☐ c) Bürgerliches Gesetzbuch (BGB)
   - ☐ d) Verwaltungsverfahrensgesetz (VwVfG)

3. Welche Regeln/Prinzipien ergeben sich aus dem Grundsatz der Gesetzmäßigkeit der Verwaltung?

   - ☐ a) Vorrang des Gesetzes
   - ☐ b) Aufschiebbarkeit des Gesetzes
   - ☐ c) Vorauswahl des Gesetzes
   - ☐ d) Vorbehalt des Gesetzes

4. Was besagt der Gleichbehandlungsgrundsatz?

   - ☐ a) Gleiches ist gleich zu behandeln.
   - ☐ b) Ungleiches ist gleich zu behandeln.
   - ☐ c) Ungleiches ist ungleich zu behandeln.
   - ☐ d) Keine der Antworten ist korrekt.

5. Was besagt der Grundsatz der Verhältnismäßigkeit?

   - ☐ a) Das Ziel des Verwaltungshandelns muss im Verhältnis zum Arbeitsaufwand stehen.
   - ☐ b) Das von der Verwaltung eingesetzte Mittel steht im Verhältnis zu den entstehenden Kosten.
   - ☐ c) Das von der Verwaltung eingesetzte Mittel steht in Relation zu dem damit angestrebten Zweck.
   - ☐ d) Keine der Antworten ist korrekt.

6. Welche Aussage ist zutreffend?

   ☐ a) Bei zwingenden Rechtsvorschriften ist die Bindung der Verwaltung an den Grundsatz der Gesetzmäßigkeit sehr hoch.

   ☐ b) Bei sog. "Kann-Vorschriften" ist die Bindung der Verwaltung an den Grundsatz der Gesetzmäßigkeit sehr hoch.

   ☐ c) Bei sog. "Kann-Vorschriften" ist die Bindung der Verwaltung entfällt der Grundsatz der Gesetzmäßigkeit.

   ☐ d) Keine der Antworten ist korrekt.

7. Welche der folgenden Tätigkeitsbereiche von Behörden zählen zur Eingriffsverwaltung?

   ☐ a) Abfallentsorgung

   ☐ b) Führerscheinentzug

   ☐ c) Stromversorgung

   ☐ d) Schulpflicht

8. Welche der folgenden Tätigkeitsbereiche von Behörden zählen zur Leistungsverwaltung?

   ☐ a) Sozialtransfer

   ☐ b) Kulturangebote

   ☐ c) Ausweispflicht

   ☐ d) Rechnungsprüfung

9. Was wird unter dem Begriff der Gewährleistungsverwaltung verstanden?

   ☐ a) Eine Behörde überträgt Aufgaben an eine andere Behörde.

   ☐ b) Eine Behörde beauftragt ein privates Unternehmen zur Erfüllung ihrer Aufgaben.

   ☐ c) Eine Behörde überträgt Aufgaben an die Polizei.

   ☐ d) Keine der Antworten ist korrekt.

10. Was versteht man unter der Regulierungsverwaltung?

☐ a) Behörde überträgt Aufgaben an ein privates Unternehmen.

☐ b) Behörde spricht ein Verbot gegenüber einem Bürger aus.

☐ c) Behörde stellt Leistungsziele der Verwaltung sicher und überprüft ihr untergeordnete Verwaltungen.

☐ d) Keine der Antworten ist korrekt.

11. In welchen Fällen liegt ein regelndes Handeln vor?

☐ a) Beratung für Bürger

☐ b) Auskunftserteilung für Antragsteller

☐ c) Erlass von Verwaltungsvorschriften

☐ d) Rechtsnorm wird erlassen

12. Welche Aussage ist zutreffend?

☐ a) Ein Bescheid kann mehrere Verwaltungsakte enthalten.

☐ b) Ein Bescheid kann nur einen Verwaltungsakt enthalten.

☐ c) Ein Bescheid regelt eine unbestimmte Anzahl von Fällen auf dem Gebiet des öffentlichen Rechts.

☐ d) Ein Bescheid regelt einen Einzelfall auf dem Gebiet des öffentlichen Rechts.

13. Was bedeutet die Rechtsschutzfunktion im Zusammenhang mit dem Verwaltungsakt?

☐ a) Das Gesetz wird auf einen Einzelfall angewendet.

☐ b) Die Behörde schützt sich durch den Erlass eines VA gegen die Ansprüche Dritter.

☐ c) Durch Erlass eines VA kann sich der betroffene Bürger gegen das Verwaltungshandeln gerichtlich wehren.

☐ d) Der VA schafft vollendete Tatsachen, da es sich dabei um einen Vollstreckungstitel handelt.

14. Wann erwächst ein VA in Bestandskraft?

☐ a) Nach Ablauf der einmonatigen Klagefrist – falls innerhalb dieser Zeit keine Klage eingereicht wurde.

☐ b) Nach Ablauf der einmonatigen Klagefrist – unabhängig ob eine Klage eingereicht wurde.

☐ c) Nach Ablauf einer zweimonatigen Klagefrist – falls innerhalb dieser Zeit keine Klage eingereicht wurde.

☐ d) Nach Ablauf einer dreimonatigen Klagefrist – falls innerhalb dieser Zeit keine Klage eingereicht wurde.

15. Welche der folgenden Aspekte stellen Erkennungsmerkmale des VA dar?

☐ a) Mittelbare Rechtswirkung nach außen

☐ b) Maßnahme

☐ c) Unbestimmte Mehrzahl an Fällen

☐ d) Regelung

14.8 Lösungen: Prüfe dein Wissen: Verwaltungshandeln

Aufgabe	Lösung	Aufgabe	Lösung	Aufgabe	Lösung
1.	a), b)	2.	b), d)	3.	a), d)
4.	a), c)	5.	c)	6.	a)
7.	b), d)	8.	a), b)	9.	b)
10.	c)	11.	c), d)	12.	a), d)
13.	c)	14.	a)	15.	b), d)

Lösungen der Auswahl-Fragen.

14.9 Test: Prüfe dein Wissen: Klausurtechnik und Rechtsanwendung

1. Welche Aussage ist zutreffend?

   ☐ a) Ein unbestimmter Rechtsbegriff gibt eine zwingende Rechtsfolge vor.

   ☐ b) Ein unbestimmter Rechtsbegriff bedarf im Einzelfall der Auslegung.

   ☐ c) Ein unbestimmter Rechtsbegriff kommt ausschließlich in einer Ermessensnorm vor.

   ☐ d) Keine der Antworten ist korrekt.

2. In welchen Teilen einer Norm können sich unbestimmte Rechtsbegriffe befinden?

   ☐ a) Ausschließlich auf Tatbestandsseite

   ☐ b) Ausschließlich auf Rechtsfolgeseite

   ☐ c) Sowohl auf Tatbestands- als auch auf Rechtsfolgeseite

   ☐ d) Keine der Antworten ist korrekt.

3. Inwiefern kann die behördliche Auslegung eines unbestimmten Rechtsbegriffs gerichtlich überprüft werden?

   ☐ a) Der Gebrauch des Ermessens kann gerichtlich überprüft werden.

   ☐ b) Der Gebrauch des Ermessens kann gerichtlich nicht überprüft werden.

   ☐ c) Der Gebrauch des Ermessens wird ausschließlich durch die Verwaltung selbst überprüft.

   ☐ d) Keine der Antworten ist korrekt.

4. Was ist unter einer systematischen Auslegung zu verstehen?

   ☐ a) Der Aufbau des jeweiligen Gesetzes wird genauer betrachtet.

   ☐ b) In welchem Kontext bzw. Zusammenhang die Norm steht.

   ☐ c) Entstehungsgeschichte des Gesetzes wird genauer betrachtet.

   ☐ d) Keine der Antworten ist korrekt.

5. Was ist unter einer grammatikalischen Auslegung zu verstehen?

- ☐ a) Motive des Gesetzgebers werden untersucht.
- ☐ b) Heranziehung des Grundsatzes der Gerechtigkeit
- ☐ c) Interpretation der Norm
- ☐ d) Herausfinden der Bedeutung des jeweiligen Begriffs im Sprachgebrauch

6. Welche Begriffe können einen Hinweis darauf geben, dass eine Norm Ermessen einräumt?

- ☐ a) Kann
- ☐ b) Ist berechtigt.
- ☐ c) Muss
- ☐ d) Ist ... vorzunehmen.

7. Welche Frage stellt sich bei einem Entschließungsermessen?

- ☐ a) Wie ist einzuschreiten?
- ☐ b) Ist einzuschreiten?
- ☐ c) Kann die Behörde einschreiten?
- ☐ d) Keine der Antworten ist zutreffend.

8. Wie ist eine Klausurlösung im Bescheidstil aufgebaut?

- ☐ a) 1. Ergebnis, 2. Lösungsweg
- ☐ b) 1. Lösungsweg, 2. Ergebnis
- ☐ c) 1. Subsumption, 2. Definition
- ☐ d) 1. Definition, 2. Subsumption

9. Welche Aspekte sind bei dem Grundsatz der Verhältnismäßigkeit zu beachten?

   ☐ a) Maßnahme muss vertretbar sein.

   ☐ b) Maßnahme muss geeignet sein.

   ☐ c) Maßnahme muss angemessen sein.

   ☐ d) Maßnahme muss erforderlich sein.

14.10 Lösungen: Prüfe dein Wissen: Klausurtechnik und Rechtsanwendung

Aufgabe	Lösung	Aufgabe	Lösung	Aufgabe	Lösung
1.	b)	2.	c)	3.	a)
4.	a), b)	5.	c), d)	6.	a), b)
7.	b)	8.	a)	9.	b), c), d)

Lösungen der Auswahl-Fragen.

15 Rechtseingriffe ordnungsgemäß vorbereiten und durchführen

15.1 Grundlagen des Gefahrenabwehrrechts

Das Recht der Gefahrenabwehr wird durch die Sicherheitsbehörden wahrgenommen. Dabei handelt es sich mit Blick auf die Verwaltung um die Gemeinden, die Landratsämter, die Regierungen, sowie das Innenministerium eines Landes. Normen des Gefahrenabwehrrechts (auch als Sicherheitsrecht bezeichnet) finden sich in zahlreichen Gesetzen:

- Gewerbeordnung
- Gaststättengesetz
- Katastrophenschutzgesetz
- Immissionsschutzgesetz
- Umweltschutzgesetz
- ...

Das Recht der Gefahrenabwehr findet sich neben diesen Spezialgesetzen auch im Polizeirecht wieder. Ziel ist es stets, die öffentliche Sicherheit und Ordnung zu wahren. Die Sicherheitsbehörden üben dabei eine präventive Tätigkeit aus: Schaden von Rechtsgütern sollen verhindert werden; das Handeln dient dem Schutz von Rechtsgütern. Im Gegensatz hierzu gehen Strafverfolgungsbehörden (z. B. Staatsanwaltschaften oder Verwaltung im Bereich des Ordnungswidrigkeitenrechts) einer repressiven Tätigkeit nach: ein Verhalten war rechtswidrig und wird nun geahndet.

Wichtig: Trennsystem zwischen der Polizei und den Sicherheitsbehörden (Gemeinden, Landratsämter, etc.)

Es handelt sich jeweils um eigene, voneinander getrennte Behördenzüge mit getrenntem Personal; die Polizei handelt lediglich in Eilfällen.

Im Sicherheitsrecht gilt das Spezialitätsprinzip, wonach das speziellere Gesetz dem allgemeinen Gesetz vor geht. Trifft also ein Spezialgesetz wie das Bundesimmissionsschutzgesetz (BImSchG) eine sicherheitsrechtliche Regelung, so ist diese gegenüber Vorgaben des allgemeinen Sicherheitsrechts voranging.

Das Ziel der Verwaltung bei sicherheitsrechtlichem Handeln ist der Schutz bzw. die Bewahrung der öffentlichen Sicherheit und Ordnung. Zur **öffentlichen Sicherheit** zählen Individualrechtsgüter, der Staat und seine Einrichtungen sowie das geschriebene Recht.

Eine **Gefahr** ist eine Sachlage, die bei ungehindertem Ablauf des objektiv zu erwartenden Geschehens mit hinreichender Wahrscheinlichkeit zu einer Versetzung eines Schutzgutes der öffentlichen Sicherheit und Ordnung führt.

In zahlreichen Fällen im Gefahrenabwehrrecht ist seitens der Verwaltung festzustellen, ob in dem jeweils konkreten Einzelfall eine Gefahr vorliegt. Hierzu ist der o. g. Gefahrenbegriff zu subsumieren.

Da es sich hierbei um einen unbestimmten Rechtsbegriff handelt, sind in jedem Fall die einzelnen Tatbestandsmerkmale zu subsumieren. In der Klausurlösung findet zunächst die Diagnose statt, also eine Schilderung der Sachlage bzw. Analyse der Tatsachen. Anschließend folgt die Prognose (Wahrscheinlichkeitsbeurteilung), also die Abschätzung des zukünftigen Geschehensablaufs.

Weitere Gefahrenbegriffe:

Abstrakte Gefahr = eine gedachte Sachlage, aus der nach allgemeiner Lebenserfahrung konkrete Gefahren entstehen können (z. B. besteht im Sommer in den Wäldern Waldbrandgefahr, wenn dort ein offenes Feuer gemacht wird); die typische Handlungsform einer Verwaltung ist hier die Verordnung

15.2 Das Ordnungswidrigkeitenverfahren

Bereits zu Beginn enthält das Gesetz über Ordnungswidrigkeiten (OWiG) eine wichtige Definition für den Rechtsanwender bereit: § 1 Absatz 1 OWiG definiert den Begriff der Ordnungswidrigkeit und regelt zugleich die Rechtsfolge, welche eine Ordnungswidrigkeit nach sich zieht, nämlich die Geldbuße

Ordnungswidrigkeiten-Tatbestände sind im Gesetz über Ordnungswidrigkeiten (OWiG) sowie in sicherheitsrechtlichen Gesetzen zu finden, wie zum Beispiel in der Gewerbeordnung

Wenn eine Person eine Ordnungswidrigkeit begeht, gibt es je nach Norm gegebenenfalls mehrere Rechtsfolgen.

Neben die Hauptfolge kann eine oder mehrere Nebenfolgen treten:

Hauptfolge

= Geldbuße

Nebenfolge

z. B.: Fahrverbot, Entziehung der Fahrerlaubnis

Die wesentlichen Grundsätze im Straf- und Ordnungswidrigkeitenrecht ergeben sich aus dem Grundgesetz, dem OWiG sowie der Strafprozessordnung (StPO) und der Rechtsprechung. Im Folgenden betrachten wir diese Grundsätze:

Artikel 103 Absatz 2 des Grundgesetzes (GG)

"Eine Tat kann nur bestraft werden, wenn die Strafbarkeit gesetzlich bestimmt war, bevor die Tat begangen wurde."

Hieraus ergeben sich mehrere Grundsätze:

1. Gesetzesvorbehalt: Die Ordnungswidrigkeit muss in einem Gesetz aufgeführt sein ("...gesetzlich...").
2. Rückwirkungsverbot: Die rückwirkende Strafbegründung und Strafverschärfung ist verboten ("...bevor...").
3. Bestimmtheitsgrundsatz: Jedermann muss anhand des Wortlauts der Norm erkennen, ob sein Verhalten strafbar ist ("...bestimmt...").

In dubio pro reo

Falls berechtigte Zweifel bestehen, findet eine Wertung zugunsten des Täters statt.

Opportunitätsprinzip

Gemäß § 47 Absatz 1 OWiG steht die Verfolgung der Ordnungswidrigkeit im Ermessen der Behörde – dieser Grundsatz gilt nur im Ordnungswidrigkeitenrecht.

Legalitätsprinzip

= Verpflichtung der Strafverfolgungsbehörden, bei dem Verdacht des Vorliegens einer Straftat von Amts wegen, also auch ohne Strafanzeige, Ermittlungen aufzunehmen.

Unschuldsvermutung

Der Beschuldigte wird während des Straf- oder Ordnungswidrigkeitenverfahrens als unschuldig behandelt. Nicht er muss seine Unschuld beweisen, sondern die Anklagebehörde muss seine Schuld beweisen.

ne bis in idem

= Dieselbe Tat darf nicht mehrfach verfolgt werden.

15.2.1 Grundlagen der Ahndung von Ordnungswidrigkeiten

Damit der Tatbestand einer Norm des Ordnungswidrigkeitengesetzes erfüllt ist, muss sowohl der objektive Tatbestand, als auch der subjektive Tatbestand erfüllt sein.

15.2.2 Objektiver Tatbestand

Damit der objektive Tatbestand einer Norm des OWiG verwirklicht wird, braucht es entweder ein **aktives Tun** oder ein **Unterlassen**. Das Begehen einer Ordnungswidrigkeit durch Unterlassen ist in § 8 OWiG geregelt.

Neben den echten Unterlassungsdelikten, wie der unterlassenen Hilfeleistung (§ 323c StGP) gibt es sog. **unechte Unterlassungsdelikte**, welche im Ordnungswidrigkeitenrecht in § 8 OWiG geregelt sind. Doch wann handelt jemand hierbei schuldhaft? Hierzu müssen wir uns einige Fälle ansehen, in denen derjenige, der ein Unterlassungsdelikt begeht, in einer sog. "Garantenposition" steht. Ein "Garant" (also eine Person) muss dafür sorgen, dass der zu beaufsichtigten Person nichts zustößt. Allerdings kann eine Garantenposition nur in gewissen Situationen vorliegen:

- Garantenposition aus natürlicher Verbundenheit: z. B. Eltern, Kinder, Geschwister
- Garantenposition aus der Übernahme einer Schutzpflicht: z. B. Bademeister, Erzieher, Pflegepersonal
- Garantenposition aus Gefahrengemeinschaften: z. B. Bergtour, Expedition
- Garantenposition aus der Herrschaft über einen Gefahrenbereich: z. B. Baustellen, Kiesgrube, Tiere, vereister Gehweg
- Garantenposition aus der Pflicht zur Beaufsichtigung von Personen: z. B. Pflegepersonal im Bezirksklinikum, Altenheim, Lehrer, Eltern

15.2.3 Subjektiver Tatbestand

Nachdem wir in einem Fall geprüft haben, ob der objektive Tatbestand erfüllt ist, blicken wir auf den subjektiven Tatbestand. Hierbei stellt sich die Frage, ob vorsätzlich oder fahrlässig gehandelt wurde:

- Direkter Vorsatz: Der Täter kennt den für die Tatbestandsverwirklichung relevanten Sachverhalt und er will den tatbestandsmäßigen Erfolg herbeiführen.
- Bedingter Vorsatz: Der Täter nimmt die Tatbestandsverwirklichung billigend in Kauf.

- Fahrlässigkeit: Wer die im Verkehr erforderliche Sorgfalt außer Acht lässt.
- Grobe Fahrlässigkeit: Wenn die im Verkehr erforderliche Sorgfalt in besonders hohem Maße verletzt wird.

15.3 Sofortige Vollziehung und Verwaltungszwang

Ein Bescheid einer Behörde enthält einen oder mehrere Verwaltungsakte (VA), mit denen die Behörde einen Einzelfall regelt: die Erteilung einer Genehmigung, der Ausspruch eines Unterlassens oder die Aufforderung, einer bestimmten Handlung nachzukommen, können durch einen VA geschehen. Ordnet eine Behörde neben dem VA im Bescheid auch die sofortige Vollziehung des VA an, so wirkt sich dies auf das mögliche Rechtsmittel (Klage oder Antrag) aus.

Beispiel: Nachdem der Schäferhundrüde "Oskar" von Herr Michael Adam, wohnhaft in der Stadt Burgheim, bereits mehrfach Personen anfiel und Herr Adam nichts unternahm, um künftige Unfälle zu verhindern, sieht sich die Stadtverwaltung zum Handeln gezwungen und erlässt einen Bescheid, der hier auszugsweise abgedruckt ist:

Die Stadt Burgheim erlässt folgenden

B e s c h e i d :

1. Herrn Michael Adam wird ab Zugang dieses Bescheids auferlegt, seinen Schäferhund "Oskar" außerhalb befestigter Grundstücke ausschließlich an einem schlupfsicheren Halsband sowie mit Maulkorb zu führen.
2. Die sofortige Vollziehung der Ziffer 1 dieses Bescheides wird angeordnet.
3. Falls Herr Michael Adam der sich aus Ziffer 1 dieses Bescheids ergebenden Verpflichtung nicht nachkommt, wird ein Zwangsgeld in Höhe von 1.000,- EUR zur Zahlung fällig.
4. ...

In diesem Bescheid ordnet die Behörde in Ziffer 1 unter anderem einen Maulkorbzwang für den Hund "Oskar" an. Dabei handelt es sich um einen VA. Da von Oskar eine Gefahr für andere Personen ausgeht, ordnet die Verwaltung in Ziffer 2 dieses Bescheids die sofortige Vollziehung an; dies wirkt sich auf ein mögliches Rechtsmittel (Klage oder Antrag) des Herrn Adam aus.

Herr Adam kann gegen diesen Bescheid eine Klage bei dem zuständigen Verwaltungsgericht einlegen. Grundsätzlich hat eine Klage gemäß § 80 Abs. 1 Satz 1 der Verwaltungsgerichtsordnung (VwGO) gegenüber einem VA eine aufschiebende Wirkung. Dies bedeutet, dass die den Bescheid erlassende Behörde diesen solange nicht vollziehen kann, solange das Gericht über das Rechtsmittel nicht entschieden hat. In Fällen, in denen keine sofortige Vollziehung angeordnet wird, braucht der Betroffene also keine Vollziehung durch die Behörde befürchten – er kann abwarten, bis das Gericht die Entscheidung der Verwaltung überprüft hat.

Sobald jedoch ein VA sofort vollziehbar ist, entfällt die aufschiebende Wirkung des Rechtsmittels und § 80 Abs. 1 Satz 1 VwGO findet keine Anwendung. Eine Verwaltung darf jedoch nur in gesetzlich vorgeschriebenen Fällen die sofortige Vollziehung anordnen, welche in § 80 Abs. 2 Nr. 1 bis 4 VwGO aufgeführt sind:

- In § 80 Abs. 2 Nr. 1 bis 3 VwGO sind die Fälle aufgeführt, in denen das Gesetz die sofortige Vollziehbarkeit von Verwaltungsakten festlegt.
- § 80 Abs. 2 Nr. 4 VwGO gibt der Verwaltungsbehörde die Möglichkeit, in Fällen, in denen die sofortige Vollziehung im öffentlichen Interesse oder im überwiegenden Interesse eines Beteiligten steht, besonders anzuordnen – wie im obigen Beispiel.

Verwaltungszwang

Der Verwaltungszwang ist eine Form der Verwaltungsvollstreckung. Verwaltungszwang be-schreibt die zwangsweise Durchsetzung eines VA. Egal ob der VA vom Bürger eine Handlung, eine Unterlassung oder eine Duldung verlangt, die Behörde kann den VA mittels Zwangsmittel durchsetzen. § 9 des Verwaltungsverfahrensgesetzes (VwVfG) zeigt mehrere zulässige Zwangsmittel:

- Zwangsgeld
- Ersatzvornahme gemäß § 10 VwVfG
- Unmittelbarer Zwang

Ein Zwangsmittel dient dazu, das Ziel des VA zu erreichen, wenn der Betroffene jegliche Mithilfe zur Schaffung rechtmäßiger Zustände verweigert. Die Zwangsmittel des § 9 VwVfG stehen allerdings nicht nebeneinander: zunächst sind das Zwangsgeld bzw. die Ersatzvornahme anzuordnen. Erst wenn diese Maßnahmen keine Wirkung zeigen, kann die Behörde den unmittelbaren Zwang anordnen.

Diese Maßnahmen des Verwaltungszwangs sind gemäß dem Verwaltungsvollstreckungsgesetz gestattet, wenn:

- der zu vollstreckende Verwaltungsakt vollstreckbar ist (dies ist der Fall, wenn der zugrundeliegende VA unanfechtbar wurde oder es sich um einen sofort vollziehbaren VA handelt).
- die Vollstreckung notwendig ist (es darf kein milderes Mittel vorliegen, welchen denselben Zweck gleichsam erfüllt).
- die Vollstreckung angekündigt wurde (die Einsetzung eines Zwangsmittels muss konkret angedroht worden sein).
- Verhältnismäßigkeit vorliegt (Prüfung der Verhältnismäßigkeit: Rechte des Betroffenen gegenüber den Interessen der Allgemeinheit).

15.4 Rechtmäßigkeit des Verwaltungsakts

Ein typischer Klausurfall ist die Überprüfung eines VA auf Rechtmäßigkeit. In der Klausur wird dem Prüfling ein Fall geschildert, in dem die Behörde einen Bescheid erlassen hat. Aufgabe in der Klausur ist es nun, die darin enthaltenen VA auf Rechtmäßigkeit zu überprüfen. Die Überprüfungskonstellation im Amtsverfahren ist in zwei Bereiche untergliedert: der Prüfung der **formellen** Rechtmäßigkeit, sowie die Prüfung der **materiellen** Rechtmäßigkeit.

Der Einstieg in die Prüfung ist dabei stets die **Rechtsgrundlage**, welche die Behörde zum Handeln berechtigt.

- **1. Prüfung der formellen Rechtmäßigkeit**

1.1 Zuständigkeit

- Sachliche Zuständigkeit: ergibt sich aus dem Spezialgesetz, z. B. Baugesetzbuch (BauGB) oder Gewerbeordnung (GewO)
- Örtliche Zuständigkeit: ergibt sich aus § 3 Verwaltungsverfahrensgesetz (VwVfG) oder bei Kommunen aus der Gemeindeordnung

1.2 Ordnungsgemäß durchgeführtes Verwaltungsverfahren

- Anhörung (§ 28 VwVfG)

1.3 Form

- § 37 VwVfG

1.4 Begründung

- § 39 VwVfG

2. Prüfung der materiellen Rechtmäßigkeit

Hierbei geht es darum, festzustellen, ob der VA mit geltendem Recht übereinstimmt.

2.1 Rechtsgrundlage bzw. Befugnisnorm

- Ist der Tatbestand der Befugnisnorm erfüllt.
- Vom Gesetzgeber vorgesehene Rechtsfolge bei **gebundener Entscheidung**, oder
- Prüfung auf ermessensfehlerfreie Entscheidung bei **Ermessen** (§ 40 VwVfG).
    - Hier wird geprüft, ob die Behörde Ermessensfehler (Ermessensnichtgebrauch, -fehlgebrauch, -überschreitung) begangen hat bzw. die Behörde ihr Ermessen erkannt und rechtmäßig entschieden hat.

* Entschließungsermessen oder
* Auswahlermessen
    - Wenn mehrere Adressaten zur Auswahl stehen: Adressatenauswahl
    - Wenn mehrere Mittel zur Auswahl stehen: Mittelauswahl
    - Verhältnismäßigkeit:
    - Ist die Maßnahme **möglich**?
    - Ist die Maßnahme **geeignet**?
    - Ist die Maßnahme **erforderlich**?
    - Ist die Maßnahme **angemessen**?

15.5 Erlass von Bescheiden

Ein Bescheid weist in der Regel mindestens einen Verwaltungsakt (VA) auf. Der Aufbau jedes Bescheids gliedert sich in Tenor, Gründe sowie Rechtsbehelfsbelehrung.

Übersicht zum Aufbau des Bescheids:

1. Eingang
2. Tenor (Entscheidungssatz)
3. Gründe (I. Sachverhalt, II. Rechtliche Gründe)
4. Rechtsbehelfsbelehrung
5. Unterschrift

Ein Bescheid kann **einfach** (§ 41 Abs. 2 VwVfG) oder **förmlich** (§ 41 Abs. 5 VwVfG) bekannt gegeben werden. Es ist auch eine öffentliche Bekanntgabe (§ 41 Abs. 3 und 4 VwVfG) möglich.

Drei-Tages-Fiktion bei Bekanntgabe: Ein schriftlicher VA, der im Inland durch die Post übermittelt wird, gilt am dritten Tag nach Aufgabe zur Post als bekannt gegeben. Zugang und Zeitpunkt des Zugangs muss die Behörde im Zweifel nachweisen.

Die **Zustellung** von Bescheiden richtet sich im Bundesrecht nach dem Verwaltungszustellungsgesetz (VwZG). Einzelne Bundesländer haben hierbei spezielle landesrechtliche Vorschriften erlassen, z. B. das Bayerische Verwaltungszustellungs- und Vollstreckungsgesetz (VwZVG). Einzelne Rechtsnormen können die Verwaltung zur Zustellung von Bescheiden verpflichten, wie § 1 Abs. 2 VwZG.

Die Adressaten eines Bescheids unterscheiden sich in Bekanntgabe- bzw. Zustellungsadressat sowie Regelungs- bzw. Inhaltsadressat:

Bekanntgabe- bzw. Zustellungsadressat

= derjenige, an den der VA bekannt gegeben werden muss oder kann, auch Bevollmächtigte (z. B. Anwalt)

Regelungs- bzw. Inhaltsadressat

= derjenige, für den der VA seinem Inhalt nach bestimmt ist, d. h. die Person, gegenüber der die Behörde eine Regelung trifft

Oftmals richtet sich der Bescheid an den Antragsteller bzw. Antragsgegner.

Der **Tenor** enthält die verbindlichen Regelungen eines Einzelfalles durch eine Behörde auf dem Gebiet des öffentlichen Rechts mit Wirkung nach außen, also einen oder mehrere VA (§ 35 VwVfG).

Zu beachten ist bei der Tenorierung:

- Unmissverständliche Angabe des Adressaten
- Die Formulierung sollte klar verständlich, vollständig, eindeutig und prägnant sein.
- Regelungen entsprechend und in den Grenzen der gesetzlichen Vorgaben

Nicht in den Tenor gehören:

- Rechtliche Begründungen, Erläuterungen
- Ratschläge, Empfehlungen
- Äußerungen zu tatsächlichen Ereignissen

Neben dem Haupt-VA kann ein Tenor auch eine oder mehrere Nebenbestimmungen enthalten:

- Befristung: Wirkung des VA wird auf einen bestimmten Zeitraum beschränkt (Beispiel: Erteilung einer Schankerlaubnis für ein Vereinjubiläum vom 01.07. bis 03.07.).
- Aufschiebende Bedingung: Wirkung des VA wird bis zum Eintritt des zukünftigen ungewissen Ereignisses aufgeschoben (Beispiel: Haltungserlaubnis für eine Giftschlange unter der Voraussetzung, dass das Terrarium entsprechend gesichert ist).
- Auflösende Bedingung: Wegfall der Wirkung des VA hängt von dem zukünftig eintretenden ungewissen Ereignis ab.
- Vorbehalt des Widerrufs: Ermöglicht der Behörde den späteren Widerruf ohne Entstehen eines Entschädigungsanspruchs.
- Auflage: Dem Adressat wird ein zusätzliches Tun, Unterlassen oder Dulden vorgeschrieben.

15.6 Rücknahme und Widerruf eines VA

Eine Behörde hat die (verwaltungsinterne) Möglichkeit, einen VA aufzuheben. Hierfür bietet das VwVfG zwei Möglichkeiten:

Rücknahme

Bei rechtswidrigen VA (§ 48 VwVfG)

Widerruf

Bei grundsätzlich rechtmäßigen VA (§ 49 VwVfG)

Die **Rücknahme** eines VA ist nur bei einem **anfänglich rechtswidrigen VA** vorgesehen.

Bei der Entscheidung über einen Widerruf oder eine Rücknahme eines VA hat die Verwaltung eine Abwägungsentscheidung zu treffen. Gemäß dem Prinzip der Gesetzmäßigkeit der Verwaltung (Art. 20 Abs. 3 GG) sind Behörden gehalten, gesetzmäßig zu handeln, was auch nach Bescheiderlass bzw. Eintritt der Unanfechtbarkeit gilt. Die Entscheidungen von Behörden müssen also geltendem Recht entsprechen. Zum anderen darf der Bürger auf die Geltung wirksam gewordener Verwaltungsakte vertrauen. Wer einen Bescheid erhält, darf darauf vertrauen, dass dieser rechtmäßig ist und die darin enthaltenen Bestimmungen ordnungsgemäß sind.

Bedingungen für Rücknahme/Widerruf:

- Der VA darf nicht nichtig sein, siehe § 44 Abs. 1, 2 und 4 VwVfG.
- Die Unanfechtbarkeit ist unerheblich.
- Die Aufhebung eines VA (also die Rücknahme bzw. der Widerruf) stellt einen neuen, selbständigen VA dar.
- Grundvoraussetzung für die Rücknahme ist ein zum Zeitpunkt des Erlasses rechtswidriger VA.
- Grundvoraussetzung für den Widerruf ist ein zum Zeitpunkt des Erlasses rechtmäßiger VA.

Die Rücknahme eines VA

Bevor ein VA zurückgenommen wird, ist dessen Rechtswidrigkeit festzustellen. Ein VA kann sowohl aufgrund eines formellen- als auch aufgrund eines materiellen Fehlers zurückgenommen werden.

Soll ein VA zurückgenommen werden, ist zunächst zu prüfen, ob es sich um einen begünstigenden oder belastenden VA handelt. Falls ein begünstigender VA vorliegt, so darf dieser lediglich unter den Voraussetzungen des § 48 Absätze 2 bis 4 zurückgenommen werden. Bei der Einordnung eines VA als belastend oder begünstigend ist stets auf den **unmittelbaren Adressaten** und nicht auf einen möglicherweise betroffenen Dritten abzustellen. Enthält ein VA sowohl begünstigende, als auch belastende Elemente, so ist dieser insgesamt als begünstigend anzusehen.

Bei ihrer Entscheidung über die Rücknahme eines VA steht der Verwaltung Ermessen (§ 40 VwVfG) zu. Der Grundsatz der Gesetzmäßigkeit der Verwaltung (Art. 20 Abs. 3 GG) spricht grundsätzlich für die Aufhebung rechtswidriger Entscheidungen. Dieser Grundsatz ist mit dem

Grundsatz auf Rechtssicherheit des Betroffenen abzuwägen. Zurückgenommen werden können bestandskräftige, aber auch noch nicht bestandskräftige Verwaltungsakte. Ein VA kann vollständig, oder nur zu einem gewissen Teil zurückgenommen werden. Die Rücknahme gilt mit Wirkung für die Zukunft oder für die Vergangenheit:

- Rücknahme mit Wirkung für die Zukunft: ab Wirksamkeit des Rücknahmebescheids
- Rücknahme mit Wirkung für die Vergangenheit: wirkt frühestens ab Eintritt der Wirksamkeit des zurückgenommenen Bescheids

Bei der Rücknahme eines VA handelt die Behörde in aller Regel von Amtswegen; ein "Antrag" ist nicht nötig.

Der Widerruf eines VA

Ein belastender VA, der zum Zeitpunkt seines Erlasses rechtmäßig war, kann ganz oder teilweise nur mit Wirkung für die Zukunft im pflichtgemäßen Ermessen der Behörde widerrufen werden (§ 49 Abs. 1 VwVfG). Ein Widerruf kommt vor allem dann in Betracht, wenn sich die Sach- oder Rechtslage nach Erlass des Ausgangsbescheids geändert hat und der VA nun deshalb nicht mehr erlassen werden dürfte. Der Widerruf steht grundsätzlich im Ermessen der Behörde. Das Ermessen kann sich allerdings auf null reduzieren, wenn ein VA zu einer Grundrechtseinschränkung führt und aufgrund geänderter Sach- oder Rechtslage nicht mehr erlassen werden dürfte.

Tenorierung bei Aufhebung von Bescheiden

Bei Rücknahme:

1. Der Bescheid der Stadt ... vom ... Nr. ... wird zurückgenommen.

Bei Widerruf:

1. Der Bescheid der Stadt ... vom ... Nr. ... wird widerrufen

15.7 Widerspruchs- und Klageverfahren

Ein Widerspruchsverfahren wird durchgeführt, wenn sich der Adressat eines Bescheides gegen diesen wehren möchte bzw. wenn ein Bürger einen Bescheid anfechten möchte. Das Widerspruchsverfahren ist unter anderem im Verwaltungsrecht möglich, dabei handelt es sich um das verwaltungsrechtliche Vorverfahren im Sinne der §§ 68 ff. der Verwaltungsgerichtsordnung (VwGO).

Die Widerspruchsfrist beträgt einen Monat ab Eingang des VA bei dem Adressaten. Falls der VA erlassen wurde, ohne den Adressaten über diese Frist in Kenntnis zu setzen, so gilt eine Frist von einem Jahr. Ein Widerspruch muss zudem formal ordnungsgemäß erhoben werden. Erforderlich ist dabei die Schriftform: Ein Schreiben per Brief oder Fax mit persönlicher Unterschrift erfüllt diese Anforderung.

Wenn ein Widerspruch erhoben wird, so ist dieser an die Ausstellungsbehörde zu richten, welche ihre Entscheidung noch einmal gründlich überprüfen muss. Ein Widerspruch hat aufschiebende Wirkung (§ 80 Abs. 1 VwGO); wird ein solcher erhoben, ist mit weiteren Maßnahmen bis zur Entscheidung über den Widerspruch abzuwarten. Dies gilt nicht bei den in § 80 Abs. 2 VwGO geregelten Fällen, in denen die aufschiebende Wirkung entfällt. Kommt die Behörde zu dem Entschluss, dass sie nicht rechtmäßig entschied, so kann sie ihren Bescheid aufheben oder in abändern. Falls die Behörde dem Widerspruch jedoch nicht abhelfen kann, so ist dieser an die Widerspruchsbehörde vorzulegen. Bei der Widerspruchsbehörde handelt es sich im Regelfall um die Aufsichtsbehörde der Ausstellungsbehörde. Bei den Landratsämtern ist dies in vielen Fällen die zuständige Bezirksregierung.

Kommt die Widerspruchsbehörde zu dem Schluss, dass die Ausgangsbehörde rechtswidrig gehandelt hat, so hilft sie dem Widerspruch ab und erlässt einen sog. Abhilfebescheid. Falls die Widerspruchsbehörde das Handeln der Ausgangsbehörde für rechtmäßig anerkennt, erlässt sie einen Widerspruchsbescheid. Dem Adressat steht nun der Weg zum zuständigen Verwaltungsgericht offen; er kann den Widerspruchs- und den Ausgangsbescheid gerichtlich überprüfen lassen.

Klageverfahren

Falls sich der Adressat eines Bescheids gerichtlich gegen die behördliche Maßnahme zur Wehr setzen möchte, steht ihm der Weg an das zuständige Verwaltungsgericht offen. Ein Bürger kann ein Rechtsmittel (Klage oder Antrag) gegen eine Behördenentscheidung erheben und damit die gerichtliche Überprüfung des VA herbeiführen. Wie auch der Widerspruch entfaltet die Anfechtungsklage grundsätzlich eine aufschiebende Wirkung (§ 80 Abs. 1 VwGO); bis zur Entscheidung des Verwaltungsgerichts darf die Behörde keine weiteren Schritte einleiten. Bitte beachte auch hier die Sonderfälle gemäß § 80 Abs. 2 VwGO, bei denen die aufschiebende Wirkung entfällt.

Gemäß § 80 Abs. 5 VwGO kann das zuständige Verwaltungsgericht auf Antrag die aufschiebende Wirkung in den Fällen des § 80 Abs. 2 VwGO ganz oder teilweise anordnen. Hierfür ist bei dem Verwaltungsgericht ein entsprechender Antrag zu stellen. Dieser Antrag wird als vorläufiger Rechtsschutz bezeichnet (alt. Eilantrag) und dient dem Grundrecht auf effektiven Rechtsschutz (Art. 19 Abs. 4 GG). Ein solcher Antrag auf Eilrechtsschutz kann auch schon vor Erhebung der Anfechtungsklage bei Gericht eingereicht werden.

Zudem ermöglicht § 123 VwGO dem Betroffenen, auch schon vor Erhebung einer Anfechtungsklage einen Eilantrag bei Gericht zu stellen, um eine einstweilige Anordnung des Gerichts zu erwirken. Dies jedoch unter der Voraussetzung, wenn die Gefahr besteht, dass durch eine Veränderung des bestehenden Zustands die Verwirklichung eines Rechts des Antragstellers vereitelt oder wesentlich erschwert werden könnte.

- **Anfechtungsklage**: § 42 Abs. 1 Alternative 1 VwGO (Ziel: Aufhebung eines belastenden, noch nicht erledigten VA) Beispiel: Klage gegen den Entzug des Führerscheins

- **Verpflichtungsklage**: § 42 Abs. 1 Alternative 2, 3 VwGO (Ziel: Verpflichtung des Beklagten zum Erlass eines begünstigenden VA)
  - wenn die Behörde einen Antrag abgelehnt hat => **Versagungsgegenklage** (Ziel: Antrag soll bewilligt werden) Beispiel: Bauantrag wurde abgelehnt
  - wenn die Behörde ein Handeln unterlassen hat => **Untätigkeitsklage** (Ziel: Behörde soll eine Maßnahme erlassen) Beispiel: Behörde versäumt es, ein stark einsturzgefährdetes Gebäude auf öffentlichem Grund abzusichern, auf dem regelmäßig Kinder spielen

- **Fortsetzungsfeststellungsklage**: § 113 Abs. 1 Satz 4 VwGO (Ziel: Feststellung der Rechtswidrigkeit eines bereits erledigten VA) Beispiel: Versammlung wurde versagt und die Behörde sprach befristete Ordnungsverfügungen aus

15.8 Der öffentlich-rechtliche Vertrag

Die gesetzliche Grundlage für den öffentlich-rechtlichen Vertrag findet sich in §54 Satz 1 VwVfG. Demnach ist ein öffentlich-rechtlicher Vertrag ein Vertrag, durch den ein Rechtsverhältnis auf dem Gebiet des öffentlichen Rechts begründet, geändert oder aufgehoben wird. Wenn die in einem Vertrag geregelten Rechte und Pflichten auf einen Sachverhalt Bezug nehmen, der durch das öffentliche Recht geregelt ist, so handelt es sich um einen öffentlich-rechtlichen Vertrag.

Damit ein Vertrag als öffentlich-rechtlich angesehen wird, genügt es, wenn eine Vertragspflicht als öffentlich-rechtlich einzustufen ist. Eventuelle Streitigkeiten aus diesem Vertrag sind sodann vor den Verwaltungsgerichten zu verhandeln.

Wichtig ist die Unterscheidung zwischen dem VA und dem öffentlich-rechtlichen Vertrag: Bei dem ö.-r. Vertrag handelt es sich um eine zweiseitige und einvernehmliche Handlungsform zwischen der Verwaltung und einem Bürger, während ein VA eine einseitige Handlung einer Behörde darstellt.

Auch für öffentlich-rechtliche Verträge gilt der Grundsatz der Gesetzmäßigkeit der Verwaltung. Ein ö.-r. Vertrag darf nicht gegen höherrangiges Recht verstoßen.

15.9 Video: Rücknahme eines VA

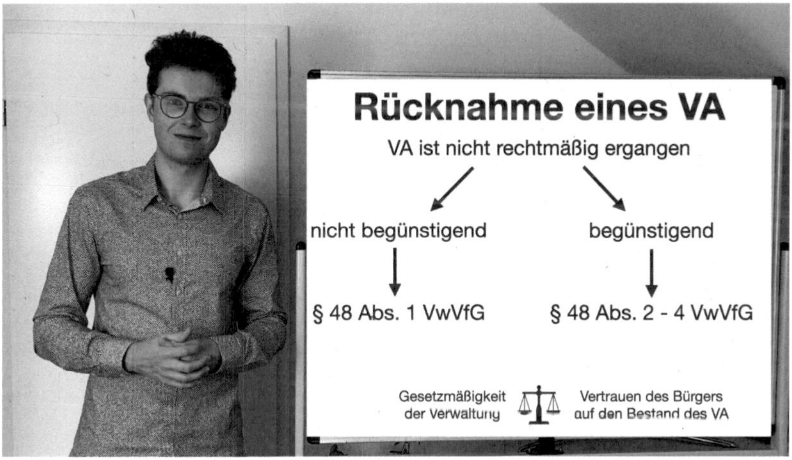

Scanne den QR Code, um zum Video zu gelangen:

15.10 Video: Widerruf eines VA

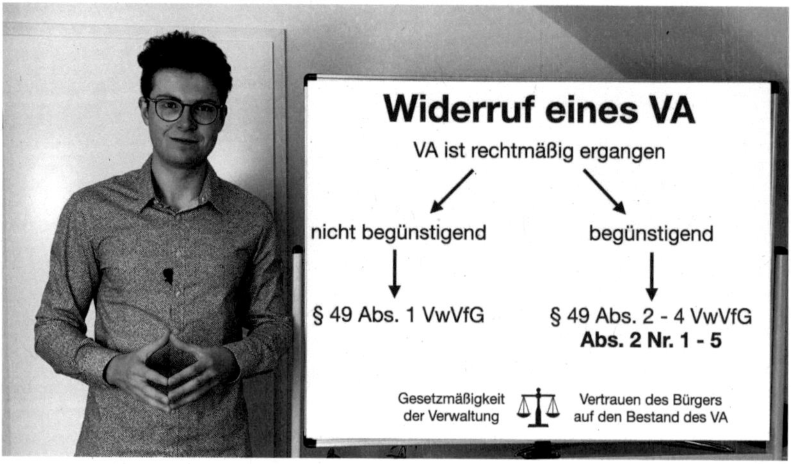

Scanne den QR Code, um zum Video zu gelangen:

15.11 Video: Der vorläufige Rechtsschutz

Scanne den QR Code, um zum Video zu gelangen:

15.12 Video: Förmliche Rechtsbehelfe

Scanne den QR Code, um zum Video zu gelangen:

15.13 Video: Formlose Rechtsbehelfe

Scanne den QR Code, um zum Video zu gelangen:

15.14 Video: Klagearten

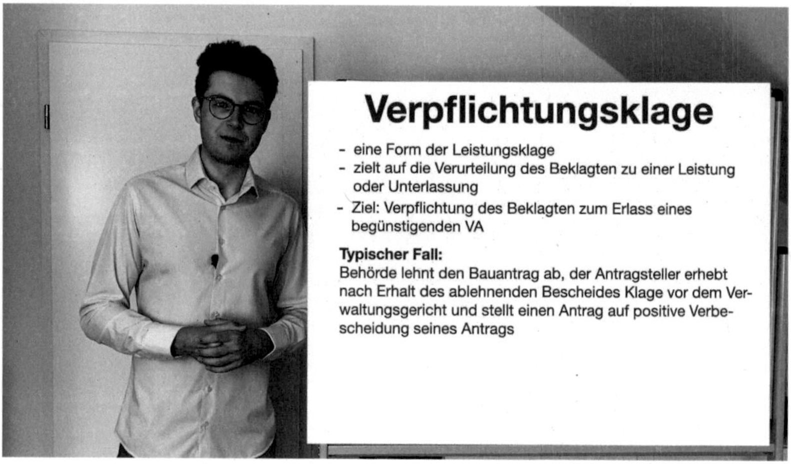

Scanne den QR Code, um zum Video zu gelangen:

16 Aufbau der gewährenden Verwaltung

Scanne den QR Code, um zum Video zu gelangen:

16.1 Struktur des Sozialrechts | Sozialstaatsprinzip

Der Sozialstaat als ein Prinzip ist bereits im Grundgesetz an zwei Stellen geregelt: Gemäß Artikel 20 Absatz 1 GG ist die Bundesrepublik Deutschland ein **demokratischer und sozialer Bundesstaat**. Gemäß Artikel 28 Absatz 1 Satz 1 GG muss die verfassungsmäßige Ordnung in den Ländern den Grundsätzen des **sozialen Rechtsstaates** entsprechen.

Bei dem Sozialstaatsprinzip handelt es sich um eine sog. Staatszielbestimmung. Alleine aus diesem Prinzip können Bürger keinen Anspruch geltend machen. Allerdings ist der Staat dazu verpflichtet, auf die sich aus dieser Bestimmung ergebenden Ziele (z. B. Soziale Gerechtigkeit) hinzuwirken. Als Gesetzgeber hat er die entsprechenden Normen zu erlassen und Gesetze zu verfassen, die den Zielen dieses Grundsatzes dienen. Damit einher geht auch die Bindung der Verwaltung, welche Bescheide im Bereich des Sozialhilferechts erlässt. Zuständig sind hierfür die Landratsämter sowie die kreisfreien Städte. Werfen wir noch kurz einen Blick auf die Elemente des Sozialstaatsprinzips:

- Soziale Sicherheit: Der Staat muss jedem Bürger eine kulturelle und wirtschaftliche Existenz ermöglichen (z. B. Schutz bei Invalidität, Alter, Arbeitslosigkeit; Sicherung des Existenzminimums).
- Soziale Gerechtigkeit: Der Staat schafft eine Rechtsordnung, die den Schutz des Schwächeren im Rechtsverkehr anstrebt (z. B. Arbeitsrecht, Mietrecht, Verbraucherschutzrechte).

Das System der sozialen Sicherheit basiert auf drei Säulen:

Soziale Vorsorge-Systeme

Beispiel: Recht der Sozialversicherung -> Arbeitslosenversicherung, Krankenversicherung, Rentenversicherung, Pflegeversicherung, Unfallversicherung

Sie zielen darauf ab, einen Kreis von prinzipiell beitragspflichtigen Personen gegen typische soziale Risiken zu sichern.

Soziale Entschädigungssysteme

Beispiel: Recht der Krieseopferversorgung, Wiedergutmachungsrecht nationalsozialistischen Unrechts

Sie dienen der Sicherung gegen schädigende Ereignisse, gegen die eine Vorsorge nicht möglich ist.

Soziale Hilfs- und Förderungssysteme

Beispiel: Recht der Ausbildungs- und Berufsförderung, Wohngeld, Kindergeld, Grundsicherung für Arbeitssuchende (SGB II), Kinder- und Jugendhilfe (SGB VIII)

Sozialer Ausgleich durch Hilfe und Förderung garantiert jedem Mensch eine soziale Existenz und gleicht die sozialen Entfaltungsmöglichkeiten an.

Aufbau des Sozialgesetzbuches (SGB)

Buch I: Allgemeiner Teil

Buch II: Grundsicherung für Arbeitsuchende

Buch III: Arbeitsförderung

Buch IV: Gemeinsame Vorschriften für die Sozialversicherung

Buch V: Gesetzliche Krankenversicherung

Buch VI: Gesetzliche Rentenversicherung

Buch VII: Gesetzliche Unfallversicherung

Buch VIII: Kinder- und Jugendhilfe

Buch IX: Rehabilitation und Teilhabe behinderter Menschen

Buch X: Sozialverwaltungsverfahren und Sozialdatenschutz

Buch XI: Soziale Pflegeversicherung

Buch XII: Sozialhilfe

16.2 Sozialhilferecht (Hilfe in besonderen Lebenslagen)

Allgemeine Grundsätze:

- Nachrang der Hilfe in besonderen Lebenslagen (§ 2 Abs. 1 SGB XII)
- Individualisierung (Hilfeleistung nach der Besonderheit des Einzelfalls, § 9 SGB XII)
- Vorrang der offenen Hilfe (§ 13 Abs. 1 Satz 2 SGB XII)
- Rechtsanspruch (§ 17 SGB XII)
- Amtsprinzip (§ 18 SGB XII)

Merke: Die Verwaltungsbehörde ist nach dem Untersuchungsgrundsatz (§ 20 SGB X) zur Ermittlung des gesamten Umfangs der Notlage verpflichtet (Gesamtfallgrundsatz).

Die **Sozialhilfe** ist gegenüber der sog. "Selbsthilfe" **nachrangig**. Unter Selbsthilfe verstehen wir den Einsatz von Arbeitskraft, des Einkommens oder des Vermögens einer Person (siehe § 27 SGB XII).

Die Sozialhilfe ist gegenüber der Hilfe von anderer Seite ebenfalls nachrangig. Die Hilfe von anderer Seite betrifft alle anderen Sozialleistungen, sowie die Hilfe von unterhaltspflichtigen Personen und eventuelle Ansprüche aus Verträgen oder Schadensersatz.

Prüft eine Verwaltung, ob der betroffenen Person Sozialhilfe gewährt werden kann, so hat die Behörde einige Punkte zu beachten, bevor die Sozialhilfe berechnet bzw. ausbezahlt wird:

- Kann die Person durch den Einsatz ihrer Arbeitskraft ein Erwerbseinkommen erzielen?
- Kann die Person durch den Einsatz ihres Vermögens ihren Lebensunterhalt bestreiten?
- Stehen der Person andere Sozialleistungen zu?
- Hat die Person relevante Ansprüche aus Verträgen?
- Hat die Person Ansprüche aus Schadensersatz?

Die Sozialhilfe ist gegenüber diesen Leistungen nachrangig, d. h. zuerst muss die Person z. B. ihre Ansprüche aus Verträgen (Zahlungen) zur Bestreitung ihres Lebensunterhaltes einsetzen oder sie muss ihr Vermögen einsetzen, bevor ihr Sozialhilfe gewährt werden kann.

Falls die Voraussetzungen vorliegen, besteht ein Anspruch auf Sozialhilfe. Zu unterscheiden sind drei Arten von Leistung innerhalb des Sozialhilferechts:

"Ist"-Leistungen

Auf Sozialhilfe besteht ein Anspruch, soweit das SGB XII bestimmt, dass die Hilfe zu gewähren ist (§ 17 Abs. 1 Satz 1 SGB XII).

Anspruch dem Grunde nach auf die Leistung (vgl. § 17 Abs. 2 SGB XII)

"Soll"-Leistungen

Je nach Situation kann es sein, dass der Verwaltung ein eingeschränktes oder gebundenes Ermessen zusteht; dann handelt es sich um eine Ermessensleistung (siehe Nr. 17.03 Abs. 1 der Sozialhilferichtlinien (SHR)). Wenn allerdings kein Ausnahmefall vorliegt, hat die Behörde wie bei einer "Ist"-Leistung zu verfahren

Kein Anspruch **auf die Leistung**

"Kann"-Leistungen

Über "Kann"-Leistungen entscheidet der Sozialhilfeträger nach seinem Ermessen. Die Behörde hat ihre Entscheidung stets zu begründen: § 35 Abs. 1 Satz 3 SGB X. Der Betroffene hat gegenüber der Behörde einen Anspruch auf pflichtgemäße Ausübung des Ermessens (§ 39 Abs. 1 SGB I)

Kein Anspruch auf die Leistung

Bei der Gewährung von Sozialhilfe handelt die Verwaltung gemäß dem Amtsprinzip (§ 18 Abs. 1 SGB XII). Das Sozialhilfeverfahren ist kein Antragsverfahren; es kann auch ohne Vorliegen eines Antrags geführt werden.

Die Sozialhilfe setzt mit dem Tag des Bekanntwerdens der Notlage bei der jeweiligen Behörde ein. In der Praxis wird hier ein Antragsformular genutzt, um die erforderlichen Daten zu erheben und das Bekanntwerden der Notlage zu dokumentieren.

Die Leistungen der Hilfe in besonderen Lebenslagen werden nicht rückwirkend gewährt, da sie der Abwendung einer gegenwärtigen Notlage dienen. Es werden durch die Sozialhilfe keine Schulden übernommen.

16.3 Sozialrechtliches Verwaltungsverfahren

Das "Sozialrechtliche Verwaltungsverfahren" ist auf den Erlass eines VA gerichtet (§ 8 SGB X):

1. Entscheidungsvorbereitung

- Informationsgewinnung durch Sachverhaltsermittlung
  - Aufklärung und Beratung der Betroffenen (§§ 13, 14 SGB I)
  - Heranziehung von Beweismitteln (§ 21 SGB X)
  - Mitwirkung des Betroffenen (§§ 60 f. SGB I)

2. Informationsbewertung

- Diagnose
- Beweiswürdigung
- Subsumtion

3. Entscheidungsfindung

- Gesetzesvorbehalt (§ 31 SGB I)
- Untersuchungsgrundsatz (§ 20 SGB X)
- Anhörung des Betroffenen vor der Entscheidung (§ 24 SGB X)

4. Entscheidungsvollzug

- Auszahlung von Sozialleistungen (§ 17 SGB I)

Den Verfahrensbeginn regelt § 18 SGB X. Demnach entscheidet die Behörde nach pflichtgemäßem Ermessen, wann und ob sie ein Verwaltungsverfahren durchführt. Dies gilt nicht, wenn die Behörde von Amts wegen oder aufgrund Antrags tätig werden muss oder nur auf Antrag tätig werden darf und ein Antrag nicht vorliegt.

Die Behörde hat von Amts wegen zu ermitteln und bestimmt Art und Umfang der Ermittlungen; Anträge dürfen nicht zurückgewiesen werden (§ 20 SGB X). Dabei hat die Behörde sämtliche relevante Informationen direkt vom Antragsteller selbst einzuholen. Die Daten können auch von dritter Stelle eingeholt werden, falls der Antragsteller diese nicht vorbringen kann.

Die Definition eines VA im Sozialrecht ist mit dem § 35 Satz 1 VwVfG gleich. Zu unterscheiden ist ein begünstigender (bewilligende Sozialleistungen) und ein belastender (Rechtseingriff, Ablehnung einer Sozialleistung) VA.

Die Zuständigkeit ergibt sich aus § 12 SGB I sowie jeweils der Absatz 2 der §§ 18 - 29 SGB I in Verbindung mit § 2 SGB X.

Bevor ein VA erlassen wird, ist die betroffene Person anzuhören (§ 24 SGB X).

Der VA ist grundsätzlich formfrei, soweit keine Form vorgeschrieben ist (§§ 9, 33 Abs. 2 SGB X).

Wie auch jeder VA im klassischen Verwaltungsrecht ist auch der VA im Sozialrecht zu begründen (§ 35 SGB X).

17 Öffentliche Leistungen erbringen und steuern

Das Sozialrechtliche Verwaltungsverfahren ist auf den Erlass eines VA gerichtet (§ 8 SGB X):

1. Entscheidungsvorbereitung

- Informationsgewinnung durch Sachverhaltsermittlung
  - Aufklärung und Beratung der Betroffenen (§§ 13, 14 SGB I)
  - Heranziehung von Beweismitteln (§ 21 SGB X)
  - Mitwirkung des Betroffenen (§§ 60 f. SGB I)

2. Informationsbewertung

- Diagnose
- Beweiswürdigung
- Subsumtion

3. Entscheidungsfindung

- Gesetzesvorbehalt (§ 31 SGB I)
- Untersuchungsgrundsatz (§ 20 SGB X)
- Anhörung des Betroffenen vor der Entscheidung (§ 24 SGB X)

4. Entscheidungsvollzug

- Auszahlung von Sozialleistungen (§ 17 SGB I)

Den Verfahrensbeginn regelt § 18 SGB X. Demnach entscheidet die Behörde nach pflichtgemäßem Ermessen, wann und ob sie ein Verwaltungsverfahren durchführt. Dies gilt nicht, wenn die Behörde von Amts wegen oder aufgrund Antrags tätig werden muss oder nur auf Antrag tätig werden darf und ein Antrag nicht vorliegt.

Die Behörde hat von Amts wegen zu ermitteln und bestimmt Art und Umfang der Ermittlungen; Anträge dürfen nicht zuruckgewiesen werden (§ 20 SGB X). Dabei hat die Behörde sämtliche relevante Informationen direkt vom Antragsteller selbst einzuholen. Die Daten können auch von dritter Stelle eingeholt werden, falls der Antragsteller diese nicht vorbringen kann.

Die Definition eines VA im Sozialrecht ist mit dem § 35 Satz 1 VwVfG gleich. Zu unterscheiden ist ein begünstigender (bewilligende Sozialleistungen) und ein belastender (Rechtseingriff, Ablehnung einer Sozialleistung) VA.

Die Zuständigkeit ergibt sich aus § 12 SGB I sowie jeweils der Absatz 2 der §§ 18 - 29 SGB I in Verbindung mit § 2 SGB X.

Bevor ein VA erlassen wird, ist die betroffene Person anzuhören (§ 24 SGB X).

Der VA ist grundsätzlich formfrei, soweit keine Form vorgeschrieben ist (§§ 9, 33 Abs. 2 SGB X).

Wie auch jeder VA im klassischen Verwaltungsrecht ist auch der VA im Sozialrecht zu begründen (§ 35 SGB X).

17.1 Differenzierung zwischen öffentlichen und privaten Institutionen

Einzelne Personen handeln für den Staat (z.B. Polizisten). Sie handeln hier in Ausübung ihres Amtes nicht als private Person, sondern handeln **hoheitlich (obrigkeitlich)**. Der Beamte handelt hierbei im Rahmen der vorgegebenen Vorschriften (hier unter anderem Polizeiaufgabengesetz; PAG). Dies bedeutet auch, dass der beispielhafte Beamte nicht nur Pflichten erfüllt, sondern auch gewisse Rechte in Anspruch nehmen darf, wenn die Situation dies erfordert (bsp.: Anwendung von Zwang).

Da man das sogenannte „Faustrecht“ in einem Rechtsstaat nicht zulassen kann, liegt das **Gewaltmonopol** beim Staat. Im Klartext bedeutet dies, dass Gewalt grundsätzlich nur vom Staat angewendet werden darf. Möchte ein Bürger sein Recht durchsetzen, hat er sich an die entsprechenden Stellen zu wenden (z. B. Arbeitsgericht).

AUSNAHME: Verteidigt sich Person A gegenüber Person B in Notwehr, handelt A trotzdem nicht hoheitlich, sondern gemäß den sogenannten „Jedermannsrechten“. Keiner von beiden hat hierbei mehr Rechte als der andere. Dies gilt gleichermaßen für Mitarbeiter eines Sicherheitsdienstes (Handelsgrundlage -> HAUSRECHT).

Die Aufgabenverteilung der Polizei ist Ländersache. Das bedeutet, dass jedes Bundesland einzeln für die Polizeigesetze zuständig ist und ihre eigenen Schwerpunkte setzt. Das ausführende Sicherheitsorgan „Polizei“ nimmt die **Wahrung der Sicherheit und Ordnung** lediglich in **öffentlichen Bereichen** wahr. Im privaten Bereich wird die Polizei nur tätig, wenn ein Vorfall für die Öffentlichkeit relevant ist (Straftat).

Private Sicherheitsdienste decken folglich also **nicht öffentliche Bereiche** (private Bereiche) ab und sorgen dort für die Aufrechterhaltung der Sicherheit und Ordnung.

Ergebnis: Die Kompetenzbereiche der privaten als auch öffentlichen Sicherheit überschneiden sich grundsätzlich nicht. Beide haben ihre speziellen Rechte und Pflichten sowie Einsatzbereiche. Grundsätzlich bedeutet hier allerdings, dass Überschneidungen möglich sind (siehe Polizei im privaten Bereich).

17.2 Ziele gemeinwirtschaftlicher Unternehmen

Die gemeinwirtschaftlichen bzw. öffentlichen Unternehmen arbeiten nach dem Bedarfsdeckungsprinzip: Hauptziel ist die bestmögliche Abdeckung des Bedarfs der Bevölkerung (Beispiel: Wasserwerke, Verkehrsbetriebe, Müllbeseitigung). Da bei bestimmten Gütern bzw. Dienstleistungen kaum Gewinnerwartungen bestehen, haben private Anbieter kein Interesse an Investitionen. Andererseits möchte man gewisse Bereiche nicht dem rein privatwirtschaftlichen Gewinnstreben überlassen, da darin zum Beispiel ein starkes öffentliches Interesse besteht.

Ziele gemeinwirtschaftlicher Unternehmen sind etwa:

- Bedarfsdeckung: Die Unternehmen in diesem Bereich stellen sicher, dass die Bevölkerung mit wichtigen Gütern bzw. Dienstleistungen versorgt wird, z. B. Gaswerke, Wasserwerke.
- Verlustminimierung: Unternehmen können ihre Leistungen nicht zu einem kostendeckenden Preis anbieten. Die Verluste werden aus öffentlicher Hand beglichen, z. B. Theater, Museen.
- Kostendeckung: Kosten der betrieblichen Tätigkeit sollen durch den Gegenwert der Leistung gedeckt werden; ein Gewinn wird nicht erwirtschaftet, z. B. Müllbeseitigung.
- Angemessener Gewinn: Ein angemessener Gewinn wird angestrebt, z. B. öffentliche Energieversorgungsunternehmen (deren Gewinn häufig zum Verlustausgleich bei den örtlichen Verkehrsbetrieben verwendet wird).

17.3 Unternehmensziele

Jedes Unternehmen verfolgt das Ziel, erfolgreich zu sein. Wie die konkreten Ziele in einer Organisation aussehen können, hängt von der Ausrichtung und Kultur des Unternehmens ab. Die Klärung der Ziele bildet den Sollzustand eines jeden Wirtschaftsbetriebs. Sie zeigen auf, was mit der wirtschaftlichen Tätigkeit erreicht werden soll. Ein Unternehmen kann sowohl ökonomische als auch ökologische Ziele verfolgen. Darüber hinaus können soziale Aspekte als Ziele eines Betriebs fungieren. Sie alle definieren das Selbstverständnis eines wirtschaftlichen Betriebs und bilden die Rahmenbedingungen aller Aktivitäten im Unternehmen.

Welche Bedeutung haben Ziele für Unternehmen?

Der wirtschaftliche Erfolg jedes Unternehmens ist vom Gewinn abhängig, den es erwirtschaftet. Dieser Gewinn wiederum hängt von unterschiedlichen Aspekten ab, weshalb es üblich ist, Teilziele festzulegen. Sie variieren je nach Unternehmensbereich. Eine Marketingabteilung kann demnach das Ziel verfolgen, einen möglichst hohen Marktanteil für das Unternehmen zu sichern, während in der Produktion Kosten- und Zeitersparnisse mögliche Ziele darstellen. Das wesentliche Ziel der Gewinnoptimierung umfasst demnach verschiedene Teilziele. Dazu gehören ökonomische Ziele, Marktziele, Imageziele sowie soziale und ökologische Ziele.

Einflussfaktoren auf die Festlegung von Zielen

Welche Ziele in Unternehmen definiert werden, hängt von unterschiedlichen Einflussgrößen ab. Zu beachten sind wirtschaftliche, soziale und ökologische Kriterien. Wirtschaftliche Faktoren umfassen unter anderem den Standort, die Auswahl der richtigen Zielgruppe und technische Aspekte. Gerade in Zeiten der Digitalisierung sind effektive, zeitgemäße Technologien ein wichtiger Bestandteil des unternehmerischen Handelns. Als soziale Gesichtspunkte fungieren die Zufriedenheit sowie Motivation von Mitarbeitern, aber auch deren Arbeitsplatzsicherheit. Arbeitnehmer, die ihre Anstellung als gesichert ansehen und zufrieden im Job sind, erbringen in der Regel bessere Leistungen. Dies wirkt sich positiv auf die Erreichung der Ziele auf. Immer mehr im Fokus stehen außerdem ökologische Faktoren. Bedeutende Einflussgrößen sind hierbei zum Beispiel der Umwelt- und Klimaschutz sowie die Nachhaltigkeit beim Umgang mit Ressourcen.

Unterteilung von Unternehmenszielen

Die Ziele eines Unternehmens sind in qualitative und quantitative Zielsetzungen einzuteilen. Hierbei zeichnen sich die quantitativen Ziele dadurch aus, dass sie mess- und prüfbar sind. Dies können zum Beispiel ökonomische Vorgaben zur Umsatzsteigerung sein oder die Einhaltung eines definierten Budgets. Qualitative Ziele lassen sich hingegen nicht konkret beziffern und messen. Typische Qualitätsziele beinhalten etwa die Steigerung der Kundenzufriedenheit, die Verbesserung des Unternehmensimages oder die Erhöhung der Bekanntheit einer Marke.

Arten von Zielen in Unternehmen

Unternehmensziele sind in Formal- und Sachziele aufzuteilen. Während die Formal- oder Erfolgsziele die übergeordneten Zielsetzungen darstellen, die für den Fortbestand des Unternehmens bedeutsam sind, stellen Sachziele auf konkrete Handlungen ab. Formalziele sind zum Beispiel eine Gewinnsteigerung, die Rentabilität, eine Qualitätsverbesserung oder die Vergrößerung des eigenen Marktanteils. Sie stellen den Maßstab dar, mit dem die Abläufe im Betrieb bewertet werden. Sachziele sind den Formalzielen untergeordnet und nehmen konkrete Aktivitäten in den Fokus. Sie sind weniger an konkrete Zahlenvorgaben gekoppelt, da sie auch qualitative Ziele enthalten. Sachziele können finanzieller Natur sein, es können aber auch ökologische Aspekte wie die Müllvermeidung und ressourcenschonendes Arbeiten dazu gehören.

Zielharmonie und -konflikte

Nicht alle Ziele sind in einem Unternehmen miteinander vereinbar. So gibt es Zielsetzungen, die miteinander harmonieren und sich gegenseitig unterstützen, andere Ziele schließen sich gegenseitig aus. Ein solcher Zielkonflikt kann entstehen, wenn sich soziale und wirtschaftliche Ziele gegenüberstehen. Dies ist beispielsweise der Fall, wenn im Unternehmen das Ziel der Einsparung von Personalkosten besteht, gleichzeitig aber Arbeitsplätze gesichert werden sollen. Miteinander harmonierende Ziele können ökologische und ökonomische Aspekte sein, etwa wenn Ressourcen eingespart werden und dadurch auch eine Kostensenkung entsteht. In Bezug auf die Beziehungen von Zielen sind drei Varianten zu unterscheiden. Dies sind komplementäre Ziele, die sich gegenseitig unterstützen, konkurrierende Ziele, die sich negativ beeinflussen, sowie indifferente Ziele. Sie sind unabhängig voneinander und haben keinen Einfluss auf das jeweils andere Ziel.

IHK-Aufgaben bei der Abschlussprüfung zum Thema Unternehmensziele

Bei der Abschlussprüfung der IHK spielen Fragen über unternehmerische Ziele eine große Rolle. Sie sind dem Teilgebiet "Unternehmerisches Handeln" zugeordnet. Im Rahmen der Abschlussprüfung legst du dein Fachwissen über wirtschaftliche sowie gesellschaftliche Zusammenhänge der Arbeits- und Berufswelt dar.

17.4 Test: Rechtsformen

17.4.1 Rechtsformen einfach erklärt

Für die **Gründung von Unternehmen sind in Deutschland 14 Rechtsformen zulässig**. Zu den IHK Aufgaben kann eine Rechtsformen Tabelle gehören. Grundsätzlich werden Rechtsformen im Privatrecht und im öffentlichen Recht unterschieden. Zu jeder Rechtsform solltest du eine Definition kennen. Im Privatrecht werden **Personen- und Kapitalgesellschaften unterschieden.**

Zu den **Personengesellschaften** gehören

- Verein
- Gesellschaft des bürgerlichen Rechts (GbR)
- Offene Handelsgesellschaft (OHG)
- Kommanditgesellschaft (KG)
- Partnerschaft
- Europäische wirtschaftliche Interessenvereinigung (EWIV).

Zu den **Kapitalgesellschaften** gehören

- Aktiengesellschaft (AG)
- Kommanditgesellschaft auf Aktien (KGaA)
- Gesellschaft mit beschränkter Haftung (GmbH)
- Europäische Gesellschaft (Societas Europaea, SE)

Im **öffentlichen Recht** werden

- Regiebetriebe
- Eigenbetriebe
- Anstalten des öffentlichen Rechts
- Körperschaften des öffentlichen Rechts
- öffentliche Stiftungen

unterschieden.

Bei den Rechtsformen im öffentlichen Recht reicht eine Nennung in der Prüfung aus. Eine Definition ist nicht erforderlich.

17.4.2 Personengesellschaften mit Erklärung

1. Ein **Verein** ist eine freiwillige Vereinigung natürlicher oder juristischer Personen zur Verfolgung eines bestimmten Zwecks.
Beispiel: Fußballverein

2. Eine **GbR** ist die einfachste Form von Personengesellschaften und kann ohne Startkapital gegründet werden. Sie wird meistens genutzt, wenn kein Handelsgewerbe betrieben wird.
Beispiel: Gemeinschaftspraxis von Ärzten

3. Die **OHG** wird auf der Grundlage eines schriftlichen Gesellschaftsvertrages von zwei oder mehr Personen gegründet, um Handel zu betreiben. Die Gründung ist ohne Startkapital möglich. Die Eintragung in das Handelsregister ist erforderlich. Die Gesellschafter haften mit ihrem gesamten Vermögen.
Beispiel: Modeboutique, die von zwei Freundinnen gegründet wird

4. Eine **KG** wird zumeist gegründet, wenn ein Gründer führend ist und zusätzliche Gesellschafter nur ihr Kapital einbringen. Zur Gründung sind mindestens zwei Personen erforderlich. Ein Mindestkapital ist nicht vorgeschrieben. Eine Eintragung in das Handelsregister ist notwendig. Der Komplementär übernimmt die Geschäftsführung, während die Kommanditisten, die ihr Kapital eingebracht haben, nur ein Kontrollrecht haben. Der Komplementär haftet mit seinem gesamten Vermögen, während die Kommanditisten lediglich ihre Einlagen verlieren können.

Beispiel: Ein Tischler ist der Komplementär und Geschäftsführer, während zwei seiner wichtigsten Mitarbeiter Kapital einbringen und Kommanditisten sind.
Partnerschaft und EWIV sind selten und werden bei den Aufgaben nicht mit einer Erklärung verlangt.

17.4.3 Kapitalgesellschaften mit Erklärung

5. Die Rechtsform einer **AG** eignet sich für große und etablierte Unternehmen. Für die Gründung ist ein Gesellschaftsvertrag erforderlich, der notariell beurkundet wird. Das Mindestkapital liegt bei 50.000 Euro. Eine AG muss in das Handelsregister eingetragen werden. Der Vorstand führt die Geschäfte der AG. Er wird vom Aufsichtsrat kontrolliert. Alle Aktionäre dürfen an der Hauptversammlung teilnehmen. Als juristische Person haftet die Aktiengesellschaft mit ihrem gesamten Unternehmensvermögen. Die Aktionäre haften mit ihren Einlagen.

6. Eine **KGaA** ist selten und wird in der Prüfung nicht detailliert abgefragt. Als Mindestkapital sind 50.000 Euro für die Gründung erforderlich. Die Kommanditaktionäre haften mit ihren Einlagen.

7. Für die Gründung einer **GmbH** ist ein notariell beurkundeter Vertrag erforderlich. Die GmbH kann von einer Person gegründet werden, doch können beliebig viele Personen als Gesellschafter auftreten. Das Mindestkapital beträgt 25.000 Euro. Davon müssen mindestens 12.500 Euro vor der Eintragung in das Handelsregister eingezahlt sein. Die GmbH haftet mit ihrem gesamten Unternehmensvermögen. Die Gesellschafter können ihre Einlagen verlieren.

8. Eine **SE** ist selten. Eine Definition wird nicht verlangt.

Testfragen zur Rechtsform

1. Was versteht man unter der Abkürzung GmbH?

   ○ a) Grundeinkommen mit betrieblicher Haftung

   ○ b) Gesellschaft mit bindender Haftung

   ○ c) Gesellschaft mit beschränkter Haftung

2. Das Grundkapital der Aktiengesellschaft ...

   ○ a) wird an der Börse gehandelt.

   ○ b) ist in Aktien (Anteilen) zerlegt.

   ○ c) kann durch steigende Aktienkurse erhöht werden.

   ○ d) kann durch fallende Aktienkurse gesenkt werden.

3. Das Grundkapital einer Aktiengesellschaft muss mindestens ...

   - ○ a) 25.000 Euro betragen.
   - ○ b) 50.000 Euro betragen.
   - ○ c) 100.000 Euro betragen.
   - ○ d) 1.000.000 Euro betragen.

4. Eine Aktiengesellschaft ist eine ...

   - ○ a) Personengesellschaft des bürgerlichen Rechts.
   - ○ b) Kapitalgesellschaft.
   - ○ c) Genossenschaft deren Kapital in Anteile gestückelt ist.
   - ○ d) offene Handelsgesellschaft.

5. Welche der folgenden Gesellschaftsformen ist eine Kapitalgesellschaft?

   - ○ a) OHG
   - ○ b) KG
   - ○ c) GmbH
   - ○ d) GmbH & Co. Kg

17.5 Lösungen: Rechtsformen

Aufgabe	Lösung	Aufgabe	Lösung	Aufgabe	Lösung
1.		2.	b)	3.	b)
4.	b)	5.	c)		

Lösungen der Auswahl-Fragen.

18 Staatliches Handeln im gesamtwirtschaftlichen Zusammenhang

18.1 Soziale Marktwirtschaft

Seit Mitte des 20. Jahrhunderts orientiert sich die deutsche Wirtschaftspolitik am Konzept der Sozialen Marktwirtschaft. Diese geht zurück auf Ludwig Erhard, den ersten Bundeswirtschaftsminister der BRD.

Ziel der Sozialen Marktwirtschaft ist es, die Freiheit aller Anbieter und Nachfrager am Markt zu schützen (freie Märkte) und gleichzeitig für sozialen Ausgleich zu sorgen (sozialer Aspekt).

Freier Markt

Märkte sorgen in der Sozialen Marktwirtschaft über den Preismechanismus für den Ausgleich von Angebot und Nachfrage: Sind besonders begehrte Güter knapp, steigt deren Preis. Dies drängt die Nachfrage zurück und bietet zugleich Gewinnoptionen für zusätzliche Anbieter.

In einer Marktwirtschaft versuchen die Anbieter, ihre Produkte so kostengünstig wie möglich zu produzieren, wodurch es zu einer effizienten Verwendung von Produktionsmitteln und günstigeren Preisen für den Verbraucher kommt. Dafür ist es wichtig, dass ein Wettbewerb mit offenem Marktzugang herrscht. Übermäßige Marktmacht einzelner Wirtschaftsteilnehmer soll dadurch verhindert werden, da immer wieder neue Anbieter in einen Markt eintreten können. Dieser Marktmechanismus erhöht die Konsummöglichkeiten, motiviert die Anbieter zu Innovationen und technischem Fortschritt und verteilt den Gewinn an die unterschiedlichen Marktteilnehmer. Die Aufgabe des Staates ist es, den Rahmen für einen funktionierenden Wettbewerb zu schaffen und zu erhalten. Zugleich fördert der Staat die Fähigkeit der Menschen zu eigenverantwortlichem Handeln.

Sozialer Ausgleich

In der Sozialen Marktwirtschaft sorgt der Staat für einen sozialen Ausgleich. Menschen, die aufgrund von Alter, Krankheit oder Arbeitslosigkeit kein Einkommen erzielen können, erhalten Leistungen als soziale Absicherung. Soziale Teilhabe sowie eine Angleichung der Chancen gehören ebenso wie gute Wettbewerbsbedingungen und ein gutes Investitionsklima zur Sozialen Marktwirtschaft.

Die Soziale Marktwirtschaft wurde nie namentlich als Wirtschaftssystem im Grundgesetz verankert. Allerdings bereiten einige rechtliche Normen den Weg hin zur Sozialen Marktwirtschaft. Hierzu zählen:

- Grundrechte
- Vertrags- und Koalitionsfreiheit
- Recht auf freie Berufs- und Arbeitsplatzwahl

18.2 Wirtschaftskreislauf und Wirtschaftspolitik

Der **Wirtschaftskreislauf** stellt volkswirtschaftliche Tauschvorgänge in Form eines Kreislaufschemas dar. Beim einfachen Wirtschaftskreislauf geht man davon aus, dass es in der betrachteten Volkswirtschaft zwei Wertkreisläufe gibt: einen Geld- sowie einen Güterkreislauf. Die Wirtschaftssubjekte sind zum einen die privaten Haushalte, zu anderen die Unternehmen. Eingriffe des Staates in das Wirtschaftsleben und Außenhandelsbeziehungen von Unternehmen bleiben beim einfachen Wirtschaftskreislauf außen vor.

Anhand des Kreislaufschemas wird deutlich, wie sich durch das Agieren von Unternehmen und Haushalten der Wirtschaftskreislauf schließt: Die privaten Haushalte bieten den Unternehmen ihre Arbeitskraft, sowie die Faktoren Boden und Kapital an. Die Unternehmen nutzen diese Faktoren und produzieren mithilfe der eingesetzten Arbeitskraft sowie den weiteren Faktoren Güter, welche sie den Haushalten zum Kauf anbieten. Die Haushalte kaufen diese Güter und bezahlen die Unternehmen mit dem Geld, welche sie von den Unternehmen zuvor im Sinne von Lohn bzw. Einkommen erhalten haben.

Wie bereits im Thema "Soziale Marktwirtschaft" deutlich wird, nimmt der Staat Einfluss auf das Wirtschaftsleben, indem er das Wirtschaftsleben steuert und ordnet (= Wirtschaftspolitik). Die Soziale Marktwirtschaft als Wirtschaftsordnung ist in Deutschland die Grundlage für die Wirtschaftspolitik. Ein bedeutendes Ziel der Wirtschaftspolitik ist es, dass der Wohlstand wächst. Die Vollbeschäftigung wird angestrebt und die Löhne der Arbeitnehmer sollen ausreichend hoch sein, um ausreichend konsumieren zu können. Ein weiteres Ziel der Wirtschaftspolitik ist das Vermeiden von Konflikten wirtschaftlicher Art mit anderen Ländern.

Bei der Frage, wie groß der Einfluss des Staates auf das Wirtschaftsleben eines Landes ist, spielt die so genannte **Staatsquote** eine wichtige Rolle (man spricht auch von der "Staatsausgabenquote"). Die Staatsquote ist das Verhältnis zwischen dem Geld, das der Staat zur Erfüllung seiner Aufgaben ausgibt und dem, was seine Bürger erwirtschaften (Bruttoinlandsprodukt).

18.3 Das Steuersystem der Bundesrepublik Deutschland

Die Bundesrepublik Deutschland gibt als Staat jeden Tag Milliarden an Euro aus: Bundeswehr, Straßenbau, Gesundheit, Polizei, Gemeindewesen, Sozialausgaben... In diesem Kapitel erfährst du, woher das Geld für diese Ausgaben kommt und wie sich der Staat in erster Linie finanziert.

18.3.1 Steuereinnahmen als Einnahmequelle Deutschlands

Die vornehmliche Einnahmequelle des Staates sind Steuereinnahmen. Es gibt **etwa 40 verschiedene Steuerarten**, die Bund, Länder und Gemeinden den verschiedenen Steuerzahlerinnen und Steuerzahlern auferlegen.

Dabei gilt der **Grundsatz**, die **Steuern gleichmäßig und gerecht zu gestalten** und nicht - wie viele Steuerbetroffene oft meinen - von möglichst vielen Steuerzahlerinnen und Steuerzahlern möglichst viel Geld einzubehalten.

Für "Steuern" gibt es eine offizielle Definition in der Abgabenordnung (§ 3 Absatz 1 AO), die man im Original wohl eher nur versteht, wenn man einen Sinn für Beamtendeutsch hat.

Die Definition lautet:

"Steuern sind Geldleistungen, die nicht eine Gegenleistung für eine besondere Leistung darstellen und von einem öffentlich-rechtlichen Gemeinwesen zur Erzielung von Einnahmen allen auferlegt werden, bei denen der Tatbestand zutrifft, an denen das Gesetz die Leistungspflicht knüpft; die Erzielung von Einnahmen kann Nebenzweck sein".

“Übersetzt” heißt das: Erfüllen Personen und Unternehmen die in den Steuergesetzen definierten Regelungen, müssen sie an Behörden Geld bezahlen, für das sie keine Gegenleistung bekommen. Die Behörden wiederum nutzen diese Gelder zur Erzielung von Einnahmen, entweder als Hauptzweck oder als Nebenzweck.

Liegt für eine Geldzahlung eines Bürgers eine Gegenleistung einer Behörde vor, handelt es sich ausdrücklich nicht um eine Steuer. Dies ist beispielsweise der Fall, wenn du für deinen Personalausweis eine Bearbeitungsgebühr im Bürgerbüro bezahlen musst, um ihn zu erhalten. Der Ausweis ist die Gegenleistung für dein Geld.

Steuern müssen von verschiedenen Steuerpflichtigen gezahlt werden, so z. B. Arbeitnehmerinnen und Arbeitnehmer, Unternehmen, Vereine, Hundebesitzerinnen und Hundebesitzer, Kaffeetrinkerinnen und Kaffeetrinker, Raucherinnen und Raucher, Selbständige und Lotteriespielerinnen und Lotteriespieler.

18.3.2 Steuerarten

Im deutschen Steuersystem können alle Steuern grundsätzlich in **drei** unterschiedliche **Kategorien unterteilt** werden, die jeweils angeben, worauf die Steuer erhoben wird:

18.3.3 Besitzsteuern

Besitzsteuern werden auf den “Besitz” eines Steuerpflichtigen erhoben; das können ein verdientes Einkommen (Arbeitslohn) oder ein Vermögen (Aktiendepots oder Erbschaften) sein.

Beispiele für die Besitzsteuern sind die

- Einkommensteuer (Löhne und Gehälter),
- Körperschaftssteuer (Unternehmensgewinne),
- Gewerbesteuer (gewerbliche Erträge),
- Grundsteuer (Besitz von Grundstücken) oder
- Erbschaftssteuer (vererbtes Vermögen).

Die Besitzsteuern unterscheiden sich zusätzlich in zwei Bereiche: zum einen die Ertragssteuern (Steuern auf den Ertrag, z. B. die Einkommensteuer oder die Gewerbesteuer) und die Substanzsteuern (Steuern auf die Substanz, z. B. die Grundsteuer oder die Erbschaftssteuer).

18.3.4 Verkehrssteuern

Bei den Verkehrssteuern wird nicht der (Straßen-) Verkehr besteuert, sondern vielmehr alle Vorgänge des Rechts- und Wirtschaftsverkehrs – also alles, was sich im offiziellen Betrieb der Bundesrepublik Deutschland abspielt. Beispiele für die Verkehrssteuern sind die

- Umsatzsteuer (die zahlst du jeden Tag, wenn du im Wirtschaftsverkehr etwas kaufst),
- Kraftfahrzeugsteuer (für den Betrieb von Fahrzeugen),
- Luftverkehrsteuer (für das Abheben eines Flugzeugs) oder
- Rennwett- und Lotteriesteuer (für gewerbliche Wetteinsätze).

18.3.5 Verbrauchsteuern

Zudem unterscheidet man im Steuersystem noch Verbrauchsteuern. Wie der Name sagt, werden bei den Verbrauchsteuern der "Verbrauch" oder auch der "Gebrauch" von vornehmlich Lebensmitteln oder Genussmitteln besteuert. Bedeutendste Vertreter in dieser Kategorie sind die Biersteuer, Tabaksteuer, Stromsteuer und Kaffeesteuer.

18.3.6 Art der Steuerentrichtung: Direkte und indirekte Steuern

Eine weitere Unterscheidung wird nach der Art der Entrichtung der Steuer vorgenommen.

Direkte Steuern werden **unmittelbar** (direkt) **beim jeweiligen Steuerpflichtigen erhoben**, der oder die die Steuerbelastung zu tragen hat. Dies ist beispielsweise bei der Einkommensteuer der Fall. Betroffen sind hier die steuerpflichtigen und steuerbelasteten Arbeitnehmerinnen und Arbeitnehmer. Man kann daher sagen: **Direkte Steuern belasten den, der bzw. die sie schlussendlich zahlen muss.**

Bei den **indirekten** Steuern ist der **Steuerpflichtige nicht derjenige, der die Steuerbelastung trägt.** Ein Beispiel hierfür ist die Umsatzsteuer. Die Steuerbelasteten sind die Käufer einer Ware oder Dienstleistung, die Steuerpflichtigen aber die Händler und Unternehmer, die zur Abgabe einer Umsatzsteuererklärung verpflichtet sind. Sie behalten den Umsatzsteueranteil des Kaufpreises ein und sind verpflichtet, diesen an den Staat abzuführen.

18.3.7 Was sind die wichtigsten Steuerarten?

18.3.8 Einkommensteuer

Die Steuer mit dem höchsten Anteil am gesamten Steueraufkommen ist die Einkommensteuer. Im Jahr 2020 wurden beispielsweise Einkommensteuerbescheide in Höhe von über 275 Milliarden Euro ausgestellt. Grundlage für die Einkommensteuer sind sieben unterschiedliche Einkunftsarten:

- Einkünfte aus Land- und Forstwirtschaft
- Einkünfte aus Gewerbebetrieb
- Einkünfte aus selbständiger Arbeit
- Einkünfte aus nichtselbständiger Arbeit (Arbeitnehmer)
- Einkünfte aus Kapitalvermögen
- Einkünfte aus Vermietung und Verpachtung
- sonstige Einkünfte (z. B. Renten)

Bei der Einkommensteuer werden natürlichen Personen (Arbeitnehmerinnen und Arbeitnehmer, Selbständige) zur Kasse gebeten.

Bei den **Einkünften aus Land- und Forstwirtschaft**, **Gewerbebetrieb** und **selbständiger Arbeit** spricht man auch von **Gewinneinkunftsarten**. Das steuerpflichtige Einkommen wird entweder durch eine Bilanz (Betriebsvermögensvergleich) oder eine Einnahmenüberschussrechnung (Differenz der Betriebseinnahmen und Betriebsausgaben) ermittelt.

Bei allen anderen Einkünften (**nichtselbständige Arbeit, Kapitalvermögen, Vermietung und Verpachtung, sonstige Einkünfte**) spricht man von **Überschusseinkunftsarten.** Besteuert wird hier die Differenz zwischen Einnahmen und Aufwendungen, die erforderlich waren, um die Einnahmen zu erwerben, zu sichern und zu erhalten. Diese Aufwendungen werden in der Steuersprache **Werbungskosten** genannt.

Im Rahmen der Einkommensteuer gibt es bestimmte **Erhebungsformen**, die dazu führen, dass dem Steuerpflichtigen vor der Auszahlung von Einnahmen Steueranteile abgezogen und abgeführt werden. Da die **Steuer an der "Quelle" abgezapft** wird, spricht man auch von **Quellensteuer**. Ein berühmtes Beispiel hierfür ist die Lohnsteuer: Bevor Arbeitnehmerinnen und Arbeitnehmer ihren Lohn auf das Bankkonto erhalten, muss der Arbeitgeber Lohnsteuer einbehalten und an das Finanzamt abführen. Da die Arbeitgeberinnen und Arbeitgeber die Steuerschuldner der Lohnsteuer (sie müssen sie abführen) sind, die Arbeitnehmerinnen und Arbeitnehmer aber abweichend die Steuerschuldner (sie sind damit belastet), ist die Lohnsteuer eine indirekte Steuer.

18.3.9 Körperschaftssteuer

Die Körperschaftssteuer ist die Einkommensteuer der Kapitalgesellschaften (GmbH, AG, Genossenschaften). Die Höhe der Steuer bemisst sich nach dem Gewinn der jeweiligen Gesellschaft, der nach den Vorschriften des Einkommensteuer- und Körperschaftssteuergesetzes zu ermitteln ist. Der Steuersatz beträgt 15 %.

18.3.10 Gewerbesteuer

Die Gewerbesteuer ist die wichtigste Steuer für die Kommunen und Gemeinden; das Steueraufkommen fließt ihnen vornehmlich zu. Zu zahlen ist diese Steuer von allen Unternehmen, die einen Gewerbebetrieb führen. Ziel der Gewerbesteuer ist also nicht eine Person, sondern der Gewerbebetrieb als Objekt. Basis für die Gewerbesteuer ist der Gewerbeertrag, der sich aus dem Gewinn des Unternehmens und verschiedenen Hinzurechnungen und Kürzungen ergibt. Die Höhe der Steuerbelastung kann jede Gemeinde durch einen individuellen Hebesatz festlegen.

18.3.11 Umsatzsteuer

Die Umsatzsteuer zählt neben der Einkommensteuer zu den wichtigsten Steuerarten des Staates. Die im umgangssprachlichen Gebrauch auch als Mehrwertsteuer bezeichnete Abgabe kommt bei nahezu jedem Verkaufsvorgang zum Ansatz. Die Steuer belastet die jeweiligen Endabnehmer in allen Stufen eines Herstellungsvorgangs: von der Rohstoffbeschaffung über die Fertigwaren bis hin zum Verkauf im Handel. Steuerschuldner der Umsatzsteuer ist in der Regel der Verkäufer, der die Umsatzsteuer in Höhe von 19 % (Regelsteuersatz) oder 7 % (ermäßigter Steuersatz) einbehalten und abführen muss. Gegenrechnen kann der Verkäufer die gezahlten Umsatzsteuerbeträge aus seinen Einkaufsvorgängen (Vorsteuer), so dass jeweils der geschaffene Mehrwert mit der Steuer belastet wird (daher auch der Name Mehrwertsteuer).

18.4 Einflussnahme des Staates auf das Wirtschaftsleben (WiSo Grundlagen)

Ökonomie verstehen: die WiSo Prüfung der IHK

Bei den meisten Handwerken wird die Abschlussprüfung zum Ausbildungsende durch die jeweilige Innung vorgenommen. Für eine Reihe von Ausbildungsgängen wird diese Funktion durch die örtlich zuständige Industrie- und Handelskammer, kurz IHK, übernommen.

Dies betrifft folgende Bereiche:

- Kaufleute
- Gewerblich-technische Berufe
- Druck- und Medienbereich

Im Rahmen dieser Prüfungen gibt es auch den Abschnitt "Wirtschafts- und Sozialkunde". Bei der theoretischen Aufbereitung der praktischen Erfahrungen am Arbeitsplatz geht es in den Berufsschulen auch darum, den Auszubildenden die grundsätzlichen Funktionsweisen der Wirtschaft näherzubringen.

Die soziale Marktwirtschaft – staatliche Einflussnahme bei sozialen Belangen

Die Verknüpfung von Wirtschaftskunde mit Sozialkunde erfolgt, weil in Deutschland die sogenannte soziale Marktwirtschaft praktiziert wird. Dies bedeutet, dass die ökonomischen Belange grundsätzlich dem freien Markt überlassen werden. Gesetzliche Regelungen und Beschränkungen erfolgen lediglich dort, wo soziale Belange dies zwingend notwendig machen. Sichtbares Zeichen dieser Wirtschaftspolitik sind die verschiedenen Sozialversicherungen.
Diese sind:

- Krankenversicherung
- Rentenversicherung
- Arbeitslosenversicherung
- Unfallversicherung
- Pflegeversicherung

Unabhängig davon, ob Arbeitnehmerinnen und Arbeitnehmer krank, arbeitslos, berufsunfähig oder pflegebedürftig werden, sind sie über dieses System umfassend sozial abgesichert. Gleiches gilt für die Altersvorsorge, im Wege der Rentenversicherung. Die entsprechenden Beiträge werden direkt vor Auszahlung von dem Arbeitslohn abgeführt und durch den Arbeitgeber aufgestockt. Zu diesem Komplex sind viele Fragen in der WiSo -Prüfung der IHK enthalten.

Die Konjunkturpolitik in Deutschland und Europa – staatliche Einflussnahme bei der Geldpolitik

Die wirtschaftliche Konjunktur bildet einen weiteren wichtigen Baustein im Bereich Wirtschaftspolitik. Hier ist vor allem die Geldpolitik der Europäischen Zentralbank sowie der ihr nachgeordneten Bundesbank zu nennen.

Ziel der Währungshüter ist es, sowohl einer zu hohen Inflation als auch einer Deflation des Euros entgegenzuwirken. Idealerweise sollte die Inflationsrate bei um die zwei Prozent liegen. Dies lässt eine moderate Steigerung der Löhne zu, die von einem ebenfalls moderaten Anstieg der Preise begleitet wird. Eine zu hohe Inflation ist dagegen von starken Steigerungen der Preise gekennzeichnet. Umgekehrt führt eine Deflation häufig zu einer Drosselung der wirtschaftlichen Dynamik.

Ihren Einfluss auf die Inflationsrate übt die Europäische Zentralbank über die Festsetzung der Leitzinsen aus. Diese bestimmen, zu welchen Konditionen Geld geliehen bzw. in festverzinslicher Form angelegt werden kann.

Im Hinblick auf die Geldpolitik der Zentralbanken kommen häufig auch aktuelle Bezüge in der WiSo Prüfung zum Tragen, wenn es etwa um die ökonomischen Auswirkungen einer lang anhaltenden Tiefzinsphase geht.

Während im Bereich der sozialen Marktwirtschaft vor allem die Grundzüge erarbeitet werden müssen, kommt es im Rahmen der Konjunkturpolitik bei der Prüfung auch vielfach auf aktuelle wirtschaftliche Fragen an. Dies gilt es beim Lernen für die Abschlussprüfung zu berücksichtigen.

Allgemeine Grundlagen der Wirtschafts- und Arbeitswelt

Neben konkreten Fragen zu den verschiedenen Sozialversicherungen oder zur Geldpolitik geht es in der Prüfung der IHK auch um viele andere ökonomische und rechtliche Fragen. Dies betrifft etwa verfassungsmäßige Rechte, wie die Freiheit der Berufswahl und Berufsausübung oder auch Fragen der Geschäftsfähigkeit von minderjährigen Auszubildenden. Weiterhin spielen Grundzüge des Arbeitsschutzes und viele andere Bereiche rund um den Arbeitsplatz eine Rolle.

Ruth Hoffmann

Raubzug von rechts

GOLDMANN

RUTH HOFFMANN

Raubzug von rechts

Familie, Freiheit, Widerstand: Wie die Rechte unsere Werte kapert und für ihre Zwecke missbraucht

GOLDMANN

MIX
Papier | Fördert gute Waldnutzung
FSC® C014496

Penguin Random House Verlagsgruppe FSC® N001967

1. Auflage
Originalausgabe März 2026

in der Penguin Random House Verlagsgruppe GmbH,
Neumarkter Straße 28, 81673 München
produktsicherheit@penguinrandomhouse.de
(Vorstehende Angaben sind zugleich
Pflichtinformationen nach GPSR.)

Redaktion: Eckard Schuster
Umschlag: Uno Werbeagentur, München
Satz: Buch-Werkstatt GmbH, Bad Aibling
Druck und Bindung: GGP Media GmbH, Pößneck
Printed in Germany
EB · CF
ISBN 978-3-442-30240-6

www.goldmann-verlag.de

Für uns alle.

»Man darf nicht warten, bis der Freiheitskampf Landesverrat genannt wird. Man darf nicht warten, bis aus dem Schneeball eine Lawine geworden ist. Man muss den rollenden Schneeball zertreten. Die Lawine hält keiner mehr auf ... Drohende Diktaturen lassen sich nur bekämpfen, ehe sie die Macht übernommen haben.«

Erich Kästner
(1899-1974)

Inhalt

Vorwort

Sechzehn Deutschland-Fahnen stehen im Januar 2025 beim AfD-Parteitag in Riesa auf der Bühne, für jedes Bundesland eine. »Schwarz-Rot-Gold, liebe Freunde«, sagt Parteichefin Alice Weidel und breitet die Arme aus. »Schwarz-Rot-Gold.« Mehr muss sie nicht sagen, die Botschaft ist klar. Die Delegierten jubeln.

Schwarz-Rot-Gold. Das sind die Farben, mit denen vor rund 200 Jahren studentische Revolutionäre für ein vereintes, freiheitliches Deutschland demonstrierten und damit trotz gewaltsamer Gegenwehr eine Bewegung anstießen, die 1848 in das erste Parlament der deutschen Geschichte mündete – bis am 2. September 1850 die Fahne wieder vom Turm der Frankfurter Paulskirche geholt wurde, aus der die Volksvertreter längst vertrieben worden waren. Die reaktionären Kräfte hatten gesiegt.

Fast siebzig Jahre später erst, nach mehr als zwei Millionen gefallener deutscher Soldaten im Ersten Weltkrieg und der erzwungenen Abdankung des Kaisers, erfüllte sich 1919 schließlich die Hoffnung auf eine Republik, und die stolzen Farben der Revolution wurden zum Nationalsymbol der ersten deutschen Demokratie. Doch wie diese selbst standen auch ihre Farben von Anfang an unter Beschuss – bis es ab 1933 lebensgefährlich wurde, sie zu zeigen.

Als nach dem Zweiten Weltkrieg in beiden deutschen Staaten die Entscheidung für die revolutionäre Trikolore als Flagge fiel, knüpfte man damit bewusst an die brüchige deutsche Demokratiegeschichte an. Die politische Rechte hingegen identifizierte sich weiter mit Schwarz-Weiß-Rot, den Farben des Kaiserreichs, und der nun verbotenen Hakenkreuzfahne. In den 1980er-Jahren aber entdeckten Rechtsextreme und Neonazis zunehmend Schwarz-Rot-Gold als Möglichkeit, ihre nationalistischen, vielfach auch revisionistischen Positionen als den einzig wahren Patriotismus zu labeln. Das setzt die AfD nun fort.

Doch die deutsche Fahne, mit der die rechtsextremistische Identitäre Bewegung aufmarschiert, die Co-Parteichef Tino Chrupalla als Anstecknadel am Revers trägt und mit der sich Alice Weidel beim Parteitag in Szene setzte, steht für unsere Verfassung, für Freiheit, Recht und Demokratie – und erinnert an den langen Kampf für diese elementaren Werte. Wie konnte es geschehen, dass wir das Symbol unserer freiheitlich-demokratischen Grundordnung ausgerechnet ihren Feinden überlassen haben?

Die Zukunft gewinnt, wer »die Erinnerung füllt, die Begriffe prägt und die Vergangenheit deutet«, schrieb der konservative Historiker Michael Stürmer 1986. Rechte Populisten haben das verinnerlicht und im Laufe der Zeit perfektioniert. Politikerinnen und Politiker der AfD machen sich systematisch Geschichte zunutze, indem sie die Fakten so lange verdrehen, bis diese zu ihrer politischen Agenda passen. Sie stellen willkürlich Bezüge her, klammern aus, was ihnen nicht passt, machen sich die Symbolkraft historischer Orte zu eigen und besetzen Gedenktraditionen, um sich als deren Erben auszugeben.

In der Präambel ihres Grundsatzprogramms erklärt die AfD beispielsweise, sie stehe »in der Tradition der beiden Revolutionen von 1848 und 1989«. Ihrem Fraktionssaal im Bundestag hat sie den Namen »Paulskirche« gegeben und die Wände mit einem Bilderzyklus gestaltet, der die Zeitspanne von den Befreiungskriegen bis zur Wiedervereinigung umfasst. Die NS-Zeit bleibt dabei ausgespart. Die Gründung der Bundesrepublik oder die Unterzeichnung des Grundgesetzes kommen ebenfalls nicht vor. Und das, obwohl die Partei für sich stets Demokratietreue reklamiert – und alle anderen des Gegenteils bezichtigt.

Die AfD hat verstanden, dass Lügen irgendwann wie Fakten erscheinen, wenn man sie nur oft genug wiederholt. Für ihre Wahlkämpfe verwendete sie schon die Parole »Wir sind das Volk« aus der friedlichen Revolution in der DDR oder Willy Brandts berühmten Satz »Mehr Demokratie wagen«. Nachdem einem ihrer Kreisverbände der Slogan »Sophie Scholl würde AfD wählen« gerichtlich verboten wurde, hält sich die Partei an etwas weniger plakative Aneignungen und verkündet zum Beispiel: »Wir sind der Widerstand.«

Historische Bezüge spielen für die Selbstdarstellung der AfD also eine wichtige Rolle. Die Botschaft ist dabei immer dieselbe: Das bestehende System sei dysfunktional, korrupt und undemokratisch, sie selbst aber die Stimme des Volkes und dessen einzige legitime Vertretung. Ihren Argumenten versucht sie mithilfe von Geschichte Gewicht und ihren Zielen den Anschein historischer Zwangsläufigkeit zu verleihen. Meist halten die so konstruierten Bezüge und Umdeutungen einem Faktencheck nicht stand, ihrer Wirkung tut das aber keinen Abbruch. So wird aus Adolf Hitler ein Kommunist; aus Claus Graf von Stauffenberg ein Vordenker der Neuen Rechten, aus der Revolution von 1848 ein Kampf der Deutschnationalen – und darüber, wie es sich anfühlte, in der DDR zu leben, wissen offenbar gerade AfD-Männer aus dem Westen besonders gut Bescheid.

Wer meint, es gehe bei alledem nur um symbolisches Beiwerk vergangener Tage, irrt sich gewaltig. Der Raubzug von rechts hat uns schon jetzt ärmer gemacht: Indem sich AfD und Neue Rechte in der Demokratiegeschichte bedienen und Personen oder Ereignisse für ihre Zwecke reklamieren, kapern sie zugleich die Werte und Traditionen, die mit diesen verbunden sind. Wie sie das anstellen und wo es ihnen bereits gelungen ist, dadurch das ideelle Koordinatensystem unserer Gesellschaft zu verschieben, davon handelt dieses Buch.

Ganz im Sinne der von Stürmer beschriebenen Strategie laufen die – mal klammheimlichen, mal lautstarken – Aneignungen oft über die Besetzung von Begriffen. Fünf von ihnen werden beispielhaft unter die Lupe genommen. Sie stehen für fünf große Themenbereiche, die in der Rhetorik der AfD und für ihre Ziele eine zentrale Rolle spielen: Nation, Freiheit, Familie, Demokratie und Widerstand.

Sie alle sind aufgeladen mit Emotionen und Symbolik ihrer jeweiligen Geschichte, sie alle erzählen von langen und oft schmerzlichen Kämpfen um eine gerechte Gesellschaft, in der sich jeder und jede frei entfalten kann. Manche dieser Kämpfe sind noch nicht einmal abgeschlossen, doch ihre bescheidenen Erfolge stehen schon wieder unter Beschuss, weil sie nicht ins rechte Welt- und Menschenbild passen. Genau wie viele andere Fortschritte, die wir für selbstverständlich halten – die Gleichstellung von Männern und Frauen zum Beispiel, Kinderrechte, die »Ehe für alle« oder die Vielstimmigkeit unseres Kulturlebens.

So unterschiedlich die Themen auch sind – die Botschaften wiederholen sich und ziehen sich darum auch durch die Kapitel dieses Buches. Jedes kann für sich gelesen werden, den Auftakt aber macht »Nation«, weil die völkische Auffassung davon fast allen rechtspopulistischen Argumenten und Zielen zugrunde liegt. Das »deutsche Volk« ist nach dieser Vorstellung eine unveränderliche, ethnisch und kulturell homogene Einheit. Die Frage, wer dazugehört und vor allem: wer nicht, ist der Dreh- und Angelpunkt rechtsextremer Politik und darum ebenso die Grundlage für die Forderung nach einer »erinnerungspolitischen Wende um 180 Grad« wie für die familien- oder schulpolitischen Vorstöße der AfD, die im Kapitel »Familie« behandelt werden. Es ist die Grundmelodie jener grimmig-düsteren Untergangshymne, die von der Partei und ihrem rechtsextremen Vorfeld ununterbrochen angestimmt wird. Ein Aufruf zum Marsch in die Vergangenheit – angeblich im Namen von Demokratie und Freiheit.

»Sie haben die unglaubwürdige Kühnheit, sich mit Deutschland zu verwechseln«, schrieb Thomas Mann 1936 aus dem Exil, nachdem die Nationalsozialisten ihm und seiner Familie die deutsche Staatsbürgerschaft entzogen hatten. Auch die Politikerinnen und Politiker der AfD geben sich so, als verträten sie allein den »Volkswillen« und wüssten als Einzige, was für dieses Land das Beste ist. Schon darin kommt ein Verständnis von Demokratie zum Ausdruck, das mit Demokratie nichts zu tun hat.

Hier geht es um Werte, die weder links noch konservativ sind. Sie betreffen uns alle – egal, wo wir uns politisch verorten. Es ist darum eine gemeinschaftliche Aufgabe, entschiedenen Widerspruch gegen diese Vereinnahmungen zu erheben. Anregungen und Argumente dafür finden sich in diesem Buch.

Nation

Der rechte Traum vom völkisch »reinen« Reich

Der Kaiser aus Eisen und Kupfer sitzt hoch zu Ross über dem Kyffhäusergebirge, mit Backenbart und Pickelhaube, der Umhang seiner Feldherrnuniform flattert im Wind. Sein Blick ist siegesgewiss in die Weiten des Thüringer Waldes gerichtet. Das Pferd muss er zügeln, so kraftvoll strebt es nach vorn. Die Ohren gespitzt, ein Huf in der Luft für den ersten Schritt, unterm Fell spannen sich schon die Muskeln. Zu seinen Füßen sitzen rechts ein germanischer Krieger mit geflügeltem Helm und gezücktem Schwert, links eine Frauenfigur, die Schreibfeder in der Hand – bereit, die Heldentaten des Monarchen für die Nachwelt zu notieren. Den Arm stützt sie auf einen Schild mit der Inschrift »Sedan/Paris 1870«: die großen Siege über Frankreich.

Im felsig zerklüfteten Hof unterhalb des Reiters steht man einem weiteren Kaiser gegenüber: Friedrich I., genannt »Barbarossa«. Der Staufer herrschte im 12. Jahrhundert über ein Gebiet, das von der Nordsee bis Italien reichte. 1190 ertrank er während eines Kreuzzugs auf dem Weg nach Jerusalem, sein Grab wurde nie gefunden. Der Legende nach schläft er tief unten im Berg und erwacht zum Leben, wenn die Zeit reif ist, um »das Reich« zu alter Größe zu führen.[1]

Der Sechseinhalb-Meter-Koloss aus Sandstein ist gerade dabei, sich vom Thron zu erheben: Grimmig schaut er auf die Menschlein zu seinen Füßen herab, mit der linken Hand greift er sich in den Bart, mit der rechten ein Schwert. Sein Mund ist geöffnet, als käme jeden Moment ein Befehl, ein Fluch, ein Schlachtgebrüll daraus hervor.

Das Monument auf dem Kyffhäuser ist das größte unter den Denkmälern für Kaiser Wilhelm I., wie sie nach dessen Tod 1888 in ganz Deutschland errichtet wurden. Erbaut auf den Ruinen der alten Reichsburg Kyffhausen aus der Zeit Barbarossas, erstreckt es sich über eine Länge von 131 Metern und 96 Metern Breite. Dicke Mauern mit angedeuteten Zinnen umgeben die Anlage, ausladende Treppen führen über mehrere Ebenen bis zum Sockel des Turms, auf dessen Spitze in 81 Metern Höhe eine steinerne Krone in den Himmel ragt.[2]

Doch es war nicht nur ein Ehrenmal für den toten Monarchen, hier präsentierte sich das Kaiserreich selbst – oder besser, wie es gesehen werden wollte: als stolze und wehrhafte Nation der Deutschen, nach Jahrhunderten endlich vereint unter einem starken gemeinsamen Herrscher. Eine aufstrebende Großmacht, die niemand mehr aufhalten kann.

Als sich der ultrarechte *Flügel* der AfD im Sommer 2015 hier zum ersten *Kyffhäuser-Treffen* versammelte, war die Kulisse mit Bedacht gewählt: Man wolle daran erinnern, »wer wir sind und wo wir herkommen«, sagte der thüringische Landesvorsitzende Björn Höcke.[3] Der damals frisch formierten Gruppierung um ihn und seinen brandenburgischen Parteifreund Andreas Kalbitz war die offizielle Parteilinie nicht radikal genug: Die AfD müsse eine »Widerstandsbewegung« bleiben, denn ihre »eigentliche Daseinsberechtigung« sei die »grundsätzliche politische Wende in Deutschland«, hieß es in der *Erfurter Resolution*, dem Gründungsdokument des *Flügels*.

Dadurch werde es unweigerlich zu »echten Auseinandersetzungen mit den Altparteien, den Medien und den Trägern der verheerenden Gesellschaftsexperimente« kommen. Diesen Kampf müssten die Funktionsträger der Partei mutig und wahrhaftig führen und dürften sich nicht dem »etablierten Politikbetrieb« anpassen, »dem Technokratentum, der Feigheit und dem Verrat an den Interessen unseres Landes«.[4] Ein Fest am Kyffhäuser – mit politischen Reden,

Blasmusik, Bier und Schweinebraten in der traditionsreichen Gaststätte »Burghof« – sollte die rechtsnationale Ausrichtung der Strömung betonen und in der Partei populär machen.

Es habe Kritik gegeben, weil der Kyffhäuser »ein beliebtes Pilgerziel von Rechtsradikalen« sei, sagte Höcke bei seiner Eröffnungsrede unter amüsiertem Gejohle. »Das ist schlimm«, fügte er im selben ironischen Tonfall hinzu. »Ich bin betroffen.« Und nach einer Kunstpause rief er, diesmal ernst: »Ich bin betroffen über so viel Geschichtsvergessenheit, liebe Freunde!«[5] Seine Zuhörer applaudierten begeistert: Vom ehemaligen Geschichtslehrer Höcke ließen sie sich gern erzählen, dass der Beweis für die Überlegenheit der deutschen Nation in der Vergangenheit zu finden sei.

Drei Jahre hintereinander, von 2015 bis 2018, versammelte sich die Rechtsaußen-Strömung am Kyffhäuser. Dann zeigten lokale Proteste gegen die Vereinnahmung des Ortes bei den Betreibern des Gasthofes und den politisch Verantwortlichen im Landkreis Wirkung: 2019 musste der *Flügel* auf ein Schloss in Sachsen-Anhalt, im Jahr darauf ins thüringische Leinefelde ausweichen.[6] Den Namen »Kyffhäuser-Treffen« behielt man jedoch bei – die Botschaft war gesetzt, der Geist ließ sich auch andernorts kultivieren.

Doch 2020 war es mit den Treffen vorbei: Nachdem der Verfassungsschutz den *Flügel* im Frühjahr als »gesichert rechtsextremistische Bestrebung gegen die freiheitliche demokratische Grundordnung« eingestuft hatte, wurde er auf Druck des AfD-Bundesvorstands aufgelöst. Dabei hatte damals sogar der spätere Parteichef, Alexander Gauland, die *Erfurter Resolution* mitunterzeichnet. Dass die Auflösung nur formal gewesen war, zeigte sich denn auch schon bald: »Herr Höcke rückt die Partei nicht nach rechts, Herr Höcke ist die Mitte der Partei«, erklärte Gauland.[7]

Tatsächlich gehören Höckes Positionen inzwischen zum Markenkern der AfD: Die Machtkämpfe innerhalb der Partei konnte der *Flügel*-Gründer allesamt für sich entscheiden und sitzt heute nicht nur als Fraktionschef im thüringischen Landtag fest im Sattel: Trotz mehrfacher Anzeigen wegen Volksverhetzung und zweier Verurteilungen wegen des Verwendens einer NS-Parole[8] gibt er zusammen mit seinen Getreuen in der AfD die Richtung vor. Selbst die Parteichefs Alice Weidel und Tino Chrupalla verdanken ihre Posten den Stimmen der ehemaligen Flügelianer: Die ohnehin rechte AfD hat sich in den vergangenen Jahren noch einmal erheblich radikalisiert und nach rechtsaußen verschoben.[9]

Zu diesem Schluss kam im Mai 2025 auch das Bundesamt für Verfassungsschutz (BfV), als es aufgrund eines 1117 Seiten starken Gutachtens die gesamte AfD als »gesichert rechtsextremistisch« einstufte. Die Landesverbände Thüringen, Sachsen-Anhalt und Sachsen waren bereits in den Jahren davor so bewertet und die gesamte Partei daher als »Verdachtsfall« beobachtet worden. Sämtliche Versuche der AfD, dagegen juristisch vorzugehen, scheiterten. Vier Jahre nach dem ersten Bericht hieß es nun beim BfV, der Verdacht auf eine »verfassungsfeindliche Ausrichtung« der Partei habe sich »zur Gewissheit verdichtet«.

Damit hat der Verfassungsschutz eine maßgebliche Unterscheidung vorgenommen: Die AfD ist demnach nicht einfach nur rechts oder sehr konservativ, sondern vertritt in ihrer Gesamtheit Positionen, die gegen die Verfassung verstoßen. Außerdem lehnt sie die freiheitlich demokratische Grundordnung der Bundesrepublik und ihre Institutionen ab. Das unterscheidet sie von Rechtsradikalen, die zwar ebenfalls einen grundlegenden Umbau der Gesellschaft gemäß ihres rassistischen Weltbilds anstreben, diesen aber innerhalb der bestehenden Ordnung durchsetzen wollen. Solange das so bleibt, muss eine Demokratie radikale Positionen wie diese aushalten.

Rechtsextremismus ist keine klar umrissene Ideologie und kann sich auf verschiedene Weise zeigen. Sein Weltbild ist geprägt von Nationalismus und Fremdenfeindlichkeit, der Ablehnung des demokratischen Rechtsstaats. Auch geschichtsrevisionistische Positionen, die auf eine Relativierung der NS-Zeit bis hin zur Leugnung des Holocaust hinauslaufen, sind typisch für ihn.[10]

Die Grenzen zwischen beiden Strömungen sind fließend, doch der Verfassungsschutz hat bereits vor Jahren definiert, wo sie verläuft. Nämlich dort, wo sich eine Partei oder Bewegung gegen den Kernbestand der Verfassung richtet: gegen die freiheitliche, pluralistisch-parlamentarische Demokratie und den Rechtsstaat.[11]

Die AfD ist bestrebt, diesen Unterschied zu verschleiern, indem sie immer wieder betont, wie sehr ihr die Demokratie am Herzen liege. Zugleich wird aber immer wieder sichtbar, wie sehr sie deren Institutionen und Grundprinzipien verachtet. Wo immer sie die Möglichkeit dazu hat, greift sie diese schon jetzt gezielt an.

Für die Einschätzung des Bundesverfassungsschutzes, dass es sich bei der AfD nicht mehr um eine rechts*radikale*, sondern um eine rechts*extreme* Partei handelt, war ihr »ethnisch-abstammungsmäßiger Volksbegriff«[12] ausschlaggebend – *das* bestimmende Merkmal rechtsextremer Bewegungen überall auf der Welt. Zahlreiche Äußerungen aus allen Ebenen der Partei belegen, dass er im Zentrum ihrer politischen Agenda steht. Tatsächlich bildet der völkische Nationalismus die Basis für fast all ihre Argumentationsstränge und Forderungen, auch wenn es manchmal erst auf den zweiten Blick zu erkennen ist.

Schon in dem 2016 verabschiedeten und nach wie vor geltenden AfD-Grundsatzprogramm klingt es an: Dort erklärt die Partei, einen »souveränen Nationalstaat des deutschen Volkes« anzustreben, in dem »unsere abendländische christliche Kultur, unsere Sprache und Tradition … dauerhaft erhalten« bleiben.[13] Nach diesem Verständnis bedingen sich die »deutsche Nation« und das »deutsche Volk« gegenseitig und bilden so eine scheinbar zeitlos gültige Einheit.

Schon im Online-Lexikon der NPD (heute »Die Heimat«) hieß es, ein Volk werde zur Nation, »wenn es sich seines politisch-kulturellen Eigenwertes bewusst wird und sein Dasein als selbständige sichtbare Ganzheit bejaht«.[14] Sobald in rechtem Kontext von Nation die Rede ist, scheinen die Sätze von einer Aura der Ewigkeit umweht zu sein – als sei »die deutsche Nation« Teil einer natürlichen Ordnung, die es schon immer genauso gegeben habe.

In Wirklichkeit ist die Idee der »Nation« vergleichsweise jung und alles andere als naturgegeben: Die Nationalstaaten sind politische Gebilde des 19. Jahrhunderts, die unter bestimmten historischen Bedingungen zustande kamen und sich auf ganz unterschiedliche Weise kulturell begründeten. Gerade an der Geschichte Deutschlands, das erst 1871 zur Nation wurde, wird das deutlich: Vor der Gründung des Kaiserreichs gab es mehrere hundert eigenständige Kleinstaaten und freie Städte; und selbst diejenigen Deutschen, die sich zu Beginn des 19. Jahrhunderts für die nationale Idee begeisterten, identifizierten sich gefühlsmäßig zuallererst mit ihrer Region, der dortigen Mundart und Lebensweise. Der Wunsch nach einem vereinten Deutschland hatte zunächst nichts Nationalistisches, sondern entsprang vor allem der Hoffnung auf das Ende der Herrschaft des Adels und auf eine neue Ordnung der Freiheit und politischen Mitbestimmung, wie es die Franzosen für sich hatten erkämpfen können.

Der deutsche Nationalstaat, der in Gestalt des Kaiserreichs dann schließlich Wirklichkeit wurde, hatte aber nicht viel gemein mit dem, was sich die Menschen erträumt hatten, als sie 1848 unter schwarz-rot-goldenen Fahnen auf die Barrikaden gegangen waren. Vor allem die süddeutschen Staaten fügten sich nur widerwillig unter die preußische Vorherrschaft. Es bedurfte darum mehrerer Jahrzehnte gezielter »Nationalerziehung«, um bei einer Mehrheit der Deutschen jenen fahnenschwenkenden Patriotismus zu verankern, den die AfD heute für »natürlich« hält.[15]

Im Laufe der Zeit flossen zunehmend Vorstellungen von der Überlegenheit der deutschen Kultur und der Abgrenzung gegenüber Minderheiten in das Konzept Nation mit ein. Auch der Glaube,

»das deutsche Volk« brauche mehr Raum, hat hier seine Wurzeln. Nachdem in diesem Geiste dann Kriege geführt, ferne Länder zu Kolonien gemacht und die monströsesten Verbrechen der Menschheitsgeschichte in die Tat umgesetzt worden waren, schien jede Art von Nationalstolz diskreditiert und mit ihm auch der Begriff »Nation«. In der alten Bundesrepublik entstand ein neues Selbstverständnis durch die Auseinandersetzung mit der verbrecherischen NS-Vergangenheit. Nicht zuletzt unser Grundgesetz, das die Würde des Menschen an erste Stelle setzt, spiegelt das wider.

Die heutige Bundesrepublik hat schon allein deshalb fast nichts mehr mit dem zu tun, was Deutschland einmal war: Eingebunden in zwischenstaatliche Verträge und Abkommen, in die Mitgliedschaft in der EU und anderen internationalen Organisationen ist sie, wie alle Staaten des 21. Jahrhunderts, durch wechselseitige Abhängigkeiten in der Wirtschaft, den Finanzmärkten oder dem Handel Teil eines komplexen Geflechts multilateraler Beziehungen.

Was AfD und Neue Rechte »Nation« nennen und anstreben, gehört also einer unwiederbringlich vergangenen Zeit an. Es ist ein Trugbild. Aber eines, mit dem sich eine rassistische Politik der Ausgrenzung vermeintlich historisch begründen lässt. Und vor allem eines, das – aller Täuschung zum Trotz – zugleich ein mächtiges Identifikationsangebot darstellt, wie das weltweite Wiedererstarken des Nationalismus zeigt. Populisten machen sich dabei Ängste zunutze, die viele Menschen angesichts der großen Krisen der Zeit empfinden, und tun so, als seien diese mit konsequenter Abschottung zu lösen – und mit der Flucht in eine Vergangenheit, die wiederherzustellen nicht nur unmöglich, sondern in Wahrheit auch gar nicht erstrebenswert ist.

Nach modernem Verständnis gehören zur deutschen Nation alle Menschen mit deutschem Pass, unabhängig von ihrer Herkunft. Seit der Einführung des neuen Staatsbürgerschaftsrechts von 1999 gilt neben dem alten Abstammungs- auch das Geburtsprinzip, sodass in Deutschland geborene Kinder ausländischer Eltern unter bestimmten Voraussetzungen mit der Geburt die deutsche Staatsbürgerschaft erhalten. Spätestens seit dieser Reform ist Deutschland offiziell ein Einwanderungsland, was es tatsächlich lange schon war, auch wenn so mancher es bis heute nicht wahrhaben will.[16]

Wer die deutsche Staatsbürgerschaft besitzt, darf an Wahlen teilnehmen und sich auch selbst zur Wahl stellen. Unabhängig davon gilt innerhalb der deutschen Grenzen das Grundgesetz der Bundesrepublik Deutschland. Auf die dort garantierten Menschenrechte können sich darum auch Ausländerinnen und Ausländer berufen.[17]

Für die AfD aber ist all das offensichtlich nicht bindend: »Wir lieben nicht die Verfassung, wir lieben unser Volk«, erklärte Gauland 2016 auf dem Kyffhäuser. Verfassung sei ein Kleid, das man verändern könne, doch »Identität, Nationales und Kultur kann man nicht verändern. Sie ist uns angeboren und sie ist etwas, was wir alle zum Leben brauchen.«[18]

Gemäß der völkischen Ideologie entscheidet nicht Geburtsort oder Pass, sondern allein die Abstammung darüber, wer sich zur Nation zählen darf und vor allem: wer nicht.[19] Die viel beschworene Gemeinschaft hat also eindeutig rassistischen Charakter. Sie beruht auf der Vorstellung, »das Volk« sei eine ethnisch einheitliche Gruppe von Menschen, die aufgrund ihrer Herkunft durch eine gemeinsame Kultur und Geschichte verbunden sind und sich darum auch in ihrer Lebensweise, bis hin zum Denken und Fühlen, gleichen. »Volksgemeinschaft« hieß das bei den Nationalsozialisten. »Du bist nichts, dein Volk ist alles«, lautete der dazugehörige Slogan – Kernsatz der NS-Ideologie.

Noch scheut man sich bei der AfD in der Regel, ein solches Vokabular zu benutzen, die Idee aber ist die gleiche: Die Belange des Einzelnen haben sich denen der Nation unterzuordnen.[20] Dem »reinen Individualismus der Liberalen« stelle rechte Politik die »Idee eines großen Ganzen« gegenüber, ist im *Manifest* des AfD-Bundestagsabgeordneten Maximilian Krah zu lesen. Jeder Mensch sei »in einer Kultur mit deren Sprache sozialisiert«, habe seine Heimat »anhand des Bodens, der Landschaft, der Jahreszeiten ... erfahren« und trage »das Erbgut der Generationen« in sich. Diese Prägung mache ihn zum »Teil einer Gemeinschaft der Ähnlichen«.[21]

Gemäß dieser Blut-und-Boden-Ideologie unterscheiden seine Parteifreunde und er zwischen »Passdeutschen« und »echten Deutschen«, die Krah »Autochthone« nennt. Der Begriff kommt ursprünglich aus der Geologie und bezeichnet Gesteine, die sich noch immer an dem Ort befinden, an dem sie entstanden sind. In der Botanik wird er verwendet, um heimische von eingewanderten Arten zu unterscheiden. Schon die NS-Propaganda bediente sich solch vermeintlich wissenschaftlicher Analogien, um den Eindruck zu erwecken, es handle sich um naturgegebene Gesetzmäßigkeiten.

Bei Krah klang das 2023 so: Nur »wenn Völker in ihrem ethnischen Substrat Bestand haben, wenn ihre positiven Eigenschaften durch die Homogenität der ebenso Geprägten zum Vorteil aller« würden, könnten »Anstand, Ehrlichkeit und Vertrauen« gedeihen. Denn ohne den »Schutzraum des Volkes« würde unweigerlich »jede Eigentümlichkeit und Liebenswürdigkeit« verschwinden, genau wie alles, »was den Kampf ums nackte Überleben übersteigt«.[22]

Demnach ist ein friedliches Miteinander also nur als ethnisch und kulturell »reines« Volk möglich, andernfalls ist das Leben ein einziger Existenzkampf.

Ziel rechter Politik ist es darum, den Idealzustand einer homogenen Nation herbeizuführen. Wer nicht originär dazugehört, ist eine Bedrohung – genau wie alles, was der menschlichen Vielfalt Rechnung trägt: der Schutz von Minderheiten, Trans- oder Frauenrechte, gleichgeschlechtliche Ehe, Inklusion und all die anderen mühsam erkämpften Fortschritte hin zu einer Gesellschaft, in der nicht das Recht des Stärkeren regiert. »Wir sind dafür, das sogenannte Abstammungsprinzip ..., das bis vor Kurzem noch gegolten hat, wiedereinzuführen«, erklärte der studierte Philosoph und AfD-Abgeordnete Marc Jongen schon 2016. »Der Pass alleine macht noch keinen Deutschen.«[23]

Aber was ist es dann? Sofern sie keiner alten Adelsfamilie angehören, dürften die meisten Deutschen Schwierigkeiten haben, ihre Herkunft über mehrere Generationen zurückzuverfolgen, um sich als »autochthones« Gewächs auszuweisen. Die Geschichte erschwert die Sache zusätzlich, denn das Gebiet, das heute Deutschland heißt, wurde in den vergangenen Jahrhunderten von sehr verschiedenen Völkern und Gruppen bewohnt, die sich zum Teil vermischten, zum Teil bekriegten und deren Lebensräume sich immer wieder veränderten: Links des Rheins und an der Donau lebten Kelten, Franken, Römer und germanische Stämme, zwischen Elbe und Oder siedelten Slawen. Ein Volk der »Germanen« hat es nie gegeben: Der Name geht auf antike Geschichtsschreiber zurück, die mit dem Begriff die unübersichtliche Vielzahl von Ethnien und Stämmen zusammenfassten, die an der nördlichen Grenze des Römischen Reiches lebten.[24]

Auch Zuwanderung ist kein Phänomen der letzten zehn Jahre. Ende des 17. Jahrhunderts beispielsweise ließen sich in Brandenburg-Preußen französische Hugenotten nieder, die wegen ihres protestantischen Glaubens in ihrer Heimat verfolgt wurden. Kurfürst Friedrich Wilhelm hatte sie ausdrücklich eingeladen, um das Land wieder aufzubauen, das im Dreißigjährigen Krieg entvölkert und verwüstet worden war. Ihr Beitrag zum wirtschaftlichen und kulturellen Aufschwung war enorm, und vieles, was heute – wie etwa der Französische Dom am Gendarmenmarkt – für den Glanz des alten Preußens steht, hätte es ohne sie nicht gegeben.[25] Den bis dahin unbekannten Spargel, mittlerweile eine deutsche Leidenschaft, verdanken wir ebenfalls den Glaubensflüchtlingen aus Frankreich.

Zu Beginn des 19. Jahrhunderts wanderten Zehntausende Deutsche nach Amerika aus, um der Armut oder politischer Verfolgung in ihrer Heimat zu entgehen. Als dann aber ab den 1870er-Jahren auch in Deutschland die Industrialisierung Fahrt aufnahm, entwickelte sich das Deutsche Reich zum zweitwichtigsten Einwanderungsland nach den USA. Vor allem in den Kohlegebieten an Rhein und Ruhr reichten die einheimischen Arbeitskräfte nicht aus. Viele Polen aus dem ländlich geprägten Ostpreußen zogen darum in die sich entwickelnden Industriegebiete, um in den Zechen und Fabriken zu arbeiten. Den Staat Polen gab es damals nicht, es waren also Bürgerinnen und Bürger des Deutschen Reiches: polnischsprachige Preußen aus Masuren, Oberschlesien oder Posen.

Von der einheimischen Bevölkerung wurden sie abfällig »Ruhrpolen« genannt, von den Behörden benachteiligt. Doch sie passten sich an, bemühten sich um ihren Platz in der Gesellschaft des Kohlereviers, irgendwo zwischen deutscher und polnischer Kultur. Eine wichtige Rolle spielten dabei die Fußballvereine, die maßgeblich von ihnen mitgeprägt wurden und sich mit der Zeit zu einem bedeutenden Teil regionaler Identität entwickelten: Schalke 04, wo viele polnischstämmige Bergmänner kickten, gewann 1934 den Meistertitel durch einen Siegtreffer des Stürmers Ernst Kuzorra, dessen Eltern einst aus Masuren nach Gelsenkirchen gezogen waren. Und in den 1960er-Jahren stand der polnischstämmige, in Dortmund geborene Hans Tilkowski für die Nationalmannschaft im Tor.

Den meisten Nachkommen der »Ruhrpolen« ist ihre Abstammung gar nicht bewusst, aber noch heute finden sich Tausende polnische Namen in den Telefonbüchern von Bochum, Bottrop oder Dortmund.[26] Sind diese Deutschen auch »Autochthone« und damit Teil der von Krah beschworenen »Gemeinschaft der Ähnlichen«? Worin besteht – gerade angesichts der Geschichte dieses Landes – die nationale Identität, die uns angeblich zu jener klar definierbaren Einheit namens »deutsches Volk« macht?

Die AfD erweckt stets den Eindruck, als sei das sonnenklar. In Wirklichkeit fällt es ihr selbst schwer, diese Frage zu beantworten: »Die Identität des Volkes ist eine Mischung aus Herkunft, aus Kultur und aus rechtlichen Rahmenbedingungen«, meint Jongen nebulös.[27] Im Wahlprogramm 2025 heißt es: »Unsere Identität ist geprägt durch unsere deutsche Sprache, unsere Werte, unsere Geschichte und unsere Kultur.«[28] Der AfD-Landtagsabgeordnete in Sachsen-Anhalt Hans-Thomas Tillschneider wurde beim Kyffhäuser-Treffen 2018 poetisch: »Unser Deutschsein ist … ein besonderes Licht, das unsere gesamte deutsche Welt einhüllt.«[29]

Gemeinschaft durch Ausgrenzung

Konkret wird es hingegen immer dann, wenn es darum geht, was angeblich *nicht* deutsch ist – als würde das Eigene erst durch die Abgrenzung vom Fremden entstehen. Die scharfe Trennung zwischen »Wir« und »den Anderen« nimmt darum bei rechten Populistinnen und Populisten großen Raum ein, wobei alles, was nicht zum »Wir« gehört, als minderwertig und gefährlich gilt.

Für die AfD und die Neue Rechte ist vor allem der Islam der Inbegriff des Fremden:[30] Alice Weidel nennt ihn eine »Steinzeitkultur«, die nicht nach Europa gehöre, Höcke bezeichnet ihn als »Okkupationsmacht«, eine Moschee mit Minarett als »Symbol der Landnahme«. Und Beatrix von Storch erklärte: Wer »in der Neuzeit lebt und Kompromisse mit der Steinzeit schließt, der landet im Mittelalter … Wir müssen und werden unsere Kultur verteidigen – gegen den Islam.«[31]

Der Gedanke, dass interkultureller Austausch bereichernd sein kann, wofür die Weltgeschichte zuhauf Belege liefert, kommt in der rechten Agitation nicht vor. »Multikulti bedeutet Traditionsverlust, Identitätsverlust, Verlust der Heimat, Mord, Totschlag, Raub und Gruppenvergewaltigungen«, brachte es der brandenburgische AfD-Landtagsabgeordnete Dennis Hohloch für seine Partei auf den Punkt.[32] Als eine Gruppe von Schülerinnen und Schülern, alle zwischen neun und zwölf Jahren, im Sommer 2024 den Landtag in

Potsdam besuchte, ließ er sich durch das kindliche Alter der Zuhörerschaft nicht davon abhalten, seine martialische Warnung zu wiederholen.[33]

Das AfD-Grundsatzprogramm formuliert die Sache etwas akademischer, aber nicht weniger deutlich: Der »Multikulturalismus« stelle »importierte kulturelle Strömungen auf geschichtsblinde Weise der einheimischen Kultur« gleich, wodurch »deren Werte … zutiefst relativiert« würden. Diese »Ideologie« sei darum eine »ernste Bedrohung für den sozialen Frieden und für den Fortbestand der Nation als kulturelle Einheit«.[34]

Hier wird unmissverständlich ein Gefälle zwischen einheimischer und fremder Kultur konstatiert. Wie selbstverständlich ist außerdem von »Fortbestand« die Rede, als sei die »Nation als kulturelle Einheit« Common Sense. Dabei offenbart schon ein flüchtiger Blick in das Angebot jeder x-beliebigen deutschen Großstadt, dass die Vielfalt so groß ist wie die Geschmäcker verschieden: Ist ein Deutschrap-Konzert noch deutsch? Sind Grafitti, Skateboards, Manga oder Marvel nicht auch »importierte kulturelle Strömungen«? Ist es »undeutsch«, eine Shisha-Bar zu besuchen, Burger, Döner oder Pizza zu essen? Gefährde ich die »kulturelle Einheit«, wenn ich mir im Kino *Parasite* von Bong Joon-ho oder eine Ausstellung von Ai Weiwei anschaue?

Inwiefern kann überhaupt von »Fortbestand« die Rede sein, wo doch gerade Kultur von ständiger Veränderung lebt und auch hierzulande selbst vor fünfzehn oder zwanzig Jahren noch eine andere war als heute? Ganz zu schweigen von den 1920er-Jahren, der Barockzeit oder dem Kaiserreich. Laut aktuellem Wahlprogramm der AfD aber ist die Sache klar: »Die deutsche Leitkultur beschreibt unseren Wertekonsens, der für unser Volk identitätsbildend ist und uns von anderen unterscheidet. Sie sorgt für den Zusammenhalt der Gesellschaft und ist Voraussetzung für das Funktionieren unseres Staates.«[35]

So inszeniert sich die AfD als Hüterin der deutschen Identität. Wie schon die Väter der völkischen Bewegung des 19. Jahrhunderts – übrigens ein genuin deutsches Phänomen – berufen sich ihre Vertreter dabei gern auf »die deutsche Geschichte«, um die vermeintliche Zwangsläufigkeit ihres Konzepts zu belegen. Das homogene deutsche Volk ist demnach das Produkt einer gemeinsamen Vergangenheit, die bruchlos von einer lange zurückliegenden, aber meist nicht näher bestimmten Vorzeit bis in die Gegenwart reicht: »Ein Volk, das ist etwas Gewachsenes, über Jahrhunderte Gewachsenes«, sagte Höcke beim ersten Kyffhäuser-Treffen 2015. »Eine Lerngemeinschaft, eine Erfahrungsgemeinschaft, die über Generationen das aufnimmt, was sich bewährt … und das ausscheidet, was sich nicht bewährt, was das Zusammenleben vielleicht auch stört.«

Was scheinbar harmlos daherkommt, ist völkisches Denken in Reinkultur, und Höcke ist das sehr wohl bewusst: »›Völkisch‹ ist natürlich ein stigmatisierender Begriff in der heutigen Zeit, machen wir uns nichts vor«, schob er hinterher. Ihn zu verwenden, bediene »genau die Stigmatisierungsmuster …, die das etablierte Establishment ständig gegen uns in Stellung bringt, um unsere Meinungsfreiheit einzugrenzen«.[36] Nicht der Begriff »völkisch« und das rassistische Gedankengut, das dahintersteckt, sind also in Höckes Augen problematisch, sondern die Tatsache, dass man den Ausdruck nicht verwenden kann, ohne dafür kritisiert zu werden: »Das ist der *eigentliche* Skandal, liebe Freunde!«[37]

Doch es ist ohnehin nicht nötig, das Wort »völkisch« zu benutzen, um völkisches Gedankengut zu transportieren – mit dem Begriff »deutsche Leitkultur« lässt sich dasselbe sagen, und der ist keine Erfindung der AfD: Jörg Schönbohm, CDU-Landesvorsitzender in Brandenburg und Innenminister des Bundeslandes, brachte ihn 1998 erstmals in die politische Debatte ein;[38] sein Parteikollege Friedrich Merz, damals Fraktionsvorsitzender, etablierte ihn zwei Jahre später als politischen Kampfbegriff und verband damit die

Kritik an der Einwanderungspolitik der rot-grünen Bundesregierung. 2007 fand er sich im Grundsatzprogramm der CDU wieder,[39] mittlerweile gehört er zum allgemeinen Sprachgebrauch.

»Selbstverständlich stehe ich zu dem, zu dem das Grundgesetz auch steht«, rief Höcke 2015 am Kyffhäuser. »Selbstverständlich sage ich Ja zum Begriff des Volkes!« In Wahrheit ist das, was das Grundgesetz darunter versteht, etwas völlig anderes als das, was Höcke seinem Publikum als »selbstverständlich« verkauft. Denn im Gegensatz zu ihm und seinen Parteigenossen unterscheidet die Verfassung eben nicht zwischen »ethnischen« Deutschen und »Passdeutschen«. Für das Grundgesetz gibt es keine Bürger erster und zweiter Klasse.

Dass der *Flügel* 2015 ausgerechnet den Kyffhäuser für seine jährlichen Zusammenkünfte wählte, war für die damals noch am rechten Rand der Partei operierende Strömung also Bekenntnis und Agitation zugleich: Die Symbolkraft eines explizit deutschen Ortes sollte wiederbelebt und mit den politischen Botschaften der Gegenwart verwoben werden – als Einladung, sich mit der angeblich ruhmreichen deutschen Vergangenheit zu identifizieren, die Anlass zu berechtigtem Nationalstolz biete und zugleich den Weg in die Zukunft weise.

Wer allerdings den Kyffhäuser für prädestiniert hält, daran zu erinnern, »wer wir sind und wo wir herkommen«, hat anderes im Sinn als die Weimarer Republik und vertritt auch nicht das moderne Verständnis einer Staatsnation. Darüber hinaus zeugt diese Ortswahl unmissverständlich von autoritären Großmachtfantasien: Höcke und seine Getreuen, jetzt die maßgebliche Strömung in der Partei, streben ein Deutschland an, das unter starker Führung wieder zu angeblich alter Pracht und Größe findet. Ein Deutschland, das jeder fürchten muss, der nicht dazugehört oder der es wagt, sich dem Generalplan in den Weg zu stellen – denn genau davon erzählt das monumentale Denkmal aus der Kaiserzeit.

Gebaut wurde es 1890 bis 1896 vom Deutschen Kriegerbund, dem »Volk in Waffen«, wie es damals hieß.[40] In den Jahrzehnten davor hatte sich der Berg bereits zu einem Wallfahrtsort national gesinnter Romantiker entwickelt, die in Friedrich I. Barbarossa (um 1122–1190) den Repräsentanten einer goldenen deutschen Vergangenheit sahen. Anstelle der vielen Fürstentümer und Königreiche wünschten sie sich ein vereintes deutsches Reich, das es ihrer Meinung nach unter dem Stauferkaiser gegeben habe. Die Ruinen der Reichsburg Kyffhausen aus jener Zeit gaben dem Berg historisches Gewicht, die alte Sage vom schlafenden Kaiser die Aura des Mythischen. Die Brüder Grimm hielten die Volkserzählung aus Thüringen fest und veröffentlichten sie 1816 in ihren *Deutschen Sagen*; unzählige Dichter schrieben und interpretierten sie weiter, bis aus ihr nach und nach ein nationaler Mythos wurde.

In ihm verkörperte Barbarossa das Versprechen auf eine bessere Zukunft, die in der Wiederkehr vergangener Verhältnisse bestehen werde. Die damaligen Zeitgenossen hatten dabei zunächst vor allem die Befreiung von der napoleonischen Herrschaft im Sinn. Die Revolutionäre von 1848 hofften drei Jahrzehnte später auf eine demokratische Republik mit dem preußischen König als neuem Barbarossa an der Spitze – bis dieser sie verriet und den Traum von Freiheit, Einheit und Mitbestimmung blutig beenden ließ.[41]

Als dann 1871 das Deutsche Kaiserreich gegründet wurde, bot der Kyffhäuser-Mythos die Möglichkeit, dem neuen Staat eine Tradition anzudichten, die er gar nicht besaß: Kaiser Wilhelm I. sollte als »Einiger Deutschlands« gelten, sein Geschlecht, das preußische Königshaus Hohenzollern, als Nachfolger des schwäbischen Hauses der Staufer, dem Friedrich I. Barbarossa angehörte. Der damals 74-jährige Kaiser Wilhelm I. ließ sich »Barbablanca«, Weißbart, nennen und trat damit gleichsam das Erbe seines vermeintlichen

Vorgängers an – als habe sich mit ihm die Prophezeiung von der Rückkehr des legendären Monarchen erfüllt.[42] »Der Weißbart auf des Rotbarts Thron!«, hieß es nun.[43]

Die Neugründung sollte also wie eine Wiedererrichtung erscheinen: als Fortsetzung jener großen Zeit deutscher Kaiser, die mit dem Zerfall des Heiligen Römischen Reiches Deutscher Nation 1806 nur vorübergehend unterbrochen gewesen sei.[44] Die Deutschen, so die Erzählung, seien eigentlich schon immer eine Einheit gewesen und hätten mit der Reichsgründung nun endlich auch als Nation zusammengefunden.

Reichskanzler Otto von Bismarck, selbst alles andere als ein Romantiker, wusste nur zu gut, wie nützlich eine solche Legende sein konnte, um dem künstlich geschaffenen Staat Legitimation zu verleihen. Schließlich gab es in weiten Teilen der Bevölkerung große Vorbehalte gegen Preußen. Vor allem die süddeutschen Staaten waren nur widerstrebend (und Bayern nur gegen eine hohe Summe) bereit gewesen, ihre Souveränität aufzugeben. Auch »das Volk« selbst sah sich noch keineswegs als Nation.[45]

Mit Festen, Aufmärschen, Denkmälern, Kaiser-Devotionalien, dem allgegenwärtigen Schwarz-Weiß-Rot und einem wahren Kult um vergangene Schlachten und tote Helden sollten die Deutschen lernen, sich mit dem neuen Nationalstaat zu identifizieren. Ob an Schulen, Universitäten oder in Vereinen – überall sang man das Hohelied auf Kaiser und Vaterland. Nationaldenkmäler wie das Hermannsdenkmal im Teutoburger Wald oder das Niederwalddenkmal am Rhein sollten vom neuen deutschen Selbstbewusstsein zeugen.[46]

Nachdem Wilhelm I. 1888 fast 91-jährig gestorben war, wurde er selbst zur Verkörperung der Nation. Ihm zu Ehren entstanden mehr als 400 Denkmäler.[47] Das größte, auf dem Kyffhäuserberg, verknüpfte den Barbarossa-Mythos nun unmittelbar mit dem toten Hohenzollern: »Auf dem Kyffhäuser, in welchem nach der Sage Kaiser Friedrich der Rotbart der Erneuerung des Reiches harrte, soll Kaiser Wilhelm der Weißbart erstehen, der die Sage erfüllt hat«, hieß es in der Urkunde, die bei Baubeginn in der Erde versenkt wurde. Nach Jahrhunderten der politischen Zerrissenheit, so die Botschaft, habe der preußische Barbablanca das Vermächtnis des Schwaben Barbarossa verwirklicht und ein einiges Deutsches Reich geschaffen. Auch die Lage des Denkmals am Südrand des Harzes – weder zu Preußen noch zu Süddeutschland gehörend – symbolisierte die nationale Versöhnung unter der Reichsidee.[48]

Lange bevor Björn Höcke und sein rechtsextremer *Flügel* den Kyffhäuser für sich entdeckten, war der Berg also bereits mit mythisch verklärten politischen Botschaften aufgeladen worden. Einige davon haben heutige Rechte eins zu eins übernommen: Wenn etwa Alexander Gauland von »tausend Jahren deutscher Geschichte« spricht, behauptet er genau wie die Denkmalerbauer des 19. Jahrhunderts, es gebe eine ungebrochene Kontinuität vom Heiligen Römischen Reich, das ab 1512 den Zusatz »Deutscher Nation« trug, bis in die Gegenwart.

Es ist wahr, dass auf dem Kaiserthron jenes riesigen mittel- und südeuropäischen Reiches deutsche Könige saßen – angefangen 962 beim Gründer, dem Ostfranken Otto I., bis zum Habsburger Franz II., der auf Druck Napoleons 1806 abdanken musste. Doch die Kontinuität täuscht: Das Reich war kein Nationalstaat, erst recht kein deutscher. Otto I. und alle, die ihm über die Jahrhunderte auf dem Thron folgten, verstanden sich zuallererst als Erben des römischen Kaisertitels und pilgerten zum Papst nach Rom, um sich krönen zu lassen.

Im Übrigen war dieses Reich weder zu Barbarossas noch zu späteren Zeiten eine Einheit, sondern vielmehr ein loser, multiethnischer Verbund verschiedener Länder und Herrschaftsgebiete, dessen Grenzen sich im Laufe der Jahrhunderte ständig veränderten. Deutsch war nur eine Sprache unter vielen; gesprochen wurden unter anderem auch Italienisch, Tschechisch, Französisch, Jiddisch oder Dänisch. Von »Deutschland« war nicht einmal unter »Deutschen« die Rede, denn die verstanden sich in erster Linie als Sachsen, Hessen, Thüringer, Württemberger, Franken, Schwaben, und sie sprachen auch so.

Im neu gegründeten Kaiserreich von 1871 sollten solche Unterschiede keine Rolle mehr spielen. Doch auch dieser erste deutsche Nationalstaat war keine historisch gewachsene Einheit oder die logische Konsequenz aus Verbundenheit und gemeinsamen Traditionen, sondern das Ergebnis von Machtkämpfen zwischen den deutschen Landen, die das waffentechnisch überlegene Preußen unter Führung Bismarcks am Ende für sich entscheiden konnte. Vor allem war er das Produkt dreier Kriege, die später beschönigend »Einigungskriege« genannt wurden.

So heißen sie heute noch, dabei waren sie schlicht das – Kriege, mit Zehntausenden Toten auf beiden Seiten: 1864 griffen preußische Truppen Dänemark an, überrannten nach wochenlanger Belagerung die Düppeler Schanzen bei Sonderborg und besetzten die Herzogtümer Schleswig und Holstein. Für unser skandinavisches Nachbarland ist dieses Ereignis noch immer mit einem Trauma verbunden; bei uns erinnert sich niemand mehr. Nur zwei Jahre später kam es zum »Bruderkrieg« gegen Österreich, den Preußen in der Schlacht von Königgrätz unter immensen Verlusten für sich entschied. Die süddeutschen Länder, wie etwa die Königreiche Württemberg, Sachsen, Bayern, Hannover oder die Herzogtümer Hessen und Baden, hatten mit ihren Armeen auf österreichischer Seite gegen das verhasste Preußen gekämpft – ein deutscher Nationalstaat unter preußischer Vorherrschaft war das Letzte, was sie wollten.

Als König Wilhelm I. von Preußen und sein Ministerpräsident Otto von Bismarck 1870 schließlich einen Krieg gegen Frankreich provozierten, sahen sie sich jedoch gezwungen, im Namen der vermeintlich gemeinsamen deutschen Sache mit Preußen gegen den »Erbfeind« in die Schlacht zu ziehen. Der Sieg über Frankreich

1871 war der letzte Baustein zur Gründung des künstlich vereinten Deutschlands – das Deutsche Kaiserreich war eine »Kriegsgeburt«,[49] und das Militär spielte politisch und gesellschaftlich bis zuletzt eine entscheidende Rolle. Vier Fünftel des Haushalts flossen in die Armee.[50]

Die »großen Fragen der Zeit«, hatte Bismarck gesagt, würden nicht durch Debatten und Mehrheitsbeschlüsse entschieden, »sondern durch Blut und Eisen«.[51] Folglich gab es zwar ein Parlament, dem man 1884 bis 1894 in Berlin sogar ein prächtiges Kuppelgebäude errichtete, die eigentliche Macht aber lag beim Reichskanzler und beim Kaiser, der die Volksvertretung jederzeit auflösen konnte. »Reichsaffenhaus« nannte Wilhelm I. es abfällig, »Schwatzbude« sein Nachfolger Wilhelm II.[52]

Schon der Präambel der Verfassung war zu entnehmen, dass es sich um einen »Bund« von Fürsten handelte – eine Staatsgründung »von oben« also, kein Zusammenschluss von Bürgerinnen und Bürgern wie hundert Jahre zuvor in Frankreich oder den USA.[53] In der Verfassung des Deutschen Kaiserreichs kam das Volk darum kaum vor, Menschen- und individuelle Bürgerrechte waren nicht verankert. Frauen durften weder wählen noch studieren. Erst um 1900 ließen Universitäten sie allmählich als Gasthörerinnen zu.[54]

Das Reich aus Blut und Eisen blieb ein autoritärer Obrigkeitsstaat, der sich, chronisch und nicht ganz zu Unrecht, schon aufgrund seiner kriegerischen Gründungsgeschichte, bedroht fühlte: außenpolitisch vor allem durch Frankreich, im Innern durch Sozialdemokraten und Gewerkschafter, die sich für die Rechte von Arbeiterinnen und Arbeiter einsetzten und darum als Reichsfeinde verunglimpft und bekämpft wurden. Die gewaltige Anlage auf dem Kyffhäuser spiegelt diese Verfasstheit wider: ein Koloss aus Fels und Stein mit überlebensgroßen Helden und einem mächtigen Turm als Symbol des Reiches selbst. In jeder Hinsicht gewaltig, einschüchternd und kriegsverherrlichend. Ein Bollwerk gegen innere und äußere Feinde.

»Im eigenen Hause bedrohen entartete Söhne die Mutter Germania«, warnte Alfred Westphal vom Deutschen Kriegerbund bei der feierlichen Einweihung am 18. Juni 1896. Und Wilhelm II., Nachfolger des verstorbenen Kaisers, beschwor in seiner Ansprache »Treue, Opferwilligkeit und Vaterlandsliebe« – auf dass es »dem deutschen Volke« nie an Männern wie denen fehle, die an »der Wiederaufrichtung des Reiches« mitgewirkt hätten.[55]

Zwei Jahrzehnte später war das Kaiserreich Geschichte und der Erste Weltkrieg verloren. Fast zwei Millionen deutscher Soldaten waren »für Kaiser und Reich gefallen«. Die Niederlage ausbaden mussten aber nicht diejenigen, die für den Krieg verantwortlich gewesen waren: Die Oberste Heeresleitung duckte sich weg, Wilhelm II. floh mit seiner Familie ins niederländische Exil, wohin ihm in mehreren Eisenbahnwaggons Möbel, Gold und andere Schätze aus seinen Schlössern hinterhergeschickt wurden. Die Kapitulationserklärung mit sofortigem Waffenstillstand unterzeichnete am 11. November 1918 der Parlamentarier Matthias Erzberger, Volksschullehrer und Reichstagsabgeordneter der Zentrumspartei. Dafür wurde er 1921 von rechtsradikalen Offizieren als »Vaterlandsverräter« ermordet.

Den Friedensvertrag von Versailles, der Deutschland zu hohen Reparationszahlungen verpflichtete, nahmen am 28. Juni 1919 für das Deutsche Reich die Politiker Hermann Müller (SPD) und Johannes Bell (Zentrum) entgegen. Auch sie mussten sich dafür als Verräter beschimpfen lassen – eine gewaltige Hypothek für die erste echte Demokratie auf deutschem Boden.

So wurde das Denkmal auf dem Kyffhäuser zur Pilgerstätte für Revanchisten und andere Feinde der Republik, die einstiger deutscher Größe hinterhertrauerten und sich gegenseitig das Märchen vom »im Felde unbesiegten« deutschen Heer erzählten. Die Kriegervereine pflegten den »Kyffhäusergeist« mit besonderer Inbrunst und versammelten sich regelmäßig zu Füßen Barbarossas. In der Gedenkhalle im Sockel, wo schon die Regimentsfahnen aus den »Einigungskriegen« hingen, wurden Urnen mit Erde aus dem Elsass und den anderen Gebieten aufgestellt, die Deutschland gemäß dem Versailler Friedensvertrag hatte abgeben müssen.[56]

Das Denkmal erinnere »an alles das, was wir verloren haben«, sagte Reichspräsident Paul von Hindenburg bei der Feier zum 25-jährigen Bestehen 1921. Es mahne aber auch, trotzdem nicht zu verzweifeln, sondern »in ernster, eiserner Pflichterfüllung … an der Wiederaufrichtung des Vaterlandes« mitzuarbeiten. »Möge der Anblick dieses Denkmals jeden seiner Besucher zu vaterländischer Empfindung anregen.«[57] Der Kyffhäuser als Sinnbild für die nationale Wiederauferstehung, der schlafende Kaiser im Berg als Versprechen.

Zwölf Jahre später machte Hindenburg Adolf Hitler zum Reichskanzler.

Schwelgen in der deutschen Vergangenheit

Auch nach 1933 blieb der Kyffhäuser der »Berg der Deutschen«, wurde aber nicht zur nationalsozialistischen Kultstätte ausgebaut. Höckes *Flügel* konnte darum dorthin einladen, ohne automatisch ins Visier des Verfassungsschutzes zu geraten. Die Verbitterung über den »Schandvertrag von Versailles« hatte für den Aufstieg der NSDAP zwar eine wichtige Rolle gespielt, doch das NS-Regime war darauf bedacht, sich als neue Kraft zu inszenieren und sich mit einer eigenen Ästhetik vom Kaiserreich abzusetzen. Das Denkmal wurde darum lediglich um ein paar Schriftzüge wie »Treue ist das Mark der Ehre«, eine Hindenburg-Statue und eine Hitler-Büste ergänzt.[58]

Der Kyffhäuser, wegen der spektakulären Aussicht ohnehin eine Touristenattraktion, scheint auf den ersten Blick also unverfänglich zu sein, bietet aber reichlich Anknüpfungspunkte für eine breite Zielgruppe, von wertkonservativ bis völkisch-national: Hier kann man den imposanten Baustil vergangener Tage bestaunen, in großer deutscher Geschichte schwelgen – und rundherum wogt der deutsche Wald. »Einfach gigantisch und großartig, atemberaubend«, schwärmte Höcke 2015. Dazu die Reste der Reichsburg Kyffhausen mit dem tiefsten Burgbrunnen Europas: »176 Meter durch den nackten Fels getrieben in fünf Jahrzehnten Arbeit! Was für eine Willensleistung zeigt sich hier, liebe Freunde!«[59]

Zustimmung und Jubel im Publikum: Wahrlich, hier glänzen deutsche Ingenieurskunst, deutscher Wille, deutsche Glorie. Und die Geschichte vom schlafenden Kaiser im Berg, die Höcke anschließend erzählte, hüllt den Ort in den geheimnisvollen Schleier eines alten deutschen Mythos. Barbarossa erwacht, weil die Zeit reif ist, das verlorene Reich neu zu errichten – und es »wieder zu alter Herrlichkeit zu führen«, wie Höcke sagte. »Eine schöne Sage. Eine Sage, die den Menschen in den vergangenen Jahrhunderten gerade in Kriegs- und Krisenzeiten immer wieder Mut gemacht hat.«[60] Das klingt, als handle es sich um eine Art Urerzählung der Deutschen. In Wahrheit wurde die Kyffhäuser-Sage aber erst im 19. Jahrhundert populär und erfuhr auch erst dort ihren nationalistischen Spin, durch den das Mittelalter zu einer von deutschen Herrschern geprägten Epoche verklärt wurde, die eines Tages zurückkehren werde – wie der tote und doch nicht tote Kaiser im Berg.[61]

Dieser »Kyffhäuser-Geist« spricht auch heutige Rechte an, denn Deutschland ist nicht so, wie es ihrer Meinung nach sein sollte. Zumindest noch nicht: »Wir werden uns unser Land zurückholen!«, lautet das drohende Versprechen. Oder, als Imperativ, auf Wahlplakaten: »Hol dir dein Land zurück.«[62]

Glaubt man der AfD und anderen rechten Agitatoren, ist Deutschland schon jetzt in den Händen gefährlicher Kräfte: »Wir befinden uns in einem Krieg«, erklärte der AfD-Bundestagsabgeordnete Dietmar Friedhoff bei einer Wahlkampfveranstaltung im Herbst 2024. »Es ist ein Krieg gegen unsere Werte, gegen unsere Heimat, gegen unser Deutsch-Sein.«[63] Eine »breite politische Phalanx« arbeite »an der Beseitigung der Nation und der nationalen Identität«, heißt es in einem Positionspapier der AfD Thüringen. Zu ihr zählten Vertreter »inter- und supranationaler Organisationen über linke und grüne Politiker bis zu solchen aus den Reihen bürgerlicher Politik«.[64] Der Feind ist überall.

Das Land zurückholen also. Aber von wem? Und welches Deutschland ist eigentlich gemeint? Wann hat es existiert? Beim Kyffhäuser-Treffen 2017 wurde der damalige Spitzenkandidat der AfD, Alexander Gauland, sehr deutlich: »Was in der Bismarck-Zeit, eben auch in diesem Denkmal, die Vollendung erlebte, hatte Luther begonnen, hatte Lessing fortgesetzt und hatte die goethische Sprache vollendet. Es war die Dominanz deutscher Kultur und deutscher Sprache in Europa.«[65]

Mit anderen Worten: Die deutsche Geschichte, mindestens seit Luther, lief auf die »Vollendung« in Gestalt des Kaiserreichs hinaus – einer autoritären, Militär und Krieg verherrlichenden Monarchie, in der es zwar ein Parlament gab, demokratische Prinzipien aber systematisch unterdrückt wurden. Auch Höcke zufolge kann »überhaupt kein Zweifel bestehen, dass diese Zeit … eine Hoch-Zeit unseres Volkes gewesen ist«.[66]

Gaulands willkürliche Aufzählung berühmter deutscher Männer will den Anschein erwecken, als hätten auch sie die »Dominanz deutscher Kultur in Europa« im Sinn gehabt. Bei näherer Betrachtung erweist sich das als Unsinn und trifft von den Genannten höchstens auf Bismarck zu. Allerdings ging es selbst ihm mit seiner »Blut und Eisen«-Politik weniger um Deutschland als um die Dominanz Preußens und um die Unterdrückung liberaler Kräfte.

Martin Luther (1483–1546) hat mit der Übersetzung der Bibel die Basis für eine einheitliche deutsche Sprache gelegt, ein einheitliches Reich hatte er dabei nicht im Sinn. Gotthold Ephraim Lessing (1729–1781) war ein Freigeist, der mit seinen Theaterstücken die

Gedanken der Aufklärung in ganz Europa verbreiten wollte. Und auch Johann Wolfgang von Goethe (1749–1832) war alles andere als deutschnational und stand seinen Landsleuten sogar überwiegend kritisch gegenüber. Ausgerechnet die Kultur des »Erbfeindes« Frankreich hatte es ihm angetan, aber auch von Italien und England fühlte er sich angezogen.[67]

Ausgiebig beschäftigte er sich mit dem Judentum und dem Islam, lernte Arabisch, um den Koran im Original studieren zu können, verglich verschiedene Übersetzungen und setzte sich mit islamischer Theologie auseinander. *Der West-östliche Diwan,* das Werk, in das diese Arbeit mündete, war das Herzensprojekt seines Lebens.[68] Viele andere deutsche Schriftsteller vor und nach ihm waren von der islamischen Kultur ebenso fasziniert und ließen sich von ihr inspirieren. Für AfD und Neue Rechte hingegen ist der Islam das Böse schlechthin. Sie unterscheiden nicht zwischen islamischer Religion und Kultur auf der einen und politischem Islamismus auf der anderen Seite. Auch muslimische Menschen sind für sie alle gleich – und der Islam der größtmögliche Kontrast zur über jeden Zweifel erhabenen »deutschen Leitkultur«.

Fakten sind eben nur dann genehm, wenn sie zur rechten Argumentationslinie passen, ansonsten werden sie zurechtgebogen oder totgeschwiegen. Gauland ging es mit seiner Aneinanderreihung ohnehin nicht um Wissensvermittlung, sondern um Emotionen. Hängen bleiben sollte bei seiner Zuhörerschaft, dass die von großen deutschen Männern gestaltete deutsche Kultur und Geschichte allen Grund biete, stolz zu sein. Ja, dass im Grunde die *gesamte* deutsche Geschichte glorreich gewesen sei.

Die NS-Zeit schob Gauland im weiteren Verlauf seiner Rede beiseite, ohne sie beim Namen zu nennen: »Man muss uns diese zwölf Jahre jetzt nicht mehr vorhalten. Sie betreffen unsere Identität heute nicht mehr … Und deshalb haben wir auch das Recht, uns nicht nur unser Land, sondern auch unsere Vergangenheit zurückzuholen.«[69]

Zurückholen – das bedeutet aus Sicht der AfD offenbar das sofortige Ende aller kritischen Betrachtungen, die den Stolz auf die deutsche Geschichte trüben könnten. Denn der gilt ihr als Voraussetzung für ein positives Nationalgefühl. Dass die NS-Zeit dabei im Weg ist, weil sie sich schwerlich schönreden lässt, ist ihr durchaus bewusst. Umso vehementer fordert sie eine neue Erinnerungskultur, die sich auf die positiven Aspekte der deutschen Geschichte beziehen soll.

Aus Sicht der AfD seien diese vor allem im 19. Jahrhundert zu finden: bei den Befreiungskriegen, der Revolution von 1848 und im Kaiserreich, das vor allem Reichskanzler Otto von Bismarck zu verdanken sei. Im Geschichtsunterricht sollte nach Meinung der AfD darum verstärkt die Zeit vor dem Ersten Weltkrieg behandelt werden. Auch die Preußenkönige, insbesondere Friedrich der Große (1712–1786), und Preußen generell gelten als leuchtende Beispiele.[70]

Eine differenzierte Auseinandersetzung, bei der die problematischen Aspekte jener Epochen nicht ausgespart werden, betrachtet die AfD als Angriff auf die nationale Identität: Die Partei wende sich »gegen die Schmähung des Deutschen Kaiserreichs«, das »als rückständiger Unrechtsstaat diffamiert« werde, heißt es sogar im Wahlprogramm.[71] »Die Aggressivität, die sich mittlerweile gegen das Kaiserreich wie auch gegen die Denkmäler Bismarcks und der deutschen Kaiser richtet, gilt nicht nur diesem vergangenen Staat, sondern der deutschen Nation an sich.«[72]

In den letzten zehn Jahren hat sich die historische Forschung tatsächlich verstärkt mit den dunklen Seiten des Kaiserreichs beschäftigt und damit gesellschaftliche Debatten über deutsche Kolonialverbrechen, den preußischen Militarismus oder die Verstrickung der Hohenzollern in die NS-Herrschaft angestoßen. Aus Sicht der AfD sind das die »zunehmend aggressiven Versuche einer ideologisch geprägten, moralisierenden Umdeutung der Geschichte«.[73] Marc Jongen diagnostizierte im Januar 2020 ein »linkes

Ressentiment gegen den Adel und gegen Preußen« und beklagte das »Hohenzollern-Bashing«. Preußen werde in einem »geschichtspolitischen Musterprozess« zum »Feindbild« erklärt.[74]

Grimms Märchen, Wurst und Winnetou

Gerade im außerparlamentarischen Vorfeld der Rechten ist man sich seit Langem bewusst, dass es mit dem Einzug in die Parlamente nicht getan ist – eine neue Gesellschaft beginnt in den Köpfen. Höckes Vertrauter Götz Kubitschek versteht sich in dieser Hinsicht als außerparlamentarischer Vordenker und Wegbereiter der Machtübernahme von rechts: Die *Erfurter Resolution* stammt aus seiner Feder.[75] Mit seinem Verlag Antaios verbreitet er seit Jahren ultrarechtes Gedankengut, und das von ihm im Jahr 2000 gegründete Institut für Staatspolitik (IfS) leistete mit Akademien, Workshops und Vortragsreihen rechte Bildungsarbeit. Bis zu dessen – formaler – Auflösung im Mai 2024 galt es als Denkfabrik der Neuen Rechten.[76]

»In Deutschland tobt ein geistiger Bürgerkrieg«, konstatierte Kubitschek 2023 auf der Sommerakademie des IfS. »Es geht um die Vorherrschaft auf medialem, sprach- und geschichtspolitischem Feld, um Deutungshoheit, um den Markenkern einer großen Nation.«[77] Für diese Deutungshoheit ist es unerlässlich, ein breites Publikum anzusprechen. Je nach Kanal und Adressat werden darum die immer gleichen Inhalte unterschiedlich verpackt. Das fast 80 Seiten starke Positionspapier »Leitkultur, Identität, Patriotismus« beispielsweise, das Höcke 2018 zusammen mit der thüringischen Landtagsfraktion herausbrachte, richtet sich explizit an ein bürgerliches Publikum: Der Ton ist moderat intellektuell, zum Teil fast staatstragend, die Aufmachung erinnert eher an die Broschüre eines Tourismusverbands, die rechten Kernbotschaften werden trotzdem vermittelt.

Die Frage nach der deutschen Identität, heißt es zum Beispiel auf Seite 27, stelle sich heute mit besonderer Dringlichkeit, da sie

»durch Massenimmigration und Multikulturalismus« infrage gestellt werde. Was diese Identität ausmacht, lasse sich nicht erschöpfend aufzählen, doch es gebe »Verkörperungen«, welche sie repräsentierten. Neben der Sprache seien das unter anderem Bauwerke, Denkmäler, Traditionen, Feste und Mythen, aber auch Tugenden, in denen sich die »Eigentümlichkeiten des Nationalcharakters« manifestierten und »die deutsche Seele« zum Ausdruck komme.[78] Zur Illustration wird ein alphabetisch geordnetes Sammelsurium angeführt: »Bauhaus, … Dichter und Denker, … Diplomingenieur, D-Mark, evangelisches Pfarrhaus, … Fußball-Bundesliga, Gemütlichkeit, Grimms Märchen, Hanse, … Ordnungsliebe, Reinheitsgebot, Schrebergarten, VW Käfer und Trabant, … Winnetou, Wurst«.[79]

Vermeintlich typisch deutsche Bilder begleiten den Text: ein Weihnachtsmarkt vor einer Altstadtkulisse; zwei junge Frauen im Dirndl, jede mit einer Maß Bier in der Hand; ein blondes Mädchen mit Zöpfen und schwarz-rot-goldener Blumenkette um den Hals; der »Bamberger Reiter«, das Goethe-und-Schiller-Denkmal in Weimar; ein Trachtenumzug, im Hintergrund eine Kirche mit Zwiebelturm. Deutschland, so scheint es, ist noch immer die kopfsteingepflasterte Fachwerkidylle der 1930er-Jahre. Selbst der junge Tischler an der Hobelbank arbeitet so, wie es schon sein Urgroßvater getan hat.

Die Moderne begegnet einem nur auf den Gegenbildern: In einer Straßenszene sind ein junger, dunkelhaariger Mann und eine Frau mit Niqab zu sehen, die zwei Schritte hinter ihm geht; im Kapitel »Angriff auf unsere Identität« steht eine Gruppe Demonstrierender vor einer Hochhaussiedlung. Auf einem anderen Foto sind Betonpoller vor einer Fußgängerzone zu sehen, wie sie nach dem Anschlag auf dem Berliner Breitscheidplatz im Dezember 2016 vielerorts aufgestellt wurden.

Die Botschaft ist klar und immer die gleiche: Das Deutsche an sich, die heile »deutsche Welt« ist existenziell bedroht durch die

»Umdeutung« von Geschichte, durch Wokeness und Gendern, vor allem aber durch »Massenmigration« von Ausländern, die ihre fremde Kultur nach Deutschland tragen und dadurch »unsere Kultur« zerstören.

Wie jede rechte Bewegung predigt die AfD ein monolithisches Verständnis nationaler Identität, spricht von »*der* deutschen Kultur« und »*dem* deutschen Volk«. Als wäre beides immer schon so und nicht anders gewesen, allen Zäsuren und Wirren der Jahrtausende zum Trotz. Überhistorisch, unwandelbar. Eine Leitkultur mit Ewigkeitsgarantie.

Glaubt man der AfD, müssen wir sie uns nur wieder zu eigen machen, stolz auf sie sein und sie gegen alles verteidigen, was sie bedroht. Die AfD Brandenburg beispielsweise meint, wir müssten uns wieder auf preußische Tugenden wie Bescheidenheit, Disziplin, Fortschrittlichkeit, Pünktlichkeit und Sparsamkeit besinnen, die »einst zur Blüte unseres gesamten Staatswesens« geführt hätten. Gauland zufolge geht sogar unser heutiger Rechtsstaat auf Friedrich den Großen zurück. Das ist nicht wahr, doch wie so oft ging es auch bei jener Rede 2019 nicht um historische Wahrheit, sondern um das Schlechtreden der Gegenwart, denn dieser »Rechtsstaat«, erklärte Gauland damals, sei von »Frau Merkel« abgeschafft worden.[80]

Früher war alles besser – der Spruch aus Omas Mottenkiste könnte die Überschrift für sämtliche historische Einlassungen der AfD sein. Die demokratischen Abschnitte der deutschen Geschichte aber kommen bei ihr bezeichnenderweise kaum einmal vor. Ob am Kyffhäuser, bei Parteitagen, im Bundestag oder auf Facebook: Sowohl die 1933 von den Nazis zerstampfte Weimarer Republik als auch die 1949 auf den Trümmern des Zweiten Weltkriegs gegründete Bundesrepublik sind den rechten Agitatoren selten ein lobendes Wort wert. Das gute Deutschland, das ist das Deutschland vor 1945.

Selbst »die zwölf Jahre« waren nicht so schlecht, als dass man nicht auch auf sie stolz sein könnte: »Wenn die Franzosen zu Recht stolz auf ihren Kaiser sind und die Briten auf Nelson und Churchill, haben wir das Recht, stolz zu sein auf die Leistung von deutschen Soldaten in zwei Weltkriegen«, sagte Gauland 2017 am Kyffhäuser.[81] Das ist mehr als ein »Schlussstrich« unter die NS-Vergangenheit, wie er seit jeher von rechtsradikaler, zum Teil aber auch von konservativer Seite gefordert wird: Gaulands Statement zielt darauf ab, sogar das finsterste Kapitel deutscher Vergangenheit so weit aufzuhellen, dass es im goldenen Licht der anderen historischen Abschnitte nicht mehr ins Gewicht fällt.

Nebenbei bemerkt: Zu den »Leistungen« deutscher Soldaten im Zweiten Weltkrieg zählt unter anderem auch der Überfall auf die Sowjetunion am 22. Juni 1941. Es war der Auftakt zu einem beispiellosen, erklärtermaßen auf Vernichtung angelegten Feldzug mit geschätzt 27 Millionen Toten aufseiten der Sowjetunion. Deckname: »Unternehmen Barbarossa«.[82]

Die allzu bunte Nationalmannschaft

Im Sprachgebrauch der AfD ersetzt der Begriff »Kultur« den der »Rasse« – es erübrigt sich, Letzteren zu benutzen. Auf diese Weise lassen sich auch diejenigen mit ins Boot holen, denen völkisches Vokabular zuwider ist. Den radikalen Rand wird man trotzdem nicht enttäuschen, weil die strikte Trennung zwischen »Wir« und »den Anderen« dabei ja bestehen bleibt. Mit dem Schlagwort »Kultur« erweitert sich die feindliche Front sogar noch erheblich, weil sie nicht nur ethnisch Fremde umfasst, sondern alle, die den von der Rechten propagierten Kulturbegriff nicht teilen und darum dem einheitlichen Volksbegriff im Wege stehen. Ganz im Geiste des Kyffhäuser-Denkmals, das vor der Bedrohung von »Mutter Germania« durch »entartete Söhne« warnt. Für heutige Rechte sind das zum Beispiel die Grünen, die Gauland zufolge versuchen, »das Deutsche auszulöschen«,[83] Transgender-Personen, Homosexuelle, Feministinnen, die

Antifa und andere »Gesinnungsterroristen«.[84] Kurz: alles, was sich unter der Hassformel »Regenbogengesellschaft« verbirgt.

Auch die Fußballnationalmannschaft repräsentiert nach Ansicht der Partei nicht mehr die »deutsche Leitkultur« und gilt ihr darum als Beleg für die unheilvolle Wirkung von »Multikulti«: Wegen der vielen »Passdeutschen« im Kader sei die Mannschaft schon lange nicht mehr »deutsch … im klassischen Sinne«, moserte Gauland beim Start der Europameisterschaft 2016.[85]

Sami Khedira, Shkodran Mustafi, Leroy Sané, Antonio Rüdiger, Emre Can – 11 von 27 in jenem Sommer aufgestellte Spieler hatten ausländische Wurzeln. Dass diese Männer in Deutschland geboren und aufgewachsen sind, macht für die AfD keinen Unterschied – nach völkischen Kriterien gehören sie nicht zur Nation. Nachdem die Deutschen im Halbfinale gegen Frankreich ausgeschieden waren, twitterte darum Beatrix von Storch: »Vielleicht sollte nächstes Mal dann wieder die deutsche NATIONALMANNSCHAFT spielen?« Später löschte sie den Beitrag und machte die Presse für die negativen Reaktionen verantwortlich, die ihr entgegengeschlagen waren.[86]

Bei der EM 2024 ging die AfD dann zum Frontalangriff über: Krah beschimpfte die deutsche Mannschaft auf TikTok als »politisch korrekte Söldnertruppe«, die man getrost ignorieren könne.[87] Die niedersächsische AfD-Landtagsabgeordnete Vanessa Behrendt rief auf X zum Boykott der »Deppenveranstaltung« auf: »Eure sogenannte #Vielfalt sorgt für exorbitanten Anstieg von Gewalt, Auflösung des klassischen Familienbildes, soziale Verwahrlosung und wirtschaftlichen Niedergang.«[88]

In einem Artikel für die Schweizer *Weltwoche* – Überschrift: »Fußball war unser Leben« – trauerte Höcke unterdessen den ach so guten Zeiten hinterher, als Spieler ihr Leben lang demselben Verein angehörten: Den heutigen fehle es an »heimatlicher Standorttreue«, stattdessen quelle ihnen »aus jeder Pore die Regenbogenideologie«. Sämtliche Akteure des Fußballs seien im »Bekenntnisdelirium« und produzierten »täglich Phrasenmüll«. Eine der »volkspädagogischen Botschaften«, die den TV-Zuschauern seit Jahren durch die »Staatsmedien ins Hirn gehämmert werden«, laute »Vielfalt statt Vaterland«.[89]

Eigentlich ist es erstaunlich, dass die AfD mit ihren Ressentiments nicht einmal vor der Nationalmannschaft haltmacht, schließlich hat eine Mehrheit der Deutschen Freude an den Turnieren, ungeachtet der »Abstammung« der Spieler. Und zeigt sich nicht gerade beim Fußball und im Sport generell, wie produktiv »multiethnische« Zusammenarbeit sein kann?

Für die AfD scheinen solche Überlegungen nicht von Belang zu sein – die Botschaft ist ihr wichtiger: »Die Mannschaft« als Sinnbild einer unheilvollen Multikulti-Kultur, die das Eigene verdränge, dazu staatlich gelenkte Medien, die den Deutschen eine Gehirnwäsche verpassen. Dass die AfD mit diesem Mix aus völkischer Ideologie und Verschwörungstheorie sogar gegen die DFB-Elf schießt, zeigt, wie sehr ihr ein auf dem Prinzip der Abstammung beruhender Nationenbegriff am Herzen liegt.

Tatsächlich liegt er praktisch all ihren Argumenten und Forderungen zugrunde und wird zum Beispiel auch als Argument gegen die EU in Stellung gebracht, die nach Meinung der AfD der »Herstellung von Mischvölkern« diene, »um die nationalen Identitäten auszulöschen«. Gauland verstieg sich bei einer Generaldebatte im Bundestag sogar zu der Behauptung, das »Selbstbestimmungsrecht eines Volkes« umfasse »natürlich auch das Recht zu bestimmen, mit wem ich zusammenleben will«. Es gebe »keine Pflicht zu Vielfalt und Buntheit« und »keine Pflicht, meinen Staatsraum mit fremden Menschen zu teilen«.[90]

Da ist sie wieder, die Trennung zwischen »uns« und den »Fremden«. Ergänzt um die Lüge, es sei ein Zeichen mangelnder nationaler Souveränität, wenn innerhalb der Grenzen der Bundesrepublik auch Menschen leben, die nicht den Vorstellungen der AfD entsprechen.

In Wirklichkeit kann sich niemand aussuchen, mit wem er ein Staatsgebiet teilt: Die Souveränität des Einzelnen besteht darin, durch Wahlen eine politische Vertretung zu bestimmen, nicht die Zusammensetzung der Nation.

Der Trick, radikale Positionen im Brustton der Selbstverständlichkeit vorzutragen, ist typisch für die Rhetorik der Rechten und folgt der erklärten Strategie, extremes Gedankengut in die allgemeine Debatte einsickern zu lassen. Was sollte schließlich gegen Wahlfreiheit und Souveränität zu sagen sein? Auch der Begriff »Ethnopluralismus«, den die Identitäre Bewegung seit Langem und die AfD seit ein paar Jahren verwendet, klingt beim ersten Hören harmlos, fast schon weltoffen. Dahinter steht aber das letztlich rassistische Konzept, dass jedes Volk hübsch unter sich bleiben soll: Bloß kein Austausch, sonst ist es vorbei mit Frieden, Kultur und Wohlstand. »Pluralismus« ja, aber nicht innerhalb der Nation.

Die Menschheit sei nun einmal »in Völker gegliedert«, erklärte Hans-Thomas Tillschneider, AfD-Landtagsabgeordneter in Sachsen-Anhalt im September 2018. Der »Ethnopluralismus« betrachte »diese Völker mit ihrer je eigenen Kultur« als »erhaltenswert«, und genau das sei auch das »Leitmotiv des AfD-Programms«: Man setze sich »auf allen Gebieten dafür ein, die ethnokulturelle Einheit, die sich deutsches Volk nennt, zu erhalten«.[91] Das ist nichts weiter als intellektuell formulierter Rassismus – und ein Beispiel von vielen für die Strategie, rechtsextreme und menschenfeindliche Ideen hinter harmlos klingenden Bezeichnungen zu verstecken.

»Dann heißt es eben Remigration!«

»Deutschland ist vielfältig, und das ist manchen zu kompliziert«, schrieb die damalige Integrationsbeauftragte der Bundesregierung Aydan Özoğuz im Sommer 2017 in einem Beitrag für den *Tagesspiegel*. Immer wieder würden darum Forderungen nach einer »Leitkultur« laut, »die für Ordnung und Orientierung sorgen soll«. Wenn diese dann aber inhaltlich gefüllt wird, gleite die Debatte »ins Lächerliche und Absurde, die Vorschläge verkommen zum Klischee des Deutscheins«. Das sei kein Wunder, denn »eine spezifisch deutsche Kultur« sei »jenseits der Sprache, schlicht nicht identifizierbar«.[92]

»Das sagt eine Deutsch-Türkin«, wetterte Gauland kurz darauf bei einer Wahlkampfveranstaltung im Thüringen.[93] Der Umstand, dass die in Hamburg geborene Staatsministerin aus einer türkischen Familie stammt, war für ihn Grund genug, ihr jede Berechtigung abzusprechen, sich zu diesem Thema zu äußern. »Ladet sie mal ins Eichsfeld ein und sagt ihr dann, was spezifisch deutsche Kultur ist«, fuhr er unter dem Jubel seiner Zuhörerschaft fort. »Danach kommt sie hier nie wieder her, und wir werden sie dann auch, Gott sei Dank, in Anatolien entsorgen können.«[94]

Wohlgemerkt: So spricht der Mann, der sich als Hüter deutscher Tugenden gibt, die »goethesche Sprache« beschwört, sich auf Luther und Lessing beruft. Doch um welche »spezifisch deutsche Kultur«, die Aydan Özoğuz vorgeführt werden soll, handelt es sich, wenn sie »danach« nicht mehr wiederkäme und »entsorgt« werden kann? Und wer steckt hinter jenem »Wir«, das die »Entsorgung« übernimmt?[95] Repräsentiert dieser intellektuell kaum verbrämte Hass die deutsche Identität und das Selbstverständnis, für das wir als Nation stehen wollen?

Die Empörung über Gaulands rassistische Drohung war berechtigterweise groß, übertönte allerdings auch die Diskussion über Özoğuz' Thesen, die in der Folge meist nur noch verkürzt wiedergegeben wurden. Vor allem aber verhinderte der Skandal nicht, dass die AfD den radikalen Kurs beibehielt: Alice Weidel äußerte im *Morgenmagazin* des ZDF Verständnis für ihren Parteikollegen – sie könne unterschreiben, dass Frau Özoğuz' in die Türkei gehöre und nicht in dieses Amt.[96]

Der Bundestagsabgeordnete und damalige Vorsitzende der AfD Bayern, Petr Bystron, sah es genauso: Wenn jemand, der »eigentlich« dafür zuständig sei, »dass sich Ausländer hier integrieren«, so etwas sage, sei er auf seinem Posten falsch. »Und da hat mein Freund Dr. Gauland 100-prozentig recht – solche Menschen müssen wir selbstverständlich entsorgen.«[97] Jörg Meuthen, damals noch Parteivorsitzender, gab Gauland ebenfalls recht und bemerkte beim Kyffhäuser-Treffen süffisant, er habe »Zweifel, ob man denn Anatolien die Gesellschaft dieser Dame zumuten« könne. Überhaupt erscheine ihm Gaulands »Bescheidenheit, nur diese eine Person entsorgen zu wollen, … hier ausnahmsweise unangebracht.«[98]

Kurz darauf machte die AfD Alexander Gauland zum Vorsitzenden der Bundestagsfraktion. Das Verfahren gegen ihn wegen Volksverhetzung wurde eingestellt: Seine Äußerungen seien »vom Recht auf freie Meinungsäußerung gedeckt«, teilte die zuständige Staatsanwaltschaft mit.[99] Sieben Jahre später ging die AfD bei der vorgezogenen Bundestagswahl 2025 offensiv mit der Forderung nach »Remigration« in den Wahlkampf – und wurde zweitstärkste Partei.

Offenbar ist geglückt, was rechte Vordenker wie Höckes Freund Kubitschek oder der ideologische Kopf der Identitären Bewegung, der Österreicher Martin Sellner, schon vor Jahren als Ziel ausgegeben hatten: den »Raum des Sagbaren« stetig zu erweitern, bis selbst härteste Positionen wie Mainstream erscheinen. »Drei Schritte vor, zwei Schritte zurück, bis diese Begriffe von undenkbar radikal … populär und Realpolitik geworden sind«, beschreibt Sellner diese Strategie in einem Video auf der Website des rechtsextremen Magazins *Compact*.[100]

Das Wort »Remigration« geisterte schon seit Langem durch die rechte Szene: Ursprünglich kommt es aus der Sozialwissenschaft und bezeichnet lediglich die – freiwillige – Rückkehr von Emigrierten in ihre Heimat. Im Kontext der Neuen Rechten aber bedeutet es nichts anderes als Vertreibung.

Auch innerhalb der AfD ist der Begriff mit der Zeit geläufiger geworden. Die Idee von der ethnisch und kulturell homogenen deutschen Nation, die als Ziel dahintersteht, ist aber lange schon Teil ihrer Ideologie. Von Höcke waren solche Töne sowieso immer schon zu hören gewesen. So sagte er 2016 etwa, zur Säuberung Deutschlands von »kulturfremden« Menschen werde neben dem Schutz der Außengrenzen »ein groß angelegtes Remigrationsprojekt notwendig sein«. Dabei seien unschöne Szenen und »wohltemperierte Grausamkeiten« nicht zu vermeiden.[101]

Am 25. November 2023 trafen sich prominente Rechtsextreme, Ideologen, AfD-Politiker und Mitglieder der CDU und der Werteunion in einer Villa in Potsdam, um darüber zu beratschlagen, wie dieses Projekt am besten umzusetzen wäre – »im Sinne eines Masterplanes«, wie es in der Einladung hieß. Auch Sellner war mit dabei und hielt bei dem Treffen einen Vortrag zum Thema. Ein paar Tage zuvor hatte er bereits ein Video veröffentlicht, in dem er erklärte, was unter »Remigration« zu verstehen sei. Darin betont er, dass es nicht nur um die »Abschiebung von Illegalen« gehe, sondern grundsätzlich um die Rückführung der »Verbreiter fremder Kulturen«. Deutschland solle »jeden Tag wieder etwas deutscher werden«. Hinter dem Begriff stehe daher ein »umfassendes Konzept, das sowohl Asylanten, also Asylbetrüger«, als auch »nicht-assimilierte Staatsbürger« im Fokus habe.[102]

Nachdem das Mediennetzwerk Correctiv im Januar 2024 seine Recherchen zu diesem Geheimtreffen öffentlich gemacht hatte, brandete eine gewaltige Protestwelle auf. Bundesweit gingen Hunderttausende auf die Straße, um gegen die AfD zu demonstrieren. In den Umfragen verlor die Partei mehrere Prozentpunkte. Selbst in der Wirtschaft regte sich Widerspruch: Etliche große Unternehmen wie SAP, Infineon oder Bosch warnten, das Erstarken der AfD sei eine Bedrohung für die deutsche Volkswirtschaft.

Die AfD selbst sah sich als Opfer: Das Treffen in Potsdam sei eine völlig belanglose Veranstaltung gewesen und habe mit dem Parteiprogramm nichts zu tun, sagte Weidel im Interview mit dem ZDF. In einer Pressemitteilung bezeichnete sie die Proteste als Skandal. Dahinter stehe eine Kampagne mit dem Ziel, »privaten Meinungsaustausch zu kriminalisieren und unter Gesinnungskontrolle zu stellen«.[103]

Ein paar Monate später nahm die Debatte dann eine Wende, die der AfD zugutekam: Ende Mai 2024 erstach ein Afghane in Mannheim einen Polizisten, im August starben beim islamistischen Anschlag eines Syrers auf ein Stadtfest in Solingen drei Menschen, mehrere wurden verletzt, und im Januar 2025 schließlich griff ein abgelehnter Asylbewerber aus Afghanistan in Aschaffenburg mit einem Küchenmesser eine Gruppe von Kita-Kindern an und tötete dabei einen zweijährigen Jungen und einen Passanten, der versucht hatte, den Angreifer abzuwehren.

Unter dem Eindruck der schrecklichen Taten, insbesondere der von Aschaffenburg, entbrannte eine Diskussion, die sich nun nicht mehr um die Bedrohung durch Rechtsextremisten drehte, sondern ausschließlich um innere Sicherheit, Ausländerkriminalität und die Frage, welche Folgerungen sich daraus für die deutsche Migrationspolitik ergeben müssten. Daraufhin reagierten fast alle Parteien mit Forderungen nach Verschärfung des Asylrechts, die AfD konnte sich bestärkt fühlen: »Wenn das dann Remigration heißen soll, dann heißt es eben Remigration!«, rief Parteichefin und Spitzenkandidatin Weidel am 11. Januar 2025 beim Parteitag im sächsischen Riesa.

Die Delegierten applaudierten frenetisch – und stimmten am nächsten Tag einstimmig dafür, den Begriff ins Wahlprogramm aufzunehmen, was ursprünglich gar nicht vorgesehen war:[104] »Unser Maßnahmenkatalog zur Umkehr dieses migrationspolitischen Staatsversagens heißt Remigration.«[105]

Bis Ende 2023 werde man den Begriff in der Gesellschaft platziert haben, hatte Kubitschek prophezeit. Das sei »die gelungene

Verschränkung von Vorfeld und Partei, von Nachdenken und Umsetzen«.[106] Es hat dann zwar ein Jahr länger gedauert, aber die »Verschränkung«, die Kubitschek im Sinn hatte, erwies sich in jedem Fall als die richtige Taktik: Die Vokabel ist jetzt allen geläufig und trotz ihrer menschenfeindlichen Bedeutung für viele offenbar kein Grund, der AfD die Stimme zu verweigern.

Der Partei ist es gelungen, aus dem Entsetzen über die Gewalttaten Kapital zu schlagen und es für die Normalisierung des Begriffes »Remigration« zu nutzen, der ein Jahr zuvor noch Millionen Menschen auf die Straße getrieben hatte. Im Wahlkampf zur vorgezogenen Bundestagswahl im Frühjahr 2025 war der Umgang mit Migration das alles beherrschende Thema – Gratiswerbung für die AfD und ihre Kernbotschaft, wonach die Lösung aller Probleme mit der Forderung »Deutschland den Deutschen!« hinreichend zusammengefasst sei.

Ausgerechnet am 27. Januar, dem 80. Jahrestag der Befreiung des Vernichtungslagers Auschwitz, bescherte Friedrich Merz (CDU) der AfD als Kanzlerkandidat der Union noch einen PR-Booster, indem er mit ihren Stimmen einen Antrag seiner Fraktion für ein Gesetz zur »Zustrombegrenzung« durch den Bundestag brachte. Der anschließende Jubel auf den Bänken der AfD-Fraktion sprach Bände: Gewonnen hatte in Wahrheit nur sie.

Kein Platz für Menschlichkeit

Um diejenigen auszugrenzen, die nach Ansicht der AfD nicht zum deutschen Volk und daher auch nicht zur deutschen Nation gehören, erhebt sie stets pauschal den Vorwurf, es handle sich um Kriminelle. Alice Weidel zum Beispiel, damals noch Fraktionsvorsitzende, fasste 2018 in einer Bundestagsrede Geflüchtete, die in Deutschland Asyl suchen, so zusammen: »Burkas, Kopftuchmädchen, alimentierte Messermänner und sonstige Taugenichtse«.[107]

Für ihre Parteikollegin Beatrix von Storch handelt es sich um »barbarische, muslimische, gruppenvergewaltigende Männerhorden«. Markus Frohnmaier, jetzt Bundestagsabgeordneter und Co-Vorsitzender der AfD Baden-Württemberg, sprach 2016 vom »Lumpenproletariat Afrikas und des Orients« und forderte eine generelle Ausgangssperre für männliche Asylbewerber unter fünfzig Jahren ab 20 Uhr.[108]

Vorschläge, wie sich die Schwierigkeiten lösen ließen, die Zuwanderung mit sich bringt, sind für die AfD kein Thema. Ebenso wenig die Tatsache, dass wir trotz allem bereits jetzt von ihr profitieren und auch in Zukunft auf sie angewiesen sein werden, wie wir es von Ökonominnen und Ökonomen immer wieder vorgerechnet bekommen: Zwei Drittel der Migranten kommen als Fach- und Arbeitskräfte nach Deutschland, zahlen also in die Sozialkassen ein und bringen dem Staat Einnahmen durch Steuern. Da sie meist jünger sind als der Durchschnitt der einheimischen Bevölkerung und oft mehr Kinder haben, bremsen sie außerdem die sich anbahnende Überalterung der Gesellschaft. Unterm Strich entlastet Migration die öffentlichen Haushalte also, weil die Kosten für Integrationsmaßnahmen wie Sprachkurse deutlich niedriger ausfallen als der volkswirtschaftliche Gewinn.[109]

Doch nicht einmal solche Nützlichkeitsüberlegungen können den Furor der AfD verringern. Für sie steht fest, dass jeder und jede Nichtdeutsche aus niederen Beweggründen zu uns kommt. Menschlichkeit und Mitgefühl sucht man bei ihr ohnehin vergebens: Weder Krieg noch Armut, Hunger, Dürre, religiöse Unterdrückung oder politische Verfolgung sind der Partei als Fluchtursachen auch nur der Erwähnung wert. Wer aus dem Ausland kommt, so die Erzählung in Dauerschleife, will es sich auf unsere Kosten gut gehen lassen und trage die für seine Herkunft typische Kriminalität ins Land: Laut Alice Weidel sei »Messerkriminalität« als Phänomen »in unserer Kultur völlig unbekannt« und werde aus »gewaltbereiten

Kulturen« wie Afrika oder dem Nahen Osten nach Deutschland gebracht.

Wortschöpfungen wie »Messer-Migranten«, »Messer-Zuwanderung« oder »Messer-Dschihad« sollen die Gleichsetzung von Migration und Gewalt in den Köpfen verankern, um geschlossene Grenzen und Abschiebungen als einzig möglichen Ausweg erscheinen zu lassen – eine emotionale und darum ausgesprochen wirkungsvolle Taktik, die sachliche Auseinandersetzungen zum Thema inzwischen fast unmöglich macht.

Den anderen Parteien fällt es schwer, die Probleme beim Namen zu nennen, ohne sie entweder zu verharmlosen oder auf die Pauschalurteile von rechts einzusteigen. Vor allen Dingen aber fehlt eine positive Gegenerzählung über die vielen Fälle gelungener Integration und die Bereicherung, die sie für uns alle bedeuten. Ohne syrische Ärztinnen und Ärzte beispielsweise wäre die medizinische Versorgung gerade in strukturschwachen Regionen noch schlechter, als sie es ohnehin schon ist. Auch viele Kliniken sind dringend auf die Mitarbeit von Geflüchteten und Zugewanderten angewiesen. Die AfD kann ihnen dennoch nichts Positives abgewinnen: »Leistungsträger unserer Gesellschaft«, behauptete Weidel 2022, würden durch Syrer, Rumänen und Afghanen »ersetzt«.[110]

»Die Würde des Menschen ist unantastbar«, lautet Artikel 1 unserer Verfassung. Und es ist weder Zufall noch nebensächlich, dass die »Mütter und Väter des Grundgesetzes« ihn für so zentral hielten, dass sie ihn ganz an den Anfang stellten. Schon das macht deutlich, dass es sich nicht um Rechte handelt, die nur für eine bestimmte Gruppe oder nur für Deutsche gelten, sondern unterschiedslos für alle. Weil jeder Mensch wertvoll ist, unabhängig von Herkunft, Geschlecht oder Religion.

Der Philosoph Immanuel Kant (1724–1804), auf den die Idee von der »Menschenwürde« zurückgeht, erklärte sein Konzept, indem er unterschied zwischen einem Gegenstand, der einen Wert habe, solange er zu etwas zu gebrauchen ist, und einem Menschen, der grundsätzlich wertvoll sei, einfach weil er ein Mensch ist – also auch dann, wenn er krank ist oder nicht arbeiten kann. Dinge haben einen Wert, der Mensch aber hat Würde, brachte es Kant auf den Punkt.[111]

Das ist der denkbar größte Gegensatz zum Menschenbild, das dem völkischen Verständnis von Nation zugrunde liegt. Denn das geht eben gerade *nicht* von der aufklärerischen Idee der Gleichheit aller Menschen aus, sondern macht eine bestimmte ethnische Herkunft zur Bedingung von Zugehörigkeit. Dadurch ergibt sich automatisch eine Hierarchie: oben diejenigen, die den Kriterien entsprechen, darunter die Fremden, deren Platz angeblich woanders sei.

Begriffe wie »Ethnopluralismus« oder »ein Europa der Vaterländer«, wie es die AfD in ihrem Wahlprogramm fordert,[112] klingen harmlos, meinen aber genau das. Denn hinter ihnen verbirgt sich die zutiefst rassistische Überzeugung, dass sich »Völker« nicht mischen dürfen.

Durch die völkische Brille betrachtet ist die Aufnahme von Geflüchteten also ein rotes Tuch, die gezielte Förderung von Einwanderung erst recht. »Halb Afrika darf widerstandslos über die deutsche Grenze spazieren und sich unser Land als Beute nehmen«, postete die Bundes-AfD im August 2023.[113] Das Wortpaar »bunte Vielfalt« offenbare, heißt es warnend im Positionspapier »Leitkultur, Identität, Patriotismus« der thüringischen AfD, »dass die Forderung nach Vielfalt auf die Durchmischung der Bevölkerung mit Personengruppen anderer Hautfarbe abzielt«.[114]

Aus solchen Worten spricht genau jener Ungeist, der nach dem Krieg durch das Grundgesetz gebannt und eines Tages überwunden werden sollte, wie die »Mütter und Väter« der Verfassung damals hofften. Diese wurde als Provisorium geschaffen und bekam den bescheidenen Namen, weil man davon ausging, sie müsse nur kurze Zeit halten, nämlich bis zur Wiedervereinigung. Aus diesem Trugschluss ist trotz allem eine tragfähige Ordnung erwachsen, weil das

Grundgesetz der Politik einen klaren Rahmen setzt, innerhalb dessen es aber veränderbar ist. Über die fast acht Jahrzehnte, die seit seinem Inkrafttreten vergangen sind, konnte es darum immer wieder den sich wandelnden Bedürfnissen angepasst werden.[115]

Mit Patriotismus tat man sich in der Bundesrepublik lange Zeit schwer. Er schien auf unabsehbare Zeit diskreditiert zu sein, nachdem er in seiner übersteigerten Form in die Katastrophe geführt hatte. Als Alternative kam in den 1980er-Jahren das Konzept des Verfassungspatriotismus auf. Dahinter steht die Idee, sich als Nation mit dem pluralistisch-demokratischen System und den freiheitlichen Werten des Grundgesetzes zu identifizieren. Kritische Stimmen befürchten, der Bezug auf ein Büchlein mit Gesetzestexten sei zu abstrakt, um eine ebenso große Emotionalität zu entfalten wie das Nationale, doch das ist eine Frage der Perspektive.

Was wir am Grundgesetz haben, wurde im Ausland meist viel deutlicher gesehen als hierzulande. In vielen Ländern diente es sogar als Vorbild der dortigen Verfassung, vor allem in Zeiten des Umbruchs – in Spanien nach der Franco-Diktatur etwa, in Südafrika am Ende der Apartheid oder in den Staaten des ehemaligen Ostblocks. Selbst in Chile, Japan und Südkorea hat man sich am einstigen Provisorium aus Deutschland orientiert. Am häufigsten wurde die »Ewigkeitsklausel« aus Artikel 19, Absatz 2 des Grundgesetzes übernommen, die den unveränderlichen Bestand der Grundrechte garantiert. Von denen hatte international vor allem Artikel 1 besonders große Vorbildwirkung: Dem Schutz der Menschenwürde eine derart zentrale Bedeutung einzuräumen, gilt offenbar weltweit als erstrebenswert.[116]

1949 konnte niemand ahnen, dass die bundesrepublikanische Bevölkerung einmal so vielfältig sein würde, wie sie es heute ist. Und doch macht das Grundgesetz, das damals in Kraft trat, ein Zusammenleben unter diesen veränderten Voraussetzungen möglich, weil es dem Volksbegriff eben keine ethnische Definition zugrunde legt.

Das Bundesverfassungsgericht hat über die Jahre immer weiter präzisiert, wie die Werte der Verfassung in der freiheitlich demokratischen Grundordnung umzusetzen sind, und darum »das Volk« als »Staatsvolk« definiert.[117]

Das Grundgesetz könnte also mit Fug und Recht im Zentrum eines modernen deutschen Patriotismus stehen, der die Zugehörigkeit zur Nation nicht an der Abstammung festmacht und so den veränderten Realitäten eines Einwanderungslandes in einer ohnehin globalisierten, vernetzten Welt Rechnung trägt. Seine nationale Dimension bekommt er dadurch, dass das Grundgesetz Teil der gesamtdeutschen Demokratiegeschichte ist, einen radikalen Neuanfang markierte und es sich zusammen mit der Bundesrepublik bis heute weiterentwickelt hat.

Von wegen Mäßigung

Hört man die Redebeiträge der AfD im Bundestag oder vor der Presse, liest ihre Wahlprogramme, Einwürfe, Interviews, Social-Media-Posts oder Ansprachen auf allen Ebenen der Partei, so fällt es schwer, die Nähe zur Rhetorik des »Dritten Reiches« zu ignorieren. Kern der immer wieder aufs Neue ausgemalten Apokalypse und der mit so viel Verachtung vorgebrachten Feindseligkeiten ist dabei stets die Behauptung, das deutsche Volk sei durch eine gezielt betriebene Überfremdung in seiner Existenz bedroht: »Die Pläne für einen Massenaustausch der Bevölkerung sind längst geschrieben«, twitterte Beatrix von Storch 2016.[118] Die AfD-Abgeordnete Christina Baum beschuldigte im baden-württembergischen Landtag dessen Präsidentin Muhterem Aras (Grüne), mit ihrer Partei den »schleichenden Genozid am deutschen Volk« vorzubereiten.[119]

Gauland warf der »Kanzler-Diktatorin« Angela Merkel 2018 vor, dem Volk »viele fremde Menschen aufgepfropft« zu haben. Die Regierung betreibe eine »Politik der menschlichen Überflutung«, um

»das deutsche Volk allmählich zu ersetzen durch eine aus allen Teilen dieser Erde herbeigekommene Bevölkerung«.[120] Und Hannes Gnauck, AfD-Bundestagsabgeordneter seit 2021, behauptete, die »Altparteienregierungen« in Bund und Ländern würden »nicht ruhen, bis jeder Winkel unseres Landes und jedes friedliche Dorf mit illegalen Migranten vollgestopft« sei.[121]

Nachdem die AfD vom Verfassungsschutz als »gesichert rechtsextrem« eingestuft worden war, hat die Partei im Juli 2025 auf einer Klausurtagung entschieden, gemäßigter aufzutreten, und einen entsprechenden Verhaltenskodex verabschiedet. Auch auf die Begriffe »Remigration« und »Leitkultur« wollte man zunächst verzichten.[122] Doch dieser Schritt ging vielen AfDlern zu weit.

Seitdem ist ein innerparteilicher Streit über die Frage entbrannt, wie »Remigration« genau zu verstehen sei – als Konzept mit völkischem Hintergrund, wie der Identitäre Martin Sellner es vertritt, oder als bloßes Synonym für Abschiebung, wie es das offizielle AfD-Positionspapier zum Thema nahelegt? »Remigration umfasst alle Maßnahmen … zu einer rechtsstaatlichen und gesetzeskonformen Rückführung ausreisepflichtiger Ausländer in ihre Heimat«, heißt es dort. Und in einem Extrakasten: Die AfD unterscheide nicht zwischen deutschen Staatsangehörigen mit und ohne Migrationshintergrund.[123]

In der Praxis tut sie das aber sehr wohl. Auch die Parteichefin selbst ist in dieser Hinsicht kaum misszuverstehen. Und als sie kurz nach der Klausurtagung im Bundestag ans Rednerpult trat, war von Mäßigung nicht viel zu spüren: »Massenhafte Einbürgerung« transformiere »das Staatsvolk« und brächte »importierte Konflikte, inkompatible Kulturen, Religionskriege« ins Land. Im vergangenen Jahr sei mehr als ein Viertel der Eingebürgerten Syrer gewesen, sagte Weidel, als sei es ein anderes Wort für Verbrecher. 2026 könnten mehr als eine Million Syrer, Iraker und Afghanen »einen deutschen Pass einfordern«. Der »sollte aber eine Auszeichnung sein und kein Ramsch-Artikel!«[124]

Immer häufiger ist in der AfD auch das Wort »Umvolkung« zu hören – eine Vokabel aus der NS-Propaganda. Und das, obwohl ein von der eigenen Geschäftsstelle in Auftrag gegebenes Rechtsgutachten schon 2018 zu dem Schluss kam, es sei besser, auf solche Begriffe zu verzichten, um eine Beobachtung durch den Verfassungsschutz zu vermeiden.[125] Das ist bekanntlich nicht gelungen. Weil sich die Radikalität und eine immer drastischere Wortwahl für die Partei aber als Erfolgsgeheimnis erwiesen haben, ist es nicht unwahrscheinlich, dass »Umvolkung« bald eine ähnliche Normalisierung erfährt wie »Remigration«. Im aktuellen Wahlprogramm findet sich schon jetzt die Vorstufe: Dort ist von der »Großen Transformation« die Rede.[126]

Wie offen völkisch man sich äußern sollte, ist in der Partei allerdings umstritten: Ausgerechnet Maximilian Krah, der noch vor Kurzem die »Existenz unseres kulturell und … ethnisch bereits nicht mehr homogenen Volkes« bedroht sah[127] und über den Kampf dagegen sogar ein Buch geschrieben hat,[128] fordert von seiner Partei neuerdings eine Abkehr vom Völkischen und distanzierte sich von Sellners radikalen Remigrationsplänen: Die Protestwelle nach dem Potsdamer Geheimtreffen habe ihn dazu gebracht, »die Frage der Multiethnizität des Staatsvolks neu zu durchdenken«, sagte Krah gegenüber Correctiv. Er selbst sei bei dem Treffen nicht dabei gewesen, sondern habe lediglich Teilnehmern vor der Tür sein Buch in die Hand gedrückt.[129]

Ob das glaubwürdig oder wegen des drohenden Prüfverfahrens zum Parteiverbot nicht vielleicht doch bloße Taktik ist, wird sich zeigen. In der längst völkisch dominierten AfD hat sich Krah mit seiner ideologischen Kehrtwende jedenfalls keine Freunde gemacht. Sein Verleger, der Höcke-Vertraute Götz Kubitschek, hat deswegen bereits öffentlich mit ihm gebrochen und wird Krahs neues Buch nicht herausgeben.[130] Bei den Veranstaltungen seines Instituts für Staatspolitik hatte er den AfD-Spitzenkandidaten für das EU-Parlament zuvor stets als Hoffnungsträger dargestellt, der die Ziele und

Positionen des Instituts auf geniale Weise in Politik und Öffentlichkeit bringe und damit insbesondere junge Leute erreiche.[131]

Björn Höcke, der für Mäßigung noch nie etwas übrighatte, betonte im Landtag unmissverständlich, seine Partei wolle es Migranten in Deutschland »so unattraktiv wie möglich« machen, mit den Remigrationen in Thüringen beginnen und von dort aus dann den »Migrationsextremismus« im ganzen Land »abwickeln«.[132]

Auch in der Parteispitze ist keine Distanz zu völkischen Konzepten zu erkennen. Im Gegenteil: Unmittelbar nach der Einschätzung des Bundesverfassungsschutzes Anfang Mai 2025 verwahrte sich Alice Weidel im Bundestag gegen die »Diffamierungen« und sagte, ein ethnischer Volksbegriff sei gar nicht verfassungswidrig, weil das Grundgesetz selbst ihn zugrunde lege.[133]

Das ist nicht wahr. Wenn Weidel das tatsächlich selbst glauben sollte, offenbart dies eine bemerkenswerte Unkenntnis. Wahrscheinlicher aber ist, dass sie sich auch hier wieder an einer Umdeutung versucht, die zeigt, wie zentral das Konzept eines homogenen deutschen Volkes für die Ideologie der AfD und ihre Ziele ist. Umso erstaunlicher, dass Weidels Satz kein breites Medienecho und keinen entschiedenen Widerspruch fand.[134]

Außerdem entlarvt ihre Aussage das AfD-Positionspapier zur Definition von »Remigration« als bloße Tarnung: »Die vielen gut integrierten Bürger mit Migrationshintergrund … leisten einen wichtigen Beitrag für unsere Wirtschaft und Gesellschaft«, heißt es dort. »Sie sind uns ausdrücklich willkommen – die Politik der AfD vertritt auch ihre Interessen!«[135]

Wer hier gemeint sein soll, bleibt angesichts der explizit fremdenfeindlichen Politik der Partei und der unzähligen abfälligen Aussagen ihrer Vertreterinnen und Vertreter ein Rätsel. Im November 2025 erklärte Weidel bei einer Pressekonferenz, sämtlichen syrischen Flüchtlingen müsse der Schutzstatus aberkannt werden, das »Scharia-Regime« in ihrer Heimat brauche sie für den Wiederaufbau des Landes. »Wenn sie nicht freiwillig gehen, dann müssen sie abgeschoben werden – unter Zwang.« Sie verspreche, sobald die AfD in Regierungsverantwortung sei, werde man sämtliche Einbürgerungen von Syrern »einer strengen Prüfung unterziehen«, inwieweit diese rechtens gewesen seien.[136]

Neu ist das alles nicht. Aus ihrer radikalen Agenda hat die Partei nie einen Hehl gemacht. »Wir müssen die Grenzen dichtmachen und dann die grausamen Bilder aushalten«, sagte Gauland schon 2016 im *Zeit-Magazin*. »Wir können uns nicht von Kinderaugen erpressen lassen.«[137] Inzwischen fordert der AfD-Landesverband Bayern, dass auch die Menschen, die bei uns Zuflucht vor dem Krieg in der Ukraine gefunden haben, Deutschland wieder verlassen müssen – und zwar »auch jetzt schon«, wie die Fraktionsvorsitzende Katrin Ebner-Steiner klarstellte. Die Ukraine sei schließlich groß, es gebe »genügend Gebiete« für die Rückkehr.[138]

Wir oder die Barbaren, lautet die immer gleiche Botschaft. Gegen Migration vorzugehen, sei reine Notwehr, sonst drohe der Untergang. Von den »Kartellparteien« aber sei keine Hilfe zu erwarten: »Sie reden von Nachhaltigkeit und Artenschutz und lassen eines der größten Kulturvölker der Weltgeschichte, nämlich das deutsche Volk, untergehen«, wetterte der AfD-Abgeordnete Martin Reichardt im September 2022 im Bundestag. »Das ist ehrlos und verachtenswert.« Sein Fraktionskollege Martin Renner rief vom Rednerpult ins Plenum: »Das ist es, was Sie hier übergreifend eint: Sie schaffen Deutschland ab und träumen höschenfeucht Ihr One-World-Fantasma.«[139]

Bei solchen Sätzen kann einem vor der »deutschen Leitkultur« nur grausen. Zum Glück ist sie in Wahrheit längst vielfältiger, fortschrittlicher und offener, als es die AfD wahrhaben will. Doch auch diesem Trend hat die Partei den Kampf angesagt: »Deutschland. Aber normal«, lautete ihr Wahlkampfslogan 2021. Höcke spricht neuerdings vom »Regenbogen-Imperium« – eine griffige Formel für alles, was der rechten Fantasie vom rein deutschen Volk im Wege steht.

Höcke zufolge handelt es sich dabei um eine international operierende Macht mit Deutschland als »Brückenkopf in Europa«. Sie forciere »die Zerstörung der Nation durch Masseneinwanderung« und habe überall im Land ihre Fahnen hochgezogen. Nichts sei dem »Regenbogen-Imperium« heilig: »nicht der gute Geschmack, nicht der Fleiß, nicht unser grandioses historisches Erbe, ja noch nicht einmal unsere Kinder«.[140]

Vielleicht sollten auch wir, die Bürgerinnen und Bürger des Regenbogen-Imperiums, nach Inspiration in der Vergangenheit suchen. Aber nicht bei den greisen Wächtern grimmig-deutscher Kleinmütigkeit, die es immer schon gab, sondern bei denen, die dem autoritären Ungeist schon vor 170 Jahren mit Humor begegnet sind. Die gab es nämlich auch.

Heinrich Heine zum Beispiel schildert 1844 in seinem Gedichtzyklus »Deutschland. Ein Wintermärchen«, wie er im Traum während einer Harzreise am damals noch denkmalfreien Kyffhäuser dem alten Kaiser Barbarossa begegnet. Heines Zeilen könnten eine direkte Replik sein auf die düstere Katastrophenstimmung, die uns von rechts unablässig eingetrichtert wird. Fast lesen sie sich so, als seien sie an Höcke oder Weidel persönlich gerichtet:

»Herr Rotbart, rief ich laut, du bist
Ein altes Fabelwesen,
Geh, leg dich schlafen, wir werden uns
Auch ohne dich erlösen.
Das beste wäre, du bliebest zu Haus,
Hier in dem alten Kyffhäuser –
Bedenk ich die Sache ganz genau,
So brauchen wir gar keinen Kaiser.«[141]

Freiheit

Das Ende der Vielfalt

Der 17. Juni 1953 beginnt als fröhlicher Tag, und einen Moment lang sieht es so aus, als würden sich die Dinge tatsächlich zum Guten wenden: Nicht nur in Ostberlin, sondern überall in der DDR füllen sich die Straßen und Plätze mit Menschen. Sie fordern freie Wahlen, das Ende staatlicher Willkür und Repression, die Einheit Deutschlands. Noch ist die Zonengrenze durchlässig, die DDR aber längst eine Diktatur nach sowjetischem Muster. Das Ministerium für Staatssicherheit (MfS) bekämpft als »Schild und Schwert der Partei« jegliche Opposition, um die Alleinherrschaft der SED zu sichern. Auch die Justiz dient einzig diesem Zweck, und die Gefängnisse füllen sich mit politischen Häftlingen.

Jetzt aber lassen sich die Menschen nicht mehr einschüchtern. Zu Zehntausenden gehen sie auf die Straße, in mehr als 700 Orten, um gegen die Unterdrückung zu protestieren. Auf eine Million wird man sie später schätzen, allein an diesem Tag im Juni. Es kommt zu Streiks, in manchen Städten werden Parteibüros, Stasi-Dienststellen und Gefängnisse gestürmt. In Berlin holen Jugendliche die rote Fahne vom Brandenburger Tor und zerreißen sie vor den Augen sowjetischer Soldaten, kurz darauf weht dort Schwarz-Rot-Gold. Was ein paar Tage zuvor als Protest von Bauarbeitern gegen willkürlich verhängte Arbeitsnormen begonnen hat, ist innerhalb kürzester Zeit zum Volksaufstand geworden. »Reiht euch ein, wir wollen freie Menschen sein!«, skandieren die Protestierenden. Auf den Fotos, die in diesen Stunden entstehen, sind fröhlich winkende Leute zu sehen. Männer und Frauen jeden Alters, die Mienen voller Zuversicht.[1]

Dann aber kommen die sowjetischen Besatzer dem SED-Regime zu Hilfe: In Ostberlin rollen Panzer Richtung Innenstadt, gegen 11.30 Uhr eröffnen sie am Potsdamer Platz das Feuer. Mindestens 55 Menschen sterben. Genaue Zahlen gibt es nicht, weil die DDR-Führung die Ereignisse später vertuschen wird. Das jüngste Todesopfer ist der 14-jährige Rudi Schwander, den auf der Flucht eine Kugel in den Hinterkopf trifft.[2] Bis zum Abend gelingt es Polizei und Armee, den Aufstand in Ostberlin niederzuschlagen. In den Tagen darauf werden auch an anderen Orten die letzten Streiks beendet und Tausende Bürgerinnen und Bürger festgenommen. Gerichte und Militärtribunale verhängen hohe Haftstrafen und mehrere Todesurteile. Viele Angeklagte werden zu Zwangsarbeit in sowjetischen Lagern verurteilt. Nur mit Gewalt ist der Freiheitswille der Bevölkerung zu brechen – ohne die Sowjets wäre das SED-Regime am Ende gewesen.[3]

Die DDR-Führung verbreitet schon zwei Tage später die Lüge, es habe sich um einen vom Westen gesteuerten »faschistischen Putschversuch« gehandelt. In den nächsten Jahren setzt sie alles daran, die wahren Hintergründe und das Ausmaß des Aufstands vom 17. Juni 1953 zu verschleiern und das Gedenken an die Opfer zu unterdrücken.[4] Selbst wer erlebt hat, wie es wirklich war, wird davon schweigen, um sich und seine Angehörigen nicht in Gefahr zu bringen, und für die später Geborenen ist es bald nur noch der Tag der »imperialistischen Konterrevolution«, wie es ihnen von der Parteipropaganda eingebimst wird. Ein Datum im Staatsbürgerkunde-Unterricht, keine eigene, ostdeutsche Freiheitserzählung. Fast vierzig Jahre später erst, im Herbst 1989, wird es den nächsten Umsturzversuch geben.

Der Staatsführung der DDR aber bleibt der Aufstand als beständige Angst davor in Erinnerung, eines Tages könne so etwas wieder geschehen. Mit einem von Jahr zu Jahr wachsenden Stasi-Apparat schützt sie sich darum vor der eigenen Bevölkerung und sperrt sie mit dem Bau der Mauer am 13. August 1961 endgültig ein. Bis zum Ende der DDR werden die Grenzanlagen beständig verschärft, die Kontrolle immer umfassender, der Terror ausgefeilter. Noch im Sommer 1989 fragt MfS-Chef Erich Mielke angesichts des zunehmenden Unmuts in der DDR besorgt, ob möglicherweise »morgen der 17. Juni ausbricht«. Aber der Leiter der MfS-Bezirksverwaltung Gera beruhigt ihn, das werde nicht passieren – dafür sei man ja schließlich da.[5]

Ein paar Wochen später passierte es dann doch. Dass aber die Akteurinnen und Akteure der friedlichen Revolution, anders als die DDR-Staatsspitze, diese Parallele offenbar selbst nicht sahen, zeigt, wie erfolgreich die staatliche Taktik aus Umdeutung und Repression gewesen ist: Obwohl ihr Protest in derselben freiheitskämpferischen Tradition stand, beriefen sich die Bürgerrechtsbewegung und die Demonstrierenden nicht auf den 17. Juni 1953.[6]

In der Bundesrepublik war der 17. Juni schon im August 1953 per Parlamentsbeschluss zum »Tag der Deutschen Einheit« und gesetzlichen Feiertag erklärt worden. Bundespräsident Heinrich Lübke machte das Datum 1963 zum »Nationalen Gedenktag des deutschen Volkes« und mahnte: »Der Geist, der sie beseelte, muss in uns lebendig bleiben. Die Flamme, die sie entzündeten, muss von uns gehütet und weitergegeben werden.«[7]

Das gelang nur sehr unzureichend: Je mehr sich die beiden deutschen Staaten auseinanderentwickelten, desto dünner wurde die Erinnerung an das, wofür der 17. Juni eigentlich stand.[8] Zugleich geriet beiderseits der Mauer, wenn auch jeweils aus anderen Gründen, in Vergessenheit, dass dieser Tag nicht bloß ein »Aufstand« gewesen war, sondern der Höhepunkt eines Freiheitskampfes.

1990 hätte das historische Datum zu neuen Ehren kommen müssen, schließlich hatte sich das, wofür DDR-Bürgerinnen und -Bürger damals auf die Straße gegangen waren – Freiheit und Einheit – nun erfüllt. Es wäre eine Möglichkeit gewesen, den Befreiungskampf der

Ostdeutschen zu würdigen und ihn so in die deutsch-deutsche Geschichte zu integrieren. Der 17. Juni als *gesamtdeutscher* Tag der Einheit wäre ein starkes Symbol gewesen, doch die Chance wurde vertan. Stattdessen wurde es der 3. Oktober: Der Tag, an dem die DDR 1990 endgültig aufhörte zu existieren, indem sie »dem Geltungsbereich des Grundgesetzes beitrat«, wie der Vorgang offiziell hieß.

Das klingt genauso bürokratisch und blutleer, wie es der Tag tatsächlich auch ist. Denn im Gegensatz zum 17. Juni, dem 8. Mai, dem 9. November oder dem 20. Juli hat er keine Geschichte zu erzählen: Am 3. Oktober 1990 »reichten sich in guter alter Manier Männer die Hand – Westmänner verhandelten mit sich selbst«, schreibt der Historiker und ehemalige DDR-Bürgerrechtler Ilko-Sascha Kowalczuk. Nicht einmal »zur Staffage« hätten sie auf der Bühne am Reichstag »Ostmänner« dabeigehabt, »um zu besiegeln, was eine gesellschaftliche Bewegung erreicht hatte«. Damit hat Kowalczuk leider recht.[9]

Kein Wunder also, dass der 3. Oktober den meisten Deutschen nichts bedeutet – außer als arbeitsfreier Tag, bei dem man hofft, er möge so fallen, dass sich ein zusätzlicher Brückentag ergibt. Warum der 17. Juni früher mal der »Tag der Einheit« war, wissen nur noch die wenigsten. Offiziell ist er zwar noch immer »Nationaler Gedenktag«, doch seit er kein Feiertag mehr ist, scheint er endgültig zur DDR-Anekdote geschrumpft zu sein, die mit der deutschen Demokratiegeschichte scheinbar nichts zu tun hat. Zu den Jahrestagen bekommt er etwas Aufmerksamkeit, dann versinkt er wieder im Dornröschenschlaf allgemeinen Desinteresses.

Die unterdrückten Freiheitskämpfer

Die AfD hat diese Lücke erkannt und füllt sie seit einiger Zeit mit ihren eigenen Botschaften, indem sie sich als Hüterin des Andenkens an den 17. Juni 1953 inszeniert. So brachte sie im April 2023 einen Antrag in den Bundestag ein, in dem sie forderte, den anstehenden 70. Jahrestag des Volksaufstands würdig zu begehen. Die damaligen Opfer seien nicht vergeblich gewesen, heißt es darin, weil von der »Unerschrockenheit« derer, die damals »für Einigkeit, Recht und Freiheit« protestiert hätten, »eine direkte Linie« zum Tag des Mauerfalls führe. Der Aufstand müsse im Zusammenhang mit den anschließenden Oppositionsbewegungen in den Ländern des Ostblocks gesehen werden. 1989 habe sich etwas »vollendet«, das durch den 17. Juni 1953 »angestoßen wurde«.[10]

Das ist eine treffende Analyse. Und gegen das Bemühen der AfD, die Bedeutung dieses Tages zu betonen, ist ebenfalls nichts einzuwenden. Die Art, mit der sie das tut und das Gedenken dabei mit ihren Botschaften füllt, lässt allerdings Zweifel aufkommen, ob es ihr dabei nicht vor allem um sich selbst geht.

Es fängt schon damit an, dass die AfD ihren Antrag mit den Forderungen zur Gestaltung des runden Jahrestages erst Mitte April eingebracht hat: Acht Wochen Vorbereitungszeit sind nicht viel für eine Staatsfeier mit »breit angelegtem« Begleitprogramm, die »dazu geeignet ist, den Volksaufstand im öffentlichen Bewusstsein aufzuwerten«, wie sie verlangt. Konkrete Vorschläge für das »Begleitprogramm« sucht man im Antrag vergeblich, doch die AfD-Fraktion dürfte ohnehin gewusst haben, dass die Planungen beim Protokoll Inland der Bundesregierung, das für die Ausrichtung solcher Feierlichkeiten zuständig ist, längst feststanden. Um die gemeinsame Erinnerung an ein wichtiges Ereignis der deutschen Geschichte kann es ihr also nicht gegangen sein. Stattdessen hat sie wieder einmal einen Jahrestag dafür genutzt, sich selbst in den Vordergrund zu spielen und das offizielle Gedenken der Bundesregierung als unzureichend darzustellen.

Unter anderem forderte sie »eine deutschlandweite Berichterstattung und Übertragung« der Gedenkstunde im Bundestag, die für den 16. Juni geplant war, und die aktive Beteiligung von Zeitzeugen und Opferorganisationen an der offiziellen Veranstaltung zum

Jahrestag am Mahnmal des Volksaufstandes. Außerdem »ein umfangreiches und jährlich stattfindendes Informations- und Dokumentationsprogramm«, und zwar »deutschlandweit«, einen jährlichen Aktionstag an Schulen, die verpflichtende Verankerung in den Lehrplänen sowie die entsprechende Erstellung von »Unterrichts- und Informationsmaterialen« durch die Bundeszentrale für politische Bildung (bpb).

Solche Materialien und Dokumentationen gibt es zuhauf – die AfD zitiert in ihrem Antrag selbst aus entsprechenden Publikationen der bpb. Zugleich findet sie aber nichts dabei, die 1952 gegründete, mit öffentlichen Geldern finanzierte Einrichtung beständig anzugreifen und ihr fehlende Objektivität zu unterstellen.[11] In Sachsen-Anhalt hat sie bereits die Abschaffung der Landeszentrale für politische Bildung beantragt.[12] Dass bei der Gedenkstunde im Bundestag Zeitzeuginnen und Zeitzeugen zu Wort kommen würden und Opfer des SED-Regimes als Gäste geladen waren, wird ihr als Bundestagsfraktion ebenfalls nicht entgangen sein.[13]

Sie selbst lud am 9. Juni, als Auftakt der »Woche des Volksaufstands«, zu einer Konferenz mit dem Titel »Wir wollen freie Menschen sein!«. Worum es dabei tatsächlich ging, machte die AfD-Fraktionsvorsitzende des Berliner Abgeordnetenhauses, Kristin Brinker, gleich zu Beginn deutlich, als sie in ihrer Eröffnungsrede Parallelen zwischen dem SED-Regime und der Bundesregierung zog: Auch diese betreibe »Politik ohne Sinn und Verstand« und nehme bei der rigorosen Durchsetzung ihrer ideologischen Ziele keine Rücksicht auf den Willen des Volkes. »Das fordert uns als Verfechter von Freiheits- und Bürgerrechten immer wieder aufs Neue heraus.« Es gebe aber Hoffnung, sagte Brinker und verwies auf die aktuellen Umfragewerte ihrer Partei: »Die Menschen wollen zurück zur Freiheit!«

Im Anschluss geißelte der AfD-Bundestagsabgeordnete Marc Jongen die von der »woken Linken« betriebene »Voranschreitung der Ideologisierung aller Lebensbereiche«: Die Freiheit, für die damals die Deutschen in der DDR aufstanden, sei auch heute wieder bedroht. Wer sich, wie die AfD, den »totalitären Bestrebungen« entgegenstelle, werde in eine Rolle gedrängt, die den Oppositionellen in der DDR bedrohlich nahekomme. Die AfD-Fraktionen würden jedoch die Flamme des Freiheitswillens von damals weitertragen, versprach er.[14]

Was darunter zu verstehen ist, demonstrierte er ein paar Tage später im Bundestag. Das Gespenst der DDR gehe wieder um, behauptete er: »Die Verbote, das Beobachten, der Argwohn, die Angst, das Brandmarken und Mundtotmachen derer, die sich nicht anpassen«. Den Abgeordneten der Grünen und der Linken sprach er das Recht ab, am Jahrestag des Volksaufstands Reden zu halten, weil ihre Politik »den freiheitlichen Idealen des 17. Juni diametral« widerspreche: ihr »Bekenntniszwang … zu Weltoffenheit, Toleranz, Antidiskriminierung, Genderideologie und sogenanntem Antifaschismus«.

Was gegen Weltoffenheit, Toleranz und Antidiskriminierung einzuwenden ist, noch dazu im Parlament eines freiheitlich-demokratischen Staates, erschließt sich nicht ohne Weiteres. Im Denkkosmos der AfD, den Jongen mit den Signalwörtern »Bekenntniszwang« und »Genderideologie« markierte, ergibt das Ganze aber einen Sinn. Den »grauen Männern im Politbüro«, schob Jongen sicherheitshalber hinterher, hätte das »definitiv besser gefallen als den Aufständischen von 1953«.

Zum Abschluss seiner Rede verglich er die im Bundestag vertretenen Parteien mit den Blockparteien der DDR: So wie diese die Vormacht der SED gefestigt und gegen einen »paranoid überall wahrgenommenen Faschismus« gestanden hätten, genieße heute der Kampf gegen rechts »höchste staatspolitische Priorität« und verschlinge Milliarden. Deshalb sei es so wichtig, sich an den 17. Juni 1953 zu erinnern: »An diesem Tag stand das Volk auf und sagte Nein zu Unterdrückung und Ja zu Freiheit. Es war ein großer Tag in der deutschen Geschichte.«[15]

Ob es der Widerstand gegen Hitler ist, die Revolution von 1848 oder eben der 17. Juni 1953 – wann immer sich die AfD auf Geschichte bezieht, steht nicht die Erinnerung an den langen Weg zu unserem heutigen rechtsstaatlichen System im Vordergrund, sondern eine politische Agenda für die Gegenwart: Die Bundesrepublik soll als undemokratisch und autoritär diskreditiert, die AfD als einzige Opposition dargestellt werden, die im Namen des Volkes für Freiheit kämpfe. Jeden Widerspruch dagegen nimmt sie als Beweis dafür, dass sie recht hat. Auch die Beobachtung durch den Verfassungsschutz, die Einstufung der gesamten Partei als »gesichert rechtsextrem« oder die Diskussion über ein Prüfverfahren verkauft sie als Belege ihrer demokratisch-rechtsstaatlichen Gesinnung, obwohl sie genau das Gegenteil sind.

Die ganze Debatte hier sei »heuchlerisch«, schaltete sich der AfD-Abgeordnete Kay-Uwe Ziegler während der Aussprache im Bundestag ein, nachdem sich auch Vertreter und Vertreterinnen anderer Parteien zum 17. Juni 1953 geäußert hatten. Das »Entscheidende«, was gar nicht zur Sprache komme, sei doch, »dass Sie die Menschen von 1953 heute bekämpfen würden«, rief er ins Plenum. »Denn das eigentliche Ziel damals war Freiheit. Und Sie alle bekämpfen in allen Bereichen immer wieder die Freiheit.«[16]

Im von rechts gekaperten Gedenken an den 17. Juni 1953 vermischt sich Kritik an der aktuellen Politik außerdem mit Nationalem. So suchte sich die Identitäre Bewegung (IB) 2016 für ihre erste angekündigte Demonstration gezielt den Jahrestag des »Volksaufstands gegen die Herrschenden« aus, wie sie es nannte. Bei ihrem Marsch durch Berlin trafen die rund 150 IB-Anhänger dann aber auf so viel Gegenprotest, dass sie ihre Route kurzfristig ändern mussten. Der aus Wien angereiste IB-Aktivist Martin Sellner deutete den mäßigen Erfolg kurzerhand um, indem er die Identitären zur Speerspitze des patriotischen Freiheitskampfes erklärte, die stellvertretend für alle auf die Straße gingen, die sich das wegen der

»linken Meinungsdiktatur« nicht trauten.[17] Ein Jahr später wiederholte die IB ihre Aktion, diesmal mit einigen hundert Leuten mehr, um »für die Verteidigung unserer Identität, Kultur und Lebensweise« zu demonstrieren. Der Aufruf für das Folgejahr war mit »Tag der Patrioten« überschrieben.[18]

Unter demselben Namen ruft die AfD seit 2018 am 17. Juni zum landesweiten Gedenken und nutzt dabei gern den ehemals geteilten Ort Mödlareuth an der thüringisch-bayerischen Grenze als Kulisse für ihre politische Kundgebung. Der 17. Juni sei für ihn »der Nationalfeiertag der Herzen«, bekannte der thüringische AfD-Landeschef Björn Höcke dort am 70. Jahrestag 2023. »Wir müssen auf der Hut sein«, hatte er ein paar Stunden vorher in Gera gewarnt – das sei »die Botschaft der Helden von 1953«. Denn die Bundesrepublik sei »kein voll entwickelter Rechtsstaat mehr, sondern ein Gesinnungsstaat«. Demokratie und Freiheit seien »so bedroht wie noch nie«.[19] Drei Jahre zuvor mahnte er im Gedenken an 1953: »Bleiben Sie obrigkeitskritisch, bleiben Sie mündig, lassen Sie sich nicht den Mund verbieten.«[20]

Für den 3. Oktober, den neuen »Tag der deutschen Einheit«, organsierte der Neonazi Christian Klar und dessen Vereinigung »Patrioten Ostthüringen« 2022 ein »Fest der Freiheit« in Gera. Orchestriert von einer rechtsextremen Allianz, waren dort am selben Tag und in Dutzenden anderen ostdeutschen Städten mehrere zehntausend Menschen gegen die Bundesregierung auf die Straße gegangen. Bejubelt von einer großen Zuhörermenge, hielt Höcke bei der Kundgebung in Gera eine programmatische Grundsatzrede.[21]

Die deutsche Einheit spielte darin bestenfalls eine Nebenrolle. Umso mehr war von Freiheit die Rede, vor allem von der angeblich fehlenden: »Wir gemeinsam sind die neue Freiheitsbewegung für Thüringen und für Deutschland«, rief Höcke in die Menge. Er sei »froh und stolz«, diesen Tag der deutschen Einheit »mit tausenden Freiheitskämpfern … zum Tag der neuen deutschen Freiheit zu machen«.

Mit dieser eigenmächtigen Neudefinition war der Grundton gesetzt für das, was danach kam. In einem großen Rundumschlag inszenierte sich Höcke als Anführer einer Bewegung gegen alles, was der Freiheit des deutschen Volkes angeblich im Wege steht: die mangelnde Wertschätzung für »unser grandioses historisches Erbe«, westliche Politiker und »große internationale Organisationen«, die aus Deutschland ein »fremdbestimmtes Land« machen, das »Regenbogen-Imperium«, die »Alt-Parteien«.

Weil er in der Rolle des Freiheitskämpfers aber nicht gleichzeitig Teil des Systems sein kann, setzt Höcke alles daran, sich davon abzusetzen. Ganz so, als wäre seine Partei nicht in sämtlichen deutschen Parlamenten vertreten und er selbst nicht bereits seit 2014 Fraktionsvorsitzender im Thüringer Landtag, was ihm das doppelte Abgeordnetengehalt plus diverse Aufwandsentschädigungen beschert: insgesamt mehr als 13 000 Euro monatlich.[22] Bezahlt mit öffentlichen Mitteln jenes Staates, den er bei jeder Gelegenheit als dysfunktional und ungerecht diffamiert.

Als er entscheiden musste, ob er als Abgeordneter an den offiziellen Feierlichkeiten zum Tag der Deutschen Einheit in Erfurt teilnehmen oder lieber »der Einladung verschiedener freier ziviler Bürgerinitiativen« folgen sollte, sei ihm die Entscheidung nicht schwergefallen, rief Höcke in Gera. »Erfurt, das ist heute Phrasendrescherei, das ist heute geheuchelter Patriotismus. Gera, das ist heute politischer Klartext, das ist ehrliche Vaterlandsliebe. Erfurt, das ist heute eine abgehobene und abgehalfterte politische Klasse. Gera, das ist heute das freiheitsliebende Volk.«[23]

»Bezahlte Haltungsmarionetten«

In keinem Wahlprogramm ist so oft von Freiheit die Rede wie bei der AfD: 66-mal tauchen das Wort oder Varianten davon im aktuellen Parteiprogramm auf, 40-mal im seit 2016 gültigen Grundsatzprogramm. Mit dem Wunsch, als Vorkämpferin einer verloren gegangenen Freiheit gesehen zu werden, steht sie in einer Traditionslinie mit anderen rechtspopulistischen oder rechtsextremen Parteien, die sich nach dem Krieg gründeten und den Begriff zum Teil sogar im Namen führten, wie die Deutsche Freiheitspartei oder die Freiheitliche Partei Österreichs.[24]

Im neonazistischen Milieu existieren außerdem zahlreiche sogenannte »Freie Kräfte« wie »Freie Kameradschaften« oder »Freie Nationalisten«: lose, aber gut vernetzte Regionalgruppen, die sich in den 1990er-Jahren aus diversen Vereinigungen heraus formierten, nachdem diese durch den Verfassungsschutz verboten worden waren.[25] Auch rechte und rechtsextreme Medien nehmen für sich in Anspruch, freiheitlichen Werten zu dienen, und machen das schon im Titel deutlich, wie die Wochenzeitung *Junge Freiheit*, das *Freilich Magazin* aus Österreich oder *Frequenz: Freiheit*, der YouTube-Kanal der AfD.[26]

Im rechtsextremen Kontext liegt dem Begriff die Vorstellung zugrunde, dass Deutschland mit dem Sieg der Alliierten 1945 und der Einbindung in internationale Bündnisse seine nationale Eigenständigkeit verloren habe und kein souveräner Staat mehr sei. Der Beginn der militärischen Besatzung war nach dieser Lesart zugleich der Beginn einer geistigen Bevormundung und Umerziehung, die mit dem Errichten verschiedenster Tabus einhergingen. Dadurch habe sich das deutsche Volk von seiner traditionellen Wesensart entfernt und seinen Nationalstolz eingebüßt.[27]

Dieselben Thesen vertritt auch die AfD. Gegründet als dezidierte Anti-Europa-Partei, erklärt sie bis heute, Deutschlands Souveränität sei durch »supranationale Organisationen« wie die EU, die Vereinten Nationen oder die WHO bedroht. Diese würden eine »Weltregierung« anstreben und schränkten »nationalstaatliche Kompetenzen« ein, um souveräne Staaten nach und nach »zu entmachten«, heißt es im aktuellen Wahlprogramm. Die AfD verspricht daher, aus allen entsprechenden Verträgen auszusteigen.[28]

Großen Raum nimmt auch bei ihr der vermeintliche »Schuldkult« der Deutschen ein – ein Klassiker unter den rechtsextremen Kampfbegriffen,[29] der in verschiedenen Varianten auf sämtlichen Ebenen der Partei und in ihrem außerparlamentarischen Vorfeld zu hören ist: Angeblich sei den Deutschen von außen eine Kollektivschuld eingeredet worden, die sich in einer staatlich verordneten, auf die Verbrechen der NS-Zeit fixierten Erinnerungskultur ausdrücke und es ihnen unmöglich mache, einen positiven Bezug zur »Volksgemeinschaft« zu entwickeln und Stolz auf ihr »grandioses historisches Erbe« zu empfinden.[30]

Schon die bloße Debatte über einen verantwortungsbewussten Umgang mit Geschichte wird von der AfD als »ideologisch« abgetan. Neuerdings dient der Begriff des »Schuldkults« aber nicht mehr nur der Verharmlosung nationalsozialistischer Verbrechen, sondern unterfüttert zugleich das neurechte, völkisch ausgerichtete Programm. Dieser Logik zufolge erleichtere das »von Schuldgefühl und Wiedergutmachung geprägte Nationalgefühl« der Deutschen (Sellner) den großen, von globalen Mächten vorangetriebenen »Volkstod durch Bevölkerungsaustausch« (Höcke).[31] Gegen beides sei also dringend Notwehr geboten: durch die Stärkung eines starken patriotischen Geistes und durch massenhafte Remigration.

Kritik an dieser völkischen und verfassungswidrigen Haltung brandmarkt die AfD als angebliche Einschränkung der Meinungsfreiheit und führt damit eine weitere Argumentationslinie fort, die in der deutschen Rechten Tradition hat. Denn das Recht auf freie Meinungsäußerung wurde schon immer auch dann ins Feld geführt, wenn es um die Verbreitung menschenfeindlicher, rassistischer oder geschichtsrevisionistischer Positionen geht.

»Keine Zensur der öffentlichen Debatte«, fordert die AfD in ihrem Wahlprogramm und behauptet, die Meinungsfreiheit werde in Deutschland »durch direkte Verbote« oder die »Delegitimierung«

kritischer Ansichten eingeschränkt. Außerdem betreibe der Staat gezielte »Desinformationskampagnen«, für die er den öffentlich-rechtlichen Rundfunk und Nichtregierungsorganisationen (NGOs) einspanne. An anderer Stelle ist im Wahlprogramm von »staatlich beauftragten Berufsdenunzianten« die Rede.[32]

So malt die AfD mit wenigen Sätzen das Bild eines Überwachungsstaats, dem grundsätzlich nicht zu trauen sei. Zugleich stellt sie die Presse, einschließlich der öffentlich-rechtlichen Sender, und sämtliche Vereine und Organisationen der Zivilgesellschaft unter den Generalverdacht, Lügen zu verbreiten. Belege dafür bleibt die Partei schuldig.

Auf ihr Verlangen hin fand am 23. Februar 2024 eine Aktuelle Stunde des Bundestags statt. »Meinungsfreiheit gegen staatliche Übergriffe schützen – Kritik ist kein Extremismus«, hatte die AfD-Fraktion ihren Antrag dafür überschrieben. Anlass war ein geplantes Gesetz zur Demokratieförderung und Extremismusprävention, das die Rahmenbedingungen für politische Bildung und zivilgesellschaftliches Engagement verbessern sollte. Demokratie lebe von engagierten Menschen, die sich »für ein vielfältiges, pluralistisches und gewalt- und diskriminierungsfreies Miteinander einsetzen«, hieß es im Gesetzentwurf der Ampel-Regierung. Ziel des Gesetzes sei es, diese Arbeit zu unterstützen.[33]

»Etikettenschwindel« nannte das der AfD-Abgeordnete Gottfried Curio während der Aussprache: Von dem geplanten Gesetz würden nur »links-grüne Organisationen« profitieren. Die Regierung wähle diese selbst aus und mäste sie mit Steuermillionen, »um sich selbst als Stichwort- und Auftraggeber der medialen Verleumdungskampagnen unsichtbar zu machen« – mit Bildern eines »Scheinvolks aus bezahlten Haltungsmarionetten«.[34]

Ein paar Wochen zuvor war durch das Recherchenetzwerk Correctiv bekannt geworden, dass sich Rechtsextreme und AfD-Politiker im Dezember 2023 in Potsdam getroffen hatten, um über einen »Masterplan Remigration« zu beraten. Die Veröffentlichung hatte die größte Protestwelle in der Geschichte der Bundesrepublik ausgelöst.[35] »Bestellte Massen demonstrieren gegen die AfD«, kommentierte Höcke auf X. Die Medien hätten die Fotos manipuliert, um die Proteste noch größer erscheinen zu lassen.[36]

Sein Parteikollege Curio legte nun während der Aktuellen Stunde im Bundestag nach und behauptete, »Zivilgesellschaft« sei ein Tarnbegriff für staatlich organisierte Vorfeldorganisationen linker Parteien. Der Staat wolle bestimmen, »was wir alle noch denken und sagen dürfen«. Eine »echte Zivilgesellschaft« aber würde »einen entstehenden Obrigkeitsstaat verhindern wollen«.

Mit anderen Worten: Die Hunderttausende, die von ihrem demokratischen Recht auf Meinungs- und Versammlungsfreiheit Gebrauch gemacht hatten, sind in Wirklichkeit nicht die Zivilgesellschaft, sondern ein staatlich gelenktes »Scheinvolk«. Curio sprach ihnen im Namen der Meinungsfreiheit diese Rechte ab und griff am Ende seiner Rede noch zu besonders schwerem Geschütz: Antifaschismus, erklärte er, sei wiederkehrender Faschismus. »Seien wir auf der Hut vor diesem Angriff der Regierung auf unsere Demokratie.«[37]

Es sind solche Äußerungen, mit denen die AfD seit Jahren die demokratischen Institutionen dieses Landes diskreditiert. Denn welche Äußerung, welchen Protest kann man schließlich noch ernst nehmen, wenn alles angeblich von der Regierung gesteuert und finanziert wird? Und wie sollte man ihr vertrauen, wo sie doch selbst angeblich von außen gesteuert wird?

Eine repräsentative Umfrage des Allensbacher Instituts für Demoskopie ergab im Herbst 2025, dass nur 46 Prozent der Deutschen davon überzeugt sind, ihre Meinung frei äußern zu können; 44 Prozent glauben, damit vorsichtig sein zu müssen. Sie zweifelten zwar nicht an der grundgesetzlich garantierten Meinungsfreiheit, äußerten aber dennoch das Gefühl, man wolle sie mundtot machen, sobald sie etwas sagen, das in den Medien und Teilen der Gesellschaft als politisch unkorrekt gilt. Der AfD sind solche Ergebnisse hochwillkommen, weil sie diese als Beweis für die Richtigkeit ihrer Behauptungen anführen kann. Zugleich sind sie der Beleg für den Erfolg ihrer fortwährenden Diffamierungskampagnen. Laut Studie ist die Unzufriedenheit mit der Demokratie unter AfD-Wählerinnen und -Wählern besonders groß.[38]

Aufschlussreich ist in diesem Zusammenhang allerdings auch der zweite Teil der Untersuchung, bei dem den Befragten Aussagen vorgelegt wurden, die teilweise provozierend waren, wie »Soldaten sind Mörder«, »Homosexualität ist eine Krankheit« oder »Frauen gehören an den Herd«. Zunächst sollten sie angeben, ob sie dem jeweiligen Satz zustimmen oder nicht. Dort, wo sie mit Nein gestimmt hatten, wurden sie in einem zweiten Schritt gefragt, ob die betreffende Äußerung verboten werden sollte. Tatsächlich stimmte dabei stets eine große Zahl der Befragten für ein Verbot: beim Soldaten-Satz waren es über 52 Prozent, 49 Prozent bei dem über Homosexualität. 43 Prozent wollten die Aussage verbieten, dass Frauen an den Herd gehören.[39]

Das eigentliche Wesen der Meinungsfreiheit ist vielen Deutschen also offensichtlich nicht bewusst, denn das besteht nun einmal darin, sie auch für diejenigen gelten zu lassen, deren Meinung man selbst nicht teilt oder sogar unerträglich findet.

Keine Demokratie ohne Meinungsfreiheit

Bei dem, was meist verkürzt »Meinungsfreiheit« genannt wird, handelt es sich in Wirklichkeit um das Recht auf freie Meinungs*äußerung*, das in Artikel 5, Absatz 1 des Grundgesetzes festgeschrieben ist: »Jeder hat das Recht, seine Meinung in Wort, Schrift und Bild zu verbreiten«, heißt es dort. »Eine Zensur findet nicht statt.« Wie die Versammlungsfreiheit (Artikel 8 GG) ist es ein Grundrecht, das uns etwas abverlangt, denn es schützt ausnahmslos alle, explizit auch Minderheiten, selbst wenn diese radikale Ansichten vertreten.

AfD-Mann Gottfried Curio etwa hat es diesem Artikel zu verdanken, dass er überall und sogar im Parlament gegen das Parlament polemisieren darf.

Der 17. Juni 1953 zeigt, was es bedeutet, wenn solche Grundrechte nicht uneingeschränkt gelten. Denn während das Grundgesetz den Bundesbürgerinnen und -bürgern seit 1949 Schutz vor staatlicher Willkür garantiert, galt die Meinungsfreiheit in der DDR laut Artikel 27 der Verfassung lediglich »den Grundsätzen dieser Verfassung gemäß« – ein bedeutsamer Unterschied, der dazu führte, dass bis zum Ende der DDR zwischen 170 000 und 280 000 Menschen aus politischen Gründen inhaftiert waren.[40] Die Schätzungen differieren um ein paar zehntausend, aber das Bild ist klar: Wer in der DDR seine Meinung äußerte, brachte sich in reale Gefahr. Hätte Curio seine Rede zur Meinungsfreiheit nicht im Bundestag, sondern in der Volkskammer gehalten, wäre er schon bei den ersten Sätzen verhaftet worden.

Das SED-Regime unterdrückte und verfolgte rigoros jede Kritik und nicht konforme Haltung. §§ 104–106 des Strafgesetzbuches der DDR, »Verbreitung staatsfeindlicher Hetze«, machte es möglich – und die Repression »legal«. Selbst sozialistische Vorbilder konnten in den Augen der DDR-Führung eine Gefahr darstellen, wenn jemand sich in einer Weise auf sie berief, die nicht im Sinne der Partei war: 1988 wurden mehr als hundert Demonstrierende festgenommen, weil sie bei der staatlich verordneten Kundgebung zum Gedenken an die Ermordung der Sozialisten Rosa Luxemburg und Karl Liebknecht am 17. Januar Transparente mit Luxemburg-Zitaten entrollt hatten, darunter das berühmte »Freiheit ist immer die Freiheit der Andersdenkenden«.[41]

Die sozialistische Politikerin hat diesen Satz 1917 geschrieben, während sie selbst im Gefängnis saß. Wegen ihres politischen Engagements gegen den Kriegseintritt Deutschlands war sie bereits seit zwei Jahren fast ununterbrochen inhaftiert gewesen. Aus der

Haft schrieb sie flammende Plädoyers gegen den Nationalismus und Militarismus des Kaiserreichs und forderte eine Revolution wie in Russland, wandte sich aber entschieden gegen die Unterdrückung Andersdenkender, wie sie dort inzwischen zu beobachten war. »Freiheit nur für die Anhänger einer Regierung, nur für die Mitglieder einer Partei – mögen sie noch so zahlreich sein – ist keine Freiheit«, lautet die Passage vor Luxemburgs vermutlich bekanntestem Zitat.[42]

Schon die erste Erklärung der allgemeinen Menschenrechte, die 1789 während der Französischen Revolution entstand, bezeichnet die Meinungsfreiheit als »eines der kostbarsten Rechte des Menschen« (*»un des droits les plus précieux de l'homme«*). So sahen es 1949 auch die Frauen und Männer des Parlamentarischen Rates und nahmen es in die unveränderlichen Grundrechte der bundesdeutschen Verfassung auf.

1958 präzisierte dann das Bundesverfassungsgericht jenen Artikel 5 GG und hob dessen Bedeutung ausdrücklich hervor: Das Grundrecht auf freie Meinungsäußerung sei der »unmittelbarste Ausdruck der menschlichen Persönlichkeit« und darum »eines der vornehmsten Menschenrechte überhaupt«, urteilten die Richter. Zugleich machten sie deutlich, dass es dabei nicht nur um individuelle Freiheit geht: Für eine freiheitlich-demokratische Staatsordnung sei die garantierte Meinungsfreiheit »schlechthin konstituierend«, eine unbedingte Voraussetzung also. Denn sie ermögliche die »ständige geistige Auseinandersetzung« und den »Kampf der Meinungen«, der das »Lebenselement« dieses Systems sei.[43]

Das Grundgesetz lässt also Raum für Interpretationen, die im gesellschaftlichen Diskurs ausgehandelt werden. Es gibt lediglich den Rahmen vor, innerhalb dessen verschiedene Ideen um Akzeptanz werben können, solange sie nicht gegen die Grundpfeiler der Verfassung – Würde des Menschen, Menschenrechte, Gewaltenteilung, Rechtsstaatlichkeit und Pluralismus – verstoßen. Der freie

Austausch über unterschiedliche Vorstellungen und Konzepte, das Ringen um Ausgleich und Kompromiss ist demnach das Herzstück der Demokratie, so mühsam und unbequem es oft auch ist.

Lebendiger Ausdruck davon ist die Tatsache, dass sogar das System selbst diesem Aushandlungsprozess unterliegt und sich dadurch im Laufe der Zeit verändert und weiterentwickelt hat. Das wird an der Einbeziehung immer größerer Bevölkerungsteile in den politischen Prozess sichtbar, die mit einem größeren Maß an Freiheit für immer mehr Menschen einherging. Im Grunde ist die Geschichte der Demokratie die Geschichte einer allmählichen Erweiterung: In der Frankfurter Paulskirche saßen 1849 noch ausschließlich von Männern gewählte Männer, und auch im Kaiserreich waren Frauen weder als Abgeordnete vertreten, noch durften sie selbst wählen. Das änderte sich erst 1919 mit der Weimarer Republik, in der außerdem das Wahlalter von 25 auf 20 Jahre abgesenkt wurde, wodurch noch mehr Menschen mit ihren Anliegen im Parlament repräsentiert wurden.

Die Frage, wie möglichst alle Staatsbürgerinnen und -bürger am politischen Prozess teilnehmen, ist bis heute relevant: Wie kann es gelingen, jeder Stimme Gehör zu verschaffen, gerade dann, wenn sie zu einer Minderheit gehört? Proporz- oder Quotenregelungen sind der Versuch, marginalisierten Gruppen die Möglichkeit zu geben, sich am gesellschaftlichen und politischen Leben zu beteiligen, um ihre Interessen zu artikulieren, damit diese, zum Beispiel für Parlaments- oder Verwaltungsentscheidungen, berücksichtigt werden. Bei Minderheitenrechten geht es also darum, das unterschiedslos für alle geltende Recht auf Freiheit auch tatsächlich für alle umzusetzen.

Vieles von dem, was wir in diesen Debatten heute diskutieren, war in den ersten Jahren und Jahrzehnten der Bundesrepublik noch kein Thema. Zum Teil, weil die gesellschaftlichen Rahmenbedingungen andere waren, in vielen Fällen aber auch, weil schlicht das

Bewusstsein dafür fehlte – und die Bereitschaft, Vorurteile und vermeintliche Gewissheiten über Bord zu werfen.

Die Abschaffung von § 175 StGB, der Homosexualität seit dem Kaiserreich unter Strafe stellte, die Einführung der »Ehe für alle« oder die Inklusion von Behinderten sind Beispiele für Fortschritte, die dadurch zustande kamen, dass die Betroffenen eine gesellschaftliche Auseinandersetzung angestoßen haben. Ohne das Recht auf freie Meinungsäußerung wären diese Themen gar nicht erst auf die politische Agenda gekommen.

Doch auch *mit* ihm ist es für diejenigen, die unter Diskriminierung oder Unfreiheit zu leiden haben, schwer genug, mit ihrem Anliegen überhaupt durchzudringen. Das zeigen etwa die beschämend späten Korrekturen zur Strafbarkeit von Homosexualität: § 175 wurde 1969 zwar insofern geändert, als dass homosexuelle Handlungen unter volljährigen Männern nicht mehr bestraft wurden, ersatzlos gestrichen wurde er aber erst 1994. Bis dahin waren seit Bestehen der Bundesrepublik mehr als 50 000 Männer ins Gefängnis gekommen, weil sie nicht der heterosexuellen Norm entsprachen. Die diskriminierenden NS-Unrechtsurteile gegen Schwule wurden erst 2017 aufgehoben – in dem Jahr, in dem auch die »Ehe für alle« eingeführt wurde. Ein langer Weg für eine Selbstverständlichkeit.[44]

Auch Behinderte mussten jahrzehntelang dafür kämpfen, als gleichwertige Bürgerinnen und Bürger anerkannt zu werden, die ein Recht auf Selbstbestimmung und die Teilhabe am politischen und gesellschaftlichen Leben haben. Ende der 1960er-Jahre bildeten sich verschiedene Protestgruppen, die mit einer Vielzahl kreativer Aktionen gegen die verbreitete Tendenz demonstrierten, Menschen mit körperlichen oder geistigen Beeinträchtigungen als defizitär zu betrachten und sie in Sondereinrichtungen von der Mehrheitsgesellschaft auszuschließen.

Trotzdem wurde erst 1994 Artikel 3, Absatz 3 des Grundgesetzes um den Satz ergänzt: »Niemand darf wegen seiner Behinderung benachteiligt werden.« Danach dauerte es dann noch einmal mehrere Jahre, bis der Paradigmenwechsel sich endlich auch in Gesetzen wie dem Bundesteilhabegesetz (2001) oder dem Behindertengleichstellungsgesetz (2002) niederzuschlagen begann.[45] Mit knapp acht Millionen Menschen sind Schwerbehinderte in Deutschland keineswegs eine kleine Minderheit. Umso deutlicher offenbart ihr langer Kampf für Gleichberechtigung, wie sehr die Mehrheit dazu neigt, sich als Maß aller Dinge zu sehen.

Die AfD verstärkt mit ihrer ausgrenzenden Rhetorik genau diese Haltung, indem sie die Rücksichtslosigkeit gegenüber Schwächeren und Minderheiten zum normalen Verhalten erklärt: Wer von der Norm abweicht, ist eben nicht »normal« und hat daher auch keinen Anspruch darauf, dazuzugehören. Die »Ehe für alle« soll abgeschafft werden, die *Tagesschau in Einfacher Sprache* nennt Maximilian Krah »Nachrichten für Idioten«, die Inklusion von Behinderten wird von der Partei als »Ideologie« abgetan. An Schulen werde sie »auf Kosten der Unterrichtsqualität und auf dem Rücken unserer Kinder« durchgesetzt, beklagte etwa der AfD-Landesverband Niedersachsen. Die abfällige Haltung wird schon in der scheinbar harmlosen Wendung »unserer Kinder« deutlich. Subtext: Mit Behinderten haben wir nichts am Hut. Sie sind sowieso nur eine Belastung.[46]

Die »ideologisch motivierte Inklusion ›um jeden Preis‹« verursache »erhebliche Kosten und hemmt behinderte wie nichtbehinderte Schüler in ihrem Lernerfolg«, ist auch im Grundsatzprogramm der Partei zu lesen. Im Übrigen sei die Forderung, »behinderten Kindern Teilhabe am Bildungssystem zu garantieren, … bereits umfassend und erfolgreich erfüllt«[47] – eine Behauptung, die angesichts der allenfalls zaghaften schulischen Inklusion von Kindern mit Beeinträchtigungen jeden Bezug zur Realität vermissen lässt. An einer Verbesserung der Situation ist die AfD ohnehin nicht interessiert. Stattdessen setzt sie sich vehement für den Erhalt von Sonderschulen ein. Für »Schüler mit sonderpädagogischem Förderbedarf«

sollen diese »wieder zum Regelfall« werden, verspricht das Wahlprogramm.[48]

Dass selbst bescheidene Zugewinne an Freiheiten, die für die Mehrheit längst selbstverständlich sind, für Minderheiten nun wieder unter Beschuss geraten, macht deutlich, wie elementar eine demokratische Ordnung für deren Schutz ist.

Freiheit muss für alle gelten, sonst ist es keine

Ein erster Schritt, Vorurteile und strukturelle Ungleichheiten abzubauen, besteht darin, sie überhaupt erst einmal sichtbar zu machen. Dieser Gedanke steht auch hinter der geschlechtersensiblen Sprache, dem Gendern. Entstanden in der Frauenbewegung der 1960er-Jahre, richtete es sich anfangs nur gegen die rein männliche Pluralform, das generische Maskulinum, das Frauen sprachlich gewissermaßen verschwinden lässt. Es handelt sich dabei um kein intellektuelles Luxusproblem, denn Sprache prägt unsere Wahrnehmung und damit letztlich auch unsere Wirklichkeit, indem Wörter bestimmte Bilder hervorrufen: Wenn etwa von Ärzten, Wissenschaftlern oder Politikern die Rede ist, wird dabei im Kopf der meisten Menschen keine weibliche Person auftauchen. Mittlerweile werden darum entweder beide Formen oder Hilfsmittel wie Unterstriche oder Asteriske (Sternchen) verwendet.

Nachdem das Bundesverfassungsgericht den Gesetzgeber 2017 verpflichtet hatte, im Personenstandsrecht neben »männlich« und »weiblich« noch eine dritte Option als Geschlechtseintrag für Menschen zu schaffen, die sich keinem der beiden Geschlechter eindeutig zugehörig fühlen, wurde »divers« zu einem weiteren Begriff in der gendergerechten Sprache. Auch er ist inzwischen vielerorts selbstverständlich geworden.[49]

Für die Betroffenen bedeutet die Anerkennung und sprachliche Berücksichtigung ihrer individuellen Geschlechtsidentität einen

Gewinn an persönlicher Freiheit. Studien belegen außerdem, dass Sprache eine wichtige Rolle für die Akzeptanz von Minderheiten und Veränderungen in der Gesellschaft spielt.[50] 2024 trat das Selbstbestimmungsgesetz in Kraft, nach dem »jede Person, deren Geschlechtsidentität von ihrem Geschlechtseintrag im Personenstandsregister abweicht«, ihren Vornamen und ihren Geschlechtseintrag mit einer einfachen Erklärung und ohne weitere Prüfung beim Standesamt ändern lassen kann. Ein Mensch beispielsweise, der körperlich zwar eindeutig ein Mann ist, sich aber als Frau fühlt, kann sich als Frau registrieren lassen – und umgekehrt. Die neue Regelung ist unmittelbarer Ausdruck des Grundgesetzes, denn dieses schützt das Recht auf geschlechtliche Selbstbestimmung, wie das Bundesverfassungsgericht mehrfach klargestellt hat.[51]

Der AfD jedoch ist all das ein Dorn im Auge. »Das Selbstbestimmungsgesetz … ist vollumfänglich zurückzunehmen«, heißt es unmissverständlich in ihrem Wahlprogramm.[52] Ebenso auf der Abschussliste steht das 2022 eingeführte Amt des Bundesbeauftragten für die Akzeptanz sexueller und geschlechtlicher Vielfalt: Der »hochideologische Posten des Queer-Beauftragten« müsse abgeschafft werden, fordert die AfD regelmäßig in entsprechenden Anträgen. Die Existenz des Amtes zeige, dass das Familienministerium »in weiten Teilen der Gender-Ideologie« folge.[53] Als die neue Bundesregierung unter Friedrich Merz (CDU) es dennoch beibehielt, schimpfte die AfD in einer Pressemitteilung, das sei keine »Politik für die Mehrheit«. Vielmehr sei aus dem Schutz von Minderheiten »eine intolerante Weltanschauung geworden, die eine kleine Minderheit in den Mittelpunkt der Gesellschaft stellt«.[54]

Dass gerade der Schutz und die Förderung von Minderheiten immanenter Teil der freiheitlichen Grundordnung sind, scheint mit dem Demokratieverständnis der AfD nicht vereinbar zu sein. Im Bemühen um die Sichtbarkeit und gleichberechtigte Teilhabe aller sieht sie nicht die Verwirklichung des Grundgesetzes oder den demokratischen Prozess der Erweiterung legitimer Freiheitsrechte, sondern deren Einschränkung.

Also kämpft sie gegen die gesellschaftliche Anerkennung von Lebensformen, Geschlechtsidentitäten und sexuellen Orientierungen, die nicht der heterosexuellen Norm entsprechen – und labelt es als Kampf für die Freiheit. »Genderideologie« lautet dabei ihr Lieblingsbegriff: ein Schimpfwort für alles, was menschlicher Vielfalt und veränderten gesellschaftlichen Bedingungen Rechnung trägt.

Dabei hat das Thema gar nichts mit Ideologie zu tun. Das Wort »Gender« dient schlicht der Unterscheidung zwischen dem biologischen und dem sozialen Geschlecht: Es beschreibt die individuelle geschlechtliche Identität, der sich ein Mensch zugehörig fühlt, unabhängig von gesellschaftlichen Zuschreibungen oder körperlichen Merkmalen. Im Englischen gibt es dafür zwei Wörter – *sex* und *gender* –, im Deutschen nur eines: Geschlecht. Um trotzdem begrifflich differenzieren zu können, hat sich daher auch bei uns der englische Begriff eingebürgert.

Er ermöglicht eine größere sprachliche Präzisierung und dadurch zum Beispiel das Nachdenken über Geschlechterrollen in all ihren Ausprägungen und Widersprüchlichkeiten: wie sie sich entwickelt haben, worin sie bestehen und welche Auswirkungen sie auf das Leben des Einzelnen und der Gesellschaft haben. Denn die Vorstellungen darüber, wie Männer sein sollten oder welche Verhaltensweisen als weiblich gelten, sind nicht naturgegeben, sondern eng verwoben mit der Kultur eines Landes und den jeweiligen politischen Bedingungen. Über die Jahrhunderte – und selbst in den letzten dreißig Jahren – haben sie sich immer wieder verändert und unterliegen auch weiterhin dem gesellschaftlichen Wandel.

Die Geschlechterforschung ist daher ein internationales Forschungsfeld, das nicht nur wichtige gesellschaftliche Impulse liefert, sondern außerdem »allen wissenschaftlichen Disziplinen Potenzial zu methodischer und thematischer Weiterentwicklung bietet«, so das Urteil des Wissenschaftsrates. Im Abschlussbericht seiner Untersuchung zum Stand der *Gender Studies* in Deutschland empfiehlt das Gremium daher ausdrücklich, dem bisherigen Nischenfach größere Bedeutung beizumessen und es durch entsprechende Lehrstühle und gezielte Förderung stärker an den Universitäten zu verankern.[55]

Bei der AfD ist für solche Überlegungen kein Platz. Die parlamentarischen Anträge und Anfragen, die Geschlechterforschung lächerlich machen, ihr die Wissenschaftlichkeit absprechen oder sie für schädlich erklären, sind Legion. Ihre Anzahl steht in keinem Verhältnis zum Ausmaß eines Forschungszweigs, mit dem sich an deutschen Hochschulen gerade einmal 0,3 Prozent der Professuren befassen: 173 Stellen, ein Viertel davon befristet.[56]

Ideen wie gendersensible Sprache, jenes »radikalfeministische Herrschaftsinstrument«, seien »zuerst an Universitäten ausgebrütet worden, und zwar im Rahmen der sogenannten Gender Studies«, schimpfte der AfD-Abgeordnete Marc Jongen im Bundestag. Die Genderforschung verstehe sich »explizit als akademischer Arm der LGBTQ-Lobby« und wolle »heterosexuelle Normalbeziehungen zwischen Männern und Frauen in den Bereich des Unterdrückerischen und Abseitigen rücken«. Ein »rigides Sprachsystem« solle »das Sprechen und Denken der Menschen gendergerecht machen«. Die »unwissenschaftliche Ideologie« sei die Wurzel für den »Geschlechterkampf« und ein »verhetztes und vergiftetes Klima«. Es sei höchste Zeit, dass der Staat seine »massive Förderung« einstelle.[57]

Wie es wirklich ist und womit *Gender Studies* sich tatsächlich befassen, spielt für die AfD keine Rolle. »Genderwahn«, »Genderzwang«, »Gendergaga« – je diffuser das Feindbild, desto besser. Und je nach Anlass kann es alles umfassen: von frühkindlicher Sexualerziehung und gendersensibler Sprache über LGBTQ-Rechte bis zur Gleichstellung von Mann und Frau. Mit keinem anderen Thema konnte die AfD so weit in die politische Mitte vordringen wie mit

»Gender«.[58] Das Wort »Gendersprache« ist bereits in den allgemeinen Sprachgebrauch eingesickert und wird selbst in den Medien so geläufig verwendet, als handle es sich um einen Fachbegriff und nicht um einen abfälligen Ausdruck aus der rechtspopulistischen Sprachschmiede.[59]

Sich selbst weiß die AfD stets als Stimme der Vernunft und Hüterin der Freiheit gegen vermeintliche Zwänge und Sprachverbote zu inszenieren: »Ideologische Verrenkungen wie die angeblich gendergerechte Sprache haben … in Deutschland nichts verloren«, schreibt sie im Wahlprogramm. »Ihr Gebrauch soll in öffentlichen Einrichtungen und staatlichen Stellen zur Wahrung einer ideologiefreien Verständigung untersagt werden.«[60]

Mit dieser Argumentation trifft die AfD auch bei vielen Konservativen einen Nerv. In mehreren Bundesländern hat sie bereits Anträge für ein generelles »Genderverbot« gestellt und wurde dabei zum Teil von der CDU unterstützt.[61] In Thüringen sollen die Landesbehörden seit 2022 auf »grammatikalisch falsche Gendersprache« verzichten, in Bayern sind »Sonderzeichen zur Geschlechterumschreibung« seit dem Frühjahr 2024 verboten. Der neue Kulturstaatsminister Wolfram Weimer (CDU) hat gendersensible Sprache in seiner Behörde untersagt und forderte im August 2025 Museen, Stiftungen und öffentlich-rechtliche Medien dazu auf, es ihm gleichzutun: »Erzwungenes Gendern« spiegle nicht wider, wie eine Mehrheit der Deutschen spreche, und vertiefe darum eine Spaltung der Gesellschaft, sagte er der *Bild am Sonntag*.[62] Das ist Wasser auf die Mühlen der AfD und dürfte sie darin bestärken, am Thema dranzubleiben, um über die Vorbehalte gegen das Gendern Stimmen der Mitte zu gewinnen.

Das wird man doch noch sagen dürfen

Im Juni 2025 lud die AfD-Bundestagsfraktion unter dem Titel »Für die Freiheit der Rede« zu einer Diskussionsrunde nach Berlin. Thema: »Wie NGOs die Meinungsfreiheit einschränken und warum die Abschaffung der Politikerbeleidigung im StGB notwendig ist.« Die Meldung dazu bebilderte die Partei mit einem Foto, das ebenso gut auf der Website von *Amnesty International* stehen könnte. Es zeigt einen Mann, dessen Mund kreuzweise mit zwei roten Klebestreifen verschlossen ist.

Seit der Corona-Zeit schränke der Staat »die Grenzen des Sagbaren immer weiter ein«, heißt es dazu im Text. »Zensurmaßnahmen werden an private Organisationen ausgelagert, die dafür vom Staat finanzielle Mittel in beträchtlicher Höhe erhalten.« Die Regierung wolle, in Zusammenarbeit mit Nichtregierungsorganisationen und dem Verfassungsschutz, »selbst diejenigen belangen, die Meinungen unterhalb der Strafbarkeitsgrenze« äußerten, »nach üblicher Auffassung also erlaubte Meinungen«.[63]

Am Tag darauf brachte die Fraktion einen Gesetzentwurf zur Abschaffung der Politikerbeleidigung als Straftatbestand in den Bundestag ein: Mit § 188 StGB hätten sich »die Regierenden« ein »Sonderrecht« geschaffen, das die »Majestätsbeleidigung der Neuzeit« darstelle und darum »Ausdruck eines repressiv-autoritären Staatsverständnisses« sei, begründete Fraktionsgeschäftsführer Stephan Brandner den Entwurf in einer von seiner Partei beantragten Aktuellen Stunde zum Thema. Er fühle sich an den Straftatbestand »staatsfeindliche Hetze« der DDR erinnert oder an das »Gesetz gegen heimtückische Angriffe auf Staat und Partei aus dem Jahr 1934«. »Wie Mehltau« habe sich »ein Denunzianten- und Spitzelnetzwerk« über Deutschland gelegt.[64]

§ 188 war 2021 nach dem Mord am Kasseler Regierungspräsidenten Walter Lübcke (CDU) und der zunehmenden Online-Hetze gegen Politikerinnen und Politiker ins Strafgesetzbuch aufgenommen worden. Er stellt Beleidigungen unter Strafe, die »mit der Stellung des Beleidigten im öffentlichen Leben zusammenhängen« und dessen »öffentliches Wirken erheblich … erschweren«. Der Paragraf schützt Einzelne, ist aber darauf ausgerichtet, das Ansehen der Demokratie und seiner Institutionen insgesamt zu schützen, Verleumdungen und Desinformation zu bekämpfen.[65]

In der Begründung zu ihrem Gesetzentwurf schrieb die AfD, Beleidigungen seien Meinungsäußerungen, keine unwahren Tatsachenbehauptungen. Politiker würden den Paragrafen ausnutzen, »um Kritik an ihrer Arbeit zu bestrafen und Kritiker einzuschüchtern«, und beschädigten dadurch den »demokratischen Diskurs«. Ihn wieder abzuschaffen, würde die Meinungsfreiheit und das Prinzip der Gleichheit vor dem Gesetz stärken.[66]

Kurze Zeit später kam heraus, dass die AfD selbst massiv von § 188 StGB Gebrauch macht, allen voran Parteichefin Alice Weidel. Darauf angesprochen, erklärte ihr Sprecher achselzuckend, das sei eben »rechtliche Waffengleichheit«. Man lehne das Gesetz zwar ab, es wäre aber »töricht, wenn sich die AfD bis zur Abschaffung nicht zur Wehr setzen würde«.[67]

Im Namen der Meinungsfreiheit zieht die Partei auch gegen Versuche zu Felde, Hetze und Fake News im Internet einzudämmen, und fordert darum unter anderem die Streichung des *Digital Services Act* (DSA), auf den sich die EU 2022 geeinigt hatte.[68] Seit seinem Inkrafttreten Anfang 2024 sind Unternehmen, die in der EU digitale Dienste wie Plattformen, Messengerdienste oder Social Media betreiben, verpflichtet, ihre User vor illegalen Waren und Dienstleistungen zu schützen, illegale Hetze und Desinformation zu löschen.

Wie der DSA in den Mitgliedsstaaten durchgesetzt wird, regeln nationale Gesetze. In Deutschland ist die Bundesnetzagentur dafür die zentrale Aufsichts- und Koordinierungsstelle. Nun sei die EUweite »Internetzensur« möglich, konstatierte Beatrix von Storch, nachdem der Bundestag die nötige nationale Gesetzesregelung verabschiedet hatte. Weil die Bundesnetzagentur politisch nicht unabhängig sei, ebne das Gesetz den »Weg für den digitalen Polizeistaat«.[69] Im Wahlprogramm verspricht die AfD, es rückgängig zu machen: Die »Verfolgung, Ächtung und Löschung von sog. ›Hate Speech‹« sei ein Verstoß gegen die Meinungsfreiheit. Eine Demokratie brauche kein »Wahrheitsministerium« und müsse »die Meinungen ihrer Bürger ertragen«, sonst werde sie zur Diktatur.[70]

Die Anführungszeichen und das »sog.« sollen den Eindruck, erwecken, als gebe es das Phänomen in Wirklichkeit nicht. Doch Hate Speech, also »Hassrede«, ist ein sehr reales Problem, das massiv zugenommen hat und immer drastischer zutage tritt – in Form von verbalen Angriffen gegen Einzelne oder ganze Gruppen, die wegen Hautfarbe, Religion, Geschlecht, Alter, Herkunft, Behinderung oder sexueller Orientierung abgewertet und angefeindet werden. Mal ganz direkt, mal über Bilder, Memes oder versteckt hinter Witzen.

Expertinnen und Experten sprechen von »gruppenbezogener Menschenfeindlichkeit« und warnen vor dem zersetzenden Gift, das durch Hate Speech in die Gesellschaft einsickert und Hass normalisiert. Aus Sicht der AfD hingegen besteht die eigentliche Gefahr in den Bemühungen, die verbale Gewalt einzudämmen: Sie sei »tief besorgt« über den Einsatz von »Aufpassern« wie HateAid durch die Bundesnetzagentur, schrieb der digitalpolitische Sprecher der AfD-Bundestagsfraktion Ruben Rupp im Juni 2025. Es stehe zu befürchten, dass HateAid »alle möglichen Beiträge« melden werde, »die nicht zu ihrer ideologischen Linie ›gegen Hass und Hetze‹ passen«.[71]

HateAid ist eine gemeinnützige Organisation, die sich für die Einhaltung der Menschenrechte im Internet einsetzt. Menschen, die online diskriminiert, bedroht oder beleidigt werden, finden bei ihr psychologische und juristische Hilfe. Sie gehört zu den *Trusted Flaggers* (engl.: »vertrauenswürdige Hinweisgeber«), mit denen die

Bundesnetzagentur zusammenarbeitet, um den DSA in Deutschland durchzusetzen. *Trusted Flaggers* sind darauf spezialisiert, das Internet auf illegale Inhalte zu durchforsten, und wurden dafür nach einem aufwendigen Prüfverfahren von der Behörde zertifiziert. Zugelassen sind bisher die Meldestelle REspect! der Jugendstiftung Baden-Württemberg, der Bundesverband Onlinehandel, der Bundesverband der Verbraucherzentralen und HateAid.

Wenn diese fündig werden, sind die jeweiligen Dienste oder Plattformen verpflichtet, die entsprechenden Beiträge oder Angebote sofort zu löschen. Es geht dabei aber nicht um willkürliche Zensur, sondern um das Entfernen *illegaler* Inhalte, also um die Verfolgung von Straftaten und die Durchsetzung geltenden Rechts.[72]

Die AfD will uns das Gegenteil weismachen: In ihrem Pressestatement zu HateAid behauptet sie, der Einsatz »sogenannter vertrauenswürdiger Hinweisgeber« werde dazu führen, dass die Plattformen »im vorauseilenden Gehorsam polemische, aber legale Beiträge löschen, an jeder Gerichtsbarkeit vorbei«. In Wirklichkeit steht jedem der Rechtsweg offen, der meint, sein Beitrag sei zu Unrecht gelöscht worden. »Was illegal ist«, stellt die Behörde auf ihrer Website klar, »entscheiden weder *Trusted Flagger* noch die Bundesnetzagentur.«[73]

Der *Digital Services Act* soll verhindern, dass das Netz ein rechtsfreier Raum wird. Das EU-Parlament und sämtliche Mitgliedsstaaten haben ihn mit großer Mehrheit verabschiedet. Die mit den Tech-Milliardären verbandelte US-Regierung unter Donald Trump sieht das Geschäftsmodell US-amerikanischer Firmen bedroht und diffamiert, genau wie die AfD, den DSA als Instrument der Zensur. Ende 2025 verhängte sie Strafsanktionen gegen gemeinnützige Organisationen und Einzelpersonen, die helfen, die Internet-Regulierungen in Europa durchzusetzen. So sprach sie unter anderem Einreiseverbote gegen die beiden Geschäftsführerinnen von HateAid und den ehemaligen französischen EU-Binnenmarkt-Kommissar Thierry Breton aus, der den DSA maßgeblich vorangetrieben hatte.[74]

Die AfD setze sich »für eine Verbesserung der Beziehungen« zu den USA ein, »deren neue Administration das Ende der Klimaideologie und der Wokeness einläutet«, heißt es im aktuellen Wahlprogramm der Partei. In der neuen US-Regierung sehe man »einen starken Partner in unserem Einsatz für die Meinungsfreiheit und gegen die Internet-Zensur«.[75] Wie eng diese Partnerschaft ist, wurde deutlich, als US-Vizepräsident J. D. Vance am Rande der Münchner Sicherheitskonferenz im Februar 2025 nicht den Bundeskanzler, sondern demonstrativ AfD-Chefin Weidel traf. Zuvor hatte er auf der Konferenz Deutschland und der EU in einem Vortrag mangelndes Demokratieverständnis vorgeworfen: Meinungen würden als Desinformation verfolgt, die Redefreiheit sei »auf dem Rückzug«.[76]

Die Freiheit, die sie meinen

Wie ernst es dem deutschen Rechtsstaat in Wirklichkeit damit ist, die Freiheit selbst derjenigen zu garantieren, die ihn ablehnen, zeigte sich einige Wochen später, als das Bundesverwaltungsgericht im Juni 2025 das Verbot des rechtsextremen *Compact*-Magazins aufhob, welches im Jahr zuvor vom Innenministerium verhängt worden war. Das Gericht hatte bereits unmittelbar nach dem Verbot die Entscheidung außer Kraft gesetzt, sodass *Compact* damals weiter erscheinen durfte. Nun gab es der Klage des Herausgebers Jürgen Elsässer endgültig statt. Der tauschte daraufhin gleich nach der Urteilsverkündung sein Hemd gegen ein T-Shirt mit der Aufschrift »Bundesregierung-Besieger« und Deutschlandflagge auf dem Ärmel.

Elsässers Medienunternehmen versteht sich als publizistischer Arm der AfD, bringt Interviews und Homestorys mit prominenten Parteivertretern, einschließlich der Chefin selbst, und vertreibt über seinen Onlineshop unter anderem Silbermedaillen mit dem Konterfei von Höcke oder »Kanzlerin Weidel«. Außerdem im Angebot:

die »Druschba«-Medaille der deutsch-russischen Freundschaft, die Martin-Sellner-Maske »Kein Sellner ist illegal« und Elsässers Sieger-Shirt.[77]

Die Richterinnen und Richter des Bundesverwaltungsgerichts bestätigten die verfassungsfeindliche und rassistische Ausrichtung vieler *Compact*-Veröffentlichungen und hoben dabei vor allem die inhaltliche Deckung mit den Remigrationsplänen der Identitären Bewegung hervor. Sie stellten klar, dass all das jederzeit für ein Vereinsverbot herangezogen werden könne, das Gericht zurzeit aber nicht erkennen könne, dass die Verfassungsfeindlichkeit für das gesamte Unternehmen prägend sei.

Die politische Agenda, die *Compact* mit seinen Publikationen und öffentlichen Kampagnen verfolge, sei eindeutig gegen die verfassungsmäßige Ordnung gerichtet und verfolge das Ziel, die Vorstellungen auch »realweltlich« umzusetzen, heißt es im Urteil. »Das Grundgesetz garantiert jedoch im Vertrauen auf die Kraft des freien gesellschaftlichen Diskurses selbst den Feinden der Freiheit die Meinungs- und Pressefreiheit.«[78]

Mit dieser abgewogenen Entscheidung hat das Leipziger Gericht eindrucksvoll gezeigt, was es heißt, Meinungs- und Pressefreiheit als die kostbaren Rechte zu behandeln, die sie sind. Elsässer fühlt sich als Sieger über das System und glaubt, er verdanke den Erfolg seinem gewieften juristischen Vorgehen. In Wirklichkeit verdankt er ihn der Freiheit, die ihm dieser Staat garantiert.

Von der AfD-Führung war zum vermeintlichen Triumph bezeichnenderweise nichts zu hören.[79] Möglicherweise ahnt sie, dass das Urteil aus Leipzig auch als Warnung an sie zu lesen ist, die schließlich »Remigration« zum Mittelpunkt ihres politischen Programms gemacht hat. Vielleicht sollen auch nicht noch mehr Leute mitbekommen, dass an ihrer Behauptung, in Deutschland herrsche keine wirkliche Meinungs- und Pressefreiheit, nicht allzu viel dran ist: Die angeblich politisch gesteuerte Justiz hat zugunsten eines Medienhauses entschieden, das der AfD nahesteht und Inhalte verbreitet, die gegen die Verfassung und die Menschenwürde verstoßen. Darüber noch weitere Worte zu verlieren, würde der These vom »Unrechtsstaat« zuwiderlaufen.

Wie die AfD selbst es mit der Pressefreiheit hält, ist bei ihren Parteitagen zu besichtigen, bei denen sie Journalistinnen und Journalisten willkürlich die Akkreditierung verweigert oder aus dem Saal eskortieren lässt. Im Herbst 2023 musste die Redaktion des WDR-Politmagazins *Monitor* das Recht, vom Parteitag der thüringischen AfD berichten zu können, erst beim Landgericht Erfurt einklagen. Vor Ort wurde dem Team und den anderen Medienvertretern dann ein abgesperrter Bereich zugewiesen, während sich *Compact*-Chef Elsässer überall frei bewegen durfte. Den Ausschluss von *Monitor* hatte der Landesverband damit begründet, dass dort »überhaupt nicht mehr von einer journalistischen Berichterstattung die Rede sein« könne.[80]

Ein paar Monate später erteilte die AfD Bayern einem Reporter des Bayerischen Rundfunks (BR) offiziell Hausverbot für alle Parteiveranstaltungen. Er war nicht der erste. Der BR-Journalist recherchiert investigativ zur AfD und hatte 2021 interne Chatprotokolle öffentlich gemacht, in denen sich Abgeordnete der Landtagsfraktion, Teile der bayerischen AfD-Bundestagsgruppe und sogar des Landesvorstands über Umsturz- und Bürgerkriegsfantasien austauschten.[81] Die AfD warf ihm die absichtliche Verbreitung von Falschinformationen und die Beleidigung von Mandatsträgern vor.[82] Nach einer Klage des BR entschied das Landgericht München, dass die AfD den Reporter nicht an der Berichterstattung hindern darf und ihm zu allen Parteitagen und öffentlichen Veranstaltungen den Zugang gewähren muss.[83]

Die Verächtlichmachung von Journalisten und der Presse an sich ist bei der AfD eine Art Grundrauschen. Traditionelle Medien, insbesondere den öffentlich-rechtlichen Rundfunk, diskreditiert sie als regierungsgesteuertes Instrument der Propaganda und spricht von »Pinocchio-« oder »Lügenpresse« – ein Begriff, den schon Joseph Goebbels benutzte.[84] Gegen Fraktionsgeschäftsführer Stephan Brandner läuft ein Verfahren, weil er eine *Spiegel*-Redakteurin mehrfach als »Faschistin« bezeichnet hat und seine Online-Followerschaft aufforderte, es ihm gleichzutun.[85]

Im internationalen Index der Pressefreiheit ist Deutschland bereits von Rang zehn auf Rang elf gerutscht. Zur Begründung heißt es im dazugehörigen Länderbericht, dass tätliche Angriffe auf Reporterinnen und Reporter seit 2020 beständig zugenommen haben. Medienschaffenden würde generell eine zunehmende Pressefeindlichkeit entgegenschlagen. Besonders wer sich mit der AfD und rechtsextremen Milieus beschäftigt, sei von Beleidigungen, Drohungen und körperlicher Gewalt betroffen.[86] Überhaupt werden Journalisten immer weniger als Berichterstatter, sondern als politische Gegner wahrgenommen und entsprechend angefeindet. Lokalreporter haben darunter besonders häufig zu leiden, vor allem in Sachsen und Thüringen.[87]

Die AfD trägt zu dieser Entwicklung maßgeblich bei, indem sie immer wieder direkt oder indirekt von »Lügenpresse« spricht, Reporter und Reporterinnen als Feinde markiert und unterstellt, diese seien von der Regierung gesteuert. Den öffentlich-rechtlichen Rundfunk, dem eine Mehrheit der Deutschen vertraut und den sie über alle Parteilager hinweg für unverzichtbar hält, bezeichnet die AfD in ihrem Wahlprogramm als »eng mit den etablierten Parteien vernetzten Apparat«, der »diese Macht … gezielt zur Meinungsmache« nutze, »bis hin zur Manipulation«.[88] Auf Länderebene hat die Partei bereits mehrfach gefordert, die Medien-Staatsverträge zu kündigen. In Thüringen versprach AfD-Landeschef Höcke schon 2023, den Plan in die Tat umzusetzen, sobald er Ministerpräsident sei.[89]

Andererseits nutzt die AfD die von ihr geschmähten »Systemmedien« als Bühne, verschickt Pressemitteilungen, lädt zu Pressekonferenzen und lässt sich gern in Talkshows einladen. Für ihre eigenen Kanäle werden aus dem Material dann Videos zusammengeschnitten, in denen ihre Politikerinnen und Politiker wie die Sieger einer Debatte und alle anderen schlecht aussehen. Kritik oder Nachfragen dienen als Beleg dafür, dass den etablierten Medien nicht zu trauen sei und in Deutschland keine Meinungsfreiheit herrsche.

Die Erbschleicher

Mit ihrem »bürgerlichen Protest« stehe die AfD »in der Tradition der beiden Revolutionen von 1848 und 1989«, heißt es im Grundsatzprogramm. An anderer Stelle ist sogar von »Nachfolge« die Rede.[90] Wie bei der Vereinnahmung des Volksaufstands vom 17. Juni 1953 geht es der AfD also wieder einmal nicht um demokratische Erinnerungskultur, sondern um die Botschaft, dass wir es heute erneut mit einem System zu tun hätten, gegen das mindestens Protest und Widerstand, eigentlich aber eine Revolution geboten sei – und die AfD als einzig wahre Opposition die Speerspitze dieser Bewegung darstelle.

Doch weder die Verhältnisse in der DDR noch diejenigen, die in den deutschen Ländern Mitte des 19. Jahrhunderts herrschten, sind auch nur annähernd mit den heutigen zu vergleichen: Die Bürgerinnen und Bürger der DDR gingen 1989 gegen eine Diktatur auf die Straße – in einem von Stacheldraht, Tretminen und Selbstschussanlagen umzäunten Land, in dem Freiheits- und Menschenrechte nur auf dem Papier existierten. Ihr Protest hätte ebenso blutig enden können wie der letzte 1953, führte aber glücklicherweise zu einer Demokratisierung und der deutschen Wiedervereinigung.

Die Freiheitskämpferinnen und -kämpfer von 1848 haben ebenso wenig mit der AfD gemein: Sie standen einer Phalanx aus Fürsten und Königen gegenüber, die ihre Macht mit Polizei- und Militärgewalt verteidigten. Sie versuchten, eine Ordnung zu stürzen, die sie zu bloßen Untertanen machte. Am Ende scheiterten sie an der Übermacht der Herrschenden.

Dabei hatte es zunächst so ausgesehen, als würde die Revolution doch noch Erfolg haben: Der preußische König Friedrich Wilhelm IV. war auf etliche Forderungen der Bevölkerung eingegangen, hatte die Zensur aufgehoben, Volksvertretungen zugelassen und versprochen, die vielen deutschen Staaten zu einer Nation mit einer demokratischen Verfassung zusammenzuführen. Tatsächlich aber dachte er nicht einmal daran, seine Macht abzugeben.

Als am 18. März 1848 vor dem Schloss in Berlin Tausende zusammenströmten, um dem Monarchen für seine Zugeständnisse zu danken, ließ er seine Kavallerie auf die Menge los. Die Menschen flohen in Panik und errichteten in aller Eile Barrikaden, um ein weiteres Vordringen des Militärs zu verhindern. Auf manchen wehten Fahnen in den Farben der Bewegung für Freiheit, Gerechtigkeit und die Einheit Deutschlands: Schwarz-Rot-Gold.

Auf Befehl des Königs rückten die Soldaten systematisch vor und nahmen im Laufe des Tages eine Barrikade nach der anderen ein. Die Bürger leisteten Widerstand, solange sie konnten, doch gegen die bewaffneten Truppen hatten sie keine Chance. Am Morgen des nächsten Tages stellte das Militär die Straßenkämpfe ein. Sie hatten rund tausend Verletzte und 270 Tote gefordert, unter ihnen auch Frauen und Kinder.

Aus Angst, die vielen Opfer würden zu weiteren Aufständen führen, gab sich Friedrich Wilhelm IV. erneut demütig und als Befürworter der revolutionären Forderungen: Unruhestifter von außen hätten das militärische Vorgehen provoziert, ließ er verkünden. Als einige Tage später die Leichengespanne mit 255 Särgen am Stadtschloss vorbeirollten, nahm er seinen Helm ab und verneigte sich vor den Toten. Die Revolution schien einen Moment lang gesiegt zu haben, der Tod der vielen, vor allem jungen Leute nicht umsonst gewesen zu sein. In Wirklichkeit rüstete die alte Ordnung schon für den Gegenschlag.[91]

Nur etwas mehr als ein Jahr später endete darum auch der hoffnungsvolle demokratische Aufbruch in der Frankfurter Paulskirche. Die alte Ordnung hatte gesiegt, die Revolution war gescheitert. Der Park in Berlin-Friedrichshain aber, wo nach den Barrikadenkämpfen vom 18. März 1848 die meisten Toten beigesetzt worden waren, entwickelte sich als »Friedhof der Märzgefallenen« zum heimlichen Gedenkort all jener, die trotz des autoritären Rollbacks an den Idealen der Revolution festhielten und im Stillen darauf hofften, dass diese eines Tages doch noch Wirklichkeit werden würden.

Mit der Reichsgründung 1871 durch Kaiser Wilhelm I. und Reichskanzler Otto von Bismarck gab es dann zwar tatsächlich das erhoffte »einig Vaterland«, Demokratie aber war nur in engen Grenzen vorgesehen und konnte jederzeit vom Monarchen beendet werden. So blieb der Friedhof ein inoffizielles Denkmal für den Kampf um Freiheit, und jedes Jahr am 18. März legten dort Sozialdemokraten und Vertreter der Demokratischen Volkspartei Kränze an den Gräbern nieder – argwöhnisch beobachtet von der Polizei.[92]

Auch die Toten der sogenannten November-Revolution, die nach dem Ersten Weltkrieg 1919 das Ende der Monarchie einläutete, wurden in derselben demokratischen Erinnerungstradition neben den Barrikaden-Toten von 1848 begraben. Heute ist der Friedhof Gedenkstätte für »den epochenübergreifenden Kampf für Freiheit und Mitbestimmung«.[93]

Seit einiger Zeit versuchen Rechtsextreme, diesen Ort und seine Geschichte zu vereinnahmen. So erschienen dort zum 170. Jahrestag, am 18. März 2018, Politikerinnen und Politiker der AfD nebst Bundes- und Landesvorstand der Jungen Alternative (JA) mit großen Deutschlandfahnen, und die Bezirksfraktion legte einen Kranz an den Gräbern nieder. Auf Facebook schrieb die JA hinterher, die AfD dürfe sich rühmen, »den Märzgefallenen nicht entgegenzustehen, sondern sich mit ihnen Schulter an Schulter auf den alten und neuen Barrikaden zu wissen – getreu dem Motto: Der Freiheit eine Gasse!«[94]

Die »alten und neuen Barrikaden« – so präsentieren sich die AfD und ihr Umfeld gern und schmücken sich dafür mit Wegmarken der Demokratiegeschichte und mit Zitaten, die sie aus dem Kontext lösen, damit sie zu ihrer Agenda passen: »Der Freiheit eine Gasse!« stammt aus einem Gedicht von Georg Herwegh (1817–1875), einem der bekanntesten Schriftsteller seiner Zeit, der sich zusammen mit seiner Frau Emma unter schwarz-rot-goldener Flagge an den revolutionären Kämpfen in Baden beteiligte. Der überzeugte Demokrat gründete später eine Vorläuferorganisation der SPD und wurde zum scharfen Kritiker der Politik des Kaiserreichs. Die Zeile »Germania, mir graut vor Dir!« stammt ebenfalls von ihm.[95] Dass Herwegh heute die AfD wählen oder ihr seine Zitate für den Wahlkampf zur Verfügung stellen würde, ist eher unwahrscheinlich.

Das hindert die Partei aber nicht, sich bei ihm das herauszupicken, was zu ihrer Botschaft passt: »Der Freiheit eine Gasse! Für Deutschland!«, rief darum etwa auch Peter Felser, damals Chef der AfD Allgäu, 2017 bei seiner Bewerbungsrede für die Kandidatenliste zur Bundestagswahl. Er hat eine stramm rechte Karriere hinter sich, war Mitglied der Republikaner und steht Götz Kubitschek nahe. Er sitzt bis heute für die AfD im Bundestag.[96]

In Wirklichkeit wurde weder 1848 noch 1989 für ein Deutschland gestritten, wie es der rechtsextremen Partei vorschwebt: Die Märzrevolution von 1848 war nicht nationalistisch im Sinne der AfD, sondern Teil einer großen revolutionären Welle, die damals ganz Europa erfasste. Das Konzept universal gültiger Menschenrechte hatte sich von Frankreich aus verbreitet und auch die deutschen Revolutionäre beflügelt. Abgesehen von einer kleinen Minderheit hatte ihr Wunsch nach einem vereinigten Deutschland, im Gegensatz zum Nationenbegriff der AfD, keinen völkischen Hintergrund. Vielmehr war er von der Hoffnung getragen, dass Freiheit und Recht in einem gemeinsamen, föderalen Staatsgebiet verlässlicher zu verwirklichen seien als in den vielen einzelnen Fürstentümern.

Der Nationalstaat war also eine demokratische und, wenn man so will, »linke« Idee. Sie war revolutionär, weil sie die Machtverhältnisse infrage stellte: die Macht des Adels, der Monarchie, der Konservativen, die den freiheitlich-demokratischen Flächenbrand schließlich mit vereinten Kräften austraten. Am 2. September 1850 wurde die deutsche Trikolore endgültig vom Turm der Frankfurter Paulskirche geholt. Das zwei Jahre zuvor noch so feierlich geschmückte Parlament war bedeutungslos geworden, die letzten Abgeordneten hatte man lange schon vertrieben. Als preußischer Gesandter in Frankfurt ordnete Bismarck an, alle schwarz-rot-goldenen Fahnen – die »Studentenfarben«, wie er sie abfällig nannte –, »zur dauernden Aufbewahrung« in der Festung Mainz einzuschließen.[97] Fast siebzig Jahre später erst, in der Weimarer Republik, wehte die Flagge der niedergeschlagenen Demokratiebewegung erneut.

Paradoxerweise scheinen die stolzen Farben von 1848 heute aber der politischen Rechten zu gehören. Dabei war die nach Gründung der Bundesrepublik zunächst nur mit der schwarz-weiß-roten Flagge des Kaiserreichs aufmarschiert – seit jeher die traditionellen Farben der Republikfeinde und derer, die noch immer von »Großdeutschland« träumten und darum nach 1945 auch die deutsche Ostgrenze nicht anerkannten.

Doch mit der Zeit geriet die freiheitliche, demokratische Geschichte der Farben zugunsten ihrer Neuen Rolle als Nationalsymbol der Bundesrepublik in den Hintergrund. Anfang der 1980er-Jahre entdeckten dann unter anderen »Die Republikaner« und die NPD Schwarz-Rot-Gold für sich als Zeichen eines Nationalstolzes, den sie den anderen Parteien absprachen. Ganz unrecht hatten sie damit nicht, denn nach der NS-Zeit tat man sich in Deutschland selbst unter Konservativen schwer mit Patriotismus und nationaler Symbolik. In linken Kreisen wiederum ist Schwarz-Rot-Gold spätestens seit der Studentenbewegung von 1968 als reaktionär verpönt.

In dieser Gemengelage hatten es Rechtspopulisten leicht, sich als einzig wahre Patrioten zu inszenieren, wie es die AfD bis heute tut. Die Fußball-Weltmeisterschaft 2006 hat als deutsches »Sommermärchen« vor allem deshalb noch immer Legendenstatus, weil viele Leute – vor allem junge und sogar linke – ganz unbefangen mit Nationalflaggen herumliefen: Schwarz-Rot-Gold war über Nacht hip und unpolitisch geworden. Ob dahinter tatsächlich ein neues, weltoffenes Nationalgefühl stand, ist angesichts der weiteren Entwicklung ausgesprochen fraglich. Rückblickend erscheint das »Sommermärchen« jedenfalls eher wie eine hübsche Episode, von der aber keine nachhaltig positiven Veränderungen ausgingen.

Schwarz-Rot-Gold ist bei Demonstrationen von Rechtsradikalen und Rechtsextremen, einschließlich Pegida oder der Identitären Bewegung, allgegenwärtig. Die Partei Die Heimat (ehemals NPD) macht sie sich ebenso selbstverständlich zu eigen wie die AfD, obwohl keine von beiden die Werte vertritt, für die diese Farben einmal gestanden haben.[98] Übrig bleibt das Nationale. So machte Björn Höcke 2015 Furore, als er in der Talkshow von Günther Jauch zum Thema »Wird der Hass gesellschaftsfähig?« eine kleine Deutschlandfahne hervorholte und sie feierlich über seine Armlehne legte. Als Bekenntnis seiner »tiefen Liebe zu unserem Land«, wie er sagte.[99] »Wirrer AfD-Politiker hisst Deutschlandfahne«, schrieb *Die Welt* damals noch,[100] und Moderator Jauch erntete viel Kritik dafür, dass er Höcke nicht in die Parade gefahren war.

Mittlerweile aber scheinen sich alle an die aggressive Besetzung unseres einzigen nicht NS-kontaminierten Nationalsymbols gewöhnt zu haben, das alte und Neue Rechte mit ihren Inhalten aufgeladen haben. Die AfD ist auf diesen längst fahrenden Zug aufgesprungen und nutzt die schwarz-rot-goldene Trikolore für ihre politische Agenda, indem sie sich selbst mit diesen Farben schmückt und die deutsche Geschichte zu einem einzigen nationalen Freiheitskampf erklärt.

Nationalmärchen in Schwarz-Rot-Gold

Rund ein Jahr nach ihrem Einzug in den Bundestag gab die AfD bekannt, dass der Sitzungssaal ihrer Fraktion in Zukunft »Saal Paulskirche« heißen werde. Damit bekenne sich die Partei »zur demokratischen Idee von Einigkeit und Recht und Freiheit«, deren Farben Schwarz-Rot-Gold sind, war in der Pressemitteilung zu lesen. Es sei bezeichnend, dass »die etablierten Parteien in ihrer Mehrheit« mit den Farben dieser Tradition hadern würden »und alle verunglimpfen, die an ihr festhalten wollen«. Weiter hieß es, die Namenswahl sei »Ausdruck unseres Willens, das zu verteidigen, wofür die Väter stritten: den demokratisch verfassten, souveränen Nationalstaat des deutschen Volkes«.[101]

Sieben großformatige Bilder zieren die Wände des Sitzungssaals. Die ausgewählten Motive stellen das »Streben des deutschen Volkes nach Einigkeit und Recht und Freiheit« dar, heißt es im kommentierenden Infoflyer. Als verbindendes Element wurde jeweils ein Detail der ansonsten grau-weißen Graphitzeichnungen in den Nationalfarben koloriert – als verlaufe eine ungebrochene, schwarz-rot-goldene Linie von den Befreiungskriegen bis zur Wiedervereinigung.[102]

Der Reigen beginnt beim Lützowschen Freikorps der preußischen Armee, in dem Kriegsfreiwillige aus verschiedenen deutschen Ländern von 1813 bis 1815 gegen Napoleon kämpften. Sie trugen schwarz gefärbte Uniformen mit roten Aufschlägen und goldenen Knöpfen. Unter ihnen waren viele Studenten, die hinterher in Jena die erste Burschenschaft gründeten und für ihre Fahne die Farben ihrer Freikorps-Uniformen wählten. Am 18. Oktober 1817, dem vierten Jahrestag des Sieges über die Franzosen, luden sie Studenten aus anderen Städten zu einem Fest auf die Wartburg, um sich zu einer freiheitlichen Nationalbewegung zu vereinen. Das dazugehörige Bild im Sitzungssaal zeigt das Ereignis als fröhliches Volksfest mit Frauen und Kindern. In Wirklichkeit war es eine politische Veranstaltung, bei der die etwa 500 Studenten und Professoren unter sich gewesen sein dürften, denn Frauen waren an Universitäten nicht zugelassen.[103]

Besorgt um den Verlust ihrer Macht, verstärkten die Fürsten in den folgenden Jahren Zensur und Repression. Trotzdem kamen im Mai 1832 auf dem Hambacher Schloss mehr als 30 000 Männer und Frauen aus allen deutschen Ländern zusammen, um unter schwarz-rot-goldenen Fahnen für demokratische Freiheitsrechte, das Ende der Feudalherrschaft und ein geeintes Deutschland zu demonstrieren. Und diesmal war es tatsächlich der Volksaufmarsch, den das Bild im Fraktionssaal zeigt: die erste politische Massenveranstaltung der deutschen Geschichte.

Die Bewegung war jedoch nicht nationalistisch oder völkisch ausgerichtet, sondern europäisch: Zusammen mit Freiheitskämpferinnen und -kämpfern aus England, Frankreich und Polen forderten die Versammelten auf dem Schlossberg ein »konföderiertes republikanisches Europa«. Das »Hambacher Fest« war ein europäisches Freiheitsfest und ein Meilenstein der deutschen Demokratiegeschichte.[104]

Die AfD erzählt die Geschichte stattdessen als Kampf der Deutschen um Recht und Freiheit, der immer zugleich ein Kampf für das Volk und die deutsche Nation gewesen sei, wie sie dann schließlich im Kaiserreich zustande kam. So erscheint selbst die Kaiserproklamation von 1871 in Versailles wie eine Fortsetzung der Revolution von 1848, weil auf dem Bild, das einem berühmten Gemälde nachempfunden ist, die Schärpe an der Paradeuniform des Antidemokraten Bismarck gelb koloriert ist. Dabei zeigt gerade dieses Bild, wer damals wirklich hinter der Reichsgründung stand: Fürsten, Könige, Militärs – die alte Ordnung also, von der die Menschen beim Hambacher Fest 1832 oder auf den Berliner Barrikaden 1848 gehofft hatten, sie endlich abschütteln zu können.[105]

Von den »deutschen Farben« und dem, wofür sie standen, hielt der von der AfD so verehrte Bismarck ebenso wenig wie Kaiser Wilhelm I. oder dessen Nachfolger Wilhelm II.[106] Seinetwegen könne auch »grün und gelb und Tanzvergnügen« geflaggt sein oder »die Fahne von Mecklenburg-Strelitz«, spottete Bismarck 1870, es sei ihm »ganz einerlei«. Hauptsache nicht Schwarz-Rot-Gold, die »Farben des Aufruhrs und der Barrikaden«. Am Ende wurde die Flagge des neu gegründeten Reiches erst wie die preußische schwarz und weiß, später dann schwarz-weiß-rot.[107] Die Farben des hoffnungsvollen Aufbruchs von 1848 blieben in Teilen der Bevölkerung dennoch lebendig: als Gegensymbol und heimliche Erinnerung an den gescheiterten Versuch, einen freiheitlichen deutschen Nationalstaat zu gründen, in dem das Volk das Sagen hat.[108]

Nach dem Ersten Weltkrieg und der Abdankung des Kaisers 1919 war es aber keineswegs ausgemacht, dass dies die Flaggenfarben der ersten Demokratie auf deutschem Boden werden würden. Denn die Republik hatte von Anfang an viele Feinde – und zwar längst nicht nur im linken Lager, wie der AfD-Flyer es darstellt.

Zwar war den Sozialdemokraten Friedrich Ebert und Philipp Scheidemann ein unblutiger Staatsstreich Richtung Republik geglückt, trotzdem dominierten in den Straßen von Weimar die Fahnen der Monarchie, als die 400 Deputierten am 6. Februar 1919 im dortigen Nationaltheater zusammenkamen, um eine Verfassung zu erarbeiten. Auch am Gebäude war Schwarz-Weiß-Rot geflaggt. Erst am 31. Juli 1919, nachdem die Verfassung angenommen und die hitzig diskutierte Flaggenfrage gelöst worden war, hisste man Schwarz-Rot-Gold.[109]

Der Farbwechsel blieb umstritten, genau wie die Republik selbst. Überzeugte Demokratinnen und Demokraten zeigten ihre Haltung mit den Farben von 1848. Das 1924 gegründete »Reichsbanner Schwarz-Rot-Gold« trug sie sogar im Namen. Diese Organisation verstand sich als Gegenkraft zu den demokratiefeindlichen Kampfverbänden der Rechten, die ihre Ablehnung der Republik mit den kaiserlichen Farben demonstrierten. Auch die Nationalsozialisten griffen auf diese zurück: Schon bei Hitlers Putschversuch in München am 8. November 1923 trugen seine Anhänger außer Hakenkreuzfahnen auch die Flagge des Kaiserreichs.[110] »An Havel, Oder, Spree und Neiße ist alles unter Schwarz-Rot-Scheiße«, brüllte die Hitlerjugend. »Was tut uns not? Das Hakenkreuz ist schwarz-weiß-rot.«[111]

Zum Ende der sterbenden Republik war die schwarz-rot-goldene Nationalflagge endgültig in der Defensive, wurde als »Judenfahne« geschmäht und nur noch von der SPD und dem »Reichsbanner« hochgehalten.[112] Das NS-Regime machte 1935 dann schließlich das Hakenkreuz per Gesetz zur einzigen deutschen Flagge.[113]

Einige Fahnen des »Reichsbanners« überlebten NS-Zeit und Krieg, heimlich vermauert hinter Häuserwänden oder sorgsam verpackt und vergraben. Einen Teil dieser Schätze verwahrt heute die Berliner Gedenkstätte Deutscher Widerstand in einem eigenen Schaudepot. Es sind textile Zeugen einer ungebrochenen Hoffnung auf Freiheit und Gerechtigkeit. Und eines Kampfes, der viele Menschen das Leben gekostet hat.[114]

Als sich die Delegierten des Parlamentarischen Rates 1949 für Schwarz-Rot-Gold als Nationalfarben der Bundesrepublik entschieden, knüpften sie damit bewusst an die lange, immer wieder abgerissene deutsche Demokratiegeschichte an. Und zogen zugleich Lehren aus der autoritären Vergangenheit, indem sie eine Verfassung schufen, welche die Freiheit der Bürgerinnen und Bürger seit nun fast achtzig Jahren wirksam zu schützen vermag.

Umso befremdlicher, dass die Gründung der Bundesrepublik Deutschland im Bilderreigen der AfD nicht vorkommt. Sie hätte nicht gut hineingepasst, weil es »kein Massenereignis« gewesen sei, erklärte dazu der AfD-Abgeordnete Götz Frömming, der mit der »Arbeitsgemeinschaft Geschichte« die Gestaltung des Sitzungssaals konzipiert hat. Die ausgewählten Motive stünden für die »positive Tradition«, auf die sich die AfD beziehe.[115]

Die Verabschiedung des Grundgesetzes zählt offenbar nicht dazu.

Besonders bezeichnend ist darum eine weitere Lücke: Der historische Bilderzyklus der AfD springt von 1919 direkt nach 1990, sodass neben der Bundesrepublik (und der DDR) auch die NS-Zeit komplett ausgeklammert ist. Selbst im Bildkommentar zur Weimarer Republik wird der Aufstieg der Nationalsozialisten nicht einmal erwähnt. Die von Höcke geforderte 180-Grad-Wende in der Erinnerungspolitik – hier ist sie zu besichtigen: deutsche Geschichte als bruchloses Freiheitsepos in Schwarz-Rot-Gold.

Keine Toleranz für die Intoleranten

Wenn die »Wendezeit« erst einmal gekommen sei, »dann machen wir Deutschen keine halben Sachen. Dann werden die Schutthalden der Moderne beseitigt«, kündigte Björn Höcke 2018 an.[116] Diese Zeit sehen er und seine Partei nun offenbar gekommen, denn sie machen konsequent mobil gegen so ziemlich jeden gesellschaftlichen Fortschritt der letzten sechzig Jahre. Dass Parteichefin Weidel ausgerechnet Ungarn als »Leuchtfeuer der Freiheit« bezeichnet,[117] sollte uns eine Warnung sein.

»Endlich frei sein im eigenen Land«, lautete ein Slogan der AfD im Bundestagswahlkampf 2025. Bei der Wahl davor ging sie mit »Deutschland, aber normal« ins Rennen. Beides geht in die gleiche Richtung: Schluss mit allem, was nicht ins Weltbild passt, was anders ist, ungewohnt, unbequem, bunt oder einfach nicht so wie früher. Mit dem Stichwort »Ideologie« lässt es sich entweder als überflüssig oder sogar als schädlich abtun. In der Agitation der AfD spielt dieser Begriff darum eine wichtige Rolle. Im Wahlprogramm fällt er sowohl als Nomen wie als Adjektiv in allen möglichen Kombinationen insgesamt mehr als 40-mal.

Selbst das ansonsten ausgesprochen karge Konzept zu »Kultur und Medienpolitik« steht dort ganz in seinem Zeichen, indem beständig die Existenz einer staatlich verordneten Ideologietreue unterstellt wird. Zum Beispiel beim Thema »Filmförderung«, das der Partei ganze vier Sätze wert ist: Satz eins konstatiert, dass es viele Filmklassiker heute nicht mehr geben könnte; Satz zwei folgert daraus, dass die »künstlerische Freiheit« wieder der Maßstab für Filmförderung sein müsse; Satz drei unterstreicht, dass die AfD staatliche Vorgaben ablehne, »die darauf abzielen, ideologische Themen wie ›Gender‹, ›Klimaschutz‹ oder ›Vielfalt‹ thematisch in Filmen zu verankern, um sie gesellschaftlich durchzusetzen«. Satz vier schließlich variiert noch einmal Satz eins, indem er erklärt, dass Filmproduzenten in der Lage sein müssten, wirtschaftlich zu handeln, »ohne durch staatliche Richtlinien in ihrer kreativen und wirtschaftlichen Freiheit eingeschränkt zu werden«.[118] Andere Teile des kulturellen Lebens kommen im Wahlprogramm nicht vor. Theater, Oper, Clubs, Literatur, Galerien werden nicht einmal genannt.

Auch Universitäten stellt die AfD als ideologiegesteuert dar: Die »zunehmende Einflussnahme ›woker‹ Ideologie … und die Repression gegen unliebsame Dozenten« müssten beendet werden. Eine »Entpolitisierung der Forschungslandschaft« sei »dringend erforderlich«, die Freiheit von Lehre und Forschung »unbedingt zu gewährleisten«, mahnt sie – um gleich im nächsten Satz zu verfügen: »Die Finanzierung der unwissenschaftlichen Genderforschung ist einzustellen.«[119]

Überhaupt atmet das Programm schon rein sprachlich nicht gerade den Geist der so wortreich beschworenen Freiheit. Die kategorischen, vielfach wiederkehrenden Formulierungen mit »ist zu …« vermitteln das Gefühl, man habe es eher mit polizeilichen Anweisungen als mit dem Angebot einer Partei zu tun. Zwischen dem vielen »sind zu zerschlagen/zu verbieten/zu untersagen« scheint kein Platz für Kompromisse vorgesehen zu sein – und auch nicht für Freiheit. Der drohende Unterton in all dem Verbieten, Einstellen, Abschaffen und all den apokalypsehaften Warnungen vor angeblich um sich greifender Repression steht in bizarrem Widerspruch zum stetig wiederholten Versprechen, nur ein Kreuzchen bei der AfD bringe wahre Freiheit.

»Neutralitätsgebot« lautet der zweite Kampfbegriff, mit dem die Partei den von ihr angezettelten Kulturkrieg weiter befeuert. Wie bei »Gendersprache« handelt es sich um eine Vokabel, die den Anschein von Objektivität erwecken soll. In Wahrheit gibt es kein solches Gebot. Die AfD führt es dennoch ständig ins Feld, um Kritiker zum Schweigen zu bringen oder Themen zu diskreditieren, die ihr nicht passen. So prangert sie regelmäßig die mangelnde »politische Neutralität« öffentlich geförderter Einrichtungen, Organisationen, Vereine oder Stiftungen an, die sich beispielsweise der politischen Bildung und Demokratieerziehung widmen, Geflüchteten helfen oder sich gegen den Klimawandel engagieren.

Die Partei nimmt vor allem Initiativen und Einzelpersonen ins Visier, die sich gegen sie positionieren, und verkauft dies als Verteidigung von Demokratie und Meinungsfreiheit – in Wirklichkeit ist es ein Angriff auf beides. Denn für zivilgesellschaftliche Gruppen gelten sämtliche Freiheitsrechte des Grundgesetzes wie Meinungs- oder Versammlungsfreiheit, und zwar auch dann, wenn sie mit öffentlichen Geldern gefördert werden, etwa weil sie Aufgaben der Jugendhilfe übernehmen. Da es sich um freie, nicht um staatliche Träger handelt, gibt es kein Gesetz, das ihnen vorschriebe, »neutral« zu sein.

Staatsorgane, staatliche Angestellte oder Einrichtungen des öffentlichen Rechts hingegen sind zwar zu parteipolitischer Neutralität verpflichtet, dürfen also keine Partei bevorzugen, benachteiligen oder sich für oder gegen deren Wahl aussprechen. Das bedeutet aber nicht, dass sie sich »neutral« verhalten müssen. Im Gegenteil: Da sie dem in der Verfassung verankerten Demokratiegebot (Artikel 20 GG) und den dort verbrieften Grundrechten unterliegen, ist es explizit ihre Aufgabe, diese Werte zu wahren und notfalls zu verteidigen.

Das hat ebenfalls zuletzt das Landesverfassungsgericht Rheinland-Pfalz klargestellt, als es im Juli 2025 eine Klage der AfD gegen Malu Dreyer abwies: Die Partei hatte die »Neutralitätspflicht« verletzt gesehen, weil Dreyer Anfang 2024, als sie noch Ministerpräsidentin war, nach Bekanntwerden des Potsdamer Geheimtreffens gepostet hatte, die AfD sei »ein Fall für Verfassungsschutz- und Strafverfolgungsbehörden«. Selbst eine Landesregierung, so das Urteil des Gerichts, dürfe an der öffentlichen Debatte darüber teilnehmen, »ob Ziele und Verhalten einer Partei oder deren Mitglieder als verfassungsfeindlich einzuordnen« seien, und dürfe auch Warnungen aussprechen. Das Bundesverfassungsgericht hat ebenfalls bereits mehrfach geurteilt, dass die Werte und der Schutz der Verfassung höher einzustufen seien als parteipolitische Neutralität.[120]

Dasselbe gilt für den Bildungsauftrag von Schulen. Trotzdem greift die AfD bundesweit immer wieder Schulen oder einzelne Lehrkräfte an, die ihrer Meinung nach gegen das »Neutralitätsgebot« verstoßen. In Bayern beispielsweise nutzte die dortige Landtagsfraktion das parlamentarische Instrument der Kleinen Anfrage, um sich bei der Landesregierung über einen Schulleiter zu beschweren, der die Teilnahme an einer Demonstration gegen Rassismus genehmigt hatte.

Seit Jahren schon versucht die AfD außerdem, Meldeportale zu etablieren, auf denen Lehrkräfte anonym angeschwärzt werden können, die sich kritisch über die AfD oder ihre Politik geäußert haben. In Sachsen-Anhalt stellte die AfD den Antrag, Lehrkräften grundsätzlich jede politische Meinungsäußerung zu verbieten. Mit Einschüchterung habe das nichts zu tun, heißt es immer wieder aus der Partei, es gehe lediglich um das »Neutralitätsgebot«, das sich aus dem »Beutelsbacher Konsens« ableite.[121]

Der Kompromiss aus den 1970er-Jahren ist zwar eine Art pädagogischer Verhaltenskodex für den Unterricht, Neutralität fordert er jedoch nicht. Maßgeblich sind vielmehr zwei Prinzipien: Lehrkräfte dürfen ihre politische Meinung äußern, sie aber nicht als allgemeingültig hinstellen und den Schülern aufdrängen (Indoktrinationsverbot). Sie müssen dafür Sorge tragen, dass unterschiedliche politische Haltungen im Unterricht zur Sprache kommen und kontroverse Themen aus verschiedenen Perspektiven betrachtet werden (Diversitätsgebot), sodass die Jugendlichen lernen, sich ihre eigene Meinung zu bilden.

Zum obersten Ziel – der Erziehung zur Demokratie – gehört die Vermittlung von Werten wie Menschenwürde, Gleichheit oder Freiheit. Hier kann und darf es gar keine »Neutralität« geben. Und es ist weder »Ideologie« noch »Indoktrination«, bei Heranwachsenden einen Sinn dafür zu entfachen, dass Minderheiten dieselben Freiheitsrechte besitzen wie die Mehrheit, jene aber besonderen Schutzes bedürfen oder dass zu einer funktionierenden Demokratie auch ein respektvoller Umgang gehört.

Wie erfolgreich die AfD mit ihrer Kampagne ist, lässt sich nicht nur an Wählerstimmen ablesen, sondern auch daran, dass die Erosion von Begriffen und Werten fast die gesamte Gesellschaft erfasst hat und selbst in der politischen Mitte um sich greift: Wenn die Regenbogenfahne nicht wehen darf, weil sie nicht »neutral« sei; wenn sich zivilgesellschaftliche Initiativen plötzlich dafür rechtfertigen müssen, nicht »neutral« zu sein; oder wenn Lehrkräfte zögern, im Unterricht politische Fragen zu behandeln, aus Angst, man könne ihnen oder der Schule mangelnde »Neutralität« vorwerfen, ist etwas fundamental aus dem Lot geraten.

Mit dem Kapern unserer Demokratiegeschichte und dem Dauerfeuer gegen die offene Gesellschaft ist es der AfD gelungen, maximale Verwirrung zu stiften und so die Maßstäbe aus den Angeln zu heben, auf die es wirklich ankommt. Am Ende können wir alle nur verlieren, weil Freiheit nur in einer offenen Gesellschaft Bestand haben kann. Was diese ausmacht, bringt genau das Grundgesetz in Artikel 2 mit einem einzigen Satz auf den Punkt: »Jeder hat das Recht auf freie Entfaltung seiner Persönlichkeit, soweit er nicht die Rechte anderer verletzt.«

Toleranz ist die demokratische Kerntugend, die genau das ermöglicht. Der Philosoph Karl Popper beschrieb sie 1945, die NS-Zeit noch in den Knochen, mit dem Prinzip der Fehlbarkeit: »Vielleicht habe ich unrecht und vielleicht hast du recht. Aber wir können auch beide unrecht haben.« Selbst totalitäre Ideen und Bewegungen solle man nicht unterdrücken, »solange wir ihnen durch rationale Argumente beikommen« und sie »durch die öffentliche Meinung in Schranken halten können«.

Es könnte sich allerdings herausstellen, dass ihre Vertreter nicht zu einem solchen Austausch bereit sind, gab Popper zu bedenken. »Sie können ihren Anhängern verbieten, auf rationale Argumente – die sie ein Täuschungsmanöver nennen – zu hören, und sie werden ihnen vielleicht den Rat geben, Argumente mit Fäusten und Pistolen zu beantworten.« Uneingeschränkte Toleranz werde darum unweigerlich »zum Verschwinden der Toleranz« führen. »Wenn wir nicht bereit sind, eine tolerante Gesellschaftsordnung gegen die Angriffe der Intoleranz zu verteidigen, dann werden die Toleranten vernichtet werden und die Toleranz mit ihnen.«[122]

Das wäre dann das Ende der Freiheit. Und es ist ein gewaltiger Irrtum zu glauben, es würde einen selbst nicht treffen, nur weil man zu keiner der attackierten Minderheiten gehört. Toleranz ist nicht dasselbe wie Neutralität, und auch wenn die politische Neutralität staatlicher Institutionen ein hohes Gut ist, darf sie nicht die Abkehr von universellen Werten bedeuten. Nach fast acht Jahrzehnten

Grundgesetz ist die Freiheit, an die wir uns gewöhnt haben, offenbar kein Selbstläufer mehr. Viele Menschen vor uns haben alles für sie riskiert. Jetzt sind *wir* an der Reihe, auf die Barrikaden zu steigen, um für das einzutreten, was Schwarz-Rot-Gold ursprünglich einmal verkörpert hat – und wofür es eigentlich auch heute noch steht.

Familie

Vater, Mutter, Kind, Kind, Kind

Wer das Kinderkriegen für eine private Entscheidung hält, in die sich außer den unmittelbar Beteiligten niemand einzumischen hat, wird von der AfD regelmäßig eines Besseren belehrt: Es ist oberste Bürgerinnenpflicht. Denn sonst, so die wieder- und wiedergekäute Alarmbotschaft, drohe der Untergang des deutschen Volkes: »Die Geburtenrate liegt in Deutschland … weit unterhalb des Niveaus zur Bestandserhaltung«, heißt es im aktuellen Wahlprogramm, als gehe es um die Luchspopulation im Thüringer Wald. Es drohe »ein Kulturabbruch«. Das AfD-Grundsatzprogramm warnt seit 2016: »Dass die Geburtenrate unter Migranten mit mehr als 1,8 Kindern deutlich höher liegt als unter deutschstämmigen Frauen, verstärkt den ethnisch-kulturellen Wandel der Bevölkerungsstruktur.« Gegen diese »Fehlentwicklungen« helfe nur eine »höhere Geburtenrate der einheimischen Bevölkerung«.[1]

Bereits im ersten Gutachten des Bundesverfassungsschutzes zur AfD von 2021 taucht dieses Zitat unter den Belegen für das ethnische Volksverständnis der Partei auf, das damals für die Einstufung als »Verdachtsfall« ausschlaggebend war[2] – für die AfD kein Anlass, es aus dem Grundsatzprogramm zu streichen. Es wäre allerdings auch einer Selbstamputation gleichgekommen, denn es ist der eigentliche Fixstern ihrer Politik: Was uns die AfD als Familienpolitik verkauft, ist in Wahrheit Bevölkerungspolitik, die aus der zutiefst privaten Entscheidung für oder gegen Kinder eine Angelegenheit des Staates machen will.

»Dem deutschen Volke« ist ein Antrag überschrieben, den die AfD im Oktober 2025 in den Bundestag einbrachte. »Unsere Zukunft gestalten und durch geeignete Familienpolitik sichern«.[3] Er liest sich wie ein *Best of* der uraltbekannten AfD-Positionen und enthält dieselben Forderungen, die auf Bundes- und Länderebene aus guten Gründen seit Jahren immer wieder durchfallen. Trotzdem musste sich der Bundestag nun erneut mit ihnen befassen.

Den Ton für die Debatte setzte die AfD-Abgeordnete Birgit Bessin, indem sie in ihrer Rede zunächst gar nicht auf den Antrag ihrer Fraktion einging und stattdessen sofort auf Angriff schaltete: In seinem Buch *Deutschland schafft sich ab* habe Thilo Sarrazin bereits 2010 die »düstere Zukunft« beschrieben, die dem Land »durch die Kombination aus Geburtenrückgang und Massenmigration« drohe. Doch die »Einheitsfront der Familienzerstörer« habe seitdem alles dafür getan, »dass Sarrazins Prognose immer wahrscheinlicher wird«. Es sei Zeit, »sich endlich zuerst um das deutsche Volk zu kümmern, statt Fahrradwege in Peru zu finanzieren«, giftete Bessin.[4]

Es folgte ein Rundumschlag in Kulturkampfrhetorik – über Mütter, die diffamiert würden, wenn sie nicht sofort nach der Geburt wieder arbeiten gingen, und Babys, die nach dem Willen der Regierung angeblich »so früh wie möglich in staatliche Obhut gegeben werden« sollen. Auch der Vorwurf, dass die Regierung auf »sogenannte Regenbogenfamilien« setze statt auf das traditionelle Modell, fehlte nicht. Sogar eine Breitseite gegen den öffentlich-rechtlichen Rundfunk brachte Bessin noch unter, indem sie auf einen Instagram-Reel der WDR-Wissenschaftssendung *Quarks* hinwies: Statt »ein positives Familienbild« zu verbreiten, werde das Kinderkriegen dort »als schlecht beschrieben«, log Bessin, »mit Schlafmangel, finanziellen Nöten, verringertem Lebensglück, Risiken für die Gesundheit«.

Nichts davon ist wahr. Der Beitrag hatte sich lediglich unter verschiedenen Gesichtspunkten mit der Frage nach dem besten Zeitpunkt für eine Familiengründung befasst.[5] An keiner Stelle wird davor gewarnt, und es heißt auch nirgends, dass Kinder erst glücklich machen, »wenn sie nicht mehr mit den Eltern in einem Haushalt leben«, wie Bessin behauptete. »Meine Güte, was für ein Wahnsinn!«, rief sie. »In welchem Land leben wir? Und das wird mit unserem Geld finanziert.«

Auf den eigentlichen Antrag kam sie erst ganz am Ende zu sprechen, doch für viele Abgeordnete dürfte es ohnehin nichts Neues gewesen sein, was sie zu hören bekamen: Zum wiederholten Male forderte die AfD neben verschiedenen kostspieligen Maßnahmen für eine »aktivierende Familienpolitik« unter anderem ein grundsätzliches Bekenntnis zur Zweigeschlechtlichkeit, schärfere Abtreibungsregeln, eine bundesweite Kampagne für kinderreiche Familien und die Umbenennung des Bundesministeriums für Bildung, Familie, Senioren, Frauen und Jugend in Bundesministerium für Bildung, Familie und Bevölkerungsentwicklung, um dem Thema »die notwendige politische Gewichtung zu verleihen«.[6]

Die Namensbestandteile »Senioren, Frauen und Jugend« des Ministeriums stehen also für Politikbereiche, die von der AfD offenbar für weniger bedeutsam gehalten werden als die Steigerung der Geburtenraten. Dabei liegt es auf der Hand, dass Familienfragen davon gar nicht zu trennen sind – insbesondere die Rechte von Frauen auf Gleichstellung und körperliche Selbstbestimmung. Doch gerade für diese Themen hat die AfD nur Spott übrig.

Schwanger werden – und was noch?

Mit der Benachteiligung von Frauen verhalte es sich wie mit dem Yeti, witzelte die AfD-Bundestagsabgeordnete Nicole Höchst am internationalen Frauentag 2018. »Jeder redet darüber, aber keiner hat sie je gesehen.« Bemühungen, strukturelle Hindernisse für die gerechte Teilhabe von Frauen abzubauen, bezeichnete sie als

»Gleichstellungstotalitarismus« und »Instrument zur systematischen Männerbenachteiligung«.[7]

Dieser Art Totalitarismus ist ihre Partei jedenfalls nicht verfallen: Mit gerade einmal 11,8 Prozent ist der Frauenanteil der AfD-Fraktion mit Abstand der niedrigste aller im Bundestag vertretenen Parteien. In den Landtagen sieht es oft sogar noch trüber aus. In Hessen beispielsweise besteht die Fraktion der AfD zurzeit aus sechzehn Männern und zwei Frauen. Im März 2024 trat eine von ihnen, die Abgeordnete Sandra Weegels, ans Rednerpult, um sich über das von der SPD beantragte Thema der Aktuellen Stunde lustig zu machen: »Hessens Frauen sind stark: Für die Gleichstellung und gegen Diskriminierung«.[8] Der Titel entbehre nicht »einer gewissen Komik«, höhnte Weegels. »Wenn Frauen denn so stark sind, … warum benötigen sie denn dann überhaupt Gleichstellung?«

Sie selbst sei »gerne Frau«, fuhr sie fort, nachdem sie lächelnd gewartet hatte, bis sich die Unruhe im Plenum wieder legte.[9] Sie wolle »keine Gleichmacherei«, sondern das »Leistungsprinzip«: Warum solle sie mit einem Mann gleichgestellt werden, »der vielleicht schwächer ist als ich?« Eine starke Frau brauche keine Quote.[10]

Nach dieser Logik sind in der hessischen AfD etwa 90 Prozent der Frauen zu schwach für ein Mandat, und in den anderen Bundesländern sieht es ähnlich aus. Überhaupt sitzen in deutschen Parlamenten nur gerade einmal 30 Prozent weibliche Abgeordnete – im bundesweiten Durchschnitt wohlgemerkt, denn in Bayern (24,6 Prozent), Sachsen (28,4 Prozent), Brandenburg (28,4 Prozent) und Sachsen-Anhalt (27,8 Prozent) liegt ihr Anteil sogar noch darunter. Auf kommunaler Ebene wird es noch magerer,[11] und selbst im aktuellen Bundestag sind von den derzeit 630 Abgeordneten nur 204 weiblich. Damit liegt der Frauenanteil bei gerade mal 32,4 Prozent – also unter einem Drittel – und ist damit noch niedriger als in der vorhergehenden Legislaturperiode. Nach mehr als hundert Jahren Frauenbewegung ist das ein deprimierender Befund. Für die Demokratie, die Gesellschaft und für Familien.

Bis 1987 lag der Anteil weiblicher Bundestagsabgeordneter konstant bei unter 10 Prozent. Dass es von da an aufwärtsging, liegt vor allem an den Grünen, die bei ihrer Gründung eine 50-Prozent-Quote für alle Parteiämter und Mandate eingeführt hatten. Der Frauenanteil ihrer Fraktion (61,2 Prozent) ist auch im jetzigen Bundestag mit Abstand der größte, gefolgt von dem der Linken (56,2 Prozent). Und obwohl bei der Union mit 23,1 Prozent Frauen in Sachen Gleichberechtigung durchaus Luft nach oben ist, wird sie von der AfD in dieser Disziplin noch einmal deutlich unterboten: Von ihren 152 Sitzen gingen nur 18 an weibliche Abgeordnete.[12]

Für eine Partei, die mit einer Frau an der Spitze zweitstärkste Kraft geworden ist, mag das auf den ersten Blick überraschend sein. Tatsächlich aber ist es ein Spiegel dessen, wie die AfD generell zu Frauen steht und welche Bedeutung sie ihnen beimisst. Denn die Alternative für Deutschland ist definitiv keine Alternative für Frauen, daran ändert auch eine Alice Weidel nichts. Vielmehr lenkt die weibliche Spitze davon ab, dass die AfD personell und inhaltlich eine Männerpartei ist, die sich weder in den eigenen Reihen noch sonst irgendwo für die Rechte von Frauen starkmacht.

Familienpolitik ist das einzige Feld, in dem Frauen für sie überhaupt eine Rolle spielen. Doch nicht einmal da geht es ihr um die Schwierigkeiten, mit denen Frauen typischerweise konfrontiert sind, sobald sie Mütter werden. Geschlechtsspezifische Hürden scheint es für die AfD ohnehin nicht zu geben. Weder sollen Frauen beruflich gefördert noch nach einer Geburt beim Wiedereinstieg in den Job unterstützt werden. Häusliche Gewalt, ungleiche Bezahlung, Rentenlücke und Altersarmut, von denen vor allem Frauen betroffen sind? Alles kein Thema.

Denn Frauen sollen nach dem Willen der AfD vor allem eines: Kinder zur Welt bringen. Rein deutsche, versteht sich, und so viele wie möglich, mindestens aber drei. Berufstätigkeit ist nicht gern gesehen, erst recht nicht bei Müttern, denn Kinderbetreuung, na klar, ist Frauensache – es liegt ja in ihrer Natur.

Nein, das ist keine »links-grün versiffte« Zuspitzung, sondern das, was aus Parteiprogramm, Wahlkampagnen oder Äußerungen von AfD-Politikern hervorgeht und in Kleinen Anfragen und parlamentarischen Anträgen auf Bundes- und Länderebene zum Ausdruck kommt. Der AfD geht es nicht darum, das Leben für Mütter oder Familien besser zu machen und die gesellschaftlichen Bedingungen so zu gestalten, dass sie allen eine echte Wahlfreiheit bieten. Im Mittelpunkt stehen nicht Menschen mit individuellen Vorlieben und Lebenswünschen, sondern eine Idee, die für alle gelten soll. Diese dreht sich aber um mehr als nur Geschlechterklischees oder ein traditionelles Familienbild: Hinter der »aktivierenden Familienpolitik« verbirgt sich ein ganzer Kosmos ideologischer Vorstellungen – darüber, was männlich und was weiblich ist; wer zum »deutschen Volk« gehört und vor allem: wer nicht; was dieses Volk vermeintlich bedroht und was dagegen zu tun sei.

Aus Sicht der AfD steht Familie für »Geborgenheit, Vertrauen, gegenseitige Fürsorge, Schutz und Rückhalt«, wie es im aktuellen Wahlprogramm heißt. Sie sei ein geschützter Raum und ein »fester Anker in den Stationen des Lebens«. Die gefühligen Allgemeinplätze stehen jedoch im krassen Gegensatz zum Ton, den die Partei bei diesem Thema ansonsten anschlägt, denn wann immer es bei ihr um Familie geht, sind völkisches Gedankengut und rassistische Hetze nicht weit.

»Neue Deutsche? Machen wir selber«, lautete zum Beispiel ein Slogan, mit dem die AfD zur Bundestagswahl 2017 für sich warb. Auf dem Plakat war das Foto einer im Gras liegenden Schwangeren zu sehen, deren hochgerutschtes Ringelshirt ihren nackten Babybauch freigab. Dazu der Wahlkampfclaim: »Trau dich, Deutschland!«[13]

Björn Höcke sprach schon 2015 in einem pseudowissenschaftlichen Vortrag am Institut für Staatspolitik (IfS) von einem »Bevölkerungsüberschuss Afrikas«, der »etwa 30 Millionen Menschen im Jahr« betrage. Dort herrsche nämlich »die sogenannte r-Strategie vor, die auf eine möglichst hohe Wachstumsrate« ziele. »Phylogenetisch« sei das unterschiedliche »Reproduktionsverhalten« in Europa und Afrika »vollständig nachvollziehbar«. Das Problem bestehe nun aber darin, dass »der lebensbejahende afrikanische Ausbreitungstyp auf den selbstverneinenden europäischen Platzhalter-Typ« treffe.[14] Blanker Unsinn und blanker Rassismus, getarnt als Wissenschaft.

Zur Rettung des deutschen Volkes ist die AfD bereit, Milliarden springen zu lassen: Studierenden verspricht sie, ihnen die Rückzahlung des BAföG-Darlehens zu erlassen, wenn sie während des Studiums oder kurz nach dem Abschluss Kinder bekommen. Mütter und Väter sollen »früher in Rente gehen dürfen als Erwerbstätige, die sich dieser gesellschaftlichen Aufgabe nicht stellen konnten oder wollten«. Eltern werden zinslose Kredite zum Erwerb von Wohneigentum in Aussicht gestellt,[15] und für jedes Baby winkt eine »Willkommensprämie« von 20 000 Euro oder eine Gutschrift auf zukünftige Rentenbeiträge in dieser Höhe.[16]

Dazu, wie all diese Geschenke bezahlt werden sollen, schweigt die AfD. Doch auch in der Opposition scheint die Partei nicht darum bemüht zu sein, ihre Vorschläge durch konstruktive Arbeit und Kompromisse zu verwirklichen. Stattdessen bringt sie seit Jahren familienpolitische Anträge in die Parlamente ein, die häufig sämtliche Anforderungen parlamentarisch-administrativer Arbeit missachten und schon allein deswegen regelmäßig abgelehnt werden.

Meist handelt es sich um eine Mischung aus Behauptungen und Forderungen, in wenigen Absätzen auf ein bis zwei DIN-A4-Seiten zusammengeschrieben. Vorschläge zur Finanzierung fehlen ebenso wie eine ernsthafte Diskussion bestehender Gesetze. Auf Argumente, die bereits früher zu einer Ablehnung geführt haben, geht die Partei gar nicht erst ein und stellt stattdessen denselben Antrag einfach noch einmal, oft sogar wortgleich. Die Regel, wonach Anträge und Kleine Anfragen keine Wertungen enthalten dürfen, missachtet die Partei in den meisten Fällen schon aus Prinzip.[17]

Denn Bundestag und Landesparlamente sind für sie zuallererst Bühnen zur Selbstdarstellung. Nicht einmal die eigenen Wahlversprechen sind ihr die Mühe konkreter Parlamentsarbeit wert. In Wahrheit nämlich gibt es für sie nur ein einziges Ziel: an die Macht zu kommen, um die Gesellschaft nach ihren Vorstellungen umzubauen.

Was das für unsere Demokratie bedeuten würde, lässt sich daran ablesen, wie verächtlich AfD-Politiker schon jetzt mit ihr umgehen. Was es für Frauen und Kinder hieße, offenbart sich in ihren Einlassungen zur Familienpolitik.

Leitziel »Erhalt des deutschen Volkes«

Um die Produktion neuer Deutscher anzukurbeln, hält die AfD eine Reihe von Vorschlägen bereit, die sie im Bundestag und in den Landesparlamenten stur auf Wiedervorlage setzt. Die Forderung nach einer Senkung der Mehrwertsteuer auf Babyprodukte ist einer dieser Evergreens. Auch im Antrag, über den der Bundestag im Oktober 2025 beraten musste, taucht er wieder auf. Den Staat würde der Vorschlag, Schätzungen zufolge, fünf Milliarden Euro im Jahr kosten.[18] Die Ersparnis für Eltern beim Kauf von Windeln würde etwa 25 Euro pro Kind und Jahr ausmachen.[19] Der Effekt wäre also minimal und käme außerdem auch Gutverdienern zugute und nicht nur denjenigen, die es wirklich nötig haben. Ob er zu Preissenkungen führen würde, ist ebenfalls nicht sicher. Deutschland ist bei der Besteuerung von Waren ohnehin an EU-Regeln gebunden, kann die Sätze also nicht im Alleingang bestimmen.[20] Trotzdem musste sich Ende 2023 zum Beispiel auch der Landtag von Nordrhein-Westfalen mit dem AfD-Antrag »Volle Windeln –

Leeres Portemonnaie« befassen, in dem die alten Forderungen wiederholt wurden.[21]

Im Sächsischen Landtag bat Anfang 2020 der AfD-Abgeordnete Rolf Wiegand mit einer Kleinen Anfrage um Auskunft über die Zahl »gebärfähiger Frauen« in Sachsen, aufgeschlüsselt nach Landkreisen, Alter und Nationalität.[22] Im November desselben Jahres, mitten in der Corona-Pandemie, verlangte die AfD-Bundestagsfraktion von der Regierung, sich auf das »Leitziel Erhalt des deutschen Volkes« festzulegen.[23] In einem weiteren Antrag schlug sie »ein zinsloses Baby-Willkommensdarlehen in Höhe von 10 000 Euro« vor, das erst nach fünf Jahren zurückgezahlt werden müsse. Bekäme das Paar in dieser Zeit noch ein zweites Kind, würde sich die Rückzahlungssumme halbieren, mit der Geburt eines dritten Kindes ganz entfallen.[24]

Wie so manches im Arsenal der AfD hat es so etwas schon einmal gegeben: »Ehestandsdarlehen« hieß es damals und wurde ab Sommer 1933 jungen Paaren für die Anschaffung von Hausrat gewährt – vorausgesetzt, die Frau gab nach der Hochzeit ihre Berufstätigkeit auf. Mit jedem lebend geborenen Kind reduzierte sich die zurückzuzahlende Darlehenssumme um 25 Prozent, war also nach vierfachem Nachwuchs vollständig »abgekindert«, wie es der Volksmund nannte. Das NS-Regime profitierte von einer steigenden Geburtenrate und der Entlastung des Arbeitsmarkts, weil eine halbe Million Frauen aus dem Berufsleben ausschied.[25] Die Begutachtung durch einen Arzt war obligatorisch, denn keiner der beiden Antragsteller durfte »nichtarischer Abstammung« sein.[26] Die großzügigen Angebote der AfD, zu deren Finanzierung sie sich ebenso großzügig ausschweigt, sollen auch nur deutschen Paaren zugutekommen.

Ihr Bruder im Geiste, die NPD, hat sich nie allzu große Mühe gegeben, ihre Vorbilder zu verstecken: »Ein familien- und bevölkerungspolitisches Notprogramm für das deutsche Volk ist das Gebot der Stunde«, schrieb der NPD-Abgeordnete und Holocaust-Leugner Per Lennart Aae 2003 in einem Artikel für die *Deutsche Stimme*. »Die Tatsache, dass wir heute noch nicht mitten im totalen Bevölkerungskollaps stehen, ist einzig und allein der Bevölkerungspolitik des Dritten Reiches zu verdanken.«[27]

Seit die Partei Die Heimat heißt, hält sie sich sprachlich zurück, präsentiert sich dafür aber online in modernisierter NS-Ästhetik[28] – und mit familienpolitischen Ideen wie dieser: »Kinder: Unsere Lösung gegen Fachkräftemangel«. Dazu das Motto »Heute fördern. Morgen führen«, bei dem der grammatikalische Bezug verrutscht zu sein scheint, obendrauf ein Hauch Nationalpoesie: »Kinder, diese wunderbaren, neugierigen Geister könnten unsere Zukunft und gleichzeitig unsere Rettung sein.«[29]

Die AfD hat sich intern neuerdings ausdrücklich Mäßigung verordnet, beim Thema »Bestandserhalt« aber kennt sie kein Pardon: »Seit einem halben Jahrhundert leistet sich Deutschland eine der weltweit niedrigsten Geburtenraten«, schimpfte der familienpolitische Sprecher der AfD-Bundestagsfraktion, Martin Reichardt, bei einer Bundestagsdebatte im April 2021. In Wirklichkeit liegen wir ungefähr im Mittelfeld,[30] und mit dem Trend, dass Frauen weniger Kinder bekommen, steht Deutschland auch nicht allein da. Tatsächlich sinken die Geburtenzahlen derzeit weltweit.[31] Doch wo andere von demografischem Wandel sprechen, spricht die AfD von Katastrophe.

Schuld an der vermeintlichen Gebärfaulheit sind natürlich zuallererst Frauen. Jedenfalls diejenigen, die gebären könnten, sich aber den Luxus leisten, eine Ausbildung zu machen, berufstätig zu sein oder ohne triftigen Grund keine Kinder zu bekommen – zugunsten von »Karriere oder Selbstverwirklichung«, wie es im AfD-Programm heißt.[32] Konsequenterweise wird kinderlosen Frauen selbst im Bundestag von Mitgliedern der AfD-Fraktion das Recht abgesprochen, sich überhaupt zur Familienpolitik zu äußern: »Als Nichtmutter sind Sie nicht berechtigt, hier zu sprechen!«, rief Franziska

Gminder (AfD) im November 2020 während eines Redebeitrags der SPD-Abgeordneten Leni Breymaier.[33] Ähnliche Sätze waren auch schon im Familienausschuss des Bundestags gefallen.[34]

»Der Gesellschaft fehlt mütterliche Güte«, diagnostizierte die kirchenpolitische Sprecherin der AfD, Nicole Höchst, im Juli 2025. »Urweibliche Wesenszüge« wie »bedingungslose Liebe, Fürsorge, Geduld, Lebensmut und Opferbereitschaft« würden »ins Erwerbsleben gezwungen« und dort »gewinnorientiert ausgebeutet«.[35]

Außer den Frauen, die lieber arbeiten, als ausreichend Deutsche zur Welt zu bringen, ist nach rechter Lesart vor allem die Regierung schuld an der Misere, weil sie auf »Masseneinwanderung« setze, statt »eine aktivierende Familienpolitik zu betreiben«.[36] Mehr noch: Ein gezielter »Bevölkerungsaustausch«, eine »Umvolkung« seien im Gange, raunt es von rechts – eine Verschwörungstheorie, die sich Rassisten auf der ganzen Welt erzählen. In den USA heißt sie »The Great Replacement«, in Deutschland steht der Rechten das Originalvokabular der großen Vordenker zur Verfügung: »Umvolkung« ist ein NS-Begriff, der damals die Ansiedlung von Deutschen in den eroberten Ostgebieten bezeichnete.[37] Jetzt meint er den »Volkstod« – auch das ein Wort aus der NS-Propaganda.[38]

Wenn sich Vertreterinnen oder Vertreter der AfD zu Familienpolitik äußern, dürfen fremdenfeindliche Seitenhiebe nicht fehlen. Deutschland sei »nicht von einer klimatischen, sondern von einer demografischen Katastrophe akut bedroht«, behauptete etwa die Abgeordnete Mariana Iris Harder-Kühnel im Bundestag. Die »bevölkerungspolitische Antwort« darauf dürfe nicht länger Zuwanderung heißen: »Machen wir neue Deutsche lieber selber.«[39]

Seit Jahren verlangt die AfD in Dutzenden von Anträgen auf Bundes- und Länderebene die Einführung eines sogenannten Familiensplittings zusätzlich zum bestehenden Ehegattensplitting: Dabei werden für die Steuerberechnung die Einkünfte der Eltern nicht nur auf die Erwachsenen, sondern auch auf die Kinder angerechnet, sodass sich die Steuerlast mit jedem Kind weiter verringert. Ab dem dritten Kind soll Paaren mit einem Jahreseinkommen von bis zu 85 000 Euro nach dem Willen der AfD die Einkommensteuer erlassen werden.[40] Drei Jahre zuvor hatte sie in ihrem fast gleichlautenden Antrag die Grenze bei einem Jahreseinkommen von 100 000 Euro gezogen.[41] Auch die Grunderwerbsteuer soll für Familien mit zwei Kindern um 75 Prozent sinken und ab dem dritten Kind ganz entfallen.[42] Einen Plan zur Finanzierung hat die Partei nicht vorgelegt.[43]

All diese Forderungen sind im Bundestag mehrfach abgelehnt worden. Im Frühjahr 2023 stimmten auch im Finanzausschuss alle anderen Parteien dagegen[44] – unter anderem weil die gewaltigen Kosten in keinem Verhältnis zum Nutzen stehen würden, wie das Deutsche Institut für Wirtschaftsforschung schon Jahre zuvor ausgerechnet hatte. Profitieren würden zudem vor allem Wohlhabende, während Arbeitslose und Unverheiratete von vornherein ausgeschlossen wären.[45]

Schon jetzt führt das Steuerrecht in den meisten Familien dazu, dass die Mütter beruflich zurückstecken oder gleich ganz zu Hause bleiben, weil Männer meist besser verdienen und die Steuererleichterung des Ehegattensplittings nur bei einem deutlichen Gefälle zwischen den Einkünften zum Tragen kommt. So addiert sich der sogenannte *Gender Pay Gap* mit dem Ehegattensplitting zu einem Familienmodell, das längst aus der Zeit gefallen, in Deutschland aber trotzdem die Regel ist – selbst bei Paaren, die von »traditioneller« Rollenverteilung nichts wissen wollen. Es trägt maßgeblich dazu bei, dass Frauen schlechtere Aufstiegschancen haben, die unattraktiveren Jobs annehmen müssen und deshalb stärker von Altersarmut betroffen sind als Männer.[46]

Diesem ohnehin nicht gerade frauenfreundlichen Instrument will die AfD mit dem Familiensplitting nun also einen weiteren Bremsklotz hinzufügen. Wenn aber sowohl das Wenig-Arbeiten als auch das Möglichst-viele-Kinder-Kriegen steuerlich belohnt werden, dürfte klar sein, wohin die Reise für Frauen unter einer AfD-geführten Regierung gehen soll: Back to the Fifties!

Der ideale Betreuungsplatz: Mamas Schoß

Dazu passt, dass die Partei die Nachfrage nach Kitaplätzen durch ein »Betreuungsgehalt« reduzieren und die angebliche »Diskriminierung von Vollzeitmüttern« stoppen möchte:[47] »Die Wirtschaft will Frauen als Arbeitskraft«, behauptet sie, als sei das der Grund für die Berufstätigkeit von Frauen. »Mütter zählen in der ›woken‹ Gesellschaft nur, wenn sie einer Erwerbstätigkeit nachgehen und ihre Kinder möglichst schon im Babyalter in staatliche Ganztagsbetreuung geben«, heißt es im aktuellen Wahlprogramm.[48]

Danach gefragt, warum nur von Vollzeit*müttern* die Rede ist, antwortete der familienpolitische Sprecher Reichardt, indem er die Frage schlicht ignorierte: »Mütter, die sich dafür entscheiden, ihre Kinder zu Hause zu betreuen, werden oft als ›nur Hausfrau und Mutter‹ diskriminiert. Wir wollen, dass diese wertvolle Arbeit anerkannt wird und Familien ohne finanziellen Druck frei entscheiden können, wie sie ihr Familienleben gestalten.«[49]

Frei entscheiden also, aber gefälligst so, wie es die AfD für richtig hält. Vollzeit*väter* sind für sie jedenfalls offensichtlich nicht vorstellbar und Mütter, die arbeiten möchten, mindestens suspekt. »Die Alternative für Deutschland lehnt den weiteren Ausbau der Krippenbetreuung für Kinder unter drei Jahren ab«, schreibt die nordrhein-westfälische AfD auf ihrer Website. »Der ideale Betreuungsplatz für ein Kleinkind ist auf Mamas Schoß.«[50]

Damit ist eigentlich alles gesagt. Wer trotzdem noch genauer wissen möchte, wie die Partei über Gleichberechtigung denkt, findet die Antwort in einer Kleinen Anfrage der Bundestagsfraktion vom Januar 2021 mit der Überschrift »Freie Entfaltung von Frauen und Männern in der Familienpolitik«: Ob aus Sicht der Bundesregierung auch die Kindererziehung »hälftig zwischen den Geschlechtern« aufgeteilt werden solle, wollte die AfD darin wissen – »und wenn ja, wieso«. Außerdem, ob es »nach Auffassung der Bundesregierung« schlechter für die Kinder sei, »wenn Frauen mehr Sorgearbeit erledigen als Männer«. Teile die Regierung die Auffassung der Fragesteller, »dass Eltern selbst in der Lage sind zu entscheiden, welches das beste Modell in Bezug auf Erziehungs- und Erwerbsarbeit« sei? Und wie, heißt es zum Schluss, sichere die Bundesregierung die »Wahlfreiheit« von Frauen, die »mehr Sorgearbeit erbringen wollen«, aber arbeiten müssen, um die »gesamtgesellschaftliche 50-Prozent-Quote« zu erfüllen?[51]

Offenbar hält die AfD uns alle für dumm genug, um uns die Lüge von einer Quoten*pflicht* aufzutischen. Den Menschen, die zu vertreten sie vorgibt, tut sie damit keinen Gefallen, denn an ernsthafter Auseinandersetzung mit der Thematik ist ihr eindeutig ebenso wenig gelegen wie an der Lösung real existierender Probleme. Ihr geht es ausschließlich um Propaganda. Darum, die Arbeit von Parlament und Regierung lächerlich zu machen und alle Bemühungen um Frauenrechte als überflüssig zu verhöhnen.

Im Juni 2025 brachte die AfD ihren Antrag für das Familiensplitting erneut in den Bundestag ein.[52] Was auch immer die Partei mit ihrer angeblichen Familienpolitik erreichen will: Die Gleichstellung von Frauen und Männern gehört definitiv nicht dazu.

Wenn AfD und Neue Rechte heute so vehement dafür werben, zur »traditionellen« Familie zurückzukehren, lohnt es, sich daran zu erinnern, wie Frauen seit mindestens 150 Jahren dagegen ankämpfen, auf dieses Lebensmodell festgelegt zu werden: Alles, was uns heute als selbstverständlich erscheint, musste (meist von Frauen) gegen massive Widerstände (meist von Männern) durchgesetzt werden. Das gilt auch für Artikel 3 unserer Verfassung, in dem die Gleichberechtigung von Mann und Frau festgeschrieben ist.

Wir verdanken ihn den vier »Müttern des Grundgesetzes«, die

1948 im Parlamentarischen Rat 61 Männern gegenüberstanden:[53] Elisabeth Selbert (SPD), Frieda Nadig (SPD), Helene Weber (CDU) und Helene Wessel (Zentrumspartei). Die männliche Mehrheit hatte für den Satz »Männer und Frauen haben dieselben staatsbürgerlichen Rechte und Pflichten« plädiert und stimmte mehrfach gegen die eindeutigere Fassung, die Selbert formuliert hatte. Mit flammenden Reden, Hintergrundgesprächen und unterstützt durch eine Vielzahl überparteilicher Frauenverbände gelang es den vier Politikerinnen schließlich, die Delegierten zu überzeugen. Seitdem heißt es im Grundgesetz unter Artikel 3, Absatz 2 klipp und klar: »Männer und Frauen sind gleichberechtigt.«[54]

Der Passus beschrieb damals aber keinen Zustand, sondern ein Ziel: Noch galt das Bürgerliche Gesetzbuch (BGB) von 1896, das dem Mann das Recht gab, in sämtlichen Belangen über seine Ehefrau und die Kinder zu bestimmen.[55] Ohne das Einverständnis ihres Mannes durften Frauen weder arbeiten noch ein eigenes Konto führen. Selbst 1957, als der Bundestag die überfällige Reform des BGB diskutierte, wurde noch bis zuletzt darüber gestritten, ob das ultimative Entscheidungsrecht des Mannes in Fragen der Kindererziehung, der sogenannte Stichentscheid, nicht doch beibehalten werden sollte. Die CDU/CSU war dafür, die SPD dagegen.

Angesichts 474 männlicher und 45 weiblicher Abgeordneten konnten die Bundesbürgerinnen nur hoffen, dass sich bei den Männern eine Mehrheit bereitfinden würde, ihnen das zu gewähren, was ihnen längst zustand. Am Ende wurde der Stichentscheid zwar aus dem Entwurf gestrichen, volle Selbstbestimmung bekamen Frauen aber nicht: Die Frau, hieß es im »Gleichberechtigungsgesetz«, das ein Jahr später in Kraft trat, »ist berechtigt, erwerbstätig zu sein, soweit dies mit ihren Pflichten in Ehe und Familie vereinbar ist«.[56]

Diese »Pflichten« standen von nun an im Mittelpunkt der meisten westdeutschen Frauenleben. Hatten sie während des Krieges und in den Jahren danach ihre Kinder allein durchgebracht, in der Produktion, öffentlichen Einrichtungen oder bei der Bahn die fehlenden Männer ersetzt und beim Wiederaufbau der zerstörten Städte mit angepackt, wurde Frauen nun wieder die »traditionelle« Rolle als Heimchen am Herd zugewiesen. Noch bis 1958 brauchte eine Frau die Erlaubnis ihres Mannes, um ein Konto zu eröffnen und über ihr eigenes Vermögen zu verfügen. Bis 1977 durfte er eigenmächtig ihren Arbeitsvertrag kündigen, wenn er meinte, sie vernachlässige ihre Aufgaben daheim. Von Gewalt in der Ehe war nicht einmal die Rede.[57]

1977 flog das Leitbild Hausfrauen-Ehe endlich aus dem BGB. In vielen Köpfen aber blieb es – und wurde, vor allem unter Bundeskanzler Helmut Kohl (CDU), politisch gefördert. Selbst die Bundesanstalt für Arbeit wertete die »wachsende Erwerbsneigung der Frauen« damals als »widerständige Verhaltenskomponente«.[58] In der DDR hingegen war die Berufstätigkeit von Frauen in der Verfassung verankert, weil sie dem sozialistischen Ideal entsprach. Auf den leitenden Posten in Wirtschaft und Politik saßen trotzdem fast ausschließlich Männer, während Haushalt und Kindererziehung meist an den Frauen hängen blieben – zusätzlich zum Vollzeitjob.[59]

Nach der Wiedervereinigung setzte sich allmählich die Erkenntnis durch, dass es mit der formaljuristischen Gleichberechtigung allein nicht getan ist. 1994 wurde darum Artikel 3 durch einen Zusatz ergänzt, der den Staat verpflichtet, die »tatsächliche Durchsetzung der Gleichberechtigung« zu fördern und auf »die Beseitigung bestehender Nachteile« hinzuwirken.[60] Seit 2015 müssen große Wirtschaftsunternehmen ihre Aufsichtsräte zu mindestens 30 Prozent mit Frauen besetzen.[61] Universitäten beschäftigen Gleichstellungsbeauftragte und bemühen sich, Professuren und Gremien paritätisch zu besetzen; viele Unternehmen haben Förderprogramme für Frauen aufgesetzt. Parallel dazu ist in der Gesellschaft das Bewusstsein gewachsen, dass sich echte Gleichstellung nicht von selbst einstellt. Oft sind gerade in Familien die Auswirkungen bestehender

Hindernisse zu spüren, weil sie Eltern die Möglichkeit nehmen, die Verantwortung für die Kinder so zu verteilen, dass beide damit zufrieden sind.

Auf EU-Ebene gilt seit 1997 das sogenannte *Gender-Mainstreaming* als vertraglich fixiertes Grundprinzip, seit 2000 hat es Deutschland auch national implementiert. Es besagt, dass die Gleichstellung von Frauen und Männern in allen Politikbereichen von Anfang an mitgedacht werden muss, um Ungleichheiten abzubauen und das Entstehen von neuen zu verhindern. Schon die NPD hat den Begriff zum Schimpfwort gemacht, die AfD hält es genauso. Was er tatsächlich bezeichnet, hat sie beide nie interessiert.

Im Sprachgebrauch der AfD steht er für »Geschlechtergleichmacherei« und auch sonst für fast alles, was sie den »politischen Eliten« an vermeintlichen Zielen andichtet: In einem Antrag gegen »Genderideologie«, den die Partei im Oktober 2023 im Bundestag einbrachte, heißt es beispielsweise, die »politische Manifestierung des Gender-Mainstreaming« durchziehe »mittlerweile alle gesellschaftlichen Bereiche« und erfolge »unter dem Deckmantel positiv besetzter Begriffe wie ›Chancengerechtigkeit‹, ›Vielfalt‹ oder ›Antidiskriminierung‹«.[62]

Wie viel die AfD selbst von diesen Dingen hält, macht sie durch die Anführungszeichen deutlich. Wie wenig sie verstanden hat, worum es eigentlich geht, spricht aus jeder Zeile. Alle Maßnahmen, die für mehr Gerechtigkeit sorgen sollen, sind aus Sicht der AfD offenbar nichts als überflüssiger Mumpitz.

Mit vereinten Kräften gegen die Gleichstellung

In den eigenen Reihen hat die AfD die paritätische Verteilung von Listenplätzen verboten. Weil sie der Gleichstellung aber generell den Kampf angesagt hat, klagte sie 2020 zusammen mit der NPD in Thüringen gegen ein neues Gesetz, das Parteien vorschrieb, ihre Wahllisten gleichmäßig mit Männern und Frauen zu besetzen, wie es in vielen europäischen Ländern längst üblich ist.[63] Das thüringische Verfassungsgericht gab der Klage recht,[64] sodass ausgerechnet in Weimar, wo 1919 die sozialdemokratische Abgeordnete Marie Juchacz als erste Frau in einem deutschen Parlament sprach, der Vorstoß für eine gerechte politische Teilhabe von Frauen zu Fall gebracht wurde.[65] Drei Monate später kippte das Verfassungsgericht Brandenburg das dortige Paritätsgesetz, gegen das AfD und NPD ebenfalls geklagt hatten.[66]

Noch im selben Jahr forderte die AfD im Bundestag, sämtliche Initiativen und Programme zur Erhöhung des Frauenanteils in Politik und Wirtschaft zu beenden. »Gleichberechtigung sicherstellen – Gleichstellung beenden« war der entsprechende Antrag überschrieben. Die Bundesregierung solle auch bei »internationalen Verträgen auf eine Abkehr von der Gleichstellungspolitik« hinwirken.[67] Im Wahlprogramm 2021 wurden Quoten als leistungsfeindlich, ungerecht und diskriminierend bezeichnet. Statt der vom »Parteienkartell« propagierten »Gleichmacherei«[68] wolle die AfD »Familienbeauftragte« einsetzen, die »familienfreundliche Entscheidungen sicherstellen«. Über Social Media müsse »für Familiengründungen und das Leitbild der 3-Kind-Familie geworben« werden.[69] Auch im aktuellen Wahlprogramm wird kategorisch verfügt: »Gleichstellungsbeauftragte sind abzuschaffen.«[70]

Der AfD-Politiker Thomas Ehrhorn nannte den *Gender Pay Gap* ein »Märchen«.[71] Seine Parteikollegin Eva Maria Schneider-Gärtner schrieb 2023 anlässlich des »Equal Pay Day«, bei der Debatte um Lohngleichheit würden die Interessensunterschiede zwischen den Geschlechtern unterschlagen und »Frauen als Arbeitskraft« abgestempelt, »ohne deren herausragende gesellschaftliche [sic!] Bedeutung als fürsorgliche Mutter Rechnung zu tragen«. Für die AfD aber sei »eine ›Karriere als Mutter‹ mindestens gleichwertig zu einer beruflichen Karriere«.[72]

Wer hier wirklich abstempelt, ist Schneider-Gärtner selbst, indem sie ein Frauenbild zeichnet, das eindimensionaler kaum sein könnte und objektiv existierende Ungerechtigkeiten leugnet. Die Schimäre von der angeblich diskriminierten »Vollzeitmutter« soll von den Problemen ablenken, vor denen Frauen stehen, die so unverschämt kühn sind, Mutter und gleichzeitig berufstätig sein zu wollen. An Lösungen für sie ist die AfD nicht interessiert, denn dieses Modell soll es ja möglichst gar nicht mehr geben. Dabei steht bei nüchterner Betrachtung außer Zweifel, dass sich die Frage nach Vereinbarkeit von Beruf und Familie unter den jetzigen Bedingungen in erster Linie Frauen stellt, weil für sie damit in den meisten Fällen existenziellere Entscheidungen verbunden sind als für Männer. Meist sind eben doch sie es, die den Job aufgeben oder in Teilzeit gehen, sobald ein Kind auf der Welt ist.

Wenn sie dann aber doch wieder mehr arbeiten wollen, müssen Mütter im Gegensatz zu Vätern stets die Frage beantworten, wer sich denn um die Kinder kümmere. Für Teilzeit oder Homeoffice gibt es noch Verständnis, aber eine Frau, die Kinder hat und »trotzdem« Karriere machen möchte, steht automatisch unter Rechtfertigungsdruck – auch in der Politik.

Als Annalena Baerbock 2021 Spitzenkandidatin der Grünen wurde, musste sie immer wieder erklären, dass sich im Falle eines Wahlsieges ihr Ehemann um die beiden Töchter kümmern werde. Sämtlichen Medien war das mindestens eine Meldung wert.[73] Das Thema tauchte prompt wieder auf, als Baerbock 2025 Präsidentin der UN-Vollversammlung wurde: »Zu wenig Zeit für Kinder? Baerbocks Job-Coup lässt tief blicken«, betitelte der ehemalige FAZ-Herausgeber Hugo Müller-Vogg seinen Kommentar bei *Focus*.[74]

Seit der Einführung des Elterngeldes 2007 ist die Zahl der Väter, die nach der Geburt eine berufliche Auszeit nehmen, kontinuierlich gestiegen. Einer Studie der Bertelsmann Stiftung zufolge wünscht sich die Mehrheit eine gerechte Aufteilung, in der Praxis aber spiegelt sich auch hier die alte Rollenverteilung: Männer bleiben im Schnitt nur zwei Monate zu Hause, Frauen zwölf.[75]

Eine neue Elternzeitregelung könnte das vielleicht ändern. Dem größten Hindernis für die gerechte Verteilung von Haus- und Care-Arbeit ist mit Gesetzen aber nicht beizukommen, weil es in den Köpfen sitzt: die Vorstellung von der »traditionellen« Frau.

Die erfundene Tradition

Wie die aussieht, ist einem Bild zu entnehmen, das die AfD Sachsen 2022 über Instagram verbreitete. Darauf wird »die tradiotenelle [sic!] Frau« der »modernen ›befreiten‹ Feministin« gegenübergestellt: Rechts die züchtig Gekleidete mit blonden Haaren und Baby auf dem Arm, links die leicht übergewichtige und missmutig dreinschauende Karikatur. Beiden Figuren sind im Infografik-Stil Eigenschaften zugeordnet: Die traditionelle Frau liebe ihre Heimat, sei »stolz für ihre Kinder zu leben« und unterstütze ihren Mann »in Liebe«. Sie habe eine »schlanke Figur durch Sport und gesunde Ernährung«, während die Feministin »kaputte Haare von zu viel Färbung« habe und »Tonnen von Make-Up« trage. Sie arbeite »im Mindestlohn – weil niemand ihren Gender Abschluss braucht«, habe häufig wechselnde Beziehungen und sei mit 22 Jahren stolz auf ihre dritte Abtreibung.[76]

Vom Instagram-Profil des Landesverbands ist das Bild inzwischen verschwunden, doch beim stellvertretenden AfD-Kreisvorsitzenden in Zwickau ist es immer noch zu sehen – bereinigt von Rechtschreibfehlern und Wiederholungen, aber inhaltlich unverändert. Dazu sein Kommentar: »Welchen Typ Frau findet ihr besser? Ich entscheide mich, wie immer, für rechts« – Zwinker-Emoji.[77]

Die sächsische AfD hatte das Bild mit der Meldung versehen, der Hashtag #tradwifes, kurz für *traditional housewifes*, trende auf TikTok »mit 90 Millionen Aufrufen« und erfreue sich »immer größerer Beliebtheit unter jungen Mädchen«.[78] Der Begriff kommt ursprünglich aus der ultrarechten Alt-Right-Bewegung in den USA und steht für die Rückkehr zum weiblichen Rollenverständnis der 1950er-Jahre, mit dem sich Frauen ganz in den Dienst von Mann und Haushalt stellen. Über Social Media ist der Trend inzwischen auch in Deutschland angekommen: Junge Influencerinnen posten romantische Bilder aus ihrem Leben als Hausfrau und Mutter, teilen Rezepte, Beauty- und Putztipps – und ihre Meinung zu traditionellen Geschlechterrollen und »wahrer Weiblichkeit«.[79]

Hier kann die Neue Rechte andocken und macht sich so den *Tradwife*-Trend zunutze, um ihre antifeministischen und fremdenfeindlichen Positionen zu transportieren. Auch die AfD gewinnt auf diesem Wege inzwischen immer mehr junge Frauen für sich, etwa über den Account des rechtsradikalen Frauennetzwerks Lukreta.[80] Personelle Verbindungen gibt es jetzt schon: Lukreta-Gründerin Reinhild Boßdorf steht der Identitären Bewegung nahe und ist die Tochter von Irmhild Boßdorf, die für die AfD im Europa-Parlament sitzt und Sätze sagt wie diesen: »Es ist egal, wie die Frage lautet: Massenzuwanderung ist immer das Problem und niemals eine Lösung. Die Lösung lautet Remigration. Millionenfache Remigration.«[81]

Nach einem offiziellen Besuch in Ungarn trat sie im Juni 2025 vor die Presse, um von Victor Orbáns Familienpolitik zu schwärmen, mit der die Geburtenzahl von 1,2 auf 1,59 Kinder pro Frau gestiegen sei. Das höre sich erst einmal nicht nach so viel an, sagte Boßdorf mit dramaturgischer Pause, »aber das sind dann tatsächlich alles ungarische, hellhäutige Kinder!«[82]

Auch die wegen Volksverhetzung verurteilte[83] Marie-Thérèse Kaiser, Mitarbeiterin von Parteichefin Alice Weidel, ist bei Lukreta aktiv.[84] Anlässlich des von Rechtsextremen als Gegenbewegung zum *Pride Month* ausgerufenen »Stolzmonats« waren bei Lukreta Fotos von Frauen zu sehen, die sich in Deutschlandfahnen hüllten oder in bodenlangen Abendkleidern vor einem Tisch mit deutschen Produkten posierten.[85]

So gehen auf den einschlägigen Kanälen Queer-Feindlichkeit, Rassismus und völkische Ideen zwischen Heimatbildern und schönen Frauen eine innige Verbindung ein und werden auf hippe Weise salonfähig. Da ist es nicht verwunderlich, dass in manchen Foren bereits die Abschaffung des Frauenwahlrechts diskutiert wird. »Es entspricht meiner weiblichen Natur, Männer für mich entscheiden zu lassen«, schrieb die identitäre Philosophin Caroline Sommerfeld in der Zeitschrift *Sezession*. Männer stünden in der »anthropologischen Hierarchie« nun einmal höher, und Wahlanalysen würden zeigen, dass sie »vernünftiger wählen als Frauen«. Ihre analytischen Fähigkeiten prädestinierten Männer zur politischen Führung, während Frauen durch ihre größere Emotionalität natürlicherweise für die Pflege des Privaten zuständig seien.[86] Björn Höcke sieht das genauso: Es gebe eben »wesensmäßige Unterschiede zwischen Mann und Frau«, wobei sich die Frau durch »Intuition, Sanftmut und Hingabe«, der Mann durch »Wehrhaftigkeit, Weisheit und Führung« auszeichne.[87]

Die Mär von der naturgegebenen Ordnung der Geschlechter hat es offensichtlich nahezu unbeschadet ins 21. Jahrhundert geschafft. Aller Aufklärung und gesellschaftlichen Fortschritte zum Trotz kann man sie mit der richtigen Social-Media-Strategie sogar jungen Leuten unterjubeln. Und das, obwohl Generationen von Frauen seit mehr als 170 Jahren gegen das Gefälle zwischen den Geschlechtern anreden, -schreiben und -demonstrieren.

So wie Hedwig Dohm (1831–1919), die in ihrem 1902 erschienenen Essay *Die Antifeministen* die Gegner der Gleichberechtigung beschrieb, wie sie auch heute noch anzutreffen sind: »Altgläubige«, die sich auf die Tradition berufen, während »Herrenrechtler« um ihre Vormachtstellung fürchten und »praktische Egoisten« die Vorteile einer eigenen Hausfrau nicht missen möchten. Die »Ritter der mater dolorosa« schließlich verteidigen die Mutterrolle als »natürliche Bestimmung« der Frau.[88]

Männer wie den AfD-Politiker Maximilian Krah hätte Dohm gleich mehrfach zuordnen können. Der Hass, mit dem der achtfache Vater Frauen überzieht, die für Geschlechtergerechtigkeit kämpfen, ruft allerdings nach einer eigenen Kategorie: »Feminismus heute ist Krebs«, postete er im November 2023 auf X. Die Zukunft hänge davon ab, »dass echte, mutige und gesunde Männer und Frauen viele Kinder haben, die in der Gemeinschaft der Ähnlichen verwurzelt aufwachsen und sich als Teil einer generationenübergreifenden Tradition verstehen.«[89]

Wieder fügt sich Antifeminismus passgenau ins völkische Weltbild. Das war auch vor 120 Jahren schon so. Kein Wunder, dass sich die Neue Rechte auch hier wieder auf die Geschichte beruft: Das von ihr propagierte Bild von Familie entstammt dem 19. Jahrhundert, auch die Idee von der »traditionellen Frau« hat dort ihren Ursprung.

Das Faible für diese Epoche ist in der AfD besonders stark ausgeprägt. Höcke kommt regelrecht ins Schwärmen, wenn er von ihr spricht. Vor allem das Kaiserreich hat es ihm angetan, wobei er bezeichnenderweise nicht erwähnt, dass die gesellschaftlichen Fortschritte jener Zeit hauptsächlich der Sozialdemokratie zu verdanken sind. Arbeitsschutzgesetze zum Beispiel, aber auch Kinder- und Mutterschutz. Die Frauenbewegung, die damals aufkam, ist ihm ebenfalls kein Wort wert. In ihr kämpften Frauen aller Schichten für ihre Rechte – und gegen eine autoritäre Ordnung, die per Gesetz die Hierarchie zwischen den Geschlechtern festschrieb und ein Bild von Weiblichkeit zum Ideal erhob, das Frauen nachhaltig von gleichberechtigter Teilhabe ausschloss.

Dabei begehrten sie schon seit Jahrzehnten dagegen auf: Im 18. Jahrhundert hatte sich die Lehre von den »natürlichen Geschlechtercharaktären« entwickelt, die Männern und Frauen, analog zum Körperbau, gegensätzliche Eigenschaften zuschrieb. Ihr zufolge waren Frauen emotionaler und darum unfähig, eigenständig zu handeln. Für die Rolle als sorgende Hausfrau und Mutter hingegen waren sie angeblich prädestiniert. Das Konzept geriet zwischenzeitlich ins Wanken, als sich mit den Ideen der Französischen Revolution die unerhörte Ansicht verbreitete, dass allen Menschen dieselben Rechte zustünden. In der Freiheitsbewegung, die um 1830 auch die deutschen Länder erfasste, engagierten sich darum viele Frauen in eigens gegründeten Vereinen, um die Neuordnung der Gesellschaft mitzugestalten.[90]

Auch während der Revolution 1848 standen sie dann mit auf den Barrikaden, um für Demokratie und die Einführung gleicher Rechte zu kämpfen.[91] Von der Wahl zum ersten deutschen Parlament wurden sie trotzdem ausgeschlossen, und die Nationalversammlung, die im Mai 1848 in der Frankfurter Paulskirche erstmals zusammentrat, bestand ausschließlich aus männlichen Abgeordneten.[92]

Nach dem Scheitern der Demokratiebewegung war es Frauen verboten, sich politisch zu betätigen.[93] Im 1871 gegründeten Kaiserreich schließlich wurde die angeblich natürliche Geschlechterordnung zur Norm erklärt und juristisch verankert: Die öffentliche und politische Sphäre war dem Mann vorbehalten, während die Frau im Privaten für Familie und Haushalt zu sorgen hatte. Dass der weiblichen Hälfte der Bevölkerung das Recht zu wählen und der Zugang zu Universitäten vorenthalten wurden, war für die meisten Männer daher selbstverständlich.[94]

»Obrigkeit ist männlich«, schrieb der Historiker Heinrich von Treitschke damals. Frauen seien von Natur aus unfähig zu logischem Denken und würden in der Politik nur den »charakteristischen Reiz der Weiblichkeit« verlieren.[95] Mit der Gleichberechtigung solle man es nicht zu weit treiben, warnte auch der Physiker und spätere Nobelpreisträger Max Planck. Manche Frauen besäßen zwar Talent für die Wissenschaft, doch habe »die Natur selbst der Frau ihren Beruf als Mutter und Hausfrau vorgeschrieben«, und solche »Naturgesetze« könnten nicht »ohne schwere Schädigungen … ignoriert werden«.[96]

Die vermeintlich naturgegebene Geschlechterordnung, die wir heute »traditionell« nennen, war also schon damals ein Konstrukt. Und zwar eines, das sich außerdem nur Wohlhabende leisten konnten: Arbeiterfamilien waren darauf angewiesen, dass beide Elternteile Geld verdienten, meist mussten sogar die Kinder zum Unterhalt mit beitragen. Die nicht arbeitende Ehefrau und Mutter war ein Ideal, das für die Mehrheit der Bevölkerung unerreichbar war. Dennoch prägte es das Denken der Zeit.

Wählen durften Frauen erst 1919 in der Weimarer Republik. Bis zum Ende des Kaiserreichs aber blieb der Widerstand gegen das Frauenwahlrecht unüberwindbar und die SPD die einzige Partei, die es befürwortete. Dabei hatte die Frauenbewegung um die Jahrhundertwende Zulauf aus allen Gesellschaftsschichten bekommen. Zehntausende Frauen gingen für ihre Rechte auf die Straße.

Das Mantra, Mutterschaft sei die eigentliche Bestimmung der Frau, mischte sich zu dieser Zeit mehr und mehr mit völkischen Tönen: »Der Frau gehört das Haus«, schrieb der 1912 gegründete Deutsche Bund zur Bekämpfung der Frauenemanzipation, »hier ist ihr Reich und ihre Welt, … hier leistet sie ihrem Volke die allergrößten Dienste.« Die zunehmende Berufstätigkeit hindere Frauen daran, zu heiraten und Kinder zu bekommen, warnten Antisemiten und Rasseideologen. Der daraus resultierende Geburtenrückgang gefährde den Fortbestand der Nation.[97]

Hundert Jahre später klingt es bei der Neuen Rechten ganz ähnlich: Frauen seien »weniger für die Politik geeignet, weil sie doch ein Stück weit emotionaler sind als Männer«, erklärte Nikolaus Kramer, 2021 AfD-Spitzenkandidat für Mecklenburg-Vorpommern. Es gebe Politikwissenschaftler, »die mir da absolut recht geben«.[98]

Die »wissenschaftlich« begründeten Klischees sind offensichtlich ebenso wenig totzukriegen wie die Skepsis gegenüber der Berufstätigkeit von Frauen. Auch beleidigen lassen mussten sich Feministinnen immer schon: Im Kaiserreich betrachtete man die Emanzipationsbewegung als »Erkrankung des menschlichen Gehirns«[99] und warnte, Frauen würden durch sie entweiblicht und in »Zwitterwesen«[100] oder »Kraftweiber« verwandelt. Maximilian Krah, Volljurist mit Doktortitel, drückte es 2023 so aus: Feminismus »vernichtet die Weiblichkeit, zerstört junge Menschen und verhindert Kinder«.

Ein Jahr später geiferte er beim politischen Aschermittwoch der bayerischen AfD, Feministinnen seien »grässlich und hässlich«[101], und appellierte: »Liebe Frauen, seid Frauen! Und zur Weiblichkeit gehört die Mutterschaft dazu. Das ist das, was uns inspiriert. Das ist das, was uns groß macht – echte Männer, echte Frauen, ein echtes Volk, das was aufbaut.«[102]

Mit dem Verweis auf Traditionen – ein Wort, mit dem die meisten Positives verbinden – lässt sich seit jeher eine Politik begründen, die progressive Kräfte im Zaum hält. Weil Frauenrechte ein elementarer Bestandteil von Demokratie sind, nehmen rechte Kräfte sie überall auf der Welt ins Visier, um ihre Vorstellungen von einer autoritären, männlich dominierten Gesellschaft zu verwirklichen. Und setzen, sobald sie an der Macht sind, genau dort mit als Erstes die Axt an. So war es in Deutschland 1933 oder in Polen ab 2015 unter der PiS-Partei; so ist es in Ungarn mit Victor Orbán oder in den USA, wo Präsident Donald Trump schon während seiner ersten Amtszeit dafür gesorgt hat, dass das Recht von Frauen auf körperliche Selbstbestimmung und Schutz vor Gewalt massiv beschnitten wurde.

Dieselben Pläne verfolgt die AfD mit ihrer als Familienpolitik getarnten Bevölkerungspolitik. Sie will zurückdrehen, was über Generationen auf diesem Gebiet erkämpft wurde – in ihrem Wahlprogramm verspricht sie es explizit.[103] Viele Errungenschaften nimmt sie schon jetzt unter Beschuss. Dazu gehört, wie für alle rechten Populisten und Parteien typisch, das Recht auf Abtreibung.

Ungewollt schwanger? Selber schuld!

Beatrix von Storch trug 2014 das Fronttransparent beim »Marsch für das Leben«, einer seit 2002 vom Bundesverband Lebensrecht (BVL) veranstalteten Demonstration, zu der sich einmal im Jahr Gegnerinnen und Gegner von Abtreibung und Sterbehilfe in Berlin versammeln. Die AfD engagiert sich seit Längerem bei den angeblich überparteilichen Märschen. Überhaupt haben sich dort im Laufe der Zeit vermehrt Rechtsextreme angeschlossen und ziehen als selbsternannte »Lebensschützer« gegen Schwangerschaftsabbrüche zu Felde. Die inhaltliche Schnittmenge mit konservativen Christen macht den Marsch für die AfD auch als Instrument des Stimmenfangs attraktiv. Zudem dient das Thema inzwischen dem Brückenschlag zu rechtsextremen Aktivisten im Ausland.[104]

Wie immer schon in der Geschichte stehen Frauen, die abtreiben wollen, gerade aus Sicht jener Kreise unter dem Generalverdacht, diese Entscheidung leichtfertig zu treffen. Doch Studien zeigen, dass rigidere Gesetze nicht zu sinkenden Abtreibungszahlen führen, die gesundheitlichen Risiken für ungewollt Schwangere dadurch aber massiv steigen: Nach Schätzungen der WHO finden weltweit mehr als 25 Millionen Abtreibungen unter unsicheren medizinischen Bedingungen statt, an denen jährlich mindestens 39 000 Frauen und Mädchen sterben und Millionen Komplikationen oder Spätfolgen davontragen.[105] Auch in Europa: Nachdem in Polen unter der rechtsnationalen PiS-Partei die ohnehin strengen Abtreibungsgesetze 2021 noch einmal verschärft wurden, sind mindestens sechs Frauen gestorben, bei denen ein Abbruch der Schwangerschaft medizinisch notwendig gewesen wäre.[106]

Der AfD sind solche Fakten offensichtlich genauso einerlei wie das weibliche Selbstbestimmungsrecht. Es müsse härter durchgegriffen werden, findet sie. Abtreibungen sollten nur noch in absoluten Ausnahmefällen erlaubt sein, heißt es im Wahlprogramm.

Zwar sei § 218 StGB im Prinzip ausreichend, es hapere aber an der »konsequenten Umsetzung«. Die verpflichtende Konfliktberatung sei zum reinen »Verwaltungsakt verkümmert« und befördere »eine Bagatellisierung dieses schwerwiegenden Eingriffs«. Für viele sei er längst zur Normalität geworden.[107]

Die AfD will Schwangere darum zwingen, sich in der Beratung Ultraschallbilder des Fötus anzuschauen, »damit sie sich über den Entwicklungsstand des Kindes im Klaren sind«. Zugleich soll die Frau durch die Zusage umfangreicher Unterstützung in der Schwangerschaft und nach der Geburt dazu gebracht werden, sich für das Baby zu entscheiden. Für Fälle, in denen Mütter ihr Kind nicht selbst großziehen möchten, will die Partei vermehrt Babyklappen einrichten, anonyme Geburten fördern und Adoptionen erleichtern.

»Willkommenskultur für Kinder« ist der Abschnitt im Parteiprogramm überschrieben, er befasst sich aber ausschließlich mit Abtreibung. Kinder kommen nur als Nachwuchs zum Bestandserhalt vor, Frauen nur als diejenigen, die ihn gebären sollen. Mit keinem Wort erwähnen die Verfasser die Verzweiflung, in die viele durch eine ungewollte Schwangerschaft gestürzt werden. Stattdessen ist vom »Wunsch der Mutter auf Abtreibung« die Rede, der dem »Lebensrecht des ungeborenen Kindes … diametral« entgegenstehe.[108]

»Eine Kultur des Todes lehnen wir ab«, sagte die AfD-Abgeordnete Harder-Kühnel 2020 im Bundestag, nach der obligatorischen Klage über die unzureichende Geburtenrate deutscher Frauen. »Ein Menschenrecht auf Abtreibung gibt es für uns nicht … heißen wir Babys willkommen! Erleichtern wir die Entscheidung für ein drittes Kind!«[109]

Dass sich aber gerade dieses Thema einfachen Antworten entzieht, zeigt schon ein Blick auf die Geschichte von § 218 (StGB): 1871 ins Strafgesetzbuch des Kaiserreichs eingeführt, definiert er den willentlich herbeigeführten Abbruch einer Schwangerschaft als Tötungsdelikt. Als, wie es damals hieß, »Verbrechen wider das Leben«.

Den betroffenen Frauen drohten fünf Jahre Zuchthaus, ihren Helferinnen zehn.[110] Schon damals forderten Feministinnen vergeblich seine Abschaffung. Bei der »zweiten Frauenbewegung« in den 1970er-Jahren stand er sogar im Mittelpunkt.

In seiner jetzigen Form ist § 218 das Ergebnis vieler Debatten, Kämpfe und Reformen: Seit 1994 gilt in Deutschland der Kompromiss, dass Abtreibungen zwar weiterhin rechtswidrig sind, aber innerhalb der ersten zwölf Schwangerschaftswochen nicht bestraft werden. Das Gesetz schreibt außerdem eine Konfliktberatung vor. Legal sind Abtreibungen nur nach einer Vergewaltigung oder wenn der Schwangeren gesundheitliche oder seelische Gefahr droht.

Umfragen zufolge wünschen sich die allermeisten Deutschen eine weitere Liberalisierung: Fast 80 Prozent befürworten eine straffreie Abtreibung bis zur zwölften Schwangerschaftswoche, Frauen genauso wie Männer. Selbst unter AfD-Wählerinnen und Wählern sind es fast 70 Prozent. Eine ebenso große Mehrheit beider Geschlechter ist dafür, den Eingriff zu entkriminalisieren und nicht mehr über das Strafgesetzbuch zu regeln. Der Aussage, dass es »schlussendlich immer die persönliche Entscheidung der Frau« sein sollte, ob sie das Baby austragen will oder nicht, stimmten bundesweit 87 Prozent der Frauen und fast 80 Prozent der Männer zu. Dass Frankreich das Recht auf genau diese freie Entscheidung 2024 als erstes Land der Welt sogar in die Verfassung aufgenommen hat, beurteilen sie ebenfalls mit großer Deutlichkeit positiv.[111]

In Ostdeutschland fielen die Zustimmungswerte bei allen Fragen besonders hoch aus. In der DDR waren Schwangerschaftsabbrüche seit 1972 in den ersten drei Monaten ohne Angabe von Gründen erlaubt. Nach dem Mauerfall setzten sich ost- und westdeutsche Frauenverbände vergeblich dafür ein, diese und andere frauenspezifische Regelungen in das gesamtdeutsche Rechtssystem aufzunehmen. Abtreibungen sind darum nach wie vor eine Straftat, auch wenn sie im Prinzip möglich sind.

Der AfD geht aber auch das nicht weit genug. Sie vertritt damit einen Kurs, der in diesem Punkt weiter rechts liegt als ihre eigene Wählerschaft und dem erklärten Willen einer überwältigenden Mehrheit der Deutschen entgegensteht.[112] Wie so oft geht es der Partei also auch hier nicht um die Sache oder den »Willen des Volkes«, dessen einzig wahre Vertretung sie zu sein behauptet. Vielmehr weiß sie die Emotionalität des Themas für ihre Zwecke zu nutzen: um eine Polarisierung heraufzubeschwören, die es in Wirklichkeit gar nicht gibt, und Misstrauen in den Rechtsstaat zu schüren, für das Dauer-Replay ihrer Leier von den aussterbenden Deutschen – und für das große, das eigentliche Ziel: nach und nach die demokratischen Institutionen zu unterwandern und schließlich zu Fall zu bringen.

Bei einer Sachverständigen-Anhörung im Rechtsausschuss des Bundestags zu einer möglichen Überarbeitung des Abtreibungsrechts sagte Storch im Februar 2025, den § 218 anzutasten würde »ein Anzünden dieser Gesellschaft« bedeuten.[113] Ein paar Wochen später gelang es einer rechten Lobby mit einer gezielten Diffamierungskampagne, die Wahl der angesehenen Juraprofessorin Frauke Brosius-Gersdorf als neue Verfassungsrichterin zu verhindern. Im Mittelpunkt stand dabei zunächst ihre angeblich »extreme« Haltung zu einem AfD-Verbotsverfahren, dann aber schnell ihre – ebenso angeblich – »extreme Position« zum Thema Abtreibung, als sich zeigte, dass dort mehr Mobilisierungspotenzial schlummerte, auch für Unions-Abgeordnete.[114]

Im Schulterschluss mit rechten Influencern und Medien wie *NiUS*, *Junge Freiheit* und *Compact* beteiligten sich die AfD und ihr Vorfeld aktiv an Brosius-Gersdorfs Diffamierung. Allen voran von Storch mit ihrer Lüge, die Juristin befürworte Abtreibungen bis zum neunten Monat, die über reichweitenstarke Accounts verbreitet wurde. Organisationen der sogenannten *Anti Choice*-Szene gingen mit warnenden Aufrufen an die Öffentlichkeit, in denen behauptet wurde, die SPD sei dabei, »einen links-grünen Putsch durchzuführen und aus dem Bundesverfassungsgericht eine Zelle linker Agitation zu machen«.[115]

Dass die angesehene Professorin ihre Kandidatur am Ende zurückzog, weil auch Abgeordnete der Union auf die Kampagne aufgesprungen waren und darum gegen sie stimmten, feierten AfD, Neue Rechte und ihre »Leben schützenden« Helfershelfer als Erfolg. Leider völlig zu Recht. Ihr Triumph offenbart einmal mehr, dass ihnen jedes Thema recht ist, um die Gesellschaft anzuzünden.

Zurück zu preußischen Tugenden

Bei all dem Getrommel für die Fortpflanzung zum Wohle des Volkes sollte man meinen, der AfD müsse daran gelegen sein, dass die vielen kleinen selbstgemachten Deutschen gut durchs Leben kommen, bis sie eines Tages groß genug sind, um den Fachkräftemangel zu beheben und nebenbei selbst neue Deutsche zu zeugen. Doch was die Partei für Kinder und Jugendliche bereithält, lässt nichts Gutes erwarten.

Es müsse endlich Schluss sein mit »linker Kuschelpädagogik«, schimpft beispielsweise der schulpolitische Sprecher der AfD, Götz Frömming. Die »seit den 70er-Jahren durchgesetzten linken Bildungsreformen« hätten zu einem allgemeinen »Werte- und Autoritätsverfall« geführt. An unseren Schulen müssten wieder »klassische Sekundärtugenden wie Pünktlichkeit, Gehorsam, Leistung und Disziplin« durchgesetzt werden. Dazu brauche es Lehrer, die eine Schulgesetzgebung »wieder mit der nötigen Autorität ausstattet«.[116]

Bevor er die AfD mitgründete, war Frömming selbst Lehrer für Politik, Deutsch und Geschichte, unter anderem an einem Berliner Gymnasium und am Internat Schloss Salem.[117] In seiner Partei gilt er darum als Experte für Pädagogik und Bildung und tritt auch so auf. Deutschland brauche »eine 180-Grad-Wende in der Bildungspolitik«, fordert er, analog zu Björn Höckes gleichlautender Forderung in Bezug auf die Erinnerungspolitik. Was das für den Geschichtsunterricht bedeutet, dürfte klar sein. Aber Frömming will offenbar auch viele Elemente moderner Pädagogik aus den Schulen verbannen, die dafür gesorgt haben, dass Schule heute in der Regel kein Ort mehr zum Fürchten ist, wie er es für viele Generationen von Lernenden vorher war.

Dass Autorität und Disziplin nicht automatisch zu besseren Leistungen führen, ist mittlerweile eine Binsenweisheit. Doch was uns im Umgang mit Kindern heute selbstverständlich erscheint, war es lange nicht: Körperliche Strafen sind erst seit 1983 verboten. Auch Anschreien, Beleidigungen oder beschämendes In-der-Ecke-Stehen sind inzwischen tabu. Lehrkräfte, die sich nicht daran halten, können juristisch belangt werden. Die meisten Schulen haben Formen demokratischer Mitbestimmung eingeführt, mit denen Schülerinnen und Schüler ihr Lernumfeld mitgestalten können.

Neben den klassischen Inhalten sollen Fairness und soziales Miteinander vermittelt werden. Schulen bemühen sich um die Integration von Schülerinnen und Schülern mit Migrationshintergrund. Die Kinder sollen lernen, dass man unterschiedlich auf die Welt blicken kann und die verschiedenen Perspektiven eine Bereicherung sind. »Multikulti, Gleichmacherei und sinnentleerte Kompetenzen« nennt Frömming das alles abfällig. Es müssten »wieder klassische Bildung, Wissen, Leistung und Disziplin Einzug in unseren Schulen halten«.[118]

Für Kinder mit körperlichen oder geistigen Beeinträchtigungen, die dabei nicht mitkommen, müsse die Förderschule »wieder zum Regelfall« werden, heißt es im Wahlprogramm der AfD.[119] Die »Inklusions-Ideologie« sei gescheitert, befindet auch Frömming.[120] Überhaupt ist viel von »Ideologie« die Rede, wenn sich die Partei zu Schulen oder Kindergärten äußert: Angeblich sind unsere Kinder von klein auf linker Indoktrination ausgesetzt, indem ihnen zum

Beispiel »Trans-Kult und Klimahysterie … schon im Vorschulalter nähergebracht« würden.[121] Die gesamte deutsche »Bildungsmisere« habe generell ideologische Ursachen, die »sich seit 1968 immer weiter verfestigt« hätten. Hierin liege auch der Grund für die zunehmende »Schulgewalt«.[122]

Mit Problemen wie Lehrermangel, maroden Schulgebäuden oder der knappen finanziellen Ausstattung vieler Schulen hält sich die AfD nicht groß auf, geschweige denn, dass sie Lösungen dafür anbietet. Stattdessen macht sie auch dieses Thema zum Ausgangspunkt für fremdenfeindliche Ausfälle: Jugendliche mit Migrationshintergrund würden an deutschen Schulen inzwischen »den Ton angeben«, behauptet Frömming. Der »Zuzug weiterer bildungsferner Migranten« müsse »sofort gestoppt werden, damit sich unser Bildungssystem regenerieren kann«.[123]

Auch Lerninhalte sind eher Nebensache für die AfD: Mit Schlagworten wie »klassische Bildung«, »Wissen« und »Leistung« ist das Thema weitgehend abgehakt. Demokratisches Denken oder die Auseinandersetzung mit anderen Meinungen und Lebensweisen jedenfalls gelten als »sinnentleerte Kompetenzen«. Wichtiger ist, dass den Kindern Nationalstolz vermittelt werde, denn Kinder stünden »für die Weitergabe … der Traditionen und der Fähigkeiten ihres Volkes«,[124] heißt es im Wahlprogramm. »Deutsches Kulturgut« solle darum schon in der Grundschule »Pflichtstoff« sein – das fördere »Heimatliebe und Traditionsbewusstsein«.[125]

In mehreren Bundesländern hat die AfD 2025 Anträge eingebracht, vor Schulen ganzjährig die Deutschlandfahne zu hissen. Der symbolpolitische Vorschlag stieß im Osten auf breite Zustimmung, auch bei der CDU, sodass in etlichen Landkreisen nun dauerhaft Schwarz-Rot-Gold vor den Schulgebäuden flattert. Auf die ohnehin klammen Kommunen kommen dadurch hohe Kosten zu – Geld, das bei den Schulen selbst fehlen wird. Für die AfD aber ist es ein Punktsieg.[126]

Kinder sind im neurechten Denken also in erster Linie Nachwuchs, der die »Kulturweitergabe« und die Existenz des deutschen Volkes sicherstellen muss. Nach Ansicht der AfD gehört darum das große Familien-Einmaleins auf den Lehrplan: Kinder sollen »zu Ehe, Partnerschaft und Familienzusammenhalt unterrichtet werden, um später stabile Familien gründen zu können«, heißt es im Wahlprogramm.[127] Welche Themen im Ehe-Unterricht behandelt werden sollen, steht dort nicht. Mit Sexualität aber, so viel ist klar, soll es nichts zu tun haben: Aufklärungsunterricht gehört unter dem Kampfbegriff »Frühsexualisierung« zu den Triggerpunkten der AfD.

Anfang 2025 stellte sie im Bundestag darum den Antrag, die Förderung »frühkindlicher Aufklärung von 0 bis 13 Jahren« einzustellen: Es sei nicht die Aufgabe des Bildungssystems, »staatliche Beihilfe zum geistigen Missbrauch von Schutzbefohlenen durch schamverletzende Propaganda und explizite Details sexueller Handlungen zu gewährleisten«. Den wissenschaftlich anerkannten Ansatz, wonach Kinder von Beginn an sexuelle Wesen sind, versucht die AfD zu diskreditieren, indem sie ihn mit Pädophilie und sexueller Nötigung in Zusammenhang bringt. Dass Kindern im Sexualkundeunterricht Wissen über ihren Körper, nicht zuletzt aber auch das Bewusstsein für mögliche Grenzverletzungen und Missbrauch vermittelt werden soll, kommt in ihrer Agitation nicht vor.

Ebenso wenig wie internationale Untersuchungen, die gezeigt haben, dass langfristig angelegte Aufklärungsangebote zu einem Rückgang von Schwangerschaften und Abtreibungen unter Minderjährigen führen, was eigentlich im Sinne der AfD sein müsste.[128] Doch im Zweifel sind Fakten eben weniger entscheidend als die »Ansicht der AfD-Fraktion«, der zufolge »die Sexualität des Menschen mit der Geschlechtsreife« beginnt und »nicht von Geburt an«, wie sie in ihrem Antrag klarstellt.[129]

Mit drastischen Warnungen vor angeblich durchsexualisierten Kitas und Schulen will die Partei vornehmlich Eltern erreichen, doch die Chiffre »Kind« emotionalisiert auch Kinderlose und macht sie so zu einem beliebten Instrument der politischen Mobilisierung. Die AfD malt wahre Schreckensbilder aus – als liefen in deutschen Klassenzimmern Pornofilme, während in Kindergärten Sexspielzeug herumgereicht wird. »Sexuelle Bildung – Perversion im Klassenzimmer« hieß eine Veranstaltung, zu der die AfD Sachsen im Frühjahr 2023 einlud. Gleichzeitig zog sie mit einer Kampagne gegen das Antidiskriminierungsprogramm »Schule der Vielfalt« zu Felde, wofür sie eine eigene Plakatreihe geschaffen hatte: Ein Motiv zeigte ein geschminktes Mädchen, das einen Teddy mit Penis im Arm hielt, eine andere Fotomontage eine Frau im Bikini mit Vollbart. »Vorsicht!«, war neben den Motiven zu lesen, »Genderwahn im Stundenplan«.[130]

Der AfD-Antrag, das Projekt einzustellen und Eltern die Möglichkeit eines Vetos zu geben, wurde im Landtag abgelehnt, denn alle anderen Parteien waren sich einig, dass Aufklärung förderungswürdig ist und Informationen über geschlechtliche Identität und sexuelle Orientierungen dazugehören. Außer um die Vermittlung von Fakten geht es dabei vor allem darum, Heranwachsende darin zu bestärken, im Zweifel den Mut für ein Nein zu haben – auch gegenüber Menschen, die ihnen nahestehen. Und für ein Ja zu ihren eigenen Empfindungen, selbst wenn sie nicht der heterosexuellen Norm entsprechen.

Die AfD aber betrachtet es im Dienste des Kinderschutzes als ihre Aufgabe, solche Programme und Unterrichtsinhalte zu stoppen, da diese das Ziel hätten, »Kinder in Bezug auf ihre sexuelle Identität zu verunsichern und Geschlechterrollen aufzulösen«, wie das Wahlprogramm behauptet. Kinder würden dadurch »massiv in ihrer Entwicklung gestört«.[131] Angesichts von Kampagnen wie derjenigen der AfD Sachsen fragt sich allerdings, wer hier eigentlich wen verunsichert.

Sonnenklar ist jedenfalls, welches Familienbild in einem AfDgenehmen Unterricht vermittelt werden soll: Eine Familie bestehe »aus Vater, Mutter und Kindern«, stellt das Parteiprogramm fest, alle anderen Formen ignorierend. Sie sei der »Ort, um Freude zu teilen, Trost zu finden, Kraft zu tanken sowie Liebe zu empfangen und zu geben«. So etwas hält man am rechten Rand offensichtlich in einer gleichgeschlechtlichen Beziehung für undenkbar: Die 2017 eingeführte »Ehe für alle« bekämpft die Partei seit Jahren, und sie hat bereits einen Gesetzentwurf vorgelegt, um sie wieder abzuschaffen und homosexuellen Paaren den Ehestatus zu entziehen. »Nur die traditionelle Familie«, so die Begründung, »kann für eine Gesellschaft Werte stiften und Leitbilder setzen.«[132] Im Januar 2025 machte der Parlamentarische Geschäftsführer der Bundestagsfraktion, Stephan Brandner, noch einmal deutlich, dass das Thema für ihn keineswegs vom Tisch ist: Die »Ehe für alle« sei grundgesetzwidrig, erklärte er.[133]

Den irritierenden Widerspruch, dass die eigene Parteivorsitzende in lesbischer Ehe mit einer Frau aus Sri Lanka zwei Söhne großzieht, weiß die AfD als Feigenblatt für ihre queer- und ausländerfeindliche Politik zu nutzen. Und Alice Weidel selbst lächelt, darauf angesprochen, alle Ungereimtheiten weg.[134] Im Übrigen bremst ihr Lebensmodell in keiner Weise den Furor, mit dem sie gegen »Gender-Quark« und die »blöde Trans-Pop-Kultur« hetzt, vor denen man Kinder beschützen müsse.[135]

Und für den Fall, dass doch jemand stutzig werden sollte, lässt man im Rest der Partei keine Zweifel an der grundsätzlichen AfD-Linie aufkommen: »Familie ist da, wo Kinder sind – diese gesellschaftsverwahrlosenden Sätze kommen mir echt zu den Ohren raus«, zeterte etwa die Thüringer Landtagsabgeordnete Wiebke Muhsal 2025 beim Parteitag in Riesa unter großem Applaus der Delegierten. Familien seien da, wo ein Mann und eine Frau gemeinsam Kinder bekämen.[136]

Kinderrechte? Überbewertet!

In ihrem Grundsatzprogramm setzt die AfD das Wort »Kinderrechte« konsequent in Anführungszeichen, als handle es sich um eine besonders abwegige Idee. Genau das sind sie ihrer Ansicht nach auch – allein schon weil die Forderung danach, wie viele andere gesellschaftliche Fortschritte, im Zuge der 68er-Bewegung aufkam, als kritisch über autoritäre Erziehungsstile diskutiert wurde, unter denen viele Generationen zuvor gelitten hatten. Die AfD lehnt es ausdrücklich ab, Kinderrechte im Grundgesetz zu verankern, wie es UNICEF und andere Kinderschutzorganisationen seit Jahren fordern.[137]

Deutschland hat 1992 zwar die UN-Kinderrechtskonvention ratifiziert, vollständig umgesetzt ist sie aber noch immer nicht, wie mehrere Rechtsgutachten zeigen.[138] Durch die Aufnahme ins Grundgesetz bekäme das Wohl von Kindern Verfassungsrang, sodass bei allen politischen, rechtlichen und verwaltungstechnischen Entscheidungen zwingend die Belange von Minderjährigen berücksichtigt werden müssten und sich andernfalls einklagen ließen.[139] Seit 2018 gab es bereits mehrfach Anläufe, das Grundgesetz entsprechend zu ändern, die aber trotz zäher Verhandlungen am Ende nicht die erforderliche Zweidrittelmehrheit im Bundestag fanden.[140] Sollte die AfD weiter wachsen, hat das Vorhaben kaum noch eine Chance.

Es zu verhindern, ist der Partei so wichtig, dass sie die Ablehnung sogar ausdrücklich ins Wahlprogramm aufgenommen hat: Die Aufnahme in die Verfassung sei überflüssig, da Kinder »bereits Träger aller Grundrechte sind«, und zudem schädlich, weil damit Elternrechte geschwächt würden: »Letztlich stellen ›Kinderrechte‹ auch Durchgriffsrechte des Staates gegen die Erziehungsrechte der Eltern dar.«[141] Folglich lehnt es die AfD ab, Minderjährige darüber zu informieren, dass es diese Rechte überhaupt gibt: Das sei ein als

»Kinderrechte-Aufklärung getarntes Ausspielen der Jugendlichen und Kinder gegen ihre Eltern«.[142]

Dass Kinder Anspruch auf Mitbestimmung haben, ist für die AfD ebenfalls ein exotischer Gedanke, sodass sie auch gegen die Absenkung des Wahlalters ist.[143] Das »braucht keiner und will keiner«, schrieb Beatrix von Storch in einer Pressemitteilung im Juli 2020 als Reaktion auf einen entsprechenden Vorstoß der damaligen Familienministerin Franziska Giffey (SPD) und spottete: »Wie verzweifelt muss die ehemalige Volkspartei SPD sein, wenn sie jetzt wieder mit diesem alten Hut die Sommerpause überbrücken will, um vielleicht doch noch ein paar neue Wähler zu gewinnen.«[144]

Für die Wahl des EU-Parlaments liegt die Altersgrenze bereits bei sechzehn Jahren, in einigen Bundesländern auch schon für Landtags- und Kommunalwahlen.[145] In diesem Alter seien Jugendliche gar nicht in der Lage, »die Zusammenhänge der politischen Arbeit zu verstehen«, meint Storch. Zudem würden sie wie Greta Thunberg »von Lobbygruppen schamlos missbraucht« und seien »anfälliger für den Einfluss von Extremisten«.[146]

Laut Parteiprogramm will die AfD, dass Kinder »frei von Indoktrination aufwachsen«[147] – ein Gebot, das sich aber offensichtlich nur auf den politischen Gegner bezieht. Sie selbst nämlich wirbt sehr gezielt um junge Leute und nutzt dafür mehr, konsequenter und erfolgreicher als jede andere Partei alle einschlägigen Social-Media-Kanäle. Vor allem auf TikTok mit seinen besonders jungen Usern und Userinnen hat sie die Konkurrenz inzwischen abgehängt.

Hinter der Strategie steckt unter anderem der Onlinemarketing-Experte Erik Ahrens, der zu den Teilnehmern des Potsdamer Geheimtreffens gehörte und bereits mehrere Internetplattformen mit rechtsextremen und völkischen Inhalten aufgebaut hat. Auf Instagram schlug er 2024 vor, Frauen könnten, analog zur Wehrpflicht für Männer, »gemustert und bei Eignung zur Abgabe von Eizellen verpflichtet werden, um die Demographie zu stabilisieren«.[148] Bei einem Vortrag am neurechten IfS schwärmte er, wie gut sich vor allem TikTok zur Mobilisierung von Jugendlichen eigne: Dort könne man den Usern »unsere Botschaft in den eigenen Worten … direkt vor die Augen setzen«.[149] Da 14- bis 19-Jährige im Schnitt anderthalb Stunden pro Tag auf der Plattform seien, habe man »90 Minuten am Tag ein Fenster in deren Gehirn, wo man da reinsenden kann«.[150]

Auf dem Sendeplan der AfD steht dann zum Beispiel »Max Krah mit einer Botschaft an alle Schüler«, für die sich Krah vor das Brandenburger Tor gestellt hat, um Jugendliche aufzufordern dagegenzuhalten, wenn ihre Mitschüler für *Fridays for Future* sind, sich vegan ernähren oder zu linken Demos gehen: »Am Ende wirst Du mehr Freunde haben.«[151] In einem anderen Video heißt es: »Auch wenn Eure Lehrer den Schuldkult predigen – seid stolz, Deutsche zu sein.«[152] »Du magst meine TikToks, bist aber unter 18?«, fragte der damalige AfD-Spitzenkandidat Krah zur Europawahl, »Kein Problem!«[153]

Wenn es ihr nützt, tut die AfD also gern so, als nehme sie Minderjährige ernst. Gegen die Herabsenkung des Wahlalters hat sie neuerdings auch weniger einzuwenden, seit sie erkannt hat, wie leicht sie bei den jüngsten Wählerinnen und Wählern punkten kann. Von der Forderung, die Altersgrenze im Strafrecht abzusenken, die sie seit Langem vertritt, ist sie hingegen nicht abgerückt. Im Juni 2025 hat sie im Bundestag nun einen Gesetzentwurf dazu eingebracht, der vorsieht, die Strafmündigkeit von vierzehn auf zwölf Jahre zu senken. Außerdem soll das Erwachsenenstrafrecht schon ab dem 18., nicht erst ab dem 21. Lebensjahr gelten. Staatsanwaltschaft und Polizei sollen die Möglichkeit bekommen, »delinquente Kinder« vorläufig festzunehmen oder, falls diese noch unter zwölf sind, über ein Familiengericht »die Unterbringung« zu erwirken.[154] Das sei es, »was wir in Deutschland wirklich brauchen«, hatte Storch bereits 2020 geschrieben.[155]

Im Bundestag stimmt die AfD derweil konsequent gegen eine Kindergrundsicherung, die Erhöhung des Mindestlohns, eine Stärkung der Gewerkschaften oder andere Maßnahmen, mit denen sich Kinderarmut bekämpfen ließe. In ihrem Wahlprogramm fordert sie aber, eine »kinderfreundliche Gesellschaft als Staatsziel ins Grundgesetz« aufzunehmen.[156] Was sie darunter versteht, sollte uns inzwischen klar sein.

»Echte Männer sind rechts«

Deutschland und Europa hätten »ihre Männlichkeit verloren«, diagnostizierte Höcke 2015. »Wir müssen unsere Männlichkeit wiederentdecken«, denn nur dann »werden wir mannhaft, und nur wenn wir mannhaft werden, werden wir wehrhaft, und wir müssen wehrhaft werden, liebe Freunde!«[157] In Abwandlungen sagt er das seitdem immer und immer wieder. Und nicht nur er: Im gesamten rechten Spektrum wird Männern erzählt, wie sie zu sein haben – und sein könnten, wären sie nicht durch linke »Antigewalt- und Antikörperlichkeitserziehung« ihrer Maskulinität beraubt worden: 80 Prozent der weißen Männer in Deutschland seien »Weicheier«, meint Höcke.[158] Schuld sei der Feminismus, die »Altparteien«, die ihn fördern, die woke Gesellschaft, kurz: das »Regenbogen-Imperium«, das Mann und Frau den Kampf angesagt habe.[159]

In der sogenannten »Mannosphäre« des Internets ist ein ganzes Influencer-Heer aus Fitnesstrainern, Ernährungsberatern, selbsternannten Lifestyle-Coaches und leidenschaftlichen Frauenhassern damit beschäftigt, Männern zu erklären, was ihnen angeblich weggenommen wurde und wie sie es sich zurückholen: mit körperlicher Ertüchtigung, dem richtigen Mindset, zur Not auch mit Gewalt.[160] »Lass dir nicht einreden, dass du lieb, soft, schwach und links zu sein hast«, predigt auch AfD-Mann Krah in einem viral gegangenen TiKTok-Video von 2023. »Echte Männer sind rechts, echte Männer haben Ideale, echte Männer sind Patrioten, dann klappt's auch mit der Freundin.«[161]

Geschickt machen sich rechte Populisten wie er Unsicherheiten, Ängste und Gefühle von Kontrollverlust zunutze, um ihre Ideologie als vermeintliche Lösung zu präsentieren. Sie sprechen damit gezielt Männer an, die von den rasanten sozialen und wirtschaftlichen Veränderungen verunsichert sind, sich im Job von der zunehmenden Konkurrenz durch Frauen bedroht fühlen, um ihren Status, ihr Ansehen, ihre Wohnung fürchten. Dafür Migranten, dem Feminismus und der »links-grünen« Politik der »Altparteien« die Schuld zu geben, wirkt entlastend, und mit der Rückkehr zu »traditionellen« Geschlechterrollen und einem »wehrhaften« Selbstverständnis von Männlichkeit scheint die Lösung zum Greifen nahe. Durch rechte Ideologie und ein Kreuz bei der AfD, so das Versprechen, kommen die Dinge wieder ins Lot: Frauen sind wieder Frauen und Männer wieder Männer.[162]

Nach rechtem Verständnis geht Maskulinität mit Attributen wie überlegen, weiß, kriegerisch, heroisch und beschützend einher und passt perfekt zum rechten Weltbild vom Überlebenskampf des Volkes und von einheimischen Frauen, die durch wehrhafte, eben »echte« deutsche Männer vor sexuell ungezügelten Fremden »aus gewaltaffinen Kulturen« beschützt werden müssen.

In dieser Logik *darf* es nur zwei Geschlechter geben, weil alles andere die binäre Ordnung bedroht. Die Existenz von Transsexualität schlichtweg zu leugnen, gehört darum zur DNA der Neuen Rechten weltweit und ist auch für die AfD so zentral, dass sie es zum Teil ihres Wahlprogramms gemacht hat.[163] »Wenn wir regieren, und das tun wir hoffentlich bald, dann wissen die Menschen auch wieder, was Männer sind und was Frauen«, sagte die AfD-Abgeordnete Nicole Höchst in einem Vortrag zur Familienpolitik ihrer Partei.[164] Was männlich und was weiblich ist, aber eben auch: was nicht, wird politisiert und so gegen jede Art von Individualität und Vielfalt in Stellung gebracht.

Zugleich geht es um die Wiederherstellung der, aus rechter Sicht, »natürlichen Ordnung«. Männer werden dabei als Opfer von

Frauen- und Gleichstellungspolitik dargestellt: Schon in der Schule, heißt es in manchen Publikationen, würden Jungen systematisch benachteiligt, weil man von ihnen weibliche Verhaltensweisen erwarte. Später würden sie dann durch Quoten am beruflichen Aufstieg gehindert. Auch das Scheidungsrecht und Gesetze gegen sexuelle Belästigung oder häusliche Gewalt gelten in diesem Kontext als Bedrohung des männlichen Selbstverständnisses.[165]

Seit einigen Jahren unterwandern Rechte gezielt Vaterrechtsgruppen oder gründen eigene Vereinigungen mit entsprechend antifeministischer Ausrichtung. Die Szene ist international vernetzt und nimmt durch gezielte Lobbyarbeit offenbar bereits erfolgreich Einfluss auf Politik und Justiz. Ziel ist es, Mütter bei Auseinandersetzungen an Familiengerichten in die Defensive zu drängen. So ist es ihnen mithilfe ihrer eng verdrahteten Netzwerke gelungen, das wissenschaftlich längst widerlegte Konstrukt der sogenannten Eltern-Kind-Entfremdung (*Parental Alienation Syndrome*, PAS) zu verbreiten. Es dient dazu, Müttern zu unterstellen, sie würden ihre Kinder manipulieren, um sie gegen den Vater aufzubringen. Das Engagement der rechten Vaterrechtler hat bereits dazu geführt, dass viele Jugendämter und Gerichte den Aussagen betroffener Frauen weniger Glauben schenken, sodass selbst bei Fällen von Missbrauch und Gewalt häufig gegen einen Sorgerechtsentzug des Vaters entschieden wird.[166]

Dank investigativer Recherchen und eines Berichts der UN-Sonderberichterstatterin für Gewalt gegen Frauen und Mädchen[167] sind inzwischen zwar viele Länder auf das Thema aufmerksam geworden, gebannt ist es damit aber längst nicht – auch nicht bei uns: Obwohl das Bundesverfassungsgericht das PAS-Konzept 2023 ausdrücklich verworfen hat, gibt es bisher keine Bestrebungen, dieses Urteil im Bürgerlichen Gesetzbuch zu verankern und so dafür zu sorgen, dass Jugendämter und Familiengerichte ihre Entscheidungen nicht mehr mit PAS begründen können.[168]

Vieles deutet darauf hin, dass Teile der AfD diesen antifeministischen Vaterrechts-Netzwerken zumindest nahestehen. Inhaltlich vertritt die Partei jedenfalls offen Positionen der Szene: »Wir wollen Mechanismen entschärfen, die über das Sorgerecht einseitige Manipulationsmacht erteilen«, heißt es im Wahlprogramm. »Unbewiesene Behauptungen dürfen nicht zu einem Kontaktabbruch führen, der dann Tatsachen für eine Entfremdung schafft.«[169] Und auf der Website der AfD wird verkündet: »Einer gezielten Politik für Männer und Väter hat sich bislang keine Partei angenommen … Wir wollen uns deshalb für die Rechte von Vätern stark machen.«[170]

Die Erzählung von den benachteiligten Männern, denen Linke und Feministinnen den Schneid abgekauft haben, fügt sich nahtlos ins neurechte Denken. Dass sie eine Erklärung für Frustrationserfahrungen aller Art bietet und die Lösung gleich mit, macht sie für viele attraktiv. So werden im Schlepptau des maskulinen Identitätsangebots auch andere rechtsextreme Ideen anschlussfähig. Forschende aus Soziologie und Politikwissenschaft sehen den heutigen Antifeminismus darum als Brücke zwischen konservativen und rechtsextremen Positionen, als eine Art »Einstiegsdroge« in demokratie- und menschenfeindliche Ideologien. Auch für Frauen.[171]

Familie ist viel mehr

Die AfD schürt sehr bewusst die Angst vor dem Verlust von Identität – der männlichen, der weiblichen, der deutschen. So entfacht sie die Sehnsucht nach früheren, vermeintlich besseren Zeiten und zugleich Gefühle von Zorn und Entschlossenheit, die ihr an den Wahlurnen zugutekommen, weil sie vorgibt, eine Lösung zu haben. Kinder und Familie stehen als emotionale Brandbeschleuniger dabei immer wieder im Zentrum der Agitation. Auch mit offenkundigen Lügen: Was, rief Höcke auf einer Kundgebung in Gera im Oktober 2022, sei es anderes als »ein Angriff auf unsere Kinder«, wenn »Vertreter des Regenbogen-Imperiums«, zu dem auch »alle Altparteien« gehören, »sich dafür einsetzen, dass eine Abtreibung bis zum neunten Monat möglich sein muss«, oder »darauf drängen, dass schon ein siebenjähriges Kind – auch gegen den Elternwillen – sein Geschlecht frei wählen kann« und die anschließende OP »eine Selbstverständlichkeit« sei? Wenn sie »Pornofilme im öffentlich-rechtlichen Fernsehen und an Schulen fordern« und »schwul-lesbische Kindergärten« eröffneten? »Ja, liebe Freunde, sie wollen die Seelen unserer Kinder. Sie wollen sie, aber das werden wir nicht zulassen.«[172]

Im rückwärtsgewandten, völkisch ausgerichteten Familienbild der AfD verschränken sich die zentralen Positionen der Partei: Es ist Ausdruck ihrer Vorstellung von Gesellschaft und gleichzeitig Kampfmittel, um diese durchzusetzen. Das rigide Konzept lässt keinen Platz für gesellschaftliche Entwicklungen, für individuelle Entscheidungen, Beschränkungen oder Vorlieben. Keinen Platz für Männer, die weder Alleinernährer noch Krieger sein wollen, oder Mütter, die einen Konzern leiten möchten. Erst recht nicht für Menschen, die sich weder dem einen noch dem anderen Geschlecht zugehörig fühlen. Und keinen Platz für die Einsicht, dass Kinder mit gleichgeschlechtlichen Eltern ebenso gut aufwachsen können und ihnen auch jede andere Form des Zusammenlebens nicht schadet, solange sie feste, verlässliche Bindungspersonen haben.

Auf eine entsprechende Nachfrage des Lesben- und Schwulen-Verbands in Deutschland (LSVD) antwortete die AfD: »Was als Regenbogenfamilie oder neudeutsch Patchwork-Familie – eigentlich Flickwerk-Familie – verniedlicht wird, ist in Wahrheit oft nicht mehr als das Ergebnis eines gescheiterten Versuchs, eine normale Familie aufzubauen.«

Mit anderen Worten: Wer nicht so lebt, wie die AfD es für richtig hält, hat versagt und gehört nicht dazu. Das gilt für Alleinerziehende ebenso wie für queere oder trans Menschen. »Normal« und darum das Maß aller Dinge sei allein die »traditionelle Familie aus Vater, Mutter und möglichst mehreren Kindern«. Sie sei »das Leitbild unserer Familienpolitik«.[173]

In Deutschland macht diese Lebensform 70 Prozent der Familien aus. Dem bürgerlichen Ideal, bei dem der Vater fürs Geldverdienen und die Mutter für Küche und Kinder zuständig ist, entsprechen allerdings nur wenige. Doch anders als es die Rede von der »traditionellen Familie« suggeriert, war dieses Modell ohnehin nie die Regel. Nur ausnahmsweise und nur für kurze Zeit, in den 1950er- und 1960er-Jahren nämlich, konnte es sich durchsetzen. Seitdem spukt es als romantische Vorstellung durch viele Köpfe und findet unter der völlig unzutreffenden Bezeichnung »traditionelle Familie« seinen Weg in Parteiprogramme, nicht nur bei der AfD.[174]

Der Glaube, dass es in früheren Jahrhunderten Standard gewesen sei, dass mehrere Generationen einer Familie zusammenlebten, gehört ebenfalls ins Reich der Legenden: Die Menschen lebten meist gar nicht lange genug, um die eigenen Enkel noch kennenzulernen. Viele Familienformen, auch Stief- oder Pflegefamilien etwa, entstanden, weil Elternteile oder Kinder starben, durch Hungersnöte, Seuchen, Unfälle. Nicht einmal die Ehe war die Regel: Im 18. und 19. Jahrhundert hatten auch Unverheiratete miteinander Kinder und lebten zusammen in einem Haushalt, manche auch nicht.

Historikerinnen und Historiker haben herausgefunden, dass es fast alle Formen von Familie, die es heute gibt, immer schon gegeben hat – mit Ausnahme von Familien lesbischer oder schwuler Eltern, die erst durch die Abschaffung diskriminierender Gesetze möglich wurden. Die »traditionelle Familie« ist also ein Konzept der Moderne, keine Regel der Vergangenheit.

Die meisten Menschen definieren Familie sowieso längst freier, nämlich einfach als eine Gemeinschaft mit Kindern und geteilter Verantwortung. Diese Definition schafft Raum für die unterschiedlichsten Kombinationen und Formen des Zusammenlebens. Eine

Mehrheit wünscht sich außerdem, dass die Politik die nötigen Bedingungen schafft, um eine gerechte Aufteilung der Verantwortung zu ermöglichen. Das klingt nach einem lohnenden Gemeinschaftsprojekt für demokratische Parteien.

Der Familienforschung zufolge besteht der größte Unterschied zu früheren Zeiten darin, dass heutige Familienformen in der Regel nicht durch ökonomische oder gesellschaftliche Zwänge zustande kommen, sondern durch freie Entscheidungen. Das ist ein schöner Unterschied. Einer, um den es zu kämpfen lohnt.

Demokratie

Einig gegen Recht und Freiheit

Zehn Meter breit, zweieinhalb Meter tief, hundertfünfzig Meter lang – das sind die Maße des Sicherheitsgrabens, der in ein paar Jahren das Reichstagsgebäude umgeben soll.[1] Seit das Projekt 2018 beschlossen wurde, haben sich die Bauarbeiten immer wieder nach hinten verschoben. Im Sommer 2020 aber erhielten die Planungen für das umstrittene Projekt neue Dringlichkeit: Nach einer Großkundgebung gegen die Coronaschutz-Gesetze versuchten am 29. August mehrere hundert Demonstrierende, das Parlament zu stürmen. Rechte Einheizer hatten lautstark dazu aufgerufen und das Gerücht verbreitet, Donald Trump sei in Berlin, um sie zu unterstützen.

Die Menschen durchbrachen die Polizeiabsperrungen und rannten mit umgedrehten Deutschlandfahnen und Reichskriegsflaggen die Treppe zum Eingang hinauf. Herbeieilende Polizisten wurden mit Tritten und Schlägen traktiert, etliche dabei verletzt. Sechs von ihnen gelang es trotzdem, sich bis nach vorn durchzukämpfen und die Randalierer daran zu hindern, ins Parlament einzudringen. Auf den Stufen herrschte unterdessen ausgelassene Partystimmung, mit Selfies, Gejohle und Fahnengeschwenke. »Widerstand! Widerstand!«, skandierte die Menge, als eine Hundertschaft Einsatzkräfte die Treppe schließlich räumte.

Die Bilder gingen viral und wurden zu Polit-Trophäen der Rechten: Vor dem Parlament wehen die Flaggen des Kaiserreichs, der USA und umgedrehtes Schwarz-Rot-Gold. Und unter dem Portal mit der Inschrift »Dem deutschen Volke« steht »das Volk« und ermächtigt sich selbst. Ein ikonisches Symbol.

Vertreter aller Parteien verurteilten das Geschehen. Auch AfD-Frontfrau Alice Weidel nannte es »inakzeptabel« und erklärte, das Verhalten dieser »Chaoten« sei »genauso falsch wie der Missbrauch des Reichstags durch Greenpeace-Aktivisten für ihre Propaganda vor einigen Wochen«. Der Reichstag stehe »für den parlamentarischen Meinungsstreit« und dürfe nicht »als Objekt politischer Auseinandersetzungen auf der Straße missbraucht werden – egal von welcher Seite«.[2]

Das klingt nach ausgewogenem Urteil und Liebe zur Demokratie, entpuppt sich bei näherer Betrachtung aber als das Gegenteil. Denn was Weidel »Missbrauch des Reichstags« nennt, war die friedliche Aktion einer Handvoll Greenpeace-Aktivisten, die mit einem Banner gegen die Verschiebung des Kohleausstiegs demonstriert hatten.[3] Niemand wurde gefährdet oder verletzt. Der versuchte Sturm auf das Parlament hingegen war ein gewaltsamer Angriff mit Verletzten. Und vor allem: ein Angriff auf die Demokratie. Beide Vorfälle gleichzustellen ist es auch.

Im Mai 2023 erkundigte sich die AfD in einer Kleinen Anfrage scheinheilig nach den »Konsequenzen des sogenannten Sturms auf den Reichstag« und verlangte von der Bundesregierung Auskunft über die Anzahl der Beteiligten, aufgeschlüsselt nach extremistischen Milieus und dem Stand der strafrechtlichen Verfolgung.[4] Zu Leuten aus den eigenen Reihen, die damals mit dabei gewesen waren, verlor sie kein Wort. Zu dem behördenbekannten Rechtsextremen Arthur Österle zum Beispiel, damals Bodyguard eines AfD-Bundestagsabgeordneten, jetzt Landtagsabgeordneter in Sachsen.[5] Oder zu Andreas Geitz, AfD-Mann und Ratsmitglied der Stadt Hagen, der seine Beteiligung abstritt und behauptete, nur in der Nähe gewesen zu sein – bis Fotos auftauchten, die ihn mit US-Shirt und Deutschlandflagge auf den Reichstagsstufen zeigten.[6]

Auf eine Anfrage der *Zeit* antwortete Geitz, er spreche nur noch mit der *Jungen Freiheit*.[7] Der Kreisvorstand der AfD Hagen stellte sich hinter ihn: Geitz sei »nicht strafrechtlich in Erscheinung« getreten, sondern habe lediglich den Protest mit seinem Handy gefilmt und sich dann »selbstständig« zurückgezogen. Im Übrigen behalte man sich juristische Schritte gegen jeden vor, der etwas anderes behaupte.[8] Das mag die reine Wahrheit sein, trotzdem bleiben Fragen offen: Zum Beispiel, warum Geitz überhaupt dabei war und es nicht bei der Teilnahme an der »Querdenker«-Demo beließ. Oder warum er, ein Vertreter der patriotischen AfD, wie ein Anhänger der US-amerikanischen MAGA-Bewegung angezogen war. Vor allen Dingen aber die Frage, ob ihn als Politiker denn nicht wenigstens ein leiser Zweifel am angeblich demokratischen Charakter der versuchten Erstürmung des Reichstags beschlich.

Geitz selbst ist sicher keine entscheidende Figur, an ihm zeigt sich aber exemplarisch, wie es die AfD mit der demokratischen Grundordnung hält: immer wieder ein bisschen die Säge ansetzen; hier und da mal ein Feuerchen legen, um es dann wieder auszutreten, denn Qualm ist auch willkommen; Hundepfeifensignale an die Anhängerschaft senden und sich ansonsten entweder als unschuldiges Opfer oder als wahre Demokratin geben. In Wirklichkeit ist die AfD keines von beidem.

Als der Bundestag drei Monate später über ein neues Infektionsschutzgesetz abstimmte, war das Areal um den Reichstag vorsichtshalber weiträumig abgesperrt worden. Ausgerechnet für diesen Tag hatten drei AfD-Abgeordnete rechte Aktivistinnen und Aktivisten eingeladen, die dann, ausgestattet mit Besucherausweisen, unbeaufsichtigt im Parlamentsgebäude unterwegs waren. Sie bedrängten und beschimpften Minister und Abgeordnete anderer Parteien, filmten alles mit dem Smartphone und stellten es, zum Teil als Livestream, ins Netz.[9] Hinterher verurteilten die Parteivorsitzenden Alexander Gauland und Alice Weidel die Vorkommnisse pflichtschuldigst: Die AfD-Fraktion habe zu keinem Zeitpunkt »Gäste mit dem Ziel in den Bundestag eingeladen, den parlamentarischen Ablauf zu stören oder Abgeordnete an der Ausübung ihres Mandates zu behindern«.[10]

Bei einer Razzia in der Reichsbürgerszene verhaftete die Polizei im Dezember 2022 dann Birgit Malsack-Winkemann, die bis 2021 für die AfD im Bundestag gesessen hatte. Die ehemalige Richterin gehörte zur sogenannten »Patriotischen Union« um Heinrich XIII. Prinz Reuß, die generalstabsmäßig einen bewaffneten Umsturz in Deutschland vorbereitete, und hat mehrfach Mitglieder dieser Gruppe durch Parlament und Abgeordnetenhaus geführt. Die Fotos und Videos, die nun im Prozess der Bundesanwaltschaft als Beweise vorliegen, entstanden im Herbst 2022: Als ehemalige Abgeordnete hatte Malsack-Winkemann weiter offiziell Zugang zu den Gebäuden und durfte dort auch Besuch empfangen.[11]

Zwei Jahre nachdem die prinzgeführten Staatsfeinde aufgeflogen waren, ging die Polizei mit einer Razzia gegen die »Sächsischen Separatisten« vor, die sich in polnischen und sächsischen Wäldern mit schweren Waffen auf den »Tag X« vorbereitet hatten. Zu den Verhafteten gehörten auch drei Mitglieder der AfD, darunter ein Stadtrat aus Grimma, der außerdem für einen sächsischen Landtagsabgeordneten arbeitete.[12] Die Parteiführung distanzierte sich von der Gruppe und versprach, alle Mitglieder mit Verbindungen zu den Separatisten aus der AfD auszuschließen.[13]

Beide Fälle sind nur die bisherige Spitze des Eisbergs: Journalistinnen und Journalisten haben immer wieder Verbindungen zwischen der AfD und rechtsextremen Gruppen aufgedeckt – lange bevor die Partei selbst als solche eingestuft wurde. In der vergangenen Legislatur, das ergab eine Recherche des Bayerischen Rundfunks, beschäftigte die AfD-Bundestagsfraktion mehr als hundert Mitarbeiter aus dem rechtsextremen Spektrum wie der Identitären Bewegung, dem Reichsbürger- und Burschenschaftler-Milieu, aus militanten Pegida-Ablegern oder der Initiative »Ein Prozent«. Sie leiten die Büros der Abgeordneten in Berlin und in deren Wahlkreis, bereiten Ausschusssitzungen vor, formulieren parlamentarische Anfragen oder Reden, bespielen Social Media. Viele tauchen namentlich in den Berichten der Verfassungsschutzämter auf, etliche sind in neurechten Thinktanks aktiv, schreiben für Magazine wie *Junge Freiheit*, *Sezession* oder *Compact* und gehören zum Umfeld des mittlerweile aufgelösten Instituts für Staatspolitik (IfS).[14]

Seit der Bundestagswahl im Frühjahr 2025 ist nicht nur die AfD-Fraktion fast doppelt so groß wie vorher, auch die Zahl ihrer Mitarbeitenden ist erheblich gestiegen. Durch die Politikerinnen und Politiker, denen sie zuarbeiten, haben sie Einblick in Gesetzesvorlagen, interne Besprechungen und Zugang zu teilweise sicherheitsrelevantem Material. Im Bundestag und in den Abgeordnetenhäusern können sie sich frei bewegen, über ihre Gehälter fließt indirekt Steuergeld in das außerparlamentarische Vorfeld der Neuen Rechten. Weil die Fraktionen eigenständig entscheiden können, wen sie einstellen, gibt es staatlicherseits keine Möglichkeit, auf die Auswahl der Beschäftigten Einfluss zu nehmen.

Stellungnahmen der Partei zu ihrer radikalen Mitarbeiterschaft gibt es so gut wie gar nicht, was kaum verwunderlich ist, denn in der Fraktion selbst sieht es nicht besser aus: Über die hinzugewonnenen Sitze sind insgesamt 92 neue AfD-ler ins Parlament eingezogen, 29 davon aus den Landesverbänden Sachsen, Sachsen-Anhalt und Thüringen, die der Verfassungsschutz schon vor Jahren als »gesichert rechtsextrem« eingestuft hat. Unter ihnen etliche, die einst zum ultrarechten *Flügel* gehörten, und enge Vertraute von Björn Höcke wie sein ehemaliger Büroleiter Robert Teske, sein Stellvertreter Stefan Möller oder Torben Braga. Letzterer war zuvor Geschäftsführer der Thüringer Landtagsfraktion und erschien zur konstituierenden Sitzung des neuen Bundestags mit einer blauen Kornblume am Revers: seit den 1880er-Jahren Symbol völkischer Antisemiten und später Erkennungszeichen der damals noch illegalen Nationalsozialisten in Österreich.[15]

Unter den sechzig Abgeordneten, die der Fraktion bereits angehörten, herrscht allerdings auch kein Mangel an AfD-Ultras: Rose Gerrit Huy engagiert sich im antifeministischen Netzwerk Lukreta, das den Identitären nahesteht; Steffen Kotré hat eine dauerhafte Besuchserlaubnis für Birgit Malsack-Winkemann, die wegen der Mitgliedschaft in einer terroristischen Vereinigung in U-Haft sitzt. Jan Nolte gibt der regierungsnahen russischen Zeitung *Istwestja* regelmäßig Interviews;[16] Stefan Keuter wurde bereits zweimal von Putin als »Wahlbeobachter« eingeladen;[17] Christina Baum war am 20. Januar 2025 persönlich bei Trumps Vereidigung dabei, Beatrix von Storch und Tino Chrupalla verfolgten sie in Washington per Video.[18] Gegen Maximilian Krah ermittelt die Staatsanwaltschaft wegen Geldwäsche und Bestechlichkeit, ein enger Mitarbeiter von ihm sitzt wegen Spionage für den chinesischen Geheimdienst im Gefängnis.[19]

Peter Boehringer schrieb 2017 über die damalige Bundeskanzlerin in einem geleakten Chat: »Die Merkelnutte lässt jeden rein.«[20] Markus Frohnmeier postete: »Wenn wir kommen, dann wird aufgeräumt, dann wird ausgemistet.«[21] Beide gehören nach wie vor zur Fraktion, genauso wie René Springer, der 2021 auf einem Parteitag verkündete, man müsse »dem Staatsfunk das Rückgrat brechen«[22], und 2023: »Wenn die Regierung versucht, das Volk auszutauschen, muss das Volk die Regierung austauschen.«[23] Stephan Brandner, parlamentarischer Geschäftsführer der Fraktion, postete im Juni 2024 auf X: »Macht die Stimmzettel zu Haftbefehlen für diejenigen, die verantwortlich sind für den unterirdischen Zustand unseres Landes.«[24]

Da hilft kein Graben ums Parlamentsgebäude: Die als Demokraten verkleideten Feinde der Demokratie sind längst drin. Und wir haben sie reingelassen.

»Wir gehen in den Reichstag hinein, um uns im Waffenarsenal der Demokratie mit deren eigenen Waffen zu versorgen«, schrieb der spätere NS-Propagandaminister Joseph Goebbels 1928 in der Gauzeitung *Der Angriff.* »Wir werden Reichstagsabgeordnete, um die Weimarer Gesinnung mit ihrer eigenen Unterstützung lahmzulegen.«[25]

Das Playbook der Neuen Rechten ist im Grunde dasselbe: Wo immer rechte Politiker in Parlamente oder an die Regierung kommen, legen sie die Axt an die Grundpfeiler der Demokratie und singen dabei frech das Hohelied der Rechtsstaatlichkeit. Die AfD wirft der Politik schon in den ersten Sätzen ihres Grundsatzprogramms den »Bruch von Recht und Gesetz« und die »Zerstörung des Rechtsstaats« vor. Dem wolle man »nicht länger tatenlos zusehen«, denn: »Wir sind überzeugte Demokraten.«[26]

Der Bundesamt für Verfassungsschutz (BfV) hat hinter diese Behauptung viele dicke Fragezeichen gesetzt und im Laufe der Jahre genug Anhaltspunkte gefunden, um erst einzelne Landesverbände, dann die Jugendorganisation Junge Alternative und schließlich die gesamte Partei als »gesichert rechtsextremistisch« einzustufen und damit die höchste Alarmstufe zu verhängen. Das macht es der AfD nun deutlich schwerer, sich glaubwürdig als Verfechterin des Grundgesetzes auszugeben, zumal bisher all ihre Versuche krachend gescheitert sind, juristisch gegen die Entscheidung vorzugehen. Für die Partei ist die BfV-Einstufung eine existenzielle Bedrohung: Wie der Partei Die Heimat (ehemals NPD) könnte ihr die Parteienfinanzierung gestrichen werden, auch ein Prüfverfahren für ein Verbot steht im Raum.

Andererseits verdankt die AfD gerade ihrem Image als Systemsprenger viele Wählerstimmen. Ihre Versuche der Selbstverharmlosung blieben stets nur Lippenbekenntnisse. Das unterscheidet sie von anderen rechtspopulistischen Parteien in Europa wie den *Fratelli d'Italia*, der Freiheitlichen Partei Österreichs (FPÖ) oder Frankreichs *Rassemblement National*, die sich im Laufe ihres Aufstiegs, zumindest äußerlich, zähmten. Die Geschichte der AfD hingegen ist die Geschichte einer fortlaufenden Radikalisierung: Je größer und erfolgreicher sie wurde, desto demokratiefeindlicher wurden ihre Positionen, desto krasser ihre Wortwahl und desto provokanter ihr Auftreten.

Dass viele sie nicht trotz, sondern offenbar *wegen* ihres destruktiven Politikstils wählen, stellt die Partei allerdings vor ein Dilemma: Einerseits muss sie sich zügeln, um nicht sanktioniert zu werden und außerdem Menschen für sich zu gewinnen, die nicht auf die große Abrissbirne aus sind. Damit ihr aber auch die Stammwählerschaft nicht von der Fahne geht, darf sie nicht allzu viel Kreide fressen – ein riskanter Balanceakt.

Die AfD ist sich offensichtlich bewusst, dass sie dabei bisher Glück gehabt hat: Kurz nach Veröffentlichung des BfV-Gutachtens 2025 bedankte sich Alice Weidel beim ehemaligen Präsidenten des Verfassungsschutzes, Hans-Georg Maaßen, dass er ihre Partei während seiner Amtszeit nicht hatte beobachten lassen. Maaßen war 2018 zwangsweise abgesetzt worden und wird mittlerweile selbst vom BfV beobachtet.[27] »Sie haben Ihren Job sehr gut gemacht, deshalb wurden Sie gefeuert«, sagte Weidel bei einem Podium auf der ultrarechten *Conservative Political Action Conference* (CPAC) in Budapest.[28]

Ihrem Dank schob sie ein kurzes Lachen hinterher und erntete beim Publikum das belustigte Einverständnis, auf das sie es abgesehen hatte[29] – man war schließlich unter sich: Die Konferenz in Budapest ist ein Ableger der US-amerikanischen CPAC, einer Art Homebase von Trump-Anhängern. In Ungarn gab Präsident Viktor Orbán den Gastgeber für die Hautevolee der internationalen Rechten.[30] »Ich liebe Viktor Orbán! Er ist so ein guter Mensch«, schwärmte Weidel dort im Interview mit dem rechtsextremen Sender »Auf 1«. »Er ist genau der Richtige zur richtigen Zeit an der richtigen Position. Der Mann hat einen Kompass für uns alle.«[31]

Liebeserklärungen an ausländische Autokraten sind aus Weidels Sicht offenbar kein Widerspruch zur behaupteten Verfassungstreue ihrer Partei. Erst kurz zuvor hatte sie geschimpft, die AfD werde »durch den parteipolitisch vollständig instrumentalisierten Verfassungsschutz« diffamiert. Co-Parteichef Chrupalla sprach von einem »schwarzen Tag für die Demokratie«.[32]

Die rechtsextremen Unschuldslämmer geben vor allem immer dann vor, sich für demokratische Prinzipien zu interessieren, wenn es sie selbst betrifft. Ansonsten lassen sie kaum eine Gelegenheit aus zu zeigen, was sie von den Institutionen halten, die diese bewahren. Den Widerspruch, der sich daraus ergibt, löst die AfD, indem sie das gesamte System in einer apokalyptischen Dauerschleife als dysfunktional darstellt und behauptet, die Bundesrepublik sei gar keine Demokratie: Die Gewaltenteilung sei nicht mehr sichergestellt, die Justiz politisch, der Verfassungsschutz nur noch Regierungsschutz. Deutschland sei eben »kein voll entwickelter Rechtsstaat mehr«, ist von Höcke so oder ähnlich immer wieder zu hören. Demokratie, Rechtsstaat und Freiheit seien »so bedroht wie noch nie seit Bestehen der Bundesrepublik Deutschland«.[33]

Als Beleg verweist die AfD unter anderem auf ihre angebliche Unterdrückung durch die »Kartellparteien« und die »Mainstream-Medien«. In den Parlamenten legt sie es darauf an, diese These zu unterfüttern, indem sie der von Alexander Gauland ausgegeben Devise folgt, »die Grenzen des Sagbaren auszuweiten«. Testweise überschreitet sie diese Grenzen und provoziert damit mediale Aufmerksamkeit, um sich dann empört auf die Opferrolle zurückzuziehen und die Einhaltung demokratischer Spielregeln zu fordern.

In Wirklichkeit ist es genau andersherum: Gerade die Verrohung und Entsicherung der Sprache, die von der AfD systematisch betrieben werden, haben dazu geführt, dass viele Menschen das Vertrauen in den Staat und die Demokratie verloren haben. Äußerungen, für die früher Rücktritte fällig gewesen wären, sind heute politischer Alltag. Nebenbei sind Positionen salonfähig geworden, die mit der vom Grundgesetz geforderten Menschenwürde in keiner Weise zu vereinbaren sind. Von allen Waffen im Arsenal der Demokratie ist der AfD der Schutz der Meinungsfreiheit darum die liebste: Mit ihrer Hilfe kann sie ihre menschen- und demokratiefeindlichen Positionen über alle Kanäle verbreiten, einschließlich der öffentlich-rechtlichen, die sie so verachtet. Und wenn sie dann Widerworte erntet, beschwert sie sich, man könne in diesem undemokratischen Land nicht mehr die Wahrheit sagen.

2015, als die AfD noch in keinem deutschen Parlament vertreten und der *Flügel* noch eine radikale Randgruppe war, predigte Höcke am IfS, man brauche die »Kraft der Fraktionen«, um »die Massenmobilisierung im politischen Meinungskampf in einer Intensität und in einer Breite« führen zu können, dass »innerhalb kürzester Zeit … die Wende in ganz Deutschland« gelinge.[34] Inzwischen verfügt die AfD sogar bundesweit über diese Kraft und nutzt die damit verbundenen Rechte zur offenen Verhöhnung und Schwächung des Systems, das diese garantiert.

Dabei kommt ihr zupass, dass ihr schon allein die Anwesenheit in den Parlamenten, insbesondere im Bundestag, demokratische Weihen zu geben scheint. Vom Rednerpult des Hohen Hauses aus wirken Hetzreden wie ein legitimer Teil politischer Auseinandersetzung. Selbst die Leugnung des Klimawandels oder die Verharmlosung des Nationalsozialismus kommen plötzlich wie diskussionswürdige Standpunkte daher. Die Beiträge von AfD-Abgeordneten richten sich genau aus diesem Grund in erster Linie an die Öffentlichkeit außerhalb des Parlaments und haben manchmal regelrecht Showcharakter.[35] Inhaltlich bestehen sie meist aus Sinneinheiten von maximal 90 Sekunden Länge, die sich als Kurz-Clips über Social

Media verbreiten lassen und die Chancen erhöhen, es bis in die *Tagesschau* zu schaffen.[36]

Ihre Rolle als gewählte Volksvertreterinnen und -vertreter sieht die AfD offenbar nicht als Auftrag zur Gestaltung, denn an demokratischer Konsensfindung ist ihr nicht gelegen. Stattdessen regiert das große »Wir gegen die« sämtliche ihrer Einlassungen. Da sie noch nie in der Verlegenheit war, ihre vollmundigen Versprechen in Regierungsverantwortung unter Beweis stellen zu müssen, fährt die AfD gut damit, die Anwältin des Volkes zu mimen. Die Verunglimpfung des gesamten Systems ist für sie darum buchstäblich Programm: In Deutschland habe sich »eine politische Klasse herausgebildet«, die »den Umbau des Staates im Sinne ihrer linksgrünen Ideologie« anstrebe und gleichzeitig »die Erhaltung ihrer Macht, ihres Status und ihres materiellen Wohlergehens«, heißt es im Wahlprogramm.[37] Sie zerstöre »die soziale und kulturelle Zukunft unseres Volkes, unsere Wirtschaft und damit unseren Wohlstand« und nutze dafür »die Schalthebel der staatlichen Macht, der politischen Bildung und ihres informationellen und medialen Einflusses auf die Bevölkerung«.[38]

Auch so lässt sich Demokratiefeindlichkeit formulieren.

In Wirklichkeit ist die AfD selbst Teil des Politbetriebs, den sie unablässig schlechtmacht. Geschützt durch Meinungsfreiheit und Immunität, komfortabel finanziert mit Steuergeldern, lebt sie prächtig von dem Staat, für den sie nur Verachtung übrighat: Durch die staatliche Teilfinanzierung, die jeder Partei zusteht, erhielt die AfD laut Rechenschaftsbericht von 2023 insgesamt 11,61 Millionen Euro. Damit machen öffentliche Gelder fast 30 Prozent ihrer Einnahmen aus.[39] Aktuellere Zahlen liegen noch nicht vor, doch die Zuwendungen an die AfD werden in der neuen Legislatur noch einmal steigen. Für jede gültige Stimme erhalten Parteien 99 Cent, bei den ersten vier Millionen 1,21 Euro, damit auch neu gegründete Parteien eine Chance im politischen Wettbewerb haben.[40] Weil die AfD bei der letzten Bundestagswahl ihre Stimmen fast verdoppeln konnte, sprudeln im neuen Haushaltsjahr für sie allein aus dieser Quelle gut neun Millionen Euro.[41]

Darüber hinaus gibt der Staat für jeden Euro, den eine Partei durch Spenden oder Mitgliedsbeiträge einnimmt, 45 Cent dazu. Auch hier dürften sich die Erträge der AfD in letzter Zeit gesteigert haben, wenn auch nicht in dem Maße, wie sie selbst behauptet: »Für jeden Euro, den Sie uns spenden, muss der Herr Finanzminister uns noch einen dazugeben«, schreibt die Partei auf ihrer Spendenseite höhnisch und wahrheitswidrig, neben einem comichaft verzerrten Bild von Lars Klingbeil. »Spenden Sie heute, damit Sie auch morgen noch eine echte Wahl haben.«[42]

Außer einer Diät von knapp 12 000 Euro monatlich erhält jeder der 151 AfD-Bundestagsabgeordneten eine steuerfreie Pauschale von gut 5300 Euro im Monat für den Unterhalt seines Wahlkreisbüros und die Kosten, die ihm oder ihr bei der Ausübung des Mandats entstehen. Dazu kommen pro Kopf 12 000 Euro jährlich für Büroausstattung, von denen auch Laptops oder Mobilfunkverträge bezahlt werden können.[43] Für die Entlohnung der Mitarbeitenden eines oder einer Abgeordneten stellt die Bundestagsverwaltung daneben monatlich etwa 27 000 Euro zur Verfügung.[44]

Alle Fraktionen erhalten außerdem jeden Monat einen Grundbetrag von gut 500 000 Euro, um ihre Druckkosten zu bestreiten, plus 10 700 Euro je Fraktionsmitglied, wobei es für Oppositionsparteien noch einmal 15 Prozent auf den Grundbetrag und 10 Prozent pro Mitglied obendrauf gibt.[45] Insgesamt gehen darum allein auf Bundesebene jedes Jahr mindestens 120 Millionen Euro Steuergeld an die AfD. Die entsprechenden Kosten auf Länderebene kommen noch on top.[46]

Das ist viel Geld, doch die Bundesrepublik lässt sich ihre Parteien aus gutem Grund eine Menge kosten: Als Repräsentanten des Volkes tragen sie zur »politischen Willensbildung« bei, wie es im Grundgesetz heißt, und werden darum besonders geschützt und gefördert. Sie sind es, deren Vertreterinnen und Vertreter die Wünsche verschiedener Gruppen in politische Ziele fassen, mit den Interessen anderer in Einklang bringen und schließlich in parlamentarische Entscheidungen und Gesetze umsetzen müssen. Um ihnen für diese Aufgabe größtmögliche Unabhängigkeit zu verschaffen, werden sie vom Staat großzügig bezahlt.

Obwohl in den Führungsetagen der Privatwirtschaft ganz andere Summen üblich sind, erscheinen Abgeordnetengehälter angesichts eines gesetzlichen Mindestlohns von derzeit (2026) 13,90 Euro pro Stunde und eines durchschnittlichen Brutto-Monatseinkommens für Vollzeitbeschäftigte von 4700 Euro den meisten Menschen trotzdem als sehr hoch. Populisten nehmen das Thema darum gern als Steilvorlage: »Während … jeder normale Arbeitnehmer um seine Lohnerhöhung kämpfen muss, bedienen sich die Abgeordneten schamlos an den öffentlichen Töpfen«, tönte AfD-Fraktionsgeschäftsführer Bernd Baumann im Frühjahr 2025.[47] Als der Bundestag im Juni darüber abstimmte, die Diäten einmal im Jahr analog zur Lohnentwicklung automatisch anzuheben, stimmte die AfD-Fraktion zusammen mit der Linken dagegen.[48] Nach der Abstimmung bezeichnete Baumanns Parteikollege Stephan Brandner das Votum der Parlamentsmehrheit als »schäbig«.[49]

Vier Wochen später genehmigte sich die Parteispitze dann eine üppige Zulage aus dem Fraktionsbudget: Statt 6000 Euro lassen sich Weidel und Chrupalla nun monatlich 12 000 Euro auszahlen und verfügen zusammen mit ihren Abgeordnetengehältern und der steuerfreien Pauschale jeder nun monatlich über knapp 30 000 Euro. Den Stellvertretern und Parlamentarischen Geschäftsführern wurde das Gehalt ebenfalls aufgestockt, sodass auch Brandner und Baumann aus der Fraktionskasse mehrere tausend Euro extra im Monat erhalten.

Als Begründung verwies die Parteiführung neben der höheren Arbeitsbelastung durch die gewachsene Fraktion auf die »bis ins

Private reichenden Anfeindungen und Bedrohungen«, denen AfD-Funktionäre »in öffentlichkeitswirksamen Ämtern« ausgesetzt seien und die »zumindest teilweise« kompensiert werden müssten. Doch selbst innerhalb der Fraktion gab es Unmut über die großzügige Selbstbedienung.[50]

Wegen teilweise illegaler Großspenden, falschen Angaben im Rechenschaftsbericht und zweckwidriger Verwendung von Fraktionsgeldern musste die AfD bereits über eine Million Euro Strafe zahlen – mehr als jede andere Partei.[51] Solange ihr Regeln aber selbst zugutekommen, pocht sie auf deren Einhaltung: Für das Haushaltsjahr 2026 hat sie staatliche Förderung für die parteinahe Desiderius-Erasmus-Stiftung (DES) beantragt und vor dem Bundesverfassungsgericht dagegen geklagt, dass diese bisher leer ausgegangen ist.

Laut Stiftungsfinanzierungsgesetz haben parteinahe Stiftungen Anspruch auf Fördergelder, wenn die entsprechende Partei dreimal hintereinander eine Fraktion im Bundestag stellen konnte. Diese Bedingung hat die AfD mit der letzten Wahl erfüllt.[52] Allerdings ist die Förderung außerdem davon abhängig, ob die Stiftung verfassungskonform ist *und* zugleich aktiv für die freiheitlich-demokratische Grundordnung und die Idee der Völkerverständigung eintritt.[53] Im Gegensatz zur AfD wird die DES bisher zwar noch nicht vom Verfassungsschutz beobachtet, ein Blick in ihr Veranstaltungsprogramm und die Liste der Dozentinnen und Dozenten lässt allerdings Zweifel aufkommen, ob ihr an liberaler Demokratie tatsächlich so viel gelegen ist, wie sie behauptet.

Parteinahe Stiftungen sollen mit Diskussionen, Vorträgen, Seminaren, aber auch Forschungsprojekten, Stipendien und eigenen Publikationen zur politischen Bildung beitragen, das demokratische Bewusstsein fördern und Bürgerinnen und Bürger dazu anregen, sich politisch zu engagieren. Inhaltlich und personell sind sie zwar eng mit der jeweiligen Partei verbunden und vertreten deren Grundsätze, organisatorisch und bei der Gestaltung ihres Angebots sind sie jedoch eigenständig. Als politische Bildungsträger, die sich an eine breite Öffentlichkeit richten, gelten sie als gemeinnützig und finanzieren sich darum fast vollständig aus öffentlichen Geldern.[54]

Die DES hingegen fungiert hauptsächlich als Kaderschmiede der AfD und sieht ihre Aufgabe offenbar vornehmlich darin, AfD-Mitglieder ideologisch zu schulen und auf Mandate im »Establishment« vorzubereiten. In verschiedenen Abwandlungen steht darum zum Beispiel der Mythos von der Benachteiligung der AfD oder die »politische Instrumentalisierung« des Verfassungsschutzes auf dem Programm. Workshops und Seminare informieren über die Gefahren, die damit einhergehen, und geben Tipps, wie man sich als AfDler in der Öffentlichkeit weniger angreifbar macht.[55]

Die DES werde die »Ideenschmiede« der AfD sein, versprach Alice Weidel 2018, nachdem sich die Partei für die von Mitgliedern gegründete Stiftung entschieden hatte. Gauland wünschte sich, sie nach dem ehemaligen Reichskanzler und Außenminister Gustav Stresemann (1878–1929) umzubenennen: Auf diese Weise, erklärte er, wolle man an das nationalliberale Erbe Deutschlands erinnern, dem sich die AfD verpflichtet fühle.[56]

Stresemann war einer der bedeutendsten Politiker der Weimarer Republik. Ihm ist es zu verdanken, dass Deutschland wieder in den Völkerbund aufgenommen wurde, weil es ihm gelang, die internationale Isolation zu beenden, in die es durch den Ersten Weltkrieg geraten war. Als Verhandlungspartner beim Vertrag von Locarno konnte er 1925 eine Aussöhnung mit Frankreich und Belgien herbeiführen. Dafür erhielt er zusammen mit seinem französischen Amtskollegen Aristide Briand als erster Deutscher den Friedensnobelpreis.[57]

Dass sich ausgerechnet die AfD mit dem entschiedenen Demokraten schmücken wollte, empörte Stresemanns Enkel. Sie zogen vor Gericht, um die Vereinnahmung ihres Großvaters zu verhindern: Die Politik der friedlichen Verständigung, für die er eintrat, stehe dem Gedankengut der AfD diametral entgegen. Seinen Namen für die Verbreitung einer völkisch-nationalistischen Ideologie zu missbrauchen, stelle eine postume Verletzung seiner Persönlichkeitsrechte dar. Das Gericht gab den Klägern recht, aus der Umbenennung wurde nichts.[58] So trägt die AfD-nahe Stiftung weiterhin den Namen des 1532 gestorbenen Humanisten Desiderius Erasmus von Rotterdam. Auch das ist eine inhaltlich nicht gerechtfertigte Vereinnahmung, nur gibt es in diesem Fall keine Nachkommen mehr, die dagegen juristische Einwände geltend machen könnten.

Auf ihrer Website heißt es, die Desiderius-Erasmus-Stiftung engagiere sich für die »Zukunft unseres Vaterlandes« und dessen »kulturelle Identität … mit seinen wertkonservativen Wurzeln« und sehe »mit Sorge … eine Abnahme demokratischer Freiheiten«. Auf dem Programm stehen Vorträge wie »Hat das christliche Abendland noch eine Chance?«, »Wieviel DDR steckt im Koalitionsvertrag der neuen Bundesregierung?« oder ein Wochenendseminar »Über den linken Versuch, Demokratie durch Demokratiesimulation zu ersetzen«. Einmal im Monat hält Stiftungschefin Erika Steinbach den Vortrag »Deutschlands defizitäre Demokratie«.[59]

Im März 2025 wies das Bundesverfassungsgericht die Organklage der AfD als unbegründet zurück, mit der die Partei vom Bund die rückwirkende Zahlung von Fördergeldern für ihre Stiftung gefordert hatte.[60] Die Entscheidung, ob die DES überhaupt die Kriterien einer förderungswürdigen Stiftung erfüllt, liegt nun beim Innenministerium. DES-Chefin Steinbach drohte bereits mit Klagen bis zur höchsten Instanz, falls die Stiftung weiter von der Förderung ausgeschlossen bleiben sollte. Inwieweit die Einstufung der gesamten AfD als »gesichert rechtsextrem« bei der Beurteilung eine Rolle spielen wird, ist unklar. »Wir selber als politische Stiftung stehen voll und ganz aus Überzeugung auf dem Boden unseres Grundgesetzes«, sagte Steinbach.[61]

Die ehemalige CDU-Politikerin wird im BfV-Gutachten zur AfD allerdings selbst mit demokratiefeindlichen Aussagen zitiert. Auch Sebastian Wippel, AfD-Landtagsabgeordneter in Sachsen und Mitglied des DES-Vorstands, taucht mehrfach darin auf.[62] Sollte die Stiftung dennoch als förderungswürdig anerkannt werden, hielte die AfD eine weitere Waffe aus dem Arsenal der Demokratie in den Händen: Zum ersten Mal in ihrer Geschichte müsste die Bundesrepublik dann Jahr für Jahr einen zweistelligen Millionenbetrag in eine Einrichtung stecken, die zwar demokratische Rechte für sich einfordert, die parlamentarische Demokratie aber ablehnt und deren Repräsentantinnen und Repräsentanten zu Feinden erklärt hat.[63]

Jäger und Gejagte

Noch auf der Wahlparty in Berlin am 24. September 2017, nachdem der AfD mit 12,6 Prozent erstmals der Einzug in den Bundestag gelungen war, kündigte Parteichef Gauland an, was man mit diesem Mandat zu tun gedenke: »Wir werden sie jagen, wir werden Frau Merkel oder wen auch immer jagen.«[64] Diesem Versprechen ist die Partei treu geblieben. Alice Weidel erneuerte es nach der Bundestagswahl 2025 noch einmal: »Wir werden sie tatsächlich jagen, und zwar von einer ganz anderen Plattform aus.« Die anderen Parteien, prophezeite ihr Fraktionskollege René Springer, neuer Vorsitzender der AfD Brandenburg, würden bald erschöpft zusammenbrechen.[65]

Springer hatte als Bundestagsabgeordneter schon 2018 einen »Jagdgefährten mit Wadenbeißer-Qualitäten« als Mitarbeiter gesucht: »Sie brennen darauf, die Bundesregierung mit unangenehmen Fragen vor sich herzutreiben und sie auf dem Gebiet der Arbeits- und Sozialpolitik inhaltlich zur Strecke zu bringen?«, hieß es in der Stellenausschreibung mit Briefkopf des Bundestags.[66]

Die Jagd-Metapher hat es der Partei offensichtlich angetan. Vor allem der brandenburgische Landesverband kann gar nicht genug davon kriegen: Man sei »bereit und willens«, Ministerpräsident Dietmar Woidke »zu jagen und seine SPD zu jagen und die ganzen Altparteien zu jagen«, hatte AfD-Spitzenkandidat Hans-Christoph Berndt bei der Landtagswahl im September 2024 verkündet. »Wir werden sie so lange jagen, bis wir sie aus ihren Ämtern gejagt haben.«[67] Welche Auffassung von parlamentarischer Arbeit hinter einer solchen Rhetorik steckt, ist auch ohne Gutachten des Verfassungsschutzes offensichtlich.

Trotzdem ließ es Kanzlerkandidat Friedrich Merz (CDU) kurz vor der Bundestagswahl darauf ankommen: Am 29. Januar 2025 stellte er im Parlament einen Antrag zur Abweisung von Asylsuchenden an den deutschen Grenzen, obwohl von vornherein klar war, dass er dabei auf die Stimmen der AfD angewiesen sein würde. Merz bekam seine Mehrheit, aber gewonnen hatte nur eine Partei. Der feixende Jubel auf den Fraktionsbänken rechts außen sagt alles, was man über die Sache wissen muss. AfD-Chef Chrupalla sprach von »Zeitenwende«, Weidel von einem »großartigen Tag für die Demokratie«.[68] Man werde weitermachen »mit konstruktiver Oppositionsarbeit«, sagte sie dann am Wahlabend vier Wochen später treuherzig. »Unsere Hand ist ausgestreckt, den Willen des Volkes umzusetzen, man muss sie nur ergreifen.«[69]

Im Juli kam dann ein internes Strategiepapier an die Öffentlichkeit, aus dem hervorgeht, wie die AfD an die Regierung kommen will: mit Polarisierung und Spaltung. Die Idee besteht darin, die »Gegensätze zwischen Union und SPD unüberbrückbar« und so »lagerübergreifende Koalitionen« unmöglich zu machen. »Schwarz-Rot spalten« heißt es wörtlich als Überschrift. Inhalte spielen nur dann eine Rolle, wenn sie sich für dieses Ziel einsetzen lassen: »Kulturkampf« lautet die Taktik, mit der linke Themen diskreditiert und so die »Lager« säuberlich getrennt werden sollen. Die AfD könne sich dann »als bürgerlich-konservative Kraft … positionieren« und die Union zu einer Koalition zwingen, weil dieser keine anderen

Optionen mehr bleiben, heißt es in dem Papier.[70] Um eines Tages gar nicht erst auf eine Koalition mit CDU/CSU angewiesen zu sein, will die AfD zusätzlich den »Druck auf die Union erhöhen«, indem sie ihr einerseits den »Markenkern« der Wirtschaftskompetenz streitig macht, andererseits ihre »Angst vor Stimmenverlusten durch die AfD« vergrößert.

Dass sie mit alledem im Bundestag und darüber hinaus Zwietracht sät, nimmt die AfD nicht nur bewusst in Kauf, es ist ihr erklärtes Ziel: »Die AfD kann wesentlich dazu beitragen, dass die Auseinandersetzung in Politik und Gesellschaft zu einem ›Duell‹ zwischen den zwei sich unversöhnlich gegenüberstehenden Lagern wird, zugespitzt auf eine Wahl zwischen AfD und Linke.«

Ein anderer Teil des geleakten Papiers analysiert die Wählergruppen, in denen die AfD ihr Potenzial noch »nicht ausgeschöpft« habe: Frauen, Akademiker, Über-60-Jährige, kirchennahe Christen und Großstädter. Arbeitsgruppen der Fraktion sollen Themen identifizieren, mit denen sich hier gezielt weitere Stimmen gewinnen lassen, und passende Kommunikationsstrategien entwickeln. Um »die Brandmauer von unten« zu stürzen, müsse außerdem »das Akzeptanzumfeld« vergrößert werden, um so den Anteil derer, »die Angst vor der AfD äußern«, eine Kooperation mit ihr ablehnen oder sogar ein Verbotsverfahren befürworten, »auf unter 50 % zu senken«.

Arbeitsgruppen sollen außerdem herausfinden, mit welchen Themen die Stammwählerschaft dauerhaft an die AfD zu binden sei. Zur Strategie gehört unter anderem die Arbeit an »einem positiven Selbstbild« und Lebensgefühl dieser Wähler, das beides »eng mit der AfD verknüpft« sein müsse. Als Beispiele nennt das Strategiepapier: »Arbeiterschaft als eigentliche Leistungsträger, Ostdeutsche als Avantgarde von Demokratie und Freiheit, Landbevölkerung als Träger guter traditioneller Werte, junge Deutsche als Hoffnungsträger einer besseren Zukunft«. Auf dem letzten Chart des Strategiepapiers lächelt die Parteichefin für das übergeordnete, gemeinsame Ziel: »Alice ins Kanzleramt«.

Mitregieren tut die AfD allerdings schon seit Jahren: Mit der anmaßenden Behauptung, das Volk als solches zu vertreten, und ihrer lautstarken Krawallpolitik im Jagdmodus bestimmt sie von der Oppositionsbank aus indirekt die politische Agenda. »Häufig muss die AfD ja eigentlich gar nichts tun, außer die Punkte, für die wir stehen, anbieten und zuschauen, was die anderen da wieder machen«, konstatierte der AfD-Abgeordnete Markus Frohnmaier.[71] Eine entwaffnend ehrliche und leider zutreffende Erkenntnis.

Wie Gejagte lassen sich die demokratischen Parteien von rechts außen die Themen diktieren. War beispielsweise im Bundestagswahlkampf 2021 noch der Kampf gegen den Klimawandel das beherrschende Thema, überboten sich sämtliche Parteien vier Jahre später mit Vorschlägen zum strengeren Umgang mit Geflüchteten. Inzwischen ist Klimaschutz politisch und gesellschaftlich völlig aus dem Fokus geraten, obwohl sich an der Dringlichkeit des Problems nichts geändert hat.

Eine politikwissenschaftliche Studie hat kürzlich gezeigt, dass es der extremen Rechten seit den 1990er-Jahren gelungen ist, schrittweise Einfluss auf öffentliche Diskurse zu nehmen, wodurch sich auch die Ausrichtung demokratischer Parteien verschoben hat. Als Datengrundlage dienten den Forschenden unter anderem mehr als eine halbe Million Presseartikel aus über zwanzig Jahren, die sich mit gesellschaftlichen Debatten – insbesondere über Migration, Integration und Islam – befassten. Im Laufe der Zeit, so ihre Analyse, hätten rechtsradikale und rechtsextreme, also verfassungsfeindliche Parteien und Gruppierungen mit ihren Positionen zunehmend die politische Agenda bestimmen können, sodass deren ausgrenzende, autoritäre und teilweise völkische Ideen in der öffentlichen Wahrnehmung erst an Sichtbarkeit und dann an Legitimität gewannen.

An diesem Prozess des »diskursiven Mainstreamings« seien die

Medien ebenso beteiligt gewesen wie politische Akteurinnen und Akteure. Der Einfluss rechtsextremer Positionen auf konservative Parteien sei zwar stärker als auf links-progressive Parteien, doch völlig unberührt vom »Agenda-Setting-Effekt« bleibe keine der demokratischen Parteien. Letztlich hätten sich alle, wenn auch in unterschiedlich starker Weise, allmählich den Positionen der extremen Rechten angenähert und sie dadurch normalisiert.

Unbewusst hätten demokratische Parteien darum zum Aufstieg rechter Gruppierungen und zu den Wahlerfolgen der AfD beigetragen. Schon anhand der Themen, die Rechtsextreme, meist stark verzerrt, in die Medien tragen, lasse sich voraussagen, welche Schwerpunkte die anderen Parteien als Nächstes setzen werden – nämlich nicht ihre eigenen.[72]

Dass sie sich dabei nicht nur an der Erosion demokratischer Werte beteiligen, sondern zugleich ihr eigenes Grab schaufeln, konnte man schon in Österreich oder den Niederlanden beobachten, wo die konservativen Parteien auf die Agenda der Rechtsextremen eingeschwenkt waren und trotzdem massiv an Wählerstimmen verloren. In Deutschland ist die AfD der Union bereits dicht auf den Fersen. Doch selbst wenn diese den Kurs der Rechtsextremen 1:1 übernähme und sämtliche Brandmauern einrisse: Die Partei wird ihr in puncto Radikalität stets einen Schritt voraus sein. Für ihre wichtigste Jagdtrophäe räumt die AfD jedenfalls schon eine Wand frei und schimpft ausgiebig über die – ihrer Meinung nach – inkonsequente Migrationspolitik der Union, die lediglich bei ihr abgeschrieben habe.

Letztlich ist der AfD jedes Problem recht, sei es real oder herbeigeredet, um die politische Konkurrenz als naive, ideologieverblendete oder korrupte Idioten hinzustellen oder gleich das gesamte System infrage zu stellen. Zu besichtigen ist das tagtäglich im Bundestag oder in den Landesparlamenten, wo die Abgeordneten der AfD mit ihrem Verhalten zeigen, was sie von den Kolleginnen und

Kollegen der anderen Fraktionen halten und wie gering sie die gemeinsame parlamentarische Arbeit schätzen.

Politik als zynisches Schmierentheater

Um sich ein Bild von der AfD und ihrer Auffassung von Demokratie zu machen, genüge es, eine halbe Stunde lang eine beliebige Landtags- oder Bundestagssitzung zu verfolgen, sagte der sächsische Ministerpräsident Michael Kretschmer (CDU) im Oktober 2025 dem Deutschlandfunk. »Dann weiß man, dass diese Partei ganz, ganz anders ist als alle anderen.« Die bösartige und hasserfüllte Art, in der sie über politische Mitbewerber und generell über andere Menschen spreche, falle völlig aus dem Raster. Die AfD wolle »nicht mitwirken, sondern zerstören«.[73]

Mit dem Einzug der AfD hat sich der Debattenton im Bundestag tatsächlich stetig verschärft. Das berichtet Altbundeskanzlerin Angela Merkel ebenso wie ehemalige und derzeitige Abgeordnete. Die Lautstärke habe zugenommen, Redebeiträge könnten kaum noch ohne Unterbrechung zu Ende geführt werden, und von den Bänken der AfD aus werde beständig provoziert, beleidigt und gepöbelt.[74] Das schlägt sich auch in der Statistik nieder: Seit 2017 ist die Zahl der Ordnungsrufe nach oben geschossen und erreichte in der vergangenen Legislaturperiode ihren bisherigen Höhepunkt. Nur in der unmittelbaren Nachkriegszeit lag die Zahl höher. Mit Abstand die meisten Disziplinarrufe gingen dabei auf das Konto der AfD. Auch in der laufenden Wahlperiode liegt die Fraktion weit vorn.[75]

Beatrix von Storch beschimpfte Linken-Chefin Heidi Reichinnek wegen ihrer Haltung zum Abtreibungsrecht als »Kindermörderin«. Alice Weidel nannte SPD und Grüne »links-grüne Sektierer« und unterstellte ihnen, »Politik gegen die Bevölkerung« zu machen, »weil Sie Deutschland hassen«. Zur Grünen-Fraktion sagte sie Anfang 2025 in der letzten Plenarsitzung vor den Neuwahlen: »Diese

Leute haben hier im Bundestag nichts zu suchen!«, und keifte in deren Richtung: »Sie haben alle in Ihrem Leben noch nie gearbeitet. Gehen Sie arbeiten!«[76]

Die Beratungen in den Ausschüssen sind ebenfalls zum Kraftakt geworden, vor allem seit sie zum Teil öffentlich übertragen werden und die AfD sie darum als Bühne zur Selbstdarstellung nutzt. Sie wieder hinter verschlossenen Türen stattfinden zu lassen, lehnt die Partei ab: »Die Menschen draußen sollen ruhig wissen, wie mit uns umgegangen wird«, sagt der parlamentarische Geschäftsführer Brandner. Transparenz sei einfach wichtig, er könne sich aber gut vorstellen, dass »die Abgeordneten der anderen Fraktionen das nicht mögen«.[77]

Brandner leitete 2019 als bisher einziger AfD-Vertreter für ein paar Monate den Rechtsausschuss, bis die Mitglieder der fünf anderen Fraktionen wegen antisemitischer Tweets für seine Absetzung stimmten – ein bisher einmaliger Vorgang in der Geschichte der Bundesrepublik. Brandner sah sich als Opfer einer »Altparteienkoalition«, die ihn »weghaben« und der AfD »vor das Schienbein treten« wolle.[78] Die Partei reichte Klage beim Bundesverfassungsgericht (BVerfG) ein. Doch das entschied im September 2024, Brandners Absetzung sei rechtmäßig gewesen.[79]

Es sei ein schlechter Tag für den Parlamentarismus in Deutschland, schimpfte Brandner nach Bekanntwerden des Urteils. »Der Ausschussvorsitz unterliegt jetzt immer der Gnade der Mehrheit.«[80] Das demokratische Grundprinzip freier Wahlen sagt ihm offenbar nicht zu. In seiner Partei schätzt man es ohnehin nur dann, wenn das von ihr gewünschte Ergebnis herauskommt: Dass sie in keinem der zurzeit 24 Fachausschüsse des Bundestags den Vorsitz hat, bezeichnet die Parteiführung als »parteipolitische Willkür« – und unterschlägt dabei, dass ihre Kandidaten bei der Wahl schlicht die nötige Mehrheit verfehlt haben.[81] Das Bundesverfassungsgericht wies die Klage der AfD denn auch ab: Ausschüsse müssten lediglich die Verhältnisse im Bundestag abbilden, heißt es in der Urteilsbegründung. Das sei erfüllt, solange die AfD überall mit dabei ist. Einen Rechtsanspruch auf den Vorsitz gebe es für keine Partei.[82]

Ein paar Tage nach dem Urteil aus Karlsruhe – die AfD war bei der Thüringer Landtagswahl erstmals in einem Bundesland stärkste Kraft geworden – kam am 26. September 2024 der Landtag in Erfurt zu seiner konstituierenden Sitzung zusammen. Auf der Tagesordnung stand zunächst die Wahl des Parlamentspräsidenten – eigentlich eine Formalie. Doch die CDU und das Bündnis Sahra Wagenknecht (BSW) hatten beantragt, dass dafür jede Partei einen Kandidaten oder eine Kandidatin zur Wahl stellen könne und nicht, wie bisher üblich, nur die stärkste Fraktion.

Aber Alterspräsident Jürgen Treutler (AfD), der die Sitzung leitete, ließ es nicht zu, dass über den Antrag abgestimmt wurde: Vor der Wahl des Parlamentspräsidenten sei der Landtag nicht beschlussfähig und könne darum auch nicht über Änderungen der Geschäftsordnung entscheiden, erklärte er. Als »gewählte Parlamentarier« sei man gehalten, »den Willen des demokratischen Souveräns ernst zu nehmen und einer Untergrabung der freiheitlich-politischen Kultur unseres Landes entgegenzutreten«.[83] Es kam zu lauten Wortgefechten.

Obwohl er verpflichtet gewesen wäre, unparteiisch für den reibungslosen Ablauf zu sorgen, ließ Treutler Abgeordnete anderer Parteien nicht zu Wort kommen, verhängte Redeverbote und Ordnungsrufe, unterbrach immer wieder die Sitzung. Nach mehreren Stunden rief die CDU-Fraktion schließlich den Thüringer Verfassungsgerichtshof an, weil sie die Rechte der Abgeordneten verletzt sah. Die Richter erließen am nächsten Tag eine einstweilige Verfügung, die Treutler dazu verdonnerte, den Antrag auf Änderung der Geschäftsordnung zur Wahl zu stellen. In der nächsten Sitzung stimmte dann eine Mehrheit dafür und wählte anschließend den Kandidaten der CDU zum Landtagspräsidenten.[84]

Der AfD dürfte von vornherein klar gewesen sein, dass ihre Kandidatin, die wegen Betrugs zu einer Geldstrafe von achtzig Tagessätzen verurteilte Wiebke Muhsal, keine Mehrheit bekommen hätte.[85] Das amüsierte Grinsen, mit dem AfD-Landeschef Höcke und seine Fraktion die Tumulte während der ersten Sitzung verfolgt hatten, legt die Vermutung nahe, dass die AfD den Eklat bewusst herbeigeführt hat, um so vor laufenden Kameras einerseits ihren Status als Opfer, andererseits ihre Macht zur Blockade unter Beweis zu stellen. Sie konnte nur gewinnen.

Auf Bundesebene versucht die Partei allerdings meist noch, sich als normale, bürgerlich-konservative Partei zu geben. Dass ihr das oft nicht gelingt, scheint ihr selbst klar zu sein. So beriet die Fraktion bei ihrer Klausurtagung im Juli 2025 nicht nur über ihre Strategie zum Weg an die Macht, sondern einigte sich auch auf einen neuen Verhaltenskodex: Um »die politische Handlungsfähigkeit und Glaubwürdigkeit … sicherzustellen«, heißt es darin, seien die Mitglieder der Fraktion »um ein geschlossenes und gemäßigtes Auftreten im Parlament bestrebt«.[86] Verfasst hatte es ausgerechnet Brandner – der Mann mit den meisten Ordnungsrufen.[87]

Im Deutschlandfunk auf das Papier angesprochen, stellte Fraktions-Vize Stefan Keuter umgehend klar, dass sich die AfD eigentlich gar nicht ändern müsse, und geißelte stattdessen das »unsägliche Verhalten der Altparteien«, die seine Partei beständig beschimpften, und Abgeordnete, die in Kleidung erschienen, die des Hohen Hauses nicht würdig sei.[88]

Bei der Generaldebatte im Bundestag ein paar Tage später zeigte sich, dass es mit der großen Läuterung tatsächlich noch dauern wird: Als Chefin der größten Oppositionsfraktion hatte Alice Weidel das Recht auf den ersten Redebeitrag und nutzte es für eine Tirade – von der ersten bis zur letzten Sekunde beleidigend, aggressiv, voller Lügen und Angriffe auf die Demokratie. Sie sprach von einem »Land im Sinkflug«, nannte Merz' Kanzlerschaft den »von langer Hand geplanten« größten Wahlbetrug der deutschen Geschichte und ging ihn direkt an: »Sie sind ein Papierkanzler, der im Ausland Weltmacht spielt, sich aber zu Hause nach Lust und Laune vom Wahlverlierer SPD vorführen lässt.« In »grüner Kumpanei« habe er »mit einem beispiellosen Staatsstreich« und »unter Missbrauch des abgewählten Bundestages« die Schuldenbremse demontiert und dem »grünen Narrenschiff zuliebe« die »De-Industrialisierung Deutschlands« ins Grundgesetz geschrieben.

Ihr für TikTok optimiertes Sperrfeuer ergänzte Weidel mit völkischem Rassismus und bewährter Horrorrhetorik: Sexualdelikte, Gruppenvergewaltigungen und Messerangriffe seien »Alltag«; junge Mädchen würden »in Freibädern belästigt, missbraucht und vergewaltigt«, während massenhafte Einbürgerung »inkompatible Kulturen« nach Deutschland bringe und »das Staatsvolk« transformiere. »Zwei Jahrzehnte Etabliertenpolitik haben unser Land in eine Hochrisikozone für die eigenen Bürger verwandelt.« Herr Merz möge bitte selbst »die nächste afghanische Großfamilie« aufnehmen, »eine Wohngemeinschaft« bilden und »schauen, wie das mit Ihrem queeren Lebensstil kompatibel ist«.

Weidel überzog ihre Redezeit und fiel Bundeskanzler Merz, der nach ihr sprach, zusammen mit anderen Fraktionsmitgliedern beständig ins Wort. Auch den Rest der Debatte hielt sie sich mit Zwischenrufen nicht zurück, bis Bundestagspräsidentin Julia Klöckner (CDU) damit drohte, Weidel aus dem Saal zu werfen.[89]

Dass das Versprechen von verbaler Abrüstung nicht das Papier wert war, auf dem es verkündet wurde, war schon klar geworden, als die Parteispitze am Rande der Klausurtagung vor die Presse trat, um es vorzustellen: Tino Chrupalla gab sich erst seriös und erklärte, eine Rede im Bundestag sei etwas anderes als eine Demo-Rede, nannte afghanische Flüchtlinge dann aber »Grabscher und Straftäter«, bevor Weidel übernahm, um über die »ganzen Loserparteien im Bundestag« herzuziehen, die »alle zurücktreten und sich wirklich in Grund und Boden schämen« müssten, weil »die Leute in diesem Land … so unglaublich verarscht werden«.[90]

Parlamentarische Sabotage

Neben der Verteilung von Schimpf und Schande, das sie mit politischer Auseinandersetzung verwechselt, nutzt die AfD ihr Mandat auch sonst vor allem für den Versuch, Regierung und Parlament vorzuführen. Parlamentarische Anfragen haben es ihr dabei besonders angetan: Eigentlich sind sie ein wichtiges Instrument der Gewaltenteilung, mit dem die Fraktionen Auskünfte von der Regierung einfordern können. Große Anfragen müssen im Plenum erörtert, Kleine innerhalb von zwei Wochen schriftlich von den zuständigen Ministerien beantwortet werden, wofür zum Teil erheblicher Rechercheaufwand nötig ist.[91] In manchen Referaten geht inzwischen ein Großteil der Arbeitszeit in die Bearbeitung solcher Anfragen – ein Trend, zu dem die AfD maßgeblich beigetragen hat, weil sie von ihrem Auskunftsrecht derart exzessiv Gebrauch macht, dass der eigentliche Zweck ad absurdum geführt wird.

Auf den ersten Blick scheint sie sich um eine Vielfalt von Themen zu kümmern: Sie spricht sich gegen eine Verschärfung des Waffenrechts aus, sorgt sich um den Erhalt der Falknerei »als immaterielles Kulturgut in Deutschland«, stellt Anfragen zur Ernährung in Pflegeheimen, zu Umgehungsstraßen, Cybersicherheit oder zur Transrapid-Teststrecke im Emsland. Schaut man genauer hin, wird dahinter jedoch die immer gleiche Agenda erkennbar: Angst und Rassismus schüren, die Regierung bloßstellen und Misstrauen in die Demokratie säen. Zudem binden die Anfragen schon allein durch ihre schiere Menge erhebliche personelle Ressourcen in der Verwaltung und verursachen deshalb hohe Kosten – und das, obwohl Steuerverschwendung und die aufgeblähte deutsche Bürokratie Lieblingsthemen der AfD sind.

In der Regierungszeit der »Ampel« kam fast die Hälfte der insgesamt 4569 Kleinen Anfragen von der AfD. Unter den 37 Großen Anfragen waren es 20,[92] und auch in der aktuellen Wahlperiode führt sie die Statistik mit deutlichem Abstand an.[93] Manche Anfragen bringt die Partei immer wieder aufs Neue ein und macht sich oft nicht einmal die Mühe, sie anders zu formulieren oder auf Antworten einzugehen, die ihr bereits erteilt wurden. Oft verraten schon die Fragen, dass sie gar nicht wirklich an Antworten interessiert ist, obwohl sie mit oft bizarrer Kleinteiligkeit den gegenteiligen Eindruck erwecken möchte.

Im September 2024 stellte die Fraktion beispielsweise eine Kleine Anfrage zur »Kriminalitätsentwicklung am Hauptbahnhof Magdeburg von 2019 bis 2024«. Darin verlangte sie in zehn Unterpunkten, von denen jeder weitere Fragen enthielt, detaillierte Auskünfte zu Art und Anzahl der Delikte, Opfer und Tatverdächtigen: »Bitte nach deutsch, nichtdeutsch sowie anschließend nach jeweiliger Staatsangehörigkeit in Bezug auf die erfragten Jahre aufschlüsseln.« Selbst innerhalb der einzelnen Delikte sollte weiter spezifiziert werden: »Bitte nach ›Messer eingesetzt‹ und ›Messer mitgeführt‹ aufschlüsseln.«[94] Die gleiche Anfrage stellte sie am selben Tag für Saarbrücken, Mainz und Leipzig, drei Tage später für München.[95] In den Wochen davor hatte sie die Anfrage bereits wortgleich für Berlin, Hamburg, Stuttgart, Schwerin und Dutzende andere Städte eingereicht.

Das neue Jahr 2025 begann die AfD mit einer weiteren Bahnhofs-Runde, um sich dann im April nach der generellen »Kriminalitätsentwicklung zwischen 2000 und 2024 in Bezug auf bestimmte Delikte« zu erkundigen, wobei sie neben Gewalt und Diebstahl zusätzlich das »Erschleichen von Leistungen« berücksichtigt haben wollte – wie immer aufgeschlüsselt nach deutschen und nicht deutschen Tatverdächtigen.[96] Im Oktober schenkte sie sich diese Differenzierung dann gänzlich und bat um Auskunft zur »Straftatenentwicklung mit mindestens einem tatverdächtigen Zuwanderer seit 2015«.[97]

Während es bisweilen zwar immerhin auch um tatsächliche Probleme geht – wozu der AfD allerdings immer nur die eine »Lösung« einfällt –, beziehen sich viele ihrer Anfragen auf Bereiche, zu denen gar keine Daten erhoben werden, auf frei zugängliche Informationen, die sie ohne Weiteres selbst recherchieren könnte oder auf völlig irrelevante Sachverhalte. Solche Anfragen dienen offenkundig allein dem Zweck, die Ministerien mit Nonsens zu fluten und auszubremsen.

Ein besonders bizarres Beispiel für eine solche Aschenputtel-Aufgabe ist die Kleine Anfrage der AfD vom 14. November 2019: Mit insgesamt zwölf Unterfragen verlangte sie dort eine nach Jahren geordnete Übersicht, wie viele Kleine Anfragen seit 2013 bei der Bundesregierung eingegangen seien, von welcher Fraktion diese kamen, wie lange jeweils die Bearbeitungszeit war, wie oft dabei die vorgeschriebene Frist eingehalten, wie oft diese einmal und wie oft zweimal überschritten wurde. Dazu außerdem, »welchem relativen Anteil« das jeweils entspreche, »gemessen an allen Kleinen Anfragen, die durch das entsprechende Bundesministerium im entsprechenden Jahr beantwortet wurden«.[98] Es könnte eine mäßig lustige Satire sein, würde nicht aus jeder Zeile die Verachtung dieser Partei für unsere Demokratie sprechen.

Die meisten Anfragen sind jedoch alles andere als lustig, und manche machen einfach nur sprachlos: Im März 2018 wollte die AfD von der Bundesregierung wissen, wie sich die Anzahl schwerbehinderter Kinder in Deutschland seit 2012 entwickelt habe und wie viele davon einen Migrationshintergrund hätten. In der einleitenden Vorbemerkung begründete sie ihre Frage damit, dass die Zahl von Schwerbehinderten generell gestiegen sei und Behinderungen unter anderem »durch Heiraten innerhalb der Familie« entstünden. Viele Todesfälle und Erkrankungen, hieß es weiter, könnten vermieden werden, »wenn die Inzucht beendet würde«.[99]

Seit Kurzem ist bei den Inhalten der Kleinen Anfragen aus der AfD eine Akzentverschiebung zu erkennen: Fremdenfeindlichkeit spielt darin zwar immer noch eine wichtige Rolle, ist gegenüber Attacken gegen die Demokratie jedoch in den Hintergrund getreten. Mit ihren Anfragen versucht die Partei, staatliche Institutionen als korrupt und intransparent darzustellen, diskreditiert Nichtregierungsorganisationen (NGOs) und zivilgesellschaftliche Organisationen oder Projekte, die sich der demokratischen Bildung widmen, als gewaltbereit und linksextrem und bezeichnet deren Förderung als Steuerverschwendung.[100]

Immer wieder hebt die AfD darum auf die Kosten ab. So erkundigte sie sich zum Beispiel im Herbst 2024 nach den jährlichen Gesamtausgaben der Antidiskriminierungsstelle des Bundes für die Jahre 2006 bis 2023 und nach der Anzahl der Personen, die bei der Stelle um Beratung gebeten hatten – aufgeschlüsselt nach Jahren und Art der Diskriminierung, also Alter, Geschlecht, Religion, Behinderung, Rassismus, sexuelle Identität. In derselben Anfrage verlangte sie außerdem Auskunft über jene Einrichtungen und NGOs zum Schutz vor Benachteiligungen, mit denen die Stelle in den genannten Jahren zusammengearbeitet hat.[101]

Ein bevorzugtes Angriffsziel der AfD ist die 1952 gegründete Bundeszentrale für politische Bildung (bpb), deren Arbeit die Partei beständig infrage stellt: Mal mahnt sie deren »politische Ausgewogenheit« an,[102] reicht Dienstaufsichtsbeschwerden gegen deren Leiter ein[103], verlangt eine Aufstellung externer Auftragnehmer und an sie gezahlter Honorare[104] oder will wissen, welche Kosten beim Aufbau des neuen bpb-Standorts Gera entstehen.[105]

Immer wieder nimmt sie außerdem einzelne Veröffentlichungen oder Kampagnen der bpb aufs Korn, wenn ihr deren Inhalte nicht passen. Dem sechsteiligen Videoformat *Fake Train* mit dem Youtuber Rezo als Moderator beispielsweise, mit dem die bpb speziell Jugendliche für Desinformationen im Netz und in den Sozialen

Medien sensibilisieren will, widmete die AfD eine Kleine Anfrage, die vier Seiten füllt und 32 Fragen umfasst. Sie reichen vom Anzweifeln der pädagogischen Eignung der Beteiligten und der Höhe ihrer Honorare über die Auswahl der Gäste, die Art der Werbung für die Reihe bis zur Frage, ob es eine abschließende Evaluation gegeben habe und welche Kosten durch die Dreharbeiten in einem Bahnabteil entstanden seien.[106]

Wie ein roter Faden zieht sich die Absicht durch die Anfrage, das Format als nutzlos, teuer und die Arbeit der bpb als undurchsichtig und politisch gesteuert zu diskreditieren. Inwiefern, schreiben die Fragesteller zwischendurch schnippisch, trage die Aussage des Moderators Rezo zum *Compact*-Magazin, »das ist rechtsradikaler Shit«, zur politischen Bildung von Jugendlichen bei?

Besonders suspekt sind der AfD alle Initiativen zur Bekämpfung des Rechtsextremismus und zur Stärkung der Demokratie, insbesondere dann, wenn diese mit öffentlichen Geldern finanziert oder unterstützt werden. So wandte sie sich etwa im Frühjahr 2024 mit einer Kleinen Anfrage an die Bundesregierung und verlangte eine Liste staatlich geförderter NGOs, die den Aufruf »Wir sind die Brandmauer« unterzeichnet hatten. Zuvor waren in ganz Deutschland mehrfach Hunderttausende Menschen auf die Straße gegangen, um gegen die AfD und ihre gerade bekannt gewordenen Geheimpläne zur »millionenfachen Remigration« zu protestieren und eine undurchdringliche Brandmauer zu fordern. Die AfD spricht in ihrem Antrag von »sogenannten Demonstrationen gegen rechts« und setzt alles daran, die Proteste als politische Kampagne der Regierung hinzustellen.[107]

Mit Apokalypse und »Willen des Volkes« auf Stimmenfang

Dass die AfD auf allen Ebenen versucht, das Vertrauen der Menschen in das demokratische System zu untergraben, hat für den Bundesverfassungsschutz eine wichtige Rolle bei der Entscheidung gespielt, für die gesamte Partei die höchste Alarmstufe zu verhängen. Das systematische Bashing des Systems gehört in der Tat zum Standardrepertoire der AfD: Mit Begriffen wie »Umvolkung«, »Deep State«, »Kartellparteien« oder »NGO-Komplex« flankiert sie die große Verschwörungserzählung, der zufolge Deutschland von »Eliten« beherrscht werde, die – ausgestattet mit einem finsteren Masterplan – gegen die eigene Bevölkerung vorgehen und dabei mit dunklen Mächten außerhalb Deutschlands zusammenarbeiten. Auch die »Mainstream-Medien« würden von dieser Elite gesteuert und zensiert; insbesondere dem öffentlich-rechtlichen Rundfunk sei nicht zu trauen. Souverän sei die Bundesrepublik ohnehin schon lange nicht mehr, weil »supranationale Organisationen« wie die EU, die Vereinten Nationen, die NATO oder die WHO es darauf angelegt hätten, sie auf dem Weg zu einer »Weltregierung« – so heißt es wörtlich im aktuellen Wahlprogramm – zu entmachten.[108]

Eine verblüffend ähnliche Erzählung hat Trump und seiner MAGA-Bewegung in den USA per Bulldozer zum zweiten Sieg verholfen. Den rechten Populisten in Deutschland wiederum ist es gelungen, sich damit Wählergruppen zu erschließen, die aus unterschiedlichen Gründen Ressentiments gegen den Staat hegen und sich mit ihrer Wut bei der AfD zu Hause fühlen: Hört man AfD-Politikerinnen und -Politikern eine Weile zu, könnte man meinen, die Bundesrepublik sei ein *Failed State*. Ein Staat also, der seine elementaren Funktionen nicht mehr erfüllt und auch die Sicherheit seiner Bürgerinnen und Bürger nicht mehr gewährleisten kann.

Obwohl Empirie und Fakten eine andere Sprache sprechen, beschwört die AfD schon seit Jahren ein Bild des Landes, wie es düsterer nicht sein könnte: Alles geht den Bach runter, der Untergang Deutschlands und seiner Kultur stehe bevor, das Volk werde betrogen, indoktriniert und bevormundet, und mit Demokratie habe das alles erst recht nichts zu tun. »Angst für Deutschland« übersetzte die Journalistin Melanie Amann das Parteikürzel bereits 2017 treffend.[109] Die Apokalypse ist Programm, weil es das ist, was die Partei am Leben erhält.

Laut AfD-Grundsatzprogramm führt der Weg aus dem beschworenen Desaster über direkte Demokratie, weil sich die Partei von Volksabstimmungen nach Schweizer Vorbild Zustimmung zu ihren Ideen und so eine Beschleunigung des Umbaus der Gesellschaft verspricht, den sie anstrebt. Entsprechende Gesetzentwürfe hat sie bereits mehrfach in den Bundestag eingebracht.[110] Auch in ihrem Grundsatzprogramm spielt die Forderung eine zentrale Rolle: Der Bundespräsident soll direkt gewählt und »das Volk« die Möglichkeit bekommen, vom Parlament beschlossene Gesetze zu ändern oder abzulehnen. Das werde »in kürzester Zeit die Flut der oftmals unsinnigen Gesetzesvorlagen nachhaltig eindämmen«. Ohne Zustimmung des Volkes dürfe »kein bedeutsamer völkerrechtlicher Vertrag« geschlossen werden. Gesetzesinitiativen und Verfassungsänderungen soll es ebenfalls einbringen *und* beschließen können.[111]

Das Parlament wäre damit entmachtet, die repräsentative Demokratie faktisch abgeschafft. Das geht auch aus den von der AfD vorgelegten Gesetzentwürfen zur Einführung direkter Demokratie auf Bundesebene hervor. So sehen diese unter anderem vor, Artikel 20, Absatz 2 des Grundgesetzes um den Satz zu ergänzen: »Der geäußerte Wille des Volkes ist oberstes Gesetz; seine Entscheidungen können nur von ihm abgeändert oder aufgehoben werden.«

In ihren Entwürfen, die sich kaum voneinander unterscheiden, beachtet die AfD weder die Grenzen der Verfassung noch berücksichtigt sie Aspekte und Argumente, die bereits in Parlamentsausschüssen zum Thema erarbeitet wurden. Trotzdem verkauft sie ihre

Forderungen als originär demokratisch: Ein Staat ohne Volksabstimmungen, heißt es im Vorlauftext, sei »eine amputierte Demokratie«.

Ganz in diesem Sinne zog darum auch der AfD-Abgeordnete Roman Reusch über die Demokratie der Bundesrepublik her, als der Bundestag im Februar 2021 den Gesetzentwurf seiner Partei diskutierte: Eine »elende Parteibuchwirtschaft« habe mittlerweile sämtliche staatlichen Institutionen »durchwuchert«, was zu einer »Machtkonzentration in der Hand einiger weniger Spitzenfunktionäre« geführt habe. Als Korrektur sei eine »Gegenmacht« erforderlich, die »nur das Volk, der Souverän, selbst« sein könne.[112]

In ihrem Wahlprogramm behauptet die AfD, sie sei die einzige Partei, die das Volk für mündig halte und wahre Demokratie verwirklichen wolle: »Erfahrungsgemäß entscheiden Bürger in Schicksalsfragen der Nation weitsichtiger, friedfertiger und gemeinwohlorientierter als Berufspolitiker.« Als Beweis führt sie den Austritt Großbritanniens aus der EU an.[113] Auch Reusch nannte den Brexit als positives Beispiel dafür, wie viel sich mit dem »Instrument« Volksabstimmung bewegen lasse. Es würde »die Macht der Hinterzimmer« zumindest reduzieren.

In Wirklichkeit war der Brexit ein von oben angesetztes Referendum, das von Leuten durchgesetzt wurde, die damit ihre ureigensten wirtschaftlichen Interessen verfolgten. Gerade am Brexit zeigen sich darum die Gefahren direkter Demokratie, zumal das Votum damals äußerst knapp ausfiel und die negativen Folgen der Entscheidung mittlerweile deutlich zutage treten.[114] Die AfD geht darauf mit keinem Wort ein. Bereits bestehende Möglichkeiten der Bürgerbeteiligung auf Länder- und Kommunalebene, die nach der Wiedervereinigung eingeführt wurden, erwähnt sie ebenso wenig.

Traditionell kommt die Forderung nach mehr direktdemokratischen Elementen von der politischen Linken, zum Teil auch von der FDP. Nur die Union konnte sich bisher gar nicht dafür erwärmen.

Bei Umfragen spricht sich stets eine Mehrheit der Deutschen dafür aus. Kommt es jedoch tatsächlich zu Bürgerbegehren, beteiligen sich an der Abstimmung oft nur um die 20 Prozent. Andererseits waren in der Geschichte der Bundesrepublik fast 30 Prozent aller von unten angestoßenen direktdemokratischen Verfahren auf Landesebene erfolgreich. Die meisten gingen von Hamburg, Brandenburg und Bayern aus. Die Tendenz ist insgesamt steigend.[115]

Anders als in der Schweiz muss jede Initiative zunächst vom Verfassungsgericht des jeweiligen Bundeslandes daraufhin überprüft werden, ob sie mit dem Grundgesetz und dem Völkerrecht kompatibel ist. Erst nach einer positiven Antwort kann der Antrag in die nächste Stufe – die Unterschriftensammlung für ein Volksbegehren – gehen. Eine Initiative zum Bauverbot für Minarette, wie es in der Schweiz 2009 per Volksabstimmung durchgesetzt wurde, wäre bei uns nicht zugelassen worden, weil es gegen die verfassungsmäßig garantierte Religionsfreiheit verstößt.

Doch eine solche Überprüfung und ein stufenweises Vorgehen sehen die Gesetzentwürfe der AfD nicht vor. Auch im Grundsatzprogramm findet sich kein Hinweis darauf, dass sie das Prinzip wechselseitiger Kontrollen, der *Checks and Balances*, wahren möchte. Es ist also kein Zufall, dass sie ausgerechnet die Schweiz als Vorbild anführt.[116]

Gemäß AfD-Entwurf würde eine einfache Mehrheit der abgegebenen Ja-Stimmen genügen, um ein Gesetz per Volksabstimmung zu verabschieden. Von einer erforderlichen Mindestbeteiligung ist ebenso wenig die Rede wie von Minderheitenschutz. »Der in Abstimmungen geäußerte Wille des Volkes kann nur von ihm selbst abgeändert oder aufgehoben werden«, heißt es außerdem klipp und klar. Das Parlament wäre demnach nur noch Staffage.

Direktdemokratische Elemente können die parlamentarische Arbeit ergänzen, dürfen sie aber nicht ersetzen. Was die AfD unter direkter Demokratie versteht, passt daher zur rechtsextremen Idee eines angeblich homogenen Volkes mit einheitlichem Willen, der im Zweifel auf autoritärem Wege durchgesetzt wird – ohne Rücksicht auf Andersdenkende oder betroffene Minderheiten. Zu einer vielfältigen und freiheitlichen Gesellschaft, in der nicht allein das Recht des Stärkeren gelten soll, passt es nicht.

Die gekaperte Revolution

Wie alle Populisten gefällt sich die AfD in der Rolle der Freiheitskämpferin für das, was sie für die eigentlichen Interessen des Volkes hält. In der Präambel ihres Grundsatzprogramms verleiht sie sich dafür selbst historische Weihen, indem sie behauptet, in der Tradition der Revolutionen von 1848 und 1989 zu stehen.[117] Dabei ist keines der Ereignisse mit heutigen Verhältnissen vergleichbar: 1848 ging es um den Kampf für Demokratie gegen eine autoritäre, feudal geprägte Ordnung, 1989 um den Sturz einer Diktatur. Doch der AfD ist keine Aneignung zu plump und kein Vergleich zu weit hergeholt, um die Bundesrepublik als undemokratisch zu brandmarken.

Auf Plakaten zur Landtagswahl in Brandenburg warb sie 2019 mit einem Foto des früheren Bundeskanzlers Willy Brandt (SPD) und dessen legendärem Motto »Mehr Demokratie wagen!«. Ausgerechnet Brandt für eine Politik der Spaltung und des völkischen Nationalismus zu missbrauchen, zeugt nicht von Unwissenheit, sondern ganz im Gegenteil von bewusster Manipulation. In Wahrheit nämlich gibt es keinerlei Schnittmengen zwischen der AfD und dem früheren Bundeskanzler – einem Widerstandskämpfer gegen die Nationalsozialisten, der sich nach dem Krieg wie kein anderer für Wiedergutmachung und Aussöhnung mit unseren Nachbarn, vor allem mit Polen, eingesetzt hat und mit seiner Ostpolitik die Voraussetzungen für die deutsche Wiedervereinigung schuf.

Doch auch in ihrem Gesetzentwurf zur Einführung von Volksabstimmungen auf Bundesebene beruft sich die AfD wieder auf

Brandt und behauptet außerdem, dessen »allseits bekannter Ausspruch« sei »leider ohne jegliche Schlussfolgerung« geblieben.[118] Das ist nicht wahr: Vielmehr begann, angestoßen durch Brandt, Ende der 1960er-Jahre eine Phase der Öffnung, die bis heute einzigartig in der Geschichte der Bundesrepublik ist. Den legendären Satz »Wir wollen mehr Demokratie wagen«, den Brandt 1969 seiner ersten Regierungserklärung voranstellte, wollte er als Einladung an alle Bürgerinnen und Bürger verstanden wissen, sich einzubringen, um Politik und Gesellschaft mitzugestalten.

Es war eine kurze Zeit des Aufbruchs, der Vielfalt, des Infragestellens von Autoritäten und nicht zuletzt: der Auseinandersetzung mit den nationalsozialistischen Verbrechen. Was heute mit der Chiffre »1968« zusammengefasst wird, hat das Fundament für vieles gelegt, was uns in der liberalen Gesellschaft von heute als selbstverständlich vorkommt. Der AfD jedoch gilt 1968 als Zäsur, von der an es mit Deutschland bergab ging. Für die Erzählung von der angeblich undemokratischen Bundesrepublik, der »amputierten Demokratie«, wie sie es nennt, ist ihr Brandt aber gerade recht, obwohl sie all das ablehnt, was sich durch seine Politik in Westdeutschland entwickeln konnte.

Der Osten gilt der AfD und der Neuen Rechten gerade deswegen als gelobtes Land,[119] weil es dort kein »1968« wie im Westen gegeben hat: Die DDR verstand sich als antifaschistischer Staat, schon weil sie von ehemaligen Widerstandskämpfern gegründet worden war. Die Aufarbeitung der NS-Vergangenheit kam darum auch dort zu kurz, wenngleich aus anderen Gründen als in der Bundesrepublik der Nachkriegszeit. Die simple Schlussfolgerung, das mache die Ostdeutschen heute anfälliger für rechtes Gedankengut, wie sie oft im Westen zu hören ist, greift zu kurz. Aus Sicht der Rechten aber bringen die Ostdeutschen die Voraussetzungen für echten Nationalstolz mit, weil sie dem »Schuldkult« nicht im gleichen Maße ausgesetzt gewesen seien wie die Westdeutschen.

Fakt ist, dass die AfD 2014 zuerst in ostdeutsche Landesparlamente einzog[120] und ostdeutsche Landesverbände die ersten waren, die vom Verfassungsschutz als Verdachtsfälle eingeschätzt wurden – allen voran die Thüringer AfD, die bereits seit 2021 als »gesichert rechtsextrem« gilt[121], und die Brandenburger AfD, die gleich danach in den Fokus der Verfassungsschützer geriet. Fakt ist aber auch, dass beide Landesverbände von Wessis geführt wurden: In Brandenburg war es bis 2020 der gebürtige Münchner Andreas Kalbitz, in Thüringen ist es bis heute Björn Höcke, der im westfälischen Lünen zur Welt kam und im rheinland-pfälzischen Westerwald aufwuchs.

Dass es ausgerechnet Männer wie sie waren, die neurechten Bewegungen im Osten den Boden bereitet und ihren parlamentarischen Arm mit aufgebaut haben, ist eine traurige Ironie der Geschichte. Denn im Kampf um Stimmen in den östlichen Bundesländern schlachtet die AfD vor allem den Gegensatz zwischen Ost und West aus und setzt alles daran, ihn noch zu verstärken. Dafür macht sie sich die Traumata aus den ersten Jahren nach der Wiedervereinigung zunutze, als die Bundesrepublik einfach weiter Bundesrepublik blieb, während sich für die Ostdeutschen buchstäblich alles änderte – und bei Weitem nicht immer zum Guten.

Die enttäuschten Hoffnungen von damals und das leider nicht unberechtigte Gefühl, dass viele Westdeutsche auf sie herabschauen und sich nicht für die Länder östlich der Elbe interessieren, bilden den Nährboden, den die AfD für ihre Zwecke zu bewirtschaften weiß. Um an die Ost-Biografien ihrer Zuhörer anzuknüpfen und die dazugehörigen Emotionen zu aktivieren, schrecken die Scharfmacher aus dem Westen vor nichts zurück: »Es fühlt sich schon wieder so an wie 1989 in der DDR«, sagte der westdeutsch sozialisierte Höcke im Landtagswahlkampf 2019, als sei er damals dabei gewesen. »Dafür haben wir nicht die Friedliche Revolution gemacht.«[122] Sein bayerischer Parteikollege Kalbitz erzählte in Cottbus derweil fast wortgleich dasselbe: »Wir sind nicht 1989 in diesen Prozess eingetreten …, um das geliefert zu bekommen, was wir jetzt hier erdulden müssen.«[123]

In der rechten Szene Westdeutschlands hat man früh das Potenzial erkannt, das im Osten zu liegen schien: AfD-Mitgründer Alexander Gauland ging 1991 nach Potsdam, um die Leitung der *Märkischen Allgemeinen* zu übernehmen. Götz Kubitschek, rechtsextremer Vordenker aus Schwaben, zog 2001 auf einen Hof im sachsen-anhaltinischen Schnellroda, wo er den Verlag Antaios und das Institut für Staatspolitik gründete und Letzteres zu einem neurechten Thinktank ausbaute. Sein Freund Björn Höcke siedelte 2008 nach Thüringen über.[124]

Zum Landtagswahlkampf 2019 gingen die Kyffhäuser-Treffen des von ihm und Kalbitz gegründeten völkischen *Flügels* gerade in die fünfte Runde und standen unter dem Motto »Der Osten steht auf«. Hauptredner und Organisatoren: allesamt Wessis.[125]

Dass sich die ursprünglich von westdeutschen Professoren im hessischen Oberursel gegründete AfD verstärkt den Osten vorknöpfen würde, hatte sich also schon länger abgezeichnet. Mit dem Schlachtruf »Merkel-Diktatur« fuhr man seit der »Flüchtlingskrise« 2015 bestens, ihn noch mit DDR-Verweisen auszuschmücken konnte der Sache nur guttun. So verkündete AfD-Chef Gauland im Juni 2018 in seiner Eröffnungsrede zum Parteitag in Augsburg, er fühle sich bereits »an die letzten Monate der DDR erinnert«. Die AfD sei die »einzige Oppositionspartei« unter lauter »Blockparteien«, also »das aktuelle Neue Forum«.[126]

Ungeachtet des bayerischen Schauplatzes richtete sich Gauland dabei offensichtlich an eine ostdeutsche Zuhörerschaft, bei der er davon ausgehen konnte, dort genau die Assoziationen auszulösen, auf die er hinauswollte: Die Bundesregierung sei wie das SED-Regime, die Opposition gleichgeschaltet wie damals die Blockparteien in der Volkskammer, und die AfD schicke sich als Bürgerrechtsbewegung an, dem Spuk ein Ende zu machen, wie damals das Neue Forum.

Ein Jahr später ging die Partei bei den Landtagswahlen in Thüringen und Brandenburg mit dem Slogan »Vollende die Wende!« ins Rennen und rief zur »›Friedlichen Revolution‹ mit dem Stimmzettel« auf. Eine eigene Kampagnenseite warb dafür, »Bürgerrechtler« zu werden.[127] »Deine Stimme gegen Bevormundung! Deine Stimme gegen die Arroganz der Macht!«, hieß es auf Flyern des thüringischen Landesverbands. »Wir lassen uns nicht länger von abgehobenen Politikern nach Gutsherrenart beherrschen, die nur an ihre eigene Karriere denken und denen das Volk egal geworden ist!«[128]

Die Parole »Wir sind das Volk!«, mit der die Menschen in der DDR im Herbst 1989 auf die Straßen gegangen waren, um Freiheit und Demokratie einzufordern, war schon 2014 von Pegida (Patriotische Europäer gegen die Islamisierung des Abendlandes) gekapert worden: Die neurechten Initiatoren aus Dresden hatten sich die emotionale Erinnerung an die Proteste zunutze gemacht, um ihren Kampf gegen das »System der Altparteien« und die vermeintliche »Islamisierung des Abendlandes« zu entfachen.[129] Auch Kubitschek und Höcke hatten regelmäßig an den »Spaziergängen« teilgenommen.[130] Nun war der ikonische Satz auf AfD-Wahlplakaten in Brandenburg und Thüringen zu lesen: »Damals wie heute: Wir sind das Volk!«[131]

Dass damit 1989 etwas ganz anderes gemeint war, schien drei Jahrzehnte später vergessen zu sein – der Neuen Rechten war es gelungen, den Spirit der Demokratiebewegung anzuzapfen, um ihr eigenes »Wir gegen die« zu befeuern. Die Strategie der Aneignung verfing, und für eine Richtigstellung war es zu spät: Es half nicht, dass prominente Mitglieder der DDR-Bürgerrechtsbewegung wie Freya Klier, Marianne Birthler oder Ilko-Sascha Kowalczuk mit einem Offenen Brief gegen den Missbrauch der Friedlichen Revolution protestierten und der AfD vorwarfen, eine »Geschichtslüge« zu verbreiten.[132]

Dabei ist das eine absolut zutreffende Beschreibung: In der DDR hielt sich eine einzige Partei mithilfe von Wahlfälschungen, der Unterdrückung jeglicher Opposition und des Terrors des Ministeriums für Staatssicherheit (MfS) an der Macht. Die Bundesrepublik hingegen ist trotz mancher Unzulänglichkeiten ein demokratischer Staat, dessen Bürgerinnen und Bürger sich mit Rechtsmitteln gegen staatliche Eingriffe zur Wehr setzen können; in der es freie und geheime Wahlen gibt und Meinungsfreiheit herrscht, sodass selbst eine Partei wie die AfD Parteienfinanzierung in Anspruch nehmen und – wie man sieht – nicht einfach so verboten werden kann.

Doch Fakten haben die AfD noch nie davon abgehalten, sich Gegenwart und Vergangenheit zurechtzubiegen. Noch besser, wenn sich beides verquirlen und mit Lügen garnieren lässt: »Für alle Demokraten … ist es eine Zumutung, dass das SED-Regime – wenn auch unter verändertem Namen – heute noch … in unserem Thüringen als maßgeblicher Teil einer Landesregierung die Fäden in der Hand hält«, schrieb Höcke zum Jahrestag des Mauerbaus, am 13. August 2021. »Damit werden die Opfer der eigenen Mordschützen noch einmal herabgewürdigt und beleidigt.«

Die Landesregierung unter dem Niedersachsen Bodo Ramelow als Fortsetzung des SED-Regimes mit »eigenen Mordschützen« – das ist noch ein ganzes Stück absurder als die übliche Gleichsetzung von BRD und DDR. Höcke legte trotzdem noch eine anmaßende Pointe obendrauf: »Im Kampf gegen den roten Terror … steht die AfD als einzige Partei in der Tradition der mutigen Menschen, die 1989 auf die Straße gegangen sind.«[133]

Das Recherchenetzwerk Correctiv hat herausgefunden, dass es in den Reihen der AfD mehrere Dutzend ehemalige Hauptamtliche Mitarbeiter der Stasi gibt.[134] Die Ächtung der DDR geht offenbar nur so weit, wie sich damit politische Gegner diskreditieren und das eigene Image polieren lassen. Ansonsten setzt die Partei auf DDR-Nostalgie und schickt ihre Kandidaten in leuchtend blauen Trabanten durch die Wahlkreise Ost. »Hol dir dein Land zurück!«, stand 2021 auf dem Trabi-Wahlkampfmobil – ein Satz, der im Osten mehrdeutig gelesen werden und in Verbindung mit dem alten Zweitakter aus DDR-Produktion emotionale Tiefenwirkung entfalten kann. Denn den Schmerz über die unwiederbringlich verlorene Heimat DDR teilen viele Menschen, die dort gelebt haben. Selbst diejenigen, die sich den Staat DDR nicht zurückwünschen.

Die AfD nutzt sämtliche Tasten dieser Klaviatur und wechselt je nach Anlass und Adressaten in halsbrecherischen Volten zwischen Verklärung und Verdammung: Mal dient ihr die DDR als Schreckensbild, das sie mit den aktuellen politischen Verhältnissen gleichsetzt – das funktioniert auch im Westen. In den »neuen Ländern« beschwört sie die DDR zusätzlich als Sehnsuchtsort, macht sich spezifisch ostdeutsche Gefühlslagen zunutze und lenkt sie auf ihre eigenen Mühlen, indem sie sich als Fürsprecherin des Ostens präsentiert.

In Wirklichkeit hat die Partei auf viele Probleme gar keine Antworten und zeigt gerade in sozialen Fragen Härte. Der von ihr angestrebte Austritt aus der EU würde Millionen Arbeitsplätze kosten. Ihr neoliberaler Wirtschaftskurs käme großen Konzernen zugute, ihre Steuerpolitik bevorzugt Topverdiener und Superreiche, die dadurch im Schnitt 20 000 Euro im Jahr mehr verdienen würden.[135] Im Bundestag und in den Landesparlamenten stimmt die AfD konsequent gegen alles, was die Rechte von Beschäftigen stärkt. Sie will die Mietpreisbremse abschaffen und vertritt gegenüber Arbeitslosen besonders gnadenlose Positionen. Eine Partei für die »Kleinen Leute«, wie sie behauptet, ist sie definitiv nicht.

Konkrete Verbesserungen hat sie darum auch für die Menschen im Osten nicht im Angebot, sondern stellt diese nur nebulös in Aussicht – wenn eines Tages das Land »zurückgeholt« sein wird und in Deutschland wieder ein homogenes deutsches Volk lebt. Die Lebenssituation ostdeutscher Wählerinnen und Wähler ist vor allem Mittel zum Zweck und Ausgangspunkt für ein wirkmächtiges Identifikationsangebot: ein neues, stolzes Image des Ostens als Gegenbild zum »woken« Westen, als Bollwerk gegen das »Regenbogen-Imperium« und als Lebensraum der wahren deutschen Patrioten.

Für die Landtagswahlen 2024 ließ sich Höcke auf einer Simson fotografieren, mit einem Tank in Schwarz-Rot-Gold, dazu die Slogans »Ja zur Jugend!« und »Der Osten macht's«. Das Moped aus Suhl war Kult in der DDR und ein begehrtes Symbol der Freiheit. 2002 stellte das Traditionswerk nach einer erneuten Insolvenz den Betrieb wegen mangelnder Nachfrage ein. Inzwischen sind DDR-Mopeds wieder begehrt, jetzt aber als Symbol ostdeutscher Identität.

Das wollte man sich bei der AfD nicht entgehen lassen. Also lud der thüringische Landesverband zu Simson-Touren mit Höcke, an denen wie erhofft auch viele teilnahmen, die erst nach dem Mauerfall geboren wurden. Die AfD-Jugend Junge Alternative steuerte die Parole »Simson statt Lastenrad« bei und umriss damit ein ganzes Kulturkampf-Universum: Ost gegen West, Land gegen Stadt, Spaß haben gegen »Klimahysteriker«, gesunder Menschenverstand gegen alles, was »grün und woke« ist. »Es war mir ein Fest«, postete Höcke nach den Touren auf Instagram.[136]

Dass er 2017 ausgerechnet in Dresden zum ersten Mal eine »erinnerungspolitische Wende um 180 Grad« forderte, ist kein Zufall, denn aus neurechter Sicht könnte diese in Ostdeutschland beginnen: als Land, in dem die Menschen, unbelastet vom »Schuldkult« des Westens, stolz auf ihre deutsche Heimat sind und sich weder ihrer DDR-Biografien noch der NS-Zeit schämen.

Mit den Simson-Mopeds lässt sich symbolisch gleich beides auf einmal abräumen: Die Firma, 1856 von den jüdischen Brüdern Löb und Moses Simson gegründet und bis 1933 größter Arbeitgeber in Suhl, wurde 1936 »arisiert«: Der Thüringer Gauleiter Fritz Sauckel hatte sich dafür direkt an Hitler gewandt und ihn gebeten, Maßnahmen gegen »die Juden Simson« zu ergreifen, die »zu den übelsten Vertretern ihrer Rasse« gehörten. Kurz darauf wurden die Inhaber Julius und Arthur Simson in einem Schauprozess mithilfe gefälschter Vorwürfe enteignet. Umbenannt in »Gustloff-Werke«, produzierte das Unternehmen dann weiterhin Waffen, nun für Deutschlands Eroberungskrieg, sowie erstmals Motorräder. Der Familie Simson gelang die Flucht in die USA, doch um die Rückgabe ihres Besitzes kämpften sie nach dem Krieg, wie so viele, vergeblich: Die DDR-Führung stellte sich auf den Standpunkt, die Firma müsse nun zum Volkseigenen Betrieb (VEB) werden, es handle sich schließlich um eine ehemalige NS-Firma.

So liefen im Werk ab den 1950er-Jahren, als Ausweis sozialistischer Ingenieurskunst, nun wieder unter dem alten Markennamen Simson Fahrräder und legendäre Mopeds beziehungsweise Kleinkrafträder wie die SR1 oder die »Schwalbe« (KR 51) vom Band. Von den eigentlichen Besitzern der Firma war in der DDR nicht die Rede, und doch erhielt sich die Erinnerung auf zynische Weise in der Redewendung, man gehe »beim Juden« arbeiten.[137]

Heute nun, neunzig Jahre nach der Enteignung der Familie Simson, sind die Mopeds aus Suhl nur noch eines: ostdeutsch. Als Kultobjekte verkörpern sie ein Lebensgefühl, das sich von allen echten historischen Bezügen gelöst hat und eine quasi unpolitische DDR feiert, die gegen den »dekadenten Westen« in Stellung gebracht wird – genau wie damals, nur diesmal von rechts. Und zum Vorteil der AfD.

»Natürlich war die DDR eine Diktatur«, sagte Höcke im September 2024 zum Abschluss des Wahlkampfs in Cottbus, um gleich darauf die angeblich heile Welt dahinter zu beschreiben: »Es gab soziale Sicherheit, es gab Vertrauen, es gab Nachbarschaft, gelebte Solidarität, innere Sicherheit …, es gab Bildung, gute Bildung, vor allem in den Naturwissenschaften.« Heute jedoch seien überall die Zeichen für einen »zerfallenden Staat« zu sehen, alle »gemeinschaftsorientierten Werte« seien im Rückgang begriffen, die Gesellschaft erodiere, und schuld daran seien »die Kartellparteien« mit ihrer »Zerstörungspolitik«.

Das, was gut war, werde immer weniger, während das, was alle an der DDR gehasst hätten, jetzt wieder »fröhliche Urstände« feiere: das »Blockparteiensystem«, das »Auseinanderfallen von privater und öffentlicher Meinung«, der »Einsatz eines Geheimdienstes gegen andersmeinende Bürger«. Die Bundesrepublik, schloss Höcke und nannte es »Analyse«, ähnle immer mehr der DDR. Das Land sei keine lebendige Demokratie mehr, sondern ein »Gesinnungsstaat« mit totalitären Zügen.[138]

Es gibt nichts Gutes, außer man tut es

Wem schwindelig wird bei so viel Aneignung, Umdeutung und Verdrehung, sollte sich innerlich beglückwünschen: Der politische Kompass ist noch intakt. Gegen akuten Schwindel hilft sonst vielleicht auch ein Blick in die Wissenschaft: Eine großangelegte Studie ergab, dass die aggressive Untergangsrhetorik der AfD das Wohlbefinden ihrer eigenen Wählerschaft massiv beeinträchtigt und deren Lebenszufriedenheit nachhaltig einschränkt. Die Forschenden des Wissenschaftszentrums für Sozialforschung in Berlin (WZB) hatten über drei Jahre hinweg repräsentative Umfragen und vertiefende Experimente durchgeführt. Dabei stellten sie fest, dass sich Menschen, die mit ihrer persönlichen Situation unzufrieden sind, zwar deutlich häufiger für die AfD entscheiden als für andere Parteien, danach aber noch pessimistischer in die Zukunft schauen. Sobald sie sich von der AfD abwandten, ging es mit der Stimmung wieder bergauf. Der Zusammenhang sei eindeutig, betonte das Forschungsteam, und lasse sich nicht durch sozioökonomische Variablen wie Einkommen oder Bildung erklären.[139]

Ein Grund mehr also, nicht auf die Apokalypse der Rechten einzusteigen, auch wenn die Herausforderungen gewaltig sind. Eine handlungsfähige Demokratie kommt dabei nicht heraus. Zur Verteidigung gegen die dunklen Künste, das wissen wir seit Harry Potter, reicht es manchmal schon, über die finsteren Kreaturen, die einem Angst einflößen wollen, zu lachen, um ihren Bann zu brechen. Die AfD ist da ein gutes Übungsfeld.

Um aber das zu beschützen, worauf sie und ihresgleichen es abgesehen haben, braucht es geschlossene Reihen. Denn AfD und Neue Rechte predigen Gemeinschaft, setzen aber, wo immer es geht, auf Spaltung, weil es das ist, was sie groß macht. Spaltung der EU, Spaltung zwischen Stadt und Land, Spaltung zwischen Armen und noch Ärmeren, Spaltung des Parlaments, der Parteien, der gesamten Gesellschaft. Teile und herrsche – in einer zunehmend unübersichtlichen Welt scheint dieses Prinzip besonders gut zu funktionieren.

Anfang 2024 aber, als das Potsdamer Geheimtreffen und der dort diskutierte »Masterplan Remigration« bekannt geworden waren, woraufhin wochenlang Hunderttausende auf die Straße gingen, um ihrer Empörung Ausdruck zu verleihen, entstand plötzlich ein ganz anderes Bild. Nämlich das von einer Gesellschaft, die spürt, dass ihre wahre Stärke im Miteinander liegt, allen Gegensätzen und Streitigkeiten zum Trotz. Die verstanden hat, dass es etwas zu verlieren gibt, das sie für selbstverständlich gehalten hat – und dass jede und jeder Einzelne darüber entscheidet, wie es mit der Demokratie in Deutschland weitergeht, und zwar nicht erst bei den nächsten Wahlen, sondern jeden Tag.

Es war die größte Protestwelle in der Geschichte der Bundesrepublik und brachte auch außerhalb der großen Städte insgesamt rund vier Millionen Menschen zusammen, unter ihnen viele, die vorher noch nie auf einer Demonstration gewesen waren. Sie kamen, um gegen Ausgrenzung und Rechtsextremismus zu demonstrieren, und erlebten dabei, wie gut es tut, gemeinsam mit vielen anderen *für* etwas einzustehen, das in Wahrheit weder rechts noch links ist.[140]

Untersuchungen belegen, dass die Protestmärsche, Lichterketten und Kundgebungen nachhaltige Effekte haben, also weit mehr waren als ein starkes prodemokratisches Zeichen. Viele Menschen wurden durch sie inspiriert, sich zu engagieren, viele neue Bündnisse sind entstanden, bereits bestehende erfahren breitere Unterstützung und haben ihre Arbeit verstetigt. In der Politikwissenschaft ist von einer »Belebung der Zivilgesellschaft« die Rede, in der Psychologie von »Selbstwirksamkeit«.[141]

Nichts könnte demokratischer sein, denn dieser Staat, das sind wir alle. Es liegt an uns, ihn zu gestalten, an neue Gegebenheiten anzupassen und auch außerhalb des Politikbetriebs nach Lösungen für Probleme zu suchen. Die Demonstrierenden auf den *No Kings*-Protesten gegen Donald Trump in den USA haben es im Sommer und Herbst 2024 mit Sprechchören den Punkt gebracht: »This is what democracy looks like!« – so sieht Demokratie aus. Vielfältig, bunt, widersprüchlich, streitbar, lebendig, frei – nur in diesem System ist all das möglich. Was für ein Glück!

Widerstand

Die selbsternannten Helden

»Freiheit und Ehre! Zehn lange Jahre haben Hitler und seine Genossen die beiden herrlichen deutsche Worte bis zum Ekel ausgequetscht, abgedroschen, verdreht, wie es nur Dilettanten vermögen, die die höchsten Werte einer Nation vor die Säue werfen.« Dieser Satz stammt aus dem Flugblatt der Widerstandsgruppe Weiße Rose, das die Studierenden Hans Scholl, 24, und seine Schwester Sophie, 21, am 18. Februar 1943 auf den Fluren der Ludwig-Maximilians-Universität München (LMU) auslegen. In den Monaten davor hatte Hans mit seinen Freunden Alexander Schmorell und Christoph Probst bereits fünf solcher Texte verfasst und größtenteils per Post verschickt, kurz vorher war auch Sophie zur Gruppe dazugestoßen. Die Blätter handeln von Hitlers Lügen, von Krieg, Repression, dem Mord an den Juden, und der Aufruf zum Widerstand wurde von Mal zu Mal dringlicher. Das Flugblatt, das die Geschwister vor die Türen der Hörsäle, auf Bänke und Geländer legten, benennt die Lage schonungslos, wie sie ist: Der Krieg ist längst verloren, wird trotzdem weitergeführt und kostet jeden Tag Tausende Menschenleben.

Einen letzten Stapel schubste Sophie noch im Gehen aus dem zweiten Stock über die Brüstung, sodass die Blätter in den Lichthof der Eingangshalle segelten. Doch der Hausmeister hatte die beiden beobachtet und hielt sie fest, bis die Gestapo eingetroffen war. Vier Tage später werden die Geschwister von Roland Freisler, dem Präsidenten des »Volksgerichtshofs«, zum Tode verurteilt. »Vorbereitung zum Hochverrat und Feindbegünstigung«, lautet die Anklage. Die

Gnadengesuche der Eltern werden abgelehnt. Auch der mitangeklagte Christoph Probst, Vater von drei kleinen Kindern, bittet vergeblich um Gnade. Wenige Stunden später sterben er, Sophie und Hans im Gefängnis München-Stadelheim unter der Guillotine.[1]

Ein Protokoll, das heute im Bundesarchiv liegt, dokumentiert ihre letzten Minuten. In den Lücken des Vordrucks hat ein Beamter mit deutscher Exaktheit die Zeitangaben ergänzt: »Der gesamte Hinrichtungsvorgang … dauerte vom Verlassen der Zelle an gerechnet --- [0] Minuten 48 Sekunden … Von der Übergabe an den Scharfrichter bis zum Fall des Beiles vergingen 06 Sekunden.«[2]

2018 fielen erneut Flugblätter auf den Marmorboden im Lichthof der LMU, diesmal kamen sie von der Jungen Alternative (JA), der Jugendorganisation der AfD. Unter der Überschrift »Folgt euren Vorbildern – leistet patriotischen Widerstand!« waren darauf vier aus dem Zusammenhang gerissene Zitate der Weißen Rose zu lesen, eines davon aus dem Anfang des ersten Flugblatttexts von 1942: »Nichts ist eines Kulturvolkes unwürdiger als sich ohne Widerstand von einer verantwortungslosen und dunklen Trieben ergebenen Herrscherclique ›regieren‹ zu lassen.« Darunter hatte die JA den Slogan »Gemeinsam gegen das Unrecht Regime [sic!]« gesetzt.[3]

In den sozialen Netzwerken postete sie ein Foto der Aktion im Lichthof zusammen mit dem Flugblatt. »Passend zum Semesterbeginn«, hieß es dazu, habe die JA München »ihren politischen Auftrag für die Jugend wahrgenommen und die Studenten daran erinnert, dass der Widerstand gegen ein ›Unrecht-Regime‹ in München« und vor allem »an dieser Universität Tradition« habe.[4]

Tradition hat vor allem die Unverfrorenheit, mit der Rechte seit Jahren den Widerstand gegen Hitler kapern und sich sogar mit ihm gleichzusetzen versuchen: Sophie und Hans Scholl haben ihr Leben riskiert, als sie die Flugblätter verteilten, weil das in dem Deutschland, in dem sie damals lebten, als Hochverrat galt. Die selbsternannten Helden der Jungen Alternative hingegen schützt die in der Bundesrepublik garantierte Meinungsfreiheit.

Im Übrigen kann sich weder die LMU noch irgendeine andere deutsche Universität einer Tradition des Widerstands rühmen, und auch München war in seiner Eigenschaft als »Hauptstadt der Bewegung« wahrlich kein Hort des Ungehorsams. Mit ihrem Kampf gegen das NS-Regime standen die Mitglieder der Weißen Rose ebenso auf verlorenem Posten wie die anderen Widerständler, weil es von ihnen in Deutschland viel zu wenige gab. Sophie und Hans Scholl wurden im Namen eines Volkes ermordet, das Hitler bis zuletzt mehrheitlich die Treue hielt und selbst nach 1945 vom Widerstand jahrzehntelang nichts wissen wollte. Als Entlastungserzählung durfte der Widerstand und die Geschichte der Weißen Rose aber gern herhalten. Heute glaubt daher fast jeder dritte Deutsche, seine Vorfahren seien Gegner des Nationalsozialismus gewesen,[5] und das Andenken an die viel zu wenigen, die es tatsächlich waren, wird ausgerechnet von der Neuen Rechten missbraucht.

In Ulm, der Heimatstadt der Scholl-Geschwister, postete 2016 der Vorsitzende des AfD-Kreisverbands zum Jahrestag ihrer Hinrichtung am 23. Februar, in seiner Partei sehe man sich demselben »kämpferischen Geist« verpflichtet. »Damals wie heute lief in Deutschland etwas aus dem Ruder, lasst uns gemeinsam dagegen antreten.«[6] Im Jahr darauf verbreitete die AfD Nürnberg-Süd/Schwabach ein virtuelles Wahlplakat mit dem Slogan »Sophie Scholl würde AfD wählen« und löschte es erst nach massiven Protesten und einer gerichtlichen Eilentscheidung.[7] Der zuständige Pressesprecher hatte für die Aufregung kein Verständnis: Für ihn läge der Bezug zu den Scholls auf der Hand, erklärte er. »Wir sind klar gegen den Zeitgeist von heute inklusive Multikulturalismus und Willkommenskultur. Auch die Geschwister Scholl haben sich mutig dem Zeitgeist widersetzt, so wie heute die AfD.«[8]

Dem »Zeitgeist« widersetzt? Mit Verdrehungen wie diesen fährt die AfD schon lange bestens: Jeder Tabubruch bringt zuverlässig Aufmerksamkeit und einen neuen verbalen Geländegewinn. Indem sie sich selbst als mutige Widerstandskämpferin stilisiert, schafft die Partei zugleich das Angebot, alltäglichem Unmut den Goldschimmer heldenhafter Resistenz zu verleihen, ohne dabei Verfolgung zu riskieren, wie die echten Widerständler damals oder Dissidenten in der DDR.

Wie gut dieses Framing funktioniert und wie universal es sich einsetzen lässt, zeigte sich während der Pandemie, als es im »Widerstand« der »Querdenker« gegen die Corona-Maßnahmen zum Schulterschluss zwischen Impfgegnern, Demokratieskeptikern und Ausländerfeinden kam. Zu besonderer Berühmtheit brachte es eine junge Frau im November 2020, die auf einer Demonstration in Hannover ans Mikrofon trat, sich als »Jana aus Kassel« vorstellte und erklärte, sie fühle sich wie Sophie Scholl, »da ich seit Monaten aktiv im Widerstand bin, Reden halte, auf Demos gehe, Flyer verteile und … Versammlungen anmelde«. Sie sei jetzt genauso alt wie Sophie, »bevor sie den Nationalsozialisten zum Opfer fiel«. Niemals werde sie aufhören, sich »für Freiheit, Frieden, Liebe und Gerechtigkeit« einzusetzen.[9]

Das Video ihrer Rede ging schnell viral und bekam bissige Kommentare im Netz; von den Teilnehmenden vor Ort war sie hingegen beklatscht worden. Offenbar war nicht nur der Rednerin selbst entgangen, dass sie, abgesehen von Alter und Geschlecht, mit Sophie Scholl nichts gemein hat. Und vor allem: dass es keine Heldentat ist, in einer Demokratie seine Meinung zu sagen – nicht mal dann, wenn es sich um Kritik an der Regierung handelt. Denn im Gegensatz zu Sophie, die im Alter von 21 Jahren enthauptet wurde, haben Jana und wir alle das Glück, in einem Rechtsstaat zu leben, in dem die hart erkämpften Grundrechte von der Verfassung geschützt werden.

Die AfD verwendet viel Mühe darauf, diesen Unterschied zu verwischen, und verzeichnet damit bemerkenswerte Erfolge: Viele glauben inzwischen tatsächlich, dass die Partei durch »das System« und »die Kartellparteien« unterdrückt werde und ihre Arbeit darum legitimer Widerstand sei. Den Widerspruch, dass sie zugleich auf Wahlzetteln steht und – finanziert durch staatliche Gelder – für sich und ihre Politik werben kann, lässt die AfD geflissentlich unter den Tisch fallen. Das während der sogenannten »Flüchtlingskrise« gesetzte Narrativ von der »Merkel-Diktatur« ist daher bis heute wirkmächtig und offensichtlich problemlos auf jede andere Regierung übertragbar.

In dieser Hinsicht war die Pandemie für die AfD ein Geschenk des Himmels: Selbst nicht in der Verlegenheit, Entscheidungen zum Schutz der Bevölkerung vor einem bis dahin unbekannten Virus treffen zu müssen, konnte sie sich zur Anwältin des vermeintlich unterdrückten Volkes aufschwingen. Der allgemeine Frust über die angeordneten Corona-Maßnahmen und eine angebliche Impfpflicht spülten sie an die Spitze einer eigentlich heterogenen Bewegung, in der sich alle zu Hause fühlen konnten, die Groll gegen diesen Staat hegen, aus welchen Gründen auch immer.

Dieselbe Strategie kommt beim Thema Migration zum Einsatz. Auch hierbei, so die Behauptung, geschehe »dem deutschen Volk« Unrecht. Man nehme ihm sein Land, seine Wohnungen, seine Arbeitsplätze, seine Sicherheit, letztlich sogar seine Existenz, denn früher oder später drohe die vollständige »Umvolkung«. Wer sich vom großen »Wir« der AfD angesprochen fühlt, darf sich als Teil eines gefährdeten und von äußeren Mächten unterdrückten Kollektivs betrachten. Gewalt gegen dieses »Unrecht« lässt sich so als legitime Notwehr deklarieren – als Widerstand.[10]

Neue Rechte, altes Denken

Das Wildern im Gedenken an den Widerstand ist kein neues Phänomen: Claus Schenk Graf von Stauffenberg, der am 20. Juli 1944 versuchte, Hitler mit einer Bombe zu töten, steht bei der Neuen

Rechten seit Jahren hoch im Kurs. Als Offizier aus konservativ-monarchistischem Adelshaus mit langer militärischer Tradition eignet er sich schon per se als Werbefigur für rechtskonservative Ideale. Anschlussfähig machen Stauffenberg außerdem seine Ablehnung der Weimarer Republik und die Zugehörigkeit zum Kreis um den Dichter Stefan George, der schon vor 1933 ein »Neues Reich« und die Bedeutung einer auserwählten Elite predigte. Der Satz, den Stauffenberg gerufen haben soll, bevor ihn die Kugeln des Erschießungskommandos trafen, wirkt aus der Distanz von mehr als acht Jahrzehnten ebenfalls fast wie nationalistische Propaganda: »Es lebe das heilige Deutschland!«

Der rechte Historiker Karlheinz Weißmann hat nach eigenen Angaben schon während seines Studiums Mitte der 1980er-Jahre Plakate mit diesem Zitat geklebt.[11] In der *Jungen Freiheit* reklamiert er Stauffenberg seit Jahren schon für das rechte Lager und macht ihn zum Kronzeugen einer umfassenden Kritik der gegenwärtigen Verhältnisse: Wer diese für »die beste aller denkbaren Welten« halte, finde »keinen Zugang zu den Motiven Stauffenbergs«, schreibt Weißmann. Denn die »Entschlossenheit und der Mut der Männer des 20. Juli … zog Kraft aus Reserven, über die eine liberale Gesellschaft nicht verfügt«.[12]

Das ist harter Tobak, doch die *Junge Freiheit* setzt in einem anderen Artikel noch einen drauf: Stauffenberg und seine Mitstreiter hätten »völlig jenseits unserer Erfahrung liegende Physiognomien, Körperhaltungen, Sprechweisen, Idiome, Umgangsformen« besessen. Mit diesen Helden sei in Deutschland eine Spitze des »Menschlichen« erreicht gewesen, denn seit 1945 sei der »Abbau des Menschlichen brutal zu Tage« getreten.[13]

Das passt zur kulturpessimistischen Dauerschleife der AfD, der zufolge es ab 1945 kaum etwas gebe, das der Würdigung wert wäre. Spätestens seit dem liberalen Sündenfall »1968« sei es mit Deutschland stetig bergab gegangen[14] – bis zum gegenwärtigen Tiefpunkt aus Regenbogen und Wokeness. Die Neue Rechte hat dem angeblichen Abwärtstrend den Kampf angesagt: »Wir stehen im historischen Erbe eines Claus von Stauffenberg«, schrieb die Identitäre Bewegung am 20. Juli 2016. »Die Helden dieses Datums sind das leuchtende Beispiel, sich nicht abfinden zu können, wenn die Not das Eigene bedroht.«[15]

Am Institut für Staatspolitik (IfS), einer neurechten Denkfabrik und Bildungseinrichtung, wurde Stauffenberg von Anfang an für die sogenannte »Konservative Revolution« beansprucht. Dieser eigentlich widersprüchliche Begriff wurde durch den Publizisten Armin Mohler (1920–2003) populär, der in der Szene noch immer den Status eines Gurus hat. Als einer der Ersten erkannte er das grundlegende Problem der Rechten, über keine Traditionslinien zu verfügen, die nicht, direkt oder indirekt, NS-kontaminiert sind. Die »Konservative Revolution« sollte der Ausweg aus diesem Dilemma sein: In seiner 1948 erschienenen Dissertation fasste Mohler unter dieser Wendung radikale Nationalisten und Antidemokraten der Weimarer Republik zusammen, deren Gedankengut er in der entstehenden Bundesrepublik wieder hoffähig machen wollte.

Der geborene Schweizer war 1942 illegal nach Deutschland eingereist, um sich freiwillig zur Waffen-SS zu melden. Nach dem Krieg setzte er alles daran, einer neuen rechten Bewegung den Weg zu ebnen, indem er sie »konservativ-revolutionär« nannte und so von der NS-Ideologie abzugrenzen versuchte. Zu diesem Zweck erklärte er die Protagonisten der »Konservativen Revolution« kurzerhand zu Hitler-Gegnern, obwohl etliche von ihnen maßgeblich zum Aufstieg des Nationalsozialismus beigetragen hatten oder ihm gedanklich nahestanden.[16]

Der Staatsrechtler Carl Schmitt zum Beispiel schuf in den 1920er-Jahren die geistige Basis des Führer-Prinzips: Gewaltenteilung, Pluralismus und universelle Menschenrechte seien bloße Erfindungen des Liberalismus, behauptete er. Wahre Demokratie sei nur mit einem »Volkskörper« möglich, den ein Diktator zu einer Einheit geformt habe. Zur Demokratie gehöre darum notwendigerweise »die Ausscheidung oder Vernichtung des Heterogenen«.[17] Für Mohler beschrieb Schmitt damit die Stoßrichtung, die auch jene neue Rechte haben sollte, die ihm selbst vorschwebte. Ganz in seinem Sinne ruft heute ein Victor Orbán das Zeitalter der »illiberalen Demokratie« aus und setzt diese in Ungarn bereits konsequent um.

Den reaktionären Philosophen Oswald Spengler, der in der Zwischenkriegszeit die Idee vom »Untergang des Abendlandes« formulierte, zählte Mohler ebenfalls zu den Vordenkern seiner Bewegung. Und in den kriegs- und todesverherrlichenden Schriften des nationalistischen Dichters Ernst Jünger fand er ein Leben lang Inspiration, um seine Version von Zerstörung zu skizzieren: Es gehe um »ein Beschneiden von lebenshemmenden Wucherungen«, schreibt Mohler. »Das einzelne, dessen Zeit vorbei ist, soll nicht … krampfhaft festgehalten werden … Besser ist ein schneller Schnitt als ein langsames Faulen, wenn der Untergang ohnehin beschlossen ist.«[18]

Es waren also die Antisemiten, Rassisten und Demokratiefeinde der »Konservativen Revolution« der 1920er-Jahre, bei denen sich Mohler die ideellen Versatzstücke zusammensuchte, mit denen er die von ihm angestrebte Wende in Deutschland befeuern wollte. Um seine Vorbilder von den Nazis zu trennen, behauptete er, sie seien »Trotzkisten des Nationalsozialismus« gewesen, also dessen erklärte Feinde – eine klare Geschichtsfälschung. Im Windschatten dieser Lüge konnte sich eine immer breiter vernetzte Neue Rechte ein intellektuelles Gerüst zimmern, von dem aus völkische und antiliberale Ideen mit der Zeit bis in den konservativen Mainstream vordrangen – Mohlers Strategie aus Vereinnahmung, Umdeutung und handfesten Lügen hat sich auf ganzer Linie bewährt.

Er selbst machte im Nachkriegsdeutschland Karriere, wurde Chef der Siemens-Stiftung, persönlicher Berater von Franz Josef Strauß (CSU) und Stichwortgeber der Rechtsaußenpartei Die Republikaner. Das »Erfolgsrezept« des Nationalsozialismus bestand aus Mohlers Sicht darin, dass dieser »seelische Erlebnisse vermittelt« habe, »die heute kaum noch denkbar sind«. Die Neue Rechte, forderte er, müsse die Leute genauso »in den Eingeweiden bewegen« und dafür aus dem »Asylproblem« und dem »Sicherheitsbedürfnis des Volkes … Kapital schlagen«. Die hasserfüllte Untergangsrhetorik der AfD ist ein Echo dieser Idee.

Der Angriff auf die deutsche Erinnerungskultur ist ebenso wenig eine Erfindung der AfD: Mohlers Buch *Der Nasenring – Im Dickicht der Vergangenheitsbewältigung* von 1989 ist ein Klassiker neurechter Geschichtsrhetorik und steht bis heute Pate, wenn Vertreter der AfD und der Neuen Rechten ein Ende des »Schuldkults« fordern oder Björn Höcke das Berliner Holocaust-Mahnmal »Denkmal der Schande« nennt. Bei Mohler hieß das »Nationalmasochismus«. Gegen Ende seines Lebens legte er Wert darauf, Faschist genannt zu werden.[19]

Als Mohler 2003 starb, hielt der rechtsextreme Aktivist und ehemalige Redakteur der *Jungen Freiheit*, Götz Kubitschek, die Grabrede. Zusammen mit dem Historiker Karlheinz Weißmann, auch er ein Anhänger Mohlers, hatte Kubitschek drei Jahre zuvor das IfS gegründet, das neuerdings auf seinem Rittergut im sachsen-anhaltinischen Schnellroda untergebracht war, genau wie der von ihm gegründete Verlag Antaios. Für Mohlers Vermächtnis war also gesorgt.

»Die Schüler der dritten Generation«, sagte Kubitschek feierlich, »beharren auf der geistigen Gegenwart« des Verstorbenen. Was er gelehrt habe, lasse sich mit einigen Begriffen ausdrücken: die »Unbekümmertheit des Vorstoßes«, wenn der richtige Moment gekommen sei, die »Bewaffnung der Sprache«[20] und »die Taktik der Nonkonformität«.[21] Gut zwanzig Jahre später muss man Mohler postum zu seinen gelehrigen Jüngern gratulieren: Die Sprache ist bewaffnet, der Vorstoß überaus unbekümmert, die Taktik sprengt alle gewohnten Formen des Umgangs und schert sich nicht um historische Fakten.

Schon hat es die Idee der »Konservativen Revolution« dorthin geschafft, wo vor nicht allzu langer Zeit noch der konservativere Teil der demokratischen Mitte gewesen ist. Alexander Dobrindt (CSU) etwa machte 2023 in einem Beitrag für *Die Welt* eine Ankündigung, die ebenso gut aus Höckes Feder stammen könnte: »Auf die linke Revolution der Eliten folgt eine konservative Revolution der Bürger. Wir unterstützen diese Revolution und sind ihre Stimme in der Politik.«[22] Die Auswirkungen dieser Unterstützung sind bereits deutlich zu spüren: Der Backlash ist in vollem Gange.

Geschichte passend gemacht

Die »Taktik der Nonkonformität« treibt unterdessen besonders bizarre Blüten: Anfang 2025 behauptete AfD-Chefin Alice Weidel im Gespräch mit Elon Musk, Hitler sei Kommunist gewesen – eine perfide Lüge und angesichts von 20 000 Kommunistinnen und Kommunisten, die allein in Deutschland auf Hitlers Befehl ermordet wurden, außerdem Geschichtsrevisionismus der schlimmsten Art. Beim anschließenden Interview mit RTL blieb Weidel unbeirrt: »Ich bin Ökonomin, und für uns ist völlig klar, dass Adolf Hitler ein Linker war.« Von den Journalisten vorgebrachte Einwände ließ sie nicht gelten: »Adolf Hitler war ein Linker mit den gleichen Methoden wie heute. Mit Gleichschaltung von Medien, Einschränkung der Meinungsbildung und sonstigen Verboten und Ausgrenzung von anderen Meinungen.«[23] Es sei »der größte Fehler der Geschichte«, Hitler »als rechts und konservativ zu bezeichnen«.[24]

Ein paar Monate später setzte Weidels Parteikollegin, die Bundestagsabgeordnete Nicole Höchst, den zivilgesellschaftlichen Protest gegen die AfD mit Aktionen der Hitlerjugend (HJ) gleich. Zum Beweis ihrer These postete sie eine Seite aus der *Deutschen Reichs-*

Zeitung von 1934, auf der unter der Überschrift »Der Feind steht rechts« von einer HJ-Aktion berichtet wurde. »Bitte selbst nachlesen und dann mal scharf nachdenken«, schrieb sie dazu. »Was macht das also mit den ganzen wackeren Kämpfern gegen rechts?«[25]

Der höhnische Ton zeigt, worum es Höchst geht, macht ihre Aussage aber nicht wahrer: Gerade in den Anfangsjahren hatten die Nationalsozialisten viele Feinde im eigenen Lager, gegen die auch die HJ als gleichgeschaltete Jugendorganisation vorging. Politisch links war sie deshalb aber genauso wenig wie die NSDAP. Doch die Ursprünge des Täuschungsmanövers der AfD reichen noch weiter zurück: Schon die Nationalsozialisten übernahmen bewusst linke Symbole und Begriffe, um deren Bedeutung zu schwächen und ihrem politischen Gegner die Anhänger abzuwerben. Sogar für ihre Hakenkreuzfahnen wählten sie das traditionelle Rot, »um dadurch die linke Seite … zur Empörung zu bringen und sie zu verleiten, in unsere Versammlungen zu kommen, wenn auch nur, um sie zu sprengen«, schrieb Hitler in *Mein Kampf*.[26]

Die rechte Taktik der Vereinnahmung ist also schon sehr viel älter als die AfD. Als links hätte Hitler aber weder sich selbst noch seine Partei bezeichnet: Zu keinem Zeitpunkt hat er je den leisesten Zweifel darüber aufkommen lassen, dass ihm die Linken verhasst waren und er sie als die Hauptfeinde betrachtete, allen voran die Kommunisten. Unmittelbar nach der Machtübernahme wurden die Gewerkschaften zerschlagen und wichtige Errungenschaften der Arbeiterbewegung wie das Streikrecht, die Tarifautonomie oder die Mitbestimmung in Betriebsräten abgeschafft.[27] Das Parteiprogramm der NSDAP war außerdem von Anfang an, also seit 1920, explizit antikommunistisch und antisemitisch.[28]

Trotz alledem kursiert in rechten Kreisen das Märchen von den linken Nazis. Schon seit den 1970er-Jahren dient es dazu, politische Gegner zu diffamieren. 1979 behauptete sogar der damalige Kanzlerkandidat der Union, Franz Josef Strauß, Hitler und Goebbels seien »im Grunde ihres Herzens Marxisten gewesen«. 2012 twitterte Erika Steinbach, damals CDU-Mitglied und Vorsitzende des Vertriebenenverbandes: »Die NAZIS waren eine linke Partei. Vergessen? NationalSOZIALISTISCHE deutsche Arbeiterpartei …« Inzwischen ist Steinbach in der AfD und leitet deren parteinahe Stiftung.[29]

Die AfD-Abgeordnete Höchst hatte 2019 bereits Bundeskanzlerin Angela Merkel mit Hitler verglichen, da lag die Gleichsetzung der Hitlerjugend mit dem Kampf gegen Rechtsextremismus nur nahe. Und sie passte zum Kurs, den Parteichefin Weidel nun immer konsequenter verfolgte: Gleich nachdem sie Hitler zum Kommunisten erklärt hatte, verglich sie bei einem Wahlkampfauftritt in Hamburg die 16 000 Menschen, die spontan zusammengekommen waren, um gegen ihren Besuch zu demonstrieren, mit der »schlagenden SA«. Bei ihrer Rede sagte sie im getragenen Duktus einer Gedenkveranstaltung: »Diese Massenausschreitung von Linken erinnert gerade uns Deutsche an unsere dunklen Zeiten, an die Zeiten des Totalitarismus im Dritten Reich.«[30]

Über die Millionen Opfer des Nationalsozialismus ist von der AfD hingegen nie etwas zu hören. Wenn sie vom Terror des NS-Regimes spricht, dann nur, um ihn mit dem zu vergleichen, was sie selbst angeblich in der Bundesrepublik zu erleiden habe. Auf diese Weise verharmlost sie den Nationalsozialismus, diffamiert das jetzige System als undemokratisch, stilisiert sich selbst zu dessen Opfer und zur wahren Erbin einer konservativen Tradition, in deren Namen sie mutig Widerstand leiste.

Das Gedenken an Oberst Stauffenberg hat sich dafür als Universaltool erwiesen, weil es für staatstragende Äußerungen ebenso taugt wie für das Gegenteil: Mit ihm kann man sich als Anhänger der Demokratie geben und gleichzeitig alles dafür tun, sie schlechtzumachen. Wenn man es plump genug anstellt und davon ausgeht, dass die Zuhörerschaft es nicht besser weiß, lässt sich mit Stauffenberg außerdem die Wehrmacht schönreden und die NS-Zeit verharmlosen. Er steht für das Gute im Deutschen und lässt sich als Posterboy des Widerstands ebenso gegen das vermeintlich unfreie System der Bundesrepublik wie gegen den angeblichen »Schuldkult« in Stellung bringen.

In der Bundesrepublik müsse alles, was dem »Bild vom angeblichen Kollektivversagen entgegensteht, … ausgeblendet werden«, behauptet Dieter Stein, Chefredakteur der *Jungen Freiheit*.[31] Bisher habe es auch das wiedervereinigte Deutschland »nicht vermocht, den Patriotismus und Widerstandsgeist des 20. Juli 1944 ins Zentrum der nationalen Erinnerung zu stellen«. Stattdessen befinde sich das Land noch immer »im Bann einer kollektivistischen Schuldhaftung, wie sie in ihrer Totalität dem Tyrannen … wohl gefallen hätte«.[32]

Den 20. Juli deutet die JF als »Aufstand des Deutschtums gegen Hitler«[33] – als sei nichts Deutsches am Nationalsozialismus und Widerstand gegen ihn die Regel gewesen. Diese Botschaft will auch die Pressemitteilung vermitteln, die der AfD-Parteivorstand zum 75. Jahrestag des Attentatsversuchs herausgab: Für Stauffenberg und seine Mitstreiter hätten »die Gräueltaten der Nationalsozialisten einen Ehrbegriff« verletzt, »der religiös-ethisch begründet und an die deutsche Nation gekoppelt war«, heißt es dort unter einer parteiblau gerahmten Collage aus Stauffenberg, AfD-Logo und der Reichstagskuppel. Darüber der Satz »Für Recht und Gerechtigkeit«.[34]

Den Nationalsozialismus und die Deutschen möglichst säuberlich voneinander zu trennen, ist keine Idee der Neuen Rechten. Neben Konrad Adenauer oder Helmut Kohl haben sich schon viele konservative deutsche Politiker an diesem Manöver versucht. Nur ist den Konservativen in dieser Disziplin im Laufe der Zeit Konkurrenz von rechts erwachsen. Eine Konkurrenz, die längst verstanden hat, dass sie mit dem Kapern des Widerstands gegen Hitler weiterkommt als mit der Verherrlichung des Nationalsozialismus, wie sie noch die Neonazis der 1980er-Jahre pflegten. Eine Konkurrenz, der die historische Wahrheit außerdem vollkommen gleichgültig ist.

Neu an der Strategie der Rechten ist allerdings – ganz im Sinne Mohlers – die Unbekümmertheit, mit der sie Fakten und Lügen mischt, Zusammenhänge bewusst verfälscht oder welche herstellt, wo es gar keine gibt. Nirgends wird das so neonhell sichtbar wie bei ihren Äußerungen zum Widerstand gegen Hitler, für die sie mit Vorliebe die mediale Aufmerksamkeit der Gedenktage nutzt: In der Pressemitteilung zum 75. Jahrestag des Umsturzversuchs am 20. Juli 2019 hieß es beispielsweise, man gedenke der »mutigen Patrioten«, die unter Einsatz ihres Lebens »die Ehre unserer Nation zu retten versuchten«. Ihr Beispiel mahne uns auch heute noch, »gegen jede Form von Extremismus und Diktatur aufzustehen«.[35]

Oberflächlich betrachtet ist daran nichts auszusetzen. Solche und ähnliche Sätze fallen zu diesem Anlass schließlich oft. Erst der Blick auf den Absender macht die Geheimtinte sichtbar, mit der die eigentliche Botschaft verfasst wurde. Wer sie nicht lesen will, wird in seinem Glauben bestätigt, dass die AfD auf dem Boden der Verfassung stehe und eine normale konservative Partei sei. Wer sich aber den revolutionären Umbruch erhofft, wird ebenfalls fündig: Die Formulierung »jede Form von Extremismus und Diktatur« lässt genug Spielraum für die Interpretation, dass die bundesdeutsche Gegenwart gemeint sein könnte – und sie ist es ja auch.

Wie die Aufforderung zum »Aufstehen« zu interpretieren sei, überlässt man den Empfängern – wohlwissend, dass bei Weitem nicht alle dabei an Lichterketten denken: Bei der Identitären Bewegung kursierten zum 75. Jahrestag 2019 Sticker mit der Aufschrift »Merkel länger an der Macht als Hitler und kein Stauffenberg in Sicht«. Marla Svenja Liebich, damals noch Sven Liebich, Rechtsextremist und ehemaliger *Blood & Honour*-Aktivist, spazierte am 20. Juli mit dem Spruch auf einer Protesttafel durch Halle, wo die

Identitären zum »Sommerfest« geladen hatten. Dabei trug er, wie Stauffenberg, eine schwarze Augenklappe.[36]

Den Radau kann die Partei also getrost der Straße überlassen und sich bei Bedarf davon distanzieren. Im politischen Berlin aber muss sie zumindest zum Schein die Form wahren. Das geht ihr allerdings oft genug daneben: Zum 80. Jahrestag des 20. Juli zündete die inzwischen weiter gewachsene Partei mit aneinandergeschnittenen Video-Statements aus der Bundestagsfraktion ein Feuerwerk populistischer Statements, das auf YouTube immer noch abrufbar ist. Für Nationalisten ist da ebenso etwas dabei wie für Klimaleugner, selbsternannte Widerstandskämpfer oder Verächter der Demokratie.

»Stauffenberg statt Thunberg!«, ist auf dem Thumbnail zu lesen. Dazu ein Foto der jungen Klima-Aktivistin neben einem Schwarz-Weiß-Porträt des Hitler-Attentäters. Die eine rot durchgestrichen, der andere mit grünem Häkchen. »Gerade in Zeiten von Wokeness und Wertezerfall brauchen wir Vorbilder, und die Männer des 20. Juli waren Vorbilder«, sagt Vize-Fraktionschefin Beatrix von Storch gleich zu Anfang. »Sie waren Christen und Patrioten, und sie waren bereit, ihr Leben einzusetzen gegen eine Gewaltherrschaft. Das war Mut, echter Mut, und nicht der Gratis-Mut der linken Aktivisten von heute.«[37]

Auch der Parlamentarische Geschäftsführer Enrico Komning nennt Stauffenberg ein Vorbild: Ein »echter Held« sei er gewesen, weil er sogar »im Augenblick seines eigenen Todes« nicht abgelassen habe »von seinen Idealen, von seiner Liebe zur Freiheit, zum eigenen Land, zum eigenen Volk«. Dieses Bild treibe auch ihn selbst an: »Bedingungsloses Festhalten an den eigenen Idealen auch gegen den größten Druck, gegen Schikane und *Cancel Culture*, nur das garantiert Freiheit. Zeigen wir auch in diesen Zeiten Rückgrat. Bleiben wir aufrecht und standhaft.«

Für das Protokoll: Das sagt ein in freien Wahlen gewählter, mit Steuergeldern bezahlter Abgeordneter, den niemand daran hindert, seine Meinung zu äußern – nicht einmal auf den Fluren des Deutschen Bundestags, wo das Video entstanden ist.

Die Familien der Widerständler wehren sich

Im Zusammenhang mit dem 20. Juli 1944 ist bei der AfD oft vom »Opfer für Volk und Vaterland« die Rede. Das war schon immer ein Lieblingstopos der Rechten, und »Heldengedenken« ist ein auch in der heutigen Szene bewährter Kampfbegriff. Früher bezogen sich Neonazis dabei auf gefallene deutsche Soldaten, SA- und SS-Männer und knüpften so direkt an den Totenkult des NS-Regimes an.[38] Bei einem Teil der Wählerschaft ist das auch heute noch en vogue. Nur haben Aktionen wie die inzwischen verbotenen Gedenkmärsche zu Ehren von Hitlers Stellvertreter Rudolf Heß, für die Rechtsextreme lange Zeit aus ganz Deutschland ins bayerische Wunsiedel pilgerten, den Nachteil, dass die Teilnahme seit 2009 unter den Tatbestand der Volksverhetzung fällt.[39] Mit Stauffenberg kann einem das nicht passieren.

Seit die AfD die reinigende Wirkung des 20. Juli für sich entdeckt hat, lässt sie darum kaum eine Gelegenheit aus, dem Gedenken ihren Stempel aufzudrücken: In Magdeburg legte die Landtagsfraktion zum Jahrestag 2016 einen Kranz am Denkmal für Henning von Tresckow nieder. Der in Magdeburg geborene Offizier war lange vor Stauffenberg die treibende Kraft hinter den Attentats- und Umsturzplänen gewesen. Auf die Schleife ließ die Fraktion trotzdem Stauffenbergs Worte »Es lebe das heilige Deutschland« drucken. Der damalige AfD-Landesvorsitzende André Poggenburg sagte dazu: »Nur mit einer solch patriotischen Einstellung und Vaterlandsliebe ist man willens und in der Lage, Tyrannei, Diktatur und anderen Gefahren wider seinem Land [sic!] entschlossen entgegenzutreten.«[40] Subtext: So wie wir, die AfD!

Bei den zentralen Gedenkfeiern zum 20. Juli in Berlin zeigt die

Partei ebenfalls zunehmend Präsenz. Mehrfach schon ließ sie, wie die anderen Bundestagsfraktionen, im Innenhof des Bendlerblocks einen Kranz an der Stelle niederlegen, wo Stauffenberg und drei seiner Mitstreiter in der Nacht zum 21. Juli 1944 erschossen wurden. Ein Affront für die Familien der Widerständler, die dort ihrer ermordeten Angehörigen gedenken. Am 80. Jahrestag verzichtete die AfD auf einen Kranz, stattdessen erschien Beatrix von Storch, die sorgsam darauf achtete, im Blickfeld möglichst vieler TV-Kameras zu sein.

Dabei verkörpert sie schon allein durch ihre Herkunftsfamilie das Gegenteil dessen, wofür die Frauen und Männer des Widerstands stehen: Ihr Großvater, Erbgroßherzog Nikolaus von Oldenburg, NSDAP-Mitglied und Standartenführer der SA, war über die Pläne zum Vernichtungskrieg offenbar so gut informiert, dass er sich bereits im Juni 1941, also wenige Wochen vor dem Angriff auf die Sowjetunion, schriftlich bei Heinrich Himmler erkundigte, ob »die Möglichkeit des Ankaufs größerer Güter im Osten nach Kriegsende für mich gegeben sein wird«. Ihr Großvater mütterlicherseits war Johann Ludwig Graf Schwerin von Krosigk, der über die gesamte NS-Zeit hinweg von 1932 bis 1945 Hitlers Finanzminister war und dafür sorgte, dass der Besitz deportierter Jüdinnen und Juden eingezogen wurde.[41]

Enkelin Beatrix hetzte schon als AfD-Europaabgeordnete in Brüssel gegen Migranten, forderte 2016, an der deutschen Grenze mit Schusswaffen gegen Geflüchtete vorzugehen – und benutzt jetzt Stauffenberg und den 20. Juli 1944 als PR-Futter für ihre völkisch-nationale Agenda.

Mit politischer Instrumentalisierung haben es die Familien des Widerstands seit Jahrzehnten zu tun. Ebenso lange diskutieren sie darüber, wie sie damit umgehen sollten. Als sich 1949 das Hilfswerk 20. Juli 1944 gründete, war das eine Reaktion auf die Feindseligkeit, die den Hinterbliebenen der Ermordeten und den wenigen Überlebenden entgegenschlug: Ein Großteil der Deutschen sah in den Verschwörern Landesverräter und Eidbrecher.[42] Das Hilfswerk unterstützte die Familien dabei, sich gegen die Verleumdungen juristisch zur Wehr zu setzen, und half ihnen bei Auseinandersetzungen mit deutschen Behörden, die sich weigerten, ihnen Renten und Wiedergutmachung zu zahlen. Inzwischen ist das Hilfswerk eine Stiftung. Sie versteht sich weiterhin als Vertretung der Nachkommen, hält sich mit öffentlichen Stellungnahmen aber zurück.

Doch viele Angehörige wollen angesichts des Rechtsrucks in Deutschland und Europa nicht mehr still sein. Sie fühlen sich dem Vermächtnis ihrer Verwandten verpflichtet, die wegen ihres Kampfes für genau jene Werte hingerichtet wurden, die jetzt erneut in Gefahr sind. Vor der Europawahl 2018 wandte sich eine Gruppe von ihnen mit einem offenen Brief im *Tagesspiegel* an die Öffentlichkeit. Sie warnten vor den erstarkenden Populisten und kritisierten, dass auch immer mehr demokratische Politiker »verbal aufrüsten und auf Abschottung setzen«.[43]

Zum 80. Jahrestag 2024 meldeten sich die Nachfahren mit einem noch deutlicheren Appell zu Wort, in dem sie den Versuch anprangerten, ihre Angehörigen »gegen unsere freiheitliche Demokratie zu instrumentalisieren«. Das widerspreche »dem Ziel der Männer und Frauen des Widerstands«, die für »Rechtsstaatlichkeit und Freiheit« gekämpft hätten. Weiter heißt es: »Wenn selbst Bundestagsabgeordnete von millionenfacher ›Remigration‹ sprechen, … rechtsextreme Parteien in mehreren Bundesländern die Umfragen anführen und demokratische Parteien hilflos zwischen Anbiederung … und Verbotsfantasien schwanken, … müssen bei allen Anhängern der offenen Gesellschaft die Alarmglocken schrillen.«

Der Text wurde von vielen Medien veröffentlicht und steht als Manifest auf der Website der Stiftung. Mehr als 280 Angehörige von Widerstandskämpfern und -kämpferinnen aus dem gesamten politischen Spektrum haben es unterzeichnet, auch über den Kreis des 20. Juli hinaus.[44]

Der AfD ist das einerlei. Ihre potenziellen Wählerinnen und Wähler vermutet sie sowieso woanders – und geht davon aus, dass viele von ihnen durchaus etwas übrighaben für den Sound des Aufstands. Während Storch bei der offiziellen Feierstunde also die Demokratin gab, hatte die AfD Schleswig-Holstein für den 80. Jahrestag zum »Tag des Vorfelds« nach Neumünster geladen, bei dem verschiedene rechtsextreme Vereine, Plattformen und Verlage ihre Arbeit vorstellen und sich mit Gleichgesinnten vernetzen sollten. Patriotische Kräfte wie diese könnten dazu beitragen, »die notwendige geistige Kehre zu schaffen, um unser Land wieder auf die richtigen Bahnen zu lenken«, hieß es in der Einladung. »Vorfeld« und Partei müssten »in einer Symbiose miteinander wirken«, um Deutschland zu verändern und »wie den Phönix aus der Asche emporsteigen« zu lassen.[45]

Mit einer auf rechts gedrehten Erinnerung an den Widerstand soll die »Konservative Revolution« auch in den Köpfen jener Bürger verankert werden, die der AfD bisher noch skeptisch gegenüberstehen. In den USA berufen sich religiöse Nationalisten aus diesem Grund schon seit gut zehn Jahren auf den Theologen und NS-Gegner Dietrich Bonhoeffer (1906–1945), um den Einsatz von Gewalt zu rechtfertigen. Dass er trotz seiner pazifistischen Einstellung das Attentat auf Hitler befürwortete, gilt ihnen als Legitimation ihres Kampfes gegen das demokratische System, einschließlich des Sturms auf das Kapitol am 6. Januar 2021. Im »Project 2025«, dem Plan zur Umwandlung der USA in eine Autokratie bei einer zweiten Amtszeit Donald Trumps, wird Bonhoeffer schon im Vorwort zitiert.

Deutschlands Rechte bedienen sich ebenfalls ungeniert bei seinen Texten. Das gelingt ihnen auch deshalb so gut, weil die meisten Deutschen kaum etwas über den evangelischen Pfarrer wissen und höchstens sein postum als Kirchenlied vertontes Gedicht »Von guten Mächten« kennen. Dass Bonhoeffer die Nationalsozialisten von

Anfang an bekämpft hat, maßgeblich an der Planung von Attentat und Staatsstreich beteiligt war und im Alter von 39 Jahren gehängt wurde, wissen die wenigsten.

Man könne nicht nur »die Opfer unter dem Rad … verbinden«, sondern müsse »dem Rad selbst in die Speichen … fallen«, schrieb er im April 1933 unter dem Eindruck der zunehmenden Verfolgung jüdischer Deutscher. Bei seiner Kirche fand er damals kein Gehör, und heute gehen ausgerechnet die Wiedergänger von damals mit dem zweiten Teil des Satzes hausieren, den sie als Aufforderung zum Kampf verstehen wollen. Dass die Familie Bonhoeffer seit Jahren gegen die Vereinnahmung protestiert, lässt sie kalt.[46]

Unter Höckes Federführung veröffentlichte die thüringische Landtagsfraktion der AfD 2019 ein Pamphlet, dessen Stoßrichtung schon im Titel offenbar wird: »Unheilige Allianz – der Pakt der evangelischen Kirche mit dem Zeitgeist und den Mächtigen«. Die evangelische Kirche wird darin aufgefordert, sich aus politischen Fragen herauszuhalten: Äußerungen zur Flüchtlingspolitik, dem Klimaschutz oder der AfD selbst stünden ihr nicht zu. Sie solle sich »bitte wieder auf die Verkündung … der fantastischen christlichen Botschaft« konzentrieren. »Vom Bündnis mit den Thronen des Kaiserreichs über den Nationalsozialismus über die DDR-Diktatur bis zum Doktrinismus der linksgrünen Landes- und der Bundesregierungen unserer Tage – immer wieder hat sich die offizielle Kirche … mit der Macht verbrüdert«, behaupten die Verfasser,[47] von denen keiner Mitglied in der Kirche ist.[48]

Die AfD stehe daher in einer Tradition mit der »Bekennenden Kirche«, die sich der Gleichschaltung durch die NS-Diktatur widersetzte, und mit Menschen wie Bonhoeffer oder dem DDR-Pfarrer Oskar Brüsewitz, der sich 1976 aus Protest gegen die Politik der SED selbst anzündete.[49] Die AfD-Fraktionen in Mecklenburg-Vorpommern, Sachsen, Sachsen-Anhalt und Nordrhein-Westfalen stellten sich ebenfalls hinter das Papier.[50] Als es in Berlin auf einer Pressekonferenz vorgestellt wurde, rief Höcke alle Christen zum »Widerstand« gegen die Kirchenleitungen auf.[51]

Der Begriff ist inzwischen zur Chiffre geworden für den Kampf gegen alles, was dem rechten Weltbild im Wege steht: die Aufnahme von Geflüchteten, Feminismus, Klimaschutz, Gendern, gleichgeschlechtliche Ehe, die EU-Politik, das politische System an sich. »Wir sind der Widerstand!«, steht auf Bannern, mit denen die Anhängerinnen und Anhänger der AfD auf die Straße gehen.[52] Die Partei Die Heimat erklärt auf ihrer Website, sie bereite zusammen mit »Widerstandszellen« die »Reconquista« vor: »die Rückeroberung unserer Heimat«.[53]

Seit einigen Jahren schwenken Rechte jeder Radikalitätsstufe bei Aufmärschen außerdem die »Wirmer-Flagge«. Entworfen hat sie der Berliner Rechtsanwalt Josef Wirmer (1901–1944), der zum Netzwerk des 20. Juli 1944 gehörte. Voller Hoffnung auf eine Zeit nach Hitler schuf er sie als neues Nationalsymbol mit einem liegenden Kreuz und dem Schwarz-Rot-Gold der Weimarer Republik – Symbol für einen demokratischen Neubeginn. Während der Planung des Staatsstreichs war Wirmers Haus in Berlin-Lichterfelde ein wichtiger Treffpunkt, im Schattenkabinett der Verschwörer war er als Justizminister vorgesehen. Nach dem gescheiterten Attentat wurde er verhaftet, ins KZ Ravensbrück verschleppt und gefoltert. Am 8. September verurteilte ihn Freisler am »Volksgerichtshof« zum Tode, zwei Stunden später wurde das Urteil vollzogen: Der 43-jährige Vater von drei kleinen Kindern starb wie seine Mitstreiter in der Hinrichtungsstätte Berlin-Plötzensee, aufgehängt an einem Eisenträger mit Fleischerhaken, der dort heute noch zu besichtigen ist.

Fünfundfünfzig Jahre danach erklärte der Hamburger Rechtsextremist Reinhold Oberlercher Wirmers Entwurf in seiner »Verfassung vom 9. November 1999« zur Flagge des »Vierten Reiches«. Die von ihm und dem Holocaust-Leugner Horst Mahler gegründete Vereinigung Deutsches Kolleg (DK) nennt sich »Schwert und

Schild des Deutschen Geistes«[54] und führt die Wirmer-Fahne als Erkennungszeichen. Auf der Website des DK heißt es dazu: Obwohl Wirmer durch sein »Bemühen, den Führer … stürzen zu helfen, zum Hochverräter« geworden sei und darum »völlig zu Recht mit dem Tode bestraft« wurde, könne man die von ihm gestaltete Flagge verwenden, zumal sie die einzige sei, die »noch zum Zeitpunkt der Handlungsfähigkeit des Deutschen Reiches entworfen wurde«. Ihre »Traditionslosigkeit« werde »rasch beseitigt« sein, wenn sie eines Tages »anerkanntes Symbol des Ganzen sein wird« und nicht mehr »als Signum einer Teil-Gruppe … wahrgenommen wird«.[55]

Wir sind da bereits auf bestem Wege: Von den Reichsbürgern des Deutschen Kollegs aus verbreitete sich die Fahne bei etlichen neonazistischen Gruppierungen wie der »German Defence League« oder »Hooligans gegen Salafisten«. Zur Fußball-EM 2012 empfahl sie der islamfeindliche Blog *Politically Incorrect* als Alternative zur Deutschlandflagge,[56] zwei Jahre später schwenkten sie die Anhänger der rechtspopulistischen Bewegung Pro NRW,[57] ab 2015 die von Pegida. Dort war sie auf Demonstrationen so allgegenwärtig, dass viele Medien sie schon als »Pegida-Kreuz« bezeichneten.[58] »Markentechnisch gesehen« handle es sich um »die gerechtfertigte und erfolgreiche Besetzung eines starken Zeichens«, freute sich Rechtsaußen-Verleger Kubitschek.[59]

Erfolgreich war die Besetzung in der Tat: Im Gegensatz zur »Reichskriegsflagge«, die seit 2021 verboten ist, steht die »Wirmer-Flagge« schon wegen ihrer Farben, vor allem aber durch ihre Geschichte in einer demokratischen Tradition. Bei Amazon findet man sie unter der Bezeichnung »Flagge Deutscher Widerstand Stauffenberg«. Mittlerweile ist sie bei jeder rechten Zusammenkunft zu sehen, einschließlich Veranstaltungen der AfD. Wirmers Familie hat dagegen keine Handhabe: Die Urheberrechte sind ausgelaufen.

Der 20. Juli 1944 aus Sicht der AfD

Für eine ihrer Lieblingsrollen – Verfechterin der »richtigen« Erinnerungspolitik – hat die AfD vor ein paar Jahren ein weiteres Spielfeld gefunden: den alten Flugplatz im brandenburgischen Rangsdorf, von dem aus Stauffenberg und sein Adjutant Werner von Haeften am Morgen des 20. Juli 1944 mit der für Hitler bestimmten Bombe nach Ostpreußen ins »Führerhauptquartier Wolfsschanze« starteten. Nach Ansicht der AfD ist es ein Skandal, dass dort nicht längst eine Gedenkstätte errichtet wurde.

Im Februar 2021 brachte sie daher einen Antrag ins Parlament ein, in dem sie die Bundesregierung aufforderte, aus dem Flugplatz Rangsdorf einen Erinnerungsort zu machen.[60] Dass die Gemeinde dort schon 2004 einen Gedenkstein aufstellen ließ und die Zufahrtsstraße in Stauffenbergallee umbenannt hat,[61] kommt im Antrag mit keinem Wort vor. Stattdessen füllt ein Großteil der mehr als vier eng bedruckten Seiten eine Darstellung des 20. Juli, in der Stauffenberg als »Hauptfigur« der Verschwörung bezeichnet wird und sogar als »Herz, Hirn und Faust des deutschen Widerstands« schlechthin.[62]

Beide Behauptungen verfälschen die historischen Fakten: Ohne Zweifel war Stauffenberg für den Umsturzversuch von enormer Bedeutung. Sein Auftauchen im Herbst 1943 flößte dem nach vielen Fehlschlägen entmutigten und durch Verhaftungen dezimierten Kreis der Verschwörer neue Hoffnung ein. Stauffenberg trieb die Pläne mit großer Entschlossenheit voran und erklärte sich zum Attentat bereit, obwohl er zwingend in Berlin gebraucht wurde, um den anschließenden Staatsstreich zu dirigieren. Ohne ihn wäre es vielleicht gar nicht mehr zum Anschlag gekommen, weil keiner der Beteiligten, die zu einem Selbstmordattentat bereit gewesen waren, Zugang zu Hitler hatte. Die letzten Stunden seines Lebens verbrachte er mit dem verzweifelten Versuch, den Umsturz doch noch durchzusetzen, obwohl Hitler den Anschlag überlebt hatte.

Andererseits hatte Stauffenberg erst spät zu einer kritischen Haltung gefunden und war zu einem Zeitpunkt zur Verschwörung dazugestoßen, als die Pläne schon weit fortgeschritten waren, das zivil-militärische Netzwerk bereits seit Jahren nach Wegen suchte, das Regime zu stürzen, und etliche Versuche unternommen hatte, Hitler zu töten. Wie die meisten seiner Offizierskollegen war Stauffenberg zunächst überzeugter Nationalsozialist gewesen und hatte am 30. Januar 1933 anlässlich von Hitlers Ernennung zum Reichskanzler in Bamberg spontan einen Fackelzug angeführt.[63] Aus Polen schrieb er nach dem Einmarsch an seine Frau Nina: »Die Bevölkerung ist ein unglaublicher Pöbel, sehr viele Juden und sehr viel Mischvolk. Ein Volk, welches sich sicher nur unter der Knute wohlfühlt.«[64] Wie viele andere Offiziere, die später an der Verschwörung beteiligt waren, begeisterte ihn auch der Sieg über Frankreich. Nur ganz allmählich wuchsen seine Skepsis gegenüber Hitlers dilettantischer Kriegsführung und seine Empörung über die nationalsozialistischen Verbrechen, in die er durch seine Position als Generalstabsoffizier mehr und mehr Einblick bekam. Den Kontakt zur Militäropposition suchte er jedoch erst, nachdem er im April 1943 in Tunesien schwer verwundet worden war.

Dass er erst spät umdachte, schmälert sein Verdienst nicht. Indem man Stauffenberg aber zur Hauptfigur des 20. Juli überhöht, unterschlägt man die vielen anderen mutigen Menschen, die an der jahrelangen Vorbereitung der Aktion beteiligt waren. Rund 200 gehörten neueren Forschungen zufolge zum engsten Kreis, mehrere tausend zum weiteren Netzwerk: Sprengstoff musste beschafft, transportiert und versteckt, Nachrichten überbracht, Befehle formuliert und getippt werden. Man brauchte Kontakte auf möglichst vielen Ebenen. Vertrauensleute, die im entscheidenden Moment bereit sein würden zu handeln.[65]

Zur Verschwörung des 20. Juli 1944 gehörten Männer und Frauen aus allen gesellschaftlichen Schichten und jeder politischer Couleur.

Es war ein breites zivil-militärisches Bündnis über soziale und politische Gräben hinweg, und doch eine Minderheit im Strom aus Wegsehern, Mitläufern und Tätern. Attentat und Putsch mussten notwendigerweise vom Militär ausgehen, anschließend aber sollte eine zivile Regierung eingesetzt werden. Im ganzen Land hielten sich darum Menschen bereit, um nach geglücktem Regimesturz Posten in Politik und Verwaltung zu übernehmen oder in der Bevölkerung für eine Unterstützung der neuen Regierung zu werben. Sie alle gingen mit ihrem Widerstand das gleiche tödliche Risiko ein wie Stauffenberg. Und viele taten es schon seit Jahren.

In ihrem Antrag für einen Erinnerungsort in Rangsdorf schiebt die AfD den zivilen Widerstand jedoch ausdrücklich in die zweite Reihe. Dort heißt es, aufgrund Stauffenbergs »charismatischer Persönlichkeit« hätten sich ihm »führende Köpfe der bürgerlich-zivilen Opposition« angeschlossen. In Wirklichkeit war es genau umgekehrt.

Ein paar Absätze später findet sich die Forderung, »im besonderen Maße den Blutzoll zu würdigen, den der politisch verantwortungsbewusste Teil des Adels als Träger des militärisch-nationalkonservativen Widerstands und die mit ihm kooperierenden bürgerlich-zivilen Widerstandskreise erbracht haben«. Hier ist die Rangfolge ebenfalls klar: Die eigentliche Initiative, so wird impliziert, sei von adligen Offizieren ausgegangen, die Zivilisten hätten lediglich kooperiert.

Das ist wieder eine Umkehr der historischen Tatsachen, denn der erste und entschiedenste Widerstand gegen die Nazis kam nicht aus der Armee, dem Adel oder anderen konservativen Eliten, die sich nach dem Krieg mithilfe des 20. Juli eine weiße Weste strickten, sondern von links: Es waren Frauen und Männer aus den Reihen der Sozialdemokraten, Sozialisten und Kommunisten, die sich der nationalsozialistischen »Bewegung« von Anfang an entgegengestellt haben und darum nach der »Machtergreifung« zu ihren ersten Opfern zählten.

Sie waren bereits in Gefängnissen und Konzentrationslagern inhaftiert, als Stauffenberg und viele andere der späteren Verschwörer noch Karriere im System machten. Als sie nach Jahren wieder freikamen, setzten sie ihren Widerstand fort, obwohl sie unter Beobachtung standen und es nun erst recht lebensgefährlich war. Etliche gehörten später zum Netzwerk vom 20. Juli und haben bei der Vorbereitung des Attentats und den Plänen für ein Deutschland nach Hitler eine wichtige Rolle gespielt.

So zum Beispiel der sozialdemokratische Politiker Julius Leber. Er hatte die Nazis schon in den 1920er-Jahren bekämpft – erst als Chefredakteur des *Lübecker Volksboten*, dann als Abgeordneter im Reichstag, dem er ab 1924 angehörte. »Zwei Stunden nach unserem Sieg hängt Doktor Leber auf dem Marktplatz!«, drohte man ihm schon Anfang 1932.[66] Am Abend von Hitlers Ernennung zum Reichskanzler wurde Leber in Lübeck von einer Gruppe SA-Männern zusammengeschlagen und kam schwer verletzt und trotz seiner Immunität als Abgeordneter ins Gefängnis, weil sein Leibwächter in Notwehr einen der Angreifer tödlich verletzt hatte.[67]

Am 23. März 1933 wurde Leber in Berlin auf dem Weg zur ersten Sitzung des eben erst gewählten Reichstags festgenommen. Bis 1937 war er in verschiedenen Gefängnissen und Konzentrationslagern inhaftiert. Zuletzt im KZ Sachsenhausen, wo man ihn im Winter für mehrere Monate zum »verschärften Arrest« in eine Dunkelzelle sperrte – ohne Bett, Stuhl oder Tisch. Tagsüber musste er stehen, nachts ohne Decke auf dem nackten Steinboden schlafen, selbst bei bitterer Kälte.[68]

Als er freikam, wusste er also genau, was denjenigen blühte, die sich dem Regime widersetzten. Trotzdem knüpfte er zusammen mit seiner Frau Annedore erneut sein Netzwerk aus politischen Weggefährten und erweiterte es mit der Zeit um weitere Gleichgesinnte, die nicht hinnehmen wollten, was mit ihrem Land und in deutschem Namen geschah. Sein Freund und Fraktionskollege Carlo

Mierendorff etwa, der 1932 zusammen mit dem damaligen hessischen Innenminister und Gewerkschafter Wilhelm Leuschner die sogenannten »Boxheimer Dokumente« öffentlich gemacht hatte, aus denen hervorging, dass sich die Nationalsozialisten auf eine gewaltsame Machtergreifung vorbereiteten. Sie enthielten detaillierte Pläne, wie der Rechtsstaat außer Kraft gesetzt, politische Gegner in Konzentrationslager gesperrt und mit legalisierten Mordaktionen aus dem Weg geschafft werden sollten – all das, was dann ein Jahr später Wirklichkeit wurde.[69]

Die Dokumente schreckten die Öffentlichkeit auf, Zeitungen berichteten ausführlich darüber. Doch der Schock verlor sich bald wieder: Die NSDAP gab sich staatstragend, Regierung und Justizverwaltung wiegelten ab, und was eigentlich ein Weckruf für das ganze Land hatte sein sollen, verlief im Sande. Die stärker werdenden Nationalsozialisten aber vergaßen nicht, wem sie die Bloßstellung zu verdanken hatten: Leuschner und Mierendorff kamen genau wie Leber gleich nach der Machtübernahme ins KZ. Aber auch sie ließen sich nicht einschüchtern und setzten ihren Kampf nach der Freilassung fort.

Leber wurde Kohlenhändler in Berlin-Schöneberg, sein Büro hinter dem Verkaufsraum zum geheimen Treffpunkt, an dem die Möglichkeiten einer neuen Ordnung diskutiert, später dann Attentat und Umsturz geplant wurden. Auch Stauffenberg war mehrfach dort. In der zivilen Regierung, die nach geglücktem Staatsstreich eingesetzt worden wäre, war Leber als Innenminister vorgesehen. Stauffenberg wünschte sich den erfahrenen sozialdemokratischen Politiker sogar als Reichskanzler statt des nationalkonservativen ehemaligen Leipziger Bürgermeisters Carl Goerdeler, der ebenfalls für den Posten im Gespräch war.

Während der Vorbereitung von Attentat und Staatsstreich war zwischen Stauffenberg und Leber eine innere Verbindung gegenseitigen Respekts entstanden. Stauffenberg vertraute Lebers pragmatischem Urteil und schloss sich dessen Meinung an, dass auch der kommunistische Widerstand mit ins Boot geholt werden müsse, um nach geglücktem Regimesturz eine möglichst breite Unterstützerbasis in der Bevölkerung zu haben. Er war darum ausdrücklich dafür, dass Leber am 22. Juni 1944 zusammen mit dem Sozialdemokraten und Pädagogen Adolf Reichwein Kontakt zu den untergetauchten KP-Funktionären Anton Saefkow und Frank Jacob aufnahm – ein schicksalhaftes Treffen, denn der Gestapo war es gelungen, im kommunistischen Untergrund einen Spitzel einzuschleusen. Kurz darauf wurden alle vier Widerstandskämpfer verhaftet. Saefkow und Jacob starben am 18. September im Zuchthaus Brandenburg-Görden unter dem Fallbeil, Reichwein wurde am 20. Oktober 1944, Leber am 5. Januar 1945 in Plötzensee gehängt.

In der Erzählung der AfD schrumpfen all diese Menschen zu einer vage definierten Gruppe zusammen, die sich dem eigentlichen Helden Stauffenberg angeschlossen habe. Doch auch er selbst wird verkürzt dargestellt und um das beschnitten, was der AfD offenbar nicht ins Bild passt. Dabei spricht alles dafür, dass Stauffenberg eine Entwicklung durchgemacht hat und bereit war, für das gemeinsame Ziel über weltanschauliche und gesellschaftliche Grenzen zu gehen.

Der Widerstand jenseits des 20. Juli kommt im AfD-Antrag gar nicht erst vor: der Kommunist Georg Elser zum Beispiel, der am 8. November 1939 ganz allein ein Bombenattentat auf Hitler verübte, das dieser nur durch einen Zufall überlebte. Oder das Netzwerk der sogenannten Roten Kapelle, zu dem auch viele Frauen gehörten und das in Wahrheit nicht kommunistisch, sondern bürgerlich war, Verfolgten half, Flugblätter verbreitete und Verbrechen des Regimes dokumentierte. Kein Wort auch zum Kreisauer Kreis um Helmuth und Freya von Moltke, der zum Netzwerk des 20. Juli 1944 gehörte und in dem Fachleute, Männer wie Frauen, Grundlagen für eine neue gesellschaftliche und politische Ordnung erarbeiteten. Kein Wort über die vielen, und doch viel zu wenigen, die unter Lebensgefahr versuchten, behinderte oder jüdische Menschen zu retten.

Auch hier geht es der AfD nicht um Erinnerung, sondern um Deutungsmacht für die Gegenwart.

Widerstand gegen den »Schuldkult«

Vor dem 80. Jahrestag des Umsturzversuchs erneuerte die AfD ihren Antrag von 2021, diesmal leicht gekürzt, die Bundesregierung möge dafür sorgen, dass in Rangsdorf »eine Stätte des Erinnerns und Lernens für das gescheiterte Attentat vom 20. Juli 1944 errichtet« werde. Ungeachtet dessen haben auf dem 100 Hektar großen Gelände bereits die Bauarbeiten für ein neues Wohnviertel begonnen, das an den alten Flugplatz angrenzen wird. Die unter Denkmalschutz stehenden Originalgebäude sollen Raum für Wohnungen und Veranstaltungen bieten.[70] In einem Museum wird man sich eines Tages über die Geschichte des Ortes informieren können, in der Stauffenbergs Start und Landung am 20. Juli 1944 nur ein Detail unter vielen ist.[71]

Für die AfD ist es zweitrangig, ob sie mit dem Antrag Erfolg hat. Am bestehenden Gedenkstein hat sie sich noch nie blicken lassen. Es war auch nicht die AfD, sondern ein lokales Energieunternehmen, das 2018 eine neue Tafel finanzierte, nachdem die alte gestohlen worden war.[72] Es könnte der Partei aber genauso recht sein, wenn das Gras auf dem Rangsdorfer Rollfeld weiterwuchern und im Kontrollturm weiterhin die Tauben nisten würden. Dann könnte sie sich weiter mit heiligem Eifer als Vorkämpferin einer »würdigen Erinnerung« an den »Blutzoll« inszenieren, obwohl sie sich um den »Blutzoll« anderer Widerständler keinen Pfifferling schert. Denn letztlich ist auch Stauffenberg nur ein Vehikel für das eigentliche Ziel: die Etablierung einer völlig neuen Erinnerungskultur auf allen Ebenen der Gesellschaft.

Die jetzige sei nämlich, wie die AfD nicht müde wird zu wiederholen und auch in ihrem Antrag für Rangsdorf wieder behauptet, »von doktrinären Positionen und Interessenlagen bestimmt« und ergehe sich »in der Kultivierung eines Schuldkomplexes«: Im »routinierten Betrieb« des Gedenkens habe »die deutsche Schuld mittlerweile die Rolle eines Fixsterns eingenommen«, von dem aus »die gesamte deutsche Geschichte betrachtet« werde. Umso wichtiger sei es, »hier einen deutlichen Kontrapunkt zu setzen«, wofür sich der »ehemalige Reichssportflughafen Rangsdorf« als Erinnerungsort anbiete.[73]

Wohin die Reise dabei gehen soll, wird offenbar, wenn es im Antragstext heißt, dass in Rangsdorf auch »die Rolle der damaligen Feindmächte« beleuchtet werden müsse. Schließlich habe deren »Forderung nach bedingungsloser Kapitulation« den deutschen Widerstand »in eine tragische Lage gebracht«: Sie habe die Hoffnung untergraben, »dass ein Deutschland ohne Hitler andere Friedens- oder Waffenstillstandsbedingungen erhalten würde, und verlängerte damit den Krieg«.[74]

Mit anderen Worten: Nicht die Generäle der Wehrmacht, die trotz des längst verlorenen Krieges an allen Fronten weiterkämpfen ließen, sind schuld an zehn weiteren Monaten Krieg, in denen noch einmal so viele Menschen starben wie in allen bisherigen Kriegsjahren zusammen. Auch die deutsche Bevölkerung ist es nicht, die Hitler bis zuletzt die Treue hielt. Nein, schuld sind die Alliierten – von der AfD passenderweise »Feindmächte« genannt. Bei so viel Geschichtsklitterung und Täter-Opfer-Umkehr kann man nur hoffen, dass der Bundestag den Antrag weiterhin ignoriert.

In der *Jungen Freiheit* waren zum 20. Juli in der Vergangenheit immer wieder ähnliche Argumentationen zu lesen: Die Tatsache, dass die Alliierten den deutschen Widerstandskämpfern eine Zusammenarbeit versagt haben, zeige, »dass es im Zweiten Weltkrieg nicht in erster Linie darum ging, eine verbrecherische Regierung zu beseitigen und Deutschland zu befreien, sondern das Deutsche Reich zu zerschlagen und zu besetzen«.[75] Von einem solchen Klassiker des Revisionismus ist auch die AfD-Position nicht weit entfernt.

Zwar fehlt in ihrem neuerlichen Antrag von 2024 der Seitenhieb gegen die »Feindmächte«, doch wie man in der Partei tatsächlich zur deutschen Kriegsschuld steht, wird immer wieder deutlich, wenn sich AfD-Vertreterinnen und -Vertreter zum 8. Mai 1945 äußern: Höcke zum Beispiel nennt die legendäre Ansprache, die Richard von Weizsäcker zum 40. Jahrestag des Kriegsendes 1985 gehalten hat, »Rede gegen das eigene Volk«,[76] weil der damalige Bundespräsident zum ersten Mal von einem »Tag der Befreiung« gesprochen hatte. Gauland wandte sich 2020 entschieden dagegen, den 8. Mai zum Feiertag zu machen, wie es viele Historiker, Opferverbände und Holocaust-Überlebende seit Langem fordern.[77] Es gebe zwar Positives an diesem Tag, sagte er, »aber die in Berlin vergewaltigten Frauen werden das ganz anders sehen als der KZ-Insasse«. Man könne den 8. Mai nicht »zum Glückstag für Deutschland machen«.[78]

Auch Parteichefin Weidel erklärte 2023 im ZDF-Sommerinterview, sie wolle nicht »die Niederlage des eigenen Landes« feiern. Und die AfD-Fraktion im brandenburgischen Landtag forderte die Landesregierung im März 2025 auf, »in öffentlichen Verlautbarungen den Begriff ›Tag der Befreiung‹ zu unterlassen«. Dieser sei »geschichtsvergessen« und »schlichter Hohn gegenüber den Opfern der Roten Armee« und angesichts des »im Zuge des Kalten Krieges errichteten kommunistischen Unrechtsregimes«.[79]

Der 20. Juli hingegen hat aus Sicht der Neuen Rechten alles, was es zur nationalen Erbauung braucht. In ihrem Antrag für ein Denkmal in Rangsdorf macht die AfD Stauffenberg darum kurzerhand zu einem der Ihren: »Bei vollem Respekt vor den Kulturleistungen anderer Völker sah er in der deutschen Kultur ein besonderes geistiges Potenzial angelegt, das allerdings aufgrund der Besonderheiten der deutschen Geschichte nie zur Entfaltung gekommen ist.«[80] Sein Ausruf im Moment seiner Erschießung, »Es lebe das heilige Deutschland«, beschäme »Nachgeborene, denen die Ehre ihres Vaterlandes fremd ist«, findet die *Junge Freiheit*. Der Satz sei »eine

Zumutung für eine Gesellschaft, in deren Elite es zum guten Ton gehört, ausdrücklich zu erklären, man sei nicht stolz auf die eigene Nation«.[81]

Anlässlich seines 100. Geburtstags lag der Zeitung darum ein Poster mit dem Porträt Stauffenbergs »im Panoramadruck« und seinen letzten Worten bei. Dazu auf dunkelblauem Fond jener Text, den er kurz vor dem Attentat mit seinem Bruder Berthold verfasste, von der Redaktion fälschlich mit »Der Eid der Erhebung vom 20. Juli 1944« überschrieben, als handle es sich um eine Erklärung sämtlicher Verschwörer.[82] Darin heißt es: »Wir bekennen uns … zu den großen Überlieferungen unseres Volkes, das durch die Verschmelzung hellenischer und christlicher Ursprünge in germanischem Wesen das abendländische Menschentum schuf … Wir verbinden uns zu einer untrennbaren Gemeinschaft, die durch Haltung und Tun der Neuen Ordnung dient und den künftigen Führern die Kämpfer bildet, derer sie bedürfen.«[83]

Helden wie Stauffenberg seien der Beweis dafür, dass »der Kampf um die Bewahrung der Nation ein legitimer war«, schreibt JF-Chefredakteur Dieter Stein. Der Eid sei »ein unsterbliches Zeugnis deutschen Nationalgefühls« – das Poster gehöre in jedes Jugendzimmer. Wo seien sie schließlich sonst, »die Identifikationsfiguren der deutschen Geschichte«? Wen gebe es, »zu dem die Nachwachsenden aufsehen«? Dürfe es überhaupt deutsche Helden geben, fragt Stein rhetorisch und schiebt die Antwort gleich hinterher: Das öffentliche Verständnis von deutscher Geschichte werde von der Vorstellung »eines kollektiven Versagens der Deutschen« beherrscht, »monströs wie das Holocaust-Mahnmal in Berlin«. Den Widerstandskämpfern widme man sich höchstens »halbherzig-verschämt« – vermutlich weil sich die Nation mit einer »Kollektivschuld-Neurose … eleganter entsorgen« lasse, zugunsten eines neuen, »beliebig-kosmopolitischen Zeitalters«.[84]

Widerstand als Quelle für Nationalstolz

Die NPD schrieb auf ihrer Website noch 2013 anlässlich des Volkstrauertags: »Heute gedenken die sogenannten ›Volksvertreter‹ … denjenigen [sic!], die den treuen Soldaten an der Front in den Rücken fielen: Deserteure, ›Widerständler‹ und dergleichen.«[85] Damals hatte der Bundesrat gerade zum zweiten Mal beim Bundesverfassungsgericht in Karlsruhe einen Antrag für ein Verbot der Partei gestellt. 2017 urteilte das oberste Gericht schließlich, die NPD verfolge zwar eindeutig verfassungsfeindliche Ziele, sei jedoch zu unbedeutend, um eine ernstliche Gefahr darzustellen.[86] Im Januar 2024 wurde sie nun per Beschluss aus Karlsruhe für sechs Jahre von der staatlichen Parteienfinanzierung ausgeschlossen.[87]

Unterdessen hat sie sich in »Die Heimat« umgetauft und wirbt auf ihrer Website mit dem Slogan »Werde Mitglied im Widerstand«. Dazu streckt ein junges blondes Paar dem Betrachter einladend die Hand entgegen. »Wahlen alleine ändern nichts!«, heißt es dazu. »Dauerhafter Wandel braucht kontinuierlichen Widerstand!«[88]

Bei der AfD sieht man es ebenso und lässt sich Stauffenberg nicht madig machen – auch nicht von den eigenen Leuten: Lars Steinke, damals Vorsitzender der Jungen Alternative in Niedersachsen, kostete es die Parteikarriere, dass er Stauffenberg im August 2018 auf Facebook als Verräter bezeichnete. Das gescheiterte Attentat sei »der beschämende Versuch eines Feiglings« gewesen, »die eigene Haut vor dem kommenden Sieger zu retten«, schrieb er in seinem nicht öffentlichen Post.

Das sei »bodenloser Schwachsinn«, schimpfte Gauland. »Stauffenberg ist ein Held der deutschen Geschichte.« Steinkes Äußerungen seien »komplett inakzeptabel«, meinte auch der damalige Vize-Parteichef Jörg Meuthen. Sie würden »ein absurdes Geschichtsverständnis« offenbaren und hätten in der AfD »absolut nichts zu suchen«. Die damalige niedersächsische AfD-Landesvorsitzende

Dana Guth erklärte, Steinkes Aussagen spiegelten »in all ihrer Absurdität« weder die Meinung der AfD-Niedersachsen noch die der AfD insgesamt wider. Der damalige JA-Vorsitzende Damian Lohr beeilte sich ebenfalls, Distanz zu seinem Parteifreund herzustellen: Wer eine solche »völlig anwidernde Behauptung« aufstelle, habe in der AfD und ihrer Jugendorganisation »definitiv nichts verloren«.[89] Steinke wurde als Landeschef der Jungen Alternative abgesetzt und im Juni 2019 aus der AfD ausgeschlossen.[90]

Angesichts der steten Radikalisierung, der sich die Partei seitdem unterzogen hat, erscheint die lautstarke Empörung als durchschaubar strategisch. Scheinheilig war sie schon damals. Schließlich hatte Gauland erst ein Jahr zuvor, beim Kyffhäuser-Treffen 2017, verkündet, wir hätten das Recht, »stolz zu sein auf die Leistung von deutschen Soldaten in zwei Weltkriegen«[91] – eine Aussage, die noch »anwidernder« ist als Steinkes rechtsextremer Privatpost. Zudem ist sie der diametrale Gegensatz zum 20. Juli 1944, in dessen Tradition die AfD zu stehen behauptet: Hier riskierten Menschen ihr Leben, um den Krieg zu beenden und das Regime zu stürzen, weil sie eben gerade *nicht* stolz, sondern beschämt und entsetzt waren über das, was in deutschem Namen – und unter aktiver Mitwirkung deutscher Soldaten – geschah.

Dieses Entsetzen spricht beispielsweise aus den Briefen, die der mitverschworene Generalstabsoffizier Hellmuth Stieff Mitte November 1939 aus dem besetzten Warschau an seine Frau schrieb: Man bewege sich dort »nicht als Sieger, sondern als Schuldbewusster«. Die »Ausrottung ganzer Geschlechter mit Frauen und Kindern ist nur von einem Untermenschentum möglich, das den Namen Deutsch nicht mehr verdient. Ich schäme mich, ein Deutscher zu sein!«[92]

Stauffenberg brauchte länger, um sich einzugestehen, dass er einem verbrecherischen Regime diente, stellte sich diesem dann aber mit absoluter Konsequenz entgegen. Von den anderen Militärs innerhalb der Verschwörung war die Mehrheit auch nicht von

Anfang an gegen Hitler gewesen – ganz im Gegensatz zu den meisten der beteiligten Zivilisten. Das Netzwerk war in jeder Hinsicht heterogen; die politische Ausrichtung seiner Mitglieder reichte von national-konservativ bis kommunistisch. Was die *Junge Freiheit* als »Eid der Erhebung vom 20. Juli 1944« bezeichnet, hätten Leute wie die »Kreisauer« Helmuth James Graf von Moltke und seine Frau Freya, Julius Leber oder Dietrich Bonhoeffer sicher nicht unterschrieben. Es gibt aber einen Text, den man zu Recht als Vermächtnis der Verschwörung bezeichnen könnte: Die Regierungserklärung, die der als Staatsoberhaupt vorgesehene General a. D. Ludwig Beck am Abend des 20. Juli im Bendlerblock in der Anzugtasche hatte und nach geglücktem Putsch im Rundfunk verlesen hätte.

»Erste Aufgabe ist die Wiederherstellung der vollkommenen Majestät des Rechts«, heißt es dort. Dazu gehöre »die anständige Behandlung aller Menschen«. Die »Judenverfolgung, die sich in den unmenschlichsten und unbarmherzigsten, tief beschämenden und gar nicht wiedergutzumachenden Formen vollzogen hat, ist sofort eingestellt«. Schuldige sollen bestraft, »die zerbrochene Freiheit des Geistes, des Gewissens, des Glaubens und der Meinung« wiederhergestellt werden.

Stauffenberg kannte den Text, und er war genau wie seine Mitstreiter bereit, für die Werte zu sterben, die darin zum Ausdruck kommen: nicht Nationalstolz, sondern Gerechtigkeit, Freiheit und Mitmenschlichkeit. Für die *Junge Freiheit* offenbar nicht das, was »in jedes Jugendzimmer« gehört.

Auch bei der AfD hält man sich lieber an den »Schwur« der Stauffenberg-Brüder. In seinem Video-Statement zum 80. Jahrestag des Attentats zitiert der verteidigungspolitische Sprecher der Bundestagsfraktion, Rüdiger Lucassen, daraus eine Passage, die, wie er meint, Auskunft darüber gebe, was den adligen Offizier zum Verschwörer werden ließ: »Wir wollen eine neue Ordnung, die alle Deutschen zu Trägern des Staates macht, … verachten aber die

Gleichheitslüge und beugen uns vor den naturgegebenen Rängen.« Was manchen Kritikern Anlass zu Zweifeln an Stauffenbergs rechtsstaatlicher Gesinnung gibt, ist für die AfD offensichtlich ein Pluspunkt: »Was für ein Satz!«, schwärmt Lucassen.[93]

Wie er selbst zum geistigen Erbe des Widerstands steht, offenbarte der ehemalige Oberst der Bundeswehr im Frühjahr 2025, als er in einem Post auf Facebook und X die Landung des Fallschirmjägerregiments 1 auf Kreta im Mai 1941 feierte: »Heute vor 84 Jahren sprang mein Vater Hans Lucassen mit seinen Kameraden … über Kreta ab. … Nach 12 Tagen verlustreicher Kämpfe gegen einen materiell und personell überlegenen Gegner war die Mittelmeerinsel genommen«, schreibt der stolze Sohn. »Bis heute sind die Eckdaten und Namen dieser Schlacht unseren Soldaten der Bundeswehr geläufig. Auch, wenn es die politische Führung zu unterbinden versucht.«[94]

In Wirklichkeit handelte es sich beim »Unternehmen Merkur« um einen mit mehreren tausend getöteten Wehrmachtssoldaten erkauften Pyrrhussieg, der den Deutschen nicht einmal nachhaltig strategische Vorteile brachte. Nach der Eroberung gingen die Besatzer mit großer Brutalität gegen die griechische Zivilbevölkerung vor, die verzweifelt Widerstand leistete. Zur Vergeltung ließ der befehlshabende Luftwaffen-General Ortschaften niederbrennen, Vieh töten und wahllos Griechinnen und Griechen erschießen, einschließlich alter Menschen und Kinder. In manchen Gebieten wurde die gesamte männliche Bevölkerung ausgelöscht. Die genaue Zahl der Opfer ist unbekannt.[95]

»Stauffenberg hat ja nicht als Linker gegen Hitler gekämpft, sondern als ein glühender Patriot, der sein Land geliebt hat,« befand Lucassens Fraktionskollege Jan Nolte in seinem Video-Statement zum 80. Jahrestag des Attentats.[96] Damit negiert er nicht nur eine wesentliche Entwicklung in Stauffenbergs Biografie, sondern spricht nebenbei noch dem linken Widerstand den Patriotismus ab. Links und patriotisch scheint aus Sicht der AfD sowieso ein Widerspruch in sich zu sein: »Wäre Stauffenberg in der heutigen Zeit geboren, würden ihm Linke vermutlich das Auto anzünden«, sagte Nolte weiter – Kriminalisierung des politischen Gegners und Reklamieren Stauffenbergs für die eigenen Reihen in einem Atemzug.

Der Berufssoldat, AfD-Mitglied von Anfang an, stellte, als er 2017 erstmals in den Bundestag einzog, den Terrorverdächtigen Maximilian T. als persönlichen Referenten ein, gegen den die Generalbundesanwaltschaft gerade wegen enger Verbindungen zu einer rechtsradikalen Zelle in der Bundeswehr ermittelte. Unter anderem existierte eine Feindesliste mit mehreren tausend Namen von Abgeordneten und möglichen Anschlagszielen, die Maximilian T. verfasst haben soll.[97] Nolte hielt trotz allem an seinem Mitarbeiter fest und wurde dabei auch von der Parteispitze unterstützt.[98] Die Liste sei »lediglich eine handschriftliche Aufzählung wichtiger Akteure der Flüchtlingsdebatte«, der kein strafrechtlich relevanter »Verwendungszweck« zu entnehmen sei, schrieb Nolte auf Facebook.[99]

Er selbst führte jahrelang den hessischen Landesverband der Jungen Alternative, der vom Verfassungsschutz bereits als gesichert rechtsextrem und demokratiefeindlich eingestuft wurde. Für die AfD sitzt er bis heute im Verteidigungsausschuss des Bundestags.[100] Die eigentliche Gefahr geht eben bekanntlich von links aus.

Die Rechte profitiert davon, dass sich dieses Narrativ so hartnäckig hält und von konservativer Seite immer wieder befeuert wird. Für die AfD gilt es, größtmöglichen Abstand nach links herzustellen und das Verdienst von Sozialdemokraten und Sozialisten für die Demokratiegeschichte zu diskreditieren oder am besten gleich ganz vergessen zu machen: Der 20. Juli sei zum »läppischen Allerweltssymbol für Zivilcourage« degradiert geworden, schimpft die *Junge Freiheit*. Bei den Gedenkfeiern werde nur noch »Stauffenberg light« präsentiert. In Wirklichkeit sei es damals nicht »fortschrittlicher Widerstand gegen eine nationalsozialistische Diktatur« gewesen, sondern vielmehr »Widerstand des Nationalen gegen den Totalitarismus«.[101]

Diese Deutung löst den 20. Juli 1944 unter bewusster Missachtung der historischen Fakten aus seinem Kontext und schlägt so drei Fliegen mit einer Klappe: Erstens ist die NS-Diktatur nicht mehr das Thema, zweitens wird der Widerstand als »national« definiert, also allein für die Rechte in Anspruch genommen, und dient dadurch drittens der Legitimation rechter Politik. Stauffenberg wird dem Kanon der »Konservativen Revolution« einverleibt und so zum vermeintlichen Vorkämpfer neurechter Ziele erklärt – sei es die ethnisch reine Nation, konservative Geschlechterrollen oder eine deutschnationale Auffassung von Kunst und Kultur.

Die Dringlichkeit des »Widerstands« ergibt sich dieser Logik zufolge daraus, dass Land und Volk angeblich in derselben existenziellen Gefahr schweben wie damals, nur dass die Bedrohung heute vom Totalitarismus der Political Correctness ausgehe – von der gleichgeschlechtlichen Ehe, dem Gendern, dem »Schuldkult« der Erinnerungskultur, der EU, der Globalisierung und vor allem: dem »Bevölkerungsaustausch« durch Migranten.

»Wir stehen im historischen Erbe eines Claus von Stauffenbergs«, schrieb die Identitäre Bewegung am 20. Juli 2016, und in ihrer Ankündigung für den zentralen Aufmarsch am 75. Jahrestag 2019 in Halle hieß es: »Als patriotische Jugend sind wir dafür angetreten, unsere Identität und unser Erbe zu verteidigen. Linke und Multikultis arbeiten an der Abschaffung aller Grenzen, Völker, Kulturen und Traditionen. Wir wehren uns dagegen und zeigen, dass es noch eine Jugend gibt, die Widerstand leistet.«[102] Außer Deutschlandfahnen auch wieder mit dabei: die Wirmer-Flagge.[103]

»Wir lüften den Otto-Wels-Saal durch!«

Durch ihren Erfolg bei der vorgezogenen Bundestagswahl 2025 ist der AfD eine Gelegenheit in den Schoß gefallen, sich eines weiteren Datums der Widerstandsgeschichte zu bemächtigen: Nachdem sie die Anzahl ihrer Mandate nahezu verdoppeln konnte und zweitstärkste Fraktion geworden war, erhob sie Anspruch auf den Sitzungssaal der SPD. Mit ihren nun 151 Sitzen, so die Argumentation der AfD, stehe ihr dieser zweitgrößte Raum im Parlamentsgebäude zu und nicht mehr den Sozialdemokraten, die im Bundestag jetzt nur noch mit 120 Abgeordneten vertreten sind.

Es war abzusehen, dass die SPD den Saal nicht hergeben würde, erst recht nicht für die kurz zuvor vom Verfassungsschutz als rechtsextremistisch eingestufte AfD. Die tat trotzdem überrascht – und hellauf empört. Die SPD führte ins Feld, dass sie als Teil der Regierung Platz für Besucher aus den Ministerien benötige und die räumliche Nähe zum Koalitionspartner CDU/CSU wichtig sei, der im Nachbarsaal tagt. Nach wochenlangem Streit entschied der Ältestenrat des Bundestags schließlich, dass die SPD den Raum behalten könne. Der AfD wurde der ehemalige Sitzungssaal der FDP zugewiesen, die an der Fünf-Prozent-Hürde gescheitert war. Unter großem Pressegetöse versammelten sich die Abgeordneten der AfD-Fraktion daraufhin probehalber dort, um zu demonstrieren, dass man in dieser »Sardinenbüchse« nicht arbeiten könne.[104] Anfang Juli 2025 reichte sie Klage beim Bundesverfassungsgericht ein.[105]

Um Quadratmeter geht es hier allerdings für beide Seiten nur vordergründig: Die AfD hat durch die Auseinandersetzung eine neue Möglichkeit, sich als Opfer der »Kartellparteien« darzustellen – ihr parlamentarischer Geschäftsführer Stephan Brandner sprach von einer »Schande für den Parlamentarismus« – und nebenbei dem politischen Gegner eins auszuwischen. Für die SPD nämlich hat der Saal große symbolische Bedeutung, weil er nach Otto Wels (1873–1939) benannt wurde, der ab 1919 Parteiführer war und sich dem Aufstieg der Nationalsozialisten entgegengestellte. Sein Name verbindet sich vor allem mit der Rede, mit der er am 23. März 1933 begründete, warum seine Partei gegen das »Ermächtigungsgesetz« stimmen werde. Jenes Gesetz also, das die Gewaltenteilung aufhob und damit den Weg freimachte für die entfesselte NS-Diktatur.

Für die Weigerung der SPD und das Entsetzen der Familie von Otto Wels zeigte die Parteiführung kein Verständnis. »Das ist gelebte Parlamentsgeschichte«, kommentierte Brandner achselzuckend.[106] Worum es tatsächlich geht, ist in einem YouTube-Video der Partei zu sehen, bei dem schon die Collage für das Thumbnail-Bild die wesentliche Botschaft offenbart: Im Hintergrund ist das berühmte Foto zu sehen, das Otto Wels während einer Kundgebung 1932 zeigt, mit Anzug, Weste und Fliege, in der rechten Hand das Redemanuskript, die linke kämpferisch erhoben. Davor, in Farbe, Stephan Brandner in derselben Pose, aber grinsend und in lässiger Freizeitjacke. »Wir lüften den Otto-Wels-Saal durch!«, steht in dicken Lettern daneben.[107]

Brandner sitzt seit 2017 für die AfD im Parlament. Knapp zwei Jahre lang hatte er den Vorsitz im Rechtsausschuss des Bundestags inne, bis er Ende 2019 wegen wiederholter Beschimpfungen und antisemitischer Ausfälle abgewählt wurde.[108] Die von der AfD-Fraktion daraufhin erhobene Klage wurde im September 2024 vom Bundesverfassungsgericht letztinstanzlich abgewiesen.[109] Brandner hatte unter anderem nach dem Anschlag auf die Synagoge in Halle retweetet: »Warum lungern Politiker mit Kerzen in Moscheen und Synagogen rum?«, die beiden Opfer des Amokläufers seien doch schließlich »ein Bio-Deutscher« und »eine Deutsche, die gern Volksmusik hörte«, gewesen. Einen Post mit dem Foto des jüdischen Journalisten Michel Friedman versah er mit dem Text: »Jede

Sendeminute dieses deutschen Michel treibt uns neue Anhänger in Scharen zu – weiter so!«[110]

Im Video zum Sitzungsraum-Streit folgt die Kamera Brandner bis vor die Tür des SPD-Fraktionssaals. Nach einem Witzchen über die Parteivorsitzenden, deren Fotos auf der einen Seite des Flurs hängen, deutet er auf ein Bild von Otto Wels an der gegenüberliegenden Wand: »Otto Wels hat eine legendäre Rede im Reichstag gehalten, die ich dann tatsächlich auch nochmal zu Corona-Zeiten gehalten hab … Da geht's um die Frage, wie man mit Oppositionellen umgeht und dass man … das Leben nehmen kann, aber die Würde nicht. Und so ähnlich wird mit uns ja auch umgegangen.«

Als Otto Wels am 23. März 1933 ans Rednerpult trat, hatte er eine Giftkapsel bei sich,[111] weil er damit rechnete, jeden Moment verhaftet zu werden. Spätestens nach seiner Rede, da war sich der 60-Jährige sicher, würde man ihn mitnehmen. Die Fraktion hatte darüber diskutiert, ob sie an der Abstimmung überhaupt teilnehmen oder ihre Ablehnung dadurch ausdrücken sollte, dass sie gar nicht erst erschien. Schließlich hatte sie einstimmig entschieden, vor Ort zu sein. Vielleicht, so die Hoffnung, ließen sich noch andere Parlamentarier überzeugen, gegen das »Ermächtigungsgesetz« zu stimmen und so die drohende Diktatur aufzuhalten.

Sechsundzwanzig Abgeordnete der SPD waren bereits »in Schutzhaft« und fehlten an diesem Tag. Julius Leber wurde noch vor der Tür festgenommen und in Ketten abgeführt.[112] Die 81 Mandate der KPD hatte man einige Tage zuvor verfassungswidrig für ungültig erklärt,[113] und die Abgeordneten, die nicht rechtzeitig hatten fliehen können, in eilig aus dem Boden gestampfte Konzentrationslager verschleppt.

Die Sitzung fand in der kurzfristig umgebauten Krolloper statt, weil der Plenarsaal des nahegelegenen Reichstags seit dem Brand vom 27. Februar noch eine Ruine war. Vor dem Gebäude waren bewaffnete SA- und SS-Männer aufmarschiert. Um den Sitzungssaal zu betreten, mussten die Abgeordneten durch ein Spalier aus Uniformierten, die jeden beschimpften, der als NS-Gegner bekannt war. Im Innern war der traditionelle Reichsadler gegen eine gewaltige Hakenkreuzflagge ausgetauscht worden,[114] hinter den Sitzreihen war SA- und SS-Miliz postiert. Neben den Bänken der Sozialdemokraten standen zusätzliche Bewaffnete mit drohenden Mienen, die Hand am Revolver.

In dieser einschüchternden Atmosphäre, immer wieder unterbrochen von höhnischem Gelächter und hasserfüllten Zwischenrufen, formulierte der SPD-Vorsitzende Otto Wels den letzten parlamentarischen Widerspruch: »Freiheit und Leben kann man uns nehmen, die Ehre nicht! Wir deutschen Sozialdemokraten bekennen uns in dieser geschichtlichen Stunde feierlich zu den Grundsätzen der Menschlichkeit und der Gerechtigkeit, der Freiheit und des Sozialismus. Kein Ermächtigungsgesetz gibt Ihnen die Macht, Ideen, die ewig und unzerstörbar sind, zu vernichten.«

Am Ende stimmten alle bürgerlichen Parteien für das Gesetz, allein die SPD geschlossen dagegen. Jetzt gab es keine Hürden mehr, die den Umbau der Republik in eine Diktatur verhindern konnten. Das eben erst gewählte Parlament hatte mit 444 zu 94 Stimmen seine eigene Absetzung beschlossen. Zum Ende der Sitzung erhoben sich die Abgeordneten der NSDAP und stimmten mit ausgestrecktem rechten Arm das »Deutschlandlied« an. Carlo Mierendorff, der ein Jahr zuvor die »Boxheimer Dokumente« öffentlich gemacht hatte, wurde nach der Abstimmung von der SA durch die Straßen geprügelt. Wels gelang die Flucht nach Prag und später weiter nach Paris, wo er die Exil-SPD (Sopade) mit aufbaute.

Die Namen jener mutigen Abgeordneten, die sich damals trotz der Bedrohung für Leib und Leben zur Demokratie bekannten, stehen heute an der Wand vor dem Sitzungsraum der SPD. AfD-Mann Brandner würdigt sie im Video keines Blickes und betritt stattdessen den »Otto-Wels-Saal« mit dem Habitus des zukünftigen Hausherrn: Ob der Platz wohl reichen wird? Könnte schon eng werden. Die abstrakte Kunst an den Wänden, »na, ich weiß nicht, ob das so unser Stil ist.« Und dieser »sozialdemokratische Mief« im Raum … »hier muss mal ordentlich durchgelüftet werden, und das werden wir dann demnächst tun.« Umbenennen müsse man den Saal aber nicht unbedingt: »Ist'n netter Mensch gewesen, der Otto Wels. Hat legendäre Reden gehalten.« Fraktionsgeschäftsführer Bernd Baumann habe sich ja schon dafür starkgemacht, den Namen zu behalten, und gesagt: »Wels wäre in der AfD heutzutage«.

Zum Schluss präsentiert Brandner den bisherigen Sitzungsaal seiner Fraktion, dem sie den Namen »Paulskirche« gegeben hat: Jedem werde einleuchten, dass dieser viel zu klein sei für die AfD, aber genau richtig für die Sozialdemokratie, die bei der letzten Wahl ja »zurechtgestutzt wurde«. Die Gemälde mit Motiven aus den Befreiungskriegen, der Revolution von 1848 und der Reichsgründung 1871 werde man mitnehmen, aber das Holzkreuz über der Tür – das werde man vielleicht für die SPD da lassen, »sodass sie immer daran denken, dass man sich nicht nur von Quatsch leiten lassen muss«, sondern »auch Werte und Überzeugungen haben sollte«.[115]

Im Juni 2025 hob der Bundestag Brandners Immunität als Abgeordneter auf: Gegen ihn läuft zurzeit ein Strafverfahren, weil er eine Redakteurin des *Spiegel* wiederholt beleidigt und als »Faschistin« bezeichnet hatte, wofür er bereits mehrfach verurteilt worden war.[116] Das Ordnungsgeld, das er dafür zahlen muss, beläuft sich mittlerweile auf eine Summe von 50 000 Euro.[117]

Widerstand der kleinen Schritte

Als im September 1948 der Parlamentarische Rat zusammenkam, um der entstehenden Bundesrepublik eine Verfassung zu geben, standen den 61 Männern und vier Frauen die Folgen des von Deutschland angezettelten Krieges noch lebendig vor Augen. Und nicht nur ihnen: Kaum eine deutsche Stadt war heil geblieben, aus dem Osten strömten Millionen Heimatvertriebene in den Westen, es fehlte an Wohnraum, Lebensmitteln, Bau- und Brennmaterial. Und ob die Welt diesem Land je wieder trauen würde, war nach den von Deutschen verübten Verbrechen alles andere als ausgemacht. Bevor das große Verdrängen einsetzte und ehemalige Nazis wieder auf Richterstühlen und in Ministerien Platz nahmen, schien es darum für kurze Zeit so etwas wie ein gemeinsames Erschrecken zu geben.

Die Abgeordneten des Parlamentarischen Rates gehörten verschiedenen Parteien und Weltanschauungen an, einige waren in das NS-Regime verstrickt gewesen, die meisten jedoch hatten den Terror am eigenen Leib zu spüren bekommen, mussten ins Ausland fliehen oder waren in KZs inhaftiert. Das Grundgesetz ist daher in vielerlei Hinsicht eine Antwort auf die Erfahrungen der NS-Zeit und das Scheitern der Weimarer Republik – bei allen Unterschieden im Detail waren sich die »Mütter und Väter des Grundgesetzes« einig in einem entschiedenen »Nie wieder!«[118]

Welches Gewicht sie diesem Ziel beimaßen, lässt sich schon daran ablesen, dass sie jenen Wert an den Anfang der Verfassung gesetzt haben, der ab 1933 gar nichts mehr galt: Artikel 1 erklärt die Achtung und den Schutz der Menschenwürde zur »Verpflichtung aller staatlichen Gewalt«. Auch die anderen Grundrechte stehen ganz oben. Zusammen mit der politischen Ordnung der Bundesrepublik Deutschland werden sie durch eine Ewigkeitsklausel geschützt: Selbst eine Zwei-Drittel-Mehrheit in Parlament und Bundesrat kann sie nicht abschaffen.

Das Recht auf Widerstand hingegen kam erst 1968 hinzu: ein Zugeständnis an die SPD, die davon ihre Zustimmung zu den Notstandsgesetzen abhängig gemacht hatte. Diese sollten die Handlungsfähigkeit des Staates im Katastrophen- und Verteidigungsfall sicherstellen und beinhalten die Möglichkeit der zeitweiligen Einschränkung von Grundrechten. Für sie wurde die Verfassung damals in mehr als zwanzig Punkten geändert, was Hunderttausende zum Protest auf die Straße brachte. Zum Ausgleich der erweiterten staatlichen Gewalt erstritt die SPD von ihrem Koalitionspartner CDU/CSU die Verankerung des Widerstandsrechts in der Verfassung. Seitdem hat Artikel 20 GG einen Absatz mehr: Die ersten drei definieren den parlamentarischen, föderalen und sozialen Rechtsstaat als Staatsform der Bundesrepublik. Im ergänzenden Absatz 4 aus dem Jahr 1968 heißt es dann: »Gegen jeden, der es unternimmt, diese Ordnung zu beseitigen, haben alle Deutschen das Recht zum Widerstand, wenn andere Abhilfe nicht möglich ist.«

Diesen Passus hat die Neue Rechte nun auch für sich entdeckt: Der Verleger und Höcke-Vertraute Götz Kubitschek schrieb 2016, angesichts der »Flüchtlingskrise« sei es legitim, »die kleine Ordnung zu verletzen, … um die große Ordnung zu retten«. Gesetzesbrüche wie die Blockade eines Grenzübergangs oder eines Asylheims seien folglich »erlaubt«.[119] Die hessische AfD startete ihren Landtagswahlkampf 2018 demonstrativ am 20. Juli – mit einem Abend zum Thema »Widerstand heute? Von Graf Stauffenberg zum Grundgesetz Artikel 20 IV«, zu dem Beatrix von Storch geladen war.[120] In der neurechten Zeitschrift *Sezession* blies der Publizist Thor von Waldstein ebenfalls mit Verweis auf das Grundgesetz zum Angriff gegen das »demokratiezersetzende Bevölkerungsaustauschprojekt« und wurde dabei noch deutlicher: »In diesem Moment der äußersten Bedrohung der verfassungsmäßigen Ordnung und des Fortbestandes der Nation treten die Deutschen wieder in ihre demokratischen Urrechte ein, entziehen ihren auf Zeit bevollmächtigten, das Gesetz mit Füßen tretenden Mandataren das Wahlmandat und üben ihr verfassungsrechtlich verbrieftes Widerstandsrecht aus.«[121]

Hier wird wieder einmal ausgeklammert, was nicht zur Botschaft passt. Vor allen Dingen, dass der Geltungsfall von Artikel 20, 4 GG eng umrissen ist und nur dann zum Tragen kommt, wenn alle staatlichen Schutzmaßnahmen ausgeschöpft sind oder versagen. Erst dann sind die Bundesbürgerinnen und -bürger aufgefordert, sich gegen die Feinde der freiheitlich-demokratischen Ordnung zur Wehr zu setzen.[122] Nur weil Teile der Bevölkerung mit der Grenz- und Flüchtlingspolitik nicht einverstanden sind, ist dieser Fall aber keineswegs gegeben.

Denn das Widerstandsrecht ist nicht dazu da, politische Anliegen durchzusetzen – dafür gibt es Wahlen. Und wenn diese Anliegen eine Mehrheit finden, können sie Wirklichkeit werden, vorausgesetzt, sie stehen im Einklang mit der Verfassung. Das zentrale Ziel der Rechten – ein abstammungsmäßig und kulturell homogenes Volk – tut es aber nicht. Im Gegenteil: Für den Bundesverfassungsschutz war gerade *das* ausschlaggebend für die im Mai 2025 bekanntgegebene Hochstufung der gesamten AfD: Das in der Partei vorherrschende Volksverständnis sei »nicht mit der freiheitlichen demokratischen Grundordnung vereinbar«, hieß es in der Pressemitteilung der Behörde.[123] Damit ist eigentlich alles gesagt.

Widerstand gegen die tragenden Werte der freiheitlichen Ordnung der Bundesrepublik ist kein Widerstand, sondern verfassungswidrig. Dagegen vorzugehen, ist keine Einschränkung der Meinungsfreiheit, sondern legitime Schutzmaßnahme. Dass diese schlichten Wahrheiten inzwischen von vielen Menschen nicht mehr ohne Weiteres akzeptiert werden und sogar viele Demokratinnen und Demokraten zögern, sie anzuwenden, ist das Ergebnis der systematischen Verdrehung und Umdeutung von rechts. »Die große Maskerade des Bösen hat alle ethischen Begriffe durcheinandergewirbelt«, schrieb Dietrich Bonhoeffer 1942, als sei es auch als Warnung für die Generationen nach ihm gedacht gewesen.

AfD und Neue Rechte können die allgemeine Verwirrung jedenfalls als Erfolg verbuchen. Durch penetrante Wiederholung ist es ihnen gelungen, Lügen als Meinung auszugeben. Dagegen hilft nur entschiedener Widerspruch aus so vielen Kehlen wie möglich – die

Zeiten, in denen man ab und zu ein Wahlkreuz machen und sich ansonsten zurücklehnen konnte, sind vorbei.

Das eröffnet aber die Chance, sich darauf zu besinnen, dass wir mit der freiheitlich-pluralistischen Ordnung etwas Kostbares zu verlieren haben, das wesentlich für alle ist – jenseits politischer Differenzen. »Die Ereignisse von 1933 bis 1945 hätten spätestens 1928 bekämpft werden müssen. Später war es zu spät«, sagte der Schriftsteller Erich Kästner 1958. »Man darf nicht warten, bis aus dem Schneeball eine Lawine geworden ist. Man muss den rollenden Schneeball zertreten. Die Lawine hält keiner mehr auf.«[124]

Damals waren es zu wenige, die im Schneeball die zukünftige Lawine sahen, und dann zu wenige, die sich der Lawine entgegenstellten. Doch im Gegensatz zu den Frauen und Männern des Widerstands haben wir es nicht mit einem Gewaltregime zu tun, das vor nichts zurückschreckt, sondern mit Gruppierungen, die vorgeben, den »Willen des Volkes« zu vertreten, um ihre nationalradikale Politik der Ausgrenzung und der Menschenfeindlichkeit durchzusetzen. Sie profitieren davon, dass viele ihrer Positionen mittlerweile nicht mehr radikal erscheinen, weil diese in den vergangenen zwanzig Jahren allmählich salonfähig geworden sind. Langzeitstudien des Instituts für interdisziplinäre Konflikt- und Gewaltforschung der Universität Bielefeld konnten nachweisen, dass sich auch in bürgerlichen Kreisen ein Geist der Verachtung gegenüber Schwächeren breitgemacht hat.

Dahinter steht eine Ideologie, die bestimmte Gruppen von Menschen als ungleichwertig begreift. Die Forschungsgruppe um den Leiter der Studie, Wilhelm Heitmeyer, hat dafür den Begriff »Gruppenbezogene Menschenfeindlichkeit« geprägt. Diese kann sich gegen Ausländerinnen und Ausländer richten, aber zum Beispiel auch gegen Behinderte, Homosexuelle, Transpersonen, Obdachlose oder Feministinnen. Kurz: gegen alle, denen anhand bestimmter Merkmale eine Zugehörigkeit zu einer sozialen Gruppe zugewiesen wird, unabhängig davon, ob sich die Betroffenen selbst dort einordnen würden.[125]

Dass solch diskriminierende Einstellungen auch in der bildungsbürgerlichen Mitte Fuß fassen konnten – und zwar lange vor Gründung der AfD –, war maßgeblich für deren Verankerung in der Gesellschaft, die der Partei nun einen so rasanten Aufstieg beschert. Heitmeyer spricht in diesem Zusammenhang von »roher Bürgerlichkeit«, die ihre abwertende Haltung gegenüber Schwächeren hinter einer glatten, intellektuellen Fassade verbirgt.[126] Gekleidet in vermeintlich »vernünftige« oder sogar »wissenschaftliche Argumente«, den »gesunden Menschenverstand« oder den Verweis auf die »natürliche Ordnung« verbreite sich die Menschenfeindlichkeit über Bücher und Medien, in Clubs, Vereinen, Familien- und Freundeskreisen.

Ihr Gift treibt Gesellschaften überall auf der Welt auseinander, führt zu verbaler und körperlicher Gewalt und zu nicht endenden Konflikten, die an den eigentlichen Ursachen der Probleme vorbeigehen. Die Neue Rechte und die AfD behaupten, eine Lösung zu haben, doch diese besteht nur in Ausgrenzung und Abschottung, im ewigen »wir gegen die«.

Die Männer und Frauen des 20. Juli 1944 waren sich bis zuletzt in vielerlei Hinsicht uneins, hatten aber zu gegenseitigem Respekt gefunden, der es ihnen ermöglichte, Kompromisse einzugehen, um ihr gemeinsames Ziel zu erreichen: das Ende der Terrorherrschaft und den Aufbau einer neuen, gerechten Ordnung für alle. Doch die Gegnerschaft zum Nationalsozialismus konnte auch darin bestehen, sich seinen Regeln zu widersetzen, einem Verfolgten Papiere zu besorgen, einer Zwangsarbeiterin Brot zuzustecken oder einen sicheren Raum für Gespräche zu schaffen. »Wir leisten Widerstand, indem wir Menschen bleiben«, schrieb die Journalistin Ruth Andreas-Friedrich damals. Mehr von diesen vermeintlich unspektakulären menschlichen Handlungen, und das »Dritte Reich« hätte nicht das sein können, was es war. Im Gedenken an den Widerstand geht es also gar nicht um Nationales, wie die AfD es uns weismachen will, sondern um Anstand und Mitmenschlichkeit.

Widerstand heute kann nicht bedeuten, das demokratisch-freiheitliche System zu bekämpfen, sondern sich Kräften und Parteien entgegenzustellen, die genau das tun. Es hat keinen Zweck, damit bis zum großen Knall zu warten, denn der kommt möglicherweise nie: Nicht nur die deutsche Geschichte, sondern auch die Gegenwart in Ungarn oder den USA zeigt, dass die ärgsten Feinde der Demokratie durchaus auf legalem, demokratischem Weg an die Macht kommen können. Wir müssen den Schneeball erkennen, bevor er zur Lawine wird, und dürfen uns nicht vormachen, dass hier nur mal ein paar Leute einen Schneemann bauen wollen.

Widerstand heute muss darin bestehen, dem Geist der Unmenschlichkeit nicht das Feld zu überlassen – und einen Schneeball zu formen für die Lawine zum Guten.

Dank

Mein Vater ist während der Arbeit an diesem Buch völlig überraschend gestorben. Er hatte das Projekt von der ersten Idee an unterstützt, begleitet und bereichert: mit Kinderbetreuung, Zeitungsausschnitten, Gesprächen, ermutigenden Nachrichten zwischendurch und nicht zuletzt seinem großen historischen und literarischen Wissen – danke für alles, Papa! Du hinterlässt eine schmerzliche Lücke.

Das Team vom Goldmann Verlag ist mir in dieser schweren Zeit voller Verständnis und Anteilnahme begegnet und hat mir sehr großzügig die Freiheit einer späteren Abgabe eingeräumt. Stefanie, Lilly, Miri, Manuela, Johannes – ihr wart ein wirklicher Lichtblick für mich, dafür danke ich euch von Herzen. Mir ist bewusst, dass der Aufschub die Abläufe nun erheblich stressiger gemacht hat, und ich möchte darum auch den vielen guten Geistern im Hintergrund danken, deren Namen ich gar nicht kenne, die es aber möglich gemacht haben, dass das Buch trotz allem zum geplanten Termin erscheinen kann. Ich danke meiner Agentin Elisabeth Ruge, dass sie dem Projekt von Anfang an positiv gegenüberstand, es immer gefördert hat und während der harten Zeit in jeder Hinsicht an meiner Seite war. Großer Dank gebührt außerdem meinem Lektor Eckard Schuster, dessen kritische Anmerkungen und Korrekturen auch diesmal wieder ein großer Gewinn waren.

Bei Albrecht von Lucke und Karin Gothe möchte ich mich für den ermutigenden und inspirierenden Austausch bedanken. Verena Lugert bin ich dankbar für ihre stärkende Begeisterung im entscheidenden Moment, Ingrid Kolb für ebenso entschiedenes Mutmachen. Für wichtige Anregungen und inhaltlichen Input danke ich Gemma Pörzgen, Steffen Hebestreit, Kai Schächtele und Irmtrud Wojak, der Gründerin und Leiterin des Fritz Bauer Forums Bochum. Ich hoffe, mir ist es gelungen, ein Buch zu schreiben, das Fritz Bauer gefallen hätte.

Schließlich danke ich meinen Kindern, dass sie mich die ganze Zeit über geduldig und liebevoll unterstützt haben, obwohl alles nun erheblich länger gedauert hat als gedacht und darum so manches ausfiel, was eigentlich fest versprochen gewesen war. Mein Mann war mir mit vielen Gesprächen eine unverzichtbare Hilfe – danke vom Herzen fürs Probelesen, Rückenstärken und Gefährte-Sein.

Anmerkungen

Nation – Der rechte Traum vom völkisch »reinen« Reich

1 »Kyffhäuser-Denkmal«, in: Geschichte statt Mythen, Online Projekt der Friedrich-Schiller-Universität Jena, www.geschichte-statt-mythen.de/Blog/uebersichtskarte/Kyffhaeuser-Denkmal
2 Herfried Münkler: *Die Deutschen und ihre Mythen*, Lizenzausgabe für die Bundeszentrale für politische Bildung, Bonn 2010, S. 63
3 Höcke beim Kyffhäuser-Treffen 2018, zitiert bei: Julia Gilfert: »Der Kyffhäuser – ein Denkmal zwischen rechter Vereinnahmung und zivilgesellschaftlichem Engagement«, in: Institut für Demokratie und Zivilgesellschaft (Hrsg.): *Wissen schafft Demokratie. Schwerpunkt Demokratie unter Druck*, Band 12, Jena 2022, S. 128–137
4 Zitiert nach dem Urteil des Verwaltungsgerichts Köln vom 08.03.2022
5 Björn Höcke am 6. Juni 2015, Video unter www.youtube.com/watch?v=XRKWk7yV-fpU
6 Gilfert, Kyffhäuser
7 Siehe Urteil des Verwaltungsgerichts Köln vom 08.03.2022
8 »Höcke erneut wegen Nazi-Parole verurteilt«, *Tagesschau*, 01.07.2024
9 »Der wahre Chef der AfD«, *Der Spiegel*, Heft 41/2022
10 Ebd.
11 »Wann spricht man von Rechtsextremismus, Rechtsradikalismus oder Neonazismus …?«, *Dossier Rechtsextremismus*, Bundeszentrale für politische Bildung
12 »Das steht im AfD-Gutachten«, *Der Spiegel*, Heft 20/2025
13 AfD: »Programm für Deutschland«, Grundsatzprogramm, beschlossen auf dem Bundesparteitag in Stuttgart am 30.04./01.05.2016, S. 6
14 Zitiert bei: Alexander Häusler: »Nation«, in: Bente Gießelmann/Robin Heun/Benjamin Kerst/Lenard Suermann, Fabian Virchow (Hrsg.): *Handwörterbuch rechtsextremer Kampfbegriffe*, Schwalbach/Ts., 2016, S. 199
15 Siehe dazu z. B.: Jörg Himmelreich: »Nation – eine Begriffsbestimmung aus aktuellem Anlass«, Bundeszentrale für politische Bildung, 26.04.2017
16 »Kurz und knapp: Reform des Staatsangehörigkeitsrechts«, Bundeszentrale für politische Bildung, 19.07.2024
17 »Warum das deutsche Grundgesetz auch für Ausländer gilt«, Interview mit dem Staatsrechtler Werner Heun, *Braunschweiger Zeitung*, 19.08.2016

18 Rede beim Kyffhäuser-Treffen am 04.06.2016, zitiert auch im Urteil des Verwaltungsgerichts Köln vom 08.03.2022

19 Alexander Häusler: »Nation«, in: Gießelmann et al. (Hrsg.), Handwörterbuch, S. 200

20 Helmut Kellershohn: »Umvolkung«, in: Gießelmann et al. (Hrsg.), Handwörterbuch, S. 282 und 294

21 Maximilian Krah: *Politik von rechts. Ein Manifest,* Schnellroda 2023, S. 34

22 Ebd., S. 54

23 »Man macht sich zum Knecht«, Interview mit Marc Jongen, *Die Zeit*, Nr. 23/2016

24 Stefan Burmeister: »Germanen? Die Facetten und Probleme eines germanischen Kollektivbegriffs vor dem Hintergrund der bekannten Quellen«, in: Gabriele Uelsberg/ Matthias Wemhoff (Hrsg.): *Die Germanen. Eine archäologische Bestandsaufnahme*, Bonn/Berlin 2020, S. 417 ff.

25 »Die hugenottische Fluchtbewegung nach Brandenburg«, Musée virtuelle du protestantisme, https://museeprotestant.org/de/notice/die-hugenottische-fluchtbewegung-nach-brandenburg

26 »Was ist Deutsch?«, *Spiegel Geschichte*, Heft Nr. 01/2024, S. 54 ff.

27 Burmeister, Germanen, S. 417 ff.

28 AfD-Wahlprogramm 2025, S. 170

29 »Vierzehn Beispiele für völkisches Denken in der AfD«, Correctiv

30 z. B. Gauland gegenüber dem *Spiegel*: »Warum sich AfD-Vize Gauland nicht für einen Rassisten hält«, *Der Spiegel*, 27.06.2016

31 Zitiert bei Enno Stahl: *Die Sprache der Neuen Rechten. Populistische Rhetorik und Strategien*, Stuttgart 2019, S. 141

32 Gutachten des Bundesamts für Verfassungsschutz 2025

33 »AfD-Mann spricht vor Schülern über Gruppenvergewaltigungen«, *Der Spiegel*, 27.07.2024

34 AfD: »Programm für Deutschland«, Grundsatzprogrammm beschlossen auf dem Bundesparteitag in Stuttgart am 30.04/01.05.2016, S. 47

35 AfD-Wahlprogramm 2025, S. 170

36 Björn Höcke am 6. Juni 2015, Video unter www.youtube.com/watch?v=XRKWk7yV-fpU

37 Ebd.

38 »Was heißt hier deutsch?«, *Die Zeit*, 16.07.1998

39 CDU-Grundsatzprogramm, beschlossen vom 21. Parteitag in Hannover, Dezember 2017, S. 14

40 Münkler, Mythen, S. 63

41 Ebd., S. 37–52

42 Andreas Audretsch: »Deutschland: Neue alte Großmachtfantasien«, in: Andreas Audretsch/Claudia C. Gatzka (Hrsg.): *Schleichend an die Macht. Wie die Neue Rechte Geschichte instrumentalisiert, um Deutungshoheit über unsere Zukunft zu erlangen*, Bonn 2020, S. 33

43 Klaus Bemmann: *Deutsche Nationaldenkmäler und Symbole im Wandel der Zeiten*, Göttingen 2007, S. 206

44 Münkler, Mythen, S. 58 und 62

45 Eckart Conze: *Schatten des Kaiserreichs. Die Reichsgründung von 1871 und ihr schwieriges Erbe*, München 2020, S. 136

46 Ebd., S. 137

47 Ebd., S. 138

48 Bemmann, Nationaldenkmäler, S. 206

49 Conze, Schatten, S. 62

50 »Die Verfassung des Deutschen Reiches«, Lebendiges Museum online, www.dhm.de/lemo/kapitel/kaiserreich/reich/verfassung
51 Conze, Schatten, S. 48
52 Ebd., S. 125
53 Ebd., S. 104 ff.
54 Volker Ullrich: *Die nervöse Großmacht 1871–1918. Aufstieg und Untergang des deutschen Kaiserreichs*, Frankfurt am Main 1999, S. 313 ff.
55 Audretsch, Großmachtfantasien, S. 33
56 Bemmann, Nationaldenkmäler, S. 211
57 Zitiert ebd., S. 210
58 »Kyffhäuser-Denkmal«, in: Geschichte statt Mythen, www.geschichte-statt-mythen.de/uebersichtskarte/Kyffhaeuser-Denkmal
59 Höcke-Rede beim Kyffhäuser-Treffen am 6. Juni 2015, www.youtube.com/watch?v=XRKWk7yVfpU
60 Ebd.
61 Münkler, Mythen, S. 42 ff.
62 Wahlprogramm der AfD Brandenburg 2019
63 »Vierzehn Beispiele für völkisches Denken in der AfD«, Correctiv
64 Positionspapier der AfD-Fraktion im Thüringer Landtag: »Leitkultur, Identität, Patriotismus«, Erfurt 2018, S. 45
65 Alexander Gauland beim Kyffhäuser-Treffen am 02.09.2017, zitiert bei Audretsch, Großmachtfantasien, S. 34
66 Höcke 2016 am Kyffhäuser, zitiert bei: »Björn Höcke in sieben Szenen«, ntv, 13.02.2017
67 Dieter Borchmeyer: *Was ist deutsch? Die Suche einer Nation nach sich selbst*, Berlin 2017, S. 346–356
68 Heinrich Detering: *Was heißt hier »wir«? Zur Rhetorik der parlamentarischen Rechten*, Ditzingen 2019, S. 43 f.
69 Rede von Alexander Gauland beim Kyffhäuser-Treffen, 02.09.2017, zitiert bei Audretsch, Großmachtfantasien, S. 34
70 Wahlprogramm der AfD Brandenburg 2019, zitiert bei: Michael Sturm: »Geschichtspolitik als Kulturkampf – der Gebrauch von ›Geschichte‹ im aktuellen Rechtspopulismus«, in: Michael Parak/Ruth Wunnicke (Hrsg.): *Vereinnahmung von Demokratiegeschichte durch Rechtspopulismus*, Publikation des Vereins gegen Vergessen – für Demokratie e. V. und der Gedenkstätte Deutscher Widerstand (2019), S. 32 ff.
71 AfD-Wahlprogramm 2021, S. 160
72 AfD-Wahlprogramm 2025, S. 171
73 AfD-Wahlprogramm 2021, S. 161
74 Yves Müller: »Preußen, das Kaiserreich, der Kolonialismus und die Rechten«, in: Rosa Luxemburg Stiftung (Hrsg.): *Gegenwartsgestrige. Rechte Geschichtspolitik heute*, S. 22 f.
75 Norbert Frei/Franka Maubach/Christina Morina/Maik Tändler: *Zur rechten Zeit. Wider die Rückkehr des Nationalismus*, Berlin 2019, S. 205
76 »Schnellroda formiert sich neu«, *taz*, 12.05.2024
77 Zitiert bei Volker Weiß: »Lasst uns Krieg führen!«, in: Jens-Christian Wagner/Sybille Steinbacher (Hrsg.): *Rechter Geschichtsrevisionismus in Deutschland. Formen, Felder, Ideologie*, Göttingen 2025, S. 79
78 Positionspapier der AfD-Landtagsfraktion Thüringen: »Leitkultur, Identität, Patriotismus«, Erfurt 2018, S. 29 f.
79 Ebd., S. 30
80 Zitiert bei Sturm, Geschichtspolitik, S. 33

81 Rede von Alexander Gauland beim Kyffhäuser-Treffen, 02.09.2017, zitiert bei Audretsch, Großmachtfantasien, S. 34

82 »22. Juni 1941: Überfall auf die Sowjetunion«, Bundeszentrale für politische Bildung

83 Der komplette Redetext in: »Gaulands Rede im Wortlaut«, FAZ, 05.06.2016

84 Markus Frohnmaier, Gründer der JA in Baden-Württemberg, am 28.10.2025 in Erfurt. Zitiert bei: Jakob Biazza/Peter Laudenbach: »Schwarz auf Weiß«, SZ, 19.02.2025

85 »Warum sich AfD-Vize Gauland nicht für einen Rassisten hält«, *Der Spiegel*, 27.06.2016

86 Zitiert in: »AfD-Vizechefin beleidigt deutsche Nationalmannschaft«, *Handelsblatt*, 08.07.2016

87 »Warum die AfD Deutschlands Nationalmannschaft ablehnt«, Deutsche Welle, 30.06.2024

88 »Alternative gegen Deutschland«, *Die Zeit*, 22.06.2024

89 Björn Höcke: »Fußball war unser Leben«, in: *Die Weltwoche*, 19.06.2024

90 Gauland am 21. März 2018, zitiert bei Detering, Wir, S. 32

91 Gutachten des Bundesverfassungsschutzes von 2019 zur AfD als »Prüffall«, bei: Netzpolitik.org, 28.01.2019

92 Zitiert bei Detering, Wir, S. 45 f.

93 Gegenwartsgestrige, S. 10

94 Zitiert bei Detering, Wir, S. 48

95 Das fragt völlig zu Recht auch der Literaturwissenschaftler Heinrich Detering, in: ders., Wir, S. 49

96 »Gauland will Integrationsbeauftragte ›entsorgen‹«, Redaktionsnetzwerk Deutschland, 28.08.2017

97 Abschiedsrede von Petr Bystron, Landesparteitag der AfD Bayern am 25.11.2017, Video auf: www.youtube.com/watch?v=BGxBNRBQK4o

98 »Erneut radikale AfD-Zitate im Umlauf«, Correctiv, 18.02.2020

99 »Kein Verfahren wegen Volksverhetzung«, *Tagesschau*, 17.05.2018

100 »Das ›Volk‹ der Rechtsradikalen«, Correctiv, 21.01.2025

101 Faktencheck AfD-Zitate, Correctiv, 05.02.2020

102 »Das ›Volk‹ der Rechtsradikalen«, Correctiv, 21.01.2025
»Das sind die völkischen Netzwerker der AfD«, ZDF-heute, 10.01.2024

103 »Das Potsdamer Treffen, die AfD und die ›Remigration‹«, DLF, 30.12.2024

104 »AfD nimmt Begriff ›Remigration‹ ins Wahlprogramm auf«, *Der Spiegel*, 12.01.2025

105 AfD-Wahlprogramm 2025, S. 101

106 Am 31. Juli 2023 im Blog seiner Zeitschrift *Sezession.* Zitiert bei: https://correctiv.org/aktuelles/neue-rechte/2024/06/04/krah-sollte-vertreibungsplaene-waehlbar-machen

107 Bundestagsdebatte am 16. Mai 2018, zitiert bei Detering, Wir, S. 11

108 »Schwarz auf Weiß«, SZ, 19.02.2025

109 Zu diesem Ergebnis kommt z. B. der »Wirtschaftsweise« Prof. Martin Werding von der Ruhr-Universität Bochum, siehe: »Migration und ihr Beitrag zum Staatshaushalt«, Expertise im Auftrag des Mediendienstes Integration (2025)

110 »Das steht im AfD-Gutachten«, *Der Spiegel*, 09.05.2025

111 »Die Würde des Menschen ist unantastbar«, einfach POLITIK, Bundeszentrale für politische Bildung

112 AfD-Wahlprogramm 2025, S. 86

113 »Das steht im AfD-Gutachten«, *Der Spiegel*, 09.05.2025

114 AfD Thüringen: Positionspapier, S. 24

115 Christopher Gusy: »Das Grundgesetz im Wandel der Zeit«, Bundeszentrale für politische Bildung, 01.09.2008

116 »Vom Provisorium zum Exportschlager«, Textarchiv des Deutschen Bundestags

117 Berkan Kaya: »Wer ist das Volk?«, Verfassungsblog, 26.08.2024
118 »Chrupalla. Was wirklich hinter dem Begriff ›Umvolkung‹ steckt«, *Volksverpetzer*, 02.12.2019
119 »Schwarz auf Weiß«, SZ, 19.02.2025
120 »Gauland nennt Merkel ›Kanzler-Diktatorin‹«, *Der Spiegel*, 05.06.2016
121 »Das steht im AfD-Gutachten«, *Der Spiegel*, 09.05.2025
122 »AfD streicht ›Leitkultur‹ und ›Remigration‹ aus Grundsatzpapier«, ntv, 05.07.2025
123 AfD: »7 Punkte zur Remigration. Wie die AfD den Begriff definiert«
124 Deutscher Bundestag, Plenarprotokoll vom 09.07.2025, S. 1576–1586
125 Prof. Dr. Dietrich Murswiek: »Rechtliche Voraussetzungen für die Beobachtung einer politischen Partei durch den Verfassungsschutz. Kurzgutachten und Handlungsempfehlungen für die AfD«, erstellt im Auftrag der Bundesgeschäftsstelle, Oktober 2018
126 AfD-Wahlprogramm 2025, S. 78
127 Zitiert in: »Anzünden!«, SZ, 07./08.12.2024
128 Krah, Manifest
129 »Vom Volk, Vertreibung und etwas Schnee«, Correctiv, 07.04.2025
130 »Rechtsextremer Rosenkrieg«, *taz*, 17.07.2025
131 Weiß, Krieg führen, S. 73 f.
132 »Höcke will Remigration erst in Thüringen und dann im Bund«, *Die Zeit* (dpa), 10.09.2025
133 Deutscher Bundestag, Plenarprotokoll vom 14.05.2025, S. 90
134 »Streit in der AfD: Wie viel völkisches Denken darf's denn sein?«, Correctiv, 11.07.2025
135 Zitiert in: Thomas Wilms: »Sein Kampf. Björn Höckes nazistische Grundsatzrede vom 3. Oktober 2022 in Gera«, Broschüre herausgegeben von der Vereinigung der Verfolgten des Naziregimes (VVN), Berlin 2022, S. 11 f.
136 AfD-Fraktion im Bundestag: Presseerklärung von Alice Weidel und Tino Chrupalla, Video unter: www.youtube.com/watch?v=oeoUHzHv4dg
137 »Gauland: ›Können uns nicht von Kinderaugen erpressen lassen‹«, *Die Zeit* (über dpa), 24.02.2016
138 »AfD will alle ukrainischen Flüchtlinge sofort abschieben«, SZ, 16.01.2025
139 »Schwarz auf Weiß«, SZ, 19.02.2025
140 Zitiert in: Wilms, Sein Kampf, S. 11 f.
141 Münkler, Mythen, S. 51

Freiheit – Das Ende der Vielfalt

1 z. B. hier (inkl. Zusammenfassung der Ereignisse): www.bpb.de/kurz-knapp/hintergrund-aktuell/163193/60-jahrestag-17-juni-1953
Siehe auch das ausführliche Dossier der Bundeszentrale für politische Bildung zum 17. Juni 1953: www.bpb.de/themen/deutsche-teilung/der-aufstand-des-17-juni-1953
2 »Märtyrer der Freiheit«, *Der Spiegel*, 12.06.2003
3 Stefan Wolle: »Der Sturm gegen die Diktatur«, in: *Die wehrhafte Demokratie. Wie unser Grundgesetz entstand und Deutschland bis heute prägt. Zeit Geschichte*, Heft 02/2024, S. 92–94
4 Ilko-Sascha Kowalczuk: *17. Juni 1953. Geschichte eines Aufstands,* Lizenzausgabe der Bundeszentrale für politische Bildung, Bonn 2013, S. 7 f.
5 Ebd., S. 118 f., Mielke-Zitat S. 8
6 Ebd., S. 121

7 Heinrich Lübke, Rede zum 17.06.1963: »Kein Feiertag wie jeder andere«, Mitschnitt aus dem Radio-Archiv unter: www.ardaudiothek.de/episode/urn:ard:episode:9b88ae7e-be7a1a1e

8 Peter Reichel: *Glanz und Elend deutscher Selbstdarstellung: Nationalsymbole in Reich und Republik*, Göttingen 2012, S. 195 ff.

9 Ilko-Sascha Kowalczuk: »Es war ein Freiheitstag«, *taz*, 17.06.2023

10 Deutscher Bundestag, Drucksache 20/6421 vom 18.04.2023

11 Pressemitteilung von Götz Frömming und Albrecht Glaser: »AfD-Fraktion wirft Bundeszentrale für politische Bildung Parteinahme vor«, 15.12.2023

12 »AfD strebt Umbau der Landeszentrale für politische Bildung an«, *Der Spiegel*, 21.01.2025

13 Deutscher Bundestag: Parlamentarische Gedenkstunde zum 17. Juni 1953 am 16.06.2023, inkl. Video, www.bundestag.de/parlament/sed-opferbeauftragte/Termine_Besuche/artikel-962704

14 Videomitschnitt der Veranstaltung: https://afd-fraktion.berlin/konferenz-jahrestag-volksaufstand-ddr-1953

15 Deutscher Bundestag, Plenarprotokoll vom 15.06.2023, S. 13 232

16 Ebd., S. 13 236

17 »›Wir sind die erste Reihe des patriotischen Widerstands‹ – die Identitäre Bewegung«, Antifaschistisches Pressearchiv und Bildungszentrum Berlin, 20.06.2016

18 *Nur Schnee von gestern? Zum Umgang mit dem Kulturkampf von rechts in Gedenkstätten und Museen*, hrsg. vom Verein für demokratische Kultur e. V., Berlin 2019, S. 12

19 »Höcke zieht Rechtsstaatlichkeit der Bundesrepublik in Zweifel«, SZ (dpa), 17.06.2023

20 Felix Bohr: »Warum wir das Gedenken nicht der AfD überlassen dürfen«, *Der Spiegel*, 17.06.2023

21 »Rechtsextreme Allianz in Gera und andere Demos zum 3. Oktober«, *Belltower News*, 04.10.2022

22 »Björn Höcke, die Unschuld aus Thüringen, und seine ›Finanzministerin‹«, *Der Stern*, 03.05.2024

23 Alle Zitate bei Thomas Wilms: »Sein Kampf. Björn Höckes nazistische Grundsatzrede vom 3. Oktober 2022 in Gera«, Broschüre herausgegeben von der Vereinigung der Verfolgten des Naziregimes (VVN), Berlin 2022

24 Fabian Virchow: »Freiheit«, in: Bente Gießelmann/Robin Heun/Benjamin Kerst/Lenard Suermann, Fabian Virchow (Hrsg.): *Handwörterbuch rechtsextremer Kampfbegriffe*, Schwalbach/Ts. 2016, S. 90

25 Glossar »Freie Kräfte«, in: *Dossier Rechtsextremismus*, Bundeszentrale für politische Bildung

26 www.youtube.com/playlist?list=PLpUH8cg7QQcSn6zLGe4vnawHKQDF5uDlv

27 Virchow, Freiheit, S. 91

28 AfD-Wahlprogramm 2025, S. 129

29 Vertiefend dazu: Lenard Suermann: »Schuld-Kult«, in: Gießelmann et al., Handwörterbuch, S. 269–281

30 Zitate z. B. bei Heinrich Detering: *Was heißt hier »wir«? Zur Rhetorik der parlamentarischen Rechten*, Stuttgart 2019, oder Heidrun Deborah Kämper: *Die Sprache der Rechten. Wie sie reden und was sie sagen*, Stuttgart 2025

31 »›Schuldkult‹ und ›Remigration‹: Die Strategie von AfD und Neuer Rechter«, in: Geschichte statt Mythen, Online-Projekt der Friedrich-Schiller-Universität Jena

32 AfD-Wahlprogramm 2025, S. 131 f.

33 Gesetzentwurf der Bundesregierung, Deutscher Bundestag, Drucksache 20/5823 vom 01.03.2023

34 Deutscher Bundestag, Plenarprotokoll vom 23.02.2024, S. 19 947

35 »Ein Jahr nach Correctiv-Recherche: Was von den Protesten übrig bleibt«, SWR, 14.01.2024

36 »Falsche Behauptungen über Demo-Bilder«, *Tagesschau*, 22.01.2024

37 Deutscher Bundestag, Plenarprotokoll vom 23.02.2024, S. 19 947

38 »Umfrage: Große Unzufriedenheit mit der Demokratie und der Meinungsfreiheit unter Parteianhängern von AfD und BSW«, NDR, 23.08.2024

39 »Nur 46 Prozent der Deutschen glauben, ihre Meinung frei äußern zu können«, *Die Welt*, 16.10.2025

40 Jens Gieseke: »Deutsche Demokratische Republik«, in: Łukasz Kamiński/Krzysztof Persak/Jens Gieseke (Hrsg.): *Handbuch der kommunistischen Geheimdienste in Osteuropa 1944–1991 – Analysen und Dokumente*. Wissenschaftliche Reihe des Bundesbeauftragten für die Unterlagen des Staatssicherheitsdienstes der ehemaligen Deutschen Demokratischen Republik (BStU), Band 33, Göttingen 2009, S. 248

41 »Das Recht auf Meinungsfreiheit«, unter: Demokratie statt Diktatur, www.demokratie-statt-diktatur.de/stasi-und-die-menschenrechte/meinungsfreiheit

42 Rosa Luxemburg/Paul Levi: *Die russische Revolution*. Neuausgabe einer viel zitierten, aber selten gelesenen Schrift, hrsg. von Jörn Schütrumpf, Hamburg 2022

43 Aus dem sogenannten Lüth-Urteil, BVerfG 7,198 (1958), nachzulesen unter www.servat.unibe.ch/dfr/bv007198.html#

44 Antidiskriminierungsstelle des Bundes: »Paragraf 175«

45 Swantje Köbsell: »50 behindertenbewegte Jahre in Deutschland«, in: *APuZ* (*Aus Politik und Zeitgeschichte*) 02/2019

46 Jan Riebe: »›Ideologieprojekt Inklusion‹: Positionierungen der AfD zu Inklusion als Ausdruck ihres rechtsextremen Weltbildes«, in: Institut für Demokratie und Zivilgesellschaft (Hrsg.): *Wissen schafft Demokratie. Schwerpunkt Behindernde Gesellschaft*, Jena 2024

47 AfD: »Programm für Deutschland«, beschlossen auf dem Bundesparteitag in Stuttgart 2016, S. S.54, download unter: www.afd.de/wp-content/uploads/2023/05/Programm_AfD_Online_.pdf; Gekürzte Online-Version: www.afd.de/grundsatzprogramm

48 AfD-Wahlprogramm 2025, S. 159 f.

49 Pressemitteilung des BVerfG vom 10.10.2017: Personenstandsrecht muss weiteren positiven Geschlechtseintrag zulassen

50 Zum gesamten Themenkomplex siehe die Publikation »Geschlechtergerechte Sprache«, *APuZ* 5–7/2022

51 Bundesministerium für Bildung, Familie, Senioren, Frauen und Jugend: Gesetz über die Selbstbestimmung in Bezug auf den Geschlechtseintrag (SBGG)

52 AfD-Wahlprogramm 2025, S. 151

53 Zum Beispiel: Deutscher Bundestag, Drucksache 20/13903 vom 25.11.2024

54 »Ideologie statt Politik für die Mehrheit – Amt des Queer-Beauftragten abschaffen«, Pressemitteilung von Kerstin Przygodda für die AfD-Bundestagsfraktion vom 29.05.2025

55 Wissenschaftsrat: *Empfehlungen zur Weiterentwicklung der Geschlechterforschung in Deutschland*, Köln 2023

56 Daniela Rüther: *Die Sex-Besessenheit der AfD. Rechte im »Genderwahn«*, Bonn 2025, S. 60

57 Deutscher Bundestag, Plenarprotokoll vom 17.12.2020, S. 25 447 ff.

58 Rüther, Sex-Besessenheit, S. 42 f.

59 Ebd., S. 76

60 AfD-Wahlprogramm 2025, S. 172

61 Zum Beispiel in Thüringen: »CDU und AfD wollen Genderverbot in Thüringer Schulen – wie kommt das dort an?«, MDR, 21.11.2024
62 »Weimer wirbt für weitere Genderverbote«, *Tagesschau,* 08.08.2025
63 https://afdbundestag.de/fuer-die-freiheit-der-rede
64 Deutscher Bundestag, Plenarprotokoll vom 06.12.2024, S. 25 472 f.
65 Deutscher Bundestag, Bericht zur Aktuellen Stunde vom 06.12.2024, »Kontroverse um den Straftatbestand der Politikerbeleidigung«
66 Deutscher Bundestag, Drucksache 21/652 vom 26.06.2025
67 »Alice Weidel erstattet Hunderte Anzeigen wegen Beleidigung im Netz«, *Der Spiegel,* 02.06.2025
68 Deutscher Bundestag, Drucksache 20/13364 vom 15.10.2024
69 »Neuer Kurs für den Diskurs«, *Das Parlament,* 22.03.2024
70 AfD-Wahlprogramm 2025, S. 132 und 49
71 AfD-Bundestagsfraktion: »Bundesnetzagentur gefährdet Meinungsfreiheit im Internet«, Pressemitteilung vom 03.06.2025
72 Ausführliche Informationen zum Gesetz, der Arbeit der Bundesnetzagentur und den *Trusted Flaggers* unter dieser Pressemitteilung und den weiterführenden Links: www.bundesnetzagentur.de/SharedDocs/Pressemitteilungen/DE/2024/20240927_DSC_TrustedFlagger.html
73 Zitiert ebd.
74 »US-Einreiseverbote sorgen für Entrüstung in Europa«, *Tagesschau,* 24.12.2025
75 AfD-Wahlprogramm 2025, S. 91
76 »Vance trifft AfD-Chefin Weidel«, *Der Spiegel,* 14.02.2025
77 www.compact-shop.de/produktkategorie/fanartikel/sonstige-bekennerartikel
78 Bundesverwaltungsgericht, Pressemitteilung Nr. 48/2025 vom 24.06.2025
79 »›Compact‹-Urteil: Das Schweigen der AfD-Spitze«, ZDF, 24.06.2025
80 »Pressefreiheit im Visier: Wie die AfD kritischen Journalismus bekämpft«, *Monitor* vom 23.11.2023
81 »In eigener Sache: AfD-Angriff auf kritische Berichterstattung«, BR, 01.03.2024
82 »AfD Bayern erteilt Reporter Hausverbot – BR spricht von ›Angriff auf die Pressefreiheit‹«, DLF, 01.03.2024
83 »Gericht erklärt Hausverbot der AfD gegen BR-Journalisten für ungültig«, Bayerischer Journalistenverband, 22.11.2024
84 Johannes Hillje: *Propaganda 4.0. Wie rechte Populisten unsere Demokratie angreifen,* Bonn 2021, S. 87 ff.
85 »Bundestag hebt Immunität von AfD-Abgeordneten Brandner und Moosdorf auf«, *Der Spiegel,* 10.10.2025
86 Reporter ohne Grenzen: »Nahaufnahme Deutschland« (Rangliste der Pressefreiheit vom 02.05.2025), www.reporter-ohne-grenzen.de/nahaufnahme/2025
87 »Fast 100 Angriffe auf Journalisten in Deutschland im vergangenen Jahr«, MDR, 14.04.2025
88 AfD-Wahlprogramm 2025, S. 173 f.
89 Benjamin Hahn: »Abschaffung des öffentlich-rechtlichen Rundfunks? Verfassungsrechtliche Grenzen der AfD-Forderungen«, Hans-Seidel-Stiftung 2025; siehe außerdem das Positionspapier der AfD-Landtagsfraktion Thüringen: »Sie zahlen nichts mehr, versprochen«
90 AfD: »Programm für Deutschland«, beschlossen auf dem Bundesparteitag in Stuttgart 2016, S. 6
91 Gernot Jochheim: »18. März 1848: revolutionärer Aufstand in Berlin«, in: *Der 18. März*

in der deutschen Demokratiegeschichte, Broschüre der Bundeszentrale für politische Bildung; Reichel, Glanz, S. 106

92 Wolfgang J. Mommsen: »Die Paulskirche«, in: Etienne François/Hagen Schulze (Hrsg.): *Deutsche Erinnerungsorte*, Band II, München 2003, S. 63

93 Siehe die Website des Gedenkortes: www.friedhof-der-maerzgefallenen.de

94 Zitiert bei Dennis Rüffel: »Wie Rechtspopulist*innen Demokratiegeschichte vereinnahmen – eine Bestandsaufnahme«, in: Michael Parak/Ruth Wunnicke (Hrsg.): *Vereinnahmung von Demokratiegeschichte durch Rechtspopulismus*, Publikation des Vereins Gegen Vergessen – Für Demokratie e. V. und der Gedenkstätte Deutscher Widerstand (2019), S. 50

95 Herfried Münkler: »Georg Herwegh (1817–1875). Ein Republikaner in Wort und Tat«, in: Frank-Walter Steinmeier (Hrsg.): *Wegbereiter der Demokratie. 30 mutige Frauen und Männer. 1789–1918*, München 2021, S. 144–156

96 »Die rechten Seilschaften des AfD-Vizes«, auf dem Blog »Störungsmelder« bei *Die Zeit*, 18.05.2018

97 Reichel, Glanz, S. 107 f.

98 »Historiker mahnt: ›Dürfen Radikalen Schwarz-Rot-Gold nicht überlassen‹«, *Stuttgarter Zeitung*, 27.03.2025

99 »Hilfe, ist das eine schlechte Moderation«, *Der Spiegel*, 19.10.2015

100 »Wirrer AfD-Politiker hisst Deutschlandfahne bei Jauch«, *Die Welt*, 19.10,2015

101 »AfD-Bundestagsfraktion tagt künftig im ›Saal Paulskirche‹«, Pressemitteilung der AfD, 21.11.2028

102 »Saal Paulskirche. Sitzungssaal der AfD-Bundestagsfraktion«, Flyer hrsg. von der AfD-Fraktion im Deutschen Bundestag (2019), online abrufbar unter https://afdbundestag.de/wp-content/uploads/2020/05/afd_btf_bilder_fraktionssaal_digitale_version.pdf

103 Reichel, Glanz, S. 99

104 »Europa unter Modernisierungsdruck«, in: *Revolution von 1848*, Broschüre der Bundeszentrale für politische Bildung

105 Erardo Cristoforo Rautenberg: *Schwarz-Rot-Gold: Das Symbol für die nationale Identität der Deutschen*!, Potsdam 2008, S. 46 ff.

106 Ebd., S. 38 f.

107 Zitiert bei Rautenberg, Schwarz-Rot-Gold, S. 66

108 Reichel, Glanz, S. 112 f.

109 Ebd., S. 115 f.

110 »Die Geiseln vom Bürgerbräukeller«, *Der Spiegel*, 08.11.2023

111 Zitiert bei Rautenberg, Schwarz-Rot-Gold, S. 74

112 Reichel, Glanz, S. 130

113 Rautenberg, Schwarz-Rot-Gold, S. 76 ff.

114 www.reichsbanner-geschichte.de

115 »Der ›Vogelschiss‹ wird ausgeklammert«, *Die Zeit*, 10.09.2019

116 Zitiert bei Detering, Wir, S. 29

117 »Weidel rühmt Orbán und dankt Maaßen«, *Der Spiegel*, 30.05.2025

118 AfD-Wahlprogramm 2025, S. 174

119 AfD-Wahlprogramm 2025, S. 123 und 163

120 »Malu Dreyers Sieg vor Gericht: Verfassungsschutz vor Neutralität?«, beck-aktuell, 08.04.2025

121 »Wie AfD-Politiker Lehrer unter Druck setzen«, *Kontraste*, 06.11.2025

122 Karl R. Popper: *Die offene Gesellschaft und ihre Feinde*, Band 1 (Original erschienen auf Englisch 1945), Tübingen 1980, S. 359

Familie – Vater, Mutter, Kind, Kind, Kind

1 AfD-Wahlprogramm 2025, S. 146; AfD-Grundsatzprogramm (2016): Programm für Deutschland, S. 41
2 »Wir veröffentlichen das 1000-seitige Verfassungsschutz-Gutachten zur AfD«, Netzpolitik.org, 03.02.2025
3 Deutscher Bundestag, Drucksache 21/2034 vom 09.10.2025
4 Auch für die folgenden Abschnitte: Deutscher Bundestag, Plenarprotokoll der Sitzung vom 09.10.2025, ab S. 3334
5 www.instagram.com/reel/DFuBy9ENLh5/?hl=de
6 Deutscher Bundestag, Drucksache 21/2034 vom 09.10.2025
7 Elisa Gutsche (Hrsg.): »Triumph der Frauen? The Female Face of the Far Right in Europe«, Publikation der Friedrich-Ebert-Stiftung, Berlin 2018, S. 30
8 Vollständiger Titel: »Hessens Frauen sind stark: Für die Gleichstellung und gegen Diskriminierung setzen wir die nötigen politischen Weichenstellungen«, Hessischer Landtag, Drucksache 21/316 vom 11.03.2024
9 Hessenschau vom 14.03.2024, Video unter www.hessenschau.de/politik/landtag/landtagsvideos/sandra-weegels-afd-wenn-frauen-so-stark-sind--wieso-brauchen-sie-dann-eigentlich-gleichstellung,video-194698.html
10 Hessischer Landtag, Plenarprotokoll, Sitzung vom 14.03.2024, S. 330
11 Gleichstellungsatlas des Bundesministeriums für Bildung, Familie, Senioren, Frauen und Jugend (BMBFSFJ)
12 Deutscher Bundestag: Abgeordneten-Statistik: Der neue Bundestag in Zahlen
13 www.afd.de/wp-content/uploads/2017/07/BTW2017_Plakat_NeueDeutsche_Ansicht_H.pdf
14 Zitiert in: Jobst Paul: »Der Niedergang – der Umsturz – das Nichts. Rassistische Demagogie und suizidale Perspektive in Björn Höckes Schnellrodaer IfS-Rede«, Duisburger Institut für Sprach- und Sozialforschung 2016, S. 8 f.
15 AfD-Grundsatzprogramm: »Programm für Deutschland«, 2016, S. 42
16 AfD-Wahlprogramm 2025, S. 20
17 Daniela Rüther: *Die Sex-Besessenheit der AfD. Rechte im »Genderwahn«*, Bonn 2025, S. 40
18 »Steuergeschenke der Parteien – und was sie wohl kosten«; *Tagesschau,* 20.12.2024
19 Rüther, Sex-Besessenheit, S. 14
20 Deutscher Bundestag, Drucksache 20/939 vom 07.03.2022 (Antwort der Bundesregierung auf den Antrag der AfD)
21 Landtag Nordrhein-Westfalen, Drucksache 18/7213 vom 15.12.2023
22 Sächsischer Landtag, Drucksache 7/144 vom 21.01.2020. Dazu: www.volksverpetzer.de/aktuelles/gebaerfaehigen-frauen
23 Deutscher Bundestag, Drucksache 19/24673 vom 25.11.2020
24 Deutscher Bundestag, Drucksache 19/24672 vom 25.11.2020
25 Detlev Humann: *Arbeitsschlacht – Arbeitsbeschaffung und Propaganda in der NS-Zeit 1933–1939*, Göttingen 2011, S. 120
26 »Erläuterungen zum Gesetz über Förderung der Eheschließungen vom 5. Juli 1933«, Digitales Stadtteilarchiv Linden-Limmer
27 Zitiert bei Rüther, Sex-Besessenheit, S. 46
28 https://die-heimat.de
29 https://die-heimat.de/familienpolitik-als-schluessel-gegen-fachkraeftemangel
30 Statistisches Bundesamt: Geburtenziffern im EU-Vegleich

31 »Wie sinkende Geburtenraten die Welt verändern«, FAZ, 21.07.2024
32 AfD-Wahlprogramm 2025, S. 146
33 Plenarprotokoll des Bundestags vom 26.11.2020, S. 24595
34 Rüther, *Sex-Besessenheit*, Fußnote 40 (S. 108)
35 *Reschke Fernsehen* (ARD): »Hauptsache hellhäutig: Die Sex-Strategie der AfD«, 24.07.2025
36 So oder ähnlich ist es in fast jedem AfD-Antrag zum Thema zu lesen. Auch in den Redebeiträgen kommt diese Gegenüberstellung laufend vor.
37 Beispiele für die Verwendung bei der AfD: https://afd-verbot.de/beweise?search=Umvolkung
38 Lexikon der Landeszentrale für politische Bildung Brandenburg: »Volkstod«
39 Deutscher Bundestag, Plenarprotokoll vom 26.11.2020, S. 24599
40 Deutscher Bundestag, Drucksache 21/590 vom 24.06.2025 und Drucksache 21/2034 vom 09.10.2025
41 Deutscher Bundestag, Drucksache 20/4672 vom 29.11.2022
42 Deutscher Bundestag, Drucksache 19/4546 vom 15.04.2021
43 »Auf dem Rücken der Ärmsten«, *taz*, 19.12.2024
44 Kurzmeldung, Deutscher Bundestag: Finanzausschuss lehnt das Familiensplitting ab, 01.03.2023
45 »AfD fordert Familiensplitting«, *Das Parlament*, 05.12.2022
46 Statistisches Bundesamt: Gleichstellungsindikatoren, www.destatis.de/DE/Themen/Querschnitt/Gleichstellungsindikatoren/_inhalt.html#644452
47 AfD-Wahlprogramm 2025, S. 152 und 147
48 Ebd., S. 145
49 Frage an Martin Reichardt auf Abgeordnetenwatch.de, www.abgeordnetenwatch.de/profile/martin-reichardt/fragen-antworten/warum-werden-im-afd-grundsatzprogramm-nur-vollzeitmuetter-genannt
50 AfD-Landesverband NRW: Grundsatzprogramm, https://afd.nrw/beschluesse-des-landesverbands-zur-programmatik/2014/04/grundpositionen-zum-thema-familie
51 Deutscher Bundestag, Drucksache 19/26087 vom 22.01.2021
52 Deutscher Bundestag, Drucksache 21/590 vom 24.06.2025
53 Frieda Nadig hat das beklagt: »Im Parlamentarischen Rat ist die deutsche Frau zahlenmäßig viel zu gering vertreten. Das Grundgesetz muss aber den Willen der Staatsbürger, die überwiegend Frauen sind, widerspiegeln.« Zitiert in: »Mütter des Grundgesetzes«, hrsg. vom Bundesministerium für Bildung, Familie, Senioren, Frauen und Jugend (BMBFSFJ), S. 8
54 Bundesministerium für Bildung, Familie, Senioren, Frauen und Jugend (BMBFSFJ): »Mütter des Grundgesetzes«, Berlin 2024
55 Kurz und knapp: »Gleichberechtigung wird Gesetz«, Bundeszentrale für politische Bildung
56 Bundesarchiv: Gesetz über die Gleichberechtigung von Mann und Frau auf dem Gebiet des bürgerlichen Rechts (Gleichberechtigungsgesetz), www.bundesarchiv.de/themen-entdecken/online-entdecken/dokumente-zur-zeitgeschichte/inkrafttreten-des-gleichberechtigungsgesetzes
57 Ebd.
58 Amtliche Nachrichten der Bundesanstalt für Arbeit, zitiert bei Ute Gerhard: »50 Jahre Gleichberechtigung – eine Springprozession«, in: *APuZ* (Aus Politik und Zeitgeschichte): *50 Jahre Gleichberechtigung*, S. 7
59 Friedrich Ebert Stiftung: »Feminismus und Geschichte der Frauenbewegung in Deutschland«

60 Universität Bielefeld: »Geschichte der Gleichstellung – Chronik«
61 Begriffserklärung »Quote«, Politiklexikon der Bundeszentrale für politische Bildung
62 Deutscher Bundestag, Drucksache 20/8862 vom 17.10.2023
63 Michaela Heilbronner / Ruth Rubio Marín: »Parität in Deutschland und Europa«, Verfassungsblog, 20.07.2020
64 »Verfassungsgericht kippt Paritätsgesetz in Thüringen«, FAZ, 15.07.2020; »Landesverfassungsgericht kippt Paritätsgesetz«, SZ, 23.10.2020
65 Deutscher Bundestag: »Erste Rede einer Frau im Reichstag am 19. Februar 1919«
66 Pressemitteilung des Verfassungsgerichts Brandenburg vom 23.10.2020
67 Deutscher Bundestag, Drucksache 19/22467 vom 15.09. 2020
68 AfD-Wahlprogramm 2021, S. 24
69 Ebd., S. 109
70 AfD-Wahlprogramm 2025, S. 163
71 »›Nur für Kindererziehung da‹: Wie die AfD Frauen abschreckt«, *Berliner Morgenpost*, 05.03.2025
72 Pressemitteilung der AfD Mecklenburg-Vorpommern: »Dr. Eva-Maria Schneider-Gärtner zum morgigen Equal Pay Day 2023«
73 Zum Beispiel: »Baerbock: Ehemann kümmert sich bei Wahlsieg um die Kinder«, SZ (dpa), 16.05.2021
74 Hugo Müller-Vogg: »Zu wenig Zeit für Kinder? Baerbocks Job-Coup lässt tief blicken«, *Focus*, 19.03.2025
75 Zusammenfassung der Ergebnisse aus der Studie der Bertelsmann Stiftung, 27.03.2025
76 Screenshot auf: https://web.archive.org/web/20221024152157/https://www.picuki.com/profile/afd.sachsen; dazu die Recherche von Correctiv: https://correctiv.org/faktencheck/2022/10/28/ja-die-afd-sachsen-veroeffentlichte-dieses-bild-ueber-die-traditionelle-frau-auf-instagram
77 www.instagram.com/p/CkIkS2pNGzb
78 Screenshot auf: https://web.archive.org/web/20221024152157/https://www.picuki.com/profile/afd.sachsen; dazu die Recherche von Correctiv: https://correctiv.org/faktencheck/2022/10/28/ja-die-afd-sachsen-veroeffentlichte-dieses-bild-ueber-die-traditionelle-frau-auf-instagram
79 »Kinder, Küche, Klicks«, *Der Spiegel*, 24.11.2024
80 »Die Macht der Inszenierung. Wie extrem rechte Influencerinnen online junge Menschen ködern«, Online-Ressource aus: *(R)echte Männer und Frauen. Analysen zu Geschlecht und Rechtsextremismus*, Amadeu Antonio Stiftung, 2024
81 Aus dem Verfassungsschutzbericht, zitiert in: »Rechtsextreme AfD – hier sind die Belege des Verfassungsschutzes«, *Der Spiegel*, 26.05.2025
82 *Reschke Fernsehen* (ARD): »Hauptsache hellhäutig: Die Sex-Strategie der AfD«, 24.07.2025
83 »Volksverhetzung auf Facebook«, *taz*, 08.05.2024
84 »Lukreta – Rechtsextremistisches Frauennetzwerk in NRW«, *Westpol* (WDR), 08.09.2024
85 www.instagram.com/lukreta_official/?hl=de
86 Andreas Audretsch, Claudia C. Gatzka (Hrsg.): *Schleichend an die Macht. Wie die Neue Rechte Geschichte instrumentalisiert, um Deutungshoheit über unsere Zukunft zu erlangen*, Bonn 2020, S. 72 f.
87 Sebastian Hennig: *Nie zweimal in denselben Fluss. Björn Höcke im Gespräch mit Sebastian Hennig*, Lüdinghausen und Berlin 2018, S. 115
88 Hedwig Dohm: *Die Antifeministen. Ein Buch der Verteidigung*, Nachdruck der Originalausgabe von 1902, Hamburg 2018

89 Screenshot bei: »AfD-Spitzenkandidat sorgt für Entrüstung – und käut Putins Faschismus wieder«, *Kölnische Rundschau*, 16.11.2023

90 Mechthilde Vahsen: »Wie alles begann: Frauen um 1800«, in: *Dossier Frauenbewegung*, Bundeszentrale für politische Bildung

91 Vincent Streichhahn: »Antifeminismus damals und heute: eine Geschichte ohne Ende?«, in: Schriftenreihe des Instituts für Demokratie und Zivilgesellschaft der Universität Jena, Nr. 07/2020, S. 17

92 Deutsches Historisches Museum online: »Die Nationalversammlung in der Paulskirche 1848«

93 Volker Ullrich: *Die nervöse Großmacht 1871–1918. Aufstieg und Untergang des deutschen Kaiserreichs*, Frankfurt am Main 1999, S. 314

94 Ebd., S. 313 ff.

95 Ebd., S. 314

96 Zitiert bei ebd., Großmacht, S. 315

97 Zitiert bei: Tobias Kaiser: »Stimmen gegen das Wahlrecht – der ›Deutsche Bund zur Bekämpfung der Frauenemanzipation‹ und andere GegnerInnen«, in: *Dossier Frauenbewegung*, Bundeszentrale für politische Bildung

98 »Nikolaus Kramer will im Landtag bleiben«, 4Pommern – Fernsehen am Meer, www.youtube.com/watch?v=oqSAOadXAIA

99 Herrad U. Bussemer: »Bürgerliche Frauenbewegung und männliches Bildungsbürgertum 1860–1880«, in: Ute Frevert (Hrsg.): *Bürgerinnen und Bürger. Geschlechterverhältnisse im 19. Jahrhundert*, Göttingen 2011, S. 195

100 Rebekka Blum: *Angst um die Vormachtstellung. Zum Begriff und zur Geschichte des deutschen Antifeminismus*, Hamburg 2019, S. 31

101 »Saufen und pöbeln für Deutschland«, *taz*, 14.02.2024; Video bei: »Extrem rechts und jede Menge Likes: Maximilian Krah«, ZDF Magazin Royale, www.youtube.com/watch?v=K3O_-Mjls_Q (5:00)

102 https://blog.campact.de/2025/01/das-frauenbild-der-afd

103 AfD-Wahlprogramm 2025, S. 133

104 Schwerpunkt-Dossier »Marsch für das Leben«, *taz*

105 WHO: »Neue Leitlinien für einen sicheren Schwangerschaftsabbruch«, www.who.int/europe/de/news/item/09-03-2022-who-releases-new-guidelines-on-safe-abortion

106 »Schwangerschaftsabbruch unterlassen – sechs Frauen tot«, FAZ, 17.11.2022

107 AfD-Wahlprogramm 2025, S. 148 ff.

108 Ebd.

109 Deutscher Bundestag, Plenarprotokoll vom 26.11.2020, S. 24 599

110 Anna Bergmann: »Die Abtreibungspraxis im Deutschen Kaiserreich«, Digitales Deutsches Frauenarchiv

111 BMBFSFJ: »Meinungsbild zur reproduktiven Selbstbestimmung und Schwangerschaftsabbruch bis zur 12. Woche, Ergebnisse (2024)«,

112 Siehe Anmerkung 105

113 »Legalisierung von Abtreibungen vorerst gescheitert«, *Der Spiegel*, 11.02.2025

114 Das zeigt eine Analyse der Kampagne, inkl. 40 000 Social Media-Posts auf X, in: Polisphere, https://polisphere.eu/aktuelles/die-causa-brosius-gersdorf#

115 »Der lange vorbereitete Feldzug der Fundamentalisten«, *taz*, 14.07.2025

116 Pressemitteilung der AfD-Bundestagsfraktion: »Götz Frömming: Ursachen zunehmender Gewalt an Schulen begrenzen«, 18.03.2024

117 »Der Lehrer: Götz Frömming«, *Das Parlament*, 15.02.2021

118 Pressemitteilung der AfD-Bundestagsfraktion (Götz Frömming): »AfD-Fraktion fordert 180 Grad-Wende in der Bildungspolitik«, 05.12.2023

119 AfD-Wahlprogramm 2025, S. 160

120 Götz Frömming: »Schulbarometer bestätigt das Scheitern der Inklusions-Ideologie«, Pressemitteilung, 24.04.2024

121 AfD-Wahlprogramm 2025, S. 152

122 Pressemitteilung der AfD-Bundestagsfraktion (Götz Frömming): »Ideologische Ursachen der deutschen Bildungsmisere bekämpfen«, 22.11. 2022

123 Siehe Anmerkung 116

124 AfD-Wahlprogramm 2025, S. 144 ff.

125 AfD-Wahlprogramm 2021, S. 152

126 »Fähnchen im Wind«, *Die Zeit*, Nr. 33/2025

127 AfD-Wahlprogramm 2025, S. 146

128 Siehe Anmerkung 105

129 Deutscher Bundestag, Drucksache 20/14717 vom 28.01.2025

130 »Nach Penis-Teddy-Kampagne: AfD scheitert mit Antrag gegen ›Schule der Vielfalt‹«, *Sächsische Zeitung*, 02.06.2023

131 AfD-Wahlprogramm 2025, S. 152

132 Deutscher Bundestag, Drucksache 19/4810 vom 08.10.2018

133 »Will die AfD die Ehe für alle abschaffen?«, ZDF-heute, 17.01.2025

134 »Weidel sieht ihr Familienmodell nicht im Widerspruch zu AfD-Familienbild«, *Der Spiegel*, 18.02.2025

135 Alice Weidel im ARD-Sommerinterview 2023: www.tagesschau.de/video/video-1488156.html

136 »Who the fuck is Alice?«, *taz*, 09.02.2025

137 Gemeinsame Pressemitteilung Deutsches Kinderhilfswerk, Kinderschutzbund, UNICEF Deutschland, Deutsche Liga für das Kind: »Aktionsbündnis fordert: Kinderrechte gehören endlich ins Grundgesetz!«

138 z. B. das hier: Prof. Dr. Dr. Reiner Hofmann / Dr. jur. Philipp B. Donath: »Gutachten bezüglich der ausdrücklichen Aufnahme von Kinderrechten ins Grundgesetz nach Maßgaben der Grundprinzipien der UN-Kinderrechtskonvention«, hrsg. vom Kinderhilfswerk e. V., Berlin 2017

139 Ebd.

140 Siehe Anmerkung 135

141 AfD-Wahlprogramm 2025, S. 146

142 Ebd., S. 145

143 Frage an Stephan Brandner auf Abgeordnetenwatch, www.abgeordnetenwatch.de/profile/stephan-brandner/fragen-antworten/wahlalter-auf-16-herabsetzen

144 Beatrix von Storch: »Wir brauchen keine Absenkung des Wahlalters«, Pressemitteilung vom 31.07.2020

145 Umfrage: »Große Mehrheit für eine Absenkung des Wahlalters«, Deutsches Schulportal der Robert Bosch-Stiftung, 10.06.2024

146 Siehe Anmerkung 144

147 AfD-Wahlprogramm, 2025, S. 152

148 www.instagram.com/reel/C2g6-R3MBtg

149 »Mit einem Swipe in den Köpfen der Jugendlichen«, *Tagesschau*, 08.02.2024

150 »Wer steckt hinter der TikTok-Strategie der AfD?«, *Belltower News*, 03.05.2024

151 ZDF Magazin Royale: »Extrem rechts und jede Menge Likes«, www.youtube.com/watch?v=K3O_-Mjls_Q

152 www.youtube.com/shorts/ySHytmE7avc

153 Siehe Anmerkung 151

154 Deutscher Bundestag, Drucksache 21/333 vom 03.06.2025

155 Siehe Anmerkung 144
156 AfD-Wahlprogramm 2025, S. 148
157 »(R)echte Männer und Frauen«, Broschüre der Amadeu Antonio Stiftung, Berlin 2024, S. 36
158 Hennig, Fluss, S. 114
159 Zitiert in: Thomas Wilms: »Sein Kampf. Björn Höckes nazistische Grundsatzrede vom 3. Oktober 2022 in Gera«, Berlin 2022, S. 13
160 Podcast der Bundeszentrale für politische Bildung: »Taking the Red Pill – Einstiegsdroge Antifeminismus«, hier besonders Folge 3: »Antifeministen im Männlichkeitswahn«
161 www.tiktok.com/@maximilian_krah/video/7246324156394933530
162 Siehe dazu auch das Interview mit der Politikwissenschaftlerin Birgit Sauer: »Die AfD arbeitet mit Geschlechterpanik«, SZ, 30.09.2025
163 AfD-Wahlprogramm 2025, S. 150 f.
164 *Reschke Fernsehen* (ARD): »Hauptsache hellhäutig: Die Sex-Strategie der AfD«, 24.07.2025
165 Birgit Sauer: »Autoritär-rechte Männlichkeiten«, in: *Dossier Rechtsextremismus* der Bundeszentrale für politische Bildung
166 »Wie rechte Netzwerke gegen Mütter vorgehen«, DLF, 15.04.2025; »Väterrechtler auf dem Vormarsch«, Correctiv, 19.09.2023
167 UN-Sonderbericht: »Custody, Violence against Women and Violence against Children. Report of the Special Rapporteur on Violence against Women and Girls, its Causes and Consequences, Reem Alsalem (2023)«
168 »Ein Pseudo-Konzept des Väterrechts«, *taz*, 19.06.2024
169 AfD-Wahlprogramm 2025, S. 152 f.
170 www.afd.de/familie-bevoelkerung
171 Podcast der Bundeszentrale für politische Bildung: »Taking the Red Pill – Einstiegsdroge Antifeminismus«; zum Antifeminismus in der AfD siehe auch: »Die AfD arbeitet mit Geschlechterpanik«, Interview mit der Politikwissenschaftlerin Birgit Sauer, SZ, 30.09.2025
172 Zitiert in: Thomas Willms: »Sein Kampf. Björn Höckes nazistische Grundsatzrede vom 3. Oktober 2022 in Gera«, Berlin 2022, S. 13
173 »Was die AfD für Frauen, Familie und Kinder plant«, *Sonntagsblatt*, 03.09.2024
174 Für diesen und die folgenden Absätze: BMBFSFJ: »Familie heute. Daten. Fakten. Trends. Familienreport 2020«, und: Anja Steinbach: »Mutter, Vater, Kind: Was heißt Familie heute?« Essay, in: *APuZ* 2017

Demokratie – Einig gegen Recht und Freiheit

1 https://entwicklungsstadt.de/reichstagsgebaeude-bau-des-sicherheitsgrabens-startet-2025
2 »Weidel: ›Ereignisse am Reichstag inakzeptabel‹«, SZ (dpa), 30.08.2020
3 »Greenpeace protestiert auf Reichstag gegen späten Kohleausstieg«, FAZ, 03.07.2020
4 Deutscher Bundestag, Drucksache 20/6826 vom 16.05.2023
5 »Das Gruselkabinett der AfD«, *taz*, 03.09.2024
6 https://www.facebook.com/WestfalenpostHagen/posts/afd-politiker-andreas-geitz-erklärt-er-habe-nicht-am-sturm-auf-den-reichstag-tei/1009390327866406
7 »Sturm auf den Reichstag: Warum haben Sie mitgemacht?«, *Die Zeit*, Nr. 36/2023

8 »Gemeinsame Erklärung des AfD-Kreisvorstandes Hagen und der AfD-Ratsfraktion zu den Vorwürfen gegen unser Mitglied und Ratsherr Andreas Geitz«, AfD Kreisverband Hagen

9 »Diese Provokateure schleuste die AfD in den Bundestag«, *Der Spiegel*, 19.11.2020

10 »Gäste-Vorfälle haben ein Nachspiel«, *Tagesschau*, 19.11.2020

11 »AfD-Politikerin versucht sich in Selbstverharmlosung«, *taz*, 05.11.2024

12 »Anklage gegen mutmaßlich rechtsextreme Terrorgruppe erhoben«, MDR, 10.09.2025

13 »AfD schließt mutmaßliche Terroristen aus«, *Tagesschau*, 07.11.2024

14 »AfD im Bundestag beschäftigt mehr als 100 Rechtsextreme«, *Tagesschau*, 12.03.2024

15 »Torben Braga, die blaue Kornblume und die Verharmlosung rechter Ideologie«, auf: Geschichte statt Mythen, Online-Projekt der Friedrich-Schiller-Universität Jena, www.geschichte-statt-mythen.de/aktuelles/Braga-und-die-Kornblume

16 »Hessischer AfD-Mann ist Stammgast bei Putin-naher Zeitung«, *Hessenschau*, 15.05.2024

17 »AfD-Fraktionsvize hinterlässt erstaunlich russlandfreundliche Bilanz«, *Table*-Briefings, 20.02.2025

18 »AfD in D. C.: Trump-Vereidigung nur per Video«, ZDF-heute, 21.01.2025

19 »Für Krah ist es noch nicht vorbei«, *Tagesschau*, 30.09.2025

20 »E-Mail bringt AfD-Mann in Erklärungsnot«, *Der Spiegel*, 10.02.2018

21 »Der Mann mit den zwei Gesichtern«, *Handelsblatt*, 24.01.2018

22 Hendrik Cremer: »Warum die AfD verboten werden könnte. Empfehlungen an Staat und Politik«, Deutsches Institut für Menschenrechte, Berlin 2023, S. 50

23 Das Zitat aus einem Facebook-Post findet sich als Beleg im zweiten BfV-Gutachten zur AfD von 2024.

24 Zentrum für Politische Schönheit: Beweissammlung für die Verfassungsfeindlichkeit der AfD, aus der Handakte zu Stephan Brandner, https://afd-verbot.de/beweise/01j2xtjcsdvv2mazdbdbzvt1n0

25 Zitiert in: Robin Heun: »Demokratie«, in: *Handwörterbuch rechtsextremer Kampfbegriffe*, Schwalbach/Ts. 2016, S. 60 f.

26 AfD: »Programm für Deutschland«, beschlossen auf dem Bundesparteitag in Stuttgart 2016, S. 6, im Folgenden AfD-Grundsatzprogramm

27 »Maaßen droht Ärger«, *taz*, 01.02.2024

28 »Weidel rühmt Orbán und dankt Maaßen«, *Der Spiegel*, 30.05.2025

29 Ausschnitt zu sehen bei *Reschke Fernsehen* (ARD): »Hauptsache hellhäutig: Die Sex-Strategie der AfD«, 24.07.2025 (ca. 21:20)

30 »Weidel rühmt Orbán und dankt Maaßen«, *Der Spiegel*, 30.05.2025

31 Ausschnitt zu sehen bei *Reschke Fernsehen* (ARD): »Hauptsache hellhäutig: Die Sex-Strategie der AfD«, 24.07.2025 (ca. 21:20)

32 »Wie die AfD den Verfassungsschutz diskreditiert«, *Tagesschau*, 07.05.2025

33 »Höcke zieht Rechtsstaatlichkeit der Bundesrepublik in Zweifel«, SZ (dpa), 17.06.2023

34 Jobst Paul: *Der Niedergang – der Umsturz – das Nichts. Rassistische Demagogie und suizidale Perspektive in Björn Höckes Schnellrodaer IfS-Rede*, Duisburger Institut für Sprach- und Sozialforschung, 2016, S. 6

35 Daniela Rüther: *Die Sex-Besessenheit der AfD. Rechte im »Genderwahn«*, Köln 2025, S. 32

36 Darauf weist der Politikwissenschaftler und Rechtsextremismusexperte Johannes Hillje hin: »Mehr Mandate, mehr Redezeit, mehr Geld, mehr Einfluss«, ntv.de, 23.02.2025

37 AfD-Wahlprogramm 2025, S. 128. Dazu nahezu wortgleich auch das Programm von 2021, S. 12

38 AfD-Grundsatzprogramm, S. 128
39 Deutscher Bundestag: »Rechenschaftsberichte der Bundesparteien veröffentlicht«, 12.02.2025
40 Bundesministerium des Innern: Parteienfinanzierung
41 »Steuergelder für Rechtsextremismus: Jedes Jahr über 120 Millionen Euro für die AfD«; Amadeu Antonio Stiftung, 26.05.2025
42 https://spenden.afd.de
43 Deutscher Bundestag: »Aufwandsentschädigungen für die Abgeordneten des Deutschen Bundestags«
44 Deutscher Bundestag: »Mitarbeiter«
45 Alles bezogen auf das Haushaltsjahr 2025, www.bundestag.de/presse/hib/kurzmeldungen-1023734
46 »Steuergelder für Rechtsextremismus: Jedes Jahr über 120 Millionen Euro für die AfD«, Amadeu Antonio Stiftung, 26.05.2025
47 »So begründet die AfD 24 000 Euro für Weidel«, ZDF-heute, 02.07.2025
48 Deutscher Bundestag: Erste Lesung des Gesetzentwurfs »Verfahren zur Anpassung der Abgeordnetenentschädigung« am 05.06.2025. Plenarprotokoll, Antrag, Beschlüsse etc. unter www.bundestag.de/dokumente/textarchiv/2025/kw23-de-abgeordnetengesetz-1083656
49 »Bundestag beschließt automatische Diätenerhöhung«, MDR, 25.06.2025
50 »So begründet die AfD 24 000 Euro für Weidel«, ZDF-heute, 02.07.2025
51 »Verstöße gegen Parteiengesetz: AfD musste bisher 1,1 Millionen Euro Strafe zahlen«, *Tagesschau*, 30.08.2025
52 »AfD-Stiftung drängt auf Staatsförderung in Millionenhöhe«, *Handelsblatt*, 16.06.2025
53 Antje Neelen: »(Kein) Geld für die Desiderius-Erasmus-Stiftung«, Verfassungsblog.de, 14.08.2025
54 Konrad-Adenauer-Stiftung: »Gemeinsame Erklärung zur staatlichen Finanzierung der politischen Stiftungen«
55 Siehe dazu die Studie der Heinrich-Böll-Stiftung: *Antidemokratie getarnt als politische Bildung*, Dresden 2024, darin speziell Ulrich Peters/Tilo Giesbers: »Desiderius-Erasmus-Stiftung«, S. 86–112
56 »Die dubiose Website der Gustav-Stresemann-Stiftung«, *Der Stern*, 20.01.2018
57 Deutsches Historisches Museum, Lebendiges Museum Online: Biografie Gustav Stresemann
58 »Urteil im Namensstreit: Rechtspopulisten dürfen Gustav Stresemann nicht vereinnahmen«, *Tagesspiegel*, 01.10.2019
59 https://erasmus-stiftung.de
60 »Erfolgloser Antrag auf Erlass einer nachträglichen Vollstreckungsanordnung«, Pressemitteilung des Bundesverfassungsgerichts vom 27.03.2025
61 »AfD-Stiftung drängt auf Staatsförderung in Millionenhöhe«, *Handelsblatt*, 16.06.2025
62 Die Zitate sind über die Personensuche in dieser Online-Aufbereitung des BfV-Gutachtens durch den *Spiegel* zu finden: www.spiegel.de/politik/deutschland/afd-ist-rechtsextrem-hier-sind-die-belege-des-verfassungsschutzes-a-b5fa40e4-a54e-410a-8cc7-ade35d09f77c
63 Heinrich-Böll-Stiftung, Fachstelle Bildungsallianzen gegen rechte Ideologien (Hrsg.): *Antidemokratie getarnt als politische Bildung*, Mainz (o. J.). Download unter: Studie: https://weiterdenken.de/sites/default/files/2024-09/antidemokratie_getarnt_als_politische_bildung_heinrich-boll-landesstiftungen.pdf
64 »AfD-Politiker Gauland über Merkel: ›Wir werden sie jagen‹«, BR, 24.09.2017

65 Interview mit Alice Weidel am 23.02.2025, ntv: www.youtube.com/watch?v=s8 XKbPyw3TY
66 »Die AfD sucht Jagdgefährten«, Deutsche Welle, 30.04.2018
67 »Briefwahl abschaffen und ›massive Abschiebungen‹. Die AfD hat ihr Programm für Brandenburg beschlossen«, *Tagesspiegel*, 14.04.2024
68 »›Ein schwarzer Tag für unsere Demokratie‹«, *Tagesschau*, 30.01.2025
69 Interview mit Alice Weidel am 23.02.2025, ntv, www.youtube.com/watch?v=s8 XKbPyw3TY
70 AfD-Strategiepapier abrufbar unter www.politico.eu/wp-content/uploads/2025/07/06/BvS-FraKlausur-0407-Freitag.pdf; außerdem: Beatrix von Storch: »Deutschland politisch gestalten – Das Ende der Brandmauer und der Weg in die Regierungsverantwortung«, Strategiepapier zur 1. Fraktionsklausur am 04.07.–06.07.2025
71 »Wie die AfD-Strategie funktioniert«, *Tagesschau*, 25.07.2025
72 Daniel Saldivia Ganzetti/Teresa Völker: »Far-right agenda setting: How the far right influences the political mainstream«, in: *European Journal of Political Research*, Cambridge 2025
73 Interview mit Michael Kretschmer: »Die AfD will nicht mitwirken, sondern zerstören«, DLF, 20.10.2025
74 Aus Hintergrundgesprächen der Autorin, sowie: »Ex-Abgeordnete fühlten sich von der AfD unter Druck gesetzt«, ZDF-heute, 15.10.2025
75 »Ordnungsruf! Warum es immer mehr werden«, *Die Zeit*, 25.09.2025
76 Zitiert in: Peter Laudenbach: »Hass auf Autopilot«, SZ, 18.02.2025
77 Ex-Abgeordnete fühlten sich von der AfD unter Druck gesetzt, ZDF-heute, 15.10.2025
78 »Abwahl nach ›einmaligen Entgleisungen‹«, *Tagesschau*, 13.11.2019
79 Pressemitteilung des BVerfG vom 18.09.2024: »Erfolglose Organklagen der AfD-Fraktion im Deutschen Bundestag wegen der Wahl und Abwahl von Ausschussvorsitzenden«
80 »Urteil: Kein Ausschussvorsitz für die AfD«, ZDF-heute, 18.09.2024
81 »AfD-Kandidaten bleiben ohne Mehrheit«, *Das Parlament*, 21.05.2025
82 Pressemitteilung des BVerfG vom 18.09.2024: »Erfolglose Organklagen der AfD-Fraktion im Deutschen Bundestag wegen der Wahl und Abwahl von Ausschussvorsitzenden«
83 Thüringer Landtag, Plenarprotokoll vom 26.09.2024, S. 10
84 »Thüringer Verfassungsgericht gibt CDU-Antrag statt«, *Tagesschau*, 27.09.2024
85 »Wiebke Muhsal verurteilt: AfD-Landtagsabgeordnete muss 8000 Euro zahlen«, *Mitteldeutsche Zeitung*, 28.04.2017
86 »AfD-Bundestagsfraktion beschließt Verhaltenskodex«, *Die Zeit*, 05.07.2025
87 »Verhaltenskodex gegen Eklats: AfD startet Imagewandel im Bundestag«, *Frankfurter Rundschau*, 05.07.2025
88 Interview mit Stefan Keuter, AfD, Vize-Fraktionsvorsitzender zum Verhaltenskodex, DLF, 07.07.2025
89 Deutscher Bundestag, Plenarprotokoll vom 09.07.2025, S. 1576–1586
90 www.youtube.com/watch?v=er5zwk3 Xpgc
91 Deutscher Bundestag: »Die Anfrage. Ein wichtiges Recht für Parlamentarier«
92 Deutscher Bundestag, »Statistik der Parlamentarischen Kontrolltätigkeit, 20. Wahlperiode«, Stand 30.04.2025
93 Deutscher Bundestag, »Statistik der Parlamentarischen Kontrolltätigkeit, 21. Wahlperiode«, Stand vom 12.12.2025
94 Deutscher Bundestag, Drucksache 20/12886 vom 16.09.2024

95 Deutscher Bundestag, Drucksache 20/12884, 20/12885, 20/12887 vom 16.09.2024 und 20/12904 vom 19.09.2024
96 Diese und weitere Beispiele sind einzusehen im Dokumentations- und Informationssystem für Parlamentsmaterialien (DIP) des Deutschen Bundestags, https://dip.bundestag.de/
97 Deutscher Bundestag, Drucksache 21/1875 vom 14.10.2025
98 Deutscher Bundestag, Drucksache 19/15224 vom 14.11.2019
99 Deutscher Bundestag, Drucksache 19/1444 vom 22.03.2018
100 »Parlamentarische Anfragen: Die AfD versucht, Zweifel an der Demokratie zu säen«, Amadeu Antonio Stiftung, 25.01.2023
101 Deutscher Bundestag, Drucksache 20/12855 vom 12.09.2024
102 Deutscher Bundestag, Drucksache 20/855 vom 11.03.2022
103 »Es gibt nur eines, was auf die Dauer teurer ist als Bildung: keine Bildung«, SZ, 09.08.2023
104 Deutscher Bundestag, Drucksache 20/8441 vom 15.09.2023
105 Deutscher Bundestag, Drucksache 20/2709 vom 08.07.2022
106 Deutscher Bundestag, Drucksache 20/13108 vom 18.12.2024
107 Deutscher Bundestag, Drucksache 20/10932 vom 03.04.2025
108 AfD-Wahlprogramm 2025, S. 129
109 Melanie Amann: *Angst für Deutschland. Die Wahrheit über die AfD: Wo sie herkommt, wer sie führt, wohin sie steuert*, München 2017
110 Zum Beispiel: Deutscher Bundestag, Drucksache 19/26906 vom 24.02.2021 oder Drucksache 20/6274 vom 31.03.2023
111 AfD-Grundsatzprogramm, S. 9
112 Deutscher Bundestag, Plenarprotokoll vom 26.02.2021, S. 26 826 f.
113 AfD-Wahlprogramm 2025, S. 130
114 »Wie der Brexit Großbritannien bis heute bremst«, ZDF-heute, 31.01.2025
115 Mehr Demokratie e. V. (Hrsg.): Volksbegehrensbericht 2024, Berlin 2024, Download unter www.mehr-demokratie.de/fileadmin/pdf/2024/Publikationen/240529_VBB_2024_web.pdf
116 Zum Gesetzentwurf der AfD siehe auch die Stellungnahme von Mehr Demokratie e. V.: www.mehr-demokratie.de/fileadmin/pdf/2023/2023-10-04_MD_AfD_Auseinandersetzung.pdf
117 AfD-Grundsatzprogramm, S. 6
118 Deutscher Bundestag, Drucksache 19/26906 vom 24.02.2021
119 So formuliert es der Historiker Volker Weiß in: »Volkes Wille im gelobten Land«, in: *Blätter für deutsche und internationale Politik*, 04/2025
120 Nämlich Sachsen, Brandenburg und Thüringen
121 »›Das ist eine neue Qualität‹, Interview mit dem Verfassungsschutzchef von Thüringen, Stephan Kramer«, *taz*, 12.05.2021
122 Zitiert bei Jan Kursko: »Die Stasi lebt«, in: *Blätter für deutsche und internationale Politik*, Nr. 09/19, S. 123
123 »Leben wir in einer ›DDR 2.0‹?«, *Tagesschau*, 02.08.2019
124 Norbert Frei/Christina Morina et al.: *Zur rechten Zeit. Wider die Rückkehr des Nationalismus*, Berlin 2019, S. 202
125 »AfD-Rechtsaußen rufen zum ›Widerstand‹ auf«, *Der Spiegel*, 06.07.2019
126 AfD-Parteitag, Eröffnungsrede von Alexander Gauland am 30.06.2018, www.youtube.com/watch?v=Ur4WIZnYNFo
127 Kursko, Stasi, S. 123

128 AfD-Flyer zur Landtagswahl in Thüringen 2019, abrufbar unter https://afd-thueringen.de/wp-content/uploads/2019/09/flyer1_Wir-sind-das-Volk.pdf
129 Volker Weiß: »Sind sie das Volk? Pegida – die patriotischen Europäer gegen die Islamisierung des Abendlandes«, Bundeszentrale für politische Bildung, 06.01.2015
130 Frei et al., Zur rechten Zeit, S. 204
131 Gespräch mit Marianne Birthler: »Gegen den Missbrauch der Friedlichen Revolution«, DLF, 20.08.2019
132 Robert-Havemann-Gesellschaft: »Nicht mit uns! Gegen den Missbrauch der Friedlichen Revolution 1989 im Wahlkampf«, 20.08.2019
133 Presseerklärung der AfD-Thüringen vom 13.08.2021: »Höcke: AfD steht in unmittelbarer Tradition der Menschen, die 1989 gegen Sozialismus und deutsche Teilung auf die Straße gegangen sind«
134 »Die Stasi-Riege in der AfD«, Correctiv, 29.08.2024
135 Leibniz-Zentrum für Europäische Wirtschaftsforschung (ZEW), Forschungsgruppe Ungleichheit und Verteilungspolitik: *Reformvorschläge der Parteien zur Bundestagswahl 2025*, Mannheim 2025
136 »Warum Rechte die DDR-Kultmarke Simson vereinnahmen«, *Der Spiegel*, 22.07.2025
137 »Höckes Simson-Ausfahrt zwischen Ostalgie und Revisionismus«, Geschichte statt Mythen, Online-Projekt der Friedrich-Schiller-Universität Jena
138 Björn Höcke: »Rede für Brandenburg«, 19.09.2024, www.youtube.com/watch?v=IDqzphzFTao
139 Maja Adena/Steffen Huck: »Support for a right-wing populist party and subjective well-being: Experimental and survey evidence from Germany«, in: *PLOS One*, 26.06.2024
140 »Analyse der Demos gegen Rechtsextreme«, *taz*, 01.03.2024
141 »›Ohne Demokratie ist alles nichts.‹ Teilnehmende, Motive und Effekte der Proteste gegen Rechtsextremismus im Juni 2024«, Studie der Friedrich Ebert Stiftung, 2024, abrufbar unter: https://library.fes.de/pdf-files/pbud/21695.pdf

Widerstand – Die selbsternannten Helden

1 Einen guten Überblick bietet die Website der Weiße Rose Stiftung e. V.: www.weisse-rose-stiftung.de/widerstandsgruppe-weisse-rose
2 Niederschrift: »Vollstreckung des Todesurteils des Volksgerichtshofs«, 22.02.1943, https://opinioiuris.de/sites/default/files/Protokoll%20über%20die%20 Vollstreckung%20des%20Todesurteils%20des%20 Volksgerichtshofes%20an%20Sophie%20Scholl%20-%20BArch%20ZC%2013267 %20Bd.%208.pdf
3 Screenshot des JA-Posts über: https://imgur.com/die-junge-alternative-hat-der-lmu-flugbl-tter-mit-zitaten-der-geschwister-scholl-verteilt-qvNYRvj (falsche Grammatik im Original)
4 Ebd.
5 Michael Papendick/Jonas Rees/Maren Scholz/Andreas Zick: »MEMO Deutschland. Multidimensionaler Erinnerungsmonitor«, Institut für interdisziplinäre Konflikt- und Gewaltforschung, Universität Bielefeld, Studie V (2002)
6 »Empörung über AfD: Vergleich mit Geschwistern Scholl völlig inakzeptabel!«, *Schwäbische Zeitung*, 24.02.2016
7 »AfD darf ihr umstrittenes Sophie-Scholl-Werbeplakat nicht mehr nutzen«, *Stern*, 26.01.2017

8 Zitiert bei: Johannes Tuchel: »Der 20. Juli und die Lüge«, *taz*, 20.07.2019

9 »Ich fühle mich wie Sophie Scholl«, *Tagesspiegel*, 23.11.2020

10 Johanna Karoline Fröhlich: »Die neue rechte Bewegung und das ›Volk‹. Eine Leidensgemeinschaft zwischen den Ordnungen der Gewalt«, in: Paula-Irene Villa (Hrsg.): »Polarisierte Welten«, Vortrag beim 41. Kongress der Deutschen Gesellschaft für Soziologie (2022)

11 *SPIEGEL Geschichte*: »Widerstand gegen Hitler«, Heft 2/2019, S. 132

12 Zitiert bei Tuchel, Lüge

13 Robin Heun/David Freydank: »Heldengedenken«, in: *Handwörterbuch rechtsextremer Kampfbegriffe*, Schwalbach/Ts., 2016. S. 137

14 Fabian Virchow: »68er«, in: ebd., S. 22–32

15 Zitiert bei Tuchel, Lüge

16 Auch für die folgenden Abschnitte zu Mohler: Hajo Funke: »Armin Mohler. Jünger-Schüler, Netzwerker und selbsterklärter Faschist«, in: Ralf Fücks/Christoph Becker (Hrsg.): *Das alte Denken der Neuen Rechten. Die langen Linien der antiliberalen Revolte*, Sonderausgabe der Bundeszentrale für politische Bildung, Bonn 2020, S. 30–48

17 Jens Hacke: »Carl Schmitt. Antiliberalismus, identitäre Demokratie und Weimarer Schwäche«, in: Fücks/ Becker, Das alte Denken, S. 155–175

18 Zitiert bei Funke, Mohler, S. 160

19 Funke, Mohler, S. 164–168

20 »Er hatte noch viele tiefe Gedanken«, *Junge Freiheit*, 18.07.2003

21 Zu Mohler siehe auch: Claus Leggewie: »Der Mann, der half, das Unsägliche sagbar zu machen«, *Der Spiegel*, 06.02.2024

22 Zitiert in: »Was ist die ›Konservative Revolution‹?«, *Tagesschau*, 08.01.2018

23 »Adolf Hitler war ein Linker mit den gleichen Methoden wie heute«, RTL, 10.01.2025

24 »Historiker widersprechen Weidel-Behauptung zu ›Hitler als Kommunist‹«, DLF, 12.01.2025

25 Screenshot von X bei: »Die Hitlerjugend im ›Kampf gegen rechts‹?«, in: Geschichte statt Mythen, Online-Projekt der Friedrich-Schiller-Universität Jena

26 »War die NSDAP eine linke Partei?«, in: »Geschichte statt Mythen«

27 Ebd.

28 Das Parteiprogramm der NSDAP auf der Website des Anne Frank Hauses, www.annefrank.org/de/timeline/7/das-parteiprogramm-der-nsdap

29 »War die NSDAP eine linke Partei?«, in: Geschichte statt Mythen

30 Ausschnitt der Rede im Hamburger Rathaus unter www.youtube.com/watch?v=b_GN5MVOHQs

31 »Stauffenberg«, *Junge Freiheit*, 09.11.2007

32 Tuchel, Lüge

33 Zitiert von GDW-Leiter Tuchel im Interview »Die Erbschleicher«, *Die Zeit*, Nr. 43/2016

34 Bundesvorstand der AfD: »Im Gedenken an die mutigen Patrioten des 20. Juli 1944«, 20.07.2019

35 Ebd.

36 »Gestörte ›Identitären‹-Aktion«, in *Endstation Rechts*, 22.07.2019

37 AfD-Bundestagsfraktion: »Wir gedenken der mutigen Widerstandskämpfer des 20. Juli 1944!«, Video zum 20.07.2024, www.youtube.com/watch?v=ALc_j4-qykE

38 Handwörterbuch, S. 130

39 Urteil des BVerfG vom 04.11.2009 zur Rudolf-Heß-Gedenkfeier, www.servat.unibe.ch/dfr/bv124300.html#

40 Zitiert in: »Unwürdig«, aus: *Spiegel Geschichte*: »Widerstand gegen Hitler«, Heft 02/2019, S. 132

41 »Eine schrecklich braune Familie«, *taz*, 05.12.2016

42 Siehe dazu: Ruth Hoffmann: *Das deutsche Alibi. Mythos »Stauffenberg-Attentat« – Wie der 20. Juli 1944 verklärt und politisch instrumentalisiert wird*, München 2024

43 »20. Juli 1944–20. Juli 2018: Eine Botschaft für ein vereintes Europa«, *Tagesspiegel*, 20.07.2018

44 »Warum der 20. Juli uns alle angeht«, Manifest zum 80. Jahrestag des Umsturzversuchs gegen Hitler und das NS-Unrechtsregime. Mit den Namen der Unterzeichnenden auf: www.stiftung-20-juli-1944.de/widerstand/manifest

45 »AfD lädt zu Treffen mit rechtsextremen Gruppen ein«, FAZ, 18.07.2024; »›Geheimes‹ AfD-Treffen: Proteste und Polizei in Neumünster«, NDR, 21.07.2024

46 Gesammelte Stellungnahmen zur politischen Vereinnahmung Dietrich Bonhoeffers auf dem Dietrich-Bonhoeffer-Portal: www.dietrich-bonhoeffer.net

47 AfD-Fraktion im Thüringer Landtag: »Unheilige Allianz. Der Pakt der evangelischen Kirche mit dem Zeitgeist und den Mächtigen«, Erfurt 2019, S. 8

48 »›Eine unheilige Allianz‹«, DLF, 12.06.2019

49 AfD-Fraktion Thüringen, Unheilige Allianz, S. 8

50 »AfD wirft Kirche Ausgrenzung vor«, ntv, 11.06.2019

51 »Wem gehört Bonhoeffer?«, *zeitzeichen* 12/2019

52 »Wie die extreme Rechte den 20. Juli 1944 instrumentalisiert«, SZ, 19.07.2024

53 Website der Partei »Die Heimat«, https://die-heimat.de/werde-mitglied-im-widerstand

54 Das Ministerium für Staatssicherheit (Stasi) verstand sich als »Schild und Schwert der Partei«.

55 »Die Fahne weht!«, Website des Deutschen Kollegs, https://deutscheskolleg.com/die-fahne

56 »Warum bei Pegida die Kreuz-Fahne weht«, *Der Spiegel*, 29.07.2015

57 »Pegida maßt sich das Erbe des 20. Juli an«, *Die Welt*, 20.01.2015

58 Enrico Brissa: *Flagge zeigen! Warum wir gerade jetzt Schwarz-Rot-Gold brauchen*, Schriftenreihe der Bundeszentrale für politische Bildung, Bonn 2021, S. 153 f.

59 »Warum bei Pegida die Kreuz-Fahne weht«, *Der Spiegel*, 29.07.2015

60 Deutscher Bundestag, Drucksache 19/26841 vom 19.02.2021

61 Website der Seeschule Rangsdorf, www.seeschule.de/unsere-geschichte; »Neue Gedenktafel für Stauffenberg«, *Märkische Allgemeine* Zeitung, 26.01.2018

62 Hier zitiert der Antrag den Stauffenberg-Biografen Wolfgang Venohr.

63 Peter Hoffmann: *Claus Schenk Graf von Stauffenberg. Die Biographie*, München 2007, S. 134

64 Zitiert bei P. Hoffmann, Stauffenberg, Biographie, S. 200

65 Linda von Keyserlingk-Rehbein: *Nur eine »ganz kleine Clique«? Die NS-Ermittlungen über das Netzwerk vom 20. Juli 1944*, Berlin 2018

66 Dorothea Beck: *Julius Leber. Sozialdemokrat zwischen Reform und Widerstand*, Berlin 1983, S. 122

67 Ebd., S. 129 ff.

68 Ebd., S. 150 ff.

69 Gotthard Jasper: *Die gescheiterte Zähmung: Wege zur Machtergreifung Hitlers 1930–1934*, Frankfurt am Main, 1988, S. 63–72

70 Informationen über das Projekt unter https://buc-36.de/unsere-zeitvorstellung. Zu den Bebauungsplänen siehe auch: »Alter Flughafen Rangsdorf wird in Wohnviertel umgewandelt«, rbb, 21.02.2025

71 Telefonische Auskunft des Bücker-Vereins am 24.07.2025. Zur Geschichte des Geländes siehe Website des Bücker-Museums: www.buecker-museum.de/index.php/geschichte/kriegsproduktion
72 »Neue Gedenktafel für Stauffenberg«, *Märkische Allgemeine Zeitung*, 26.01.2018
73 Deutscher Bundestag, Drucksache 19/26841 vom 19.02.2021 und Drucksache 20/12094 vom 02.07.2024
74 Deutscher Bundestag, Drucksache 19/26841 vom 19.02.2021
75 Zitiert bei Tuchel, Lüge
76 »Wenn AfD-Politiker am Tag der Befreiung ›nichts zu feiern‹ sehen«, *Die Welt*, 30.04.2025
77 Zum Beispiel Esther Bejarano: www.auschwitz-komitee.de/1147/offener-brief-an-die-regierenden-und-alle-menschen-die-aus-der-geschichte-lernen-wollen/#
78 »Gauland gegen Feiertag am 8. Mai: ›Es war auch ein Tag der absoluten Niederlage‹«, Redaktionsnetzwerk Deutschland, 08.05.2020
79 Landtag Brandenburg, Drucksache 8/727 vom 25.03.2025
80 Im Antrag von 2024 heißt es »ein charakteristisches geistiges Potenzial« (statt »ein besonderes«)
81 »Stauffenberg«, *Junge Freiheit*, 09.11.2007
82 JF-Buchdienst, https://jf-buchdienst.de/Buecher/Zeitgeschichte/Widerstand/Plakat-Geheimer-Eid-der-Erhebung-vom-20-Juli-1944.html
83 P. Hoffmann, Stauffenberg, Biographie, S. 467
84 »Stauffenberg«, *Junge Freiheit*, 09.11.2007
85 Robin Heun/David Freydank: »Heldengedenken«, in: Handwörterbuch, S. 132
86 Urteil des BVerfG vom 17.01.2017
87 Pressemitteilung des BVerfG zum Urteil vom 24. Januar 2024
88 https://die-heimat.de/werde-mitglied-im-widerstand
89 »›Verräter Stauffenberg‹: AfD fordert Ausschluss«, Deutsche Welle, 02.08.2018
90 »AfD schließt Ex-Landeschef der Jungen Alternative aus«, *Die Welt*, 12.06.2019
91 Rede von Alexander Gauland beim Kyffhäuser-Treffen, 02.09.2017, zitiert bei Andreas Audretsch/Claudia C. Gatzka (Hrsg.): *Schleichend an die Macht. Wie die Neue Rechte Geschichte instrumentalisiert, um Deutungshoheit über unsere Zukunft zu erlangen*, Bonn 2020, S. 34
92 Brief vom 21.11.1939, in: Hellmuth Stieff: *Briefe*, hrsg. von Horst Mühleisen, Berlin 1991, S. 106–108
93 AfD-Bundestagsfraktion: »Wir gedenken der mutigen Widerstandskämpfer des 20. Juli 1944!«, 20.07.2024, www.youtube.com/watch?v=ALc_j4-qykE
94 www.facebook.com/ruedigerlucassenmdb/posts/heute-vor-84-jahren-sprang-mein-vater-hans-lucassen-mit-seinen-kameraden-des-fal/1244085090418111
95 Bundesarchiv: »Unternehmen Merkur – Die Eroberung Kretas durch die deutsche Luftwaffe im Mai 1941«
96 Ebd.
97 »›Enorm hohe Gefahr‹«, *taz*, 30.11.2018
98 »AfD-Führungsspitze hält Trennung von Rechtsextremisten für unnötig«, *Der Spiegel*, 28.02.2020
99 »AfD-Bundestagsabgeordneter beschäftigt mutmaßlichen Terrorhelfer«, *Der Stern*, 19.04.2018, www.stern.de/politik/deutschland/afd-parlamentarier-beschaeftigt-mutmasslichen-terrorhelfer-7948736.html
100 www.bundestag.de/abgeordnete/biografien/N/nolte_jan-1046360
101 Zitiert von GDW-Leiter Tuchel im Interview »Die Erbschleicher«, *Die Zeit*, Nr. 43/2016
102 Tuchel, Lüge

103 Fotos des Aufmarschs unter www.flickr.com/photos/soerenkohlhuber/albums/72157709769906152/with/48332347212

104 »Wut über Sitzungssaal: AfD will ›Sardinenbüchse‹ nicht akzeptieren«, T-online, 20.05.2025

105 »AfD klagt auf Zuteilung des Otto-Wels-Saals im Reichstag«, *Die Zeit*, 04.07.2025

106 »AfD will Otto-Wels-Saal der SPD«, SZ, 16.02.2025

107 »Wir lüften den Otto-Wels-Saal durch!«, Video von Stephan Brandner, www.youtube.com/watch?v=SLOFACFMAt8

108 »Verfassungsgericht entscheidet über Abwahl von AfD-Politiker Brandner«, *Der Spiegel*, 29.05.2020

109 »AfD scheitert in Karlsruhe mit Klage zu Vorsitz in Bundestagsausschüssen«, *Der Spiegel*, 18.09.2024

110 »Empörung über Tweets von AfD-Politiker Brandner«, *Die Welt*, 12.10.2019

111 Broschüre der SPD-Bundestagsfraktion: »Otto Wels – Mut und Verpflichtung«, 2008, S. 32

112 Beck, Julius Leber, S. 133

113 Peter Steinbach/Johannes Tuchel: *Widerstand in Deutschland 1933–1945. Ein historisches Lesebuch*, München 2000, S. 47

114 Martin Sabrow: »Der ›Tag von Potsdam‹. Zur doppelten Karriere eines politischen Mythos«, in: Christoph Kopke/Werner Treß (Hrsg.): *Der Tag von Potsdam: Der 21. März 1933 und die Errichtung der nationalsozialistischen Diktatur*, Berlin 2013, S. 81

115 »Wir lüften den Otto-Wels-Saal durch!«, Video von Stephan Brandner, www.youtube.com/watch?v=SLOFACFMAt8

116 Deutscher Bundestag, Mitteilung vom 26.06.2025: »Immunität von zwei Abgeordneten aufgehoben«

117 »Staatsanwaltschaft ermittelt gegen AfD-Abgeordneten Brandner«, MDR, 05.11.2024

118 Oliver F. R. Haardt: »Das Grundgesetz im Strom der Zeit«, in: *APuZ*, 04/2019

119 Siehe Beitrag in der 3sat-Sendung »Kulturzeit« über Götz Kubitschek und Ellen Kositza vom 09.03.2016, www.youtube.com/watch?v=3HtecOf2Yks

120 Laura Brüggemann: »Stauffenberg, das ›geheime Deutschland‹ und die ›Kulturrevolution von rechts‹ – die Rezeption des Widerstands durch die Neue Rechte«, Gastbeitrag auf der Website der Freya von Moltke-Stiftung: www.fvms.de/aktuelles/veroeffentlichungen/rezeption-widerstand-neue-rechte

121 Thor von Waldstein: »Zehn Thesen zum politischen Widerstandsrecht«, in: *Sezession* 14 (2016), Heft 70, S. 32

122 Textarchiv des Deutschen Bundestags: »Das Recht auf Widerstand zum Schutz der Verfassung«

123 Aufgrund der anhängigen Klage der AfD und des vereinbarten »Stillhalteabkommens« wurde vorläufig auch die Pressemitteilung von der Website der Behörde genommen. Hier daher zitiert nach: »Jurist sieht gute Basis für Verbotsverfahren«; *Tagesschau*, 20.08.2025

124 Erich Kästner: »Seit Bücher geschrieben werden, werden Bücher verbrannt«, Rede auf dem PEN-Kongress in Hamburg am 10. Mai 1958, Tondokument unter www.swr.de/swrkultur/wissen/archivradio/erich-kaestner-seit-buecher-geschrieben-werden-werden-buecher-verbrannt-100.html

125 Beate Küpper/Andreas Zick: »Gruppenbezogene Menschenfeindlichkeit«, Bundeszentrale für politische Bildung

126 Interview mit Wilhelm Heitmeyer: »Krisen und Kontrollverluste sind die wirkungsvollsten Treiber«, *Philosophie Magazin*, 19.06.2023